강제동원편
# 전시동원 기구와 제도(3)
총동원체제, 군인·군무원, 노무(학생·여성) 동원 기구 및 조직 관련 주요 법령 등

강제동원편

일제침탈사
자료총서 81

# 전시동원 기구와 제도(3)
－총동원체제, 군인·군무원, 노무(학생·여성)
동원 기구 및 조직 관련 주요 법령 등

동북아역사재단 일제침탈사 편찬위원회 기획
정혜경·허광무·오일환·김종구 편역

동북아역사재단
NORTHEAST ASIAN HISTORY FOUNDATION

# 발간사

　일본이 한국을 침탈한 지 100년이 지나고 한국이 일본의 지배로부터 벗어난 지 70년이 훌쩍 넘었건만, 식민 지배에 대한 청산은 이루어지지 못하고 있다. 일본의 독도영유권 주장은 도를 넘어섰다. 일본은 일본군'위안부', 강제동원 등 인적 수탈의 강제성도 인정하지 않고 있다. 일본군'위안부'와 강제동원의 피해를 해결하는 방안을 놓고 한·일 간의 갈등은 최고조에 이르고 있다. 역사문제를 벗어나 무역분쟁, 안보위기 등 현실문제가 위기국면을 맞고 있다.

　한·일 간의 갈등은 식민 지배의 역사를 어떻게 볼 것인가 하는 역사인식에서 기인한다. 역사는 현재와 과거의 대화이며 이를 기반으로 미래로 나아갈 수 있다. 과거 침략의 역사를 미화하면서 평화로운 미래를 말하는 것은 불가능하다. 식민 지배와 전쟁 발발의 책임을 인정하지 않고 반성하지 않으면 다시 군국주의가 부활할 수 있고 전쟁이 일어날 위험성도 배제할 수 없다. 미래지향적 한일 관계를 형성하고 나아가 동아시아의 평화와 번영의 기틀을 조성하기 위해 일본은 식민 지배의 책임을 인정하고 그 청산을 위해 노력해야 할 것이다.

　식민 지배의 역사를 청산하기 위해서는 식민 지배가 어떻게 이루어졌는지 그 실상을 명확하게 규명하는 일이 긴요하다. 그동안 일본제국주의에 맞서 조국의 독립을 위해 헌신한 독립운동가들의 활동을 찾아내고 역사적으로 평가하는 일에는 상당한 성과를 거두었다. 반면 일제 식민 침탈의 구체적인 실상을 규명하는 일에는 충분한 노력을 기울이지 못하였다. 제국주의가 식민지를 침탈했다는 것은 너무나 당연한 사실로 여겨졌기 때문에, 굳이 식민 지배에서 비롯된 수탈과 억압, 인권유린을 낱낱이 확인할 필요가 없었는지도 모른다. 그러는 사이 일본은 식민 지배가 오히려 한국에 은혜를 베푼 것이라고 미화하고, 참혹한 인권유린을 부인하는 역사부정의 인식을 보이는 데에까지 이르고 있다. 일제의 통치와 침탈, 그리고 그 피해를 종합적으로 조사하고 편찬할 필요성이 여기에 있다.

　일제침탈사를 체계적으로 정리하는 일은 개인이 감당하기 어렵다. 이에 우리 재단은 한국학계의 힘을 모아 일제침탈사 편찬위원회를 꾸렸다. 편찬위원회가 중심이 되어 일제의 식민지 침탈사를 정치·경제·사회·문화 모든 방면에 걸쳐 체계적으로 집대성하기로 하였다. 일제 식민 침탈의 실체를 파악하기 위해 2020년부터 세 가지 방면으로 사업을 추진하고 있다. 하나는 일제 침탈의 실상을 구체적이고 생생한 자료를 통해 제공하는 일로서 〈일제침탈사 자료총서〉로 편찬한다. 다른 하나는 이들 자료를 바탕으로 연구한 결과물을 〈일제침탈사 연구총서〉로 간행한다. 그리고 연구의 결과를 대중들이 이해하기 쉽게 〈일제침탈사 교양총서〉를 바로알기 시리즈로 간행한다. 자료총서 100권, 연구총서 50권, 교양총서 70권을 기본목표로 삼아 진행하고 있다.

〈일제침탈사 자료총서〉에서는 정치·경제·사회·문화 모든 방면에 걸쳐 침탈의 역사를 자료적 차원에서 종합하였다. 침략과 수탈의 역사를 또렷하게 직시할 수 있도록 생생한 자료를 제공하는 데 목표를 두었다. 그동안 관련 자료집이 여러 방면에서 편찬되었지만 원자료를 그대로 간행한 경우가 많았다. 이번에 발간되는 자료총서는 해당 주제에 대한 침탈의 실상을 체계적으로 이해할 수 있는 구성방식을 취했으며, 지배자의 언어로 기록되어 있는 자료들을 독자들이 쉽게 읽을 수 있도록 모두 번역하였다. 자료총서를 통해 일제 식민 지배의 실체와 침탈의 실상을 있는 그대로 이해할 수 있게 되기를 기대한다.

2024년
동북아역사재단 이사장

| 편찬사

    1945년 한국이 일제 지배로부터 해방된 지 79년의 세월이 지났다. 그럼에도 일본 사회 일각에서는 여전히 일제의 한국 지배를 합리화하고 미화하는 주장이 나오고 있으며, 최근에는 한국 사회 일각에서도 일제 지배를 왜곡하고 옹호하는 주장이 나오고 있다. 이는 한국과 일본 사회, 한일 관계와 동아시아 국제관계의 미래를 위해서도 결코 바람직하지 않은 일이다.
    이에 동북아역사재단은 일제의 한국 침략과 식민 지배에 대한 학계의 연구 성과를 총정리한 〈일제침탈사 연구총서〉를 발간하기로 하였다. 이에 따라 2019년 9월 학계의 전문가를 중심으로 편찬위원회를 구성하였으며, 편찬위원회는 학계의 연구 성과를 토대로 정치·경제·사회·문화 부문에서 일제의 침탈이 어떻게 이루어졌는지 정리하여 연구총서 50권을 발간하기로 하였다.
    주지하듯이 1905년 일제는 러일전쟁에서 승리한 뒤, 한국에 군대를 주둔시키면서 한국의 외교권을 빼앗고 통감부를 두어 내정에 간섭하였다. 1910년 일제는 군사력으로 한국 정부를 강압하여 마침내 한국을 강제병합하였다. 이후 35년간 한국은 일제의 식민 통치를 받았다.
    일제는 한국의 영토와 주권을 침탈하였을 뿐만 아니라, 군사력과 경찰력으로 한국을 지배하면서 정치·경제·사회·문화의 모든 부문에서 한국인의 권리와 자유, 기회와 이익을 박탈하거나 제한하였다. 정치적으로는 군사력과 경찰력, 각종 악법을 동원하여 독립운동을 탄압하고, 한국인의 정치활동을 억압하고 참정권을 박탈하였으며, 집회와 결사의 자유를 억압하였다. 경제적으로는 일본 자본이 경제의 주도권을 장악하고 일본인 위주의 경제정책을 수행하였으며, 식량과 공업원료, 지하자원 등을 헐값으로 빼앗아 갔고, 농민과 노동자 등 대다수 한국인의 경제생활을 어렵게 하였다. 사회적으로는 한국인을 차별적으로 대우하고, 한국인의 교육의 기회를 제한하고, 한국인으로서의 정체성을 박탈하여 결국은 일본의 2등 국민으로 만들고자 하였다. 문화적으로는 표현과 창작의 자유, 종교와 사상의 자유를 억압하고, 한글 대신 일본어를 주로 가르치고, 언론과 대중문화를 통제하였다. 중일전쟁, 아시아태평양전쟁을 도발한 뒤에는 인적·물적 자원을 전쟁에 강제동원하고, 많은 이들을 전장에 징집하여 생명까지 희생시켰다.

〈일제침탈사 연구총서〉는 침탈, 억압, 차별, 동화, 수탈, 통제, 동원 등의 단어로 요약되는 일제의 침략과 식민 지배의 실상 및 그 기제를 명확히 밝히고자 하였다. 이를 통해 일제의 강제병합을 정당화하거나 식민 지배를 미화하는 논리들을 비판·극복하고, 더 나아가 일제 식민 지배의 특성이 무엇이었는지, 식민 통치의 부정적 유산이 해방 이후에 어떤 영향을 미쳤는지를 밝히고자 하였다.

편찬위원회는 연구총서와 함께 침탈사와 관련된 중요한 주제들에 관하여 각종 법령과 신문·잡지 기사 등 자료들을 정리하여 〈일제침탈사 자료총서〉도 발간하기로 하였다. 아울러 일반인과 학생 들이 보다 쉽게 읽을 수 있는 〈일제침탈사 교양총서〉를 바로알기 시리즈로 발간하기로 하였다.

일제의 한국 침략과 식민 지배의 역사는 광복 후 서둘러 정리해 냈어야 했지만, 학계의 연구가 미흡하여 엄두를 내기 어려웠다. 이제 학계의 연구가 어느 정도 축적되어 광복 80주년을 맞기 전에 이와 같은 작업을 할 수 있게 된 것을 다행으로 생각한다. 한일 양국 국민이 과거사에 대한 올바른 역사인식을 갖고 성찰을 통해 미래로 함께 나아갈 수 있기를 기대하면서 삼가 이 책들을 펴낸다.

2024년
동북아역사재단 일제침탈사 편찬위원회

| 차례

| | | |
|---|---|---|
| | 발간사 | 4 |
| | 편찬사 | 6 |
| | 편역자 서문 | 11 |

| I | 총론 | 17 |
|---|---|---|
| 1 | 개요 | 18 |
| 2 | 각 장의 구성 | 28 |
| 3 | 수록 자료 목록 | 33 |

| II | 총동원 운영 기구·조직에 관한 주요 각의결정 및 법령 등 | 45 |
|---|---|---|
| 1 | 일본의 국가총동원체제와 조선 적용 | 46 |
| 2 | 조선의 국가총동원 운영 기구·조직에 관한 각의결정 및 법령 | 49 |

| III | 군인·군무원 동원 기구·조직에 관한 주요 각의결정 및 법령 등 | 169 |
|---|---|---|
| 1 | 군인·군무원 동원 기구 및 조직의 특성 | 170 |
| 2 | 군인·군무원 동원을 위한 중앙행정 기구 및 조직 | 173 |
| 3 | 군인·군무원 동원을 위한 지방행정 단위 기구 및 조직 | 188 |

| IV | 노무(학생·여성) 동원 기구·조직에 관한 주요 각의결정 및 법령 등 | 301 |
|---|---|---|
| 1 | 노무(학생·여성) 동원 관련 중앙행정 기구 및 조직 | 302 |
| 2 | 노무(학생·여성) 동원 관련 지방행정 단위 조직 | 329 |

| V | 전시동원 기구·조직 관련 신문 보도 | 471 |
|---|---|---|

| VI | 전시동원과 민중의 대응 | 663 |
|---|---|---|
| 1 | 동원 과정에서 발생한 저항 | 666 |
| 2 | 동원 지역별·피해 유형별 저항 | 671 |

| 자료 목록 | 802 |
|---|---|
| 참고 문헌 | 811 |
| 찾아보기 | 815 |

## 일러두기

1. 일제침탈사 자료총서는 가급적 일반 시민들이 읽고 이해할 수 있는 현대적인 문장과 내용으로 구성하였다.
2. 인명, 지명 등 고유명사는 처음 등장할 때 원어를 병기하고 이후에는 한글만 표기하였다. 한글 표기는 국립국어원 외래어 표기법에 따랐다.
3. 연도는 서력 표기를 원칙으로 하고 관련 연호는 병기하였다. 날짜는 원문 그대로 하고 음력과 양력 여부를 알 수 있는 경우에만 '(음)' 또는 '(양)'으로 기재하였다.
4. 숫자는 천 단위까지 아라비아 숫자로 표기하고 만 단위 이상은 '만' 자를 넣어 표기하였다. 도표 안의 숫자는 가급적 그대로 표기하였다.
5. 국한문 혼용체와 같이 탈초만으로 문장을 이해하기 힘든 경우 가급적 현대어에 가깝게 윤문하였다. 단 풀어 쓰기 어려운 낱말이나 문구는 원문을 병기하거나 편역자 주를 이용하였다.
6. 낱말이나 문구에 대한 설명이 필요한 경우 또는 편찬 사업의 취지에 따라 자료 해설이 필요한 경우 편역자 주를 적극 활용하였다. 단 편역자 주는 1, 2 등으로 표기하고, 원 자료의 주석이 있는 경우는 *, ** 등으로 표기하였다.
7. 판독이 불가한 글자의 경우 ■로 표기하였다.
8. 화폐 단위는 원문에 따라 원(圓), 엔을 그대로 표기하였다. 일제강점기 조선에서 조선은행권 '원'을 사용하였지만 일본은행권 '엔'과 등가교환권이었기 때문에 표기할 때 원과 엔이 혼용되어 사용되었다. 한글 신문이나 잡지, 한국인 저서에 대부분 '원'으로 표기하였고 일본어 자료나 저서에는 '엔'으로 표기하는 경우가 많았다.
9. 자료 원문에 많이 나오는 '역사적' 용어는 당시 시대적 상황을 드러내기 위해 원문 그대로 표기하였다.
10. 지명 중 '대만'과 '화태(사할린)'는 법률 등에 표기된 명칭과의 일치를 위해 그대로 두었다.
11. 법령 등의 개요표에는 공포일을 기준으로 하고, 번역문에는 제정 또는 재가한 날짜를 기준으로 표기하였다.

# 편역자 서문

　이 책은 〈일제침탈사 자료총서〉 시리즈로 『전시동원 기구와 제도』 총 3권 중 제3권에 해당한다.

　『전시동원 기구와 제도』는 제1차 세계대전 직후부터 착수한 총동원체제 준비 과정에서 입법 제정한 「군수공업동원법」(1918년)을 비롯해 1945년 8월 일본 패전에 이르기까지 제정한 총동원 관련 법령과 동원 기구 관련 법령, 그리고 일본 패전 직후 일본의 국가총동원체제를 해체하기 위해 제정한 각종 폐지 법령을 대상으로 주요 법령과 각의결정, 그리고 총동원 기구와 조직에 관한 법령 및 자료의 원문을 번역 수록하였다. 제국 일본 영역을 대상으로 하였으므로 조선을 중심으로 일본 본토는 물론, 대만과 만주국 등 관련 지역의 법령도 일부 포함하였다.

　당시 제정된 법령은 900건 정도이고, 개정 법령이나 시행령·규칙을 포함하면 1천 건이 넘는 방대한 규모이며 저항 관련 자료도 적지 않지만, 지면 관계상 전체를 수록하지 못하였음을 밝힌다. 방대한 법령 가운데 인적동원과 직결된 주요 법령과 각의결정 가운데에서 가급적 조선에 시행된 것이나 조선에 시행되지 않았더라도 조선의 총동원체제 운용이나 법령에 크게 영향을 미쳤거나 관련이 있는 것을 선별하여 수록하였다.

　또한 일본 국가권력이 자행한 동원에 대해 조선 민중이 어떻게 대응하고 적극적으로 저항했는가를 알 수 있는 자료도 수집하여 동원 지역별·유형별로 번역, 수록하였다. 공간(公刊)된 자료 외에 개인이 소장한 자료도 적극적으로 포함하고자 하였다.

　연구단이 『전시동원 기구와 제도』를 기획한 이유는 일본의 국가총동원체제가 국가권력이 법령 등에 근거하여 운용한 시스템이므로 관련 법령의 이해는 일제의 전시동원을 규명하고 연구하는 데 기초가 되기 때문이다. 그러나 '전시동원 기구와 제도'에 대한 연구를 하기 전 관

련 연구는 일제강점기 법제사적 법령 구조에 대한 이해를 돕는 수준에 그치고 있다.[1]

연구가 부진한 이유는 관련 법령과 동원 기구에 관한 기본 자료의 수집과 정리, 해제와 번역이 선행되지 않았기 때문이다. 일부 법령은 제정 당시 내용과 취지는 알려져 있으나 재정 내용을 반영하지 않았거나 동원 및 집행기관에 대해서는 단서만 알려진 정도였다.[2]

또한 법령 대신 신문 기사나 2차 사료를 통해 관계법을 분석한 결과 전시동원 실태 자체를 잘못 이해하는 연구가 발표되기도 하였다. 대표적인 사례는 '1944년 징용설'이다. 이 명백한 오류의 확산으로 인해 「국민징용령」이 1939년 10월 조선에 적용되었고 1941년부터 조선인에게 징용령서를 발급한 사실을 회복하는 작업은 여전히 쉽지 않다.[3] 이러한 오류는 역사부정론자들이 주장하는 '강제성 부정'의 근거로 악용되기도 하고 있다. 법령이라는 중요한 사료 분석을 등한시한 결과이자 『전시동원 기구와 제도』 자료집 총 3권을 발간하게 된 배경이다.

'법에 근거해 시행했으므로 합법적이다!'

현재 일본과 한국에서 일본이 아시아태평양전쟁(1931~1945) 기간에 제국 일본 영역의 민중을 대상으로 자행한 인적, 물적, 자금 동원에 대해 강제성을 부정하는 논리 중 하나다.

이들의 주장대로 일본은 국가총동원체제를 일본 국가권력이 제정한 법에 의해 적용·시행

---

[1] 관련 연구는 다음과 같다. 김창록, 1995, 「식민지 피지배기 법제의 기초」, 『법제연구』 제8호; 정긍식, 1998, 「일제의 식민정책과 식민지 조선의 법제」, 『법제연구』 제14호; 김창록, 2002, 「제령에 관한 연구」, 『법사학연구』 제26호.

[2] 관련 연구는 다음과 같다. 勞働行政史刊行會, 1961, 『勞働行政史』; 小林英夫, 1988, 「총력전체제와 식민지」, 『일제말기 파시즘과 한국사회』, 청아출판사; 김태영, 2003, 「전전, 일본에서의 국가에 의한 노동통제의 전개과정: 여성노동을 중심으로」, 『일본문화학보』 제19집; 佐佐木啓, 2003, 「戰時期における徵用制度の展開過程」, 早稻田大學 修士論文; 안자코 유카, 2006, 「조선총독부 '총동원체제(1937~1945)' 형성정책」, 고려대학교 사학과 박사학위논문; 佐佐木啓, 2006, 「徵用制度下の勞資關係問題」, 『大原社會問題硏究所雜誌』 第568號; 정혜경, 2011, 『일본제국과 조선인 노무자 공출』, 도서출판 선인; 정혜경, 2013, 『징용 공출 강제연행 강제동원』, 도서출판 선인; 허광무, 2023, 「일제말기 국민징용령에 따른 조선인 노무동원의 시기와 실태」, 『한일민족문제연구』 제44호.

[3] 오류에 대해 지적한 연구는 다음과 같다. 정혜경, 2008, 「국민징용령과 조선인 인력동원의 성격」, 『한국민족운동사연구』 56; 2013, 『징용 공출 강제연행 강제동원』, 도서출판 선인; 정혜경·허광무·조건·이상호, 2019, 『반대를 론하다』, 도서출판 선인; 허광무, 2023, 「일제말기 국민징용령에 따른 조선인 노무동원의 시기와 실태」, 『한일민족문제연구』 44.

하였다. 근거 법을 제정하지 않은 피해 분야는 일본군 '위안부' 피해뿐이다. 인적, 물적, 자금 동원을 위한 근거 법령만 제정·시행한 것이 아니라 이를 구체적으로 적용하고 운용할 정부 단위 기구의 업무를 배정하는 법령도 빠짐없이 제정하였다. 법에 근거하여 제국 영역을 대상으로 지방 말단에 이르기까지 촘촘히 적용하였다.

그러나 국제법 기준에 맞지 않는 법은 국제적 비판의 대상이다. 이미 국제노동기구 등 국제기구는 일본이 국가총동원체제를 시행하기 위해 제정한 법령이 국제법을 위반했다고 규정하였고, 일본 국내(2002년 일본변호사협회)에서도 조사보고서를 통해 국제법을 위반했다는 평가를 내렸다. 또한 대부분의 총동원체제 운영과 동원 관련 법령은 일본 패전 직후 각종 법령을 통해 폐지되었다. 그러므로 법령의 존재를 내세워 합법성을 운운하는 것은 자가당착에 지나지 않는다.

오히려 국가총동원체제를 적용·시행하기 위해 만든 각종 법령은 일본 정부가 아시아태평양전쟁 기간에 자행한 인적, 물적, 자금 동원의 국가 책임성을 입증하는 증거다. 중앙에서 지방 말단에 이르는 행정기구가 어떻게 제국 영역의 민중과 물자, 자금을 동원했는지 알려주는 근거이기 때문이다. 그러므로 국가총동원체제를 적용·시행하기 위해 만든 각종 법령은 관련 연구에서 필수적인 사료다. 그러나 '전시동원 기구와 제도' 연구 과제 결과물이 나오기 전에는 접하기 어려운 사료 가운데 하나였다.

『전시동원 기구와 제도』는 총 3권으로 기획하였으며, 이중 2권이 발간되었다. 이미 발간된 두 권의 자료집을 통해 1910년대 총동원체제 수립부터 1945년 총동원체제 종말에 이르기까지 주요한 총동원체제 수립 및 인적 동원 관련 법령의 현황을 파악할 수 있다.[4]

이 책은 연구 과제의 마지막 결과물로 전시동원 관련 기구와 제도에 관한 법령 및 조선인의 저항 관련 자료를 번역하여 소개하는 데 목적을 두고 있다. 조선총독부 본부 등 중앙행정기구는 물론, 도부군읍면도 단위의 말단 행정기구에까지 국가총동원체제를 운용하기 위해 일본 국가권력이 설치한 행정기구의 전모를 알 수 있도록 노력하였다.

---

[4] 오일환·정혜경·허광무·김종구, 2022, 『전시동원 기구와 제도(1)-총동원체제 관련 주요 법령 및 각의결정 등』, 동북아역사재단: 허광무·오일환·정혜경·김종구, 2023, 『전시동원 기구와 제도(2)-군인·군무원, 노무, 학생·여성동원 관련 주요 법령 및 각의결정 등』, 동북아역사재단.

현재 전시동원 기구와 관련한 연구는 매우 제한적이다. 학무국과 경제경찰 등 개별적인 기구에 대한 연구에 그치거나 일제강점기 전체 시기를 대상으로 하지 않는 연구도 적지 않다. 오류를 포함한 연구도 있다.[5] 특히 가장 방대한 피해 규모를 기록한 노무동원의 경우에는 노무 담당 중앙부서의 변천 상황에 대한 연구가 1편에 불과할 정도로 미비하다.[6] 지방행정 단위로 가면 상황이 더욱 열악하여, 기초적인 실태 파악도 쉽지 않은 정도다.

연구가 부진하거나 균형적으로 이루어지지 못한 가장 큰 원인은 동원 기구에 관한 기본자료의 수집과 정리, 해제와 번역이 선행되지 않았기 때문이다. 중앙행정 기구의 업무는 일본 정부가 인사와 예산을 담당하므로 관련 법령이 칙령이나 조선총독부령, 훈령 등을 통해 파악할 수 있다. 그러나 지방행정 단위의 경우에는 관련 근거를 찾기가 쉽지 않다. 1941년 조선총독부가 「도 및 부읍면의 사무 간첩(簡捷)」을 결정하여 종래에 조선총독부의 인가를 필요로 하던 사항의 결정권을 대폭 도지사나 도회의 위임으로 하도록 지시한 후 지방행정 단위 차원에서 자체적으로 규정을 제정하여 적용할 수 있게 되었으므로, 지방별 업무분장이나 처무규정 등 관련 규정을 찾는 것도 쉽지 않은 상황이기 때문이다. 현재 몇몇 지방의 일부 시기 규정만을 찾을 수 있다. 노무동원 피해자들은 한결같이 구술을 통해 "노무가가리가 끌고 갔다"라고 하였으나 실제로 지방행정 단위에서 '노무계' 관련 규정은 찾을 수 없다. 규정에 의한 공식 조

---

[5] 관련 연구는 다음과 같다. 김운태, 1986, 『일본제국주의의 한국통치』, 박영사; 이명화, 1992, 「조선총독부 학무국의 기구변천과 기능」, 『한국독립운동사연구』 6; 한긍희, 2000, 「일제하 전시체제기 지방행정 강화 정책」, 『국사관논총』 제88호; 서현주, 2002, 「조선말 일제하 서울의 하부 행정제도 연구-町·洞제와 총대를 중심으로」, 서울대학교 국사학과 박사학위논문; 김민영, 2003, 「식민지시대 노무동원 노동자의 송출과 철도·연락선」, 『한일민족문제연구』 제4호,; 김민철, 2003, 「전시체제하(1937~1945) 식민지 행정기구의 변화」, 『한국사학보』 제14호; 김영미, 2005, 「일제시기~한국전쟁기 주민 동원·통제 연구-서울지역 町·洞會조직의 변화를 중심으로」, 서울대학교 국사학과 박사학위논문; 이병례, 2005, 「일제하 전시체제기 경성부의 노동력 동원구조」, 『사림』 제24호; 안자코 유카, 2006, 『조선총독부의 총동원체제(1937~1945) 형성 정책』; 이상의, 2006, 『일제하 조선의 노동정책 연구』, 혜안; 표영수, 2008, 「일제강점기 조선인 지원병 제도 연구」, 숭실대학교 사학과 박사학위논문; 松田利彦, 2009, 『日本の朝鮮植民地支配と警察-1905~1945年』, 校倉書房; 조건, 2010, 「중일전쟁기(1937~1940) '조선군사령부 보도부'의 설치와 조직 구성」, 『한일민족문제연구』 제19호; 정혜경, 2011, 『일본제국과 조선인 노무자 공출』, 도서출판 선인; 김상규, 2013, 「전시체제기(1937~1945) 조선 주둔 일본군 병사부의 설치와 역할」, 『한국근현대사연구』 제67호; 樋口雄一, 2013, 「戰時末期朝鮮邑面の機能と朝鮮人民衆との乖離について」, 『地域社會から見る帝國日本と植民地』, 思文閣出版; 조건, 2015, 「전시 총동원체제기 조선 주둔 일본군의 조선인 통제와 동원」, 동국대학교 사학과 박사학위논문; 정혜경, 2017, 『1945년 국민의용대 제도』, 도서출판 선인; 허광무·정혜경·김미정, 2021, 『일제의 전시 조선인 노동력 동원』, 동북아역사재단.

[6] 정혜경, 2011, 『일본제국과 조선인 노무자 공출』, 도서출판 선인.

직이 아닌 '직원용 호칭'이었기 때문이다. 노무와 병사(兵事) 업무를 '호적계'나 '산업계'가 담당한 지역도 있었다. 기관장의 재량에 따라 수시로 바뀌기도 하였다. 이같이 일제말기의 급박한 상황에서 이루어진 행정기구의 실태와 구체적인 업무 분장의 변천을 밝힌 점이 이 책의 성과 가운데 하나라고 생각한다.

이 책에서는 제한적인 자료 상황 속에서도 가능한 관련 자료를 모두 수집하여 동원 기구를 통한 동원 시스템을 정리하여 소개하였다. 이를 통해 여러 성과를 거두었다고 생각한다. 기본적인 실태 파악 외에 법령과 신문 기사 등을 통해 조선과 일본 정부의 관계성을 파악하는 데 도움을 줄 수 있게 되었다고 생각한다. 수록된 자료들은 중앙행정 기구의 부서 하나를 신설하거나 정원을 증원하기 위해 조선총독부가 적게는 1년, 길게는 4년에 걸쳐서 일본 정부와 협의를 진행한 실태를 보여 준다. 일본 본토와 조선, 그리고 중국과 만주로 이어지는 업무의 연속성이나 노무동원과 군무원동원 업무를 동일한 부서가 담당하였다는 점 등을 알 수 있는 자료도 수록하였다.

자료집은 매우 좋은 콘텐츠이지만, 자료의 접근성을 높이고 효율적 활용을 촉진하기 위해서는 다양한 콘텐츠가 필요하다. 『전시동원 기구와 제도』는 이를 감안하여 편집하였다. 각 법령마다 서두에 개요표를 만들어 해당 법령 등의 명칭과 제정·개정 및 폐지 등의 기본사항을 요약해 두었다. 이 개요표는 DB를 만들 수 있는 워크시트적 성격을 갖는다. 개요표에는 ① 법령 구분, ② 법령명/건명, ③ 제정·개정, 각의결정, 폐지 등의 연월일, ④ 구성(본문과 부칙 등), ⑤ 선행 규범·법령, ⑥ 원문의 표지 또는 일부 이미지, ⑦ 법령 등의 주요 내용 및 특징, ⑧ 법령 적용 범위(적용 대상 지역 등), ⑨ 관련 법령, 통합·폐지 사항, ⑩ 유사·파생 법령 등 총 10개 항목의 정보를 담았다. 이를 통해 해당 법령의 구성은 물론 법령 간 관계성 등을 종합적으로 이해할 수 있도록 하였다. 이 개요표를 토대로 DB나 웹 콘텐츠 구축이 가능할 것이다. 향후 DB나 웹 콘텐츠를 통해 관련 법령을 더욱 쉽게 접할 수 있기를 기대한다.

조선인 강제동원이나 일본의 국가총동원체제에 대한 연구 성과가 적지 않은 일본 학계에서도 전시동원 관련 기구와 제도에 관한 법령을 정리한 책이나 DB는 찾을 수 없다. 그러므로 『전시동원 기구와 제도』 총 3권의 자료집은 최초의 결과물이라는 점에서 의의가 있으며, 자료집에 담지 못한 법령과 각의결정을 추가로 정리하여 공개함과 동시에 이용자들의 자료 접근성을 높이는 방안도 실현되기를 바란다. 아울러 『전시동원 기구와 제도』 총 3권의 자료집이 향후 총동원체제와 전시동원 관련 연구 활성화 및 후속 연구자 양성에 마중물이 되기를 기대한다.

편역자를 대표하여<br>
정혜경

# I

## 총론

# 1. 개요

이 과제는《일제침탈사 자료총서》의 일환으로서 총동원체제와 강제동원 관련 법규와 제도 및 기구 등에 대한 자료를 번역하여 소개하는 데 목적을 두고 있다. 이 자료집은『전시동원 기구와 제도』제3권으로 '총동원체제, 군인·군무원, 노무(학생·여성) 동원 기구 및 조직 관련 주요 법령 등'을 번역·수록하였다.

## 1) 대상과 범위

1918년 일본이 총동원체제 준비기부터 1945년 8월 패망 후 총동원체제 종결까지 제정·공포한 총동원 관련 법령은 약 900건(제정, 개정 포함)에 달하는 것으로 알려져 있다.『전시동원 기구와 제도』총 3권은 총동원체제 관련 법령 및 각종 동원 기구 전반에 대한 개요와 특징 등을 살펴보고, 총동원체제, 군인·군무원 동원, 노무(학생·여성) 동원 관련 분야에 걸쳐 각각의 주요 법령과 각의결정, 그리고 기구와 조직 등에 관한 원문을 번역·수록한 자료집이다.

| 연차별 | 총서 수록 번역 대상 |
|---|---|
| 1차년도(제1권) | 총동원체제 관련 주요 법령 및 각의결정 등 |
| 2차년도(제2권) | 노무, 군인·군무원, 학생·여성 동원 관련 주요 법령 및 각의결정 등 |
| 3차년도(제3권) | 총동원체제, 군인·군무원, 노무(학생·여성) 동원 관련 기구·조직 관련 주요 법령 및 각의결정 등 |

제3권에서는 총동원체제, 군인·군무원, 노무(학생·여성) 동원 관련 기구·조직에 관한 법령과 각의결정에 대해 자료를 해제하고 원문을 번역·수록하였다.

이 자료집에서는 총동원체제를 관장하고 운영하거나 시행하는 각종 기관을 중앙행정 단위와 지방행정 단위로 구분하고 도부군읍면도(道府郡邑面島)의 관련 규정도 수록하였다. '국가총동원심의회(國家總動員審議會)', '국가총동원업무위원회(國家總動員業務委員會)', 또는 조선총독부 내의 '노무과(勞務課)'를 비롯한 동원 업무를 담당한 많은 부서들이나 '국민정신총동원조선연맹(國民精神總動員朝鮮聯盟)', 각종 '근로보국대(勤勞報國隊)' 등의 대(隊) 조직과 기구 관련 규정을 포함하였다. 근로보국대와 같이 동원 기구 관련 관제나 사무분장 규정이 없는 경우에는 근로보국대 동원 관련 통첩을 수록하였다.

'청년학교', '중견청년수련소', '중견청년연성소', '조선여자청년연성소' 등 직접 동원을 담당하지 않았으나 교육과 훈련을 담당한 기관 관련 규정도 수록하였다. 조선총독부 본부는 물론 '조선직업소개소', '근로동원본부' 등 직속 기관 규정도 포함하였다.

또한 제3권은 3년차의 마지막 결과물이므로 총동원과 각종 동원 관련 기구 및 조직 외에 전시동원에 대한 조선 민중의 저항에 관하여 동원 지역별, 동원 유형별로 관련 자료를 번역·수록하였다. 관련 자료는 조선총독부가 제국의회에 제출한 자료를 비롯하여 일제의 공안당국이 동향 파악과 통제를 위해 작성한 보고서, 경찰문서, 수사 결과물, 판결문 등이다. 그 외 조선오노다(朝鮮小野田)시멘트(주)와 같이 일본 기업이 작성한 내부 문서도 수록하였다. 조선인을 강제동원한 기업 가운데 대표적으로 미쓰비시(三菱)광업(주) 사도(佐渡)광산에서 일어난 조선인 저항 관련 자료를 수록하였다.

수록 자료는 일본 정부 『관보』와 『조선총독부관보』를 중심으로 법령과 각의결정을 추출하였으나, 『조선총독부관보』에 게재하지 않은 법령과 각의결정 등은 아시아역사자료센터나 일본국회도서관, 국가기록원 등에서 추출하였다.

대외비를 원칙으로 한 군인 및 군무원 동원의 특성을 감안하여 법률이나 칙령, 제령, 각령 등에 규정하지 않은 사안에 대해서는 아시아역사자료센터 소장 군 내부 문서를 수록하였다. 전시동원에 대한 조선 민중의 저항과 관련한 자료(미공개) 가운데 일부 내용을 학술지에 수록한 경우에는 해당 학술지를 활용하였고, 미공개 자료는 원문을 수록하여 활용자의 이해를 돕고자 하였다.

일본인 인명의 표기는 일반적으로 사용하는 표기법을 적용해 일본어 독음을 달았다. 그러나 창씨명으로써 조선인이 명확한 경우에는 일본어 독음을 기재하지 않았다.

## 2) 용어와 표현의 이해

이 자료집에서 주로 다루는 것은 일제와 조선총독부가 국가총동원법 공포 이후 조선에서 전시동원을 수행하기 위해 설치한 기구 및 조직과 관련된 주요 법률, 칙령, 각 성령, 제령,

각령, 조선총독부령, 각 시행령, 시행규칙, 통첩 등과 각의결정, 각의훈령, 각의고유 등이다. 이하에서는 편의상 이를 해당 분야 관련 주요 '법령 등' 또는 '법령 및 각의결정 등'으로 요약하여 표현하였다. 각의결정과 기타 법령 등의 성격을 종류별로 간략하게 살펴보면, 〈표 1〉과 같다.[1]

[표 1] 각의결정 및 법령 등의 구분

| 범례 | 내용 |
|---|---|
| 각의결정(閣議決定) | 내각이 정부의 주요 국책과 정책, 시행 등의 지시, 강령 등을 밝힌 결정<br>합의체인 내각의 회의에서 일반 안건과 법률 등 국정에 관한 사항을 결정하는 방법 중 가장 중요하다. 이 밖에 각의요해(閣議了解), 각의보고(閣議報告) 등이 있다. |
| 내각훈령(內閣訓令) | 내각이 각 성(省)과 하급 관청 등에 대해 직무 수행과 권한 행사 등을 지휘하기 위해 내리는 명령의 하나 |
| 내각고유(內閣告諭) | 내각총리대신이 국민들에게 정부의 뜻을 알리는 전언문 |
| 칙령(勅令) | 천황이 공포하는 법률 |
| 법률(法律) | 의회가 제정하는 법률 |
| 정령(政令) | 내각이 제정하는 명령 |
| 각령(閣令) | 법률의 위임 또는 법률의 시행을 위하여 내각총리대신이 공포하는 내각의 명령 |
| 부령(府令) | 내각총리대신이 내리는 명령 |
| 성령(省令) | 각 성(省)의 대신이 내리는 명령 |
| 훈령(訓令) | 상급 관청이 하급 관청에 대해 내리는 명령 |
| 규칙(規則) | 의회, 정부, 지자체 등 각 기관이 제정하는 명령 |
| 제령(制令) | 법령에 정한 사항에 대해 조선총독이 천황의 재가를 얻어 내리는 명령 |
| 총독부령(總督府令) | 법령 외 사항에 대해 총독이 내리는 명령 |
| 통첩(通牒), 통달(通達) | 행정기관의 상급 관청이 하급 관청에 내려보내는 통지(通知)의 일종 |

일반적으로 일본 정부가 주요 법률과 명령 등을 의회에 제출할 때에는 수개월 전 각의에서 중요한 방침과 대강 등을 발표하고 이를 실현하기 위한 법률안(法律案) 등을 마련하여 각의에 보고한다. 의회의 비준과 의결을 필요로 하지 않는 칙령과 각령, 부령, 성령, 훈령 등은 필요

---

[1] 법령 및 각의결정 등의 구분, 관련 법령 등의 개요표 항목과 항목별 구성에 대한 설명은 오일환·정혜경·허광무·김종구, 2022, 『전시동원 기구와 제도(1)-총동원체제 관련 주요 법령 및 각의결정 등』, 동북아역사재단에 수록하였으나, 중간 보고 감수자의 의견에 따라 중복하여 수록하였다.

에 따라 내각과 주무장관의 배서(背書)와 결정 또는 심의만으로 공포할 수 있으므로 내각의 결정과 명령에 따른 후속 조치라고 할 수 있다.

따라서 총동원체제에 관한 칙령과 법률 등은 사실상 내각의 주요한 결정과 방침에 따른 것으로서 총동원체제의 전후 맥락을 이해하기 위해서는 각의결정과 주요 법령 등을 모두 함께 살펴보아야 한다.

또한 각종 관리 등급은 동원 기구를 이해하는 데 필수 요소다. 관제나 사무분장 규정에 명시한 친임, 칙임, 판임, 주임 등은 1871년 8월 개정한 일본제국 관료제도의 관원 등급으로서 현재는 폐지된 등급이다. 근거 법령은 1893년 제정한 「문관 임용령」이다. 일제는 교관, 기술관을 제외한 관리 임용은 문관 시험(문관 고등시험, 문관 보통 시험)을 거치도록 하였다.

칙임관과 주임관, 판임관 용어는 갑오개혁 당시인 1894년 7월 조선에도 도입되었다. 갑오개혁 당시 문관은 정1품~종2품을 칙임관, 3~6품을 주임관, 7~9품을 판임관으로 분류하였다. 이후 통감부가 설치된 1906년 9월 대한제국 칙령으로 「문관 임용령」을 공포하고, 칙임관, 주임관, 판임관의 임명 기준을 명시하였다.

1910년 강제병합 이후에는 일본의 「문관 임용령」을 적용하여 조선총독부 관리는 임용 형식에 따라 크게 고등관과 판임관, 대우관으로 분류하였다. 이러한 등급의 기준은 일본 천황과 신분적 거리였다. 고등관은 천황이 직접 임명하는 관리로서 전체를 9등급으로 나누고, 등급에 따라 친임관·칙임관·주임관으로 구분하였다. 대우관(待遇官)은 실질적으로는 칙임관·주임관·판임관 대우를 받지만 형식상으로 관리가 되지 못한 이들이다. 순사와 간수는 판임관 대우, 읍면장은 주임관 대우를 받았다. 이 외에 임시직 개념으로 고원(雇員)과 용인(傭人)이 존재하였다.

일제가 조선총독부에 배정한 총동원, 군인·군무원, 노무(학생·여성) 동원 업무 담당 관리의 등급은 칙임관 이하가 대부분이다.

- 친임관(親任官): 일본제국 헌법에서 규정하는 관료제 계급의 최상위 등급이다. 일반 관등의 가장 위에 위치하고 있으며, 천황의 친임식을 거쳐 임명된다. 관기(官記)에 천황이 친서(親書)한다. 호칭으로 각하를 사용한다. 친임관은 일본 내에서는 수상과 대신 급에 해당하였는데, 조선에서는 조선총독과 총독의 보좌역이면서 총독부 업무를 실질적으로 총괄한 정무총감이 유일하였다.

- 칙임관(勅任官): 1~2등 고등관을 지칭한다. 호칭으로 각하를 사용한다.
- 주임관(奏任官): 3~9등 고등관을 지칭한다. 관례상 고등시험 합격자가 속(屬)을 거쳐 주임관을 임명받았다.
- 판임관(判任官): 관공청에 근무하는 관리의 등급으로 가장 하위이며, 비고등관이다. 천황의 임명 대권을 각 행정관청이 위임하는 형식을 취하여 임명한다. 조선의 경우 총독이 판임관 인사를 담당하였다. 국가와 공법상의 관계에서 관원이며, 1등에서 4등까지 있었다. 고등관의 최하위인 주임관 아래에 위치하였다. 보통 시험 합격자가 고원을 거쳐 판임관으로 임용되는 것이 관례였다.

〈문관 구분〉

| 관공청 근무자 | 관리 | 고등관 | 친임관 |
|---|---|---|---|
| | | | *칙임관(1~2등 고등관) |
| | | | *주임관(3~9등 고등관) |
| | | *판임관 | |
| | 관리가 아닌 자: 임시직 개념 (고원, 용인, 촉탁 등) | | |

* 대우관

문관은 직무에 따라 등급을 나누었지만 무관은 계급으로 나누었다. 경찰의 경우 경부·경부보가 판임관이며, 순사부장·순사는 판임대우였다. 군인은 하사관이 판임관에 해당하였는데, 징병된 사병은 남성 신민의 의무인 징병을 통해 입영·입단한 것이라는 명분을 들어 관등을 인정하지 않았다.

### 3) 중앙행정 단위와 지방행정 단위 관련 부서 현황

중앙행정 단위의 총동원, 군인·군무원 동원, 노무(학생·여성) 동원 관련 부서 현황을 살펴보면 다음과 같다.

• 국가총동원계획 수립 및 총동원 업무 담당: 조선자원조사위원회(1930. 6. 9.) → 총독관방 자원과(1937. 9. 1.), 식산국 임시자원조정과(1938. 9. 28.) → 기획부(1939. 11. 28.) → 총독관방 국민총력과(1940.

10. 16.) → 후생국 기획부, 사정국 국민총력과(1941. 11. 19.) → 총무국 기획실·국민총력과(1942. 11. 1.) → 광공국(1943. 11. 30.) → 총독관방 감찰과·지방과·조사과(1943. 12. 1.) → 총독관방 총무과, 농상국 농상과(1944. 11. 22.) → 총독관방 정보과, 광공국 동원과(1945. 4. 17.)

- 물자 및 노무자 단속 업무 담당(경제경찰): 경무국 경무과 경제경찰계(1938. 11. 12.) → 경무국 경제경찰과(1940. 2. 3.)

- 군인·군무원 동원 업무 담당: 조선총독부 육군병지원자훈련소(1938. 3. 29.) → 조선총독부 중견청년수련소(1939. 4. 20.) → 체신국 고등해원양성소(1940. 5. 11.) → 후생국 사회과(1941. 11. 18.) → 조선포로수용소 분소(1942. 7. 27.) → 학무국 연성과(1942. 11. 1.) → 학무국 연성·사회과, 경무국 경무과, 중견청년훈련소(1943. 12. 1.) → 학무국 학무과·연성과(1944. 11. 22.) → 청년학교(1945. 3. 31.) → 학무국 학무과·연성과·원호과·중견청년연성소, 경무국 경무과(1945. 4. 17.) → 국민의용대(1945. 6.)

- 노무(학생·여성) 동원 담당 업무: 내무국 사회과 노무계(1939. 2. 7.) → 내무국 노무과(1941. 3. 13.) → 후생국 노무과(1941. 11. 18.) → 사정국 노무과(1942. 11. 1.) → 광공국 노무과(1943.) → 광공국 근로조정과·광공국 근로동원과·광공국 근로지도과, 근로동원본부(1944. 11. 22.) → 광공국 근로부 조정과·광공국 근로부 동원과·광공국 근로부 지도과(1945. 1. 27.) → 광공국 동원과·광공국 근로부 근로제1과·광공국 근로부 근로제2과(1945. 4. 17.)

주요 중앙행정 단위를 대상으로 각 담당 부서의 세부적인 업무 변천 상황을 해당 업무를 중심으로 살펴보면 다음과 같다.

[표 2] 주요 중앙행정 단위의 총동원체제 운영, 군인·군무원 동원, 노무(학생·여성) 동원 관련 부서 변천 상황

| 부서 | 총독관방 자원과 | 식산국 임시자원조정과 | 기획부 | 총독관방 국민총력과 |
|---|---|---|---|---|
| 연도 | 1937. 9. 1. | 1938. 9. 28. | 1939. 11. 28.<br>1939. 11. 29. | 1940. 10. 16. |
| 근거 | 조선총독부훈령 제66호 | 조선총독부훈령 제58호 | 칙령 제793호<br>조선총독부훈령 제65호 | 조선총독부훈령 제56호 |
| 해당 업무 조항 | 1. 자원조사<br>2. 총동원계획 | 시국에 긴요한 물자의 수급조정에 관한 사무 | 국가총동원계획의 설정 및 수행에 관한 종합사무와 시국의 긴요한 물자 배급의 조정에 관한 사무 | 국민총력에 관한 사무 |

| 기타 | - 자원과 신설<br>- 폐지(1939. 11. 29.), 업무는 기획부로 이관 | - 임시자원조정과 신설<br>- 폐지(1939. 11. 29.), 업무는 기획부로 이관 | - 기획부 신설<br>- 총 3개 과<br>- 1940. 8. 20., 칙령 제531호를 통해 '국민징용 사무' 분장 | - 국민총력과 신설 |
|---|---|---|---|---|
| 부서 | 후생국 기획부,<br>사정국 국민총력과 | 총무국 기획실·국민총력과,<br>사정국 노무과, 학무국 연성과 | | 광공국, 교통국 |
| 연도 | 1941. 11. 18.<br>1941. 11. 19. | 1942. 11. 1. | | 1943. 11. 30. |
| 근거 | 칙령 제980호<br>조선총독부훈령 제103호 | 칙령 제727호<br>조선총독부훈령 제54호 | | 칙령 제890호<br>칙령 제891호 |
| 해당<br>업무<br>조항 | - 사정국 국민총력과: 국민총력운동에 관한 사무<br>- 사정국 척무과: 만주개척민 관련 업무 총 6개 항<br>- 후생국 사회과: 5. 군사보호<br>- 노무과: 노무 관련 업무 총 7개 항 | - 총무국 기획실: 국가총동원계획의 설정 및 수행의 종합에 관한 사항<br>- 국민총력과: 국민총력운동에 관한 사무<br>- 사정국 노무과: 노무동원 관련 업무 총 8개 항<br>- 학무국 연성과: 1.청소년 훈련, 2. 육군병지원자훈련, 3. 청년특별연성 | | - 총무국의 사무를 광공국의 사무로 개정<br>- 식산국을 광공국으로 개정<br>- 교통국: 선원직업능력의 등록, 선원 사용 등 통제 및 선원 징용에 관한 사무에 종사하는 자 (칙령 제891호) |
| 기타 | - 후생국 신설, 4개 과 설치<br>- 내무국을 사정국으로 개편, 3개 과<br>- 외사부를 기획부로 개정<br>- 기획부 임시설치제 폐지 | - 8월 22일 자 조선총독부 행정 간소화안 발표 후속 조치<br>- 후생국과 기획부 폐지<br>- 총무국과 사정국으로 대체 | | - 총무국, 사정국, 전매국 폐지<br>- 식산국과 농림국을 광공국과 농상국으로 개편<br>- 총동원 업무는 광공국이 담당<br>- 교통국에 선원 징용 정원 배정 |
| 부서 | 총독관방 감찰과·지방과·조사과, 광공국 기획과·노무과, 학무국 연성과·사회과·중견청년훈련소, 경무국 경무과·경제경찰과 | 총독관방 총무과,<br>농상국 농상과,<br>학무국 학무과·연성과 | | 총독관방 정보과, 광공국 동원과, 학무국 학무과·연성과·원호과·중견청년연성소, 경무국 경무과·경제경찰과 |
| 연도 | 1943. 12. 1. | 1944. 11. 22. | | 1945. 4. 17. |
| 근거 | 조선총독부훈령 제88호 | 조선총독부훈령 제96호 | | 조선총독부훈령 제18호 |
| 해당<br>업무<br>조항 | - 총독관방 감찰과: 2. 전시경제통제 실시 상황의 조사·[考査]<br>- 지방과: 5. 국민총력운동<br>- 조사과: 5. 노동 및 기술 통계조사<br>- 광공국 기획과: 1. 국가 총동원계획의 설정 및 수행의 종합 | - 총독관방 총무과: 6. 국민총력운동<br>- 농상국 농상과: 3. 개척민<br>- 학무국 연성과: 1. 청소년 훈련, 2. 청년특별연성, 3. 군무예비훈련, 4. 국민연성 및 국민근로교육, 5. 체위 향상 | | - 총독관방 정보과: 2. 국민총력운동에 관한 사항<br>- 광공국 동원과: 1. 국가총동원계획의 설정 및 수행의 종합, 5. 생산방공, 6. 군수회사법의 시행<br>- 광공국 근로부 근로제1과: 1. 국민동원계획 및 기술자동원계획의 책정, 2. 근로자의 등록, 3. 근로동원의 실시, 4. 근로동원 예정자의 훈련, 5. 전시근로요원 책정, 6. 직업소 |

| | | | |
|---|---|---|---|
| | - 노무과: 노무동원 관련 총 6개 항<br>- 학무국 연성과: 1. 청소년 훈련, 2. 육군병지원자 및 해군병지원자 훈련, 3. 청년특별연성, 5. 국민연성 및 국민근로교육<br>- 사회과: 1. 군사보호<br>- 중견청년훈련소: 중견청년의 수련 사무<br>- 경무국 경무과: 6. 병사<br>- 경제경찰과: 1. 경제경찰, 2. 노무자 모집·단속 | | 개소 및 입영자의 직업보장, 7. 근로자의 모집허가, 8. 기타 다른 과의 주관에 속하지 않는 근로행정<br>- 근로제2과: 1. 근로사상의 보급 선전, 2. 근로관리, 3. 근로자의 표창 및 징계, 4. 기능자의 양성, 5. 근로자의 교양훈련, 6. 임금, 급료 기타 급여, 7. 근로자용 물자, 근로자용 주택 기타 근로자의 후생시설, 8. 근로자의 부조 및 원호<br>- 농상국 농상과: 3. 개척민<br>- 생활물자과: 3. 생활물자의 말단 배급<br>- 중앙농업수련도장: 농촌지도자 및 농촌중견청년의 수련에 관한 사무<br>- 학무국 연성과: 1. 청소년 훈련, 2. 청년특별연성, 3. 군무예비훈련, 4. 국민연성 및 국민근로교육, 5. 체위 향상<br>- 원호과: 1. 군사보호<br>- 중견청년연성소: 중견청년의 수련에 관한 사무<br>- 경무국 경무과: 6. 병사<br>- 경제경찰과: 1. 경제경찰, 2. 노무자 모집·단속 |
| 기타 | - 칙령 제890호 후속 조치<br>- 총독관방 감찰과·지방과·조사과, 광공국 기획과·노무과, 학무국 연성과·사회과·중견청년훈련소, 경무국 경무과·경제경찰과에 총동원 업무분장 | - 총독관방 총무과, 농상국 농상과, 학무국 연성과에 총동원 업무분장 | - 총독관방 정보과, 농상국 농상과·생활물자과·중앙농업수련도장, 광공국 동원과, 광공국 근로부 근로제1·근로제2과, 학무국 연성과·원호과·중견청년연성소, 경무국 경무과·경제경찰과에 총동원 업무분장 |

지방행정 단위의 총동원, 군인·군무원 동원, 노무(학생·여성) 동원 관련 부서 현황을 살펴보도록 하겠다. 먼저 도 단위의 업무 변천 상황을 보면 다음과 같다.

**[표 3] 도 단위의 총동원, 군인·군무원 동원, 노무(학생·여성) 동원 관련 업무 변천**

| 연도 | 1938. 6. 23. | 1940. 10. 21. | 1941. 11. 19. | 1943. 11. 30. | 1943. 12. 1. | 1944. 10. 15. |
|---|---|---|---|---|---|---|
| 부서 | 내무부 | 지사관방 | 내무부 | - | 내무부·광공부·경찰부 | 내무부·광공부 |
| 업무 | 2. 국가총동원에 관한 사항 | 8. 국민총력에 관한 사항 | 16. 국민총력에 관한 사항 | - | 내무부: 6. 국민총력에 관한 사항, 10. 국민연성 및 국민근로교육에 관한 사항, 12. 군사원호 및 사회사업에 관한 사항 | 내무부: 13-2. 국민등록, 국민징용 기타 국민동원에 관한 사항, 13-3. 국민근로원호에 관한 사항 |

| | | | | | 광공부: 5. 노무에 관한 사항, 6. 국민등록, 국민징용 기타 국민동원에 관한 사항<br>경찰부: 2. 병사에 관한 사항 | 광공부: 5. 국민근로 관리에 관한 사항 |
|---|---|---|---|---|---|---|
| 기타 | 각 도에 산업부 설치 | - | 지사관방 업무를 내무부로 이관 | 각 도의 산업부와 식량부를 광공부 또는 농상부로 개정 | 지사관방의 업무이던 '국민총력에 관한 사항'을 내무부로 이관 | 광공부 업무의 일부를 내무부로 이관하고, 용어를 '노무'에서 '근로'로 변경 |
| 근거 | 조선총독부훈령 제35호 | 조선총독부훈령 제58호 | 조선총독부훈령 제105호 | 칙령 제896호 | 조선총독부훈령 제94호 | 조선총독부훈령 제90호 |
| 선행법령 | - | - 조선총독부 관제 중 개정 (칙령 제256호, 1940. 4. 15.)<br>- 조선총독부 사무분장 중 개정 (조선총독부훈령 제56호, 1940. 10. 16.) | - 조선총독부 사무분장 중 개정 (조선총독부훈령 제103호, 1941. 11. 9.) | 조선총독부 관제 개정 (칙령 제890호, 1943. 11. 30.) | - 조선총독부 사무분장 중 개정 (조선총독부훈령 제88호, 1943. 12. 1.) | - 조선총독부 사무분장 중 개정 (조선총독부훈령 제89호, 1944. 10. 15.) |

지방행정 단위 가운데 도의 역할을 관내 부군도읍면에서 총동원체제, 군인·군무원 동원, 노무(학생·여성) 동원 업무를 수행할 수 있도록 큰 틀의 법적 근거를 마련하는 과정이었다. 총동원체제, 군인·군무원 동원, 노무(학생·여성) 동원 실무를 담당한 것은 부군도읍면 단위였다. 도를 포함한 지방행정 단위의 관련 부서 현황은 다음과 같다.

**[표 4] 규정을 통해 본 지방행정 단위의 총동원, 군인·군무원 동원, 노무(학생·여성) 동원 관련 부서**

| 행정단위별 | 총동원 관련 부서 |
|---|---|
| 도(道) | 지사관방, 내무부, 재무부(산업부), 광공부 |
| 부(府) | 서무과, 내무과, 재무과 |
| 군(郡)·도(島) | 서무계, 내무계 |
| 읍(邑)·면(面) | 권업계, 사회계, 내무계, 호적계(호적병사계) |
| 경성부 | 총무부(호적과, 사회과), 구역소, 정회 |

중앙행정 단위와 지방행정 단위의 조직과 기구에서 공통사항은 인력동원 유형에서 크게 군인과 군무원·노무로 대별된다는 점이다. 총동원 운영 업무와 군인동원 업무는 각각 다른

조직과 기구에서 담당한 데 비해 군무원과 노무동원 업무는 동일한 조직과 기구에서 담당하였다. 군무원 가운데 노무자와 동일한 업무를 수행한 설영대나 특설수상근무대, 건축대 등 군시설 공사나 상하역 작업에 투입한 인력은 물론, 특수직이라 할 수 있는 포로감시원도 마찬가지였다. 포로감시원 제도의 정책을 수립한 것은 일본 육군 소속의 포로정보국과 포로관리부였으나 모집 업무는 노무동원 담당과였던 사회과나 내무과가 담당하였다. 이같이 군무원 동원 정책은 군이 수립했지만 업무 기구·조직은 노무동원 업무 기구·조직이 담당하였다. 이에 비해 군인의 경우, 중앙행정 단위에서 일반적인 병사(兵事) 업무는 경무국 담당이었고, 지원병과 징병 동원을 위한 훈련기관은 조선총독 소속이나 학무국 업무로 명시하였다. 그러나 실제로는 군이 관리하였다. 지방행정 단위에서도 군무원·노무동원 담당 업무를 노무계나 사회계, 권업계가 담당한 데 비해 군인동원 업무는 병사계가 담당하였다. 일부 지역에서 노무병사계로 통합 운영한 경우도 있으나 대부분은 군무원·노무 담당 부서와 달리 운영하였다.

군인과 군무원·노무로 대별되는 이러한 특징은 업무의 효율성 도모를 지향한 결과이지만 이를 통해 업무의 유사성도 생각해 볼 수 있다.

인력동원의 범주와 성격에 대해 김영달을 비롯해 관련 연구자들은 군무원을 군의 범주(병력 또는 준병력)로 인식해 왔다. 동원 주체가 군이고, 군의 요원이라는 사전적 의미를 중시하였기 때문이다. 이에 대해 정혜경은 군무원은 단일한 성격을 갖지 않으므로 크게 군 노무자(설영대, 특설수상근무대, 건축대 등)와 특수직(포로감시원, 문관, 운전수, 선원, 전화교환수, 간호부, 감옥 간수 등)으로 구분해야 한다고 제안하였다.[2] 현재 이에 대한 논의는 진전을 보지 못하고 있다. 그러한 점에서 법령과 규정을 통해 본 동원 업무 기구·조직은 향후 인력동원의 범주와 성격 논의에 시사점을 제공할 것이라 생각한다.

---

2 정혜경, 2006, 『조선인 강제연행 강제노동 I: 일본편』, 도서출판 선인, 19-22쪽.

## 2. 각 장의 구성

제Ⅱ장에서는 일제가 조선에서 총동원체제를 운영한 기구와 조직에 관한 각의결정과 법령을 수록하였다. 일제가 1918년에 군수공업동원법을 제정하면서 '총력전체제'라는 이름으로 구축하기 시작한 총동원체제가 조선에도 그대로 적용되었다. 일제는 군수공업동원법에 적용대상으로 조선과 대만을 포함하였고, 1929년 제정한 「자원조사법」(법률 제53호)에 따라 조선에서도 1930년 6월에 조선자원조사위원회를 설치하였다. 조선자원조사위원회는 총 3회 회의를 개최하였는데, 이 자리에 일본의 자원국 장관이나 기획부장이 참석하였고 현지 시찰도 실시하였다.

자원조사위원회가 조선에 최초로 설치한 총동원 관련 조직이었으나 심의기구였으므로, 최초의 직제는 총독관방 자원과(1937년 9월)와 식산국 임시자원조정과(1938년 9월)가 된다. 두 개의 과에서 출발해 1939년 기획부가 발족하면서 조선의 총동원 관련 중앙행정 단위는 총독관방, 후생국, 총무국, 광공국, 경제경찰이 담당하게 되었다.

지방행정 단위에서는 조선총독부령과 훈령에 근거하여 제정한 도사무분장 규정이나 통첩 등에 따라 도(지사관방, 내무부, 산업부)와 부군도읍면(내무과, 서무계, 내무계, 총무부, 구역소, 정회)에서 총동원 관련 업무를 수행하였다.

제Ⅲ장에서는 군인·군무원 동원을 담당한 기구와 조직에 관한 각의결정과 법령을 수록하였다. 군인·군무원 동원과 관련해서는 직접 동원 기구·조직과 교육 및 훈련 담당 기구·조직으로 나눌 수 있다. 중앙과 지방행정 단위로 구분해 보면, 중앙행정 단위가 담당한 것은 동원을 위한 훈련 기구·조직이고, 직접 동원 기구·조직은 조선군·지방행정 단위의 몫이었다.

교육 및 훈련 담당 조직은 중견청년수련소, 중견청년훈련소, 청년학교 등 사회교육기관이 있고, 해원양성소와 같이 전문적인 교육을 담당하는 기관이 있다. 정규학교 단위의 교련 등 군사교육은 학무국 담당이었다.

직접 동원 관련 조직 및 기구를 살펴보면, 군인과 군무원은 각기 담당 부서를 달리하였다. 그러나 군인의 경우에는 조선총독부 조직보다는 조선군사령부의 비중이 높았다. 조선군이 아닌 행정단위에서 역할은 경무국 경무과와 같이 '병사(兵事)' 업무 전반을 담당하거나 지방행정 단위에서 동원에 필요한 호적 등 서류 발급을 담당하는 정도였다.

포로감시원과 같은 특수직 군무원도 군의 비중이 높았다. 포로감시원 동원 정책은 군이 수립했지만 업무 기구·조직은 노무동원 업무 기구·조직이 담당하였다. 포로수용소 역시 조선총독부는 수용 시설을 확보해 주는 정도의 역할만 할 뿐, 조선군사령관의 직무 권한이었다. 군인의 경우에도 지원병과 징병 동원을 위한 훈련기관(조선총독부 육군병지원자훈련소, 해군병지원자훈련소, 조선청년특별연성소, 군무예비훈련소)은 조선총독 소속이나 학무국 업무로 명시하였다. 그러나 실제로는 군이 관리하였다. 이 같은 특징을 군인·군무원 동원을 담당한 기구·조직에 관한 각의결정과 법령을 통해 알 수 있다.

제Ⅳ장에서는 노무(학생·여성) 동원을 담당한 기구·조직에 관한 각의결정과 법령을 수록하였다. 일제는 성인 남성 외에 학생과 여성을 위한 동원 기구도 운영하였다. 여성과 학생의 경우에는 이미 1938년부터 근로보국대 제도를 통해 한반도 내에서 동원하고 있었는데, 1944년부터 한반도 외 동원을 위해 동원 법령과 동원 조직을 설립한 것이다.

지역별로 보면, 중국·만주 지역과 그 외 지역(한반도, 일본, 동남아, 중서부태평양, 남사할린)으로 담당 기구와 조직을 구분할 수 있다. 중국·만주 지역을 담당한 기구는 직접 동원 조직과 교육 및 훈련 조직으로 구분할 수 있다. 총독관방 외무부(1937년 7월 설립)와 사정국 척무과·외무과, 농상국 농상과 등이 직접 동원 기구이고, 만주개척민지원자훈련소는 훈련 기구이다. 조선총독부 이민위원회는 심의 기구이고, 선만척식(주)와 만선척식(주)는 실행을 위한 국책회사이다.

노무(학생·여성) 동원을 직접 담당한 중앙행정 단위의 기구 및 조직 가운데 중국과 만주 지역을 제외한 모든 지역을 대상으로 하는 동원을 담당한 대표적인 조직은 내무국, 후생국, 사정국, 광공국의 소속이던 노무과라고 할 수 있다.[3] 부서의 조직이 확대되고 1944년부터 일제가 정책적으로 '노무'를 '근로'로 대체하면서 부서의 이름이 변경되었으나 '노무과'는 일제강점기 내내 가장 상징적인 노무동원 기구였다. 노무 외에 군무원 동원도 노무과의 담당이었다. 1941년 3월 13일 자 내무국 노무과의 설립은 전담 부서의 출현이라는 의미와 함께 '국민직업능력 등록 및 국민징용에 관한 사항'이라는 항목을 통해 '징용' 업무를 개시하였다는 의미가 있다. 이를 통해 국민징용령에 의거한 '징용' 업무가 1941년 3월을 기점으로 공식적인

---

3  노무과의 모태는 1939년 2월 7일 자로 개설된 내무국 사회과 노무계이다.

업무로 확립되었음을 알 수 있다. 일본 정부가 작성한 통계에 따르면, 「국민징용령」에 근거해 조선인을 징용하기 시작한 시기가 1941년이므로 일제가 노무과 업무에 '국민징용' 업무를 배정한 시기와 일치한다.[4]

한반도 내 지역의 동원을 위해 일제가 운용한 제도는 근로보국대 제도였다. 근로보국대 제도는 한반도 내 공공사업과 국책공사에 노동력을 이용하기 위해 1938년 6월 조선총독부 내무부장의 통첩을 통해 개시한 인력동원 제도이다. 1941년 11월 22일 일본 정부가 제정한 「국민근로보국협력령」(칙령 제995호)을 근거로 조선총독부가 12월 1일 조선에 「국민근로보국협력령 시행규칙」(조선총독부령 제313호)을 공포하면서 법령에 근거한 제도가 되었다. 지역별, 직종별로 근로보국대, ○○정신대, ○○봉사대, 학도근로대 등 다양한 이름으로 토목공사 현장에 동원하였다. 일제는 근로보국대를 노무와 관련한 행정체계 속에서 운용하였고, 노무관리는 행정기구의 변화와 함께 체계화를 거쳐 강화하였다. 1938년 근로보국대 관련 조선총독부의 부서는 학무국 사회교육과와 내무국 사회과였다. 1938년 6월 11일 정무총감의 통첩으로 학교근로보국대를 조직했을 때 지도 총본부는 학무국이었고, 6월 26일 통첩으로 결성한 일반 사회인의 근로보국대 담당 부서는 내무국 사회과였다.

제Ⅴ장에서는 총동원 운영, 군인·군무원 동원, 노무(학생·여성) 동원 기구 및 조직 관련 주요 신문 기사를 발췌하여 번역·수록하였다. 총 3개 장에 걸쳐 총동원 운영, 군인·군무원 동원, 노무(학생·여성) 동원 기구와 조직 관련 법령을 번역·수록하였다. 그러나 법령과 각의결정 등의 내용만으로는 기구와 조직을 설치하고 운영한 취지와 목적, 일제와 조선총독부의 구체적 의도를 파악하기 어려운 측면이 있다. 특히 전시동원 관련 기구와 조직 관련 법령은 대부분 업무분장이나 사무분장과 관련된 규정이어서 설치의 배경이나 운영의 방향을 파악하기 힘들다. 그러므로 해당 기구와 조직을 설치하고 운영할 때 즈음해 일본과 조선총독부 주요 인사들이 신문에 게재한 성명, 훈시, 훈령, 담화, 설명, 해설 등은 당시의 실정과 분위기를 생생하게 보여 준다는 점에서 유익하다고 할 수 있다. 또한 정식 기구와 조직으로 설치를 완료할 때까지 일본 정부와 조선총독부 사이에는 여러 논의 과정이 있었고, 일본 정부의 정원

---

[4] 국무총리 소속 대일항쟁기 강제동원피해조사 및 국외강제동원희생자 등 지원위원회, 2016, 『위원회활동결과보고서』, 129쪽.

과 예산을 받지 못해 설치가 미루어지다가 축소되거나 다른 기구로 설치된 경우도 있다. 그러한 과정도 신문 기사를 통해 살펴볼 수 있다.

그러나 일제말기 신문 기사는 일본 당국과 조선총독부 등 당국의 일방적인 의도와 지시를 밝히는 데 그 목적이 있으며 신문사의 편집 취지 역시 총동원체제의 엄격한 언론통제 속에서 작성된 것이므로 기사의 내용과 방향이 의도적이고 목적 지향적이다. 천황제를 옹호하고 내선일체, 황국신민화를 지향하며 전시총동원체제의 원활한 운용을 목적으로 한 기사였다. 또한 일제가 대부분의 기구와 조직을 《조선일보》와 《동아일보》 등의 민간지 폐간 이후에 설치·운영하였으므로, 다양한 언론 기사의 모습은 찾기 어렵다.

그럼에도 기획부, 노무과, 경제경찰, 조선직업소개소 관련 기사를 통해 일본 당국이 총동원전쟁 수행에서 조선의 중요성을 인정하면서도 예산의 배분에서는 우선순위를 부여하지 않고 있었다는 모순을 알 수 있다. 이러한 모순은 일본 당국의 전쟁 수행 과정에서 식민지 조선의 역할에 대한 인식의 단면을 보여 줌과 함께 조선총독부의 조선 민중을 상대로 한 심각한 인적·물적 자원 수탈로 이어지는 과정을 보여 준다.

제Ⅵ장에서는 전시동원에 대한 조선 민중의 저항을 동원 지역별, 동원 유형별로 관련 자료를 번역하여 수록하였다. 전시동원에 대한 조선인들의 투쟁과 저항은 양상에 따라 동원 과정에서 나타난 저항과 동원 지역별·피해 유형별 저항으로 구분할 수 있다. 내용에 따라 동원 거부·작업장 탈출과 같은 소극적 저항, 비밀결사·현지 투쟁과 같은 적극적 저항으로 구분할 수 있다. 이 장에서는 이러한 유형에 따라 조선총독부가 제국의회에 제출한 자료를 비롯하여 일제의 각종 공안당국이 동향 파악과 통제를 위해 작성한 보고서, 경찰문서, 수사 결과물, 판결문, 일본 기업이 작성한 내부 문서 등 관련 자료를 번역하여 수록하였다.

또한 『위원회활동결과보고서』에 따르면, 한반도 내에서 조선인을 강제동원한 기업은 1,144개 기업이고, 일본 지역은 1,259개 기업이다.[5] 당시 3대 기업으로 알려진 미쓰이(三井)와 미쓰비시(三菱), 스미토모(住友)는 252개소의 작업장을 한반도와 일본, 사할린, 동남아시아, 태평양, 중국·만주 등지에 운영하고 있었다. 그 가운데 하나가 미쓰비시광업㈜ 소속 사도(佐

---

5 국무총리 소속 대일항쟁기 강제동원피해조사 및 국외강제동원희생자 등 지원위원회, 2016, 『위원회활동결과보고서』, 143-166쪽.

渡)광산이다. 섬이라는 지리적 제약에도 굴하지 않고 1940년부터 지속적으로 전개한 사도광산 조선인의 저항 관련 자료도 수록하였다.

전시동원에 대한 조선 민중의 저항은 총동원체제 아래 일제의 강제동원이 갖는 성격을 알 수 있는 잣대이기도 하다. '자유로운 취업'이었다거나 '제국 신민으로서 당연한 의무'였고 작업장 탈출을 '무책임한 우발적 행동'이었다고 평가하는 일부 강제동원 부정론자들의 주장과 달리, 당시 조선 민중들은 '강제'라는 상황에 대한 인식을 명확히 갖고 대응하였다. 학도지원병을 거부하고 채석장이나 시멘트공장에서 강제노역을 해야 했던 청년들은, '남의 나라 전쟁에 나가야 하는 부당함'을 입영 거부로 저항하고 입영 후 탈출로 맞서기도 하였다. 노무자로 동원되는 조선 민중이 동원 과정에서 그리고 작업장에서 집단적·개인적 저항을 지속한 이유는 일제의 강제성이 자리하고 있었기 때문이다. 개인적 차원을 넘어서 비밀결사로 이어간 사례는 '우발적 일탈'이 아니라 세계 정세에 대한 명확한 인식과 지향성이 있었기 때문이다. 이러한 점에서 자료를 통해 전시동원에 대한 조선 민중의 저항을 이해하는 것은 일제강점기 역사의 이해에도 도움이 될 것이다.

## 3. 수록 자료 목록

이 책에 수록한 총동원 운영, 군인·군무원, 노무(학생·여성) 동원 기구 및 조직 관련 각의결정과 법령은 126건이다. 번역하여 수록한 주요 법령과 각의결정, 신문 기사, 관련 자료 등의 목록은 다음과 같다.

[표 5] 총동원체제 운영, 군인·군무원 동원, 노무(학생·여성) 동원 운영 기구 및 조직 관련 각의결정과 법령 목록

| 번호 | 법령 및 각의결정 등의 명칭 | 형태 | 제정·공포·결정일 | 세부 근거 |
|---|---|---|---|---|
| 1 | 조선자원조사위원회 규정 | 조선총독부내훈 | 1930. 6. 9. | 조선총독부내훈 제6호 |
| 2 | 조선자원조사위원회 규정 중 개정 | 조선총독부내훈 | 1930. 12. 16. | 조선총독부내훈 제13호 |
| 3 | 조선중앙정보위원회 규정 | 조선총독부훈령 | 1937. 7. 22. | 조선총독부훈령 제51호 |
| 4 | 조선총독부 사무분장 규정 중 개정 | 조선총독부훈령 | 1937. 9. 1. | 조선총독부훈령 제66호 |
| 5 | 조선총독부 사무분장 규정 중 개정 | 조선총독부훈령 | 1938. 9. 28. | 조선총독부훈령 제58호 |
| 6 | 조선총독부 기획부 임시설치제 | 칙령 | 1939. 11. 28. | 칙령 제793호 |
| 7 | 조선총독부 사무분장 규정 중 개정 | 조선총독부훈령 | 1939. 11. 29. | 조선총독부훈령 제65호 |
| 8 | 조선총독부 기획부 임시설치제 중 개정 | 칙령 | 1940. 1. 30. | 칙령 제26호 |
| 9 | 조선총독부 기획부 임시설치제 중 개정 | 칙령 | 1940. 6. 25. | 칙령 제427호 |
| 10 | 조선총독부 사무분장 규정 중 개정 | 조선총독부훈령 | 1940. 7. 1. | 조선총독부훈령 제31호 |
| 11 | 조선총독부 부내 임시직원설치제 중 개정 | 칙령 | 1940. 8. 20. | 칙령 제531호 |
| 12 | 조선총독부 사무분장 규정 중 개정 | 조선총독부훈령 | 1940. 10. 16. | 조선총독부훈령 제56호 |
| 13 | 행정사무 쇄신강화에 관한 건 | 각의결정 | 1941. 7. 25. | 각의결정 |
| 14 | 조선총독부 관제 중 개정 | 칙령 | 1941. 11. 18. | 칙령 제980호 |
| 15 | 조선총독부 사무분장 규정 중 개정 | 조선총독부훈령 | 1941. 11. 19. | 조선총독부훈령 제103호 |
| 16 | 조선총독부 관제 중 개정 | 칙령 | 1942. 11. 1. | 칙령 제727호 |

| 17 | 조선총독부 사무분장 규정 중 개정 | 조선총독부훈령 | 1942. 11. 1. | 조선총독부훈령 제54호 |
|---|---|---|---|---|
| 18 | 조선총독부 철도국 사무분장 규정 중 개정 | 조선총독부훈령 | 1942. 11. 1. | 조선총독부훈령 제55호 |
| 19 | 조선총독부 사무분장 규정 중 개정 | 조선총독부훈령 | 1943. 9. 30. | 조선총독부훈령 제71호 |
| 20 | 조선총독부 관제 중 개정 | 칙령 | 1943. 11. 30. | 칙령 제890호 |
| 21 | 조선총독부 사무분장 규정 중 개정 | 조선총독부훈령 | 1943. 12. 1. | 조선총독부훈령 제88호 |
| 22 | 조선총독부 사무분장 규정 중 개정 | 조선총독부훈령 | 1944. 11. 22. | 조선총독부훈령 제96호 |
| 23 | 조선총독부 사무분장 규정 중 개정 | 조선총독부훈령 | 1945. 4. 17. | 조선총독부훈령 제18호 |
| 24 | 조선총독부 부내 임시직원설치제 중 개정 | 칙령 | 1938. 11. 8. | 칙령 제714호 |
| 25 | 조선총독부 사무분장 규정 중 개정 | 조선총독부훈령 | 1938. 11. 12. | 조선총독부훈령 제67호 |
| 26 | 조선총독부 부내 임시직원설치제 중 개정 | 칙령 | 1940. 2. 2. | 칙령 제43호 |
| 27 | 조선총독부 사무분장 규정 중 개정 | 조선총독부훈령 | 1940. 2. 3. | 조선총독부훈령 제5호 |
| 28 | 국민정신총동원실시요강 | 각의결정 | 1937. 8. 24. | 각의결정 |
| 29 | 국민정신총동원위원회 규정 | 조선총독부훈령 | 1939. 4. 17. | 조선총독부훈령 제21호 |
| 30 | 국민정신총동원기구개조요강 | 각의결정 | 1940. 4. 16. | 각의결정 |
| 31 | 국민총력운동지도위원회 규정 | 조선총독부훈령 | 1940. 10. 16. | 조선총독부훈령 제54호 |
| 32 | 조선총독부훈령 제21호 폐지 | 조선총독부훈령 | 1940. 10. 16. | 조선총독부훈령 제55호 |
| 33 | 국민총력운동지도위원회 규정 중 개정 | 조선총독부훈령 | 1942. 11. 30. | 조선총독부훈령 제65호 |
| 34 | 조선총독부 도사무분장 규정 중 개정 | 조선총독부훈령 | 1938. 6. 23. | 조선총독부훈령 제35호 |
| 35 | 조선총독부 지방관 관제 중 개정 | 칙령 | 1940. 4. 9. | 칙령 제256호 |
| 36 | 조선총독부 도사무분장 규정 중 개정 | 조선총독부훈령 | 1940. 10. 21. | 조선총독부훈령 제58호 |
| 37 | 조선총독부 도사무분장 규정 중 개정 | 조선총독부훈령 | 1941. 11. 19. | 조선총독부훈령 제105호 |

| 38 | 조선총독부 지방관 관제 중 개정 | 칙령 | 1943. 11. 30. | 칙령 제896호 |
|---|---|---|---|---|
| 39 | 조선총독부 도사무분장 규정 중 개정 | 조선총독부 훈령 | 1943. 12. 1. | 조선총독부훈령 제94호 |
| 40 | 부제 중 개정 | 제령 | 1943. 6. 9. | 제령 제29호 |
| 41 | 경성부 사무분장 규정 중 개정 | 조선총독부 훈령 | 1943. 12. 1. | 조선총독부훈령 제95호 |
| 42 | 정회에 관한 건 | 조선총독부령 | 1944. 10. 15. | 조선총독부령 제343호 |
| 43 | 읍면제 시행규칙 중 개정 | 조선총독부령 | 1944. 10. 15. | 조선총독부령 제345호 |
| 44 | 읍면처무규정 중 개정 | 규정 | 1940. 11. 27. | 제17호 제34호 |
| 45 | 조선총독부 중견청년수련소 규정 | 조선총독부령 | 1939. 4. 20. | 조선총독부령 제59호 |
| 46 | 조선총독부 중견청년수련소 규정 중 개정 | 조선총독부령 | 1940. 5. 3. | 조선총독부령 120호 |
| 47 | 조선총독부 사무분장 규정 중 개정 | 조선총독부훈령 | 1941. 11. 19. | 조선총독부훈령 제103호 |
| 48 | 조선총독부 징병제시행준비위원회 규정 | 조선총독부훈령 | 1942. 5. 11. | 조선총독부훈령 제24호 |
| 49 | 조선총독부 사무분장 규정 중 개정 | 조선총독부훈령 | 1942. 11. 1. | 조선총독부훈령 제54호 |
| 50 | 조선총독부 사무분장 규정 중 개정 | 조선총독부훈령 | 1943. 12. 1. | 조선총독부훈령 제88호 |
| 51 | 조선총독부 사무분장 규정 중 개정 | 조선총독부훈령 | 1944. 11. 22. | 조선총독부훈령 제96호 |
| 52 | 조선총독부 사무분장 규정 중 개정 | 조선총독부훈령 | 1945. 4. 17. | 조선총독부훈령 제18호 |
| 53 | 청년학교 규정 | 조선총독부령 | 1945. 3. 31. | 조선총독부령 제46호 |
| 54 | 국민의용대 조직에 관한 건 | 각의결정 | 1945. 3. 23. | 각의결정 |
| 55 | 국민의용대 조직에 관한 건 | 각의결정 | 1945. 4. 2. | 각의결정 |
| 56 | 국민의용대 조직에 관한 건 | 각의결정 | 1945. 4. 13. | 각의결정 |
| 57 | 국민의용대 조직·운영 지도에 관한 건 | 각의결정 | 1945. 4. 27. | 각의결정 |
| 58 | 국민의용대협의회 설치에 관한 건 | 각령 | 1945. 4. 27. | 각갑 제130호 |

| | | | | |
|---|---|---|---|---|
| 59 | 국민의용전투대원에 관한 육군형법, 해군형법, 육군군법회의법 및 해군군법회의법의 적용에 관한 건 | 법률 | 1945. 6. 22. | 법률 제40호 |
| 60 | 국민의용전투대 통솔령 | 군령 | 1945. 6. 23. | 군령 제2호 |
| 61 | 국민의용대협의회 및 국민의용대 사무국(가칭) 설치에 관한 건 | 각령 | 1945. 6. 26. | 각갑 제264호 |
| 62 | 유고 | 유고 | 1945. 7. 7. | 유고 |
| 63 | 내각에 국민의용대 순열(巡閱)을 설치하는 건 | 칙령 | 1945. 8. 15. | 칙령 제480호 |
| 64 | 국민의용대 해산에 관한 건 | 각의결정 | 1945. 8. 21. | 각의결정 |
| 65 | 조선총독부 체신국 해원양성소 규정 중 개정 | 조선총독부령 | 1940. 5. 11. | 조선총독부령 제124호 |
| 66 | 조선총독부 체신국 고등해원양성소 규정 중 개정 | 조선총독부령 | 1942. 1. 12. | 조선총독부령 제8호 |
| 67 | 조선총독부 체신국 해원양성소 규정 | 조선총독부령 | 1943. 3. 19. | 조선총독부령 제50호 |
| 68 | 조선총독부 체신국 보통해원양성소 규정 | 조선총독부령 | 1943. 8. 14. | 조선총독부령 제248호 |
| 69 | 조선총독부 체신국 해원양성소 규정 중 개정 | 조선총독부령 | 1943. 8. 14. | 조선총독부령 제249호 |
| 70 | 조선총독부 체신국 고등해원양성소 규정 중 개정 | 조선총독부령 | 1943. 8. 14. | 조선총독부령 제250호 |
| 71 | 조선총독부 부내 임시직원설치제 중 개정 | 칙령 | 1943. 11. 30. | 칙령 제891호 |
| 72 | 조선총독부 교통국 사무분장 규정 | 조선총독부훈령 | 1943. 12. 1. | 조선총독부훈령 제91호 |
| 73 | 포로정보국 관제 | 칙령 | 1941. 12. 27. | 칙령 제1246호 |
| 74 | 포로수용시설 실시에 관한 건 | | 1942. 4. 27. | 경건갑 제483호 |
| 75 | 조선포로수용소 분소 설치의 건 보고 | | 1942. 7. 27. | 조참기 제596호 |
| 76 | 남방포로수용소요원의 파견 및 조선포로수용소 개설의 건 보고 | | 1942. 8. 28. | 조참기 제640호 |
| 77 | 포로수용소에 관한 명령제출(송부)의 건 | | 1942. 9. 3. | 조참밀 제1770호 |
| 78 | 조선총독부 도사무분장 규정 중 개정 | 조선총독부훈령 | 1943. 12. 1. | 조선총독부훈령 제94호 |
| 79 | 부제 시행규칙 중 개정 | 조선총독부령 | 1943. 6. 9. | 조선총독부령 제164호 |
| 80 | 경성부 사무분장 규정 | 조선총독부훈령 | 1943. 12. 1. | 조선총독부훈령 제95호 |

| | | | | |
|---|---|---|---|---|
| 81 | 사변 중 현역병으로 징집된 자의 대우에 관한 건 | 규정 | 1940. 7. 1. | 경북인비 제352호 |
| 82 | 조선총독부 사무분장 규정 중 개정 | 조선총독부훈령 | 1937. 7. 16. | 조선총독부훈령 제50호 |
| 83 | 조선총독부 사무분장 규정 중 개정 | 조선총독부훈령 | 1939. 2. 7. | 조선총독부훈령 제7호 |
| 84 | 조선총독부 관제 중 개정 | 칙령 | 1939. 8. 2. | 칙령 제532호 |
| 85 | 조선총독부 사무분장 규정 중 개정 | 조선총독부훈령 | 1939. 8. 3. | 조선총독부훈령 제45호 |
| 86 | 국민정신총동원 근로보국운동에 관한 건 | 통첩 | 1938. 7. 1. | 통첩 |
| 87 | 근로보국대 출동에 관한 건 | 통첩 | 1943. 5. 29. | 통첩 |
| 88 | 조선총독부 사무분장 규정 중 개정 | 조선총독부훈령 | 1941. 3. 13. | 조선총독부훈령 제23호 |
| 89 | 조선총독부 사무분장 규정 중 개정 | 조선총독부훈령 | 1941. 11. 19. | 조선총독부훈령 제103호 |
| 90 | 사정국 및 식산국 근무 칙임사무관의 직무에 관한 건 | 조선총독부훈령 | 1941. 11. 19. | 조선총독부훈령 제104호 |
| 91 | 조선총독부 사무분장 규정 중 개정 | 조선총독부훈령 | 1942. 11. 1. | 조선총독부훈령 제54호 |
| 92 | 조선총독부 관제 중 개정 | 칙령 | 1943. 11. 30. | 칙령 제890호 |
| 93 | 조선총독부 사무분장 규정 중 개정 | 조선총독부훈령 | 1943. 12. 1. | 조선총독부훈령 제88호 |
| 94 | 국민동원기구에 관한 건 | 각의결정 | 1943. 12. 7. | 각의결정 |
| 95 | 조선총독부 사무분장 규정 중 개정 | 조선총독부훈령 | 1944. 10. 15. | 조선총독부훈령 제89호 |
| 96 | 조선총독부 근로동원본부 규정 | 조선총독부훈령 | 1944. 10. 15. | 조선총독부훈령 제92호 |
| 97 | 조선총독부 사무분장 규정 중 개정 | 조선총독부훈령 | 1944. 11. 22. | 조선총독부훈령 제96호 |
| 98 | 조선총독부 사무분장 규정 중 개정 | 조선총독부훈령 | 1945. 1. 27. | 조선총독부훈령 제2호 |
| 99 | 조선총독부 근로동원본부 규정 중 개정 | 조선총독부훈령 | 1945. 2. 2. | 조선총독부훈령 제3호 |
| 100 | 조선총독부 중앙농업수련도장 규정 | 조선총독부령 | 1945. 3. 31. | 조선총독부령 제44호 |

| | | | | |
|---|---|---|---|---|
| 101 | 조선총독부 사무분장 규정 중 개정 | 조선총독부령 | 1945. 3. 31. | 조선총독부훈령 제13호 |
| 102 | 조선총독부 사무분장 규정 중 개정 | 조선총독부훈령 | 1945. 4. 17. | 조선총독부훈령 제18호 |
| 103 | 조선여자청년연성소 규정 | 조선총독부령 | 1944. 2. 10. | 조선총독부령 제35호 |
| 104 | 조선여자청년연성소 규정 중 개정 | 조선총독부령 | 1945. 3. 28. | 조선총독부령 제38호 |
| 105 | 조선총독부 학도동원본부 규정 | 조선총독부훈령 | 1944. 4. 28. | 조선총독부훈령 제44호 |
| 106 | 선만척식주식회사령 | 제령 | 1936. 6. 4. | 제령 제7호 |
| 107 | 조선총독부 이민위원회 규정 | 조선총독부훈령 | 1939. 2. 22. | 조선총독부훈령 제9호 |
| 108 | 조선총독부 이민위원회 규정 중 개정 | 조선총독부훈령 | 1939. 8. 31. | 조선총독부훈령 제52호 |
| 109 | 만주개척청년의용대훈련본부에 관한 건 | 칙령 | 1940. 3. 29. | 칙령 제47호 |
| 110 | 조선총독부 만주개척민지원자훈련소 규정 | 조선총독부령 | 1940. 4. 10. | 조선총독부령 제100호 |
| 111 | 조선총독부 만주개척민지원자훈련소 관제 | 칙령 | 1940. 6. 4. | 칙령 제386호 |
| 112 | 선만척식주식회사령 폐지의 건 | 제령 | 1941. 12. 20. | 제령 제33호 |
| 113 | 조선직업소개령 | 제령 | 1940. 1. 11. | 제령 제2호 |
| 114 | 조선총독부 직업소개소 관제 | 칙령 | 1940. 1. 19. | 칙령 제17호 |
| 115 | 조선직업소개령 시행기일의 건 | 조선총독부령 | 1940. 1. 20. | 조선총독부령 제6호 |
| 116 | 조선직업소개령 시행규칙 | 조선총독부령 | 1940. 1. 20. | 조선총독부령 제7호 |
| 117 | 조선총독부 직업소개소의 명칭, 위치 및 관할 구역 | 조선총독부령 | 1940. 1. 20. | 조선총독부령 제8호 |
| 118 | 조선총독부 직업소개소 관제 중 개정 | 칙령 | 1940. 11. 8. | 칙령 제748호 |
| 119 | 조선총독부 직업소개소의 명칭, 위치 및 관할 구역 | 조선총독부령 | 1940. 12. 14. | 조선총독부령 제282호 |
| 120 | 조선총독부 부내 임시직원설치제 외 26칙령 중 개정 | 칙령 | 1942. 11. 1. | 칙령 제763호 |
| 121 | 조선직업소개령 시행규칙 중 개정 | 조선총독부령 | 1945. 6. 13. | 조선총독부령 제139호 |

| 122 | 조선총독부 도사무분장 규정 중 개정 | 조선총독부훈령 | 1943. 12. 1. | 조선총독부훈령 제94호 |
| 123 | 조선총독부 도사무분장 규정 중 개정 | 조선총독부훈령 | 1944. 10. 15. | 조선총독부훈령 제90호 |
| 124 | 부제 시행규칙 중 개정 | 조선총독부령 | 1943. 6. 9. | 조선총독부령 제164호 |
| 125 | 경성부 사무분장 규정 | 조선총독부훈령 | 1943. 12. 1. | 조선총독부훈령 제95호 |
| 126 | 경성부 사무분장 규정 중 개정 | 조선총독부훈령 | 1944. 10. 15. | 조선총독부훈령 제91호 |

제Ⅴ장에 수록한 신문 기사 목록은 다음과 같다.

[표 6] 신문 기사 목록

| 번호 | 기사 제목 | 신문 | 게재 연월일 | 구분 |
|---|---|---|---|---|
| 127 | 기획부를 신설, 전시체제의 정비에 당면해, 본부의 기구 개혁 내년 봄 실시하나 | 경성일보 | 1938. 11. 3. | 총동원 체제 |
| 128 | 확충 후 본부의 신기구, 폐합으로 12과 신설 | 경성일보 | 1938. 11. 19. | |
| 129 | 기획부 신설 머지 않아 실시, 호즈미(穗積) 식산국장 | 경성일보 | 1939. 9. 11. | |
| 130 | 기획부의 새 설치 머지않아 각의에서 결정, 관제 이달 말까지 공포 | 경성일보 | 1939. 11. 15. | |
| 131 | 본부에 조사과 신설 | 경성일보 | 1939. 11. 16. | |
| 132 | 본부에 기획부 신설 | 경성일보 | 1939. 11. 21. | |
| 133 | 신설의 기획부 관제 25일 공포, 즉일 실시 | 경성일보 | 1939. 11. 22. | |
| 134 | 기획부 관제 오는 25일에 공포 | 조선일보 | 1939. 11. 22. | |
| 135 | 기획부 관제안 추밀원 본회의에 상정 가결 | 경성일보 | 1939. 11. 23. | |
| 136 | 본부 기획부 관제 오늘 공포, 총동원계획에 획기적 의의 | 경성일보 | 1939. 11. 30. | |
| 137 | 총동원 기구 확충차 기획부를 신설-오노(大野) 정무총감 담화 | 조선일보 | 1939. 11. 30. | |
| 138 | 총동원 사무 확대에 따라 기획부에 1과 신설, 초대 과장은 야스다(安田) 연료과장이 겸임 | 경성일보 | 1940. 7. 2. | |
| 139 | 총독부 기구의 개혁 완성, 식산국 기획부를 개조, 후생·사정 양국 신설, 내무국 외사부는 폐지 | 경성일보 | 1941. 11. 19. | |
| 140 | 반도 신체제에 즉응 국민총력과 신설, 물적 농진운동을 관할 | 경성일보 | 1940. 10. 16. | |
| 141 | 행정간소화실시안 발표, 중앙과 지방을 통해 칙임 3할 감축 | 경성일보 | 1942. 7. 29. | |

| | | | |
|---|---|---|---|
| 142 | 조선 행정간소화안 발표, 후생국·기획부를 폐지, 중앙·지방을 통틀어 감원 1만2천, 10월 1일 일제 발령 | 경성일보 | 1942. 8. 22. |
| 143 | 행정기구 중점 재편, 청신 통리의 전개로, 9월 중순 본부 대이동을 단행 | 경성일보 | 1942. 8. 25. |
| 144 | 총독부 기구 개정 단행, 새로운 총무국을 설치, 후생국 기획부는 폐지, 오늘 공포 즉일 실시 | 경성일보 | 1942. 11. 1. |
| 145 | 총독부의 기구 개혁, 총무국 신설의 의의 크다 | 경성일보 | 1942. 11. 1. |
| 146 | 반도 행정기구 개혁 완성, 광공·농상 2국도 신설, 총무 등 6국 폐지 | 경성일보 | 1943. 10. 20. |
| 147 | 총독부 새 기구 오늘 실시, 말단행정의 강화 단행, 3국을 신설, 5국을 폐지 | 경성일보 | 1943. 12. 1. |
| 148 | 반도 방공에 철통의 진, 1일 자 발령, 공습에 대비해 방위총본부 설치, 본부장에 정무총감 | 경성일보 | 1944. 2. 2. |
| 149 | 전 반도 황국호지로 총궐기, 국민의용대조직요강 발표되다-지역·직역의 양 조직, 화급시에는 전투대로, 연맹 등은 해소·합류, 본부에 조선총사령부, 핵심적 활동을 기대, 전 직원 직임을 사수 | 경성일보 | 1945. 6. 17. |
| 150 | 국민의용대 조선총사령부 결성, 철벽진 이루다, 총사령에 엔도(遠藤) 정무총감 | 경성일보 | 1945. 7. 8. |
| 151 | 조선에도 경제경찰, 약 3백 명의 경찰관 증원 | 경성일보 | 1938. 7. 12. |
| 152 | 경제경찰제도 창설비, 대장성에서 대삭감 | 경성일보 | 1938. 7. 22. |
| 153 | 경제경찰령 및 석유규정을 실시 | 경성일보 | 1938. 9. 11. |
| 154 | 조선의 경제경찰 드디어 다음 달 개시 | 경성일보 | 1938. 9. 28. |
| 155 | 경제경찰법 5일 공포 실시 | 경성일보 | 1938. 11. 3. |
| 156 | 경제경찰제도 공포는 9일 | 경성일보 | 1938. 11. 6. |
| 157 | 조선경제경찰령 오늘 공포 즉일 실시 | 경성일보 | 1938. 11. 10. |
| 158 | 전 조선 경경진(經警陳)의 강력 재편제를 단행, 총독부, 각 도에 독립 과를 신설 | 경성일보 | 1939. 12. 21. |
| 159 | 총독부에 1과 위시, 전 조선 각 도에 경제경찰과, 1월 중순경 일제히 설치 | 조선일보 | 1939. 12. 21. |
| 160 | 경제경찰 확충-미하시(三橋) 경무국장 담화 | 경성일보 | 1940. 2. 4. |
| 161 | 반도 경제경찰제의 중추, 경기도 경제경찰과 드디어 활동 개시 | 경성일보 | 1938. 11. 10. |
| 162 | 시국총동원과 신설 | 경성일보 | 1938. 7. 21. |
| 163 | 총동원과를 폐지하고 국민총력과 신설 | 경성일보 | 1940. 10. 30. |
| 164 | 국민총력과 신설, 경성부 신체제를 이루다 | 경성일보 | 1940. 11. 3. |

| 165 | 부(府)에 총력과 신설 | 경성일보 | 1941. 1. 14. | |
| --- | --- | --- | --- | --- |
| 166 | 조선군도 새 직제, 내지의 4군관구 설치와 함께 | 경성일보 | 1940. 7. 14. | |
| 167 | 징병제 시행에 대응, 준비위원회 기구 확충, 정보과 발표 | 경성일보 | 1942. 9. 16. | |
| 168 | 각 도에 수송보안과, 경기·경남·평남·함북에 병사과, 도 경찰부 기구 개혁 | 경성일보 | 1944. 6. 21. | |
| 169 | 경기·평남·경북에 학무부를 신설, 현재 심의 중 | 경성일보 | 1938. 6. 1. | |
| 170 | 드디어 광산국 설치, 식산국의 방침 결정, 내년도 예산에 소요경비 요구 | 경성일보 | 1939. 7. 12. | |
| 171 | 일반행정 관계상 본부 광산국의 설치는 신중한 검토가 필요 | 경성일보 | 1940. 9. 17. | |
| 172 | 본부에 노무과를 신설, 노동력[勞力] 총동원에 만전, 국책사업에 인적자원을 공급 | 매일신보 | 1940. 7. 29. | |
| 173 | 국가총동원법의 운용범위 확대, 노무자 조정에 복음 | | | |
| 174 | 본부 노무과 설치, 내년도 예산 요구 | 경성일보 | 1940. 10. 29. | |
| 175 | 총독부에 후생국, 내년도부터 실현 | 경성일보 | 1940. 11. 1. | |
| 176 | 후생국에 5과, 국민체육법은 1942년부터 | 경성일보 | 1941. 1. 14. | |
| 177 | 노무과 신설, 4월 초에는 드디어 실현 | 경성일보 | 1941. 2. 22. | |
| 178 | 내무국에 노무과 신설, 초대 과장에 하야시(林) 사회과장 기용 | 경성일보 | 1941. 3. 15. | |
| 179 | 노무행정의 약진-고타키(上瀧) 내무국장 담화 | | | |
| 180 | 지하자원의 대갱광, 총독부 기구 개혁 2부국의 신설, 법제국과 절충 진행 | 경성일보 | 1941. 6. 15. | |
| 181 | 후생국과 광산부 드디어 실현하기로 결정 | 경성일보 | 1941. 10. 11. | |
| 182 | 광산부에 대신해 관계 3과를 신설, 칙임사무관을 두고, 후생국은 원안대로 통과 실현 | 경성일보 | 1941. 10. 25. | |
| 183 | 조선총독부 관제 중 개정의 건 전원일치 가결, 오늘 추밀원 본회의 | 경성일보 | 1941. 11. 13. | |
| 184 | 근로동원본부를 총독부와 각 도에 설치, 본부장에 정무총감, 광공국에 3과 | 경성일보 | 1944. 10. 15. | |
| 185 | 본부와 도에 근로동원본부, 행정기구 강화, 동원태세 전면 쇄신 15일 실시 | 매일신보 | 1944. 10. 15. | |
| 186 | 총독부와 각 도에 학도동원본부, 학교별 동원기준 결정, 조선총독부 학도동원본부 규정, 본부장 정무총감 | 경성일보 | 1944. 4. 28. | |
| 187 | 중앙지도본부 설치, 학도동원에 만전의 태세 | 경성일보 | 1943. 6. 27. | |
| 188 | 6직업소개소를 국영으로 이관, '노동소개소'로 개칭 | 경성일보 | 1939. 1. 22. | |
| 189 | 6소개소를 국영 이관 7월 1일부터 실시 | 경성일보 | 1939. 2. 4. | |

| | | | | |
|---|---|---|---|---|
| 190 | 부영 직업소개소 우선 6개소 국영으로 | 경성일보 | 1939. 11. 24. | |
| 191 | 직업소개령 오는 12월 중 공포, 노무취직으로 부임시는 부읍면에서 여비를 선대(先貸) | 조선일보 | 1939. 11. 26. | |
| 192 | 전 조선 직업소개소 드디어 국영 이관 실시, 11일 제령 공포 | 경성일보 | 1940. 1. 12. | |
| 193 | 조선직업소개소령 실시에 대해, 오다케(大竹) 내무국장 담화를 발표, 산업전사 조정으로 | 경성일보 | 1940. 1. 23. | |
| 194 | 조선노무협회 설립, 첫 사업은 알선지도자 양성, 유휴노동력 활용에 만전책 | 경성일보 | 1941. 3. 14. | |
| 195 | 노무협회를 신설하고 노동력 활용에 만전, 각 도에 지부 월말까지 탄생 | 경성일보 | 1941. 6. 11. | |
| 196 | 조선노무협회 탄생, 회장은 총감, 총독부에 본부 설치, 오늘 창립총회를 개최 | 경성일보 | 1941. 6. 29. | |
| 197 | 노무협회 오늘 창립, 노무 수급의 적정을 기도 | 매일신보 | 1941. 6. 29. | |
| 198 | 교양과 훈련을 강화코자 노무자들 동원 관리, 지도의 총본영 노무협회 결성 | | | |
| 199 | 젊은 생산확충 전사의 훈련소를 설치 | 경성일보 | 1941. 7. 5. | |
| 200 | 선만척식훈련소, 강원도 세포에 오늘 개소식을 거행, 미나미(南) 총독 훈시[告辭] | 경성일보 | 1938. 7. 29. | |
| 201 | 만주 개척 지원자 훈련소를 머지않아 국영으로 이관, 오는 5일에 관제 공포 | 경성일보 | 1940. 6. 4. | |
| 202 | 만척과 선척 합병, 오늘 가조인식 | 경성일보 | 1941. 4. 2. | |
| 203 | 경북에 이민훈련소, 곤란을 극복하고 설치 | 경성일보 | 1939. 8. 7. | |
| 204 | 4도에 산업부를 신설, 황해·전북·강원·함남·평남·평북 6도에서 | 경성일보 | 1938. 2. 5. | |
| 205 | 평남 외 5도에 산업부 신설 | 경성일보 | 1938. 2. 19. | |
| 206 | 각 도에 산업부 설치 | 경성일보 | 1938. 3. 29. | |
| 207 | 도 산업부의 신설 드디어 실현, 행정기구도 개혁 | 경성일보 | 1938. 4. 15. | |
| 208 | 사회과 독립, 인천부회 무사 가결 | 경성일보 | 1938. 7. 7. | |
| 209 | 군(郡)의 기구를 쇄신, 서무를 폐하고 권업진을 강화, 황해도 당국의 영단 | 경성일보 | 1940. 7. 14. | |
| 210 | 총력운동의 강화로 군의 기구 개혁, 서무과 폐지, 권업과 신설 | 경성일보 | 1940. 12. 22. | |
| 211 | 각 도에 노무관 설치, 근로관리를 쇄신 강화, 조만간 통첩 | 경성일보 | 1943. 7. 23. | |

제Ⅵ장에 수록한 자료 목록은 다음과 같다.

**[표 7] 전시동원과 조선 민중의 저항 관련 자료 목록**

| 번호 | 자료 제목 | 출처 | 기타 |
|---|---|---|---|
| 212 | 4. 노무동원에 따른 민심의 동향 및 지도·단속 상황에 대하여(1944년 제85회 제국의회 설명자료사계(司計)) | 『일제하전시체제정책사료총서』 제21권, 2000, 한국학술정보 | |
| 213 | (극비)국민동원계획에 따른 이입 조선인 노무자 및 일본 거주 조선인의 주의 동향(1944년 10월) | 내무성 경보국 보안과, 『다네무라씨경찰참고자료(種村氏警察參考資料)』 제107집 | |
| 214 | 도요하라(豐原) 경찰서장, 「풍고선비(豐高鮮秘) 제653호(1942년 10월 13일)」 | 화태청(樺太廳) 소장 경찰서 기록물, GIASOД154 | |
| 215 | 조사-국민징용령 위반사건 개요 | 고등법원검사국, 『고등검찰요보』 제10호, 1944년 12월, 5~11쪽 | |
| 216 | 징병기피를 목적으로 한 집단폭행 사건(대구검사정 보고) | 고등법원검사국, 『고등검찰요보』 제8호, 1944년 10월, 38~41쪽 | |
| 217 | 특별지원병을 지원하지 않는 학도는 어떻게 조치하는가(학도지원병 거부(응징학도, 학도응징)-1944년 제86회 제국의회 설명자료(학무)) | 『일제하전시체제정책사료총서』 제21권 | |
| 218 | 『1941년 4월~1944년 7월 천내공장제3호회전요관계도면기타(川內工場第三號回轉窯關係圖面其他)』, 기술과 문서, 6~10쪽(학도지원병 거부(응징학도, 학도응징)-조선오노다시멘트제조(주) 자료) | 조선오노다시멘트제조(주) 내부 문서 | 개인 소장 |
| 219 | 「1944년 4월 생산관계조서, 천내공장」, 영업부 생산과, 『1941년 12월~1945년 3월 조선천내공장왕복(朝鮮川內工場往復)』, 8~10쪽(학도지원병 거부(응징학도, 학도응징)-조선오노다시멘트제조(주)) | 조선오노다시멘트제조(주) 내부 문서 | 개인 소장 |
| 220 | 학도지원병의 전과(戰果) 거두다-비지원자는 징용, 황민으로 재연성(학도지원병 거부(응징학도, 학도응징)-1943년 11월 22일 신문 기사) | 《경성일보》1943년 11월 22일 자 | |
| 221 | 성적 찬연 학도특별지원병, 황국 반도의 면목 또렷(躍如), 전원 출진 거의 달성, 지원하지 않은 자는 엄격 훈련 징용-학무국장 담화(학도지원병 거부(응징학도, 학도응징)-1943년 11월 22일 신문 기사) | 《매일신보》1943년 11월 22일 자 | 국한문 |
| 222 | 입영기피 학도지원병의 조선 독립을 목적으로 하는 비밀결사조직활동사건(원산검사 보고) | 고등법원검사국, 『조선검찰요보』 제3호, 1944년 5월, 25~26쪽 | |
| 223 | 1945년 형공(刑公) 1538 | 국가기록원 소장 판결문 | 김중일 등 판결문 |
| 224 | 노무동원계획 실시에 따른 이주 조선인 노동자의 상황 | 내무성 경보국, 『특고월보』 1939년 12월분 | |
| 225 | (2) 집단도주음모계획 발견 | 내무성 경보국, 『특고월보』 1942년 11월분 | |

| | | | |
|---|---|---|---|
| 226 | 도주한 이입 조선인 노무자의 블록별 일제단속 상황 | 내무성 경보국, 『특고월보』 1944년 6월분 | |
| 227 | (4) 유언비어에 기초한 집단도주 | 내무성 경보국, 『특고월보』 1944년 2월분 | |
| 228 | (3) 수송 도중 도주의 특이사례 | 내무성 경보국, 『특고월보』 1944년 6월분 | |
| 229 | '평양학병의거사건' 판결문 | 표영수, 2001, 「자료 소개-'평양학병의거사건' 판결문」, 『한일민족문제연구』 1 | 일부 |
| 230 | 조선인 군속 등의 경찰관 주재소 습격 사건(청진검사정 보고) | 고등법원검사국, 『고등검찰요보』 제1호, 1944년 3월, 38~39쪽 | |
| 231 | 도요하라(豊原) 경찰서장, 「풍고비(豊高秘) 제472호 (1943년 6월 3일)」 | 화태청 소장 경찰서 기록물, GIASO Д154 | 사할린 |
| 232 | 응징사(應徵士)의 경찰관 구타상해 사건(영변지청검사 보고) | 고등법원검사국, 『고등검찰요보』 제12호, 1945년 2월, 32~33쪽 | |
| 233 | 수원육군○○공사장에서 근로보국대원의 경찰관에 대한 폭행사건(수원검사 보고) | 고등법원검사국, 『고등검찰요보』 제4호, 1944년 6월, 21쪽 | |
| 234 | '야마가타현(山形縣) 나가마쓰(永松)광산 폭동 사건' | 내무성 경보국, 『특고월보』 1941년 12월분 | |
| 235 | '야마가타현(山形縣) 나가마쓰(永松)광산 폭동 사건' 판결문 | | 개인 소장, 일부 |
| 236 | 구레(吳)진수부(鎭守府) 군법회의-김선근 판결문(히로시마(廣島) 구레(吳)해군시설부 집단폭동 사건) | 곤도 노부오, 2013, 「히로시마 해군시설부 조선인 징용공 폭동사건 판결문」, 『한일민족문제연구』 25 | |
| 237 | 구레(吳)진수부(鎭守府) 군법회의-전병렬 판결문(히로시마(廣島) 구레(吳)해군시설부 집단폭동 사건) | | |
| 238 | 가야누마(茅沼)광업소 집단폭행 사건 | 내무성 경보국, 『특고월보』 1944년 7월분 | |
| 239 | 일본인 사감에 대한 불만이 발단이 된 파업 및 집단폭행 사건 | 明石博隆·松浦總三 編, 1975, 『소화특고탄압사(昭和特高彈壓史)』 8, 太平出版社 | 사할린 |
| 240 | (2) 해군징용 조선인 공원의 분쟁 발생 | 내무성 경보국, 『특고월보』 1942년 2월분 | |
| 241 | 1940년 4월 파업(미쓰비시(三菱)광업 사도(左渡)광업소 소속 조선인 광부의 저항 사례) | 사법성 형사국, 『사상월보』 79, 1940 | 사도광산 |
| 242 | 1943년 3~5월 작업장 탈출 등(미쓰비시(三菱)광업 사도(左渡)광업소 소속 조선인 광부의 저항 사례) | 내무성 경보국, 『특고월보』, 1943년 3~5월 | 사도광산 |
| 243 | 니가타현(新潟縣) 경찰부장, 「이주 조선인 노동자 도주 소재불명 수배 건(1941년 4월)」(미쓰비시(三菱)광업 사도(左渡)광업소 소속 조선인 광부의 저항 사례) | 화태청 소장 경찰서 기록물, GIASO 1i-1-123 | 사도광산 |

# Ⅱ

## 총동원 운영 기구·조직에 관한 주요 각의결정 및 법령 등

## 1. 일본의 국가총동원체제와 조선 적용

'국가총동원'이란 "일시적 또는 영구적으로 국가 권내에 파악되는 일체의 자원, 기능을 전쟁 수행상 가장 유효하게 이용하도록 통제·안배하는 것"이며, '국가총동원체제'는 '국가총동원'이 그 목적을 달성할 수 있도록 획일적으로 구상·구축된 체제를 의미한다. '총동원체제'는 제1차 세계대전의 경험에서 비롯된 대량 살상과 장기 지구전을 전제로 한 '총력전' 개념과 같은 의미의 일본식 표현이라 할 수 있다.[1]

일본은 제1차 세계대전 참전 과정에서 근대 전쟁관인 총력전(guerre totale) 사상을 접하였다. 총력전체제 구축에 필요한 국가적 과제는, 군대와 군수산업으로 국민동원과 군수 생산 능력의 질적·양적 충실화를 동시에 높이는 것이었다. 제1차 세계대전에 참전한 유럽 국가들은 향후 이 체제 구축 없이는 대규모 전쟁이 불가능하다고 생각하였다. 제1차 세계대전 직후 일본 등 세계 각국에서 총력전 사상은 급속도로 퍼졌다.

일본 육군과 해군은 제1차 세계대전이 진행되던 1915년에 전쟁의 새로운 양상을 관찰하고 연구하여 일본도 국가총동원체제를 갖추어야 한다는 정책을 제안하였다.[2] 이후 1918년 12월 육군임시군사조사위원회 제2반은 '국가총동원'의 개념을 담은 문서(「교전 제국의 육군에 대하여」)를 만들었다. 내각도 국가총동원체제 만들기의 한 축을 담당하였다. 1918년 4월, 일본 내각은 육군의 독려 아래 군수공업동원법을 제정하고, 6월 1일 군수국을 신설해 업무를 담당하도록 하였다. 일본 정부는 1929년 6월 18일 각의결정「총동원계획설정처리업무요강」에서 공식적으로 '국가총동원'이라는 용어를 사용하고, 1930년에 총동원기간계획을 처음 마련하였다.[3] 1929년 각의결정「총동원계획설정처리업무요강」의 내용은, 자원국[4]을 중심으로 총동원계획 수립에 필요한 기본계획을 관련 관청이 수립하게 하는 것이었다. 이후 내각은 중국과

---

1 허광무·정혜경·김미정, 2021,『일제의 전시 조선인 노동력 동원』, 동북아역사재단, 32쪽.
2 박영준, 2020,『제국 일본의 전쟁 1868~1945』, 사회평론아카데미, 235쪽.
3 防衛廳防衛研修所 戰史室, 1967,『戰史叢書 陸軍軍需動員(1) 計劃編』, 朝雲新聞社, 254쪽.
4 일본 정부는 국가총동원의 업무를 전담하기 위한 조직을 구성하기 위해 1925년 4월 국가총동원기관설치위원회를 설립하였다. 설립 목적은 국가총동원 준비기관의 조직, 권한, 서무 방법 등을 연구·심의하기 위함이었다. 이 위원회의 심의 결과 1927년 5월 국가총동원 준비기관으로 설치한 것이 자원국이었다. 허광무·정혜경·김미정,『일제의 전시 조선인 노동력 동원』, 37쪽.

태평양 지역에 걸친 대규모 전쟁을 기정사실화하는 내용의 방침을 발표하였다. 곧 1936년 8월 내각이 국방과 외교 분야에서 국책에 대한 기준으로 각의결정한 「국책기준」이다. 이어서 일본 정부는 전쟁에 대비한 「국책기준」에 따라 '총동원계획'의 기본계획 수립에 관한 강령을 잇달아 발표하였다.

1937년 7월 7일 중일전쟁 발발 직후 일제는 향후 전쟁이 전면전으로 확대될 가능성을 염두에 두고 기존의 총동원계획을 신속하게 확대 조정하여 시행할 것을 관계 각 청에 지시하였다. 1938년 1월 20일 내각은 각의결정 「국책대강」을 발표하여 중일전쟁의 의미와 동아시아 지배 의지를 천명하며 국가총동원 태세의 완성을 지시하였다.

중일전쟁이 장기화 국면으로 접어들자 4월 1일 국가총동원법을 공포함으로써 전시체제로 전환하고 일본과 외지, 점령지역의 모든 인적·물적 자원을 국가가 직접 통제하고 동원하는 태세에 돌입하였다. 국가총동원법은 행정부와 군부가 사람과 물자 등 국가의 모든 자원을 강제로 통제하고 무한대로 동원할 수 있는 무소불위의 최상위 통제 법령이다. 이후 일제는 국가총동원법에 기초하여 각종 인적·물적 통제 법령을 제정·공포하였다.

일제가 수립한 총동원체제의 대상에는 조선과 대만이 포함되어 있었다. 일제는 이미 아시아태평양전쟁 발발 이전 시기부터 조선과 대만을 포함해 왔다. 「군수공업동원법」은 일본에 시행된 후 5개월 만인 1918년 10월 1일(칙령 제365호) 조선에서도 시행되었다. 일제가 1919년 12월에 제정·공포한 「군수조사령」은 본문 제26조에 "이미 정해진 수속은 조선에서는 조선총독, 대만에서는 대만총독…"으로 명시하였다. 1929년 4월 「잠정총동원계획설정처리요강」에 따라 '잠정총동원기간계획'을 수립할 때에도 계획의 지리적 구분에서 "내지, 조선, 대만, 관동주, 가라후토(樺太, 남사할린), 남양군도로 한다"라고 하여 계획의 대상에 포함하였다. 이 계획에 따라 1930년 4월에 자원국 장관 주최로 열린 제1회 총동원계획회의에 조선총독부의 문서과와 식산국 상공과에서 3명의 직원(과장 1명, 과원 2명)이 참석하였다. 1934년에 제2차 총동원기간계획을 설정할 때에도 '식량'과 '식염' 항목에서 조선의 역할을 명시하였다.[5]

국가총동원체제 운영은 먼저 '자원조사에 의한 현상 파악 → 수요 결정 → 계획 수립(동원

---

5  안자코 유카, 2006, 「조선총독부의 '총동원체제'(1937~1945) 형성 정책」, 고려대학교 사학과 박사학위논문, 43·49·51쪽.

및 배분의 범위·규모 결정) → 자원의 동원 → 자원의 배분'으로 수행되었다. 총동원체제를 구축하기 위한 전제가 되는 것은 자원(군수물자 외 사람, 물건, 자금, 정신 등 포함)에 대한 조사와 체제 운영을 위한 총동원계획의 수립이었다.[6]

일제는 총동원체제 구축의 첫 단계인 자원에 대한 조사를 1929년에 시작하였다. 1929년 4월 1일 「자원조사법」(법률 제53호)의 제정으로 '총자원의 통제·운용 계획에 필요한 자원조사'를 개시하였다. 일본에서 실시한 이 조치는 조선에 적용되었다. 1930년 6월 9일에 '자원조사에 관한 사항과 총동원계획 설정상 필요한 사항을 심의'할 목적으로 조선총독부 내에 '조선자원조사위원회'를 설치하였다. 또한 전쟁 발발 후에는 1940년 3월 12일 조선총독부 내무국은 노무자원조사(勞務資源調査)를 요청하는 「노무자원조사에 관한 건」을 각 도에 통첩하여 노무자원 조사표를 군별, 성별로 작성하도록 하였다. 인력동원을 위한 동원대상자 조사에 착수한 것이다.[7]

일본의 국가총동원체제 운영에서 조선의 역할은, 일제가 그간 실시하지 않던 '총동원기간계획'을 중일전쟁 후 실시하면서 1938년 5월 국가총동원법 발효와 함께 현실화되었다. 국가총동원법은 별도의 칙령인 '국가총동원법을 조선, 대만 및 화태에 시행하는 건'에 의해 5월 5일부터 조선에 적용되었다. 이를 통해 조선인은 일제의 총동원체제 아래 강제동원 상태에 놓이게 되었다.

---

6 허광무·정혜경·김미정, 『일제의 전시 조선인 노동력 동원』, 37쪽.
7 1930년 7월 조선자원조사위원회 간사타합회 결정에 따라 조선총독부 내 담당과(상공과, 광무과, 체신국, 문서과, 농무과 등)가 자원조사를 실시했으나 그다지 진전이 양호하지 않았다. 안자코 유카, 「조선총독부의 '총동원체제'(1937~1945) 형성 정책」, 57-58쪽.

## 2. 조선의 국가총동원 운영 기구·조직에 관한 각의결정 및 법령

### 1) 중앙행정 단위의 기구 및 조직에 관한 각의결정 및 법령[8]

일제가 조선에 설치한 총동원 운영 기구 및 조직은 중앙과 지방으로 나누어 볼 수 있다. 이 가운데 총동원 운영과 관련한 중앙행정 단위의 기구 및 조직을 정리해 보면, 다음과 같다. 먼저 업무 담당 부서의 변천을 시기순으로 살펴보도록 하겠다.

- 자원조사위원회(1930. 6. 9.) → 총독관방 자원과(1937. 9. 1.), 식산국 임시자원조정과(1938. 9. 28.) → 기획부(1939. 11. 8.) → 총독관방 국민총력과(1940. 10. 16., 국민총력운동에 관한 사무 업무분장) → 후생국 기획부, 사정국 국민총력과(1941. 11. 19.) → 총무국 기획실·국민총력과(1942. 11. 1.) → 광공국(1943. 11. 30.) → 총독관방 감찰과·지방과·조사과(1943. 12. 1.) → 총독관방 총무과(1944. 11. 22.) → 총독관방 정보과, 광공국 동원과(1945. 4. 17.)
- 경제경찰제도: 경제경찰계 신설(1938. 11. 8.) → 각 도에 경제경찰과 설치 → 경제경찰과 설치(1940. 2. 3.)

각 담당 부서의 세부적인 업무 변천 상황을 해당 업무 중심으로 살펴보면 다음과 같다.

**[표 1] 중앙행정 단위의 총동원 관련 부서 변천 상황**

| 부서 | 총독관방 자원과 | 식산국 임시자원조정과 | 기획부 | 총독관방 국민총력과 |
|---|---|---|---|---|
| 연도 | 1937. 9. 1. | 1938. 9. 28. | 1939. 11. 28.<br>1939. 11. 29. | 1940. 10. 16. |
| 근거 | 조선총독부훈령 제66호 | 조선총독부훈령 제58호 | 칙령 제793호<br>조선총독부훈령 제65호 | 조선총독부훈령 제56호 |
| 해당 업무 조항 | 1. 자원조사<br>2. 총동원계획 | 시국에 긴요한 물자의 수급조정에 관한 사무 | 국가총동원계획의 설정 및 수행에 관한 종합사무와 시국의 긴요한 물자배급의 조정에 관한 사무 | 국민총력에 관한 사무 |

---

8 총동원 업무와 함께 군인·군무원 동원, 노무(학생·여성)동원 업무분장을 함께 수록한 관련 법령은 제II장, 제III장, 제IV장에 각각 번역하여 수록하였다.

| 기타 | - 자원과 신설<br>- 폐지(1939. 11. 29.) | - 임시자원조정과 신설<br>- 폐지(1939. 11. 29.) | - 기획부 신설(총 3개 과)<br>- 자원과와 임시자원조정과 업무 이관<br>- 1940. 8. 20., '국민징용 사무' 분장(칙령 제531호) | - 국민총력과 신설 |
|---|---|---|---|---|

| 부서 | 후생국 기획부,<br>사정국 국민총력과 | 총무국 기획실·국민총력과,<br>사정국 노무과 | 광공국, 교통국 |
|---|---|---|---|
| 연도 | 1941. 11. 18.<br>1941. 11. 19. | 1942. 11. 1. | 1943. 11. 30. |
| 근거 | 칙령 제980호<br>조선총독부훈령 제103호 | 칙령 제727호<br>조선총독부훈령 제54호 | 칙령 제890호 |
| 해당<br>업무<br>조항 | - 사정국 국민총력과: 국민총력운동에 관한 사무 | - 총무국 기획실: 국가총동원계획의 설정 및 수행의 종합에 관한 사항<br>- 국민총력과: 국민총력운동에 관한 사무 | - 총무국의 사무를 광공국의 사무로 개정<br>- 식산국을 광공국으로 개정 |
| 기타 | - 후생국 신설, 4개 과 설치<br>- 내무국을 사정국으로 개편(총 3개 과)<br>- 외사부를 기획부로 개정<br>- 기획부 임시설치제 폐지 | - 8월 22일 자 조선총독부 행정간소화안 발표 후속 조치<br>- 후생국과 기획부 폐지<br>- 총무국과 사정국으로 대체 | - 총무국, 사정국, 전매국 폐지<br>- 식산국과 농림국을 광공국과 농상국으로 개편<br>- 총동원 업무는 광공국이 담당 |

| 부서 | 총독관방 감찰과·지방과·조사과 | 총독관방 총무과 | 총독관방 정보과,<br>광공국 동원과 |
|---|---|---|---|
| 연도 | 1943. 12. 1. | 1944. 11. 22. | 1945. 4. 17. |
| 근거 | 조선총독부훈령 제88호 | 조선총독부훈령 제96호 | 조선총독부훈령 제18호 |
| 해당<br>업무<br>조항 | - 총독관방 감찰과: 2. 전시경제 통제 실시 상황의 연구·조사 [考査]<br>- 지방과: 5. 국민총력운동<br>- 조사과: 5. 노동 및 기술통계조사<br>- 광공국 기획과: 1. 국가총동원계획의 설정 및 수행의 종합<br>- 경무국 경제경찰: 1. 경제경찰, 2. 노무자 모집·단속 | - 총독관방 총무과: 6. 국민총력운동 | - 총독관방 정보과: 2. 국민총력운동에 관한 사항<br>- 광공국 동원과: 1. 국가총동원계획의 설정 및 수행의 종합, 5. 생산방공, 6. 군수회사법의 시행<br>- 경무국 경제경찰: 1. 경제경찰, 2. 노무자 모집·단속 |
| 기타 | - 칙령 제890호 후속 조치 | - | - |

[표 1]에 따르면, 중앙행정 단위의 총동원 업무 담당 부서는 조선총독부 총독관방, 기획부, 후생국, 총무국, 광공국이었다. 이 가운데 조선총독부 총독관방은 1937년 9월부터 총동원 업무를 담당하기 시작하여 1940년 10월 16일 자로 국민총력과를 신설하는 등 중심 역할을 했으나, 1941년 11월 18일 이후 총동원 업무와 무관하다가 1943년 12월 1일 자로 다시 업무를 재개하였다. 그러나 1944년 11월 22일 이후로는 국민총력운동만을 관장하고 '국가총동원계획의 설정 및 수행의 종합' 업무는 총무국에 이어 광공국이 전담하였다.

[표 1]에서 주요 기구의 흐름을 도식화하면 다음과 같다.

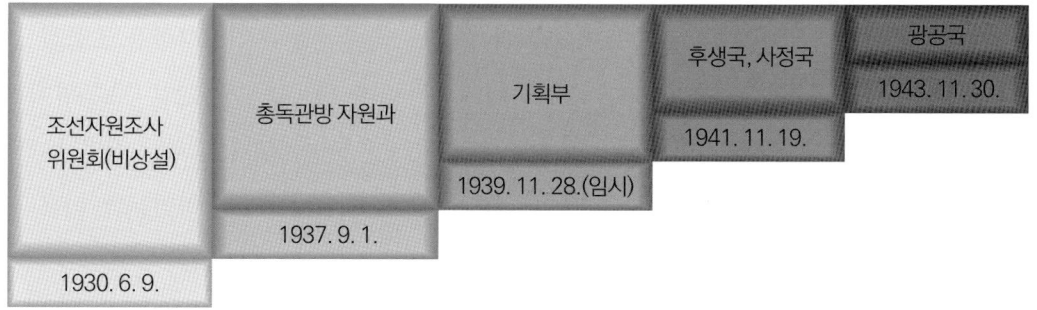

### (1) 조선자원조사위원회

일제가 조선에 설치한 최초의 총동원 운영 조직은 1930년 6월 9일 조선총독부가 조선총독부 내에 설치한 조선자원조사위원회이다.[9] 일제는 이 규정을 12월 16일에 개정하였는데(조선총독부 내훈 제13호), 개정 내용은 기존의 목적인 '자원조사에 관한 사항을 심의'에 '총동원계획 설정상 필요한 사항'을 추가하고 위원으로 조선총독이 '육해군 무관'을 위촉할 수 있도록 하는 규정을 추가하였다. 이로써 조선자원조사위원회는 자원조사와 함께 잠정총동원기간계획 책정 전반에 걸친 업무를 담당하는 부서가 되었다.

조선자원조사위원회는 총 3회 개최되었는데, 제1회 위원회(1930년 6월 24일)의 협의 사항은

---

9 「조선자원조사위원회 규정」은 조선총독부 내훈 제6호로 제정하였는데, 『관보』에는 게재하지 않았다. 국가기록원 소장 문서를 통해 목적, 위원 및 간사의 임명과 자격 등을 알 수 있다(http://theme.archives.go.kr/viewer/common/archWebViewer.do?bsid=200300796862&dsid=000000000020&gubun=search; http://theme.archives.go.kr/viewer/common/archWebViewer.do?bsid=200300796862&dsid=000000000020&gubun=search).

'잠정총동원기간계획의 자원조사에 관한 건과 이 계획의 조사 담임에 관한 건' 등 두 가지다. 이 자리에는 일본의 자원국 장관이 참석하였다.

제2회 위원회(1931년 5월)에서는 좀 더 구체적인 사항을 협의하였다. 안건은 '각종 자원의 배당과 보전계획에 관한 사항, 자원의 관제(官制) 및 계획에 관한 사항, 총동원에 필요한 경비에 관한 사항, 군기문서와 기밀문서의 취급에 관한 사항, 조선의 계획 설정 준비에 관한 사항, 조선의 계획강령 설정에 관한 사항' 등 총 6건이었다. 이 회의에도 일본의 자원국 장관과 기획부장이 참석하였다.

이 회의 결과에 따라 일제는 1931년 12월에 조선총독부 내훈 제14호「조선총독부총동원관계군기문서취급규정」을 제정해 총동원 계획과 관계가 있는 군사상 기밀사항을 포함한 군기문서는 조선총독관방 문서과가 담당하도록 하였다.[10] 이미 1930년 6월 12일「총동원계획에 관한 기밀서류취급규정」(조선총독부 내훈 제7호)을 제정해 총동원계획과 관계된 기밀사항을 포함한 문서를 '기밀문서'로 규정하고 조선총독관방 문서과가 관장하도록 하였는데, 이를 강화하는 조치를 마련한 것이다.

제3회 위원회(1935년 9월)에는 일본에서 자원국·육군성·해군성·척무성의 관계관이 참석하였다. 제3회 위원회는 일본 자원국이 주최하는 '조선총동원 연구'라는 제목의 타합회와 현지 시찰로 이루어졌다. 조선의 광물자원과 항만을 현지 시찰하고 이를 토대로 광물자원의 증산과 항만 정비에 관해 자원국과 총독부 사이에 협의하기 위한 것이었다. 이러한 목적을 위해 자원국 담당관은 1주일(9월 13일~20일)에 걸쳐 조선의 각 장소(이원철산, 재영광산, 무산광산, 금강광산, 장수광산, 김제금산, 겸이포제철, 흥남제철, 영안공장, 부산항, 나진항, 청진항, 인천항, 여수항 등)를 분담하여 시찰하였다.[11]

### (2) 기획부의 신설

조선자원조사위원회는 아시아태평양전쟁 이전 시기에 설치한 조직으로서, 단순한 심의기구 이상의 의미가 있었으나 정식 직제는 아니었다. 조선총독부가 직제로서 최초로 설치한 총

---

[10] 국가기록원 소장 자료(http://theme.archives.go.kr/viewer/common/archWebViewer.do?bsid=200300796862&dsid=000000000018&gubun=search).
[11] 안자코 유카,「조선총독부의 '총동원체제'(1937~1945) 형성 정책」, 55-56쪽.

동원 운영 조직은 1937년 9월 1일 자로 설치한 자원과와 1938년 9월에 신설한 임시자원조정과 그리고 1939년 11월 28일 자로 설치한 기획부이다. 자원과는 일본의 자원국이, 기획부는 일본의 기획원이 1939년에 설치되자 업무의 연계를 위해 설치되었다. 자원과는 4개 과로 출발하였다가 1940년에 8개 과로 확대하였다.

기획부는 1939년 11월 설치 당시 처음에 임시 직제로 출발하였다가 1941년 11월에 정식 기구로 전환되었다. 자원과와 임시자원조정과를 통합한 기구였다. 조선총독부는 1938년 11월 초부터 1939년 4월 발족을 목표로 기획부 설치를 기획하였다. 《경성일보》 1938년 11월 3일 자 기사 〈기획부를 신설, 전시체제의 정비에 당면해〉에 따르면, 조선총독부가 기획부 설치를 기획한 것은 당일 고노에 후미마로(近衛文麿)[12] 총리가 발표한 '중대 발표'(일명 고노에 2차 성명, 「동아 신질서 성명」)와 무관하지 않다. 이 발표는 '동아시아로부터 구미 세력을 구축(驅逐)한다는 선언'으로서 결연한 전쟁 의지를 표명한 내용이었다.[13] 이 기사에 따르면, 조선총독부는 "내년 4월부터 조선총독부 행정기구의 일부를 개혁하는 작업의 일환으로 조선총독부 내에 기획부를 신설하고 그 산하에 관방자원과와 기획과를 두어 전시체제 정비를 담당하게 할 예정"이라고 밝혔다. 이러한 조선총독부의 계획은 일본 정부와 협의를 거쳐 1939년 11월 임시 직제로 성사되었다.

조선총독부도 처음부터 독립 기구로 출범 가능성을 둔 것은 아니었다. 《경성일보》 1938년 11월 12일 자 기사 〈외무부 확충의 한편에 후생국 기획부를 신설, 반도 행정기구의 대개혁 단행〉과 19일 자 기사 〈확충 후 본부의 신 기구, 폐합으로 12과 신설〉에 따르면 후생국의 부서로 구성할 구상도 하고 있었다. 그러나 후생국 설치가 늦어지면서 임시 직제이지만 독립 기구로 출범하게 되었다.

기획부는 출범 당시 총 14개 업무를 배정받았는데, 국민징용 관련 업무는 볼 수 없었다. 그러나 1940년 8월 20일 「조선총독부 부내 임시직원설치제 중 개정」(칙령 제531호)을 통해 '국민직업능력 등록 및 국민징용 관련 사무'를 배정하였다. 조선총독부는 1939년 11월 29일 「조

---

[12] 1891~1945. 귀족원 의원과 의장을 지냈고, 제34·38·39대 일본 내각총리대신을 지냈다. 일본 파시즘체제인 대정익찬회를 성립시켰으며, 일본 패전 후 전범으로 지목되자 음독자살하였다.
[13] 김봉식, 2019, 『고노에 후미마로-패전으로 귀결된 야망과 좌절』, 살림, 72쪽. 이 성명은 중일전쟁 발발 후 개입을 자제하고 있던 미국을 적으로 돌리는 결과를 낳았다.

선총독부 사무분장 중 개정」(조선총독부훈령 제65호)을 통해 3개 과(제1과, 제2과, 제3과)로 출범한 기획부를 1940년 7월 1일 조선총독부훈령 제31호 「조선총독부 사무분장 중 개정」에 따라 총 4과로 확대 개편하였다. 1941년 11월 18일 「조선총독부 관제 중 개정」(칙령 제980호)에 근거한 19일 자 「사정국 및 식산국 근무 칙임사무관의 직무에 관한 건」(조선총독부훈령 제104호)을 통해 후생국을 설치할 때 후생국 소속의 정식 기구로 전환하였다. 그러나 일제가 1942년 11월 1일 자 「조선총독부 관제 중 개정」(칙령 제980호)에 근거한 「조선총독부 사무분장 규정 중 개정」(조선총독부훈령 제54호)을 근거로 총무국을 신설하면서 기획부를 폐지하였다.

### (3) 후생국, 사정국, 광공국 시기

기획부에 이어 조선의 총동원체제 운영을 담당한 부서는 후생국과 사정국이다. 후생국의 설치 근거는 1941년 11월 18일 「조선총독부 관제 중 개정」(칙령 제980호)에 근거한 19일 「사정국 및 식산국 근무 칙임사무관의 직무에 관한 건」(조선총독부훈령 제104호)이다. 1938년 1월 10일 일본 정부가 후생성을 설치한 후 1938년 11월부터 조선총독부도 후생국 설치에 나섰으나 3년이 지난 1941년 11월에야 설치할 수 있었다. 이 관제 개정은 1941년 7월 25일 각의 결정 「행정사무 쇄신강화에 관한 건」의 후속 조치 성격을 띠었다. 이 결정은 일본이 정부 기구의 정비를 통해 사무처리와 인원 사용의 효율성을 높이려는 방침이었다. 이에 따라 일본의 정부 기구 개편과 함께 조선의 조직 개편에도 영향을 미쳤다.

1941년 11월 18일 자 조선총독부 관제 개정 내용은 내무국을 사정국으로 개편하고 후생국을 신설하여 총 8국 체제를 운영하는 것이었다. 후생국은 내무국의 사회과와 노무과를 이관하여 총 4개과(보건과, 위생과, 사회과, 노무과)로 출발하였다. 같은 시기 출범한 사정국(국민총력과, 외무과, 척무과 설치)은 신설 조직이 아니라 기존의 내무국을 개정한 형태였다.

1942년 11월 1일 후생국의 폐지와 함께 후생국과 사정국이 담당하던 조선의 총동원체제 운영 관련 업무는 사정국과 총무국으로 넘어갔다. 일본 정부의 행정간소화 방침에 따라 11월 1일 관제 개정에 관한 칙령을 공포하자 조선총독부도 훈령을 통해 조직 개편을 단행하여 각 부서별 직급을 하향하고 인원을 감축하는 과정에서 총동원 업무 담당 부서이던 후생국과 기획부를 폐지하고 사정국과 총무국으로 대체하였기 때문이다. 11월 1일 「조선총독부 관제 중 개정」에 근거한 「조선총독부 사무분장 중 개정」은 7월 29일 발표한 일본 정부의 「행정간소화 및 내외지 행정일원화 실시를 위한 조치」의 후속 조치였다. 일본 정부가 행정간소화 방침을 발표하자 8월 22일 조선총독부도 「행정간소화안」을 발표하였다. 후생국을 폐지하고 중앙과 지방의 관리 1만 2천 명을 감원하는 내용이었다. 이후 조선총독부는 감원 규모가 17여만 명에 달한다는 보도가 나올 정도로 강력한 인원 감축을 단행하였다.[14]

사정국(노무동원 업무)과 총무국(총동원 업무)이 담당하던 조선의 총동원 운영 관련 업무는 1943년 11월 30일 「조선총독부 사무분장 중 개정」(칙령 제890호)을 통해 광공국이 담당하게 되었다. 이 관제 개정은 기존의 총 8개국과 관방을 총 6개국과 관방으로 축소하는 개편이었다. 이 조치로 총무국과 사정국, 전매국을 폐지하였고, 총무국과 사정국이 담당하던 총동원 업무와 노무동원 관련 업무는 광공국이 담당하게 되었다.

광공국은 조선총독부가 1939년 7월부터 시작한 광산 관련 국 단위 설치 노력의 결실이었다. 《경성일보》 1939년 7월 12일 자 기사 〈드디어 광산국 설치〉에 따르면, 조선총독부 식산국은 광산국을 설치한다는 방침을 정하고 1940년도 예산에 소요경비를 반영하기로 하였다. 조선총독부가 광산국을 설치하고자 한 것은 일제가 1938년 5월부터 조선에도 국가총동원법을 적용하면서 광물 생산을 확대해야 했기 때문이다. 이를 위해 1938년 6월 7일 「조선중요광물증산령 시행규칙」을 공포하고, 1939년 5월 12일 자로 「조선광부노무부조규칙」을 제정하는 등 광물 증산을 위한 조치를 마련하였다. 그러나 1939년 7월부터 시도한 광산국 설치 노력은 1940년 9월에 들어 난항을 맞았다. 1940년 10월에 조선총독부 재무국에서 광산국 설치라는 결론을 내리고 일본 정부와 조율에 들어갔으나 성과를 거두지 못하고, 1941년 6월에 일본 법제국과 절충을 진행한 끝에 11월 추밀원 본회의에서 가결이 되었다.[15] 그러나 이후 지리한 조정을 통해 1943년 12월에 광산국이 아닌 광공국으로 탄생하였다.

---

14 〈조선 행정간소화안 발표, 후생국과 기획부를 폐지, 중앙과 지방을 통해 감원 1만 2천, 10월 1일 일제 발령〉, 《경성일보》 1942년 8월 22일 자, 석간 1면 1단; 〈감원 총수 17만여, 관계 태세 완료, 행정간소화를 전부 종료〉, 《경성일보》 1942년 8월 30일 자, 조간 2면 1단.

15 〈일반행정관계상 본부 광산국의 설치, 신중한 검토가 필요〉, 《경성일보》 1940년 9월 17일 자, 석간 4면 2단; 〈광산산금사무조정에 광산국 설치 구체화, 재무국의 사정(查定) 통과〉, 《경성일보》 1940년 10월 29일 자, 조간 2면 1단; 〈지하자원의 대갱광 총독부 기구개혁 2부국의 신설, 법제국과 절충 진행〉, 《경성일보》 1941년 6월 15일 자, 석간 1면 3단; 〈광산부에 대신해 관계 3과를 신설, 칙임사무관을 두고〉, 《경성일보》 1941년 10월 25일 자, 조간 1면 5단; 〈조선총독부 관제 중 개정의 건 전원일치 가결, 오늘 추밀원 본회의〉, 《경성일보》 1941년 11월 13일 자, 석간 1면 2단.

조선총독부는 1943년 12월 1일 「조선총독부 사무분장 중 개정」(조선총독부훈령 제88호)을 통해 총독관방의 조직을 추가하고 감찰과·지방과·조사과가 총동원 업무를 담당하도록 하였다.

광공국과 총독관방이 주관하던 총동원 업무는 1944년 10월 15일 광공국의 조직 개편을 거쳐 1945년 4월 17일 「조선총독부 사무분장 중 개정」(조선총독부훈령 제18호)으로 총독관방과 광공국이 담당하던 상태에서 일본의 패전을 맞았다.[16]

이 외에 1942년 11월 1일 「조선총독부 철도국 사무분장 규정 중 개정」(조선총독부훈령 제55호)에 따라 철도국 소속 총무과, 정비과, 수품과에 각각 국민총동원 및 물자동원 관련 업무를 분장하기도 하였다.

### (4) 경제경찰

총동원체제 운영에서 중요한 기구는 경제경찰제도다. 경제경찰제도는 일제의 전시통제경제체제 운영을 위한 필수적인 제도였다. 총동원체제 운영에서 물자와 노무의 원활한 수급이 갖는 비중이 매우 컸기 때문이다. 이같이 경제경찰제도는 물자통제는 물론, 노동문제 전반과 노동행정을 관장할 필요성에서 출발하였다.

경제경찰 탄생의 배경이 된 것은 조선에서 실시한 법령에 따른 전시경제통제체제였다. 조선총독부는 「수출입품 등에 관한 임시 조치에 관한 법률」(1937년 9월, 칙령 제515호), 「임시자금조정법」(1937년 10월, 칙령 제594호) 등을 시행하면서 전시경제통제체제에 돌입하였다. 경무국은 이미 1936년 말부터 '물가 폭등'이나 '생활필수품의 광폭(狂暴)' 현상에 주의를 기울이며, 식산국 상공과와 협력해 지방의 물가를 조사하고 있었다. 1937년 2월에 각 도 경찰부장에 통첩을 내려 소매상에 대한 경찰범처벌규칙을 적용하도록 하기도 하였다. 1937년 식산국장과 경무국장은 「폭리를 목적으로 하는 매매의 단속에 관한 건」의 운용방침으로 각 도지사에게 통첩 「폭리단속에 관한 건」을 하달하였는데, "관련 사무는 주로 도 내무부 및 산업부에서 담당하지만 경찰부에서도 상호 연락을 취할 것"이라 명시하였다.[17]

---

16  1944년 10월 15일에 설치한 광공국 근로조정과 내용은 노무동원 관련이어서 제Ⅳ장에 수록하였다.
17  조선총독부 경무국 편, 1940, 『조선시국관계법령예규집 1939년도판』, 사법협회, 866쪽.

이러한 상황에서 조선총독부가 1938년 7월 21일(조선총독부령 제60호) 「1937년 조선총독부령 제98호 중 개정, 폭리를 목적으로 하는 매매 단속에 관한 건」을 시행하면서 경제경찰의 필요성은 더욱 높아졌다. 이 건은 1937년 5월 12일 제정한 「폭리를 목적으로 하는 매매의 단속에 관한 건」의 개정 건인데, 1937년 제정 당시 '철 종류의 폭리를 목적으로 한 매점매석 단속을 내용'으로 한 것을 29개 품목으로 확대하였다. 이 같은 단속의 확대는 중앙물가위원회와 경제경찰제도가 실시되어야 가능한 것이었다.[18]

그러나 이 같은 필요성에도 7월 21일 경제경찰제도의 창설 비용을 일본 대장성이 큰 폭으로 삭감하면서 경제경찰 창설이 어려운 상황을 맞았으나, 1938년 9월 3일 내각회의에서 제2예비금을 재원으로 예산을 승인하면서 출범하였다.[19] 경제경찰제도는 1938년 11월 8일 칙령 제714호 「조선총독부 부내 임시직원설치제 중 개정」에 따른 12일 「조선총독부 사무분장 규정 중 개정」(조선총독부훈령 제67호)을 통해 출범하였는데, 과(課)가 아니라 경무국 경무과 소속의 경제경찰계였다. 경제경찰제도가 경제경찰계에서 경제경찰과로 독립한 것은 1940년 2월 3일(조선총독부훈령 제5호) 「조선총독부 사무분장 규정 중 개정」을 통해서였다.[20] 경제경찰과로 독립한 후 각 도에 경제경찰과를 설치하였다.

1938년 11월 10일 《경성일보》는 경제경찰 실시에 즈음한 미하시(三橋) 경무국장의 담화를 발표하고, 9일에 "드디어 조선경제경찰령을 전 조선에 시행"하게 되었다고 밝혔다. '조선경제경찰령'이라는 법령은 존재하지 않으므로 상징적 표현으로 보인다. 담화에 따르면, "조선총독부에서는 경무국과 식산국이 신중 협의한 끝에 경무국이 중심이 되어 운영하기로 결정하고, 경시 1명, 경부 9명, 경부보 26명, 기사 13명, 순사 500명, 촉탁 14명, 고원 2명을 전 조선에 배치하였으며, 이 외 본부 경무국 경무과에 아베(阿部) 사무관을 전임 계관으로 임명하여

---

18 실제로 1938년 7월 개정 당시 각 도의 산업부 직원을 중심으로 한 지도반에 경찰관을 1인씩 배정하기도 하였다. 松田利彦, 2009, 『日本の朝鮮植民地支配と警察-1905~1945年』, 校倉書房, 652-653쪽.
19 〈경제경찰제도 창설비, 대장성에서 대삭감〉, 《경성일보》 1938년 7월 22일 자, 조간 1면 8단; 〈경제경찰령 및 석유규정을 실시〉, 《경성일보》 1938년 9월 11일 자, 석간 1면 5단; 〈조선의 경제경찰 드디어 다음 달 개시〉, 《경성일보》 1938년 9월 28일 자, 조간 2면 1단. 칙령 제714호(1938년 11월 8일 자) 「조선총독부 부내 임시직원설치제 중 개정」에 명시된 인원은 경시 1인, 경부 9인, 기수 13인, 경부보 26인이었다.
20 松田利彦, 『日本の朝鮮植民地支配と警察-1905~1945年』, 656쪽에서는 일자를 1938년 11월 3일로 잘못 기재하였다.

원활한 지도를 담당하도록 하였다"라고 밝혔다.[21]

경제경찰제도 창설 당시 조선이 확보해서 지방에 배정한 정원은 총 561명이었는데, 이 가운데 일본인이 394명이고 조선인이 167명이었다. 도별로 보면, 경기도가 95명으로 가장 많고 충청북도가 19명으로 가장 적었다.[22] 경기도가 가장 많은 이유는 경성을 포함하고 있기 때문으로 보인다.

경제경찰의 도 경찰부 조직에 대해 당시 조선총독부 기관지《경성일보》는 조선총독부 당국자의 입을 빌려 1938년 11월 10일 경성·평남·경남 등 3개 도에 경제경찰과를 설치하고 전 조선 254개 경찰서에 경제경찰관 500명을 증원 배치하였으며, 경기도에 경시 1명을 증원하고, 전 조선에 경부 9명, 경부보 26명, 촉탁 14명, 기수 13명 등 지도 간부를 증원하였다고 보도하였다.[23]

이같이 발족한 경제경찰은 발족 다음 해인 1939년 후반에 들어서자 각 도 경찰부에서 경제경찰관 증원계획을 세우기 시작하였다. 경무국은 이 요구를 받아들여 경제경찰관 1,500명 증원과 조선총독부 경무국 내 경제경찰관 신설 및 모든 경찰부에 경제경찰과 설치를 계획하였다. 12월 일본 대장성 심사에서 정원이 500명으로 축소되었고, 이후 교섭에서 약간의 증원만 인정받았다. 그러나 1940년도 예산에서 상당수의 증원을 확약받고 1940년 2월에 제1차 기구확장을 단행하게 되었다. 경무국에는 사무관 이하 15명을, 지방청(도 경찰부)에는 경시 이하 586명을 증원하였다. 1940년 2월 2일「조선총독부 부내 임시직원설치제 중 개정」(칙령 제43호)에 근거한「조선총독부 사무분장 규정 중 개정」(2월 3일)을 통해 전국 각 도에 독립된 경제경찰과를 설치·운영할 수 있게 되었다.

이러한 조치가 가능해진 것은 1939년 12월 19일 일본 각의에서 총 592명 증원에 따른 해당 예산 22만 4천 엔 배정을 결정하였기 때문이다. 일본 각의가 예산을 배정한 이유는 당국이 "경제경찰사무가 점점 광범위해지고 복잡하게 되어 방범 단속에 많은 노력이 필요하며 현

---

21 〈조선경제경찰령 오늘 공포 즉일 실시〉,《경성일보》1938년 11월 10일 자, 석간 1면 4단.
22 「拓務省所管 臨時警察費外一件 朝鮮總督府特別會計第二豫備金ヨリ支出ノ件」(1938. 9.),『公文類聚』2A12類2149.
23 〈경제경찰령 및 석유규정을 실시〉,《경성일보》1938년 9월 11일 자, 석간 1면 5단;〈반도 경제경찰제의 중추, 경기도 경제경찰과 드디어 활동 개시〉,《경성일보》1938년 11월 10일 자, 조간 1면 4단.

재의 인원으로는 도저히 수행할 수 없다"라는 점을 인정하였기 때문이다.[24] 이 조치에 따라 1940년 1월 14일 신의주에 경제경찰과를 신설하였다.[25] 신의주를 기점으로 충남과 평남 등 각지에 경제경찰과를 설치·운영하였다.

### (5) 국민정신총동원운동 관련 조직과 기구

국민정신총동원운동과 관련한 조직과 기구로는 조선총독부의 직제 외에 총동원 심의기구를 볼 수 있다. 국민정신총동원운동은 1937년 8월 24일 일본 각의가 「국민정신총동원실시요강」을 결정한 후, 척무차관이 통첩 「국민정신총동원 실시에 관한 건」을 발령함에 따라 개시되었다. 일본 정부는 척무차관의 통첩을 당일에 조선총독부 정무총감 앞으로 송달하여 조선에서도 실시하도록 하였다.

이러한 지침에 따라 1938년 7월 22일 정무총감이 「국민정신총동원조선연맹조직대강」이라는 통첩을 하달하고 1939년 4월 「국민정신총동원위원회 규정」(조선총독부훈령 제21호)을 제정하면서 조선에서 본격화되었다. 이 규정은 '국민정신총동원에 관한 중요사항을 조사·심의'하는 기구라는 점과 함께 위원회 위원장을 정무총감으로 충원하고 위원 및 임시위원과 간사·서기를 둔다는 내용이었다.

일제는 '국민정신총동원운동'을 '국민총력운동'으로 전환하고 '국민정신총동원연맹'을 '국민총력연맹'으로 개편하면서 1940년 10월 16일 「국민총력운동지도위원회 규정」(조선총독부훈령 제54호)을 시행함으로써 국민정신총동원위원회를 폐지하고 국민총력운동지도위원회를 설치·운영하였다.[26] 「국민총력운동지도위원회 규정」은 1942년 11월 30일(조선총독부훈령 제35호)에 개정하였는데, 개정 내용은 "조선총독부에 국민총력운동연락위원회를 설치한다."라는 1개 조항으로서 명칭의 변경 외에는 「국민정신총동원위원회 규정」과 차이가 없다.

---

24 松田利彦, 『日本の朝鮮植民地支配と警察-1905~1945年』, 659-660쪽.
25 〈전 조선 경경진(經警陣)의 강력 재편제를 단행, 총독부 각 도에 독립 과를 신설〉,《경성일보》1939년 12월 21일 자, 석간 1면 5단; 〈경제경찰과 신설(신의주)〉,《경성일보》1940년 1월 14일 자, 석간 3면 6단.
26 국민정신총동원위원회 폐지의 근거 법령은 조선총독부훈령 제55호 「조선총독부훈령 제21호 폐지」(1940년 10월 16일)이다.

## 2) 지방행정 단위의 기구 및 조직에 관한 법령

### (1) 도 단위의 기구 및 조직

일제가 총동원체제를 효율적으로 작동하기 위해서는 중앙행정 단위에서 정책을 수립하고 지방행정 단위가 실행 주체로서 역할을 충실히 해야 하였다. 일제는 이를 위한 제도적 장치를 마련하였다.

먼저 도 단위의 총동원 관련 업무 규정을 살펴보고자 한다. 일제강점기 지방행정체계는 '도-도-부-군-읍-면(道島府郡邑面)' 단위였고, 지방행정 기구의 업무분장은 1910년 10월 도사무분장 제정 후 이를 바탕으로 개정하였다. 행정기구를 설치·개편하면서 사무분장과 처무규정도 제정·개정하는 식이었다. 조선총독부 사무분장의 제정·개정 일시와 관련한 소속 관서, 지방행정 기구의 사무분장 제정·개정 일시는 동일하거나 큰 차이가 없다. 1910년 10월 1일 사례를 보면, 조선총독부 사무분장 규정을 공포하면서 18건의 소속 관서 및 지방행정 기구 사무분장 규정도 함께 공포하였다. 그러므로 지방행정 기구의 총동원 관련 업무를 살펴보기 위해서는 1938년 이전 시기의 사무분장 및 처무규정 등 업무분장과 관련한 내용을 이해할 필요가 있다.[27]

1910년 10월 조선총독부는 도사무분장을 만든 후 지방행정 기구 업무분장의 기본 틀을 유지하면서 일부 내용을 추가하였다. 총동원 관련 업무도 마찬가지였다. 1938년 6월 23일 「도사무분장 규정 중 개정」에 '국가총동원에 관한 사항'이 처음 등장하는데, 이는 1930년 12월 3일 「도사무분장 규정 중 개정」에서 규정한 내무부 소관 업무에 1개 항을 추가한 정도였다.[28]

1938년 6월 현재 도사무분장에 따르면, 도의 노무 관련 업무 담당 부서는 내무부가 해당되었다. 또한 각 도에 산업부를 설치하도록 하였다. 산업부는 1930년 12월 3일 「도사무분장 규정 중 개정」을 통해 각 도에 내무부 대신 산업부를 설치하여 내무부 업무 중 "12. 농, 상, 공,

---

27 상세한 노무동원 관련 사무분장과 처무규정, 노무문서 생산 관련 중앙행정 기구 업무에 대해서는 정혜경, 2011, 『일본제국과 조선인 노무자 공출』, 도서출판 선인, 145-158쪽 〈부록 1: 노무동원 생산 관련 중앙행정 기구〉, 〈부록 2: 노무동원 관련 지방행정 기구 업무 변천: 사무분장 및 처무규정 개정 내용을 중심으로〉 참조.
28 1930년 도사무분장 당시 내무부 업무는 15개 조항이었는데, 1938년에 1항을 추가해 16개 조항이 되었다. 조선총독부훈령 제52호(1930년 12월 3일), 『조선총독부관보』 제1176호.

삼림, 수산 및 광산, 13. 토지개량, 14. 도량형" 업무를 담당할 수 있도록 한 규정이 있었다.[29] 그러나 1938년 조치에 따라 각 도에 산업부를 설치하고 내무부 업무의 일부를 담당하게 되었다.

《경성일보》 기사는 도 산업부 신설에 대해 여러 차례 보도를 통해 당국의 관심을 전하였다. 기사에 따르면, 1938년 2월에 황해·전북·강원·함남·평남·평북 등 6개 도 가운데 4개 도에 산업부를 설치하였다.[30] 이 기사는 예정 기사이지만 산업부 설치에 관한 추세를 알 수 있다. 특히 2월 19일 기사는 "당국은 국민총동원에 따른 인적물자자원 개발에 의한 5개년 계획을 수립 중인데, 조선총독부 본부에서도 이에 순응해 산업부를 전국 13개 도에 설치할 예정이다. 이 가운데 미나미 총독의 조선인 관리우대의 방침에 따라 황해, 전북, 강원, 함남, 평남, 평북 6개 도 중에서 4개 도에 산업부를 신설하기로 결정하였다"라고 보도하였다. 조선총독부는 6개 도에 산업부를 설치하는 목적이 '조선인 관리우대의 방침'이라고 내세웠지만 실제로는 '인적물자자원 개발 5개년 계획'의 수행이었음을 알 수 있다. 4월 15일 기사에 따르면, 조선총독부는 "참여관을 산업부장으로 겸임하게 해서 산업부를 신설하고자" 하였다.[31] 지역에 따라 산업부 설치가 순조롭게 진행되지 않은 지역도 있었다. 《경성일보》 1938년 3월 1일 자 기사는 도회의 반대로 산업부 설치에 난항을 겪는 함경북도의 상황을 보도하고 있다.[32]

1938년 6월 23일 자 「도사무분장 규정 중 개정」에 따라 도 행정기구는 지사관방, 내무부(지방과, 사회과, 토목과, 학무과, 회계과, 이재과), 산업부(상공과 또는 상공수산과, 산림과, 수산과, 농무과, 농촌진흥과), 경찰부(경무과, 고등경찰과, 보안과, 위생과 또는 외사경찰과, 형사과) 등 지사관방과 3개 부 체제를 구성하게 되었다.

1940년까지 2개 부서(지사관방, 내무부 또는 산업부)가 담당하던 도의 관련 업무 행정조직은 1943년에 지사관방, 내무부, 광공부, 경찰부로 확대되었다. 1943년 12월 조선총독부가 광공

---

29  조선총독부, 1941, 『朝鮮總督府施政三十年史』, 431쪽.
30  『朝鮮總督府施政三十年史』에 따르면, 가장 먼저 산업부를 신설한 도는 경상남도였다. 경상남도가 「경상남도 훈령 제5호」를 통해 산업부를 설치하였고, 이후 1938년 6월 각 도에 산업부를 설치하도록 하였다. 조선총독부, 『朝鮮總督府施政三十年史』, 431쪽.
31  〈4도에 산업부를 신설〉, 《경성일보》 1938년 2월 5일 자, 석간 1면 1단; 〈평남 외 5도에 산업부 신설〉, 《경성일보》 1938년 2월 19일 자, 석간·조간 2면 9단; 〈각 도에 산업부 설치〉, 《경성일보》 1938년 3월 29일 자, 조간 2면 9단; 〈도 산업부의 신설 드디어 실현〉, 《경성일보》 1938년 4월 15일 자, 석간 1면 1단.
32  〈위태로운 '산업부' 신설, 도회의 조치를 주목〉, 《경성일보》 1938년 3월 1일 자, 조간 5면 8단.

국을 신설할 때 도에 광공부를 신설하였기 때문이다.

도 단위의 총동원 관련 업무 변천 상황을 보면 [표 2]와 같다.

**[표 2] 도 단위의 총동원 관련 업무 변천 상황**

| 부서 | 내무부(산업부) | 지사관방 | 내무부 | 광공부 | 내무부[33] |
|---|---|---|---|---|---|
| 연도 | 1938. 6. 23. | 1940. 10. 21. | 1941. 11. 19. | 1943. 11. 30. | 1943. 12. 1. |
| 업무 | 2. 국가총동원에 관한 사항 | 8. 국민총력에 관한 사항 | 16. 국민총력에 관한 사항 | - | 내무부: 6. 국민총력에 관한 사항, 10. 국민연성 및 국민근로교육에 관한 사항, 12. 군사원호 및 사회사업에 관한 사항 |
| 기타 | 각 도에 산업부(상공과 또는 상공수산과·산림과·수산과·농무과·농촌진흥과) 설치 | - | 지사관방 업무를 내무부로 이관 | 각 도의 산업부와 식량부를 광공부 또는 농상부로 개정 | 지사관방의 업무이던 '국민총력에 관한 사항'을 내무부로 이관 |
| 근거 | 조선총독부훈령 제35호 | 조선총독부훈령 제58호 | 조선총독부훈령 제105호 | 칙령 제896호 | 조선총독부훈령 제94호 |
| 선행 법령 | - | - 조선총독부 관제 중 개정(칙령 제256호, 1940. 4. 15.)<br>- 조선총독부 사무분장 중 개정(조선총독부훈령 제56호, 1940. 10. 16.) | - 조선총독부 사무분장 중 개정(조선총독부훈령 제103호, 1941. 11. 19.) | - 조선총독부 관제 개정(칙령 제890호, 1943. 11. 30.) | - 조선총독부 사무분장 중 개정(조선총독부훈령 제88호, 1943. 12. 1.) |

### (2) 부군도읍면 단위의 총동원 관련 업무 규정과 행정기구

도 이하 부군도읍면 단위의 총동원 관련 업무 규정에 대해서는 『조선총독부관보』나 법령집에서 총동원 관련 업무 규정 중 경성부 관련 규정만 확인할 수 있다. 도 이하는 법령보다 '통첩'을 주로 활용하였는데, 국가기록원 자료에서 찾을 수 있다. 그 외 자체적으로 마련한 읍면 단위의 처무규정은 지방별 행정예규집[34]에서 찾을 수 있다.

---

33 이 규정은 내무부, 광공부, 경찰부 관련 사무분장 개정인데, 광공부는 노무동원, 내무부와 경찰부는 군인동원과 관련된 내용이어서 각각 제Ⅳ장과 제Ⅲ장에서 다루었다.

34 예규란 상급행정청이 하급행정청에 대하여 그 감독권의 발동으로서 발하는 행정규칙의 한 형식이다. 예규는

도 이하에서 '통첩'을 통한 자체적인 행정사무가 가능해진 것은 조선총독부의 방침 때문이었다. 조선총독부는 중앙행정 기구 정비와 함께 지방행정 단위 행정기구 정비에 들어갔다. 지방행정 단위의 행정기구 정비는 행정사무의 간소화[簡捷化]라는 형태로 이루어졌다. 특히 1941년 조선총독부는 「도 및 부읍면의 사무 간첩(簡捷)」을 결정하여 종래 조선총독부의 인가를 필요로 하던 사항의 결정권을 대폭 도지사나 도회의 위임으로 하도록 지시하였다. 이에 따라 도와 부 등의 지방행정에서도 어느 정도의 행정사무 권한을 위임·분배하게 되었다.[35]

이후 행정법인의 최말단인 면의 행정기능 확충이 이루어졌는데, 1941년 내무국이 각 도지사에게 보낸 통첩 「국민총력운동, 기타 시국사무수행에 따른 읍면서기증치국고보조에 관한 건」[36]을 근거로 대부분의 면에서 조선총독부에 직원증원계획과 예산안을 제출하였다.

읍면 단위의 규정은 자체 규정을 통해 알 수 있다. 도와 부(군)의 예에서 보았듯이, 행정사무는 조선총독부에서 훈령으로 도사무분장 규정을 공포하면 이를 토대로 지역별로 훈령을 공포하여 규정하고 관련 규정에 따라 수행하였다. 읍과 면에서 수행된 업무도 업무 수행을 위한 읍면규칙이나 처무규정 등 각종 규정에 따라 이루어졌는데, 이러한 규정이 지방별 행정예규집에 남아 있다. 그러므로 구체적인 읍과 면의 행정업무 내용 및 변천과정은 행정예규집을 통해 알 수 있다. 그러나 현재 활용할 수 있는 1938년 이후 지방의 행정예규집은 찾기 어렵다.

또한 조선총독부는 1930년 12월 「읍면제」와 「읍면제 시행규칙」을 발포하고 이듬해 3월부터 시행에 들어감으로써 읍면규칙을 자체적으로 제정·시행할 수 있도록 하였다. 그 결과, 읍면은 법령의 범위 내에서 공공사무 및 법령에 따라 읍면에 위임된 사무를 처리할 수 있게 되었다. 각 읍면은 「읍면제 시행규칙」이 허용하는 범위 내에서 각 읍면이 제정한 읍면규칙에 따라 자체적으로 수행하는 고유사무와 조선총독부가 읍면에 위임하는 위임사무를 수행하였다.[37] 위임사무의 양은 국가총동원체제 아래에서 점차 증가하였는데, 인력동원과 물자동원

---

법규의 집행적 성질을 가지는 것과 실질적으로 법규의 보충적 성질을 가지는 것으로 나뉘는데, 행정조직 내부 또는 기타 특별권력관계의 내부에서만 효력을 가진다.
35 안자코 유카, 「조선총독부의 '총동원체제'(1937~1945) 형성 정책」, 147쪽.
36 국가기록원 소장 자료(http://theme.archives.go.kr/viewer/common/archWebViewer.do?bsid=200300803284&dsid=000000000017&gubun=search).
37 한긍희, 2000, 「일제하 전시체제기 지방행정 강화 정책」, 『국사관논총』 88, 214-215쪽.

관련 업무 등 '시국사무'는 위임사무에 포함되었다. 그러므로 면 단위에서 수행된 총동원 관련 업무는 구체적인 업무 내용 속에서 파악해야 한다.

현재 행정예규집에서 찾을 수 있는 읍면 단위의 규정은 경상북도 관내의 경우를 들 수 있다. 경북의 『읍면행정예규』(경북, 1942)는 1940년 12월 1일에 시행한 「읍면처무규정」을 기재하고 있다. 경북의 「읍면처무규정」은 1936년 10월 24일에 제정하여 두 차례 개정하였는데, 1940년 11월 27일에 개정한 「읍면처무규정」이 두 번째 개정 내용이다. 이 규정에 따르면, 당시 읍면에 설치된 계(係)는 4개(서무계, 호적계, 권업계, 재무계)이다. 4개 계 외에 별도로 계를 설치할 경우에는 읍면장이 정하도록 규정되어 있었다.[38] 이후 업무분장은 『경상북도보(慶尙北道報)』(1944년 4월 21일)에서 1944년의 「읍면처무규정」에서 확인할 수 있다.

1940년과 1944년 경북 관내 읍면의 총동원 업무 변화를 비교해 보면 다음과 같다.

[표 3] 경북 관내 읍면 계별 업무분장

| 경북 읍면처무규정(1940년) | | 경북 읍면처무규정(1944년) | |
|---|---|---|---|
| 계 | 총동원 해당 업무 | 계 | 총동원 해당 업무 |
| 서무계 | 9. 토목, 11. 국민총력운동, 12. 국민총력읍면연맹 | 내무계 | 18. 국민총력운동, 19. 국민총력읍면연맹, 27. 토목, 28. 노무조정 |
| 호적계 | 해당 없음 | 호적병사계 | 7. 병사(兵事), 8. 군사부조 파산자, 10. 청년훈련, 11. 청년특별연성소, 12. 여자청년대연성소 |
| 권업계 | 해당 없음 | 농산계 | 7. 만주개척민 |
| 재무계 | 해당 없음 | | |

자료: 경상북도, 1942, 『邑面行政例規』; 경상북도, 『慶尙北道報』, 1944년 4월 21일 자(樋口雄一, 2013, 「戰時末期朝鮮邑面の機能と朝鮮人民衆との乖離について」, 『地域社會から見る帝國日本と植民地』, 思文閣出版, 791-792쪽 재인용).

그 외 다른 도의 읍면에 대해서는 구술기록을 통해 알 수 있다. 전남 해남군 산이면에서 출생하여 1944년에 서무계장과 부면장을 역임한 박호배는, 면에는 면장, 부면장, 서무계와 산업계가 있었고 하부 단위에 '노무병사계'가 있었다고 구술하였다. 산업계 산하에는 농사계,

---

[38] 경상북도, 1942, 『읍면행정예규』, 28-29쪽.

비료계, 식량계, 전작계 등이 있고, 서무계 산하에는 호적계, 재무계(초기에는 회계), 노무병사계, 국민총력계 등이 있었다. 이같이 서무계와 산업계는 크게 3~4개의 업무 담당으로 나누어 면서기들이 업무를 담당하였는데, 이를 계(係)로 불렀던 것이다. 즉 노무계나 노무병사계는 계장을 필두로 하는 행정조직이 아니라 서무계 소속 계 담당 업무 직원에 대한 호칭이었다. 또한 계장이란 직위이며, 통칭으로는 면서기였다고 한다. 국민총력연맹의 업무는 서무계장이 겸임하였다.[39]

〈전남 해남군 산이면 구조도〉

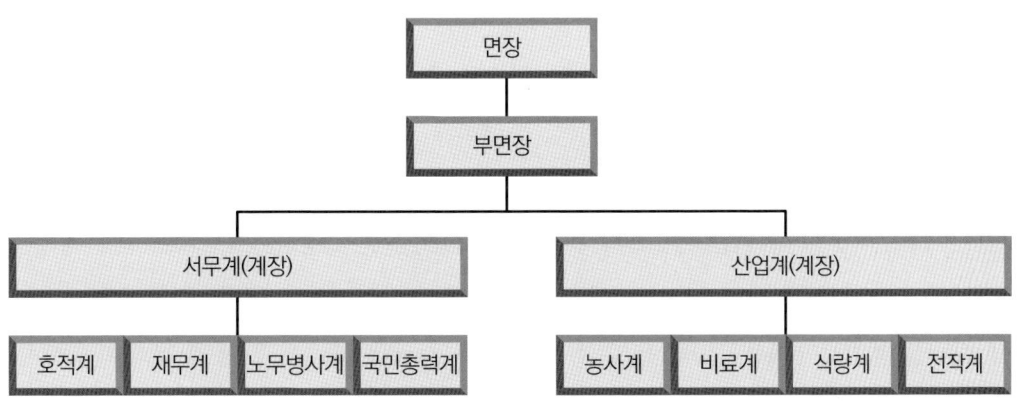

경성부는 다른 군과 달리 부제(府制)와 구제(區制), 정회(町會) 제도를 시행하였다. 1914년 4월 1일 일제는 경성부에 부제를 시행하면서 거류민단과 한성위생회를 철폐하고 그 모든 사무를 경성부가 승계하게 하였다.[40] 1916년 행정업무의 효율성을 위해 1916년 정총대(町總代)·

---

39 면의 계장이 국민총력연맹이나 애국부인회, 군인원호회 등의 업무를 겸임하면, 각각의 업무에 대해 별도로 보너스를 주었다고 한다. 각각의 회계가 다른 결과인데, 겸임업무의 단위에 따라 월급이 추가되었다. 박호배는 서무계장 시절에 애국부인회와 총력 업무를 겸임했으므로 매년 6월과 12월에는 서무계장 월급에 추가로 국민총력연맹과 부인회에서 주는 보너스를 받았다. 국사편찬위원회, 2006, 『구술사료선집 3-지방을 살다』, 251·259-269쪽.

40 경성부는 조선인 외에 다수의 일본인이 거주하고 있었으므로 다른 도와 달리 일본인과 조선인 거주 지역을 구분해 이원적으로 운영하였다. 한일강제병합 직후인 1910년 9월 30일 조선총독부는 한성부(漢城府)를 경성부로 개칭하고 경기도에 소속하도록 하였다. 경성부를 도에 속한 일개 군(郡)으로 격하하고, 수백 년간에 걸친 수도로서의 지위도 박탈하였다. 김영미, 2005, 「일제시기~한국전쟁기 주민 동원·통제 연구-서울지역 町·洞會조직의 변화를 중심으로」, 서울대학교 국사학과 박사학위논문, 22-23쪽.

동총대(洞總代)를 마련하고, 일본인 거주 지역인 정(町)과 조선인 거주 지역인 동(洞)에 각각 주민 대표를 두어 행정을 보조하고 동리 고유의 사무도 담당하도록 했으나 효율성이 떨어지자 일제는 1943년 6월 9일 「부제 중 개정」(제령 제29호)을 통해 구제를 실시하였다. 이 규정은 경성부에 구제를 실시하면서 구의 업무를 구장이 담당하도록 규정하였다. 그간 경성부는 정과 동을 통해 민족별로 거주자를 구분하고 1938년에 민족별 구분을 그룹별 구분(출장소와 경찰관 구별)으로 바꾸었으나, 1943년 구제(7개 구역소 운영)를 통해 정과 동의 민족별 구분을 무의미하게 만들었다.

경성부에서 전시행정의 중심적 역할을 담당한 또 다른 축은 정회이다. 일제는 경성부의 정(町)과 동(洞)에 각각 주민 대표를 두는 과정에서 정회를 설립하였다. 그러나 240개에 달하는 정회 가운데 재정상의 곤란으로 정회 자체의 기능을 충분하게 발휘하지 못하는 정회가 50여 개나 되어 부(府) 행정 운영에 막대한 지장을 초래하자, 1938년 초부터 정회의 통제 강화 방안을 모색하였다. 총동원기에 들어 주민 통제를 강화할 필요성에 따라 1938년 4월부터 정회 합병과 기구개혁안에 대해 협의한 결과, 8월 1일 정회 규정을 개정하여 151개 정회로 정리하는 대정회제로 전환하였다. 이같이 경성부가 하부 행정 단위이던 정총대·동총대를 1943년 구제 실시를 계기로 1944년 10월 15일 조선총독부령(「정회에 관한 건」)을 통해 정회 제도로 공인하고 관치행정체계로 전환한 후, 정회는 배급·저축·방공 등 전시 생활의 모든 측면을 관장하며 전시행정의 중심적 역할을 담당하게 되었다.[41]

경성부의 총동원 관련 부서는 「경성부 사무분장 규정 중 개정」(조선총독부훈령 제95호, 1943년 12월 1일)을 통해 알 수 있다. 이 규정에 따르면, 경성부는 부윤관방과 총 3개 부를 두었는데, 이 가운데 2개 부(총무부, 민생부)에 총동원 업무를 분장하였다.

앞에서 언급한 도부군도읍면 단위의 총동원 관련 부서를 정리하면 다음의 표와 같다.

---

41 〈대정회제로 전진, 오늘 신 구역과 규정 등을 발표〉,《경성일보》, 1938.8.2., 석간 2면 5단. 관련 연구는 서현주, 2002, 「조선말 일제하 서울의 하부 행정제도 연구-町·洞制와 總代를 중심으로」(서울대학교 국사학과 박사학위논문)와 김영미, 2005, 「일제시기~한국전쟁기 주민 동원·통제 연구-서울지역 町·洞會 조직의 변화를 중심으로」(서울대학교 국사학과 박사학위논문) 참조.

[표 4] 규정을 통해 본 지방행정 단위의 총동원 관련 부서

| 행정 단위별 | 총동원 관련 부서 |
|---|---|
| 도(道) | 지사관방, 내무부, 산업부 |
| 부(府) | 내무과 |
| 군(郡)·도(島) | 서무계, 내무계 |
| 읍(邑)·면(面) | 서무계, 내무계 |
| 경성부 | 총무부(호적과, 사회과), 구역소, 정회 |

본서에 수록한 총동원 운영 기구·조직 관련 각의결정과 법령은 총 44건이다. 이하 번역하여 수록한 주요 각의결정과 법령 등의 목록은 다음 표와 같다.

[표 5] 총동원체제 운영 기구 및 조직 관련 각의결정과 법령 목록

| 번호 | 법령 및 각의결정 등의 명칭 | 형태 | 제정·공포·결정일 | 세부 근거 |
|---|---|---|---|---|
| 1 | 조선자원조사위원회 규정 | 조선총독부내훈 | 1930. 6. 9. | 조선총독부내훈 제6호 |
| 2 | 조선자원조사위원회 규정 중 개정 | 조선총독부내훈 | 1930. 12. 16. | 조선총독부내훈 제13호 |
| 3 | 조선중앙정보위원회 규정 | 조선총독부훈령 | 1937. 7. 22. | 조선총독부훈령 제51호 |
| 4 | 조선총독부 사무분장 규정 중 개정 | 조선총독부훈령 | 1937. 9. 1. | 조선총독부훈령 제66호 |
| 5 | 조선총독부 사무분장 규정 중 개정 | 조선총독부훈령 | 1938. 9. 28. | 조선총독부훈령 제58호 |
| 6 | 조선총독부 기획부 임시설치제 | 칙령 | 1939. 11. 28. | 칙령 제793호 |
| 7 | 조선총독부 사무분장 규정 중 개정 | 조선총독부훈령 | 1939. 11. 29. | 조선총독부훈령 제65호 |
| 8 | 조선총독부 기획부 임시설치제 중 개정 | 칙령 | 1940. 1. 30. | 칙령 제26호 |
| 9 | 조선총독부 기획부 임시설치제 중 개정 | 칙령 | 1940. 6. 25. | 칙령 제427호 |
| 10 | 조선총독부 사무분장 규정 중 개정 | 조선총독부훈령 | 1940. 7. 1. | 조선총독부훈령 제31호 |
| 11 | 조선총독부 부내 임시직원설치제 중 개정 | 칙령 | 1940. 8. 20. | 칙령 제531호 |

| | | | | |
|---|---|---|---|---|
| 12 | 조선총독부 사무분장 규정 중 개정 | 조선총독부훈령 | 1940. 10. 16. | 조선총독부훈령 제56호 |
| 13 | 행정사무 쇄신강화에 관한 건 | 각의결정 | 1941. 7. 25. | 각의결정 |
| 14 | 조선총독부 관제 중 개정 | 칙령 | 1941. 11. 18. | 칙령 제980호 |
| 15 | 조선총독부 사무분장 규정 중 개정 | 조선총독부훈령 | 1941. 11. 19. | 조선총독부훈령 제103호 |
| 16 | 조선총독부 관제 중 개정 | 칙령 | 1942. 11. 1. | 칙령 제727호 |
| 17 | 조선총독부 사무분장 규정 중 개정 | 조선총독부훈령 | 1942. 11. 1. | 조선총독부훈령 제54호 |
| 18 | 조선총독부 철도국 사무분장 규정 중 개정 | 조선총독부훈령 | 1942. 11. 1. | 조선총독부훈령 제55호 |
| 19 | 조선총독부 사무분장 규정 중 개정 | 조선총독부훈령 | 1943. 9. 30. | 조선총독부훈령 제71호 |
| 20 | 조선총독부 관제 중 개정 | 칙령 | 1943. 11. 30. | 칙령 제890호 |
| 21 | 조선총독부 사무분장 규정 중 개정 | 조선총독부훈령 | 1943. 12. 1. | 조선총독부훈령 제88호 |
| 22 | 조선총독부 사무분장 규정 중 개정 | 조선총독부훈령 | 1944. 11. 22. | 조선총독부훈령 제96호 |
| 23 | 조선총독부 사무분장 규정 중 개정 | 조선총독부훈령 | 1945. 4. 17. | 조선총독부훈령 제18호 |
| 24 | 조선총독부 부내 임시직원설치제 중 개정 | 칙령 | 1938. 11. 8. | 칙령 제714호 |
| 25 | 조선총독부 사무분장 규정 중 개정 | 조선총독부훈령 | 1938. 11. 12. | 조선총독부훈령 제67호 |
| 26 | 조선총독부 부내 임시직원설치제 중 개정 | 칙령 | 1940. 2. 2. | 칙령 제43호 |
| 27 | 조선총독부 사무분장 규정 중 개정 | 조선총독부훈령 | 1940. 2. 3. | 조선총독부훈령 제65호 |
| 28 | 국민정신총동원실시요강 | 각의결정 | 1937. 8. 24. | 각의결정 |
| 29 | 국민정신총동원위원회 규정 | 조선총독부훈령 | 1939. 4. 17. | 조선총독부훈령 제21호 |
| 30 | 국민정신총동원기구개조요강 | 각의결정 | 1940. 4. 16. | 각의결정 |
| 31 | 국민총력운동지도위원회 규정 | 조선총독부훈령 | 1940. 10. 16. | 조선총독부훈령 제54호 |
| 32 | 조선총독부훈령 제21호 폐지 | 조선총독부훈령 | 1940. 10. 16. | 조선총독부훈령 제55호 |
| 33 | 국민총력운동지도위원회 규정 중 개정 | 조선총독부훈령 | 1942. 11. 30. | 조선총독부훈령 제65호 |

| 34 | 조선총독부 도사무분장 규정 중 개정 | 조선총독부훈령 | 1938. 6. 23. | 조선총독부훈령 제35호 |
|---|---|---|---|---|
| 35 | 조선총독부 지방관 관제 중 개정 | 칙령 | 1940. 4. 9. | 칙령 제256호 |
| 36 | 조선총독부 도사무분장 규정 중 개정 | 조선총독부훈령 | 1940. 10. 21. | 조선총독부훈령 제58호 |
| 37 | 조선총독부 도사무분장 규정 중 개정 | 조선총독부훈령 | 1941. 11. 19. | 조선총독부훈령 제105호 |
| 38 | 조선총독부 지방관 관제 중 개정 | 칙령 | 1943. 11. 30. | 칙령 제896호 |
| 39 | 조선총독부 도사무분장 규정 중 개정 | 조선총독부훈령 | 1943. 12. 1. | 조선총독부훈령 제94호 |
| 40 | 부제 중 개정 | 제령 | 1943. 6. 9. | 제령 제29호 |
| 41 | 경성부 사무분장 규정 중 개정 | 조선총독부훈령 | 1943. 12. 1. | 조선총독부훈령 제95호 |
| 42 | 정회에 관한 건 | 조선총독부령 | 1944. 10. 15. | 조선총독부령 제343호 |
| 43 | 읍면제 시행규칙 중 개정 | 조선총독부령 | 1944. 10. 15. | 조선총독부령 제345호 |
| 44 | 읍면처무규정 중 개정 | 규정 | 1940. 11. 27. | 제17호 제34호 |

| 자료 1 | |
|---|---|
| \multicolumn{2}{c}{조선자원조사위원회 규정} | |
| 구분 | 조선총독부내훈 제6호 |
| 법령명/건명 | 조선자원조사위원회 규정<br>朝鮮資源調査委員會 規程 |
| 공포·개정·결정·폐지 연월일 | 공포 1930년 6월 9일<br>개정 1930년 12월 16일 |
| 구성 | 총 5개 조 |
| 선행 규범·법령 | 자원조사법(1929년 4월 1일, 법률 제53호) |
| 원문 일부 | (원문 이미지) |
| 주요 내용 및 특징 | ○ 일본 정부가 제정한 법률 제53호 자원조사법(1929년 4월 1일) 후속 조치로 조선총독부 내에 조선자원조사위원회를 설치<br>○ 위원장은 정무총감으로 하고, 위원과 간사를 설치<br>○ 1930년 6월 24일 제1회 조선자원조사위원회 등 총 3회 위원회 개최<br>○ 1935년 9월에 실시된 제3회 위원회에는 일본의 자원국, 육군성, 해군성, 척무성 관계관이 참석 |
| 법령 적용 범위 | 조선 |
| 관련 법령<br>통합·폐지 사항 | |
| 유사·파생 법령 | |

조선총독부내훈 제6호
　　　조선총독부
　　　체신국
　　　철도국

1930년 6월 9일

## 조선자원조사위원회 규정

제1조 자원조사에 관한 사항을 심의하기 위해 조선총독부에 조선자원조사위원회를 둔다.

제2조 조선자원조사위원회는 위원장 1인 및 위원 약간 명으로 조직한다.

제3조 위원장은 정무총감으로 충원한다.

　　　위원은 조선총독부 부내 고등관 가운데에서 조선총독이 임명한다.

제4조 위원장은 회무를 통리한다.

　　　위원장이 사고가 있을 때에는 위원장이 지명하는 위원이 사무를 대리한다.

제5조 조선자원조사위원회에 간사를 둔다.

　　　간사는 조선총독부 부내 판임관 가운데에서 조선총독이 임명한다.

　　　간사는 위원장의 지휘를 받아 서무에 종사한다.

| | |
|---|---|
| **자료 2** | |
| 조선자원조사위원회 규정 중 개정 | |
| 구분 | 조선총독부내훈 제13호 |
| 법령명/건명 | 조선자원조사위원회 규정 중 개정<br>朝鮮資源調査委員會 規程 中 改正 |
| 공포·개정·결정·폐지 연월일 | 공포 1930년 12월 16일 |
| 구성 | 총 5개 조 |
| 선행 규범·법령 | 자원조사법(1929년 4월 1일, 법률 제53호)<br>조선자원조사위원회 규정(1930년 6월 9일, 조선총독부내훈 제6호) |
| 원문 일부 | (원문 이미지) |
| 주요 내용 및 특징 | ○ 조선자원조사위원회 목적에 '총동원계획 설정상 필요한 사항'을 추가<br>○ 조선총독이 필요할 때 '육해군 무관을 위원에 위촉'하도록 규정을 추가 |
| 법령 적용 범위 | 조선 |
| 관련 법령 통합·폐지 사항 | |
| 유사·파생 법령 | |

조선총독부내훈 제13호
> 조선총독부
> 체신국
> 철도국
> 전매국

1930년 12월 16일

## 조선자원조사위원회 규정 중 개정

제1조 중 '자원조사에 관한 사항'을 '자원조사에 관한 사항 및 총동원계획설정 상 필요한 사항'으로 개정한다.

제3조 제2항의 아래에 다음의 1항을 추가한다.
> 앞의 항 외 조선총독이 필요하다고 인정할 때에는 관계 육해군 무관에게 위원을 위촉해야 한다.

| | |
|---|---|
| **자료 3** | **조선중앙정보위원회 규정** |
| 구분 | 조선총독부훈령 제51호 |
| 법령명/건명 | 조선중앙정보위원회 규정<br>朝鮮中央情報委員會 規程 |
| 공포·개정·결정·폐지<br>연월일 | 공포 1937년 7월 22일 |
| 구성 | 총 6개 조 |
| 선행 규범·법령 | |
| 원문 일부 | ●朝鮮總督府訓令第五十一號<br>朝鮮中央情報委員會規程左ノ通定ム<br>昭和十二年七月二十二日<br>朝鮮總督　南　次郞<br>朝鮮中央情報委員會規程<br>第一條　朝鮮情報及啓發宣傳ニ關スル重要事項ヲ調査審議セシムル爲朝鮮總督府ニ朝鮮中央情報委員會ヲ設ク<br>第二條　委員會ハ委員長一人及委員若干人ヲ以テ之ヲ組織ス<br>第三條　委員長ハ朝鮮總督府政務總監ヲ以テ之ニ充ツ<br>委員ハ朝鮮總督府部內高等官及學識經驗アル者ノ中ヨリ朝鮮總督之ヲ命ジ又ハ囑託ス<br>特別ノ事項ヲ調査審議スル爲必要アルトキハ臨時委員ヲ命ジ又ハ囑託ス<br>第四條　委員長ハ會務ヲ總理ス<br>委員長事故アルトキハ委員長ノ指定シタル委員其ノ事務ヲ代理ス<br>第五條　委員長必要アリト認ムルトキハ朝鮮總督府部內判任官其ノ他適當ト認ムル者ヲ以テ會議ニ出席シ意見ヲ陳述セシムルコトヲ得<br>第六條　委員會ニ幹事、幹事長及書記ヲ置ク<br>幹事長ハ朝鮮總督府文書課長ヲ以テ之ニ充ツ<br>幹事ハ朝鮮總督府部內職員ノ中ヨリ朝鮮總督之ヲ命ジ又ハ囑託ス<br>書記ハ朝鮮總督府部內判任官ノ中ヨリ朝鮮總督之ヲ命ズ<br>書記ハ上司ノ指揮ヲ承ケ庶務ニ從事ス |
| 주요 내용 및 특징 | ○ 조선총독부에 조선중앙정보위원회를 설치<br>○ 위원장은 정무총감<br>○ 1920년 11월 조선총독부가 조선의 치안 유지와 홍보 선전 강화를 목적으로 설치한 정보위원회의 재설립<br>○ 1937년 7월 중일전쟁 발발 후 조선인의 사상 통제와 전쟁 협력을 유도하기 위해 설치 |
| 법령 적용 범위 | 조선 |
| 관련 법령<br>통합·폐지 사항 | |
| 유사·파생 법령 | |

조선총독부훈령 제51호

1937년 7월 22일

## 조선중앙정보위원회 규정

제1조 정보 및 계발 선전에 관한 중요사항을 조사·심의하기 위해 조선총독부에 조선중앙정보위원회를 설치한다.

제2조 위원회는 위원장 1인 및 위원 약간 명으로 조직한다.

제3조 위원장은 조선총독부 정무총감으로 한다.

위원은 조선총독부 내 고등관 및 학식과 경험이 있는 자 가운데에서 조선총독이 임명하거나 위촉한다.

특별한 사항을 조사·심의하기 위해 필요할 때에 조선총독은 임시위원을 임명하거나 위촉한다.

제4조 위원장은 회무(會務)를 총괄한다.

위원장 사고가 있을 때에는 위원장이 지정하는 위원이 사무를 대리한다.

제5조 위원장이 필요하다고 인정될 때에는 조선총독부 내 고등관, 기타 적정하다고 인정되는 자로 하여금 회의에 출석해 의견을 진술하도록 할 수 있다.

제6조 위원회에 간사장, 간사 및 서기를 둔다.

간사장은 조선총독부 문서과장으로 한다.

간사는 조선총독부 내 직원 중에서 조선총독이 임명하거나 위촉한다.

간사장 및 간사는 위원장의 명을 받아 서무를 정리한다.

서기는 조선총독부 내 판임관 중에서 조선총독이 임명한다.

서기는 상사의 지휘를 받아 서무에 종사한다.

| | |
|---|---|
| **자료 4** | |
| | 조선총독부 사무분장 규정 중 개정 |
| 구분 | 조선총독부 훈령 제66호 |
| 법령명/건명 | 조선총독부 사무분장 규정 중 개정<br>朝鮮總督府 事務分掌 規程 中 改正 |
| 공포 · 개정 · 결정 · 폐지 연월일 | 공포 1937년 9월 1일<br>폐지 1939년 11월 28일 |
| 구성 | 총 4개 조 개정 (자원과는 2개 조항) |
| 선행 규범 · 법령 | |
| 원문 일부 | ●朝鮮總督府訓令第六十六號<br>朝鮮總督府事務分掌規程中左ノ通改正ス<br>昭和十二年九月一日<br>第一條中「會計課」ノ下ニ「資源課」ヲ加フ<br>第二條第五項第七號ヲ左ノ如ク改ム<br>七 情報及啓發宣傳ニ關スル事項<br>同條同項中第八號ヲ削リ第九號ヲ第八號トス<br>資源課ニ於テ左ノ事務ヲ掌ル<br>一 總動員計畫ニ關スル事項<br>二 資源調査ニ關スル事項<br>三 防空ニ關スル事項<br>第七條第一項中「稅務課」ノ下ニ「關稅課」ヲ加フ<br>同條第二項ノ次ニ左ノ一項ヲ加フ<br>稅務課ニ於テ左ノ事務ヲ掌ル<br>一 租稅ノ賦課及徵收ニ關スル事項<br>二 有財產ニ關スル事項<br>三 土地臺帳及林野臺帳ニ關スル事項<br>四 租稅諸收入及諸貸付ニ關スル事項<br>五 稅法違反者ニ對スル處分ニ關スル事項<br>六 國有財產ノ事務ニ關スル事項<br>七 稅外諸收入ニ關スル事項<br>八 道府郡島邑面其ノ他地方團體及公共組合ノ公課ニ關スル事項<br>九 租稅ニ關スル技術的分析鑑定ニ關スル事項<br>十 局內他課ノ主管ニ屬セザル事項<br>關稅課ニ於テ左ノ事務ヲ掌ル<br>一 關稅、移入稅、噸稅、出港稅及稅關雜收入ニ關スル事項<br>二 關稅、移入稅、噸稅、出港稅ノ取締及犯則者處分ニ關スル事項<br>三 關稅倉庫、保稅工場其ノ他ノ保稅地域ノ管理監督ニ關スル事項<br>四 前三號ノ外關稅行政ノ管理監督ニ關スル事項<br>五 輸移出入品ノ調査鑑定ニ關スル事項<br>六 關稅率ノ調査ニ關スル事項<br>七 外國貿易ノ調査ニ關スル事項<br>朝鮮總督　南　次郎 |
| 주요 내용 및 특징 | ○ 1937년 7월 7일 중일전쟁 발발 후 7월 28일 일본 각의가 총동원계획의 일부 실시를 결정한 후 조선에서 국가총동원체제 운영을 위한 기관으로 신설<br>○ 1939년 11월 28일 조선총독부 기획부 임시설치제에 따라 1938년 9월 28일에 신설한 임시자원조정과와 함께 조선총독부 기획부로 통합 |
| 법령 적용 범위 | 조선 |
| 관련 법령 통합 · 폐지 사항 | 칙령 제793호 조선총독부 기획부 임시 설치제 |
| 유사 · 파생 법령 | |

조선총독부 훈령 제66호

1937년 9월 1일

## 조선총독부 사무분장 규정 중 개정

제1조 중 '회계과' 아래에 '자원과'를 추가한다.

제2조 중 제5항 제7호를 다음과 같이 개정한다.

    7. 정보 및 계발 선전에 관한 사항

제2조 제5항 중 제8호를 다음과 같이 추가한다.

    자원과에서는 다음의 사무를 관장한다.

        1. 자원조사에 관한 사항

        2. 총동원계획에 관한 사항

        3. 방공(防空)에 관한 사항

| 자료 5 | |
|---|---|
| | 조선총독부 사무분장 규정 중 개정 |
| 구분 | 조선총독부훈령 제58호 |
| 법령명/건명 | 조선총독부 사무분장 규정 중 개정<br>朝鮮總督府 事務分掌 規程 中 改正 |
| 공포·개정·결정·폐지 연월일 | 공포 1938년 9월 28일<br>폐지 1939년 11월 28일 |
| 구성 | 총 2개 조 개정 |
| 선행 규범·법령 | |
| 원문 일부 | ◉朝鮮總督府訓令第五十八號<br>朝鮮總督府事務分掌規程中左ノ通改正ス<br>昭和十三年九月二十八日<br>朝鮮總督府<br>朝鮮總督　南　次郎<br>第七條第五項ニ左ノ二號ヲ加フ<br>六　外國爲替ノ管理ニ關スル事項<br>七　臨時資金調整ニ關スル事項<br>第八條第一項中「商工課」ノ下ニ「燃料課」ヲ、「水産課」ノ下ニ「臨時物資調整課」ヲ加ヘ「度量衡所」ヲ削ル<br>同條第二項第四號ヲ左ノ如ク改ム<br>四　中央試驗所及度量衡所ニ關スル事項<br>同條第二項ノ次ニ左ノ一項ヲ加フ<br>燃料課ニ於テハ左ノ事務ヲ掌ル<br>一　燃料政策一般ニ關スル事項<br>二　燃料資源ノ開發促進ニ關スル事項<br>三　燃料ノ有效利用ニ關スル事項<br>四　其ノ他燃料ニ關スル事項<br>同條第四項ヲ左ノ一號ヲ加フ<br>二　日本産金振興株式會社ニ關スル事項<br>同條第五項ノ次ニ左ノ一項ヲ加フ<br>臨時物資調整課ニ於テハ時局ニ緊要ナル物資ノ需給ノ調整ニ關スル事務ヲ掌ル<br>同條第七項ヲ削ル |
| 주요 내용 및 특징 | ○ 식산국에 임시물자조정과를 설치<br>○ 임시물자조정과에 '시국에 긴요한 물자의 수급 조정 사무'를 분장<br>○ 조선총독부 기획부 임시설치제(1939년 11월 28일, 칙령 제793호)에 따라 폐지하고 업무는 기획부로 이관 |
| 법령 적용 범위 | 조선 |
| 관련 법령 통합·폐지 사항 | 조선총독부 기획부 임시설치제(1939년 11월 28일, 칙령 제793호) |
| 유사·파생 법령 | |

조선총독부 훈령 제58호
1938년 9월 28일

## 조선총독부 사무분장 규정 중 개정

제8조 제1항 중 '상공과' 아래에 '연료과'를, '수산과' 아래에 '임시물자조정과'를 추가하고, '도량형소'를 삭제한다.

제8조 제5항 다음에 아래 1항을 추가한다.

임시물자조정과에서는 시국에 긴요한 물자의 수급 조정에 관한 사무를 관장한다.

| 자료 6 | |
|---|---|
| | 조선총독부 기획부 임시설치제 |
| 구분 | 칙령 제793호 |
| 법령명/건명 | 조선총독부 기획부 임시설치제<br>朝鮮總督府 企劃部 臨時設置制 |
| 공포·개정·결정·폐지 연월일 | 공포 1939년 11월 28일<br>폐지 1941년 11월 18일 |
| 구성 | 총 3개 조, 부칙 1항 |
| 선행 규범·법령 | |
| 원문 일부 | ○勅令<br>朕樞密顧問ノ諮詢ヲ經テ朝鮮總督府企劃部臨時設置制ヲ裁可シ茲ニ之ヲ公布セシム<br>御名御璽<br>昭和十四年十一月二十八日<br>內閣總理大臣 阿部 信行<br>拓務大臣 金光 庸夫<br>勅令第七百九十三號<br>朝鮮總督府企劃部臨時設置制<br>第一條 國家總動員計畫ノ設定及遂行ニ關スル綜合事務竝ニ時局ニ緊要ナル物資ノ配給ノ調整ニ關スル事務ヲ掌ラシムル爲臨時ニ朝鮮總督府ニ企劃部ヲ設ク<br>第二條 臨時ニ朝鮮總督府ニ左ノ職員ヲ置キ企劃部ニ屬セシム<br>企劃部長 一人 勅任<br>事務官 七人<br>理事官 一人<br>技師 六人<br>屬 十九人<br>事務官 再任十二人<br>技手<br>前項ノ職員ノ外朝鮮總督ノ奏請ニ依リ關係各廳高等官ノ中ヨリ內閣ニ於テ事務官ヲ命ズルコトヲ得<br>第三條 企劃部長ハ總督及政務總監ノ命ヲ承ケ部務ヲ掌理シ部下ノ官吏ヲ指揮監督ス<br>附則<br>本令ハ公布ノ日ヨリ之ヲ施行ス |
| 주요 내용 및 특징 | ○ 조선에서 국가총동원체제 수행기관으로 기획부를 신설<br>○ 1937년 9월 신설한 자원과와 1938년 9월에 신설한 임시자원조정과를 통합한 임시 부서<br>○ 1941년 11월 18일 자 칙령 제980호(조선총독부관제 중 개정)에 따라 정식 부서로 전환<br>○ 1942년 11월 1일 조선총독부훈령 제54호(조선총독부 사무분장 규정 중 개정)로 폐지 |
| 법령 적용 범위 | 조선 |
| 관련 법령<br>통합·폐지 사항 | 조선총독부 사무분장 규정 중 개정(1937년 9월 1일, 조선총독부훈령 제66호)<br>조선총독부 관제 규정 중 개정(1941년 11월 18일, 칙령 제980호) |
| 유사·파생 법령 | 조선총독부 사무분장 중 개정(1939년 11월 29일, 조선총독부훈령 제65호) |

칙령 제793호

1939년 11월 28일

## 조선총독부 기획부 임시설치제

제1조 국가총동원계획의 설정 및 수행에 관한 종합 사무와 시국의 긴요한 물자 배급의 조정에 관한 사무를 관장하기 위해 임시로 조선총독부에 기획부를 설치한다.

제2조 임시로 조선총독부에 다음의 직원을 두고 기획부에 속하게 한다.

  기획부장 1인 칙임

  사무관 전임 7인

  이사관 전임 1인

  기사 전임 6인

  속(屬) 전임 19인

  기수 전임 12인

  앞 항의 직원 외 조선총독의 주청에 따라 관계 각 청(廳) 고등관 가운데 내각이 사무관을 임명할 수 있다.

제3조 기획부장은 총독 및 정무총감의 명을 받아 부무(部務)를 관장하고 부하 관리를 지휘·감독한다.

부칙

본령은 공포한 날로부터 시행한다.

| | |
|---|---|
| **자료 7** | |
| | 조선총독부 사무분장 규정 중 개정 |
| 구분 | 조선총독부훈령 제65호 |
| 법령명/건명 | 조선총독부 사무분장 규정 중 개정<br>朝鮮總督府 事務分掌 規程 中 改正 |
| 공포 · 개정 · 결정 · 폐지 연월일 | 공포 1939년 11월 29일<br>폐지 1942년 11월 1일 칙령 제727호 및 조선총독부훈령 제54호 |
| 구성 | 총 6개 조 개정 |
| 선행 규범 · 법령 | |
| 원문 일부 | (원문 이미지) |
| 주요 내용 및 특징 | ○ 1939년 11월 28일 조선의 국가총동원체제 수행기관으로 신설한 기획부(임시직제) 관련 개정<br>○ 기존의 자원과와 임시물자조정과를 폐지<br>○ 기획부에 총 3개 과를 설치 |
| 법령 적용 범위 | 조선 |
| 관련 법령 통합 · 폐지 사항 | 조선총독부 사무분장 규정 중 개정(1937년 9월 1일, 조선총독부훈령 제66호)<br>조선총독부 관제 중 개정(1942년 11월 1일, 칙령 제727호) |
| 유사 · 파생 법령 | 조선총독부 관제 중 개정(1941년 11월 18일, 칙령 제980호) |

조선총독부훈령 제65호

1939년 11월 29일

## 조선총독부 사무분장 규정 중 개정

제1조 중 '자원과'를 삭제한다.

제2조 제6항을 삭제한다.

제7조 제3항에 다음과 같은 1호를 추가한다.

    8. 외국 환전[爲替]의 관리에 관한 사항

제7조 제5항 제6호를 삭제하고 제7호를 제6호로 해서 이하 순차를 올린다.

제8조 제1항 중 '임시물자조정과'를 삭제한다.

제8조 제7항을 삭제한다.

제10조 제2항 제4호를 제5호로 하고 제3호의 다음에 아래와 같은 1호를 추가한다.

    3. 조선총독부 기상대에 관한 사항

제13조 기획부에 제1과, 제2과 및 제3과를 둔다.

    제1과에서는 다음의 사무를 관장한다.

      1. 물자, 노무, 교통전력, 자금 기타 동원계획의 설정 및 수행의 종합에 관한 사항

      2. 생산력확충계획의 설정 및 수행의 종합에 관한 사항

      3. 국가총동원법 시행의 종합에 관한 사항

      4. 기술자의 할당에 관한 사항

      5. 자원조사에 관한 사항

      6. 기밀의 보호에 관한 사항

      7. 기획부 내 다른 과의 주관에 속하지 않는 사항

    제2과에서는 다음의 사무를 관장한다.

      1. 철도에 관한 물자동원계획의 설정 및 배급조정에 관한 사항

      2. 비철금속 및 비금속 광물에 관한 물자동원계획의 설정 및 배급조정에 관한 사항

3. 기계류에 관한 물자동원계획의 설정 및 배급조정에 관한 사항

제3과에서는 다음의 사무를 관장한다.

1. 섬유, 피혁, 생고무 및 목재에 관한 물자동원계획의 설정 및 배급조정에 관한 사항
2. 연료에 관한 물자동원계획의 설정 및 배급조정에 관한 사항
3. 공업약품, 화학성품류(化學成品類), 비료 및 의약품에 관한 물자동원계획의 설정 및 배급조정에 관한 사항
4. 식량 및 수입잡품에 관한 물자동원계획의 설정 및 배급조정에 관한 사항

| | |
|---|---|
| **자료 8** | |
| | 조선총독부 기획부 임시설치제 중 개정 |
| 구분 | 칙령 제26호 |
| 법령명/건명 | 조선총독부 기획부 임시설치제 중 개정<br>朝鮮總督府 企劃部 臨時設置制 中 改正 |
| 공포·개정·결정·폐지 연월일 | 공포 1940년 1월 30일 |
| 구성 | 총 6개 조 개정 |
| 선행 규범·법령 | |
| 원문 일부 | (원문 이미지) |
| 주요 내용 및 특징 | ○ 1939년 11월 28일 조선의 국가총동원체제 수행기관으로 신설한 기획부(임시직제) 관련 개정<br>○ 기존의 사무관 전임 7인, 기사 전임 6인, 속 전임 19인, 기수 전임 12인을 사무관 전임 8인, 기사 전임 8인, 속 전임 30인, 기수 전임 18인으로 증원 |
| 법령 적용 범위 | 조선 |
| 관련 법령 통합·폐지 사항 | |
| 유사·파생 법령 | 조선총독부 기획부 임시설치제(1939년 11월 28일, 칙령 제793호)<br>조선총독부 사무분장 규정 중 개정(1939년 11월 29일, 조선총독부훈령 제65호)<br>조선총독부 관제 중 개정(1941년 11월 18일, 칙령 제980호) |

Ⅱ. 총동원 운영 기구·조직에 관한 주요 각의결정 및 법령 등

칙령 제26호

1940년 1월 30일

## 조선총독부 기획부 임시설치제 중 개정

제2조 제1항 중 '사무관 전임 7인'을 '사무관 전임 8인'으로, '기사 전임 6인'을 '기사 전임 8인'으로, '속 전임 19인'을 '속 전임 30인'으로, '기수 전임 12인'을 '기수 전임 18인'으로 개정한다.

부칙

본령은 공포일로부터 시행한다.

(1월 31일 『관보』)[42]

---

42 일본 정부 『관보』 게재일을 의미, 『조선총독부관보』에는 1940년 2월 5일 자 제3910호로 게재.

| 자료 9 | |
|---|---|
| \multicolumn{2}{c}{조선총독부 기획부 임시설치제 중 개정} |
| 구분 | 칙령 제427호 |
| 법령명/건명 | 조선총독부 기획부 임시설치제 중 개정<br>朝鮮總督府 企劃部 臨時設置制 中 改正 |
| 공포·개정·결정·폐지 연월일 | 공포 1940년 6월 25일 |
| 구성 | 총 1개 조 개정 |
| 선행 규범·법령 | |
| 원문 일부 | ○ 勅令<br>朕朝鮮總督府企劃部臨時設置制中改正ノ件ヲ裁可シ玆ニ之ヲ公布セシム<br>御名 御璽<br>昭和十五年六月二十五日<br>內閣總理大臣 米內 光政<br>拓務大臣 小磯 國昭<br>勅令第四百二十七號<br>朝鮮總督府企劃部臨時設置制中左ノ通改正ス<br>第二條第一項中「事務官 專任八人」ヲ「事務官 專任十四人」ニ、「技師 專任八人」ヲ「技師 專任十一人」ニ、「屬 專任三十人」ヲ「屬 專任四十二人」ニ、「技手 專任十八人」ヲ「技手 專任二十三人」ニ改ム<br>附則<br>本令ハ公布ノ日ヨリ之ヲ施行ス<br>(三六六號官報) |
| 주요 내용 및 특징 | ○ 1939년 11월 28일 조선의 국가총동원체제 수행기관으로 신설한 기획부(임시직제) 관련 개정<br>○ 기존의 사무관 전임 8인, 기사 전임 8인, 속 전임 30인, 기수 전임 18인을 사무관 전임 14인, 기사 전임 11인, 속 전임 42인, 기수 전임 23인으로 증원 |
| 법령 적용 범위 | 조선 |
| 관련 법령 통합·폐지 사항 | |
| 유사·파생 법령 | 조선총독부 기획부 임시설치제(1939년 11월 28일, 칙령 제793호)<br>조선총독부 사무분장 규정 중 개정(1939년 11월 29일, 조선총독부훈령 제65호)<br>조선총독부 기획부 임시설치제 중 개정(1940년 1월 30일, 칙령 제26호)<br>조선총독부 관제 중 개정(1941년 11월 18일, 칙령 제980호) |

칙령 제427호

1940년 6월 25일

## 조선총독부 기획부 임시설치제 중 개정

제2조 제1항 중 '사무관 전임 8인'을 '사무관 전임 14인'으로, '기사 전임 8인'을 '기사 전임 11인'으로, '속 전임 30인'을 '속 전임 42인'으로, '기수 전임 18인'을 '기수 전임 23인'으로 개정한다.

부칙

본령은 공포일로부터 시행한다.

(6월 26일 『관보』)[43]

---

43 일본 정부 『관보』 게재일을 의미, 『조선총독부관보』에는 1940년 7월 8일 자 제4038호로 게재.

| | |
|---|---|
| 자료 10 | |
| | 조선총독부 사무분장 규정 중 개정 |
| 구분 | 조선총독부훈령 제31호 |
| 법령명/건명 | 조선총독부 사무분장 규정 중 개정<br>朝鮮總督府 事務分掌 規程 中 改正 |
| 공포 · 개정 · 결정 · 폐지 연월일 | 공포 1940년 7월 1일 |
| 구성 | 총 2개 조 개정 |
| 선행 규범 · 법령 | 조선총독부 기획부 임시설치제 중 개정(1940년 6월 25일, 칙령 제427호) |
| 원문 일부 | 朝鮮總督府事務分掌規程中左ノ通改正ス<br>昭和十五年七月一日　朝鮮總督　南次郎<br>第十三條第一項中「及第三課」ヲ「、第三課及第四課」ニ改メ以下順次繰下ゲ第二號ノ次ニ左ノ一號ヲ加フ同條第二項中第三號ヲ第四號ニ改ム<br>第三　國家總動員業務上ノ調查及資料整備ニ關スル事項<br>同條第四項中第二號ヲ削リ第三號ヲ第二號ニ第四號ヲ第三號ニ改メ同條ニ左ノ一項ヲ加フ<br>第四課ニ於テハ燃料ニ關スル物資動員計畫ノ設定及配給調整ニ關スル事務ヲ掌ル |
| 주요 내용 및 특징 | ○ 1939년 11월 28일 조선의 국가총동원체제 수행기관으로 신설한 기획부(임시직제) 관련 개정<br>○ 기존의 총 3개 과를 총 4개 과로 개정하고, 제4과의 업무분장을 규정 |
| 법령 적용 범위 | 조선 |
| 관련 법령 통합 · 폐지 사항 | |
| 유사 · 파생 법령 | 조선총독부 기획부 임시설치제(1939년 11월 28일, 칙령 제793호)<br>조선총독부 사무분장 규정 중 개정(1939년 11월 29일, 조선총독부훈령 제65호) |

조선총독부훈령 제31호

1940년 7월 1일

## 조선총독부 사무분장 규정 중 개정

제13조 제1항 중 '및 제3과'를 '제3과 및 제4과'로, 같은 조항 제2항 중 제3호를 제4호로 고쳐서 이하 순차를 내리고 제2호의 다음에 아래와 같은 1호를 추가한다.

3. 국가총동원업무상 조사 및 자원정비에 관한 사항

같은 조항 제4항 중 제2호를 삭제하고 제3호를 제2호로, 제4호를 제3호로 고쳐 같은 조항에 다음과 같은 1항을 추가한다.

제4과에서는 연료에 관한 물자동원계획의 설정 및 배급조정에 관한 사무를 관장한다.

| 자료 11 | |
|---|---|
| | 조선총독부 부내 임시직원설치제 중 개정 |
| 구분 | 칙령 제531호 |
| 법령명/건명 | 조선총독부 부내 임시직원설치제 중 개정<br>朝鮮總督府 部內 臨時職員 設置制 中 改正 |
| 공포·개정·결정·폐지 연월일 | 공포 1940년 8월 20일 |
| 구성 | 총 13개 조 개정(기획부 관련 1개 조), 부칙 |
| 선행 규범·법령 | |
| 원문 일부 | |
| 주요 내용 및 특징 | ○ 1939년 11월 28일 조선의 국가총동원체제 수행기관으로 신설한 기획부(임시직제) 관련 개정<br>○ 제1조 제39호를 개정해 국민직업능력 등록 및 국민징용 관련 사무를 하도록 부여하고, 기사 전임 1인, 속 전임 3인, 기수 전임 2인을 배정 |
| 법령 적용 범위 | 조선 |
| 관련 법령 통합·폐지 사항 | |
| 유사·파생 법령 | 조선총독부 기획부 임시설치제(1939년 11월 28일, 칙령 제793호)<br>조선총독부 사무분장 규정 중 개정(1939년 11월 29일, 조선총독부훈령 제65호)<br>조선총독부 기획부 임시설치제 중 개정(1940년 6월 25일, 칙령 제427호) |

칙령 제531호

1940년 8월 20일

## 조선총독부 부내 임시직원설치제 중 개정

제1조 제39호를 다음과 같이 개정한다.

    39. 국민직업능력의 등록 및 국민징용에 관한 사무에 종사할 자

    기사 전임 1인

    속 전임 3인

    기수 전임 2인

| 자료 12 | |
|---|---|
| \multicolumn{2}{c}{조선총독부 사무분장 규정 중 개정} |
| 구분 | 조선총독부훈령 제56호 |
| 법령명/건명 | 조선총독부 사무분장 규정 중 개정<br>朝鮮總督府 事務分掌 規程 中 改正 |
| 공포·개정·결정·폐지 연월일 | 공포 1940년 10월 16일 |
| 구성 | 총 5개 조 개정(국민총력과 관련 3개 조) |
| 선행 규범·법령 | |
| 원문 일부 | ●朝鮮總督府訓令第五十六號<br>朝鮮總督府事務分掌規程中左ノ通改正ス<br>昭和十五年十月十六日　朝鮮總督　南　次郞<br>第一條第一項中「會計課及國勢調査課」ヲ「會計課、國勢調査課及國民總力課」ニ改ム<br>第二條第四項第八號ヲ削リ第九號ヲ第八號トス<br>同條第六項ノ次ニ左ノ一項ヲ加フ<br>國民總力運動ニ關スル事務ヲ掌ル<br>第八條ノ二中「農務課、畜産課、農村振興課」ヲ「農政課、農産課、畜産課」ニ改ム<br>第八條ノ二ニ第二項ヲ左ノ如ク改ム<br>農政課ニ於テハ左ノ事務ヲ掌ル<br>一　農業生産計畫ノ綜合ニ關スル事項<br>二　農村指導ニ關スル事項<br>三　農會、産業組合、殖産契其ノ他ノ農業上ノ團體ニ關スル事項<br>四　肥料、農具其ノ他ノ農業用資材ニ關スル事項<br>五　小作、自作農創設維持其ノ他農地ノ調整ニ關スル事項<br>六　農業勞力ノ調整及農業者ノ移住ニ關スル事項<br>七　局内他課ノ主管ニ屬セザル事項<br>同條第二項ノ次ニ左ノ一項ヲ加フ<br>農産課ニ於テハ左ノ事務ヲ掌ル<br>一　米穀及雜穀以外ノ農産物ニ關スル事項<br>二　農事試驗場ニ關スル事項<br>三　農家ノ副業ニ關スル事項<br>四　蠶絲業ニ關スル事項<br>五　農産出入植物及種苗ノ取締ニ關スル事項<br>六　農事試驗場ニ關スル事項<br>同條第四項ヲ削リ第三項ヲ第四項トス<br>同條第五項中第五號ヲ削リ第六號ヲ第五號トシ第七號ヲ第六號トス |
| 주요 내용 및 특징 | ○ 조선의 국가총동원체제 수행기관으로 총독관방에 국민총력과 신설<br>○ 기존의 회계과 및 국세조사과를 회계과, 국세조사과 및 국민총력과로 개정<br>○ 국민총력과에 국민총력운동에 관한 사무업무를 분장 |
| 법령 적용 범위 | 조선 |
| 관련 법령 통합·폐지 사항 | |
| 유사·파생 법령 | 국민총력운동지도위원회 규정(1940년 10월 16일, 조선총독부훈령 제54호) |

조선총독부훈령 제56호

1940년 10월 16일

## 조선총독부 사무분장 규정 중 개정

제1조 제1항 중 '회계과 및 국세조사과'를 '회계과, 국세조사과 및 국민총력과'로 개정한다.

제2조 제4항 제8호를 삭제하고 제9호를 제8호로서 한다.

제2조 제6항에 다음의 1항을 추가한다.

    국민총력과에서는 국민총력운동에 관한 사무를 관장한다.

| | |
|---|---|
| **자료 13** | |
| | 행정사무 쇄신강화에 관한 건 |
| 구분 | 각의결정 |
| 법령명/건명 | 행정사무 쇄신강화에 관한 건<br>行政事務の刷新強化に關する件 |
| 공포·개정·결정·폐지 연월일 | 공포 1941년 7월 25일 |
| 구성 | |
| 선행 규범·법령 | |
| 원문 일부 | **行政事務の刷新強化に関する件**<br>昭和16年7月25日 閣議決定<br><br>収載資料：決戦国策の展開　神戸市企画課　1944　pp.148-149　当館請求記号：312.1-Ko13ウ<br><br>現下の時局に鑑み、速かに国内諸般の態勢を刷新強化せんがためには、まづ国政処理に関する政府機構を刷新整備し、国政の運用に高度の一体性、敏速性ならびに弾力性を発揮せしむること緊要なり、よって左の措置を講ず<br>第一　要領<br>一、官庁事務処理組織の強化再編成を図るとともに、これに伴い必要なる行政機構の改革を断行すること<br>二、不急事項の停止若くは縮小、事務処置手続の単純簡易化、其の他部内事務各般にわたり、その能率化敏速化を徹底的に断行すること<br>三、挺身垂範の官吏精神を振作し、協力精神の作興、紀律の振粛、能率の増強に努むること<br>第二　実施方策<br>一、高度の重点主義および効率に則り官庁事務を再編成するため、不急不要事務の徹底的整理または縮小を断行すること<br>二、速に認可許可事項並に各庁間の協議事項の整理を行ふ等事務処理手続各般にわたりその簡捷化を断行すること<br>三、各庁および各局部課に分属し、事務の敏活、統一を欠くものはこの際これが整理を行うとともに、必要に応じ事務の移管統合を断行すること<br>四、官庁事務の停止、縮小または簡易化にともなひ、極力局部課の廃合整理を断行すること<br>五、特別の必要により新に増員を必要とするときは、以上各項の措置により生じたる余剰人員をもってこれに充つること<br>六、その他内閣ならびに各省において、速かに適宜の措置を講ずること |
| 주요 내용 및 특징 | ○ 정부 기구의 정비를 통해 사무처리와 인원 사용의 효율성을 높이려는 목적<br>○ 이를 계기로 일본의 정부 기구 개편 및 조선의 조직 개편에 영향을 미침 |
| 법령 적용 범위 | 일본, 조선 |
| 관련 법령<br>통합·폐지 사항 | |
| 유사·파생 법령 | 조선총독부 관제 중 개정(1941년 11월 18일, 칙령 제980호)<br>조선총독부 사무분장 규정 중 개정(1941년 11월 19일, 조선총독부훈령 제103호) |

각의결정

1941년 7월 25일

## 행정사무의 쇄신강화에 관한 건[44]

현재 시국에 비추어 신속히 국내 제반 정세를 쇄신강화하기 위해서는 먼저 국정처리에 관한 정부 기구를 쇄신정비하고 국정의 운용에 고도의 일체성과 민첩성 및 탄력성을 발휘하는 것이 긴요하므로 다음의 조치를 강구한다.

제1 요령

1. 관청 사무처리 조직의 강화·재편성을 도모하는 동시에 이에 따라 필요한 행정기구의 개혁을 단행할 것
2. 시급하지 않은 사항의 정지 또는 축소, 사무처리 절차의 단순 간이화, 기타 부내(部內) 사무 전반에 걸쳐 능률화와 신속화를 철저히 단행할 것
3. 헌신[挺身]과 본보기[垂範]의 관리정신을 진작하고, 협력정신의 작흥, 기율의 엄수[振肅], 능률의 증강에 힘쓸 것

제2 실시 방책

1. 고도의 중점주의 및 효율에 따라 관청 사무를 재편성하기 위해 불급하고 불필요한 사무의 철저한 정리 또는 축소를 단행할 것
2. 신속한 인가허가사항 및 각 관청 간 협의사항을 정리하는 등 사무처리 절차 전반에 걸쳐 간소화 및 민첩화를 단행할 것
3. 각 청 및 각 국부과(局部課)에 나누어져 있어 사무의 민첩함과 통일성이 결여된 것은 이번 기회에 정리함과 동시에 필요에 따른 사무 이관 통합을 단행할 것
4. 관청 사무의 정지, 축소 또는 간이화에 따른 국부과 폐합 정리를 최대한 단행할 것

---

[44] 일본 국회도서관(https://rnavi.ndl.go.jp/cabinet/bib00336.html).

5. 특별한 필요에 따라 새롭게 증원을 필요로 할 때에는 이상 각 항의 조치에 따라 발생하는 잉여인원으로 충당할 것
6. 기타 내각 및 각 성(省)에서 신속하게 적절한 조치를 강구할 것

| 자료 14 | |
|---|---|
| \multicolumn{2}{c}{조선총독부 관제 중 개정} |
| 구분 | 칙령 제980호 |
| 법령명/건명 | 조선총독부 관제 중 개정<br>朝鮮總督府 官制 中 改正 |
| 공포·개정·결정·폐지 연월일 | 공포 1941년 11월 18일<br>폐지 1943년 11월 30일 칙령 제890호 |
| 구성 | 총 7개 조 개정, 부칙 2개 항 |
| 선행 규범·법령 | 조선총독부 관제 중 개정(1941년 11월 18일, 칙령 제980호) |
| 원문 일부 | (원문 이미지) |
| 주요 내용 및 특징 | ○ 내무국을 사정국으로 개편하고 후생국을 신설하여 8국 체제로 확대<br>○ 1937년 8월 2일 칙령 제532호로 설치한 외사부를 폐지하고 후생국 기획부로 개정<br>○ 1939년 11월 29일에 임시 부서로 설치한 기획부를 정식 조직으로 전환<br>○ 임시설치제 당시의 기획부 정원을 증원 |
| 법령 적용 범위 | 조선 |
| 관련 법령<br>통합·폐지 사항 | 조선총독부 관제 중 개정(1937년 8월 2일, 칙령 제532호) 폐지 |
| 유사·파생 법령 | 조선총독부 기획부 임시설치제(1939년 11월 28일, 칙령 제793호)<br>조선총독부 사무분장 규정 중 개정(1939년 11월 29일, 조선총독부훈령 제65호) |

칙령 제980호

1941년 11월 18일

## 조선총독부 관제 중 개정

제9조 중 '7국'을 '8국'으로, '내무국'을 '사정국'으로, '외사부'를 '후생국 기획부'로 개정한다.

제10조 중 '외사부'를 '기획부'로 개정한다.

제11조 중 '국장 7인 칙임, 외사부장 1인 칙임'을 '국장 8인 칙임, 기획부장 1인 칙임'으로, '사무관 전임 51인, 주임(奏任) 중 1인을 칙임으로 할 수 있다. 이사관 전임 13인, 주임 중 1인을 칙임으로 할 수 있다. '주임'을 '사무관 전임 60인, 조사관 전임 2인, 주임 중 3인을 칙임으로 할 수 있다. 이사관 전임 15인, 주임 중 3인을 칙임으로 할 수 있다'로, '기사 전임 51인'을 '기사 전임 59인'으로, '속 전임 286인'을 '속 전임 311인'으로, '기수 전임 175인'을 '기수 전임 220인'으로 개정한다.

제11조의2 앞의 조항의 직원 외 기획부에 소속하기 위해 조선총독부의 주청에 따라 관계 각 청 고등관 중에서 내각이 사무관을 임명할 수 있다.

제13조 중 '외사부장'을 '기획부장'으로 개정한다.

제16조의3을 제16조의4로 하고 제16조의2를 제16조의3으로 한다.

제16조의2 조사관은 상관의 명을 받아 조사를 담당한다.

부칙

본령은 공포일로부터 시행한다.

조선총독부 기획부 임시설치제는 폐지한다.

| 자료 15 | |
|---|---|
| \<조선총독부 사무분장 규정 중 개정\> | |
| 구분 | 조선총독부훈령 제103호 |
| 법령명/건명 | 조선총독부 사무분장 규정 중 개정<br>朝鮮總督府 事務分掌 規程 中 改正 |
| 공포·개정·결정·폐지<br>연월일 | 공포 1941년 11월 19일<br>폐지 1942년 11월 1일 |
| 구성 | 총 13개 조 개정(해당 조항 3개조) |
| 선행 규범·법령 | 조선총독부 관제 중 개정(1937년 8월 2일, 칙령 제532호)<br>조선총독부 관제 중 개정(1941년 11월 18일, 칙령 제980호) |
| 원문 일부 | |
| 주요 내용 및 특징 | ○ 1941년 11월 18일 자 관제 개정에 근거한 후속 조치<br>○ 내무국을 사정국으로 개정하고, 내무국 소속의 사회과, 노무과를 국민총력과, 외무과, 척무과로 개정 |
| 법령 적용 범위 | 조선 |
| 관련 법령<br>통합·폐지 사항 | |
| 유사·파생 법령 | |

조선총독부훈령 제103호

1941년 11월 19일

## 조선총독부 사무분장 규정 중 개정

제1조 중 '국세조사과 및 국민총력과'를 '및 국세조사과'로 개정한다.

제2조 제7항을 삭제한다.

제5조 제1항 중 '내무국'을 '사정국'으로, '사회과, 노무과'를 '국민총력과, 외무과, 척무과'로 개정한다.

제5조 제3항 및 제4항을 다음과 같이 개정한다.

    국민총력과에서는 국민총력운동에 관한 사무를 관장한다.

| 자료 16 | |
|---|---|
| | 조선총독부 관제 중 개정 |
| 구분 | 칙령 제727호 |
| 법령명/건명 | 조선총독부 관제 중 개정<br>朝鮮總督府 官制 中 改正 |
| 공포·개정·결정·폐지 연월일 | 공포 1942년 11월 1일 |
| 구성 | 총 9개 조(총동원 업무 해당 조항 5개 조), 부칙 |
| 선행 규범·법령 | |
| 원문 일부 | (원문 이미지) |
| 주요 내용 및 특징 | ○ 일본 정부의 '행정간소화 및 내외지 행정일원화 실시를 위한 조치'의 후속 조치<br>○ 총동원 업무 담당부서이던 기획부와 후생국을 폐지하고 사정국과 총무국으로 대체<br>○ 각 부서별 직급 하향 및 인원 감축 |
| 법령 적용 범위 | 조선 |
| 관련 법령 통합·폐지 사항 | |
| 유사·파생 법령 | 조선총독부 부내 임시직원설치제 중 개정(1942년 11월 1일, 칙령 제763호)<br>조선총독부 사무분장 규정 중 개정(1942년 11월 1일, 조선총독부훈령 제54호) |

칙령 제727호

1942년 11월 1일

## 조선총독부 관제 중 개정

제3조 중 '내각총리대신'을 '내무대신에 따른 내각총리대신'으로 개정하여 제3조에 다음의 1항을 추가한다.

    총독은 별도로 정한 바에 따라 내각총리대신 및 각 성(省) 대신의 감독을 받는다.

제6조 및 제7조 중 '내각총리대신'을 '내무대신에 따른 내각총리대신'으로 개정한다.

제9조 중 '아울러 다음의 8국 및 1부'를 '및 다음의 8국'으로 고치고, '사정국' 앞에 '총무국'을 추가하며, '후생국, 기획부'를 삭제한다.

제10조 중 '각 국(局) 및 기획부'를 '및 각 국'으로 개정한다.

제11조 중 '기획부장 1인 칙임'을 삭제하고, '사무관 전임 65인, 주임 중 3인을 칙임으로 할 수 있다. 조사관 전임 3인, 주임'을 '서기관 전임 37인, 주임 중 2인을 칙임으로 할 수 있다. 사무관 전임 25인, 주임 중 2인을 칙임으로 할 수 있다. 조사관 전임 1인, 주임 중 2인을 칙임으로 할 수 있다'로, '통계관 전임 2인'을 '통계관 전임 1인'으로, '시학관 전임 5인'을 '시학관 전임 4인'으로, '기사 전임 67인'을 '기사 전임 63인'으로, '통역관 전임 5인, 속 전임 337인'을 '통역관 전임 3인, 속 전임 314인'으로, '편수서기 전임 7인 판임, 기수 전임 255인 판임, 통역생 전임 2인 판임'을 '편수관보 전임 7인 판임, 기수 전임 226인 판임, 통역생 전임 1인 판임'으로 개정한다.

제11조의2 중 '기획부에 소속하는'을 '총무국의 사무를 관장하는'으로, '사무관'을 '총무국 사무관'으로 개정한다.

제13조 삭제

제16조 중 '사무관'을 '서기관, 사무관'으로 개정한다.

제20조 중 '편수서기'를 '편수관보'로 개정한다.

제24조 중 '조선총독부 사무관'을 '조선총독부 서기관 또는 조선총독부 사무관'으로 개정

한다.

부칙

본령은 공포일로부터 시행한다.

## 자료 17

| | |
|---|---|
| | 조선총독부 사무분장 규정 중 개정 |
| 구분 | 조선총독부훈령 제54호 |
| 법령명/건명 | 조선총독부 사무분장 규정 중 개정<br>朝鮮總督府 事務分掌 規程 中 改正 |
| 공포·개정·결정·폐지<br>연월일 | 공포 1942년 11월 1일<br>폐지 1943년 11월 30일 칙령 제890호 |
| 구성 | 총 12개 조(총동원체제 운영 해당 조항 3개 조) |
| 선행 규범·법령 | 조선총독부 관제 중 개정(1942년 11월 1일, 칙령 제727호) |
| 원문 일부 | |
| 주요 내용 및 특징 | ○ 1942년 8월 22일 자 조선총독부의 행정간소화안 발표 후속 조치로 단행한 인원 삭감 및 기구 정비<br>○ 총동원 업무 담당부서이던 기획부와 후생국을 폐지하고, 총무국이 총동원계획 관련 서무를 총괄하도록 규정<br>○ 총무국에 문서과, 기획실, 정보과, 국민총력과, 감찰과, 국세조사과를 설치하고, 기획실에 국가총동원계획과 설정 업무를 배정 |
| 법령 적용 범위 | 조선 |
| 관련 법령<br>통합·폐지 사항 | |
| 유사·파생 법령 | |

조선총독부훈령 제54호

1942년 11월 1일

## 조선총독부 사무분장 규정 중 개정

제1조 총독관방에 비서관실, 인사과 및 회계과를 둔다.

제2조 제2항, 제4항, 제6항 및 제7항을 삭제한다.

제3조 총무국에 문서과, 기획실, 정보과, 국민총력과, 감찰과 및 국세조사과를 둔다.

    문서과에서는 다음의 사무를 관장한다.

        1. 관인의 관수(管守)에 관한 사항

        2. 문서의 접수, 발송, 검열[査閱], 편집 및 보존에 관한 사항

        3. 관보 및 보고에 관한 사항

        4. 도서 및 인쇄물에 관한 사항

        5. 통계에 관한 사항

        6. 그 외 국실과(局室課)의 주관에 속하지 않는 사항

    기획실에서는 다음의 사무를 관장한다.

        1. 중요정책의 심의 입안 및 종합 조정에 관한 사항

        2. 법령의 심의 입안 및 해석 적용에 관한 사항

        3. 국가총동원계획의 설정 및 수행의 종합에 관한 사항

        4. 국토계획에 관한 사항

        5. 자원조사에 관한 사항

    정보과에서는 다음의 사무를 관장한다.

        1. 여론의 지도 계발에 관한 사항

        2. 정보수집, 보도 및 선전에 관한 사항

        3. 보도 및 계발 선전기관의 지도에 관한 사항

        4. 내외정세의 조사 및 소개에 관한 사항

국민총력과에서는 국민총력운동에 관한 사무를 관장한다.

감찰과에서는 다음의 사무를 관장한다.

  1. 행정집행 상황의 감찰에 관한 사항

  2. 전시경제통제 실시 상황의 연구·조사(考査)에 관한 사항

  3. 민정조사에 관한 사항

국세조사과에서는 다음의 사무를 관장한다.

  1. 국세조사에 관한 사항

  2. 인구동태조사에 관한 사항

| 자료 18 | |
|---|---|
| \multicolumn{2}{c}{조선총독부 철도국 사무분장 규정 중 개정} |
| 구분 | 조선총독부훈령 제55호 |
| 법령명/건명 | 조선총독부 철도국 사무분장 규정 중 개정<br>朝鮮總督府 鐵道局 事務分掌 規程 中 改正 |
| 공포·개정·결정·폐지 연월일 | 공포 1942년 11월 1일 |
| 구성 | 총 14개 조(총동원체제 운영 해당 조항 4개 조) |
| 선행 규범·법령 | |
| 원문 일부 | (원문 이미지) |
| 주요 내용 및 특징 | ○ 철도국에 총무과 등 10개 과 설치<br>○ 총무과, 정비과, 수품과에 각각 국민총동원 체제 및 물자동원 관련 업무분장 |
| 법령 적용 범위 | 조선 |
| 관련 법령 통합·폐지 사항 | |
| 유사·파생 법령 | |

조선총독부훈령 제55호

1942년 11월 1일

## 조선총독부 철도국 사무분장 규정 중 개정

제1조 조선총독부 철도국에 총무과, 정비과, 감독과, 운수과, 운전과, 건설과, 공무과, 공작과, 전기과 및 수품과(需品課)를 둔다.

제2조 총무과에서는 다음의 사무를 관장한다.

    1. 기밀에 관한 사항

    2. 국인(局印) 및 관인의 간수에 관한 사항

    3. 조직, 권한 및 문서 심사에 관한 사항

    4. 문서 접수, 발송 및 보존에 관한 사항

    5. 예규, 공보(公報), 통계 및 보고서류의 편찬·제조에 관한 사항

    6. 손해배상 및 소송에 관한 사항

    7. 인사에 관한 사항(정비과 주관 사항은 제외)

    8. 국가총동원에 관한 총괄적 사항

    9. 교통동원에 관한 사항

    10. 교통시설의 종합 정비 계획에 관한 사항

    11. 교통 및 교통에 관한 일반경제 및 자원조사에 관한 사항

    12. 예산 및 결산에 관한 사항

    13. 금전출납에 관한 사항

    14. 국유재산에 관한 사항

    15. 철도수입의 심사 및 운수 통계에 관한 사항

    16. 다른 과의 주관에 속하지 않는 사항

제3조 정비과에서는 다음의 사무를 관장한다.

    1. 정원 채용 및 급여에 관한 사항

2. 국민동원에 관한 사항

3. 직원의 연성에 관한 사항

4. 공제조합에 관한 사항

5. 직원의 보건 및 주택에 관한 사항

6. 특수 수송에 관한 사항

7. 방위에 관한 사항

제11조 수품과에서는 다음의 사무를 관장한다.

1. 물품의 조달에 관한 사항

2. 물품의 보관, 배급 및 처분에 관한 사항

3. 물자동원에 관한 사항

| 자료 19 | |
|---|---|
| | 조선총독부 사무분장 규정 중 개정 |
| 구분 | 조선총독부훈령 제71호 |
| 법령명/건명 | 조선총독부 사무분장 규정 중 개정<br>朝鮮總督府 事務分掌 規程 中 改正 |
| 공포·개정·결정·폐지 연월일 | 공포 1943년 9월 30일 |
| 구성 | 총 2개 조(총동원체제 운영 해당 조항 1개 조) |
| 선행 규범·법령 | |
| 원문 일부 | ●朝鮮總督府訓令第七十一號<br>朝鮮總督府事務分掌規程中左ノ通改正ス<br>昭和十八年九月三十日<br>朝鮮總督 小磯 國昭<br>第三條第一項中「國勢調査課」ヲ「調査課」ニ改ム<br>同條第二項中第五號ヲ削リ第六號ヲ第五號トス<br>同條第七項ヲ左ノ如ク改ム<br>一 各種統計ノ整理ニ關スル事項<br>二 報告例ニ關スル事項<br>三 國勢調査ニ關スル事項<br>四 人口動態調査ニ關スル事項<br>五 勞働及技術統計調査ニ關スル事項<br>六 家計調査ニ關スル事項<br>七 他ノ局課ノ主管ニ屬セザル各種調査ニ關スル事項<br>第八條ノ二第二項中「糧政課」ノ下ニ「檢査課」ヲ加フ<br>同條第五項ヲ左ノ如ク改ム<br>一 食糧政策ニ關スル事項<br>二 主要食糧ノ需給及價格ニ關スル調整ニ關スル事項<br>三 主要食糧ノ配給及輸移出入ノ統制ニ關スル事項<br>四 政府ノ爲ス主要食糧ノ買入、賣渡其ノ他主要食糧ノ管理ニ關スル事項<br>五 朝鮮食糧管理特別會計ノ經理ニ關スル事項 |
| 주요 내용 및 특징 | ○ 국세조사과를 조사과로 개정<br>○ 조사과 업무에 '노동 및 기술 통계조사'를 배정 |
| 법령 적용 범위 | 조선 |
| 관련 법령<br>통합·폐지 사항 | |
| 유사·파생 법령 | |

조선총독부훈령 제71호

1943년 9월 30일

## 조선총독부 사무분장 규정 중 개정

제3조 제1항 중 '국세조사과'를 '조사과'로 개정한다.

제3조 제2항 중 제5호를 삭제하고 제6호를 제5호로 한다.

제3조 제7항을 다음과 같이 개정한다.

    조사과에서는 다음의 사무를 관장한다.

      1. 각종 통계의 정리에 관한 사항

      2. 보고례(報告例)에 관한 사항

      3. 국세조사에 관한 사항

      4. 인구동태조사에 관한 사항

      5. 노동 및 기술 통계조사에 관한 사항

      6. 가계조사에 관한 사항

      7. 다른 국실과(局室課)의 주관에 속하지 않는 각종 조사에 관한 사항

| 자료 20 | |
|---|---|
| 조선총독부 관제 중 개정 | |
| 구분 | 칙령 제890호 |
| 법령명/건명 | 조선총독부 관제 중 개정<br>朝鮮總督府 官制 中 改正 |
| 공포·개정·결정·폐지 연월일 | 공포 1943년 11월 30일 |
| 구성 | 총 5개 조, 부칙 |
| 선행 규범·법령 | |
| 원문 일부 | ○勅令<br>朕樞密顧問ノ諮詢ヲ經テ行政機構整備實施ノ爲ニスル朝鮮總督府官制中改正ノ件ヲ裁可シ茲ニ之ヲ公布セシム<br>御名 御璽<br>昭和十八年十一月三十日<br>內閣總理大臣 東條英機<br>內務大臣 安藤紀三郎<br>勅令第八百九十號<br>朝鮮總督府官制中左ノ通改正ス<br>第九條中「八局」ヲ「六局」ニ、「殖產局」「農林局」「鑛工局」「農商局」ヲ改メ「總務局」「司政局」ヲ削ル<br>第十一條中「局長 八人」ヲ「局長 六人」ニ、奏任內二人ヲ勅任トスルコトヲ得」ヲ「事務官 專任二十八人 奏任內四人ヲ勅任トスルコトヲ得」「理事官 專任二十九人 奏任內三人ヲ勅任トスルコトヲ得」「技師 專任七十三人 奏任內三人ヲ勅任トスルコトヲ得」ニ、「屬 專任三百三十九人」ヲ「屬 專任三百六十九人」ニ、「統計官補 專任九人」ヲ「統計官補 專任一人 奏任ニ二人」ヲ削ル<br>第十一條ノ二中「總務局ノ事務」ヲ改メ「鑛工局事務官ノ事務」ニ、「總務局事務官」ヲ「鑛工局事務官」ニ改ム<br>第十七條ヲ削リ第十六條ノ四ヲ第十七條トス<br>第二十一條中「殖產局」ヲ「鑛工局」ニ改ム<br>第二十三條中「殖產局」ヲ「農商局」ニ改ム<br>附則<br>本令ハ公布ノ日ヨリ之ヲ施行ス<br>大正十年勅令第五十三號朝鮮總督府專賣局官制ハ之ヲ廢止ス |
| 주요 내용 및 특징 | ○ 조선총독부 총 8개 국과 관방을 총 6개 국과 관방으로 축소 개편<br>○ 조선총독부 관제 중 식산국과 농림국을 광공국과 농상국으로 개편하고, 총무국과 사정국, 전매국을 폐지<br>○ 중요물자증산을 뒷받침하고자 인적·물적 자원동원체제를 개편하고 부서 축소를 통해 인원을 감축 |
| 법령 적용 범위 | 조선 |
| 관련 법령 통합·폐지 사항 | |
| 유사·파생 법령 | 조선총독부 부내 임시직원설치제 중 개정 (1943년 11월 30일, 칙령 제891호)<br>조선총독부 사무분장 규정 중 개정 (1943년 12월 1일, 조선총독부훈령 제88호) |

칙령 제890호

1943년 11월 30일

## 조선총독부 관제 중 개정

제9조 중 '8국'을 '6국'으로, '식산국, 농림국'을 '광공국, 농상국'으로 개정하고 '총무국, 사정국'을 삭제한다.

제11조 중 '국장 8인'을 '국장 6인'으로, '사무관 전임 28인 중, 주임 2인을 칙임으로 할 수 있다'를 '사무관 전임 29인, 주임 중 4인을 칙임으로 할 수 있다'로, '이사관 전임 19인'을 '이사관 전임 25인'으로, '기사 전임 73인, 주임 중 3인을 칙임으로 할 수 있다'를 '기사 전임 78인, 주임 중 4인을 칙임으로 할 수 있다'로, '속 전임 339인'을 '속 전임 369인'으로, '통계관보 전임 9인'을 '통계관보 전임 8인'으로, '기수 전임 236인'을 '기수 전임 243인'으로 고치고, '산림사무관 전임 1인, 주임'을 삭제한다.

제11조의2 중 '총무국의 사무'를 '광공국의 사무'로, '총무국 사무관'을 '광공국 사무관'으로 개정한다.

제17조를 삭제하고 제16조의4를 제17조로 한다.

제21조 중 '식산국'을 '광공국'으로 개정한다.

제23조 중 '식산국'을 '농상국'으로 개정한다.

부칙

본령은 공포일로부터 시행한다.

1921년 칙령 제53호 조선총독부 전매국 관제를 폐지한다.

| 자료 21 | |
|---|---|
| \multicolumn{2}{c}{조선총독부 사무분장 규정 중 개정} | |
| 구분 | 조선총독부훈령 제88호 |
| 법령명/건명 | 조선총독부 사무분장 규정 중 개정<br>朝鮮總督府 事務分掌 規程 中 改正 |
| 공포·개정·결정·폐지 연월일 | 공포 1943년 12월 1일 |
| 구성 | 총 7개 조 (총동원 운영 해당 조항 3개 조) |
| 선행 규범·법령 | 조선총독부 관제 중 개정 (1943년 11월 30일, 칙령 제890호) |
| 원문 일부 | |
| 주요 내용 및 특징 | ○ 총독관방에 비서관실·문서과·인사과·감찰과·정보과·지방과·회계과·조사과·지방행정관리양성소를 두고, 감찰과·지방과·조사과에서 총동원 업무를 관장<br>○ 광공국에 기획과·광산과·철강과·경금속화학과·연료과·전기과·임산과·토목과·노무과·연료선광연구소·착암공양성소·임업기술원양성소·토목시험소를 두고, 기획과와 노무과에서 총동원과 노무 업무를 관장<br>○ 경무국에 경무과·경비과·경제경찰과·보안과·위생과를 두고, 경제경찰과가 총동원 업무를 관장 |
| 법령 적용 범위 | 조선 |
| 관련 법령 통합·폐지 사항 | |
| 유사·파생 법령 | |

조선총독부훈령 제88호

1943년 12월 1일

## 조선총독부 사무분장 규정 중 개정

제1조 총독관방에 비서관실, 문서과, 인사과, 감찰과, 정보과, 지방과, 회계과, 조사과 및 지방행정관리양성소를 둔다.

　　비서관실에서는 다음의 사무를 관장한다.

　　　　1. 기밀문서 및 전신에 관한 사항

　　　　2. 특명에 의한 기밀사무에 관한 사항

　　문서과에서는 다음의 사무를 관장한다.

　　　　1. 중요정책의 종합 조정에 관한 사항

　　　　2. 법령의 심의, 입안 및 해석 적용에 관한 사항

　　　　3. 관인 간수에 관한 사항

　　　　4. 문서의 접수, 발송, 검열[査閱], 편찬 및 보존에 관한 사항

　　　　5. 관보 및 보고에 관한 사항

　　　　6. 도서 및 인쇄물에 관한 사항

　　　　7. 재외조선인의 보호무육(保護撫育)에 관한 사항

　　　　8. 섭외(涉外)사무에 관한 사항

　　　　9. 다른 국과의 주관에 속하지 않는 사항

　　인사과에서는 다음의 사무를 관장한다.

　　　　1. 어진영(御眞影)의 봉호(奉護)에 관한 사항

　　　　2. 관리, 촉탁원 및 고원(雇員)의 진퇴 신분에 관한 사항

　　　　3. 서위(敍位), 서훈 및 포상에 관한 사항

　　　　4. 은급(恩給)에 관한 사항

5. 왕공족, 조선귀족 및 이왕직(李王職)[45]에 관한 사항

　　6. 전례 및 의식에 관한 사항

감찰과에서는 다음의 사무를 관장한다.

　　1. 행정집행 상황의 감찰에 관한 사항

　　2. 전시경제통제실시 상황의 연구·조사[考查]에 관한 사항

　　3. 민정조사에 관한 사항

정보과에서는 다음의 사무를 관장한다.

　　1. 여론의 지도 계발에 관한 사항

　　2. 정보수집, 보도 및 선전에 관한 사항

　　3. 보도 및 계발 선전기관의 지도에 관한 사항

　　4. 내외정세의 조사 및 소개에 관한 사항

　　5. 신문지, 잡지 등 출판물 및 영화, 연극, 기타 예능의 지도 통제에 관한 사항

지방과에서는 다음의 사무를 관장한다.

　　1. 신사(神社)에 관한 사항

　　2. 도부군도읍면 행정에 관한 사항

　　3. 도부읍면, 학교비 및 학교조합에 관한 사항

　　4. 임시은사금에 관한 사항

　　5. 국민총력운동에 관한 사항

회계과에서는 다음의 사무를 관장한다.

　　1. 출납 및 용도에 관한 사항

　　2. 보존물에 관한 사항

　　3. 부중(府中) 단속에 관한 사항

　　4. 영선(營繕)에 관한 사항

　　5. 지방영선공사 감독에 관한 사항

---

[45] 일제강점기 이왕가(李王家)와 관련한 사무 일체를 담당하던 기구이다. 1910년 강제병합과 함께 대한제국황실(大韓帝國皇室)을 이왕가로 격하함에 따라 기존의 황실 업무를 담당하던 궁내부(宮內府)를 계승하여 설치하였다. 이왕가는 조선총독부가 아닌 일본 궁내성(宮內省) 소속 기구였다.

6. 조선총독부 부내 직원 공제조합 금전출납에 관한 사항

조사과에서는 다음의 사무를 관장한다.

1. 각종 통계의 정비·통일에 관한 사항
2. 보고례(報告例)에 관한 사항
3. 국세조사에 관한 사항
4. 인구동태조사에 관한 사항
5. 노동 및 기술 통계조사에 관한 사항
6. 가계조사에 관한 사항
7. 다른 국과(局課)의 주관에 속하지 않는 각종 조사에 관한 사항

제3조 광공국에 기획과, 광산과, 철강과, 경금속화학과, 연료과, 전기과, 임산과, 토목과, 노무과, 연료선광연구소, 착암공양성소, 임업기술원양성소 및 토목시험소를 둔다.

기획과에서는 다음의 사무를 관장한다.

1. 국가총동원계획의 설정 및 수행의 종합에 관한 사항
2. 철강, 비철금속, 중요 기계, 시멘트 및 목재의 배급에 관한 사항
3. 기계공업, 기타 중요공업에 관한 사항
4. 국토계획에 관한 사항
5. 자원조사에 관한 사항
6. 국내(局內) 다른 과의 주관에 속하지 않은 사항

제7조 경무국에는 경무과, 경비과, 경제경찰과, 보안과 및 위생과를 둔다.

경제경찰과에서는 다음의 사무를 관장한다.

1. 경제경찰에 관한 사항
2. 노무자 모집·단속에 관한 사항

| | |
|---|---|
| 자료 22 | |

| | 조선총독부 사무분장 규정 중 개정 |
|---|---|
| 구분 | 조선총독부훈령 제96호 |
| 법령명/건명 | 조선총독부 사무분장 규정 중 개정<br>朝鮮總督府 事務分掌 規程 中 改正 |
| 공포·개정·결정·폐지 연월일 | 공포 1944년 11월 22일 |
| 구성 | 총 5개 조(총동원 업무 해당 1개 조) |
| 선행 규범·법령 | |
| 원문 일부 | |
| 주요 내용 및 특징 | ○ 총독관방의 문서과를 총무과로, 토목과를 건설과로, 농상국 농무과를 농상과와 농산과로, 학무국 학무과와 연성과를 전문교육과·국민교육과·연성과·교무과로 개정<br>○ 총무과·농상과·연성과에 총동원·군인동원·노무동원 업무를 분장<br>○ 총무과에 국민총력운동 관련 업무를 분장 |
| 법령 적용 범위 | 조선 |
| 관련 법령 통합·폐지 사항 | |
| 유사·파생 법령 | |

조선총독부훈령 제96호

1944년 11월 22일

## 조선총독부 사무분장 규정 중 개정

제1조 제1항 및 제3항 중 '문서과'를 '총무과'로 개정한다.

제1조 제6항에 다음의 1호를 추가하여 제7항 제5호를 삭제한다.

    6. 국민총력운동에 관한 사항

| 자료 23 | |
|---|---|
| | 조선총독부 사무분장 규정 중 개정 |
| 구분 | 조선총독부훈령 제18호 |
| 법령명/건명 | 조선총독부 사무분장 규정 중 개정<br>朝鮮總督府 事務分掌 規程 中 改正 |
| 공포·개정·결정·폐지 연월일 | 공포 1945년 4월 17일 |
| 구성 | 총 8개 조(총동원 업무 해당 3개 조) |
| 선행 규범·법령 | |
| 원문 일부 | |
| 주요 내용 및 특징 | ○ 총독관방에 비서관실·총무과·기획과·인사과·정보과·지방과·회계과·지방관리양성소를, 광공국에 동원과·생산제1과·생산제2과·생산제3과·생산제4과·연료선광연구소·임업기술원양성소·토목시험소를, 광공국 근로부에 근로제1과·근로제2과를, 농상국에 농상과·농산과·양정과·수산과·생활물자과·농업토목기술원양성소·중앙농업수련도장을, 법무국에 법무과·민사과·형사과를, 학무국에 학무과·연성과·교무과·원호과·중견청년수련소를, 경무국에 경무과·경제경찰과·보안과·검열과·위생과를 설치<br>○ 총독관방 정보과, 광공국 동원과, 경무국 경제경찰과에 총동원 업무분장 |
| 법령 적용 범위 | 조선 |
| 관련 법령 통합·폐지 사항 | |
| 유사·파생 법령 | |

조선총독부훈령 제18호

1945년 4월 17일

## 조선총독부 사무분장 규정 중 개정

제1조 총독관방에 비서관실, 총무과, 기획과, 인사과, 정보과, 지방과, 회계과 및 지방관리양성소를 둔다.

  정보과에서는 다음의 사무를 관장한다.

   1. 보도(報道) 및 선전에 관한 사항

   2. 국민총력운동에 관한 사항

제3조 광공국에 동원과, 생산제1과, 생산제2과, 생산제3과, 생산제4과, 연료선광연구소, 임업기술원양성소 및 토목시험소를 둔다.

  동원과에서는 다음의 사무를 관장한다.

   1. 국가총동원계획의 설정 및 수행의 종합에 관한 사항

   2. 철강, 비철금속, 석탄, 시멘트 및 목재의 배급에 관한 사항

   3. 연료에 관한 사항

   4. 석유 전매에 관한 사항

   5. 생산방공(生産防空)에 관한 사항

   6. 군수회사법의 시행에 관한 사항

   7. 공무관(工務官) 및 공무관보(工務官補)에 관한 사항

   8. 중요공장, 광산에서 토목건축공사의 지도 및 촉진에 관한 사항

   9. 토목에 관한 사항

   10. 자원조사에 관한 사항

   11. 국내 다른 과의 주관에 속하지 않는 사항

제8조 경무국에는 경무과, 경비과, 경제경찰과, 보안과, 검열과 및 위생과를 둔다.

  경제경찰과에서는 다음의 사무를 관장한다.

   1. 경제경찰에 관한 사항

   2. 노무자 모집·단속에 관한 사항

| 자료 24 | |
|---|---|
| | 조선총독부 부내 임시직원설치제 중 개정 |
| 구분 | 칙령 제714호 |
| 법령명/건명 | 조선총독부 부내 임시직원설치제 중 개정<br>朝鮮總督府 部內 臨時職員 設置制 中 改正 |
| 공포·개정·결정·폐지 연월일 | 공포 1938년 11월 8일 |
| 구성 | 총 3개 조(총동원 업무 관련 해당 조항 2개 조), 부칙 |
| 선행 규범·법령 | |
| 원문 일부 | |
| 주요 내용 및 특징 | ○ 조선총독부령 제60호 1937년 조선총독부령 제98호(폭리를 목적으로 하는 매매 단속에 관한 건) 중 개정(1938년 7월 21일)의 실시를 위한 규정<br>○ 임시직원에 '노무수급조정에 관한 사무에 종사할 자'와 '군사우편에 관한 사무에 종사할 자'를 각각 속(屬) 전임 1인과 체신서기보 전임 3인을 배정<br>○ 경제경찰제 근거(경제통제에 수반한 경찰사무에 종사할 자) |
| 법령 적용 범위 | 조선 |
| 관련 법령 통합·폐지 사항 | |
| 유사·파생 법령 | |

칙령 제714호

1938년 11월 8일

## 조선총독부 부내 임시직원설치제 중 개정

제1조에 다음의 4호를 추가한다.

    34. 노무수급조정에 관한 사무에 종사할 자

        속 전임 1인

제2조에 다음의 1호를 추가한다.

    8. 군사우편에 관한 사무에 종사할 자

        체신서기보 전임 3인

제3조 제4호를 다음과 같이 개정한다.

    4. 경제통제에 따른 경찰사무에 종사할 자

        경시 전임 1인

        경부 전임 9인

        기수 전임 13인

        경부보 전임 26인

제3조 제6호 중 '경부 전임 14인, 경부보 전임 38인'을 '경시 전임 1인, 경부 전임 21인, 경부보 전임 55인'으로 개정한다.

| | |
|---|---|
| | **조선총독부 사무분장 규정 중 개정** |
| 구분 | 조선총독부훈령 제67호 |
| 법령명/건명 | 조선총독부 사무분장 규정 중 개정<br>朝鮮總督府 事務分掌 規程 中 改正 |
| 공포·개정·결정·폐지 연월일 | 공포 1938년 11월 12일 |
| 구성 | 총 1개 조 |
| 선행 규범·법령 | 조선총독부 부내 임시직원설치제 중 개정(1938년 11월 8일, 칙령 제714호) |
| 원문 일부 | ◉朝鮮總督府訓令第六十七號<br>朝鮮總督府事務分掌規程中左ノ通改正ス<br>昭和十三年十一月十二日<br>　　　　　朝鮮總督府<br>　　　　　朝鮮總督　南　次郎<br>第十一條第二項中第二號ヲ第三號トシ以下順次繰下ゲ第一號ノ次ニ左ノ一號ヲ加フ<br>一　經濟警察ニ關スル事項 |
| 주요 내용 및 특징 | ○ 조선총독부 부내 임시직원설치제 중 개정(1938년 11월 8일, 칙령 제714호)에 따른 조치<br>○ 1937년 조선총독부령 제98호(폭리를 목적으로 하는 매매 단속에 관한 건) 중 개정(1938년 7월 21일, 조선총독부령 제60호)의 실시를 위한 규정<br>○ 조선총독부 경찰국에 경제경찰의 업무를 분장 |
| 법령 적용 범위 | 조선 |
| 관련 법령 통합·폐지 사항 | |
| 유사·파생 법령 | |

조선총독부훈령 제67호

1938년 11월 12일

## 조선총독부 사무분장 규정 중 개정

제11조 제2항 중 제2호를 제3호로 하고, 이하 순차를 내려 제1호의 다음에 아래 1호를 추가한다.

    1. 경제경찰에 관한 사항

| 자료 26 | |
|---|---|
| | 조선총독부 부내 임시직원설치제 중 개정 |
| 구분 | 칙령 제43호 |
| 법령명/건명 | 조선총독부 부내 임시직원설치제 중 개정<br>朝鮮總督府 部內 臨時職員 設置制 中 改正 |
| 공포·개정·결정·폐지 연월일 | 공포 1940년 2월 2일 |
| 구성 | 총 5개 조(총동원 업무 관련 해당 조항 1개 조), 부칙, 참조 총 4개 조 |
| 선행 규범·법령 | |
| 원문 일부 | |
| 주요 내용 및 특징 | ○ 경제경찰 인원 총 6인 배정<br>○ 참조 제3조를 통해 도에 경제경찰과 물자조정 업무 해당 인원을 배정하는 근거를 규정<br>○ 경제경찰과 신설 근거 |
| 법령 적용 범위 | 조선 |
| 관련 법령 통합·폐지 사항 | |
| 유사·파생 법령 | |

칙령 제43호

1940년 2월 2일

## 조선총독부 부내 임시직원설치제 중 개정

제1조에 다음의 6호를 추가한다.

    49. 경제범죄에 관한 사무에 종사할 자

      속 전임 1인

    50. 경제통제에 따른 경찰사무에 종사할 자

      사무관 전임 1인

      속 전임 4인

      기수 전임 1인

참조

제3조 조선총독부 도에 다음의 직원을 둔다.

    4. 경제통제에 따른 경찰사무에 종사할 자

      (아래 기재 생략)

    5. 고등경찰 및 외사경찰에 관한 사무에 종사할 자

      (아래 기재 생략)

    6. 물자수급조정과 물가조정 및 저축장려에 관한 사무에 종사할 자

      (아래 기재 생략)

| 자료 27 | |
|---|---|
| | 조선총독부 사무분장 규정 중 개정 |
| 구분 | 조선총독부훈령 제5호 |
| 법령명/건명 | 조선총독부 사무분장 규정 중 개정<br>朝鮮總督府 事務分掌 規程 中 改正 |
| 공포·개정·결정·폐지 연월일 | 공포 1940년 2월 3일 |
| 구성 | 총 2개 조(경제경찰 관련 1개 조) |
| 선행 규범·법령 | 조선총독부 부내 임시직원설치제 중 개정(1940년 2월 8일, 칙령 제43호) |
| 원문 일부 | |
| 주요 내용 및 특징 | ○ 조선총독부 부내 임시직원설치제 중 개정(1940년 2월 2일, 칙령 제43호)에 따른 조치<br>○ 경제경찰과 신설 근거 |
| 법령 적용 범위 | 조선 |
| 관련 법령 통합·폐지 사항 | |
| 유사·파생 법령 | |

조선총독부훈령 제5호

1940년 2월 3일

## 조선총독부 사무분장 규정 중 개정

제11조 제3항의 다음에 아래 1호를 추가한다.

    경제경찰과에서는 경제경찰에 관한 사무를 관장한다.

| 자료 28 | |
|---|---|
| \multicolumn{2}{|c|}{국민정신총동원실시요강} |
| 구분 | 각의결정 |
| 법령명/건명 | 국민정신총동원실시요강<br>國民精神總動員實施要綱 |
| 공포·개정·결정·폐지 연월일 | 1937년 8월 24일 |
| 구성 | |
| 선행 규범·법령 | |
| 원문 일부 | **国民精神総動員実施要綱**<br>昭和12年8月24日 閣議決定<br><br>収載資料 : 国家総動員史 資料編 第4 石川準吉著 国家総動員史刊行会 1976.3<br>pp.452-453 当館請求記号 : AZ-668-5<br><br>一、趣旨<br>挙国一致堅忍不抜ノ精神ヲ以テ現下ノ時局ニ対処スルト共ニ今後持続スベキ時艱ヲ克服シテ愈々皇運ヲ扶翼シ奉ル為此ノ際時局ニ関スル宣伝方策及国民教化運動方策ノ実施トシテ官民一体トナリテ一大国民運動ヲ起サントス<br><br>二、名称<br>「国民精神総動員」<br><br>三、指導方針<br>(一)「挙国一致」「尽忠報国」ノ精神ヲ鞏クシ事態ガ如何ニ展開シ如何ニ長期ニ亘ルモ「堅忍持久」総ユル困難ヲ打開シテ所期ノ目的ヲ貫徹スベキ国民ノ決意ヲ固メシメルコト<br>(二) 右ノ国民ノ決意ハ之ヲ実践ニ依ツテ具現セシムルコト<br>(三) 指導ノ細目ハ思想戦、宣伝戦、経済戦、国力戦ノ見地ヨリ判断シテ随時之ヲ定メ全国民ヲシテ国策ノ遂行ヲ推進セシムルコト<br>(四) 実施ニ当リテハ対象トナルベキ人、時期及地方ノ情況ヲ考慮シ最モ適当ナル実施計画ヲ定ムルコト<br><br>四、実施機関<br>(一) 本運動ハ情報委員会、内務省及文部省ヲ計画主務庁トシ各省総掛リニテ之ガ実施ニ当ルコト<br>(二) 本運動ノ趣旨達成ヲ図ル為中央ニ民間各方面ノ有力ナル団体ヲ網羅シタル外廓団体ノ結成ヲ図ルコト<br>(三) 道府県ニ於テハ地方長官ヲ中心トシ官民合同ノ地方実行委員会ヲ組織スルコト<br>(四) 市町村ニ於テハ市町村長ヲ中心トナリ各種団体等ヲ総合的ニ総動員シ更ニ部落町内又ハ職場ヲ単位トシテ其ノ実行ニ当ラシムルコト |
| 주요 내용 및 특징 | ○ 국민정신총동원운동 실시 지침<br>○ 정보위원회, 내무성 및 문부성을 계획주무관청으로 중앙과 지방의 모든 기관이 조직을 구성하여 실행하도록 함<br>○ 정부 외에 민간의 적극적인 실천을 촉구 |
| 법령 적용 범위 | 일본, 조선 |
| 관련 법령<br>통합·폐지 사항 | |
| 유사·파생 법령 | 국민정신총동원위원회 규정(1939년 4월 17일, 조선총독부훈령 제21호) |

각의결정

1937년 8월 24일

## 국민정신총동원실시요강

### 1. 취지

거국일치하여 굳게 참아 빼앗기지 않는[堅忍不拔]의 정신으로 현재 시국에 대처함과 동시에 이후 지속될 시국의 어려움을 극복하고 나아가 황운(皇運)을 떠받들어[扶翼] 모시기 위해, 이번 기회에 시국에 관한 선전방책 및 국민교화운동방책을 실시함으로써 관민이 하나가 되는 일대 국민운동을 일으키고자 한다.

### 2. 명칭

'국민정신총동원'

### 3. 지도방침

1) '거국일치'와 '진충보국(盡忠報國)'의 정신을 공고히 하여 사태가 어떻게 전개되고 얼마나 장기간에 걸치더라도 '끝까지 참고 견디는 의지[堅引持久]'를 모아 곤란을 타개함으로써 소기(所己)의 목적을 관철해야 할 국민의 결의를 굳건히 할 것
2) 위에 언급한 국민의 결의는 이를 실천함으로써 구현될 수 있을 것임
3) 지도의 세목(細目)은 사상전, 선전전, 경제전, 국방전의 견지에서 판단하고 수시로 정해 전 국민이 국책의 수행을 추진하도록 할 것
4) 실시함에 있어서는 대상이 되어야 할 사람, 시기 및 지방의 정황을 고려하고 가장 적당한 실시계획을 정할 것

### 4. 실시기관

1) 본 운동은 정보위원회, 내무성 및 문부성을 계획주무관청으로 하고, 각 성이 모두 연계해 실시에 나설 것

2) 본 운동의 취지 달성을 도모하기 위해 중앙에서는 민간 각 방면의 유력한 단체를 망라한 외곽단체의 결성을 기도할 것
3) 도부현에서는 지방장관을 중심으로 관민합동의 지방실행위원회를 조직하도록 할 것
4) 시정촌에서는 시정촌장을 중심으로 각종 단체 등을 종합적으로 총동원하고, 다시 부락, 정내(町內) 또는 직장을 단위로 실행을 담당하도록 할 것

5. 실시방법
1) 내각 및 각 성은 소관 사무 및 시설에 관련해 실행할 것
2) 광범위하게 내각 및 각 성 관계 단체를 동원하여 사업에 관련해 적당한 협력을 하도록 할 것
3) 도부현에서는 지방실행위원회와 협력하여 구체적인 실시계획을 수립·실시할 것
3) 시정촌에서는 종합적으로 또한 부락이나 정내 별로 실시계획을 수립하고 실행에 노력하며 각 가정에 이르기까지 침투시키도록 할 것
5) 여러 회사, 은행, 공장, 상점 등의 직장에 대해서는 책임자가 실시계획을 수립하고 실행하도록 할 것
6) 각종 언어기관에 대해서는 본 운동의 취지를 잘 전달하도록 하여 적극적 협력을 구할 것
7) 라디오의 이용을 도모할 것
8) 문예, 음악, 연예, 영화 등 관계자의 협력을 구할 것

6. 실시상의 주의
1) 본 운동은 실천에 뜻을 두고 국민생활의 현실에 침투시킬 것
2) 종래 도시의 지식계급에 대해서 철저함이 부족한 감이 있었으므로 이 점을 유의할 것
3) 사회의 지도적 지위에 있는 자에 대해 솔선해서 실천할 것을 요구할 것

| 자료 29 | |
|---|---|
| \ | 국민정신총동원위원회 규정 |
| 구분 | 조선총독부훈령 제21호 |
| 법령명/건명 | 국민정신총동원위원회 규정<br>國民精神總動員委員會 規程 |
| 공포·개정·결정·폐지<br>연월일 | 공포 1939년 4월 17일<br>폐지 1940년 10월 16일(조선총독부훈령 제54호, 국민정신총력운동지도위원회 규정) |
| 구성 | 총 7개 조 |
| 선행 규범·법령 | |
| 원문 일부 | ●朝鮮總督府訓令第二十一號<br><br>朝鮮總督府<br><br>朝鮮總督 南 次郞<br><br>國民精神總動員委員會規程左ノ通定ム<br>昭和十四年四月十七日<br>第一條 國民精神總動員委員會ニ關スル重要事項ヲ調査審議スル爲朝鮮總督府ニ國民精神總動員委員會ヲ置ク<br>第二條 委員會ハ委員長一人及委員若干人ヲ以テ之ヲ組織ス 必要アルトキハ臨時委員ヲ置クコトヲ得<br>第三條 委員長ハ朝鮮總督府政務總監ヲ以テ之ニ充ツ 委員及臨時委員ハ學識經驗アル者ノ中ヨリ朝鮮總督之ヲ囑託ス<br>第四條 委員長ハ會務ヲ總理ス 委員長事故アルトキハ委員長ノ指定シタル委員其ノ事務ヲ代理ス<br>第五條 委員長必要アリト認ムルトキハ朝鮮總督府部內高等官其ノ他ノ適當ト認ムル者ヲシテ會議ニ出席シ意見ヲ陳述セシムルコトヲ得<br>第六條 委員會ニ幹事ヲ置ク 幹事ハ委員長ノ指揮ヲ承ケ庶務ヲ整理ス 幹事ハ朝鮮總督府高等官ノ中ヨリ朝鮮總督之ヲ命ズ<br>第七條 委員會ニ書記ヲ置ク 書記ハ朝鮮總督府判任官ノ中ヨリ朝鮮總督之ヲ命ズ 書記ハ上司ノ指揮ヲ承ケ庶務ニ從事ス |
| 주요 내용 및 특징 | ○ 1937년 8월 24일 각의결정(국민정신총동원실시요강)의 실시를 위한 근거<br>○ 국민정신총동원위원회 설립 근거<br>○ 국민정신총동원 관련 사항을 조사·심의하는 기구<br>○ 위원장은 정무총감으로 충원 |
| 법령 적용 범위 | 조선 |
| 관련 법령<br>통합·폐지 사항 | 국민정신총력운동지도위원회 규정(1940년 10월 16일, 조선총독부훈령 제54호) |
| 유사·파생 법령 | |

조선총독부훈령 제21호

1939년 4월 17일

## 국민정신총동원위원회 규정

제1조 국민정신총동원에 관한 중요사항을 조사·심의하기 위해 조선총독부에 국민정신총동원위원회를 설치한다.

제2조 위원회는 위원장 1인 및 위원 약간 명으로써 조직한다.

필요할 때에는 임시위원을 설치할 수 있다.

제3조 위원장은 조선총독부 정무총감으로 충원한다.

위원은 조선총독부 부내 고등관 중에서 조선총독이 임명한다.

임시위원은 학식과 경험이 있는 자 가운데 조선총독이 위촉한다.

제4조 위원장은 회무를 통리한다.

위원장에 사고가 있을 때에는 위원장이 지정하는 위원이 그 사무를 대리한다.

제5조 위원장이 필요하다고 인정할 때에는 조선총독부 부내 고등관과 기타 적당하다고 인정하는 자를 회의에 출석하여 의견을 진술하도록 할 수 있다.

제6조 위원회에 간사를 두고 조선총독부 고등관 중에서 조선총독이 임명한다.

간사는 위원장의 지휘를 받아 서무를 정리한다.

제7조 위원회에 서기를 두고 조선총독부 판임관 중에서 조선총독이 임명한다.

서기는 상사의 지휘를 받아 서무에 종사한다.

| | |
|---|---|
| **자료 30** | **국민정신총동원기구개조요강** |
| 구분 | 각의결정 |
| 법령명/건명 | 국민정신총동원기구개조요강<br>國民精神總動員機構改造要綱 |
| 공포 · 개정 · 결정 · 폐지 연월일 | 1940년 4월 16일 |
| 구성 | |
| 선행 규범 · 법령 | |
| 원문 일부 | **国民精神総動員機構改組要綱**<br>昭和15年4月16日 閣議決定<br>収載資料 : 内閣制度百年史 下 内閣制度百年史編纂委員会 内閣官房 1985.12<br>pp.228-229 当館請求記号 : AZ-332-17<br><br>一、名称<br>国民精神総動員<br>二、中央機構<br>　（一）運動本部<br>　官民一体ノ運動本部ヲ設ク<br>　（二）会長<br>　本部ノ会長ハ内閣総理大臣トス<br>　（三）副会長<br>　副会長ハ内務大臣及本部ノ理事長ヲ以テ之ニ充ツ<br>　（四）顧問<br>　国務大臣其ノ他名士ヲ委嘱ス<br>　（五）理事<br>　理事ハ内閣書記官長、法制局長官、企画院総裁、内閣情報部長、各省次官、貴衆両院議員、新聞代表者、有力民間団体代表者等ヲ以テ之ニ充テ、中若干名ヲ常任理事トス<br>　（六）理事長<br>　民間人ヲ以テ理事長ニ充ツ<br>　（七）参与<br>　関係官吏、貴衆両院議員、新聞代表、民間団体代表者並ニ各道府県本運動関係者中ヨリ会長之ヲ委嘱ス<br>　（八）事務局<br>　総長ハ理事長ヲ以テ之ニ充ツルコトヲ得<br>　関係官吏ヲ事務局職員トシテ委嘱スルコトアルモノトス<br>三、地方機構<br>　（一）知事ヲ会長トスル道府県運動本部ヲ設ケ其ノ機構ハ概ネ中央機構ニ準ズ<br>　（二）郡市ニ連絡機関ヲ設ク<br>　（三）市町村ニ於ケル実践網ヲ強化ス |
| 주요 내용 및 특징 | ○ 국민정신총동원의 기구와 조직을 구체화하는 방침<br>○ 회장을 내각총리대신으로, 부회장을 내무대신과 본부 이사장으로 충원<br>○ 중앙에 사무국을 두고, 지방 시정촌 단위까지 기구를 정비 |
| 법령 적용 범위 | 일본, 조선 |
| 관련 법령<br>통합 · 폐지 사항 | |
| 유사 · 파생 법령 | |

각의결정

1940년 4월 16일

## 국민정신총동원기구개조요강

**1. 명칭**

국민정신총동원

**2. 중앙기구**

1) 운동본부

　관민일체의 운동본부를 설치한다.

2) 회장

　본부의 회장은 내각총리대신으로 한다.

3) 부회장

　부회장은 내무대신 및 본부 이사장으로 충원한다.

4) 고문

　국무대신, 기타 명사를 위촉한다.

5) 이사

　이사는 내각 서기관장, 법제국 장관, 기획원 총재, 내각정보부장, 각 성 차관, 귀족원 및 중의원 의원, 신문대표자, 유력 민간단체 대표자 등으로 충원하며, 이 가운데 약간 명을 상임이사로 한다.

6) 이사장

　민간인으로 이사장에 충원한다.

7) 참여

　관계관리, 귀족원 및 중의원 의원, 신문사 대표, 민간단체 대표자 및 각 도부현 국민정신총동원운동 관계자 가운데에서 회장이 위촉한다.

8) 사무국

　　총장은 이사장으로 충원할 수 있다.

　　관계관리를 사무국 직원으로 위촉할 수 있다.


3. 지방기구

1) 지사를 회장으로 하는 도부현 운동본부를 설치하고 기구는 대개 중앙기구에 준한다.

2) 도시에 연락기관을 설치한다.

3) 시정촌에서는 실천 조직[網]을 강화한다.

| 자료 31 | |
|---|---|
| 국민총력운동지도위원회 규정 | |
| 구분 | 조선총독부훈령 제54호 |
| 법령명/건명 | 국민총력운동지도위원회 규정<br>國民總力運動指導委員會 規程 |
| 공포·개정·결정·폐지 연월일 | 공포 1940년 10월 16일<br>개정 1942년 11월 30일 |
| 구성 | 총 7개 조 |
| 선행 규범·법령 | |
| 원문 일부 | ◉朝鮮總督府訓令第五十四號<br>國民總力運動指導委員會規程左ノ通定ム<br>昭和十五年十月十六日　　朝鮮總督府<br>朝鮮總督　南　次郞<br>國民總力運動指導委員會規程<br>第一條　國民總力運動指導委員會ハ國民總力運動ノ基本方策ヲ調査審議スル爲朝鮮總督府ニ國民總力運動指導委員會ヲ置ク<br>第二條　委員會ハ委員長一人及委員若干人ヲ以テ之ヲ組織ス<br>必要アルトキハ臨時委員ヲ置クコトヲ得<br>第三條　委員長ハ朝鮮總督府政務總監ヲ以テ之ニ充ツ<br>委員及臨時委員ハ朝鮮總督府部內高等官及學識經驗アル者ノ中ヨリ朝鮮總督之ヲ命ジ又ハ囑託ス<br>第四條　委員長ハ會務ヲ總理ス<br>委員長事故アルトキハ委員長ノ指名シタル委員其ノ事務ヲ代理ス<br>第五條　委員長必要アリト認ムルトキハ朝鮮總督府部內高等官其ノ他適當ト認ムル者ヲシテ會議ニ出席シ意見ヲ陳述セシムルコトヲ得<br>第六條　委員會ニ幹事及書記ヲ置ク朝鮮總督府部內高等官ノ中ヨリ朝鮮總督之ヲ命ズ<br>幹事ハ委員長ノ指揮ヲ承ケ庶務ヲ整理ス<br>第七條　委員會ニ書記ヲ置ク朝鮮總督府部內判任官ノ中ヨリ朝鮮總督之ヲ命ズ<br>書記ハ上司ノ指揮ヲ承ケ庶務ニ從事ス |
| 주요 내용 및 특징 | ○ 조선총독부에 설치한 국민정신총동원운동 지휘 기구<br>○ 1940년 4월 16일 일본 각의결정 「국민정신총동원기구개조요강」에 따라 10월 12일 조선총독부가 「조선 국민조직 신체제 요강」을 발표한 후 국민정신총동원위원회를 폐지하고, 대체 조직으로 설립<br>○ 기존의 국민정신총동원연맹을 국민총력연맹으로 개편하는 근거<br>○ 기존의 관제 민간운동 기구였던 국민총력운동지도위원회의 장을 정무총감이 맡아 행정조직과 국민운동조직을 일체화하기 위한 조치 |
| 법령 적용 범위 | 조선 |
| 관련 법령 통합·폐지 사항 | |
| 유사·파생 법령 | 국민정신총동원위원회 폐지(1940년 10월 16일, 조선총독부훈령 제55호)<br>조선총독부 사무분장 규정 중 개정(1940년 10월 16일, 조선총독부훈령 제56호) |

조선총독부훈령 제54호

1940년 10월 16일

## 국민총력운동지도위원회 규정

제1조 국민총력운동의 기본 방책을 조사·심의하기 위해 조선총독부에 국민총력운동지도위원회를 둔다.

제2조 위원회는 위원장 1인 및 위원 약간 명으로 조직한다.

필요할 때에는 임시위원을 둘 수 있다.

제3조 위원장은 조선총독부 정무총감으로 충원한다.

위원 및 임시위원은 조선총독부 부내(部內) 고등관 및 학식과 경험을 가진 자 가운데에서 조선총독이 임명하거나 위촉한다.

제4조 위원장은 회무를 총괄한다.

위원장 사고 시에는 위원장이 지명하는 위원이 사무를 대리한다.

제5조 위원장이 필요하다고 인정할 때에는 조선총독부 부내 고등관, 기타 적당하다고 인정되는 자로서 회의에 출석하여 의견을 진술하도록 할 수 있다.

제6조 위원회에 간사를 두고 조선총독부 부내 고등관 가운데에서 조선총독이 임명한다.

간사는 위원장의 지휘를 받아 서무를 정리한다.

제7조 위원회에 서기를 두고 조선총독부 부내 고등관 가운데에서 조선총독이 임명한다.

서기는 상사의 지휘를 받아 서무에 종사한다.

| | |
|---|---|
| **자료 32** | |
| 조선총독부훈령 제21호 폐지 | |
| 구분 | 조선총독부훈령 제55호 |
| 법령명/건명 | 조선총독부훈령 제21호 폐지<br>朝鮮總督府訓令 第二十一號 廢止 |
| 공포·개정·결정·폐지<br>연월일 | 공포 1940년 10월 16일 |
| 구성 | 조항 없음 |
| 선행 규범·법령 | 국민정신총동원위원회 규정(1939년 4월 17일, 조선총독부훈령 제21호)<br>국민총력운동지도위원회 규정(1940년 10월 16일, 조선총독부훈령 제54호) |
| 원문 일부 | ㊞ 朝鮮總督府訓令第五十五號　朝鮮總督府<br>昭和十四年朝鮮總督府訓令第二十一號ハ之ヲ廢止ス<br>昭和十五年十月十六日　朝鮮總督　南　次郞<br>〔參照〕<br>昭和十四年朝鮮總督府訓令第二十一號ハ國民精神總動員委員會規程ナリ |
| 주요 내용 및 특징 | ○ 국민총력운동지도위원회 규정(1940년 10월 16일, 조선총독부훈령 제54호)에 따라 조선총독부에 국민정신총동원운동의 지휘기구인 국민총력운동지도위원회를 설치함에 따른 후속 조치<br>○ 1940년 4월 16일 일본 각의결정 「국민정신총동원기구개조요강」에 따라 10월 12일 조선총독부가 「조선국민조직신체제요강」을 발표한 후 국민정신총동원위원회를 폐지하고, 대체 조직으로 국민총력운동지도위원회를 설립 |
| 법령 적용 범위 | 조선 |
| 관련 법령<br>통합·폐지 사항 | |
| 유사·파생 법령 | 국민총력운동지도위원회 규정(1940년 10월 16일, 조선총독부훈령 제54호)<br>조선총독부 사무분장 규정 중 개정(1940년 10월 16일, 조선총독부훈령 제56호) |

조선총독부훈령 제55호

1940년 10월 16일

## 1939년 조선총독부훈령 제21호를 폐지한다

〈참조〉 1939년 조선총독부훈령 제21호는 국민정신총동원위원회 규정이다.

| 자료 33 | |
|---|---|
| \multicolumn{2}{c}{국민총력운동지도위원회 규정 중 개정} |
| 구분 | 조선총독부훈령 제65호 |
| 법령명/건명 | 국민총력운동지도위원회 규정 중 개정<br>國民總力運動指導委員會 規程 中 改正 |
| 공포·개정·결정·폐지 연월일 | 공포 1942년 11월 30일 |
| 구성 | 총 1개 조 |
| 선행 규범·법령 | 국민총력운동위원회 규정(1940년 10월 16일, 조선총독부훈령 제54호)<br>조선총독부 사무분장 규정 중 개정(1940년 10월 16일, 조선총독부훈령 제56호) |
| 원문 일부 | ○訓令<br>朝鮮總督府訓令第六十五號<br>國民總力運動指導委員會規程中左ノ通改正ス<br>昭和十七年十一月三十日<br>朝鮮總督 小磯 國昭<br><br>國民總力運動連絡委員會規程<br>第一條 國民總力運動ノ圓滑ナル運營ヲ期スル爲朝鮮總督府ニ國民總力運動連絡委員會ヲ置ク |
| 주요 내용 및 특징 | ○ 1940년 10월 12일 조선총독부가「조선국민조직신체제요강」을 발표한 후 국민정신총동원위원회를 폐지하고, 대체 조직으로 설립한 국민정신총동원운동 지휘기구의 규정 개정<br>○ 조선총독부에 국민총력운동연락위원회를 설치 |
| 법령 적용 범위 | 조선 |
| 관련 법령<br>통합·폐지 사항 | |
| 유사·파생 법령 | |

조선총독부훈령 제65호

1942년 11월 30일

## 국민총력운동지도위원회 규정 중 개정

제1조 국민총력운동의 원활한 운영을 기하기 위해 조선총독부에 국민총력운동연락위원회
　　　를 설치한다.

| 자료 34 | |
|---|---|
| | 조선총독부 도사무분장 규정 중 개정 |
| 구분 | 조선총독부훈령 제35호 |
| 법령명/건명 | 조선총독부 도사무분장 규정 중 개정<br>朝鮮總督府 道事務分掌 規程 中 改正 |
| 공포·개정·결정·폐지 연월일 | 공포 1938년 6월 23일 |
| 구성 | 총 2개 조(총동원 업무 해당 1개 조) |
| 선행 규범·법령 | |
| 원문 일부 | ●朝鮮總督府訓令第三十五號<br>朝鮮總督府道事務分掌規程中左ノ通改正ス<br>昭和十三年六月二十三日　　　　　朝鮮總督　南　次郎<br>第二條第五號中「社寺」ヲ「寺刹」ニ改メ同條但書及同條第十三號乃至第十五號ヲ削リ第一號ヲ第三號トシ以下順次繰上ゲ第三號トシ以下第十二號迄順次二號宛繰下ゲ第十六號ヲ第十五號トシ以下順次繰上ゲ第三號ノ前ニ左ノ如ク加フ<br>二　國家總動員ニ關スル事項<br>第三條　產業部ニ於テハ左ノ事務ヲ掌ル<br>一　農、商、工、森林、土地改良、水產及鑛產ニ關スル事項<br>二　國有林野及國有未墾地ニ關スル事項<br>三　農山漁村振興ニ關スル事項<br>四　度量衡ニ關スル事項<br>五　農會、水利組合、商工會議所其ノ他產業團體ニ關スル事項<br>六　前各號ノ外名種產業ニ關スル事項　　　道　知　事 |
| 주요 내용 및 특징 | ○ 도(道) 업무에 '국가총동원' 조항 신설<br>○ 각 도에 산업부를 설치하도록 규정 |
| 법령 적용 범위 | 조선 |
| 관련 법령 통합·폐지 사항 | |
| 유사·파생 법령 | 조선총독부 지방관 관제 중 개정(1940년 4월 9일, 칙령 제256호)<br>조선총독부 도사무분장 규정 중 개정(1940년 10월 21일, 조선총독부훈령 제58호) |

조선총독부훈령 제35호

1938년 6월 23일

## 조선총독부 도사무분장 규정 중 개정

제2조 제5호 중 '사사(社寺)'를 '사찰'로 개정하고, 같은 조항 단서 및 같은 조항 제13호에서 제15호까지를 삭제하며, 제1호를 제3호로 하고, 이하 제12호까지 순서대로 2개 호를 조정하여 제16호를 제15호로 하고 이하 순서를 올려 제3호의 앞에 다음과 같이 추가한다.

1. 신사(神社) 및 신사(神祠)에 관한 사항
2. 국가총동원에 관한 사항

| 자료 35 | |
|---|---|
| 조선총독부 지방관 관제 중 개정 | |
| 구분 | 칙령 제256호 |
| 법령명/건명 | 조선총독부 지방관 관제 중 개정<br>朝鮮總督府 地方官 官制 中 改正 |
| 공포·개정·결정·폐지 연월일 | 공포 1940년 4월 9일 |
| 구성 | 총 3개 조(경찰 인원 해당 1개 조) |
| 선행 규범·법령 | 조선총독부 사무분장 규정 중 개정(1938년 11월 12일, 조선총독부훈령 제67호) |
| 원문 일부 | 朕朝鮮總督府地方官官制中改正ノ件ヲ裁可シ玆ニ之ヲ公布セシム<br><br>御名 御璽<br><br>昭和十五年四月九日<br><br>內閣總理大臣 米內 光政<br>拓務大臣 小磯 國昭<br><br>勅令第二百五十六號<br>朝鮮總督府地方官官制中左ノ通改正ス<br>第二條中「屬 專任五百二十三人」ヲ「屬 專任四百九十八人」ニ、「視學 專任<br>百三人」ヲ「屬 專任 專任九十六人」ヲ「警部 專任四百十九人」ヲ「警部 專任<br>四百十四人」ニ、「技手 專任四百一人」ヲ「技手 專任三百七十一人」ニ、「警部<br>補 專任七百五十九人」ニ改ム<br>第十八條第一項中「屬 專任千六百七人」ヲ「屬 專任千五百八十九人」ニ、「技 |
| 주요 내용 및 특징 | ○ 도 소속 경찰인 경부와 기수, 경부보 등을 축소 배정 |
| 법령 적용 범위 | 조선 |
| 관련 법령 통합·폐지 사항 | |
| 유사·파생 법령 | |

칙령 제256호

1940년 4월 9일

## 조선총독부 지방관 관제 중 개정

제2조 중 '속 전임 523인'을 '속 전임 498인'으로, '시학(視學) 전임 103인'을 '시학 전임 96인'으로, '경부 전임 419인'을 '경부 전임 414인'으로, '기수 전임 401인'을 '기수 전임 371인'으로, '경부보 전임 759인'을 '경부보 전임 699인'으로 개정한다.

| 자료 36 | |
|---|---|
| | 조선총독부 도사무분장 규정 중 개정 |
| 구분 | 조선총독부훈령 제58호 |
| 법령명/건명 | 조선총독부 도사무분장 규정 중 개정<br>朝鮮總督府 道事務分掌 規程 中 改正 |
| 공포·개정·결정·폐지 연월일 | 공포 1940년 10월 21일 |
| 구성 | 총 4개 조 |
| 선행 규범·법령 | 조선총독부 사무분장 규정 중 개정 (1940년 10월 16일, 조선총독부훈령 제56호) |
| 원문 일부 | ◉朝鮮總督府訓令第五十八號<br>朝鮮總督府道事務分掌規程中左ノ通改正ス<br>昭和十五年十月二十一日　朝鮮總督　南　次郎<br>　道知事<br>第一條第七號ノ次ニ左ノ一號ヲ加フ<br>第八號　國民總力運動ニ關スル事項<br>繰上第三號ヲ削リ第四號ヲ第三號トシ以下順次<br>第五條ノ第一項ヲ左ノ如ク改ム<br>第七條　知事官房及各部ニ課ヲ置クコトヲ得<br>各課ニ課長ヲ置ク |
| 주요 내용 및 특징 | ○ 조선의 국가총동원체제 수행기관으로 도(道) 지사관방 및 각 부에 국민총력운동에 관한 사항을 추가<br>○ 지사관방 및 각 부에 과를 설치하고, 각 과에 과장을 둠<br>○ '국민총동원운동'을 '국민총력운동'으로 개정 |
| 법령 적용 범위 | 조선 |
| 관련 법령 통합·폐지 사항 | |
| 유사·파생 법령 | |

조선총독부훈령 제58호

1940년 10월 21일

## 조선총독부 도사무분장 규정 중 개정

제1조 제7호 다음에 아래와 같은 1호를 추가한다.

    8. 국민총력운동에 관한 사항

제3조 제3호를 삭제하고 제4호를 제3호로, 이하 순차를 올린다.

제5조 제1항을 다음과 같이 개정한다.

    지사관방 및 각 부에 과를 설치할 수 있다.

제7조 각 과에 과장을 둔다.

| 자료 37 | |
|---|---|
| | 조선총독부 도사무분장 규정 중 개정 |
| 구분 | 조선총독부훈령 제105호 |
| 법령명/건명 | 조선총독부 도사무분장 규정 중 개정<br>朝鮮總督府 道事務分掌 規程 中 改正 |
| 공포·개정·결정·폐지 연월일 | 공포 1941년 11월 19일 |
| 구성 | 총 2개 조 |
| 선행 규범·법령 | 조선총독부 사무분장 규정 중 개정(1941년 11월 19일, 조선총독부훈령 제103호) |
| 원문 일부 | ●朝鮮總督府訓令第百五號<br>朝鮮總督府道事務分掌規程中左ノ通改正ス<br>昭和十六年十一月十九日<br>朝鮮總督　南　次郎<br>道　知　事<br>第一條第八號ヲ削ル<br>第二條第十七號ヲ第十八號トシ第十六號ノ次ニ左ノ一號ヲ加フ<br>十七　國民總力運動ニ關スル事項 |
| 주요 내용 및 특징 | ○ 지사관방에 속한 업무(국민총력운동에 관한 사항)를 내무부에 이관 |
| 법령 적용 범위 | 조선 |
| 관련 법령 통합·폐지 사항 | |
| 유사·파생 법령 | |

조선총독부훈령 제105호

1941년 11월 19일

## 조선총독부 도사무분장 규정 중 개정

제1조 제8호를 삭제한다.

제2조 제17호를 제18호로 하고 제16호 다음에 아래의 1호를 추가한다.

    17. 국민총력운동에 관한 사항

| 자료 38 | |
|---|---|
| \multicolumn{2}{l}{조선총독부 지방관 관제 중 개정} |
| 구분 | 칙령 제896호 |
| 법령명/건명 | 조선총독부 지방관 관제 중 개정<br>朝鮮總督府 地方官 官制 中 改正 |
| 공포·개정·결정·폐지 연월일 | 공포 1943년 11월 30일 |
| 구성 | 총 16개 조(총동원 업무 해당 1개 조), 부칙 |
| 선행 규범·법령 | 조선총독부 관제 중 개정(1943년 11월 30일, 칙령 제890호) |
| 원문 일부 | (원문 생략) |
| 주요 내용 및 특징 | ○ 각 도의 산업부와 식량부를 광공부와 농상부로 개정<br>○ 중요물자증산을 뒷받침하고자 인적·물적 자원동원체제를 개편 |
| 법령 적용 범위 | 조선 |
| 관련 법령 통합·폐지 사항 | |
| 유사·파생 법령 | 조선총독부 사무분장 규정 중 개정(1943년 12월 1일, 조선총독부훈령 제88호) |

칙령 제896호

1943년 11월 30일

## 조선총독부 지방관 관제 중 개정

제12조 제1항 중 '내무부' 아래에 '재무부'를 추가하고, 제12조 제2항 중 '산업부 또는 식량부'를 '광공부 또는 농상부'로 개정한다.

| | |
|---|---|
| 자료 39 | |
| | 조선총독부 도사무분장 규정 중 개정 |
| 구분 | 조선총독부훈령 제94호 |
| 법령명/건명 | 조선총독부 도사무분장 규정 중 개정<br>朝鮮總督府 道事務分掌 規程 中 改正 |
| 공포·개정·결정·폐지 연월일 | 공포 1943년 12월 1일 |
| 구성 | 총 7개 조(총동원 업무 해당 1개 조) |
| 선행 규범·법령 | 조선총독부 관제 중 개정(1943년 11월 30일, 칙령 제890호)<br>조선총독부 사무분장 규정 중 개정(1943년 12월 1일, 조선총독부훈령 제88호) |
| 원문 일부 | ●朝鮮總督府訓令第九十四號<br>朝鮮總督府道事務分掌規程左ノ通改正ス<br>昭和十八年十二月一日<br>朝鮮總督 小磯 國昭<br>道知事<br><br>朝鮮總督府道事務分掌規程<br>第一條 朝鮮總督府道事務分掌規程<br>(원문 한문/일본어 조문 생략) |
| 주요 내용 및 특징 | ○ 도(道) 내무부, 광공부, 경찰부에 각각 총동원·군인동원·노무동원 관련 업무 배정<br>○ 내무부에 총동원 업무를 분장 |
| 법령 적용 범위 | 조선 |
| 관련 법령 통합·폐지 사항 | |
| 유사·파생 법령 | |

조선총독부훈령 제94호

1943년 12월 1일

## 조선총독부 도사무분장 규정 중 개정

제2조 내무부에서는 다음의 사무를 관장한다.

1. 신사(神社)에 관한 사항
2. 도회(道會) 및 도 재정에 관한 사항
3. 부(府), 군(郡), 도(島), 읍면 및 공공단체의 행정 감독 및 사찰에 관한 사항
4. 도령(道令), 훈령, 기타 중요한 처분의 심의에 관한 사항
5. 임시은사금 및 향교재산에 관한 사항
6. 국민총력운동에 관한 사항
7. 정보 및 계발, 선전에 관한 사항
8. 교육 및 학예에 관한 사항
9. 국민연성 및 국민근로교육에 관한 사항
10. 사찰, 종교 및 향사(享祀)에 관한 사항
11. 보물, 고적, 명승 및 천연기념물에 관한 사항
12. 군사원호 및 사회사업에 관한 사항
13. 주택대책에 관한 사항
14. 영선(營繕)에 관한 사항
15. 회계에 관한 사항
16. 다른 주관에 속하지 않는 사항

## 자료 40

| | 부제 중 개정 |
|---|---|
| 구분 | 제령 제29호 |
| 법령명/건명 | 부제 중 개정<br>府制 中 改正 |
| 공포 · 개정 · 결정 · 폐지 연월일 | 공포 1943년 6월 9일 |
| 공포 · 개정 · 결정 · 폐지 연월일 | 총 2개 조, 부칙 |
| 선행 규범 · 법령 | |
| 원문 일부 | 府制中改正ノ件明治四十四年法律第三十號第一條及第二條ニ依リ勅裁ヲ得テ茲ニ之ヲ公布ス<br>昭和十八年六月九日<br>朝鮮總督　小磯　國昭<br>制令第二十九號<br>府制中左ノ通改正ス<br>第二十二條ノ二　府尹ハ府ノ行政ニ關シ其ノ職權ニ屬スル事務ノ一部ヲ府ノ官吏又ハ吏員ニ委任スルコトヲ得 |
| 주요 내용 및 특징 | ○ 경성부에 구제(區制)를 실시하는 근거<br>○ 구의 업무를 구장이 담당하도록 규정 |
| 법령 적용 범위 | 경성부 |
| 관련 법령 통합 · 폐지 사항 | |
| 유사 · 파생 법령 | 부제 시행규칙 중 개정(1943년 6월 9일, 조선총독부령 164호) |

제령 제29호

1943년 6월 9일

## 부제 중 개정

제22조의2 부윤(府尹)은 부 행정에 관한 직무에 속하는 사무의 일부를 부의 관리 또는 이원(吏員)에게 위임할 수 있다.

제31조의2 경성부에 구를 획정하고 명칭 및 구역은 조선총독이 정한다.

구내(區內)에 관한 부의 사무는 부윤의 명을 받아 구장이 담당한다.

부칙

본령은 1943년 6월 10일부터 시행한다.

| 자료 41 | |
|---|---|
| | 경성부 사무분장 규정 중 개정 |
| 구분 | 조선총독부훈령 제95호 |
| 법령명/건명 | 경성부 사무분장 규정 중 개정<br>京城府 事務分掌 規程 中 改正 |
| 공포·개정·결정·폐지 연월일 | 공포 1943년 12월 1일 |
| 구성 | 총 7개 조(총동원 업무 해당 1개 조) |
| 선행 규범·법령 | 조선총독부 사무분장 규정 중 개정(1943년 12월 1일, 조선총독부훈령 제88호)<br>조선총독부 도사무분장 규정 중 개정(1943년 12월 1일, 조선총독부훈령 제94호) |
| 원문 일부 | (원문 이미지) |
| 주요 내용 및 특징 | ○ 경성부에 부윤관방, 총무부, 민생부 및 공영부(公營部)를 두고, 총무부와 민생부에 총동원·군인동원·노무동원 관련 업무 배정 |
| 법령 적용 범위 | 경성부 |
| 관련 법령 통합·폐지 사항 | |
| 유사·파생 법령 | |

조선총독부훈령 제95호

1943년 12월 1일

## 경성부 사무분장 규정 중 개정

제1조 경성부에 부윤관방, 총무부, 민생부 및 공영부(公營部)를 둔다.

제2조 총무부에서는 다음의 사무를 관장한다.

    1. 신사(神社) 및 신사(神祠)에 관한 사항

    2. 구(區)의 감독에 관한 사항

    3. 국민총동원에 관한 사항

    4. 국민총력운동에 관한 사항

    5. 정보 및 계발, 선전에 관한 사항

    6. 부회(府會) 및 교육부회(敎育部會)에 관한 사항

    7. 부 및 특별경제의 재정에 관한 사항

    8. 국세, 도세(道稅) 및 부세(府稅)에 관한 사항

    9. 예규, 훈령, 조례, 기타 중요한 처분의 심의에 관한 사항

    10. 교육 및 학예에 관한 사항

    11. 국민연성 및 국민근로교육에 관한 사항

    12. 사찰, 종교 및 향사(享祀)에 관한 사항

    13. 보물, 고적, 명승 및 천연기념물에 관한 사항

    14. 군사원호 및 사회사업에 관한 사항

    15. 도시방위에 관한 사항

    16. 병사(兵事)에 관한 사항

    17. 호적에 관한 사항

    18. 산업에 관한 사항

    19. 물자수급조정, 물가조정 및 기업 정비에 관한 사항

20. 시장에 관한 사항

21. 도량형에 관한 사항

22. 저축장려에 관한 사항

23. 자원조사에 관한 사항

24. 다른 과 주관에 속하지 않는 사항

| 자료 42 | |
|---|---|
| \multicolumn{2}{c}{정회에 관한 건} |
| 구분 | 조선총독부령 제343호 |
| 법령명/건명 | 정회에 관한 건<br>町會ニ關スル件 |
| 공포 · 개정 · 결정 · 폐지 연월일 | 공포 1944년 10월 15일 |
| 구성 | 총 6개 조, 부칙 |
| 선행 규범 · 법령 | |
| 원문 일부 | ◉朝鮮總督府令第三百四十三號<br>町會ニ關スル件左ノ通定ム<br>昭和十九年十月十五日<br>　　　　朝鮮總督　阿部　信行<br>第一條　町會及共ノ聯合會ハ隣保團結ノ精神ニ基キ區域內住民ヲ組織結合シ地方共同ノ任務ヲ遂行スルヲ以テ目的トス<br>第二條　町會及共ノ聯合會ハ府尹(京城府ニ在リテハ區長ヲ含ム)ノ指示ニ從ヒ府及府尹ノ事務ノ一部ヲ援助スルモノトス<br>第三條　町會及共ノ聯合會ノ長ハ共ノ區域內ノ住民中學識德望アル者ヨリ府尹之ヲ選任ス<br>第四條　町會及共ノ聯合會ニ於テ會費ヲ徵收セントスルトキハ府尹ノ認可ヲ受クベシ<br>第五條　府尹ハ町會及共ノ聯合會ノ事務、財產及經費ノ管理並ニ區域ノ變更ニ關シ必要ナル措置ヲ講ズルコトヲ得<br>第六條　道知事必要アリト認ムルトキハ邑ヲ指定シ共ノ區域內ノ町會及共ノ聯合會ニ付本令ヲ適用スルコトヲ得此ノ場合ニ於テハ本令中府トアルハ邑、府尹又ハ府尹(京城府ニ在リテハ區長ヲ含ム)トアルハ邑長トス<br>　　附　則<br>本令ハ發布ノ日ヨリ之ヲ施行ス |
| 주요 내용 및 특징 | ○ 경성부에 정회와 연합회를 설치하는 근거<br>○ 부윤과 구장(경성부)이 정회와 연합회 회장을 선임하도록 규정<br>○ 경성부 외에도 정회와 연합회를 설치할 수 있도록 하기 위해 지역명을 특정하지 않음 |
| 법령 적용 범위 | 조선 |
| 관련 법령 통합 · 폐지 사항 | |
| 유사 · 파생 법령 | |

조선총독부령 제343호
1944년 10월 15일

## 정회에 관한 건

제1조 정회 및 그 연합회는 인보단결(隣保團結)의 정신에 기초하여 구역 내 주민을 조직·결합하고 지방 공동의 임무를 수행함을 목적으로 한다.

제2조 정회 및 연합회는 부윤(경성부에서는 구장을 포함)의 지시에 따라 부 및 부윤의 사무 일부를 원조하는 것으로 한다.

제3조 정회 및 연합회의 장은 그 구역 내 주민 가운데 학식과 덕망이 있는 자 가운데 부윤이 선임한다.

제4조 정회 및 연합회에서 회비를 징수하고자 할 때에는 부윤의 인가를 받아야 한다.

제5조 부윤은 정회 및 연합회의 사무, 재산 및 경비의 관리와 구역의 변경에 관해 필요한 조치를 강구할 수 있다.

제6조 도지사가 필요하다고 인정할 때에는 읍을 지정하여 그 구역 내 정회 및 연합회에 대해 본령을 적용할 수 있고, 이러한 경우에 본령 중 부 또는 읍, 부윤 또는 부윤(경성부에서는 구장을 포함)과 읍장으로 한다.

부칙

본령은 발포일로부터 적용한다.

| | |
|---|---|
| **자료 43** | |
| | 읍면제 시행규칙 중 개정 |
| 구분 | 조선총독부령 제345호 |
| 법령명/건명 | 읍면제 시행규칙 중 개정<br>邑面制 施行規則 中 改正 |
| 공포·개정·결정·폐지<br>연월일 | 공포 1944년 10월 15일 |
| 구성 | 총 1개 조 |
| 선행 규범·법령 | 정회에 관한 건(1944년 10월 15일, 조선총독부령 제343호) |
| 원문 일부 | ◯朝鮮總督府令第三百四十五號<br>邑面制施行規則中左ノ通改正ス<br>昭和十九年十月十五日<br>　　　　朝鮮總督　阿部　信行<br>第四十六條第一項ニ左ノ但書ヲ加フ<br>但シ昭和十九年朝鮮總督府令第三百四十三號(町會ニ關スル件)ヲ適用スル邑ノ町洞里ニハ區長ヲ置カザルコトヲ得<br>　　　附　則<br>本令ハ發布ノ日ヨリ之ヲ施行ス |
| 주요 내용 및 특징 | ○ 조선총독부령 제343호 정회에 관한 건 후속 조치<br>○ 정회를 설치할 읍의 정동리(町洞里)에 구장(區長)을 설치하는 근거 |
| 법령 적용 범위 | 조선 |
| 관련 법령<br>통합·폐지 사항 | |
| 유사·파생 법령 | |

조선총독부령 제345호
1944년 10월 15일

## 읍면제 시행규칙 중 개정

제46조 제1항에 다음의 문장을 추가한다.

　　　단 1944년 조선총독부령 제343호(정회에 관한 건)를 적용할 읍의 정동리(町洞里)에는 구장(區長)을 설치할 수 있다.

부칙

본령은 발표일로부터 시행한다.

| 자료 44 | |
|---|---|
| 읍면처무규정 중 개정 | |
| 구분 | 제17호 제34호 |
| 법령명/건명 | 읍면처무규정 중 개정<br>邑面處務規程 中 改正 |
| 공포·개정·결정·폐지 연월일 | 1940년 11월 27일 |
| 구성 | 총 47개 조(총동원 업무 해당 2개 조), 부칙 |
| 선행 규범·법령 | 1936년 10월 24일 읍면처무규정 제정(경북도) |
| 원문 일부 | (邑面行政例規目次 및 邑面處務規程 원문 이미지) |
| 주요 내용 및 특징 | ○ 경북도가 1942년에 발간한 『읍면행정예규』 수록 자료<br>○ 1936년에 제정한 읍면처무규정의 개정 건<br>○ 읍면에 서무계·호적계·권업계·재무계 설치<br>○ 서무계가 국민총력운동 관련 업무를 하도록 업무분장 |
| 법령 적용 범위 | 경상북도 |
| 관련 법령 통합·폐지 사항 | |
| 유사·파생 법령 | |

제17호 제34호

1940년 11월 27일

## 읍면처무규정 중 개정

### 제1장 사무분장

제1조 읍면에 다음과 같은 계를 둔다.
　　서무계
　　호적계
　　권업계
　　재무계
　　읍면장은 필요하다고 인정될 때에는 앞 항의 규정에 있는 계 외에 군수 또는 도사(島司)의 승인을 받아 별도의 계를 설치할 수 있다.

제2조 각 계에서 처리해야 할 사무는 다음과 같다.
　　서무계
　　11. 국민총력운동에 관한 사항
　　12. 국민총력읍면연맹에 관한 사항

# 군인·군무원 동원 기구·조직에 관한 주요 각의결정 및 법령 등

## 1. 군인·군무원 동원 기구 및 조직의 특성

　군인·군무원[1] 동원 기구·조직은 크게 직접 동원 기구·조직과 동원을 위한 훈련 기구·조직으로 구분할 수 있다. 이 가운데에서 동원을 위한 훈련 기구·조직은 군인동원에 해당한다. 주로 중앙행정 단위가 담당한 것은 동원을 위한 훈련 기구·조직이고, 직접 동원 기구·조직은 지방행정 단위의 몫이었다.

　이를 다시 군인과 군무원으로 구분해 보면, 군인은 지원병(육군, 해군, 학도지원병)과 징병으로, 군무원은 노동 내용과 동원 목적에 따라 크게 두 종류로 구분할 수 있다.

　군무원의 다수는 설영대나 특설수상근무대, 건축대 등 군시설 공사나 상하역 작업에 투입한 인력인데, 별도의 동원 기구·조직을 운영하지 않고 노무동원 업무 기구·조직이 담당하였다. 이는 군무원의 노동이 갖는 특성 때문으로 보인다. 한국과 일본의 학계는 군무원을, 동원 주체가 군이고 군의 요원이라는 사전적 의미를 기준으로 병력 또는 준병력으로 분류해 왔다. 그러나 군무원은 단일한 성격을 갖지 않으므로 크게 군 노무자(설영대, 특설수상근무대, 건축대 등)와 특수직(포로감시원, 문관, 운전수, 선원, 전화교환수, 간호부, 감옥 간수 등)으로 구분해야 한다고 생각한다.[2] 이 점은 동원 기구·조직에서 잘 나타나 있다. 군 노무자의 동원은 노무동원 업무 기구·조직이 담당하였기 때문이다.

　특수직의 경우에도 실무를 노무동원 업무 기구·조직이 담당한 사례가 있는데, 포로감시원이다. 포로감시원 제도의 정책을 수립한 것은 일본 육군 소속의 포로정보국과 포로관리부였으나, 동원을 위한 모집 업무는 노무동원 담당과이던 사회과나 내무과가 담당하였다. 포로정보국은 육군대신 관리 아래 있었고, 포로관리부는 육군성 군무국 내에 설치하였다. 포로정보국과 포로관리부는 모두 형식적인 기관이었다. 모두 군무국 지휘와 통제 아래 놓여 있었

---

[1] 군무원은 현대 용어이다. 당시에는 군속(軍屬)이나 군부(軍夫)라 불렀고, 법률상 용어도 군속이다. 군속의 사전적 의미를 보면, "'군요원(軍務員)'의 구 용어로서 육해군에 종속하는 문관, 문관 대우자, 고원·용인 등 '군속선서' 또는 '군속독법'에 의해 복무하는 일체를 총칭한다. 군대 구성원으로 육해군에 복무하는 군인(장교, 하사관, 병) 이외의 자를 군속이라 총칭한다. 육해군 문관, 동등 대우자(고등관 대우 법무관 시보, 판임관 대우), 감옥간수 및 선서를 하고 육해군에 군무하는 자를 말하며, 준(準)군인으로 군사 법제하에서 군무에 복무한다"라고 되어 있다.

[2] 정혜경, 2006, 『조선인 강제연행 강제노동 I : 일본편』, 도서출판 선인, 19-22쪽.

고, 중요 사안에 대한 결정권도 없었다. 예산이나 인원 권한이 극히 한정된 부서였는데, 국제사회의 요구로 만들어진 형식적인 기관이었기 때문이다. 포로수용소 역시 조선총독부는 수용 시설을 확보해 주는 정도의 역할만 할 뿐 조선군사령관의 직무 권한이었다.³ 실제로 관련 법령도 포로정보국관제(칙령) 외에 대부분은 육군이 조선군에 내려보낸 명령서와 조선군이 육군에 올린 보고서이다. 그러므로 중앙행정기관의 역할은 찾을 수 없다.

이같이 군무원 동원 정책은 군이 수립했지만 업무 기구·조직은 노무동원 업무 기구·조직이 담당하였다.

일본 당국은 군무원의 직종과 직급을 달리 부여했는데, 크게 고원(雇員), 용인(傭人), 공원(工員), 군부(軍夫) 등으로 분류하고, 세부적으로는 각 직종에 따라 각종 직급으로 구분한 경우가 있으나, 대부분은 상호 혼용하였다.

[표 1] 군무원의 직종, 직급 종류

| 구분 | 세부 직종, 직급 등 |
|---|---|
| 고원(雇員) | 사무, 기술, 통역, 수위(守衛), 기상술(氣象術), 석탄배급계, 포로감시원, 주방[廚手], 비행기정비수 등 |
| 용인(傭人) | 공사(公仕), 잡사(雜仕), 급사(給仕), 군마수(軍馬手), 현장수(現場手), 운전수(運轉手), 필생(筆生), 도생(圖生), 자동차수(自動車手), 목공수(木工手), 봉공부(縫工夫), 정비수(整備手), 기관수[汽罐手], 선원(船員), 수도감시(水道監視), 징용운반공(徵用運搬工), 조병창용인(造兵廠傭人), 경방수(警防手), 제철공(蹄鐵工), 비행공수(飛行工手), 포로감시원, 대공(大工) 등 |
| 공원(工員) | 시용(試傭), 견습공(見習工), 비행기공(飛行機工), 위생료공원(衛生料工員), 항공발동기(航空發動機), 피복위원공원(被服委員工員), 하조공(荷造工), 봉공(縫工), 자동차공(自動車工), 목공(木工), 자동차운전수(自動車運轉手), 정리공(整理工) 등 |
| 군부(軍夫) | 육군 군부, 해군 군부, 특설건축, 징발 군부 등 |

일본의 관리제도에서 판임관 이상의 관리 외에 고원과 용인을 둘 수 있었는데, 고원과 용인의 구별은 반드시 명확하지는 않지만, 일반적으로 고원은 행정관청에서 행정사무 등을 담당하고 용인은 육체적 단순 작업에 종사하는 자로 구분할 수 있다.⁴ 공원과 군부는 육군성과

---

3 조건, 2015, 「전시 총동원체제기 조선 주둔 일본군의 조선인 통제와 동원」, 동국대학교 사학과 박사학위논문, 186·210쪽.
4 內閣官房行政改革推進本部事務局, 「戰前の官吏制度等について」, 資料4, 2쪽(chrome-extension://efaidnbmnnnibpcajpcglclefindmkaj/https://warp.ndl.go.jp/info:ndljp/pid/12251721/www.gyoukaku.go.jp/senmon/dai13/siryou4.pdf).

해군성 등 각 성청의 필요에 따라 고용하거나 징용한 자를 가리킨다.[5]

군인의 경우, 일반적인 병사(兵事) 업무는 경무국 담당이었으나, 지원병과 징병 동원을 위한 훈련기관은 조선총독 소속이나 학무국 업무로 명시하였다. 그러나 실제로는 군이 관리하였다.

---

5  상세한 내용은 石井滋, 2014, 「雇員·傭人制度研究についての一考察」,『社學研論集』Vol. 23) 참조.

## 2. 군인·군무원 동원을 위한 중앙행정 기구 및 조직

중앙과 지방행정 단위로 구분해 보면, 중앙행정 단위는 동원을 위한 훈련 기구·조직으로서 역할을 했고, 직접 동원 기구·조직은 지방행정 단위의 몫이었다.

군인·군무원 동원과 관련한 중앙의 기구 및 조직을 정리해 보면 다음과 같다. 먼저 업무 담당 부서의 변천을 시기순으로 살펴보면 다음과 같다.

- 군인: 조선총독부 육군병지원자훈련소(1938. 3. 29.) → 조선총독부 중견청년수련소(1939. 4. 20.) → 후생국 사회과(1941. 11. 19.) → 조선총독부 징병제시행준비위원회(1942. 5. 11.) → 학무국 연성과(1942. 11. 1.) → 조선청년특별연성소(1942. 11.) → 조선총독부 해군병지원자훈련소(1943. 7. 28.) → 학무국 연성과·사회과·중견청년훈련소, 경무국 경무과(1943. 12. 1.) → 조선총독부 군무예비훈련소(1944. 4. 22.) → 학무국 연성과(1944. 11. 22.) → 청년학교(1945. 3. 31.) → 학무국 연성과·원호과, 중견청년연성소, 경무국 경무과(1945. 4. 17.) → 국민의용대(1945. 6.)
- 군무원: 체신국 고등해원양성소(1940. 5. 11.) → 조선포로수용소 분소 설치(1942. 7. 27.) → 체신국 해원양성소(1943. 3. 19.) → 체신국 해원양성소·보통해원양성소(1943. 8. 14.) → 교통국 고등해원양성소·해원양성소·보통해원양성소(1943. 12. 1.)

각 담당 부서의 세부적인 업무 변천 상황을 해당 업무를 중심으로 살펴보면 다음과 같다.

[표 2] 중앙행정 단위의 주요 군인·군속 동원 관련 부서 변천 상황

| 부서 | 조선총독부 중견청년수련소 | 체신국 고등해원양성소 | 후생국 사회과 | 조선포로수용소 분소 |
|---|---|---|---|---|
| 연도 | 1939. 4. 20. | 1940. 5. 11. | 1941. 11. 19. | 1942. 7. 27.<br>1942. 8. 28. |
| 근거 | 조선총독부령 제50호 | 조선총독부령 제124호 | 칙령 제980호<br>조선총독부령 제103호 | 조참기 제596호<br>조참기 제640호 |
| 해당 업무 조항 | - 청년남녀 연성 | - 해원양성소를 고등해원양성소로 개칭 | - 후생국 사회과: 5. 군사보호 | - 경성(본소), 인천, 흥남에 분소 운영<br>- 8월 25일부터 조선포로수용소 분소 사무 개시 |

| 기타 | - 1940년 5월 3일 개정을 통해 수련 기간과 수련 일수·수련 인원 변경 | - 1942년 1월 12일 개정으로 정원 축소<br>- 1943년 8월 14일 개정으로 입소대상을 확대하고 수업 기간을 6년으로 연장 | - 후생국 신설, 4개 과 설치<br>- 내무국을 사정국으로 개편, 3개 과<br>- 외사부를 기획부로 개정<br>- 기획부 임시설치제 폐지 | |
|---|---|---|---|---|
| 부서 | 학무국 연성과 | 체신국 해원양성소 | 체신국 해원양성소·보통해원양성소 | 교통국 |
| 연도 | 1942. 11. 1. | 1943. 3. 19. | 1943. 8. 14. | 1943. 11. 30.<br>1943. 12. 1. |
| 근거 | 칙령 제727호<br>조선총독부훈령 제54호 | 조선총독부령 제50호 | 조선총독부령 제248호<br>조선총독부령 제250호 | 칙령 제891호<br>조선총독부훈령 제91호 |
| 해당 업무 조항 | - 학무국 연성과: 1. 청소년 훈련, 2. 육군병 지원자 훈련, 3. 청년 특별연성 | - 보통해원교육 담당기관으로 운영 | - 1부 해원양성소(진해)<br>- 2부 보통해원양성소(인천) | - 교통국: 선원직업능력의 등록, 선원 사용 등 통제 및 선원 징용에 관한 사무에 종사하는 자(칙령 제891호) |
| 기타 | - 8월 22일 자 조선총독부 행정간소화안 발표 후속 조치<br>- 후생국과 기획부 폐지<br>- 총무국과 사정국으로 대체 | - 1919년 7월 4일 자 해원양성소 규정을 전면 개정 | - 해원양성소를 고등·보통 등 3종류로 운영 | - 총무국, 사정국, 전매국 폐지<br>- 식산과 농림국을 광공국과 농상국으로 개편<br>- 총동원 업무는 광공국이 담당<br>- 교통국에 선원 징용 정원 배정 |
| 부서 | 총독관방 감찰과·지방과·조사과, 광공국 기획과·노무과, 학무국 연성과·사회과·중견청년훈련소, 경무국 경무과·경제경찰과 | 총독관방 총무과,<br>농상국 농상과,<br>학무국 학무과·연성과 | 총독관방 정보과, 광공국 동원과, 학무국 학무과·연성과·원호과·중견청년연성소, 경무국 경무과·경제경찰과 | |
| 연도 | 1943. 12. 1. | 1944. 11. 22. | 1945. 4. 17. | |
| 근거 | 조선총독부훈령 제88호 | 조선총독부훈령 제96호 | 조선총독부훈령 제18호 | |
| 해당 업무 조항 | - 총독관방 감찰과: 2. 전시경제통제 실시 상황의 조사·연구[考查]<br>- 지방과: 5. 국민총력운동<br>- 조사과: 5. 노동 및 기술 통계조사<br>- 광공국 기획과: 1. 국가 총동원계획의 설정 및 수행의 종합 | - 총독관방 총무과: 6. 국민총력운동<br>- 농상국 농상과: 3. 개척민<br>- 학무국 연성과: 1. 청소년 훈련, 2. 청년특별 연성, 3. 군무예비훈련, 4. 국민연성 및 국민근로 교육, 5. 체위 향상 | - 총독관방 정보과: 2. 국민총력운동에 관한 사항<br>- 광공국 동원과: 1. 국가총동원계획의 설정 및 수행의 종합, 5. 생산방공, 6. 군수회사법의 시행<br>- 광공국 근로부 근로제1과: 1. 국민동원계획 및 기술자동원계획의 책정, 2. 근로자의 등록, 3. 근로동원의 실시, 4. 근로동원 예정자의 훈련, 5. 전시근로요원 책정, 6. 직업소 | |

| | | | |
|---|---|---|---|
| | - 노무과: 노무동원 관련 총 6개 항<br>- 학무국 연성과: 1. 청소년 훈련, 2. 육군병지원자 및 해군병지원자 훈련, 3. 청년특별연성, 5. 국민연성 및 국민근로교육<br>- 사회과: 1. 군사보호<br>- 중견청년훈련소: 중견청년의 수련 사무<br>- 경무국 경무과: 6. 병사<br>- 경제경찰과: 1. 경제경찰, 2. 노무자 모집·단속 | | 개소 및 입영자의 직업보장, 7. 근로자의 모집허가, 8. 기타 다른 과의 주관에 속하지 않는 근로행정<br>- 근로제2과: 1. 근로사상의 보급 선전, 2. 근로관리, 3. 근로자의 표창 및 징계, 4. 기능자의 양성, 5. 근로자의 교양훈련, 6. 임금, 급료, 기타 급여, 7. 근로자용 물자, 근로자용 주택, 기타 근로자의 후생시설, 8. 근로자의 부조 및 원호<br>- 농상국 농상과: 3. 개척민<br>- 생활물자과: 3. 생활물자의 말단 배급<br>- 중앙농업수련도장: 농촌지도자 및 농촌중견청년의 수련에 관한 사무<br>- 학무국 연성과: 1. 청소년 훈련, 2. 청년특별연성, 3. 군무예비훈련, 4. 국민연성 및 국민근로교육, 5. 체위 향상<br>- 원호과: 1. 군사보호<br>- 중견청년연성소: 중견청년의 수련에 관한 사무<br>- 경무국 경무과: 6. 병사<br>- 경제경찰과: 1. 경제경찰, 2. 노무자 모집·단속 |
| 기타 | - 칙령 제890호 후속 조치<br>- 총독관방 감찰과·지방과·조사과, 광공국 기획과·노무과, 학무국 연성과·사회과·중견청년훈련소, 경무국 경무과·경제경찰과에 총동원 업무분장 | - 총독관방 총무과, 농상국 농상과, 학무국 연성과에 총동원 업무분장 | - 총독관방 정보과, 농상국 농상과·생활물자과·중앙농업수련도장, 광공국 동원과, 광공국 근로부 근로제1과·근로제2과, 학무국 연성과·원호과·중견청년연성소, 경무국 경무과·경제경찰과에 총동원 업무분장 |

## 1) 조선총독부 소속 기구 및 조직

### (1) 지원병과 징병

조선총독부에서 일반적인 병사(兵事) 업무는 경무국이 담당하였지만 가장 많은 업무를 담당한 기구·조직은 학무국이었다.

학무국은 1942년 11월부터 육군병지원자 훈련과 청소년 대상의 연성 업무를 담당하였다. 지원병과 징병 등 동원을 위한 훈련기관은 1938년부터 개설되었는데, 학무국이 훈련 업무를 담당하기 시작한 것은 일정 기간을 경과한 후였다. 또한 지원병과 징병 훈련기관은 실제적으로 조선군이 관할하고 있었으므로 학무국은 관련한 행정지원 업무를 담당한 것으로 볼 수 있다. 그러나 학교 단위에서 실시하는 연성 업무는 학무국의 고유 업무였다. 특히 일제가 1942년에 「육군 현역 장교의 배속을 받은 학교의 교련교수요목」을 제정 공포하면서 학교에서 실시하던 교련 교육이 강화되었고 학무국의 역할이 커졌다. 1943년부터는 사회과가 학무국 소속으로 이관되면서 군사보호 업무도 학무국에 배정되었다. 1944년 조선인 징병제 실시와 함께 군무예비훈련 업무를 추가하였고, 1945년 4월 조선총독부의 마지막 조직 개편을 통해 원호과를 설치하는 등 학무국은 일제 패망 때까지 조선총독부 소속 기구 및 조직 가운데 군인동원 업무 전담 부서였다.

### (2) 군무원

해원양성소를 관리한 체신국과 교통국도 관련 기관이다. 해원양성소는 고등선원 양성을 위해 설립한 교육기관에서 출발하였다. 조선에 적(籍)을 둔 선박 증가에 따른 선원 부족을 해소하기 위해 1919년 7월 4일 인천에 설립한(조선총독부령 제122호) 후, 1927년 규모 확대를 위해 진해로 이전하였다(조선총독부령 제88호). 이 시기의 입학 자격은 고등소학교나 보통학교 고등과 졸업자였는데(국적 불문), 본과와 별과를 두고 본과 수료자 대상으로 연습과를 설치하였고, 각 과에 항해과와 기관과를 설치하였다. 수업 기간은 본과 3년(1919~1933, 1942~1945)과 4년(1933~1942), 별과는 3개월이었다. 교육과정과 수업 기간은 일본의 갑종 상선학교와 동등하고 중학교 상당의 학력을 인정받았으며, 졸업생에게는 간부후보생(1년 지원병) 신청 자격을 부여하였다. 1933년 이후 본과와 연습과는 해군예비연습생규칙의 적용을 받았다. 1940년 5월 고등해원양성소로 개칭하고(조선총독부령 제124호), 1943년 3월에 별도 기관으로 보통해원교육을 담당하는 해원양성소를 설립하였다(조선총독부령 제50호).

전시 중에는 해사(海事)교육 규모를 확대하여 고등해원양성소는 일본의 해원양성소와 같은 교육과정인 제1부 1년 과정, 제2부 3개월 과정으로 운영하였다. 1943년 8월 14일 각 부를 독립하여 제1부를 해원양성소(진해)로, 제2부를 보통해원양성소(인천)로 설치하였다. 1943년 체신국 폐지로 세 기관 모두 교통국으로 이관하였다.[6]

---

6  〈고등해원양성소, 진해의 양성소 승격〉, 《경성일보》 1940년 5월 19일 자, 조간 4면 5단; 〈훈지체의 3육, 꿈의

일제는 중국 전선의 확대와 더불어 1938년경부터 어선에 대한 대대적인 징발을 실시하였다. 일제는 아시아태평양전쟁 기간 중 새로 선박을 건조하는 방식으로는 선박을 원활하게 보급할 수 없었으므로, 기존의 어선을 징발하는 방법을 택하였다. 그럼에도 연합군의 공격으로 인한 선박의 상실률은 급증하였다.[7] 일제의 선박 관리는 1931년 3월의 전시선박관리령에서 시작하여 1937년 9월 임시선박관리법을 통해 징발로 이어졌다.

선박 징발에 필수적인 인력이 선원이었으므로 선원의 징발도 동시에 추진하였다.[8] 그러므로 선원은 국가총동원법 공포 직후 대표적인 조선인 군무원 동원의 사례가 되었다. 1939년부터 일제는 조선인 선원 등에 대한 통제를 위해 「선원직업능력신고령」(칙령 제23호)을 비롯한 사용통제와 급여 등에 관한 시행령과 시행규칙을 공포하였다. 그리고 1940년 10월 「선원징용령」(칙령 제687호)을 통해 민간 선박과 선원을 징용하여 총동원 업무에 사용하도록 하였다. 이때의 선원은 '피징용자' 신분이었고 체신대신의 명령으로 징용과 해제를 수시로 반복하였다. 그러나 전세가 기울고 수송 선박과 선원 인력이 고갈되자, 일본 육군성은 1943년 7월 「육군군속선원신분취급요령」(육군 密 제2234호)을 통해 기존의 징용 선박 외에 사단장 등의 '지시'로 민간 선박에 총동원 업무를 강제하고 해당 선박의 선장과 선원을 '군속선원(軍屬船員)'으로 지명하여 동원할 수 있도록 하였다. 이 대상에 조선인도 있었다.[9]

국가기록원 소장 『군속선원명표』에 따르면, 조선인은 1938년부터 증가하기 시작하여 1941년에 급증하였다.[10]

---

도장 고등해원양성소), 《경성일보》 1944년 7월 31일 자, 2면 1단.

[7] 1941년 12월 대미전 개전 당시 일본 기획원은 선박의 연간 상실률 지수를 100으로 설정하고, 당시 물동계획 수준을 100으로 유지할 수 있을 것으로 예상하였다. 그러나 지수는 1943년에 77로 하락하고 1945년 8월에는 24로 곤두박질쳤다. 지수의 하락 요인은 선박 건조(建造)의 속도를 초월한 선박 상실률 때문이었다. 요시다 유타카 지음, 최혜주 옮김, 2013, 『아시아태평양전쟁』, 어문학사, 179-180쪽.

[8] 松原茂生·遠藤昭, 1996, 『陸軍船舶戰爭』, 戰誌刊行會, 129쪽.

[9] 선원은 육군과 해군이 모두 동원을 주관하였다. 그러나 이 해제에서는 현재 해군의 선원 동원과 관련된 연구가 부족하여 해군의 동원 내용은 반영하지 못하였다.

[10] 『군속선원명표』란 1993년 10월 한국 정부가 일본 정부로부터 사본의 형태로 인수한 것으로, 육군의 선원(군무원)으로 동원된 조선인들의 개인별 명표로 판단되는 총 7,248명 분(중복, 비조선인 명표 포함)을 출신도(道)별로 26개 철에 편철한 자료를 말한다. 『군속선원명표』는 개인별 신상을 기록한 카드다. 각 명표 내의 항목을 통해 강제동원된 조선인의 인적 사항, 소속 회사 및 부대, 승선 선박명, 동원 시기, 급여 등을 확인할 수 있으며, 비고란 등을 통해 승선 선박의 침몰 여부와 해당 선원의 사망 여부 등을 파악할 수 있다. 이 명표의 원본은 육군성의 육군선박사령부가 생산한 육군군속선원카드(陸軍軍屬船員カード)이다. 이 카드는 후생성이 보관하다가 지금은 국립공문서관으로 옮긴 『전몰자 등 원호 관계 자료(戰沒者等援護關係資料)』 속에 편철

[표 3] 『군속선원명표』 수록 선원의 고입(승선) 연도

| 고입(승선) 연도 | 1937 이전 | 1938 | 1939 | 1940 | 1941 | 1942 | 1943 | 1944 | 1945 | 불명 | 계 |
|---|---|---|---|---|---|---|---|---|---|---|---|
| 명표 수 | 174 | 377 | 249 | 477 | 1,543 | 722 | 1,457 | 1,693 | 177 | 139 | 7,008 |

선원들은 대형 어선·화물선과 육군선박사령부가 운영한 징용선(소형선)에 승선하였는데, 대형 선박의 경우 선박회사 단위로 선원들을 관리(징용, 해용, 보직 변경)하였다면, 소형 어선의 경우 육군선박사령부와 그 예하 부대가 선주, 선장을 포함하여 선원들을 직접 관리하였다. 선박회사도 육군선박사령부의 지휘를 받았다.

선원은 다양한 직무와 직급으로 동원되었는데, 『군속선원명표』를 통해 직무와 직급을 살펴보면 다음과 같다.

[표 4] 선원의 직무·직급 분포[11]

| 갑판부 | | | | 기관부 | | | |
|---|---|---|---|---|---|---|---|
| 당시의 직무·직급 | 한국어 직역 | 한국어 의역 | 명표 수 | 당시의 직무·직급 | 한국어 직역 | 한국어 의역 | 명표 수 |
| 水手/水夫 | 수수/수부 | 하급선원 | 1,210 | 火手/火夫 | 화수/화부 | 화부(석탄) | 1,255 |
| 給仕/事務員 | 급사/사무원 | 사무원 | 170 | 注油手/油差 | 주유수/유차 | 주유수 | 546 |
| 司廚員/賄夫/料理員 | 사주원/회부/요리원 | 요리사 | 370 | 副罐手/副罐番 | 부관수/부관번 | 보일러공 | 65 |
| 甲板員 | 갑판원 | 갑판원 | 985 | 操機手 | 조기수 | 조기수 | 193 |
| 甲板長 | 갑판장 | 갑판장 | 161 | 操機長 | 조기장 | 조기장 | 232 |
| 信號手 | 신호수 | 신호수 | 27 | 機關員 | 기관원 | 기관원 | 836 |
| 操舵手/舵夫 | 조타수/타부 | 조타수 | 512 | 機關長 | 기관장 | 기관장 | 232 |
| 無線通信士 | 무선통신사 | 무선통신사 | 39 | 船長 | 선장 | 선장 | 109 |

되어 있다. 이 카드에서 조선인들의 명표만을 추출하여 이미지 파일링한 것이 바로 국가기록원이 보관하고 있는 『군속선원명표』이다. 아르고인문사회연구소, 2022, 『2022 국가기록원 일제강제동원 관련 명부 조사·분석연구 결과보고서』, 국가기록원, 108쪽.

11 아르고인문사회연구소, 『2022 국가기록원 일제강제동원 관련 명부 조사·분석연구 결과보고서』, 118쪽.

| 運轉士<br>(航海士) | 운전사<br>(항해사) | 운전사<br>(항해사) | 33 | | | | |
|---|---|---|---|---|---|---|---|

　이 가운데 수수나 수부, 화수나 화부, 갑판원 등은 특별한 기능이 필요하지 않으나, 선장을 비롯하여 기관장이나 갑판장, 신호수, 조타수, 항해사 등은 해원양성소 출신과 같이 특정한 교육 이수자나 경력자여야 가능한 직무이다.

　해원양성소(고등해원양성소, 보통해원양성소) 수료자(졸업자)는 아시아태평양전쟁 발발 후 육군과 해군에 입대(입단)하거나 선원징용령의 대상이 되었다. 1944년 4월 칙령 제244호에 따라 고등해원양성소 본과 재학자가 육군예비생도로, 본과 졸업자가 육군갑종예비후보생으로 지원할 수 있게 되었고, 6월에는 해군예비연습생에 지원할 수 있게 되었으며, 11월에 육군 기동수송보충대에 입대한 졸업생도 있다. 이 가운데 다수는 육군선박사령부에 입대하기도 하였다. 1944년 본과 23기생과 24기생은 조기 졸업 후 도야마(富山)에 있는 육군선박사령부에 배속되었다. 1941년 이후 승선 훈련 과정에서 사망자도 있었다. 이들이 승선한 선박은 훈련선이 아니라 수송선이었으므로 미군의 어뢰 공격으로 선박이 격침되는 일이 있었기 때문이다.[12]

　그 외 연합군 포로 관련 업무 담당 조직과 기구가 있다. 일본에는 포로수용소 관련 조직으로 포로정보국과 육군포로관리부 등이 있었는데, 모두 육군 대신이 관리한 조직이었다. 포로정보국은 '포로의 소속·이동, 선서 후 석방과 교환, 도주·입원·사망 등에 관한 사항을 조사하고 명명표(銘銘票)를 작성하거나 보수하는 일'을 하고, '포로의 상황에 대한 통신과 사망자의 유언·유류품 보관 등을 담당'하는 조직이었다. 육군포로관리부는 현지 군이 관리하던 포로 및 전선에서 발생한 억류자의 취급을 담당하기 위한 부서였다. 이에 비해 조선에서 연합군 포로 관련 업무의 담당 조직은 포로수용소였다.

　포로수용소는 일본에서 제정·공포한 「포로정보국 관제」(1941년 12월 27일, 칙령 제1246호)에 따라 남방과 조선·대만에 설치하였는데, 조선에는 일본 육군이 조선군 경리부에 하달한 통첩(1942년 4월 27일)을 근거로 설치하였다. 조선에 포로수용소를 설치한 목적은 "미영인 포로를 조선 내에 수용하여 조선인에게 제국의 실력을 현실로 인식시킴과 동시에 여전히 조선인 대

---

[12] 진해고등해원양성소 동창회, 2001, 『진해고등해원양성소교사』, 158-159쪽.

부분의 마음속에 있는 구미숭배관념을 불식시키기 위한 사상 선전 공작의 용도로 제공하려는 데" 있었다. 일제는 포로를 하역과 토목 작업이나 농원과 공장 등에 동원하였다.

포로수용소 설치와 함께 동원한 인력이 포로감시원이다. 자료에서는 '용인(傭人)'이라 명시하였다. 포로감시원은 1942년 5월 25일 신청 접수를 시작하여 총 3차례에 걸친 전형 시험과 부산임시군속교육대 입소 교육을 마친 후 남방과 조선의 포로수용소에 배치되었다. 「제85회 제국의회설명자료」에는 조선인 포로감시원 총수를 3,223명이라 기재하였다. 그러나 1942년 6월 임시교육대에 입소한 인원이나 7월 중순 함경도와 평안도에 추가로 선발하여 입소한 현황은 반영되지 않은 것으로 보인다. 위 표에서 남방으로 파견한 조선인 포로감시원은 3,016명이고, 『유수명부(留守名簿)』에서 확인한 조선포로수용소 소속 조선인 포로감시원은 87명이다.[13] 이들은 왼쪽 팔에 '조선포로수용소'라고 쓰인 폭 10cm의 완장을 차고 있었다.[14]

조선에 설치한 포로수용소는 경성(청엽정 3정목 100번지 이와무라제사공장 창고 건물. 현재 신광여자중학교 자리)에 본소와 인천(화정, 현재 신포동과 답동 일대)에 제1분소, 흥남에 제1파견소 등 3개소였다. 「조선포로수용소 복무규칙」 제1장 제2조에 따르면, "수용소는 조선군사령관이 관리하고 육군 대신이 통할"하며 "수용소장은 조선군사령관에 예속하여 포로에 관한 법령 규칙에 근거한 전반의 업무를 장리(掌理)하고 수용소원 이하의 업무를 감독"하도록 규정하였다. 비상시에는 조선군사령관의 명령에 따라 인근 부대에서 구원대를 파견할 수 있도록 하였다. 구원대는 경성 본소와 인천 분소 모두 장교 1명, 하사관 2명, 병 50명으로 구성하도록 하였다.[15]

당초 1,200명의 연합군 포로를 9월 초에 이동하고자 하였으나, 부산으로 출발하기 위해 싱가포르로 집결하던 중 연합군 잠수함의 공격을 받아 일부 포로들이 격침되는 사고가 발생하여 예정보다 다소 늦은 9월 24일 부산에 도착하였다. 부산에 도착한 998명 가운데 30명은 도착 당시 이미 건강상의 이유로 부산을 떠날 수 없었고 968명이 경성과 인천에 분리하여 수용되었다. 1942년 12월 적십자 국제위원회가 조선포로수용소를 공식 방문하여 조사한 자료와 1943년 8월 《신한민보》 기사를 통해 이들의 수용 상황을 알 수 있다.[16]

---

13   조건, 「전시 총동원체제기 조선 주둔 일본군의 조선인 통제와 동원」, 208·224쪽.
14   朝參密 제1770호.
15   朝參密 제1770호.
16   조건, 「전시 총동원체제기 조선 주둔 일본군의 조선인 통제와 동원」, 217-219쪽.

## 2) 지원병과 징병 훈련기관

조선총독부 육군병지원자훈련소, 조선총독부 해군병지원자훈련소, 조선청년특별연성소, 조선총독부 군무예비훈련소 등은 지원병과 징병 훈련기관이다.[17]

이 가운데 조선총독부 육군병지원자훈련소와 조선총독부 해군병지원자훈련소는 지원병 관련 훈련기관이고, 조선청년특별연성소와 조선총독부 군무예비훈련소는 징병 관련 훈련기관이다. 1943년 10월 20일 자 「육군특별지원병 임시채용규칙」(육군성령 제48호)에 따라 실시된 학도지원병은 육군병지원자훈련소 과정을 거치지 않고 현역으로 동원하였다.

지원병과 징병 훈련기관의 변천을 살펴보면, 다음과 같다.

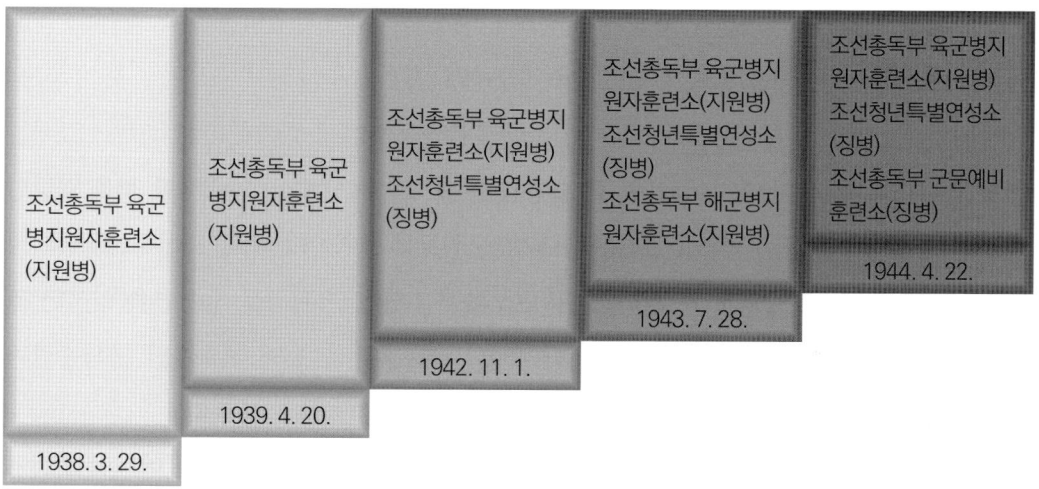

육군병지원자훈련소는 1938년 2월 23일 「육군특별지원병령」(칙령 제95호) 공포 후 지원자의 훈련을 위해 설치한 의무적인 기관이다. 육군특별지원병제도 자체가 '17세 이상의 조선인

---

17 조선청년특별연성소는 「조선청년특별연성령」(1942년 10월 1일, 제령 제33호)과 「조선청년특별연성령 시행규칙」(1942년 10월 26일, 조선총독부령 제369호)에 규정되어 있다. 청년훈련소 규정, 조선총독부 육군병지원자훈련소 규정 및 관제, 조선총독부 해군병지원자훈련소 관제 및 규정, 조선청년특별연성령 및 시행규칙, 군무예비훈련소 규정에 대한 내용은 '전시동원 기구와 제도' 중 2년차 「노무, 군인, 학생·여성 동원 관련 주요 법령 등」(허광무·오일환·정혜경·김종구, 2023, 『전시동원 기구와 제도(2)-군인·군무원, 노무, 학생·여성동원 관련 주요 법령』, 동북아역사재단)에 수록하였으므로 번역은 생략하고 해제에 반영한다.

남자로서 국민학교 졸업 정도 이상의 자를 대상으로 조선총독부 육군병지원자훈련소 과정을 수료 또는 수료 예정인 자'를 대상자로 하였으므로 훈련기관이 필요하였다. 처음에는 경성제국대학 내에 임시 훈련소를 개설해 6월 15일부터 훈련을 개시하다가 1939년 3월에 경기도 양주군 노해면 공덕리에 정식 훈련소를 완공하여 사용하였다. 1942년에는 평양에도 제2육군병지원자훈련소를 개설하였다.[18]

조선총독부 해군병지원자훈련소는 1943년 7월 28일 「해군특별지원병령」(칙령 제608호)에 따라 해군특별지원병제도를 실시할 때 설치한 훈련기관이다. 해군특별지원병제도 실시에 따라 1943년 8월 1일 경남 창원군 진해읍 경화동에 설치하였다. 조선총독이 관리하고 소장 이하 교관과 서기를 총 22명 두었다. 그러나 일제는 해군병지원자훈련소를 1944년 8월 1일 자로 폐지하였다.[19] 법령에서 폐지 이유를 밝히지 않고 있는데, 징병제 실시 이후 육군병지원자훈련소 폐지와 함께 폐지한 것으로 보인다. 폐지 이후 해군특별지원병은 별도 훈련소 대신 곧바로 해병단에 입단하였다.[20]

징병제 대상자를 위한 훈련기관은 조선청년특별연성소와 군무예비훈련소였다. 일제는 1942년 5월 8일 일본 각의에서 조선인에게 징병제 실시를 위한 준비를 진행할 것을 결정한 이후 1944년부터 조선인을 대상으로 하는 징병을 실시하였다. 이를 위해 조선청년특별연성소와 군무예비훈련소를 설치·운영하였는데, 이 가운데 1942년 11월부터 훈련을 실시한 조선청년특별연성소는 「조선청년특별연성령」 제1조 규정(목적)을 통해 기초적인 군사훈련과 함께 노무동원 대상자로서 준비를 병행하도록 하였다.[21]

조선청년특별연성소는 국민학교 초등과를 수료하지 못한 17세 이상 21세 미만의 조선인 남자를 대상으로 1년간 총 600시간(훈육 및 학과 400시간, 교련 및 근로작업 200시간)을 훈련하도록 하였다.[22] 조선청년특별연성소 훈련은 의무적으로 받아야 하였고, '정당한 사유 없이 연성을

---

[18] 표영수, 2008, 「일제강점기 조선인 지원병 제도 연구」, 숭실대학교 사학과 박사학위논문, 24-25쪽.
[19] 조선총독부 고시 제1035호, 「1943년 조선총독부 고시 제879호 폐지」, 『조선총독부관보』 제5246호, 1944년 7월 31일.
[20] 표영수, 「일제강점기 조선인 지원병 제도 연구」, 71-72쪽.
[21] 「조선청년특별연성령」 제1조 "본령은 조선인 남자 청년에 대해 심신의 단련, 기타 훈련을 실시하여 장래 군무에 복무할 경우에 필요한 자질의 연성을 하는 것을 목적으로 하고, 겸하여 근로에 적응할 소질의 연성을 기하는 것으로 한다."
[22] 1942년에 한하여 훈련 기간이 10개월, 연성 시간이 550시간.

받지 않을 경우에는' 제18조에 따라 '구류 또는 과태료 처분'하도록 하는 강제조치였다.

국민학교 초등과를 수료하지 못한 조선 청년을 대상으로 한 입영 전 최종적인 훈련기관은 군무예비훈련소였다. 군무예비훈련소는 청년훈련소 별과 합동훈련소와 같이 현역 징집이 예상되는 자를 대상으로 입영 전 최종 훈련을 실시하였다.

군무예비훈련소는 조선징병제 시행에 따라 1944년 9월 1일부터 조선인의 입대가 시작되면서 이를 위해 설치한 훈련기관이다. 「조선총독부 군무예비훈련소 규정」(1944년 4월 22일, 조선총독부령 제177호)에 따르면, 훈련 대상은 '현역 판정을 받은 입영 예정자 가운데 국민학교를 졸업하지 못한 조선인'이다. 일제는 이미 조선청년특별연성소를 통해 훈련을 실시하였으나 불충분하다고 판단하여 추가 훈련을 실시하고자 한 것이다. 일본 내무대신이 군무예비훈련소 관제를 제정하면서 올린 문서에서 "일본어의 숙련도 및 생활 습관의 개선, 규율 훈련 방면에서 유감스러운 부분이 적지 않다"라고 명시하였다.[23]

조선총독부는 1944년도 징병 적령자 약 24만 명 가운데 현역병으로 동원할 인원을 약 5만 명으로 산정하고, 이들 가운데 절반 정도를 조선청년특별연성소 수료자로 예상한 후 이들을 대상으로 입영 전 최종적인 군사훈련을 실시하도록 하였다. 이를 위해 기존의 조선총독부 육군병지원자훈련소(경기도 양주, 평양)를 조선총독부 군무예비훈련소로 개편하고, 1944년 4월 22일에는 건설 중이던 경기도 시흥군의 제3육군병지원자훈련소를 제2군무예비훈련소로 개편하였다.

훈련은 1부와 2부로 구분하였는데, 조선청년특별연성소 출신은 제1부로 배정하여 연간 6회에 걸쳐 2개월의 훈련을 실시하고자 하였다. 그러나 훈련 개시 기간이 늦어짐에 따라 1944년도의 1회당 훈련 기간을 30일로 단축하였다. 제2부는 국민학교 이상 수료자 가운데 장기 지원을 희망한 자로서 징병예비검사에서 현역 징집이 예상되거나 징병검사 후 현역으로 징집될 자에 대해 6개월간 연간 2회씩 훈련을 실시하고자 하였다.[24]

---

23  아시아역사자료센터, A03010230300.
24  표영수, 「일제강점기 조선인 지원병 제도 연구」, 26-31쪽.

## 3) 학교 교련 및 예비군사교육기관

조선총독부 육군병지원자훈련소, 조선총독부 해군병지원자훈련소, 조선청년특별연성소, 군무예비훈련소가 직접 군인으로 동원할 대상자를 대상으로 하였다면, 청년훈련소나 중견청년수련소, 청년학교 등은 장래 군인동원 대상자를 포함한 청년을 교육하는 예비군사교육기관이었다. 남성 외에 여성도 교육대상이었다. 군인동원과 직접적 관련이 없는 사회교육기관이지만 예비군사교육기관으로서 훈련기관의 역할을 분담하였다고 할 수 있다.

예비군사교육기관의 변천 상황을 살펴보면, 다음과 같다.

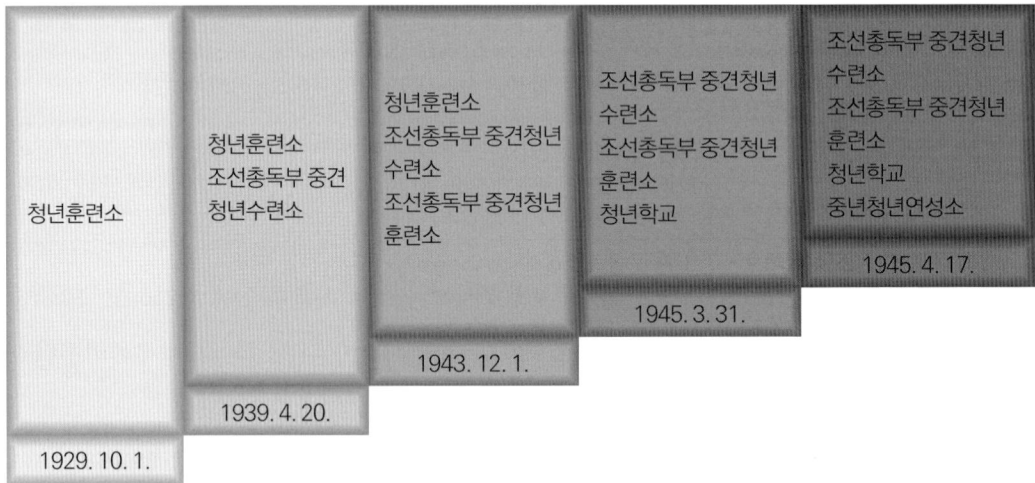

일제가 예비군사교육기관의 성격을 가진 사회교육기관을 설치·운영한 이유는, 정규교육기관을 통한 군사훈련(학교 교련)으로는 전 조선 청년을 포괄하지 못하였기 때문이다. 사회교육기관은 정규학교 단위에서 받아야 하는 교련을 대신하였다. 특히 일제는 패망에 임박하여 국민의용대를 조직해 전 국민을 병력화하였는데, 사회교육기관의 역할이 토대를 이루었다.

일제는 이른 시기부터 학교 교육을 통한 군사훈련과 교육을 상시적으로 실시하였다. 체조나 체육을 통한 체위 향상은 1914년부터 조선총독부가 제정한 「학교체조교수요목」을 통해 교육과정에 반영하기 시작하였다. 이후 체조과가 체련과로 변경되어 학교에서 교련으로 이어졌다. 1944년에 초등·중등학교 단위, 그리고 사범학교에서 체련과를 통한 교련 교육을 실시하였다. 학교 교련은 「보병조전(步兵操典)」에 준거한 내용으로서 궁극적으로 전력(戰力)의 증강에 기여하기 위한 목적을 가지고 있었다. 학무국이 1944년에 발표한 『국민학교체련과교수요항 및 실시세목』에, 체련과는 "신체를 단련하고 정신을 연마하여 활달·강건·인고·지구의 심신을 육성하고 헌신·봉공의 실천력으로 배양함으로써, 황국신민으로서 필요한 기초적 능력을 연마·육성하고 종합 전력의 증강에 이바지해야 한다"라고 명시하였다.[25]

학교에서 군사훈련을 강화하는 방법 가운데 하나는 현역 장교가 담당하는 교육이었다. 일제는 1925년 4월 「육군현역장교학교배속령」(칙령 제135호)을 공포하여 일본에서 중등학교 이상의 학교에 육군 현역 장교를 배속해서 교련을 실시하도록 하였다. 이 조치는 조선에도 적용되었다. 1925년 7월 8일 자 「문부대신 관할 학교 외에 육군 현역 장교를 배속하는 건」(칙령 제246호)에 근거하여 조선에도 「육군현역장교학교배속령」을 준용해서 남학생의 교련을 관장하기 위해 학교에 육군 현역 장교를 배속할 수 있도록 하였다. 이 조치에 따라 1926년에 관립 경성사범학교와 공립중학교 10개교 등 총 13개교에 육군 현역 장교를 배속하여 교련을 실시하였다. 또한 같은 해에 육군 현역 장교를 배속한 학교에 대해 「교련교수요목」을 제정·공포하여 각 학교에서 훈련의 교재로 삼도록 하였다. 일제는 1942년에 이 요목을 폐지하고 「육군 현역 장교의 배속을 받은 학교의 교련교수요목」으로 대체하였다.[26]

1920년대 육군 현역 장교에 의한 교련의 대상은 일본인 학생 중심이었다. 1920년대에 관립학교나 공립학교를 다니는 조선인 비중이 적었기 때문이다. 그러나 일제가 아시아태평양 전쟁을 일으킨 후 대상이 확대되어 조선인 학생도 피할 수 없었다. 1943년 9월 1일 기준 육군 현역 장교 배속 학교는 총 12개교였고, 1944년 4월 1일에는 총 20개교로 늘었다.[27]

1942년에 제정·공포한 「육군 현역 장교의 배속을 받은 학교의 교련교수요목」에 따르면, 중학교 이상 대학까지 교련을 대개 1주일에 2~3시간 실시하여 연간 60~100시간의 교련과 4~7일간 야외 군사훈련 및 군사강습으로 실시하였다. 이 가운데 5년제 중학교 졸업자의 경우, 재학 중 총 430시간의 교련과 23일의 야외 군사훈련을 받았는데, 이러한 군사훈련은 상

---

25 조선총독부, 1944, 『國民學校體鍊課敎授要目竝實施要目』, 조선공민교육회, 3쪽.
26 표영수, 「일제강점기 조선인 지원병 제도 연구」, 8-10쪽.
27 「육군성 고시」 제44호(1943년 9월 18일), 『조선총독부관보』 제4991호; 「육군성 고시」 제16호(1944년 5월 25일), 『조선총독부관보』 제5189호.

급학교에 진학할 때에도 추가로 실시하도록 하였다.[28]

이같이 일제는 정규 교육기관을 대상으로 하는 교련을 강화했으나 조선인의 중학교 이상 진학률은 25% 정도였으므로, 전 조선 청년을 징병 대상자로 상정할 때 미취학 청년을 대상으로 하는 예비군사훈련기관이 필요하였다. 그러한 목적에 따라 설립한 기관이 청년훈련소나 중견청년수련소, 청년학교 등의 사회교육기관이었다.

청년훈련소는 1929년 10월 1일 「청년훈련소 규정」(조선총독부령 제89호)에 따라 설립하였는데, 16세 이상 17세 미만의 청년에게 4년간 교육하도록 규정하였다. 1938년에 개정되면서 학력 정도에 따라 훈련 항목을 적용하였는데, 네 가지 훈련 항목(수신 및 공민과, 교련, 보통학, 직업학) 가운데 교련의 비중이 50%를 차지하고 있었다. 청년훈련소도 1929년 설립 당시에는 일본인 청년이 대상이었으나 조선인에게 육군특별지원병제도를 적용할 때 자격조건에 포함하고, 1942년 징병제 실시 결정 이후에는 조선인 징병 적령자들을 대상으로 별과를 운영하는 등 조선인의 비중을 높였다. 1945년에 청년학교로 전환되었다.

1939년 12월 7일 자 《경성일보》는 화신백화점에 설치한 청년훈련소 개소식 사진을 실었다. 화신백화점 청년훈련소 개소식은 12월 6일 오전 10시부터 간자(甘蔗) 경기도지사 이하 백여 명의 내빈이 참석한 가운데 거행되었다. 기사에 따르면, 제1회 입소자는 화신백화점 내 조선인 청년 26명이다. 1940년에 들어서는 전매국과 체신국, 철도국 전국 조직 등 기관에서도 청년훈련소를 설치했다는 기사를 볼 수 있다.[29] 이 기사를 통해 주요 기관 및 기업 단위에서도 청년훈련소를 설치했음을 알 수 있다.

1939년 5월에 개설한 중견청년수련소는 청년훈련소에 비해 군사훈련의 성격이 약하였고, 청년 남녀를 대상으로 하는 교육기관이었다. 도지사의 추천을 받아 연간 총 6백 명 정도를 입소시켰다. 조선총독부가 식비를 지급하며, 생도는 수련소에서 숙박하도록 규정하고, 입소 후 자의적으로 퇴소할 수 없었다. 입소자의 나이나 학력 제한은 없었으나 대부분 국민학교 졸업 정도의 10대 초반이 입소하였다. 이들은 징병 적령과 무관하였으므로 수료 후 근로보국

---

28 표영수, 「일제강점기 조선인 지원병 제도 연구」, 14쪽.
29 〈전선(全鮮)에 걸쳐 청년훈련소 설립, 국철(局鐵) 전선(全線) 11개소〉, 《경성일보》 1940년 7월 11일 자, 석간 2면 2단; 〈전매국 각지에 청년훈련소〉, 《경성일보》 1940년 7월 12일 자, 조간 7면 2단; 〈체신 청년훈련소〉, 《경성일보》 1940년 10월 31일 자, 석간 2면 2단.

[그림 1] 《경성일보》 1939년 12월 7일 자 석간 2면 기사

대(조선) 및 조선농업보국청년대(일본), 여자근로정신대(조선, 일본) 등 노무동원 현장으로 동원하였다가 다시 징병으로 동원하였다.[30] 미쓰비시광업㈜ 소속 사도(佐渡)광산에 동원된 피해자 가운데 같은 동네(전남 진도군) 출신 소년이 7명 있었다. 이들은 동원 당시 나이가 14, 15세였는데, 청년훈련소 보통과 출신들이었다. 이들은 당초 오사카(大阪) 소재 미쓰비시 소속 발동기 제조공장으로 동원될 예정이었으나 공습으로 공장을 가동할 수 없게 되자 동원지가 변경된 것이었다.

1945년 3월 31일 자 「청년학교 규정」에 따라 개설한 청년학교는 조선총독부령 제46호에 따라 청년훈련소를 폐지하고 개설한 사회교육기관이다. 「청년학교 규정」 제1조에 남자 청년을 대상으로 하는 '군사적 기초훈련 실시'를 명시하여 징병에 대비한 사회교육기관임을 명확히 하였다. 부읍면 단위까지 설치하도록 하였고, 훈련 기간을 1년(별과)·2년(보통과)·4년(본과) 등으로 운영하였다. 본과의 훈련 과목에 일반 과목 외에 교련과를 넣어 총 350시간 교련 수업을 받도록 하였다.

---

[30] 일제는 1944년에 여성을 대상으로 하는 조선여자청년연성소를 설치·운영하였다. 조선여자청년연성소는 여성노무동원 목적의 사회교육기관이었으므로 제Ⅳ장에서 언급하였다.

## 3. 군인·군무원 동원을 위한 지방행정 단위의 기구 및 조직

도 단위의 군인·군무원 동원 업무를 명시한 법령은 1943년 12월 1일 자 조선총독부훈령 제94호이다. 기본적인 교육과 군사원호 업무 정도로 조선총독부 경무국이나 학무국 해당 업무와 큰 차이를 보이지 않는다. 이후에도 이 규정을 준용한 것으로 보인다.

그러나 조선총독부훈령 제94호에서도 군무원 관련 업무는 찾을 수 없다. 군무원은 노무동원 업무와 동일하게 취급하였기 때문이다.

[표 5] 도 단위의 군인동원 관련 업무 변천 상황

| 연도 | 1943년 12월 1일 |
|---|---|
| 부서 | 내무부·광공부·경찰부 |
| 업무 | 내무부: 9. 국민연성 및 국민근로교육에 관한 사항, 12.군사원호 및 사회사업에 관한 사항<br>경찰부: 2. 병사에 관한 사항 |
| 근거 | 조선총독부훈령 제94호 |
| 선행 법령 | - 조선총독부 관제 개정(1943년 11월 30일, 칙령 제890호)<br>- 조선총독부 사무분장 규정 중 개정(1943년 12월 1일, 조선총독부훈령 제88호) |

지방행정 단위에서 실제 동원 업무를 담당한 행정단위는 도 이하의 부읍면이다. 도 이하 행정단위의 규정으로는 경성부와 경북읍면의 규정을 찾을 수 있다. 경성부는 1943년 12월 1일 조선총독부훈령 제94호에 따라 같은 날 조선총독부훈령 제95호 「경성부 사무분장 규정 중 개정」에서 총무부에 군인동원 업무를 분장하였다. 총무부의 군인동원 관련 업무는 제11호 국민연성 및 국민근로교육 사항과 제14호 군사원호 사항, 제16호 병사에 관한 사항이다.[31]

경상북도 관내 읍면 단위의 군인동원 관련 업무는 1940년 4월 9일 자 「읍면처무규정」에서 별도로 규정하고 있지 않지만 호적 관련 부서인 호적계가 담당하였을 것으로 추정한다. 1944년 개정 내용에서는, 호적계를 호적병사계로 개편하면서 업무분장도 추가하였다. 1944년 호적병사계의 업무분장에서 군인동원 관련은 '1. 호적, 2. 기류, 7. 병사(兵事), 8. 군사부조 파

---

31 『조선총독부관보』 호외 1, 1943년 12월 1일.

산자, 10. 청년훈련, 11. 청년특별연성소' 등 6개 항이다.[32] 징병제 실시를 위한 준비로 1942년 9월 「조선기류령」을 공포한 이후 호적 업무와 함께 기류 업무를 추가하였다.

「읍면처무규정」 외의 문서로는 「육해군 현역병으로 징집된 자에 대한 취급(대우) 관련 통첩」(1940년 7월 1일, 慶北人秘 제352호)과 청년훈련소의 경비에 대한 자체 규정이 있다. 경북인비 제352호는 관통첩을 이첩한 문서인데 조선 거주 일본인 관련이고, 청년훈련소 관련은 도지사와 군의 내무국·학무국에 올리는 경비지급 요청 관련 통첩이다.[33] 청년훈련소 경비 관련 통첩은 1933년부터 생산하였으나 실제로 처무규정에 훈련기관 관련 업무를 추가한 것은 1944년이다.

다른 읍면에서도 호적계 또는 병사계가 군인동원 업무를 수행한 것으로 보인다. 조선총독부가 1930년 12월 「읍면제」와 「읍면제 시행규칙」을 발포하고 이듬해 3월부터 시행함으로써 읍면이 읍면규칙을 자체적으로 제정·시행할 수 있게 되었기 때문이다. 이 조치에 따라 읍면은 법령의 범위 내에서 공공사무 및 법령에 따라 조선총독부가 읍면에 위임한 '위임사무(인력동원과 물자동원 등 '시국사무')'와 읍면이 자체적으로 수행하는 '고유사무'를 수행하게 되었다. 그러므로 모든 읍면은 「읍면처무규칙」 없이 읍면 사정에 따른 계를 통해 위임사무인 군인동원 관련 업무를 자체적으로 수행할 수 있었다.

이 자료집에 수록한 군인·군무원 동원 기구 및 조직 관련 각의결정과 법령 목록은 총 37건이다. 이 가운데 8건은 제Ⅱ장 총동원 업무, 제Ⅳ장 노무(학생·여성) 동원 관련 조직 해당 법령이기도 하다. 그러므로 제Ⅲ장에서는 군인·군무원 동원 관련 법 조항만 번역·수록하여 중복 수록을 피하였다. 이하 번역·수록한 주요 각의결정과 법령 등 목록은 다음 표와 같다.

---

32  경상북도, 『慶尙北道報』, 1944년 4월 21일 자(樋口雄一, 「戰時末期朝鮮邑面の機能と朝鮮人民衆との乖離について」, 『地域社會から見る帝國日本と植民地』, 791-792쪽 재인용).

33  1938년 12월 27일 자 지(地) 제344호 「읍면경영의 청년훈련소 경비에 관한 건」에 따르면, 4학급 이하 기준으로 읍이 경영하는 청년훈련소 경비는 700원 이내이고, 면이 경영하는 청년훈련소 경비는 500원 이내이다. 경상북도, 1942, 『읍면행정예규』, 268쪽.

[표 6] 군인·군무원 동원 기구 조직 관련 각의결정과 법령 목록[34]

| 번호 | 법령 및 각의결정 등의 명칭 | 형태 | 제정·공포·결정일 | 세부 근거 |
|---|---|---|---|---|
| 45 | 조선총독부 중견청년수련소 규정 | 조선총독부령 | 1939. 4. 20. | 조선총독부령 제59호 |
| 46 | 조선총독부 중견청년수련소 규정 중 개정 | 조선총독부령 | 1940. 5. 3. | 조선총독부령 120호 |
| 47 | 조선총독부 사무분장 규정 중 개정* | 조선총독부훈령 | 1941. 11. 19. | 조선총독부훈령 제103호 |
| 48 | 조선총독부 징병제시행준비위원회 규정 | 조선총독부훈령 | 1942. 5. 11. | 조선총독부훈령 제24호 |
| 49 | 조선총독부 사무분장 규정 중 개정* | 조선총독부훈령 | 1942. 11. 1. | 조선총독부훈령 제54호 |
| 50 | 조선총독부 사무분장 규정 중 개정* | 조선총독부훈령 | 1943. 12. 1. | 조선총독부훈령 제88호 |
| 51 | 조선총독부 사무분장 규정 중 개정* | 조선총독부훈령 | 1944. 11. 22. | 조선총독부훈령 제96호 |
| 52 | 조선총독부 사무분장 규정 중 개정* | 조선총독부훈령 | 1945. 4. 17. | 조선총독부훈령 제18호 |
| 53 | 청년학교 규정 | 조선총독부령 | 1945. 3. 31. | 조선총독부령 제46호 |
| 54 | 국민의용대 조직에 관한 건 | 각의결정 | 1945. 3. 23. | 각의결정 |
| 55 | 국민의용대 조직에 관한 건 | 각의결정 | 1945. 4. 2. | 각의결정 |
| 56 | 국민의용대 조직에 관한 건 | 각의결정 | 1945. 4. 13. | 각의결정 |
| 57 | 국민의용대 조직·운영 지도에 관한 건 | 각의결정 | 1945. 4. 27. | 각의결정 |
| 58 | 국민의용대협의회 설치에 관한 건 | 각령 | 1945. 4. 27. | 각갑 제130호 |
| 59 | 국민의용전투대원에 관한 육군형법, 해군형법, 육군군법회의법 및 해군군법회의법의 적용에 관한 건 | 법률 | 1945. 6. 22. | 법률 제40호 |
| 60 | 국민의용전투대 통솔령 | 군령 | 1945. 6. 23. | 군령 제2호 |
| 61 | 국민의용대협의회 및 국민의용대 사무국(가칭) 설치에 관한 건 | 각령 | 1945. 6. 26. | 각갑 제264호 |
| 62 | 유고 | 유고 | 1945. 7. 7. | 유고 |

---

[34] 제II장 총동원 업무에 해당하는 기관 및 조직에 수록한 법령 등은 *표시를 하였다.

| | | | | |
|---|---|---|---|---|
| 63 | 내각에 국민의용대 순열(巡閱)을 설치하는 건 | 칙령 | 1945. 8. 15. | 칙령 제480호 |
| 64 | 국민의용대 해산에 관한 건 | 각의결정 | 1945. 8. 21. | 각의결정 |
| 65 | 조선총독부 체신국 해원양성소 규정 중 개정 | 조선총독부령 | 1940. 5. 11. | 조선총독부령 제124호 |
| 66 | 조선총독부 체신국 고등해원양성소 규정 중 개정 | 조선총독부령 | 1942. 1. 12. | 조선총독부령 제8호 |
| 67 | 조선총독부 체신국 해원양성소 규정 | 조선총독부령 | 1943. 3. 19. | 조선총독부령 제50호 |
| 68 | 조선총독부 체신국 보통해원양성소 규정 | 조선총독부령 | 1943. 8. 14. | 조선총독부령 제248호 |
| 69 | 조선총독부 체신국 해원양성소 규정 중 개정 | 조선총독부령 | 1943. 8. 14. | 조선총독부령 제249호 |
| 70 | 조선총독부 체신국 고등해원양성소 규정 중 개정 | 조선총독부령 | 1943. 8. 14. | 조선총독부령 제250호 |
| 71 | 조선총독부 부내 임시직원설치제 중 개정 | 칙령 | 1943. 11. 30. | 칙령 제891호 |
| 72 | 조선총독부 교통국 사무분장 규정 | 조선총독부훈령 | 1943. 12. 1. | 조선총독부훈령 제91호 |
| 73 | 포로정보국 관제 | 칙령 | 1941. 12. 27. | 칙령 제1246호 |
| 74 | 포로수용시설 실시에 관한 건 | | 1942. 4. 27. | 경건갑 제483호 |
| 75 | 조선포로수용소 분소 설치의 건 보고 | | 1942. 7. 27. | 조참기 제596호 |
| 76 | 남방포로수용소 요원의 파견 및 조선포로수용소 개설의 건 보고 | | 1942. 8. 28. | 조참기 제640호 |
| 77 | 포로수용소에 관한 명령제출(송부)의 건 | | 1942. 9. 3. | 조참밀 제1770호 |
| 78 | 조선총독부 도사무분장 규정 중 개정* | 조선총독부훈령 | 1943. 12. 1. | 조선총독부훈령 제94호 |
| 79 | 부제 시행규칙 중 개정* | 조선총독부령 | 1943. 6. 9. | 조선총독부령 제164호 |
| 80 | 경성부 사무분장 규정* | 조선총독부훈령 | 1943. 12. 1. | 조선총독부훈령 제95호 |
| 81 | 사변 중 현역병으로 징집된 자의 취급에 관한 건 | 규정 | 1940. 7. 1. | 경북인비 제352호 |

| | |
|---|---|
| **자료 45** | **조선총독부 중견청년수련소 규정** |
| 구분 | 조선총독부령 제59호 |
| 법령명/건명 | 조선총독부 중견청년수련소 규정<br>朝鮮總督府 中堅青年修練所 規程 |
| 공포·개정·결정·폐지 연월일 | 공포 1939년 4월 20일<br>개정 1940년 5월 3일 |
| 구성 | 총 15개 조, 부칙, 양식 총 1개 |
| 선행 규범·법령 | |
| 원문 일부 | |
| 주요 내용 및 특징 | ○ 청년 남녀를 대상으로 중견인물로서 활동할 자질을 함양<br>○ 소장은 조선총독부 학무국장<br>○ 도지사의 추천을 받은 청년을 대상으로 총 3기에 걸쳐 교육 및 훈련 |
| 법령 적용 범위 | 조선 |
| 관련 법령 통합·폐지 사항 | |
| 유사·파생 법령 | |

조선총독부령 제59호

1939년 4월 20일

## 조선총독부 중견청년수련소 규정

제1조 조선총독부 중견청년수련소 규정은 사회의 지도적 지위에 있어야 할 청년 남녀에 대해 견실한 국가 관념과 견고한 국민적 신념을 함양해서 황국신민이라는 긍지를 확보하도록 하여 사회지도의 중견인물로서 활동할 자질을 연성함을 목적으로 한다.

제2조 본 수련소에 다음의 직원을 둔다.

　　소장

　　부소장 1인

　　강사 약간 명

　　서기 약간 명

제3조 소장은 조선총독부 학무국장으로 충원한다.

　　부소장, 강사 및 서기는 조선총독부 및 조선총독부 소속 관서의 직원과 학식 및 경륜을 가진 사람 가운데 조선총독이 임명하거나 위촉한다.

제4조 소장은 조선총독의 지휘·감독을 받아 수련소 업무를 관장한다.

　　부소장은 소장을 보좌하고 소장에게 사고가 있을 때에는 그 직무를 대리한다.

　　강사는 소장의 명을 받아 훈육을 관장한다.

　　서기는 상사의 지휘를 받아 서무에 종사한다.

제5조 수련 기간은 다음과 같이 한다.

　　제1기 4월 10일부터 8월 22일

　　제2기 9월 7일부터 12월 25일

　　제3기 1월 10일부터 3월 25일

제6조 교수훈련과목은 다음과 같다.

　　국체 개론 및 일본사[國史]

　　수신 및 공민과

상식강좌

실업강좌

행사

무도

앞 항의 교수훈련과목 외에 필요한 과목은 조선총독의 인가를 받아 소장이 정한다.

제7조 수련생 정원은 제1기 및 제2기에는 각 250명 이내로 하고 제3기에는 100명 이내로 한다.

제8조 본 수련소에 입소하고자 하는 자는 도지사로부터 추천받은 자 가운데 전형을 거쳐 소장이 결정한다.

제9조 입소를 허가받은 자는 입소 선서서[際誓書, 양식 제1호]를 소장에게 제출해야 한다.

제10조 수련생은 수련소 내에 숙박시킨다.

제11조 수련생에게는 예산의 범위 내에서 식비를 지급한다.

제12조 수련생은 자기의 편의에 따라 퇴소할 수 없다.

제13조 소장은 수련생에게 수련에 적합하지 않다고 인정될 때 퇴소를 명할 수 있다.

제14조 수련을 마친 자에게는 수료증서(양식 제2호)를 수여한다.

제15조 본령에 규정하는 것 외에 필요한 사항은 조선총독의 인가를 받아 소장이 정한다.

부칙

본령은 발포일로부터 시행한다.

양식 제1호

## 선서

우리는 금번 귀소 수련생으로서 입소를 허가받았음에 재소 중 규칙 등을 엄수하고 전심면려(勉勵)할 것을 서약합니다.

   년  월  일
     본적
     현주소
          직업  이름  날인

조선총독부 중견청년수련소 소장 앞

| 자료 46 | |
|---|---|
| | 조선총독부 중견청년수련소 규정 중 개정 |
| 구분 | 조선총독부령 제120호 |
| 법령명/건명 | 조선총독부 중견청년수련소 규정 중 개정<br>朝鮮總督府 中堅青年修練所 規程 中 改正 |
| 공포·개정·결정·폐지 연월일 | 공포 1940년 5월 3일 |
| 구성 | 총 2개 조, 부칙 |
| 선행 규범·법령 | 조선총독부 중견청년수련소 규정(1939년 4월 20일, 조선총독부령 제59호) |
| 원문 일부 | ●朝鮮總督府令第百二十號<br>朝鮮總督府中堅青年修練所規程中左ノ通改正ス<br>昭和十五年五月三日　　　　　　　朝鮮總督　南　次郎<br>第五條　修練期間ハ四月一日ニ始リ翌年三月三十一日ニ終ル修練期間ヲ分チテ五期トス各期ノ修練日數ハ必要ニ應ジ朝鮮總督ノ承認ヲ得テ所長之ヲ定ム<br>第七條　各期ノ修練人員ハ朝鮮總督ノ承認ヲ得テ所長之ヲ定ム<br>　　附　則<br>本令ハ發布ノ日ヨリ之ヲ施行ス |
| 주요 내용 및 특징 | ○ 수련 기간과 수련 일수·수련 인원 규정 개정<br>○ 수련 기간은 4월 1일부터 다음 해 3월 30일까지 5기로 구분<br>○ 조선총독의 권한이던 수련 일수 및 수련 인원을 소장이 정하도록 개정 |
| 법령 적용 범위 | 조선 |
| 관련 법령 통합·폐지 사항 | |
| 유사·파생 법령 | |

조선총독부령 제120호

1940년 5월 3일

## 조선총독부 중견청년수련소 규정 중 개정

제5조 수련 기간은 4월 1일에 시작하여 다음 해 3월 30일에 마치고, 수련 기간을 나누어 5기로 하며, 각 기의 수련 일수는 필요에 따라 조선총독의 승인을 얻어 소장이 정한다.

제7조 각 기의 수련 인원은 조선총독의 승인을 얻어 소장이 정한다.

부칙

본령은 발포일로부터 시행한다.

| 자료 47 | |
|---|---|
| | 조선총독부 사무분장 규정 중 개정 |
| 구분 | 조선총독부훈령 제103호 |
| 법령명/건명 | 조선총독부 사무분장 규정 중 개정<br>朝鮮總督府 事務分掌 規程 中 改正 |
| 공포·개정·결정·폐지<br>연월일 | 공포 1941년 11월 19일<br>폐지 1942년 11월 1일 |
| 구성 | 총 13개 조 개정(해당 조항 5개 조) |
| 선행 규범·법령 | 조선총독부 관제 중 개정(1937년 8월 2일, 칙령 제532호)<br>조선총독부 관제 중 개정(1941년 11월 18일, 칙령 제980호) |
| 원문 일부 | |
| 주요 내용 및 특징 | ○ 11월 18일 자 관제 개정에 근거한 후속 조치<br>○ 내무국을 사정국으로 개정하고, 내무국 소속의 사회과·노무과를 국민총력과·외무과·척무과로 개정<br>○ 후생국에 4개 과(보건과, 위생과, 사회과, 노무과)를 두고 사회과와 노무과에 각각 '군사보호'와 '노무동원' 및 국민징용 관련 업무를 배정 |
| 법령 적용 범위 | 조선 |
| 관련 법령<br>통합·폐지 사항 | |
| 유사·파생 법령 | |

조선총독부훈령 제103호

1941년 11월 19일

## 조선총독부 사무분장 규정 중 개정

제5조 제1항 중 '내무국'을 '사정국'으로, '사회과, 노무과'를 '국민총력과, 외무과, 척무과'로 개정한다.

제12조 후생국에 보건과, 위생과, 사회과 및 노무과를 둔다.

    사회과에서는 다음의 사무를 관장한다.

      1. 구호 및 구료(救療)에 관한 사항

      2. 이재(罹災) 구조에 관한 사항

      3. 사회복리시설에 관한 사항

      4. 주택에 관한 사항

      5. 군사보호에 관한 사항

      6. 제생원 및 감화원에 관한 사항

      7. 기타 사회사업에 관한 사항

| | |
|---|---|
| **자료 48** | |
| | 조선총독부 징병제시행준비위원회 규정 |
| 구분 | 조선총독부훈령 제24호 |
| 법령명/건명 | 조선총독부 징병제시행준비위원회 규정<br>朝鮮總督府 徵兵制施行準備委員會 規程 |
| 공포·개정·결정·폐지<br>연월일 | 공포 1942년 5월 11일 |
| 구성 | 총 8개 조 |
| 선행 규범·법령 | |
| 원문 일부 | ●朝鮮總督府訓令第二十四號<br>朝鮮總督府徵兵制施行準備委員會規程左ノ通定ム<br>昭和十七年五月十一日<br>朝鮮總督　南　次郎<br>朝鮮總督府徵兵制施行準備委員會規程<br>第一條　朝鮮人ニ對スル徵兵ノ制度施行ニ關スル重要事項ノ準備調查ヲ爲朝鮮總督府ニ朝鮮總督府徵兵制施行準備委員會ヲ置ク<br>第二條　委員會ハ委員長一人及委員若干人ヲ以之ヲ組織ス<br>第三條　委員長ハ朝鮮總督府警務局長ヲ以之ニ充ツ<br>委員ハ朝鮮總督府高等官ノ中ヨリ朝鮮總督之ヲ命ズ<br>第四條　委員長ハ會務ヲ總理ス<br>委員長事故アルトキハ委員長ノ指名スル委員其ノ職務ヲ代理ス<br>第五條　委員長ハ必要ニ應ジ全部又ハ一部ノ委員ヲ以テ會議ヲ開催ス<br>第六條　委員長ハ必要アリト認ムルトキハ委員以外ノ者ヲシテ會議ニ出席セシムルコトヲ得<br>第七條　委員會ニ幹事若干人ヲ置キ朝鮮總督府高等官ノ中ヨリ朝鮮總督之ヲ命ス<br>幹事ハ委員長ノ指揮ヲ承ケ會務ヲ整理ス<br>第八條　委員會ニ書記若干人ヲ置キ朝鮮總督府判任官ノ中ヨリ朝鮮總督之ヲ命ス<br>書記ハ上司ノ指揮ヲ承ケ庶務ニ從事ス |
| 주요 내용 및 특징 | ○ 각의결정 「조선에 징병제 시행 준비의 건」(1942년 5월 8일)에 따른 후속 조치<br>○ 위원장은 조선총독부 경무국장<br>○ 위원회에 간사와 서기를 배정 |
| 법령 적용 범위 | 조선 |
| 관련 법령<br>통합·폐지 사항 | |
| 유사·파생 법령 | 조선청년특별연성령(1942년 10월 1일, 제령 제33호)<br>조선청년특별연성령 시행규칙(1942년 10월 26일, 조선총독부령 제369호)<br>병역법 중 개정(1943년 3월 2일, 법률 제4호) |

조선총독부훈령 제24호

1942년 5월 11일

## 조선총독부 징병제시행준비위원회 규정

제1조 조선인에 대한 징병제도의 시행에 관한 중요사항[35]의 준비조사를 위해 조선총독부에 조선총독부 징병제시행준비위원회를 둔다.

제2조 위원회는 위원장 1인 및 위원 약간 명으로 조직한다.

제3조 위원장은 조선총독부 경무국장으로 충원한다.

위원은 조선총독부 고등관 중에서 조선총독이 임명한다.

제4조 위원장은 회무를 총리한다.

위원장이 사고가 있을 때에는 위원장이 지명하는 위원이 직무를 대리한다.

제5조 위원장은 필요에 따라 전부 또는 일부 위원으로 회의를 개최한다.

제6조 위원장이 필요하다고 인정할 때에는 위원이 아닌 자에게 회의에 출석하도록 할 수 있다.

제7조 위원회에 간사 약간 명을 두며, 조선총독부 고등관 중에서 조선총독이 임명한다.

간사는 위원장의 지시를 받아 회무를 정리한다.

제8조 위원회에 서기 약간 명을 두며, 조선총독부 판임관 중에서 조선총독이 임명한다.

서기는 상사의 지휘를 받아 서무에 종사한다.

---

35  5월 8일 자 각의결정을 지칭한다. 각의에서 조선인 징병제 시행을 결정하였으나, 조선인은 「병역법」에서 정한 '호적법의 적용을 받지 않는 식민지인'이므로 병역의 의무(징병·징집) 대상에 포함되지 않았다. 또한 황국 군인으로 자질을 함양할 교육제도 정비와 호적 확인을 위한 기류제도도 필요하였다. 그러므로 1942년 9월 26일 「조선기류령」과 1943년 3월 2일의 「병역법 개정」(법률 제4호, 시행은 8월 1일)을 거쳐 1943년 10월 1일부터 비로소 조선 전역에 징병 적령자에 대한 신고를 접수하였다.

| | |
|---|---|
| **자료 49** | |
| | **조선총독부 사무분장 규정 중 개정** |
| 구분 | 조선총독부훈령 제54호 |
| 법령명/건명 | 조선총독부 사무분장 규정 중 개정<br>朝鮮總督府 事務分掌 規程 中 改正 |
| 공포·개정·결정·폐지<br>연월일 | 공포 1942년 11월 1일<br>폐지 1943년 11월 30일(칙령 제890호) |
| 구성 | 총 12개 조(군인동원 해당 조항 1개 조) |
| 선행 규범·법령 | 조선총독부 관제 중 개정(1942년 11월 1일, 칙령 제727호) |
| 원문 일부 | |
| 주요 내용 및 특징 | ○ 8월 22일 자 조선총독부의 행정간소화안 발표 후속 조치로 단행한 인원 삭감 및 기구 정비<br>○ 총동원 업무 담당부서이던 기획부와 후생국을 폐지하고 총무국이 총동원계획 관련 서무를 총괄하도록 규정<br>○ 사회교육과를 연성과로 개편하여 육군병지원자 훈련과 청년특별연성 등 군인동원 관련 업무를 배정 |
| 법령 적용 범위 | 조선 |
| 관련 법령<br>통합·폐지 사항 | |
| 유사·파생 법령 | |

조선총독부훈령 제54호

1942년 11월 1일

## 조선총독부 사무분장 규정 중 개정

제10조 제1항 중 '사회교육과, 편집과'를 '연성과, 편수과'로 개정한다.

같은 조 제2항 중 제6호를 제7호로 하고 제5호의 아래에 다음의 1호를 추가한다.

    6. 보물, 고적, 명승, 천연기념물 등 조사 및 보존에 관한 사항

같은 조 제3항 및 제4항을 다음과 같이 개정한다.

연성과에서는 다음의 사무를 관장한다.

    1. 청소년의 훈련에 관한 사항
    2. 육군병지원자 훈련에 관한 사항
    3. 청년특별연성에 관한 사항
    4. 체위 향상에 관한 사항
    5. 사회교육 및 사회교화에 관한 사항
    6. 경학(經學)에 관한 사항
    7. 종교에 관한 사항

| 자료 50 | |
|---|---|
| | 조선총독부 사무분장 규정 중 개정 |
| 구분 | 조선총독부훈령 제88호 |
| 법령명/건명 | 조선총독부 사무분장 규정 중 개정<br>朝鮮總督府 事務分掌 規程 中 改正 |
| 공포·개정·결정·폐지 연월일 | 공포 1943년 12월 1일 |
| 구성 | 총 7개 조(군인동원 해당 조항 2개 조) |
| 선행 규범·법령 | 조선총독부 관제 중 개정(1943년 11월 30일, 칙령 제890호) |
| 원문 일부 | |
| 주요 내용 및 특징 | ○ 학무국에 학무과·연성과·편수과·사회과·중견청년수련소를 두고, 연성과·사회과·중견청년훈련소에서 군인동원 업무를 관장<br>○ 경무국에 경무과·경비과·경제경찰과·보안과·위생과를 두고, 경무과·경제경찰과가 군인동원·총동원 업무를 관장 |
| 법령 적용 범위 | 조선 |
| 관련 법령 통합·폐지 사항 | |
| 유사·파생 법령 | |

조선총독부훈령 제88호

1943년 12월 1일

## 조선총독부 사무분장 규정 중 개정

제6조 학무국에는 학무과, 연성과, 편수과, 사회과 및 중견청년수련소를 둔다.

    학무과에서는 다음의 사무를 관장한다.

      1. 교육, 학예에 관한 사항

      2. 교원에 관한 사항

      3. 학교 및 유치원에 관한 사항

      4. 기상대에 관한 사항

      5. 교직원 공제조합에 관한 사항

      6. 보물, 고정, 명승, 천연기념물 등 조사 및 보존에 관한 사항

      7. 국내(局內) 다른 과의 주관에 속하지 않는 사항

    연성과에서는 다음의 사무를 관장한다.

      1. 청소년 훈련에 관한 사항

      2. 육군병지원자 및 해군병지원자 훈련에 관한 사항

      3. 청년특별연성에 관한 사항

      4. 지도자 연성에 관한 사항

      5. 국민연성 및 국민근로교육에 관한 사항

      6. 체위 향상에 관한 사항

      7. 사회교육 및 사회교화에 관한 사항

      8. 종교 및 경학에 관한 사항

    편수과에서는 다음의 사무를 관장한다.

      1. 교과용 도서에 관한 사항

      2. 초등교육에 관한 교원용 참고도서 인정 및 추천에 관한 사항

3. 국어(國語)[36] 조사에 관한 사항

　　　4. 모든 학교용 방송, 영화 및 음반에 관한 사항

　　　5. 모든 학교용 가사 및 악보에 관한 사항

　　　6. 약력(略曆) 출판 및 반포에 관한 사항

　사회과에서는 다음의 사무를 관장한다.

　　　1. 군사보호에 관한 사항

　　　2. 구호 및 구료에 관한 사항

　　　3. 주택에 관한 사항

　　　4. 사회복리에 관한 사항

　　　5. 제생원 및 감화원에 관한 사항

　　　6. 기타 사회사업에 관한 사항

　중견청년수련소에서는 중견청년의 수련에 관한 사무를 관장한다.

제7조 경무국에는 경무과, 경비과, 경제경찰과, 보안과 및 위생과를 둔다.

　경무과에서는 다음의 사무를 관장한다.

　　　1. 행정경찰에 관한 사항

　　　2. 경찰 구획과 경찰직원의 배치 및 복무에 관한 사항

　　　3. 경찰의 피복 및 총기탄약과 부속품에 관한 사항

　　　4. 경찰 관리(官吏) 및 소방 관리의 공로기장(功勞記章)에 관한 사항

　　　5. 국경경비경찰직원 및 유족 일시금에 관한 사항

　　　6. 병사(兵事)에 관한 사항

　　　7. 경찰공제조합에 관한 사항

　　　8. 화약 단속에 관한 사항

　　　9. 국 내 다른 과의 주관에 속하지 않는 사항

---

[36] 일본어를 의미. 이하 동일.

## 자료 51

| | |
|---|---|
| | 조선총독부 사무분장 규정 중 개정 |
| 구분 | 조선총독부훈령 제96호 |
| 법령명/건명 | 조선총독부 사무분장 규정 중 개정<br>朝鮮總督府 事務分掌 規程 中 改正 |
| 공포·개정·결정·폐지 연월일 | 공포 1944년 11월 22일 |
| 구성 | 총 5개 조 (군인동원 업무 해당 1개 조) |
| 선행 규범·법령 | |
| 원문 일부 | ○訓令<br>朝鮮總督府訓令第九十六號<br>朝鮮總督府事務分掌規程中左ノ通改正ス<br>昭和十九年十一月二十二日<br>朝鮮總督 阿部 信行<br>第一條第一項及第三項中「文書課」ヲ「總務課」ニ改ム<br>同條第六項ニ左ノ一號ヲ加ヘ同條第五號ヲ削ル<br>六 國民總力運動ニ關スル事項<br>第二條第一項中「政策專業課」ヲ「煙草課」蔘課」ニ改ム<br>同條第七項ヲ左ノ如ク改ム<br>… (이하 원문 생략) |
| 주요 내용 및 특징 | ○ 학무국 학무과와 연성과를 전문교육과·국민교육과·연성과·교무과로 개정<br>○ 연성과에 청소년 훈련 및 청년특별연성과 국민근로교육·군무예비훈련 등 군인동원 관련 업무를 분장 |
| 법령 적용 범위 | 조선 |
| 관련 법령 통합·폐지 사항 | |
| 유사·파생 법령 | |

Ⅲ. 군인·군무원 동원 기구·조직에 관한 주요 각의결정 및 법령 등 207

조선총독부훈령 제96호

1944년 11월 22일

## 조선총독부 사무분장 규정 중 개정

제6조 제1항 중 '학무과, 연성과'를 '전문교육과, 국민교육과, 연성과, 교무과'로 개정한다.

    연성과에서는 다음의 사무를 관장한다.

        1. 청소년의 훈련에 관한 사항

        2. 청년특별연성에 관한 사항

        3. 군무예비훈련에 관한 사항

        4. 국민연성 및 국민근로교육에 관한 사항

        5. 체위 향상에 관한 사항

| 자료 52 | |
|---|---|
| \multicolumn{2}{c}{조선총독부 사무분장 규정 중 개정} |
| 구분 | 조선총독부훈령 제18호 |
| 법령명/건명 | 조선총독부 사무분장 규정 중 개정<br>朝鮮總督府 事務分掌 規程 中 改正 |
| 공포 · 개정 · 결정 · 폐지 연월일 | 공포 1945년 4월 17일 |
| 구성 | 총 8개 조 (군인동원 업무 해당 2개 조) |
| 선행 규범 · 법령 | |
| 원문 일부 | |
| 주요 내용 및 특징 | ○ 학무국에 학무과 · 연성과 · 교무과 · 원호과 · 중견청년수련소를, 경무국에 경무과 · 경비과 · 경제경찰과 · 보안과 · 검열과 · 위생과를 설치<br>○ 학무국 연성과 · 원호과 · 중견청년수련소, 경무국 경무과에 군인동원 업무를 분장 |
| 법령 적용 범위 | 조선 |
| 관련 법령 통합 · 폐지 사항 | |
| 유사 · 파생 법령 | |

조선총독부훈령 제18호

1945년 4월 17일

## 조선총독부 사무분장 규정 중 개정

제7조 학무국에 학무과, 연성과, 교무과, 원호과 및 중견청년수련소를 둔다.

 연성과에서는 다음의 사무를 관장한다.

  1. 청소년의 훈련에 관한 사항

  2. 청년특별연성에 관한 사항

  3. 군무예비훈련에 관한 사항

  4. 국민연성 및 국민근로교육에 관한 사항

  5. 체위 향상에 관한 사항

 원호과에서는 다음의 사무를 관장한다.

  1. 군사보호에 관한 사항

 중견청년수련소에서는 중견청년의 수련에 관한 사무를 관장한다.

제8조 경무국에는 경무과, 경비과, 경제경찰과, 보안과, 검열과 및 위생과를 둔다.

 경무과에서는 다음의 사무를 관장한다.

  6. 병사(兵事)에 관한 사항

| 자료 53 | |
|---|---|
| \multicolumn{2}{c}{청년학교 규정} | |
| 구분 | 조선총독부령 제46호 |
| 법령명/건명 | 청년학교 규정<br>靑年學校 規程 |
| 공포 · 개정 · 결정 · 폐지 연월일 | 공포 1945년 3월 31일 |
| 구성 | 총 6장 33개 조, 부칙, 양식 총 2개 |
| 선행 규범 · 법령 | |
| 원문 일부 | |
| 주요 내용 및 특징 | ○ 남자청년에게 군사적 기초훈련 실시와 심신 단련을 목적으로 부읍면(공립) 등에 설치<br>○ 보통과 및 본과를 설치하며, 연구과와 별과를 설치할 수 있도록 규정<br>○ 교수 및 훈련 과목과 기간, 시수 등을 규정<br>○ 학교장은 도지사의 감독을 받도록 규정<br>○ 청년훈련소 규정 폐지 |
| 법령 적용 범위 | 조선 |
| 관련 법령 통합 · 폐지 사항 | 청년훈련소 규정(1929년 10월 1일, 조선총독부령 제89호) 폐지 |
| 유사 · 파생 법령 | |

조선총독부령 제46호

1945년 3월 31일

## 청년학교 규정

### 제1장 목적

제1조 청년학교는 남자청년에 대해 국체관념을 명징하게 하고 군사적 기초훈련을 실시함과 동시에 심신을 단련하여 직업 및 실제 생활에 필수적으로 필요한 지식 기능을 가르침으로써 황국신민으로서 자질을 향상시키는 것을 목적으로 한다.

### 제2장 과정

제2조 청년학교에 보통과 및 본과를 둔다. 다만 현지[土地]의 정황에 따라 보통과 또는 본과만을 설치할 수 있다.

청년학교에는 연구과를 설치할 수 있다.

청년학교에는 당분간 별과를 설치할 수 있다.

제3조 교수 및 훈련 기간은 보통과는 2년, 본과는 4년으로 한다.

연구과의 교수 및 훈련 기간은 1년 이상으로 한다.

별과의 교수 및 훈련 기간은 1년으로 한다. 다만 특별한 사정이 있을 때에는 조선총독부가 변경해야 한다.

제4조 교수 및 훈련 과목은 보통과에는 수신 및 공민과, 보통학과, 직업과 및 체조과로 하고, 본과에는 수신 및 공민과, 보통학과, 직업과 및 교련과로 한다.

연구과의 교수 및 훈련 과목은 본과의 교수 및 훈련 과목에 따라 적절하게 정해야 한다. 다만 수신 및 공민과는 제외할 수 없다.

별과의 교수 및 훈련 과목은 수신 및 공민과, 보통학과와 교련과로 한다.

교수 및 훈련 과목의 요지 및 요목은 조선총독이 별도로 정한다.

제5조 교수 및 훈련은 교수 및 훈련 과목 상호의 연계를 밀접하게 하고 또한 각 사항의 종합에 유의해서 해야 한다.

제6조 교수 및 훈련 시수(時數)는 보통과는 제1호표, 본과는 제2호표의 시수 이상으로 하되, 현지 정황에 따라 적절히 정한다.

제1호표

| 교수 및 훈련 과목 \ 학년 | 제1학년 | 제2학년 |
|---|---|---|
| 수신 및 공민과 | 25 | 25 |
| 보통학과 | 85 | 85 |
| 직업과 | 50 | 50 |
| 체조과 | 50 | 50 |
| 합계 | 210 | 210 |

제2호표

| 교수 및 훈련 과목 \ 학년 | 제1학년 | 제2학년 | 제3학년 | 제4학년 |
|---|---|---|---|---|
| 수신 및 공민과 | 25 | 25 | 25 | 25 |
| 보통학과 | 40 | 40 | 70 | 70 |
| 직업과 | 55 | 55 | | |
| 교련과 | 90 | 90 | 85 | 85 |
| 합계 | 210 | 210 | 180 | 180 |

연구과의 교수 및 훈련 시수는 현지 정황에 따라 적절하게 정해야 한다.

별과의 교수 및 훈련 시수는 제3호표의 시수 이상으로 하되, 현지 정황에 따라 적절히 정해야 한다. 다만 제3호표 제3항 단서 규정에 따른 교수 및 훈련 기간을 변경할 경우에 교수 및 훈련 시수에 관해서는 그때마다 조선총독이 정한다.

제3호표

| 교수 및 훈련 과목 \ 교수 및 훈련 기간 | 1년 |
|---|---|
| 수신 및 공민과 | 50 |
| 보통학과 | 100 |

| | |
|---|---|
| 교련과 | 150 |
| 합계 | 300 |

제7조 학교장은 특별한 학력 또는 소양을 가진 생도 또는 현재 청년학교 이외의 시설에서 교육받은 생도에 대해서는 교수 및 훈련 과목 가운데 일부를 부과하지 않을 수 있다.

제8조 학교장은 교수 및 훈련 과목 가운데에서 신체의 정황에 따라 학습할 수 없는 과목을 그 생도에게 부과하지 않을 수 있다.

제9조 청년학교의 교과용 도서는 조선총독부에서 저작권을 갖고 있는 것을 사용해야 한다.

### 제3장 취학

제10조 보통과에 입학할 수 있는 자는 국민학교 초등과를 수료한 자이거나 또는 이에 상당한 소양을 갖춘 자로 하고, 본과에 입학할 수 있는 자는 보통과를 수료한 자, 국민학교 고등과를 수료한 자이거나 또는 이에 상당하는 소양을 갖춘 자로 한다.

연구과에 입학할 수 있는 자는 본과 졸업자이거나 또는 이에 상당하는 소양을 갖춘 자로 한다.

별과에 입학할 수 있는 자는 다음 해 징병 적령에 도달한 자 가운데에서 국민학교 초등과를 수료하고 중등학교 또는 청년학교 본과에 재학하지 않은 자 및 수료하지 않은 자로 한다.

제11조 학과(별과의 교수 및 훈련기간을 포함, 이하 같음)는 4월 1일에 시작하여 다음 해 3월 31일에 마친다. 다만 제3조 제3항 단서 규정에 따른 교수 및 훈련 기간을 변경할 경우에는 그때마다 조선총독이 정한다.

제12조 입학 시기는 매년 4월로 한다. 단 제3조 제3항 단서 규정에 따른 교수 및 훈련 기간을 변경할 경우에는 그때마다 조선총독이 정한다.

학교장은 특별한 사정이 있는 자는 앞 항의 규정에 구애받지 않고 중도에 입학시킬 수 있다.

제13조 학교장은 특별한 사정이 있는 자는 나이와 학력 소양에 따라 상당하는 학과의 상당하는 학년에 입학시킬 수 있다.

제14조 학교장은 다른 청년학교의 생도로서 전학을 지망하는 자가 있을 때에는 상당하는 학과의 상당하는 학년에 입학시킬 수 있다.

제15조 학교장은 생도가 특별한 사유에 따라 일시적으로 다른 청년학교에서 교수 및 훈련 받기를 지망하는 자가 있을 때에는 그 생도를 다른 청년학교에서 교수 및 훈련의 일부를 받도록 할 수 있다.

제16조 교수 및 훈련을 실시해야 할 일자 및 시각은 현지의 정황에 따라 학교장이 정해야 한다.

제17조 각 학년의 과정 또는 각 과의 전 과정 수료를 인정하는 것은 생도의 출석 시수, 기타 평소 학습 정황으로서 정해야 한다.

제18조 학교장은 보통과, 연구과 또는 별과의 과정을 수료하였다고 인정하는 자에게 수료증을, 본과의 과정을 수료하였다고 인정하는 자에게는 졸업증을 수여해야 한다. 다만 본과에서 훈련받고 4년이 되어 제6조 제1항 제2호표에 게시한 시수의 교수 및 훈련을 받은 후 입영하는 자에게는 졸업증을 수여해야 한다.

제19조 조선총독은 청년학교의 과정과 동등 이상이라고 인정하는 과정을 마친 자를 청년학교에 취학한 것으로 간주한다.

제20조 앞 조의 규정에 따라 인정받고자 할 때에는 해당 시설의 관리자 또는 설립자가 다음의 사항을 갖추어 조선총독에게 신청해야 한다.

  1. 명칭
  2. 목적
  3. 위치
  4. 학칙 및 규칙
  5. 인정받고자 하는 과정
  6. 전 호 과정의 교과목을 담당한 교원의 이름, 자격, 이력 및 전임·겸임의 구분
  7. 제5호의 과정을 마친 자의 학년별 인원수

8. 교지(校地), 교사, 기타 건물의 면적 및 배치

9. 경비 및 유지의 방법

인정받고자 하는 과정은 특별한 사정을 제외하면 제6조 제1호 및 제2호 표와 제3호 표에 게시한 각 교수 및 훈련 과목의 최저 시수 이상을 각각 해당해야 할 과목에 부과하는 것으로 할 것을 요한다.

### 제4장 교원

제21조 청년학교에는 학교장 및 교원을 둔다.

학교장은 도지사의 감독을 받아 교무를 관장하고, 교원은 학교장의 지휘를 받아 교수 및 훈련을 담당한다.

제22조 공립청년학교의 학교장 및 교원은 도지사가 임명하거나 위촉한다.

사립청년학교의 학교장 및 교원은 설치자가 도지사의 인가를 받아 정한다.

### 제5장 설치

제23조 부읍면은 청년학교를 설치할 수 있다.

부읍면에 설치하는 청년학교는 공립청년학교로 한다.

제24조 상공경제회, 농회, 기타 이에 준하는 공공단체, 법인이 아닌 사단(社團)으로서 대표자를 정하거나 개인이 청년학교를 설치할 수 있다.

앞 항에 규정하는 자가 설치한 청년학교는 사립청년학교로 한다.

제25조 청년학교를 설치하고자 할 때에는 다음의 사항을 갖추어 도지사의 인가를 받아야 한다.

1. 명칭
2. 위치
3. 학칙
4. 생도 인원수

　　　　5. 개교 연월

　　　　6. 경비 및 유지의 방법

　　앞 항 제1호, 제2호 및 제5호의 사항을 변경하고자 할 때에는 도지사의 인가를 받아야 한다.

　　제1항 중 신청서 및 앞 항의 규정에 따른 위치의 변경 신청서에는 교지, 교사, 기타 건물의 면적 및 배치와 부근의 정황을 기재한 도면을 첨부해야 한다.

제26조 청년학교의 학칙에는 다음의 사항을 규정해야 한다.

　　　　1. 과(科)와 교수 및 훈련 기간에 관한 사항

　　　　2. 교수 및 훈련 과목과 교수 및 훈련 시수에 관한 사항

　　　　3. 교수 및 훈련의 시기와 교수 및 시각에 관한 사항

　　　　4. 과정의 수료 및 졸업에 관한 사항

　　　　5. 입학, 퇴학 등에 관한 사항

　　　　6. 기타 필요한 사항

　　앞 항 제1호 및 제2호의 사항을 변경하고자 할 때에는 도지사의 인가를 받고, 제3호부터 제6호의 사항을 변경하고자 할 때에는 도지사에게 서류를 제출해야 한다.

제27조 청년학교의 설치자를 변경하고자 할 때에는 신구 설치자를 나란히 적은 후 변경 사유에 대해 도지사의 인가를 받아야 한다.

제28조 청년학교를 폐지하고자 할 때에는 사유 및 생도의 처분 방법과 폐지 기일을 갖추어 도지사의 인가를 받아야 한다.

제29조 청년학교는 현지의 정황에 따라 분교장을 설치할 수 있다.

　　분교장을 설치하거나 폐지하고자 할 때에는 설치자가 도지사의 인가를 받아야 한다.

　　제25조 및 앞 조의 규정은 앞 항의 경우에 준용한다.

　　　　　　　　　　　　제6장 보칙

제30조 청년학교는 수업료를 징수할 수 없다. 다만 특별한 사정이 있을 때에는 도지사의

인가를 받아 징수할 수 있다.

제31조 청년학교에서 준비해야 할 표부(表簿)의 종류는 다음과 같다.

    1. 청년학교에 관한 법령

    2. 학칙, 학교일지 및 비품대장

    3. 직원의 이력서 및 출근부

    4. 생도의 학적부 및 출석부

    5. 기타 도지사가 정하는 것

앞 항 제4호의 학적부는 제1호 양식에 따른다.

제32조 청년학교에서는 생도로서 항상 제2호 양식에 따른 청년학교 수첩을 휴대해야 한다.

제33조 본령에 따른 청년학교가 아닌 곳은 청년학교라 칭할 수 없다.

부칙

본령은 1945년 4월 1일부터 시행한다.

청년훈련소 규정은 폐지한다.[37]

---

37  이하 제1호 양식, 제2호 양식의 번역은 생략.

| 자료 54 | |
|---|---|
| \multicolumn{2}{c}{국민의용대 조직에 관한 건} |
| 구분 | 각의결정 |
| 법령명/건명 | 국민의용대 조직에 관한 건<br>國民義勇隊 組織ニ關スル件 |
| 공포·개정·결정·폐지 연월일 | 공포 1945년 3월 23일<br>폐지 1945년 8월 20일 각의결정 「국민의용대 해산에 관한 건」 |
| 구성 | |
| 선행 규범·법령 | |
| 원문 일부 | **国民義勇隊組織ニ関スル件**<br>昭和20年3月23日 閣議決定<br><br>収載資料 : 東京大空襲·戰災誌 第3巻 軍·政府(日米) 公式記録集 「東京大空襲·戰災誌」編集委員会編 東京空襲を記録する会 1973 pp.511-513 当館請求記号 : GB541-53<br><br>現下ノ事態ニ即シ本土防衛態勢ノ完備ヲ目標トシ当面喫緊ノ防衛及生産一体的飛躍強化ニ資スルト共ニ状勢急迫セル場合ニハ武器ヲ執ツテ蹶起スルノ態勢ニ移行セシムルガ為左記ニ依リ全国民ヲ挙ゲテ国民義勇隊ヲ組織セシメ其ノ挺身総出動ヲ強力ニ指導実施スルモノトス<br>尚之ガ円滑適正ナル実行ヲ期スル為地方行政協議会長ヲシテ関係軍管区司令官及鎮守府司令長官、警備府司令長官等ト緊密ニ連繋シ夫々事態ノ推移ト管内ノ実情ニ即スル如ク措置セシムルモノトス<br>記<br>一、目的<br>国民義勇隊ハ隊員各自ヲシテ旺盛ナル皇国護持ノ精神ノ下其ノ職任ヲ完遂セシメツツ戦局ニ応ジ左ノ如キ業務ニ対シ活発ニ出動スルモノトス<br>(一) 防空及防衛、空襲被害ノ復旧、都市及工場ノ疎開重要物資ノ輸送、食糧増産(林業ヲ含ム)等ニ関スル工事又ハ作業ニシテ臨時緊急ヲ要スルモノ<br>(二) 陣地構築、兵器弾薬糧秣ノ補給輸送等陸海軍部隊ノ作戦行動ニ対スル補助<br>(三) 防空、水火消防其ノ他ノ警防活動ニ対スル補助<br>尚状勢急迫セル場合ニ応ズル武装隊組織及其ノ出動ニ関シテハ特別ノ措置ヲ講ズルモノトス<br>二、組織<br>(一) 国民義勇隊ハ官公署、会社、工場事業場等相当多数ノ人員ヲ擁スルモノニ付テハ当該職域毎ニ其ノ他ノモノニ付テハ一定ノ地域毎ニ之ヲ組織セシムルモノトス<br>尚学校ニ付テハ別ニ定ムル学徒隊ノ組織ニ依ルモ前項ノ業務ニ付テハ国民義勇隊トシテ出動スルモノトス<br>(二) 国民義勇隊ニ参加セシムベキ者ハ老幼者、病弱者姙産婦等ヲ除クノ外可及的広汎ニ包含セシムルモノトス<br>註一、右ノ範囲ハ国民学校初等科修了以上ノ者ニシテ男子ニ在リテ六十五歳以下女子ニ在リテ四十五歳以下ノモノトス但シ右ノ年齢以上ノ者ニ在リテモ志願ニ依リ参加セシム<br>二、家庭生活ノ根軸タル女子ニ付テハ組織及運用ニ付特別ノ考慮ヲ払フモノトス<br>(三) 国民義勇隊ハ一般ニ職域毎ニ組織スルモノハ職場、地域毎ニ組織スルモノハ一定ノ地域ニ依リ夫々一定ノ基準ニ従ヒ男女別ニ之ヲ編成セシムルモノトス<br>尚出動業務ノ必要ニ応ジ最モ有効適切ノ活動ヲ得ル如ク隊員ノ年齢、体力、職種等ヲ標準トシテ特別ノ出動編成ヲモ併セ考慮セシムルモノトス<br>(四) 都道府県毎ニ国民義勇隊本部ヲ設ケ当該区域内国民義勇隊ヲ統轄セシム<br>本部長ハ地方長官トス<br>市区町村隊ノ隊長ハ市区町村長トス |
| 주요 내용 및 특징 | ○ 본토방위태세의 완비를 목표로 전 국민을 대상으로 국민의용대를 조직<br>○ 국민학교 초등과 수료 이상으로서 남자 65세 이하, 여자 45세 이하를 대상<br>○ 지역별, 직역별로 국민의용대 본부를 설치·운용 |
| 법령 적용 범위 | 일본, 조선 |
| 관련 법령 통합·폐지 사항 | |
| 유사·파생 법령 | 국민의용대 조직에 관한 요강 (1945년 4월 30일, 내무통첩) |

각의결정
1945년 3월 23일

## 국민의용대 조직에 관한 건

현재 사태에 따라 본토방위태세의 완비를 목표로 당면한 긴급한 방위 및 생산 일체의 비약적 강화에 바탕이 됨과 함께, 상황이 급박한 경우에는 무기를 잡고 궐기할 태세로 이행하도록 하기 위해 다음의 기재 내용에 따라 전 국민을 아우르는 국민의용대를 조직하도록 하고, 그 몸 바친[挺身] 총출동을 강력히 지도·실시하고자 한다.

그러므로 원활하고 적정한 실행을 기하기 위해 행정협의회장은 관계 군관구(軍管區) 사령관 및 진수부(鎭守府) 사령장관, 경비부 사령장관 등과 긴밀히 연계하여 사태의 추이와 관내 실정에 따라 즉각 조치할 수 있도록 한다.

이하

1. 목적

국민의용대는 대원 각자가 왕성한 황국호지(皇國護持)의 정신 아래 각자 직임을 완수하면서 전국(戰局)의 요청에 따라 이하 업무에 대해 활발히 출동하는 것으로 한다.
 1) 방공(防空) 및 방위, 공습 피해의 복구, 도시 및 공장 소개(疏開), 중요물자의 수송, 식료 증산(임업 포함) 등에 관한 공사 또는 작업에서 임시 긴급을 요하는 것
 2) 진지 구축, 무기·탄약·식량사료(糧秣) 보급, 수송 등 육해군 부대의 작전행동에 대한 보조
 3) 방공, 수화(水火) 소방, 기타 경방(警防) 활동에 대한 보조

또한 상황이 긴박한 경우에 따라 무장대 조직 및 출동에 관한 특별한 조치를 강구하도록 한다.

2. 조직

1) 국민의용대는 관공서, 회사, 공장 사업장 등 다수가 소속된 경우에는 해당 직역마다, 기타는 일정한 지역마다 조직하도록 한다.

   학교는 별도로 정한 학도대 조직에 따르면서도 앞 항의 업무에 대해서는 국민의용대로 출동하는 것으로 한다.

2) 국민의용대에 참가해야 할 자는 노유자(老幼者), 병약자, 임산부[姙婦] 등을 제외하고 가능한 한 광범위하게 포함시키도록 한다.

   주 1: 위 범위는 국민학교 초등과 수료 이상의 사람으로서 남자는 65세 이하, 여자는 45세 이하의 사람으로 한다. 단, 위 나이 이상의 사람이라도 지원에 따라 참가할 수 있다.

   주 2: 가정생활에 근간이 되는 여성에 대해서는 조직 및 운영에서 특별한 고려를 하는 것으로 한다.

3) 국민의용대는 일반적으로 직역별로 조직하는 것은 직장에 따라, 지역별로 조직하는 것은 일정한 지역에 따라 대체적으로 일정한 기준에 의해 남녀별로 편성하는 것으로 한다. 또한 출동대의 필요에 따라 가장 유효적절하게 활동할 수 있는 대원의 나이, 체력, 직종 등을 표준으로 특별한 출동 편성도 병행해서 고려하도록 한다.

4) 도도부현마다 국민의용대 본부를 설치하고 해당 구역 내 국민의용대를 총괄한다. 본부장은 지방장관으로 하고, 시구정촌대의 대장은 시구정촌장이 맡는다.

3. 운용

1) 국민의용대는 출동 요청에 근거하거나 본부장 또는 각 대장이 필요하다고 판단할 경우에 출동한다.

2) 국민의용대의 출동 요청은 지방장관이 하고, 지방장관이 출동 지령을 내린다.

3) 국민의용대는 군부대의 보조를 위해 출동하는 경우에는 해당 육해군부대의 지휘를 받고, 경방 활동을 보조할 경우에는 해당 관공서장의 지휘를 받는 것으로 한다.

   그 외 업무를 위해 출동할 경우에는 해당 공사(工事) 또는 작업 시행자의 요청에 따라 행동하도록 한다.

4. 기타

1) 국민의용대의 출동에 필요한 경비는 목적에 따라 군, 정부, 공공단체 또는 출동 수익자 부담을 원칙으로 한다.
2) 국민의용대의 조직·운용 등에 관해서는 재향군인회, 경방단 등과 상호 긴밀히 연계하는 속에서 하도록 하여 양측이 목적을 기할 수 있도록 배려한다.
3) 농산어촌에서는 식량증산 등에 관한 농림수산업자의 활동을 철저하게 하도록 하고, 이를 위해 국민의용대의 조직·운용에 있어서 긴밀히 연계하도록 특별히 배려한다.
4) 본 조직의 지도적 요원에 대해 관민 유식자의 헌신적인 협력을 예정한다.

비고

본 건과 무관한 군대에서도 경방, 건설, 생산, 수송 등에 대해 적극적으로 응원·협력하도록 한다.

국민의용대원인 농림수산업자의 목적 제1항 중 식량증산 등에 대한 출동은 현행 제도에 따르는 것으로 한다.

본 건에 관한 운용상 필요한 세목(細目)은 별도로 정한다.

| 자료 55 | |
|---|---|
| \multicolumn{2}{c}{국민의용대 조직에 관한 건} |
| 구분 | 각의결정 |
| 법령명/건명 | 국민의용대 조직에 관한 건<br>國民義勇隊ノ組織ニ關スル件 |
| 공포 · 개정 · 결정 · 폐지<br>연월일 | 공포 1945년 4월 2일 |
| 구성 | |
| 선행 규범 · 법령 | 국민의용대 조직에 관한 건(1945년 3월 23일, 각의결정) |
| 원문 일부 | 国民義勇隊ノ組織ニ関スル件<br>昭和20年4月2日 閣議決定<br><br>収載資料 : 資料日本現代史 13 赤沢史朗ほか編 大月書店 1985.7 p.526 当館請求記号 : GB631-39<br><br>一、国民義勇隊ニ内閣総理大臣ヲ総司令トスル中央機構ヲ設置スルコト<br>二、国民義勇隊ノ組織及其ノ推進ニ付テハ差当リ大政翼賛会、翼壮ノ機構ヲ活用スルコト<br>三、国民義勇隊ノ中央、地方ノ機構成ルト同時ニ大政翼賛会、翼壮ヲ解体スルコト<br>四、大政翼賛会所属ノ各団体モ事情ノ許ス限リ逐次国民義勇隊ニ解体参加セシムルコト |
| 주요 내용 및 특징 | ○ 1945년 3월 23일 자 각의결정의 후속 조치<br>○ 국민의용대 조직에 관한 지침<br>○ 국민의용대의 총사령을 내각총리대신으로 하고 중앙기구를 설치<br>○ 대정익찬회와 대일본익찬장년단을 해체하여 국민의용대로 규합 |
| 법령 적용 범위 | 일본, 조선 |
| 관련 법령<br>통합 · 폐지 사항 | |
| 유사 · 파생 법령 | 국민의용대 조직에 관한 요강(1945년 4월 30일, 내무통첩) |

각의결정

1945년 4월 2일

## 국민의용대 조직에 관한 건

1. 국민의용대는 내각총리대신을 총사령으로 중앙기구를 설치할 것
2. 국민의용대의 조직 및 추진에 대해서는 대정익찬회(大正翼贊會),[38] 익장(翼壯)[39]의 기구를 활용할 것
3. 국민의용대의 중앙과 지방 조직을 갖춤과 동시에 대정익찬회, 익장을 해체할 것
4. 대정익찬회 소속 각 단체도 사정이 허락하는 한 국민의용대로 해체·참가시킬 것

---

[38] 1940년 10월 12일에 결성하여 1945년 6월 13일까지 활동한 정치결사이다. 1940년 제2차 고노에(近衛)내각이 내건 신체제(新體制)운동의 핵심 조직이다. 대정익찬회와 익찬체제에 관해서는 김봉식, 「도조(東條)내각기의 의회세력, 요쿠소(翼壯)의원을 중심으로」(『국제·지역연구』 제16권 1호, 2007년 봄); 「전시체제하 의회세력 재편 과정」(『일본학지(日本學誌)』, 제18집, 1998) 등 참조.

[39] 대정익찬회의 산하 단체 가운데 하나인 대일본익찬장년단(大日本翼贊壯年團)을 지칭한다. 1942년 1월 결성하였다. 1942년 4월 제21회 중의원 총선거에서 추천 후보를 지원하는 활동을 하고 비추천 후보를 상대로 격심한 반대 활동을 하는 등 행동대적인 역할을 담당하였다. 1945년 6월 13일에 해산하고 국민의용대로 통합되었다.

| 자료 56 | |
|---|---|
| \multicolumn{2}{c}{국민의용대 조직에 관한 건} |
| 구분 | 각의결정 |
| 법령명/건명 | 국민의용대 조직에 관한 건<br>國民義勇隊 組織ニ關スル件 |
| 공포·개정·결정·폐지 연월일 | 공포 1945년 4월 13일 |
| 구성 | |
| 선행 규범·법령 | 국민의용대 조직에 관한 건(1945년 3월 23일, 각의결정) |
| 원문 일부 | **国民義勇隊組織ニ関スル件**<br>昭和20年4月13日 閣議決定<br><br>収載資料:内閣制度百年史 下 内閣制度百年史編纂委員会 内閣官房 1985.12 p.273 当館請求記号:AZ-332-17<br><br>一、昭和二十年三月二十三日閣議決定国民義勇隊組織ニ関スル件ハ状勢急迫セル場合ニ応ズル国民戦闘組織ニ照応セシメツツ急速之ヲ実施ニ移スモノトス<br>二、国民義勇隊ノ中央機構ハ特別ニ之ヲ設ケズ<br>三、国民義勇隊ノ組織及運用ニ当ツテハ国民ノ盛リ上ル熱意ヲ原動力トスルト共ニ統率ノ妙ヲ発揮シ国民ノ闘魂ヲ振起セシムル如ク地方ノ実情ニ即シ格段ノ配意ヲ致スモノトス<br>四、国民義勇隊ノ組織成ルト同時ニ大政翼賛会、翼賛壮年団ヲ解体スルモノトス |
| 주요 내용 및 특징 | ○ 1945년 3월 23일 자 각의결정의 후속 조치<br>○ 국민의용대가 국민전투조직으로 신속히 이행될 수 있도록 하는 지침<br>○ 대정익찬회와 대일본익찬장년단 해체를 명시 |
| 법령 적용 범위 | 일본, 조선 |
| 관련 법령<br>통합·폐지 사항 | |
| 유사·파생 법령 | 국민의용대 조직에 관한 요강(1945년 4월 30일, 내무통첩) |

각의결정

1945년 4월 13일

## 국민의용대 조직에 관한 건

1. 1945년 3월 23일 각의결정 국민의용대 조직에 관한 건은 상황이 급박한 경우에 따라 국민전투조직으로 조응해 가면서 신속한 실시로 이행하도록 한다.
2. 국민의용대의 중앙기구는 특별히 설치하지 않는다.
3. 국민의용대의 조직 및 운용에 대해서는 국민의 높은 열의를 원동력으로 함과 동시에 통솔의 묘를 발휘하여 국민의 투혼을 일으킴과 같이 하며, 지방의 실정에 따라 배려하도록 한다.
4. 국민의용대의 조직을 완성함과 동시에 대정익찬회와 익찬장년단을 해체하도록 한다.

| 자료 57 | |
|---|---|
| | 국민의용대 조직·운영 지도에 관한 건 |
| 구분 | 각의결정 |
| 법령명/건명 | 국민의용대 조직·운영 지도에 관한 건<br>國民義勇隊ノ組織運營指導ニ關スル件 |
| 공포·개정·결정·폐지 연월일 | 공포 1945년 4월 27일 |
| 구성 | |
| 선행 규범·법령 | |
| 원문 일부 | **国民義勇隊ノ組織運営指導ニ関スル件**<br>昭和20年4月27日 閣議決定<br><br>収載資料:国民義勇隊関係資料 北博昭編 不二出版 1990 (十五年戦争極秘資料集 第23集) p.8 読めない部分は「資料日本現代史 13」(GB631-39)pp.528-529により補った。 当館請求記号:GB511-216<br><br>国民義勇隊ノ組織運営指導ニ関シテハ従前ノ閣議決定ニ依ルト共ニ特ニ左ノ諸点ニ留意スルモノトス<br><br>一、国民義勇隊ノ組織運営ニ当リテハ国民ノ盛リ上ル熱意ヲ原動力トシ民意ノ発動トシテ組織タラシメ其ノ民意ノ発動トシテノ活動タラシムル様指導育成スルヲ主眼トスルモノトス<br><br>二、国民義勇隊ハ隊員ヲシテ各其ノ職任ヲ完遂セシメツヽ夫々ノ郷土ヲ核心トシ生産防衛ノ一体的強化ニ任ズルモノトシ特ニ当面ノ任務ハ飽ク迄モ軍需、食糧ノ増産等戦力ノ充実ニ邁進スルコトヲ重視ス<br>状勢急迫シ戦闘隊ニ転移シタル後ニ於テハ主トシテ作戦ノ要望スル生産、輸送、築城、防空復旧、救護等兵站ノ業務ニ服スルヲ主眼トシ状況ニ依リ戦闘任務ニ服シ以テ郷土自衛ヲ完了スルモノトス<br>国民義勇隊ノ出動訓練等ノ運営ハ右ノ趣旨ニ従ヒ実施スルモノトス<br><br>三、国民義勇隊ノ地域組織ニ当リテハ既存ノ職能組織ノ機能又ハ特質ヲ国民義勇隊ノ目的達成ノタメ最高度ニ発揮セシムル如ク市町村ノ基盤組織ニ付地方ノ実情ニ応ジ特別ノ措置ヲ講ズルモノトス<br><br>四、国民義勇隊ノ組織、編成等ニ関シテハ予メ其ノ戦闘隊転移ノ場合ノ事情ヲ篤ト考慮ニ入レ関係機関ト密ニ連繋シテ措置スルコトヽシ特ニ左ノ点ニ留意スルモノトス |
| 주요 내용 및 특징 | ○ 전투대로 전환하는 상황을 전제로 구체적인 출동 훈련을 명시<br>○ 전투대로 전환하는 것을 전제로 한 조직 및 지도자 자격 등 명시<br>○ 지역별, 직역별 조직운영 관련 지침 |
| 법령 적용 범위 | 일본, 조선 |
| 관련 법령<br>통합·폐지 사항 | |
| 유사·파생 법령 | 국민의용대 조직에 관한 요강(1945년 4월 30일, 내무통첩) |

각의결정

1945년 4월 27일

## 국민의용대 조직·운영 지도에 관한 건

국민의용대의 조직운영지도에 관해서는 종전의 각의결정에 따름과 동시에 특히 아래의 여러 점에 유의하도록 한다.

1. 국민의용대의 조직 운영에 있어서 국민의 높은 열의를 원동력으로 민의의 발동으로서 조직하고 민의의 발동으로서 활동하도록 하는 것으로 지도·육성함을 주안점으로 한다.
2. 국민의용대는 대원으로 하여금 각기 직임을 완수하도록 하고 향토를 핵심으로 생산 방위의 일체적 강화에 역할을 담당하도록 하며, 특히 당면한 임무는 끝까지 군수(軍需)와 식량의 증산 등 전력(戰力)의 충실에 매진하는 것을 중요하게 여긴다.
   상황이 급박하여 전투대에 전이된 후에는 주로 작전이 요망하는 생산, 수송, 축성, 방공 복구, 구호 등 병참적 업무에 복무할 것을 주안으로 하고, 상황에 따라 전투 임무에 복무함으로써 향토 자위를 완료하도록 한다.
   국민의용대의 출동 훈련 등의 운영은 다음의 취지에 따라 실시하도록 한다.
3. 국민의용대의 지역조직에서는, 기존 직능조직이 그 기능 또는 특질을 국민의용대의 목적 달성을 위해 최고도로 발휘하듯이 시정촌의 기반 조직에 대해 지방의 실정에 따라 특별한 조치를 강구하도록 한다.
4. 국민의용대의 조직, 편성 등에 관해서는 전투대가 전환[轉移]할 경우의 사정을 미리 착실히 고려하여 관계 기관과 긴밀히 연락해서 조치하도록 하며, 특히 다음 사항에 유의하도록 한다.
   1) 국민의용대의 지도자, 기타 간부는 해당 국민의용대를 전투대로 전환할 경우에 원칙적으로 그 전투대의 지도자, 기타 간부가 되어야 하고, 선임할 때에는 진정으로 선두

에 서서 대원을 인솔하여 함께 흔연히 사지(死地)로 나갈 수 있는 여망(興望)과 통솔력 있는 인물을 기용할 것

2) 위의 경우에 지위·신분·직업·나이를 막론하고 널리 각 방면의 인재를 구해서 기용하도록 하고, 재향군인회에서 선임하는 경우에 지위는 반드시 군인의 직급에 구애받지 않도록 할 것

3) 국민의용대에는 통상 부대장을 두고, 적격자를 기용하여 필요에 따라 대장을 대신해서 부대의 지휘를 담당하도록 할 것

지휘자, 기타 간부에 대해서는 병농공 일체의 취지에 따라 교육훈련의 방도를 강구하도록 할 것

5. 전투대 전환의 경우, 요청에 따라 정촌대를 원칙으로 군(郡)의 구역에 따른 군(軍)연합대를 조직하도록 한다.

정촌 내의 직역대로 하여 정촌대에 소속하도록 하고 어려운 경우에는 군(郡)연합대에 소속할 수 있도록 한다.

군(郡)연합대장은 정촌의용대를 통솔하기에 충분한 적격자를 본부장이 위촉하도록 한다.

비고: 갑종소년농병대(甲種少年農兵隊)[40] 및 학도대는 별도로 검토[功究]한다.

---

[40] 전쟁 말기 국민학교 고등과 졸업자로 조직한 식량증산대로서, 정식 명칭은 갑종식량증산대였다. 교토부에서는 청소년농병대라고 불렸다. 1943년 6월 각의결정 「제1차 식량증산응급대책요강」 공포 이후, 7월부터 전국에서 4,350명의 식량증산대를 모집하였다. 이때에는 청소년을 대상으로 한 것이 아니었다. 청소년을 대상으로 한 것은 1943년 12월 28일 자 각의결정 「식량자급태세강화요강」 공포를 계기로 1944년 2월 5일 농상무성이 지방장관과 농업보국연맹(이후 농업보국회로 개종) 지부장 앞으로 「식량증산대요강」(『관보』에 게재하지 않음)을 하달하면서부터였다. 이 요강은 2월 6일 자로 전국 언론에 보도되었는데, 《아사히신문(朝日新聞)》 기사에 "국민학교 졸업생으로 농가의 후계자(주로 장남)를 대상으로 약 3만 명의 식량증산대(갑종)를 편성하여 전국에 걸쳐 근로망을 확충한다."라는 내용이 들어 있다. 구체적으로 만 14세 이상 19세 이하의 남성으로 조직하도록 하였다. 상세한 내용은 赤塚康雄, 2005, 「子どもたちのアジア太平洋戰爭-京都府少年農兵隊山城支隊を事例に」(『天理大學 人權問題研究室 紀要』 8) 참조.

| 자료 58 | |
|---|---|
| \multicolumn{2}{c}{국민의용대협의회 설치에 관한 건} |
| 구분 | 각갑(閣甲) 제130호 |
| 법령명/건명 | 국민의용대협의회 설치에 관한 건<br>國民義勇隊協議會ノ設置ニ關スル件 |
| 공포 · 개정 · 결정 · 폐지 연월일 | 공포 1945년 4월 27일 |
| 구성 | |
| 선행 규범 · 법령 | |
| 원문 일부 | |
| 주요 내용 및 특징 | ○ 내각에 국민의용대협의회를 설치하고 좌장과 협의회원을 배치<br>○ 좌장은 내무대신이 담당<br>○ 각의결정 「국민의용대협의회 설치에 관한 건」(1945년 6월 26일) 내용과 동일 |
| 법령 적용 범위 | 일본 |
| 관련 법령 통합 · 폐지 사항 | |
| 유사 · 파생 법령 | 「국민의용대협의회 설치에 관한 건」(1945년 6월 26일, 각의결정) |

각갑(閣甲) 제130호
1945년 4월 27일

## 국민의용대협의회 설치에 관한 건[41]

통첩안
1945년 4월 27일
내각 서기관장


수신: 각 성 대신, 법제국 장관, 정보국 총재, 종합계획국 장관
제목의 건이 오늘 별지와 같이 각의결정되었으므로 조(條) 이름에 따라 통첩함.[42]


〈극비〉 국민의용대협의회 설치에 관한 건

1945년 4월 24일 각의결정안[43]

1. 내각에 국민의용대협의회를 두고 국민의용대 운영에 관한 기본사항을 협의한다.
2. 협의회 좌장은 내무대신이 담당한다.
   협의회원은 관계 기관 및 각계의 국민운동에 관해 견식이 있는 자 20명으로 내각총리대신이 위촉한다.
3. 관계 대신은 본 협의회에 출석할 수 있다.

---

41 『公文類聚』제69편 소화 20년 제53권 수록(https://www.digital.archives.go.jp/DAS/meta/listPhoto?KEYWORD=&LANG=default&BID=F0000000000000008105&ID=M0000000000001777256&TYPE=&NO=).
42 일본 국립국회도서관의 각의결정 DB(https://rnavi.ndl.go.jp/cabinet)에는 수록되어 있지 않다.
43 각갑 제130호 「통첩안」에 따라 1945년 4월 23일에 기안해서 24일 각의결정안으로 상정했으나 27일에 결정했음을 알 수 있다.

## 자료 59

| | |
|---|---|
| | 국민의용전투대원에 관한 육군형법, 해군형법, 육군군법회의법 및 해군군법회의법의 적용에 관한 건 |
| 구분 | 법률 제40호 |
| 법령명/건명 | 국민의용전투대원에 관한 육군형법, 해군형법, 육군군법회의법 및 해군군법회의법의 적용에 관한 건<br>國民義勇戰鬪隊員ニ關スル陸軍刑法,海軍刑法,陸軍軍法會議法及海軍軍法會議法ノ適用ニ關スル件 |
| 공포·개정·결정·폐지 연월일 | 공포 1945년 6월 22일 |
| 구성 | 총 10개 조, 부칙 |
| 선행 규범·법령 | 의용병역법(1945년 6월 22일, 법률 제39호) |
| 원문 일부 | |
| 주요 내용 및 특징 | ○ 국민의용전투대원이 범죄를 저질렀을 경우, 육군형법·해군형법·육군군법회의법·해군군법회의법 규정을 적용<br>○ 국민의용전투대원을 육해군과 동일한 군인으로 간주한 조치<br>○ 재판에 필요한 재판관, 예심관, 검찰관, 기록사의 자격을 명시 |
| 법령 적용 범위 | 일본 |
| 관련 법령 통합·폐지 사항 | |
| 유사·파생 법령 | |

법률 제40호

1945년 6월 22일

## 국민의용전투대원에 관한 육군형법, 해군형법, 육군군법회의법 및 해군군법회의법의 적용에 관한 건

제1조 국민의용전투대원은 소속된 국민의용전투대의 소속 구분에 따라 육군형법 제8조 제2호 또는 해군형법 제8조 제2호에 게시한 자로 간주한다.

제2조 앞 조에 규정한 자에 관해 육군형법 및 육군군법회의법 또는 해군형법 및 해군군법회의법을 적용할 경우에 특례는 제3조 내지 제10조가 정하는 바에 따른다.

제3조 육군형법 제16조 제2항 또는 해군형법 제12조 제2항의 규정은 국민의용전투대원에 대해서는 적용하지 않는다.

제4조 국민의용전투대원으로서 육군형법의 사령관 또는 해군형법의 지휘관은, 국민의용전투대의 직원으로서 국민의용전투대원의 사령(司令)에 임명하거나 이를 지휘하는 것으로 한정한다.

제5조 육군형법의 죄(동법 제2조에 게시한 죄는 제외) 또는 해군형법의 죄(동법 제2조에 게시한 죄는 제외)를 범한 국민의용전투대원에 대해서는 그 형을 경감할 수 있다.

제6조 국민의용전투대원에 대해 육군형법 제75조 및 제76조 또는 해군형법 제73조 및 제74조 규정을 적용할 경우에는 이 규정 중 3일은 6일로 하고, 6일은 12일로 한다.

제7조 국민의용전투대원에 대한 피고사건에 대해서는 육군군법회의법 제44조, 제49조의2, 제63조 및 제70조 또는 해군군법회의법 제44조, 제50조, 제63조 및 제70조 규정에 따르는 것 외에, 육군 또는 해군의 상설군법회의(고등군법회의 및 해군의 도쿄군법회의는 제외) 및 임시군법회의의 장관은 상설군법회의가 설치된 부대의 작전 지역, 관할 지역 또는 수비지구 또는 함대의 경비 구역 내에 있는 고등문관으로서 판사 또는 검사의 자격을 가진 자로서 법무관에 대신하여 재판관, 예심관 또는 검찰관의 직무를 행하도록 하거나 또는 이들의 지역 내에 있는 판임문관으로서 기록사(錄士)의 직무

를 하도록 할 수 있다.

앞 항의 규정에 따른 재판관, 예심관 또는 검찰관 또는 기록사의 직무를 행하는 자는 육군대신 또는 해군대신이 소관 대신과 협의하여 규정한다.

제8조 국민의용전투대원에 대한 피고사건의 심리에 대해서는 재판관 중 판사 1인을 줄이고 법무관 1인을 증설할 수 있다.

제9조 판사 1인 및 법무관 2인으로 재판관을 하는 경우를 제외하고, 그 외 국민의용전투대원에 대한 피고사건에 대해서는 국민의용전투대의 직원 중 중대에 준하는 부대 이상의 부대 대장 또는 부대장인 자로 판사 중 1인을 대신하여 재판관의 직무를 하도록 할 수 있다.

피고인이 국민의용전투대원의 직원인 경우에는 앞 항의 규정에 따라 재판관의 직무를 행하는 자는 피고인보다 하위의 직에 있는 자로 할 수 없다.

제1항의 경우에 육군의 병과장교 또는 해군의 장교로 상석 판사를 한다.

제10조 앞의 조가 규정하는 대장은 그 부하에 속하는 자의 범죄에 대해 육군사법경찰관 또는 해군사법경찰관의 직무를 행한다.

부칙

본 법은 공포일로부터 시행한다.

| 자료 60 | |
|---|---|
| | 국민의용전투대 통솔령 |
| 구분 | 군령 제2호 |
| 법령명/건명 | 국민의용전투대 통솔령<br>國民義勇戰鬪隊 統率令 |
| 공포 · 개정 · 결정 · 폐지 연월일 | 공포 1945년 6월 23일 |
| 구성 | 총 23개 조 |
| 선행 규범 · 법령 | 의용병역법(1945년 6월 22일, 법률 제39호) |
| 원문 일부 | |
| 주요 내용 및 특징 | ○ 의용병역법의 적용 받는 자를 대상으로 국민의용전투대를 직역과 지역에 따라 구분하고 직원을 배치<br>○ 경례와 벌칙 규정을 명시<br>○ 전투하령과 통솔의 위계 등을 명시 |
| 법령 적용 범위 | 일본 |
| 관련 법령<br>통합 · 폐지 사항 | |
| 유사 · 파생 법령 | |

군령 제2호

1945년 6월 23일

## 국민의용전투대 통솔령[44]

제1조 의용병역법의 적용을 받은 자로써 편성할 부대의 편제, 예속, 직책, 징벌, 예식(禮式) 등 그 통솔에 관해 필요한 사항은 별도로 정한 것 외에는 본령이 정하는 바에 따른다. 본령에서 이하 앞 항의 부대를 총칭할 경우 국민의용전투대라 칭한다.

제2조 의용병역법의 적용을 받는 자로써 각 지방에 연합의용전투대를 편성한다.

연합의용전투대는 본부 및 약간의 의용전투대로, 의용전투대는 본부 및 약간의 의용전투전대(義勇戰鬪戰隊)로, 의용전투전대는 약간의 의용전투구대(義勇戰鬪區隊)로, 의용전투구대는 약간의 의용전투분대로 구성한다.

제3조 앞의 조 외에 특별히 각 철도국(각 체신국) 및 이에 준하는 기관과 특별히 그 규모가 큰 군수품 생산회사, 기타 육군대신 또는 해군대신이 정하는 직역 등에 앞의 조 요령을 중용하여 국민의용전투대를 편성한다.

앞의 항 외에 운수성 철도총국(체신원)에 철도(통신)의용전투사령부를 편성한다.

제4조 국민의용전투대는 각 구(區) 또는 분(分)마다 소재지 이름 또는 직역 이름 등을 공식적으로 사용하도록[冠稱] 한다.

제5조 국민의용전투대에 다음의 직원을 둔다.

    철도의용전투사령부

        철도의용전투사령 1

        철도의용전투부사령 1

        철도의용전투사령보 약간

    통신의용전투사령부

        통신의용전투사령 1

---

[44] 일본 정부 『관보』 제5534호(1945년 6월 26일) 수록.

통신의용전투부사령 1

　　　통신의용전투사령보 약간

　연합의용전투대

　　연합의용전투 본부

　　　연합의용전투대장 1

　　　연합의용전투부대장 1

　　　연합의용전투대장보 약간

　　의용전투대 본부

　　　의용전투대장 1

　　　의용전투부대장 1

　　　의용전투대장보 약간

　　　의용전투전대장 약간

　　　의용전투전부대장 약간(1전대에는 1명으로 함)

　　　의용전투전대장보 약간

　　　의용전투구대장 약간

　　　의용전투부구대장 약간(1전대에는 1명으로 함)

　　　의용전투구대장보 약간

　　　의용전투분대장 약간

　　　의용전투부분대장 약간(1전대에는 1명으로 함)

　　　의용전투분대장보 약간

제6조 제2조 및 제3조의 편제와 앞의 조 직명 및 직원 수는 필요에 따라 육군대신 및 해군대신이 협의한 후 변경, 생략 또는 신설할 수 있다. 이 경우에 육군대신 또는 해군대신은 이를 위에 알린 후 통달하도록 한다.

제7조 국민의용전투대를 편성하는 방법에서는 국민의용대의 조직으로써 충원하고자 할 때 본 규칙으로써 하고, 요령은 해당 국민의용전투대 소관의 군관구사령관, 선박사령관, 진수(경비)부사령장관 또는 이와 동등 이상의 권한을 갖고 예속된 기타 장관이 정하는 바에 따른다.

편성령을 내리는[編成下令] 시기는 앞 항의 장관 육군대신 또는 해군대신의 인가를 얻어 정한다. 다만 시급을 요하는 경우에는 해당 장관 또는 그가 정하는 자가 령을 내릴 수 있다. 그 경우에 곧바로 이를 육군대신 또는 해군대신에게 보고하도록 한다.

제8조 철도(통신)의용전투사령은 참모총장에게 예속하여 부하부대를 통솔한다.

제9조 철도(통신)의용전투부사령은 철도(통신)의용전투사령을 보좌하고 또한 필요에 응하여 그 명을 받아 철도(통신)의용전투사령의 예하부대를 지휘한다.

제10조 철도(통신)의용전투사령보는 철도(통신)의용전투사령의 명을 받아 각각 분담한 업무에 종사한다.

제11조 제2조 제1항의 연합의용전투대장은 해당 소재지 소관의 지구사령관에, 제3조 제1항의 각 철도국(각 체신국) 및 이에 준하는 기관에 설치한 연합의용전투대장은 철도(통신)의용전투대장에, 위에서 언급한 이외 제3조 제1항의 연합의용전투대장은 소재지 소관의 지구사령관 또는 해군대신이 정한 장관에 예속하여 직역 업무 수행상 필요한 사항에 관해서 육군대신 또는 해군대신이 정하는 바에 따라 각 관계 장관의 지침[區處]을 받아 연합의용전투대를 통솔한다.

제12조 의용전투대장은 의용전투대를 통솔한다.

제13조 연합의용전투(의용전투)부대장은 연합의용전투(의용전투)대장을 보좌하고 또한 필요에 따라 각 대장의 명을 받아 연합의용전투(의용전투)대를 지휘한다.

제14조 연합의용전투(의용전투)대장보는 각 대장의 명을 받아 각각 분담한 업무에 종사한다.

제15조 의용전투전대(구대)(분대)장은 의용전투전대(구대)(분대)를 지휘한다.

제16조 의용전투부전대(구대)(분대)장은 의용전투전대(구대)(분대)장을 보좌하고 또한 필요에 따라 각 대장의 명을 받아 의용전투전대(구대)(분대)를 지휘한다.

제17조 의용전투전대(구대)(분대)장보는 각 대장의 명을 받아 각각 분담된 업무에 종사한다.

제18조 의용전투대장 이하 각 대장의 지휘·예속 구분은 제2조 또는 제3조가 정하는 국민의용전투대의 편제에 따르지만, 제6조에 따라 그 편제를 변경할 경우에는 그 구분에 따라 변경하도록 한다.

제19조 일반 군대와 국민의용전투대의 지휘·예속 구분은 작전의 필요에 따라 소속 장관이 적절한 명령으로써 이를 가능하도록 할 수 있다.

제20조 국민의용전투대의 경례(敬禮)는 본 조가 정하는 것 외에는 기타 예속 또는 지휘 구분에 따라 육군예식령 또는 해군예식령을 준용한다.

  1. 국민의용전투대원은 예속 또는 지휘 관계에 있는 일반 군인과 국민의용전투대의 각 장(長)에 대해 경례를 실시한다.
  2. 국민의용전투대원과 지휘 또는 예속 관계에 있지 않은 일반 군인과의 사이 및 국민의용전투대원 상호간에는 적절히 경례를 실시함을 예의로 한다.
  3. 국민의용전투대원은 단독 및 부대의 경례를 하더라도 칼, 소총, 창 등 무기의 조작에 따른 경례를 하지 않는 것을 예(例)로 한다.
  4. 국민의용전투대는 통상 나팔을 불지 않는다.
  5. 국민의용전투대는 의식(儀式)을 하지 않을 수 있다.

제21조 국민의용전투대원의 징계는 본 조에 정하는 것 외에는 기타 예속 또는 지휘 구분에 따른 육군징벌령 또는 해군징벌령을 준용한다.

  1. 벌의 항목[罰目]

  직원에 대한 것: 면직, 근신, 질책

  직원 외 국민의용전투대원에 대한 것: 근신, 질책, 고역(苦役)

  면직은 국민의용전투대의 직원이라는 지위를 면하도록 한다.

  근신은 30일 이내로 하고 장소를 지정해서 머물러 있으며[屛居] 근신하도록 하지만, 필요할 때에는 근무에 복무시키는 것으로 한다.

  질책은 범행을 거두고[糺] 장래를 경계[戒飭]하는 것으로 한다.

  고역은 30일 이내로 하고, 필요한 고역에 복무시키는 것으로 한다.

  2. 벌의 권한[罰權]

  지구사령관 및 이와 동등 이상의 권한을 가진 육군 또는 해군의 장관과 철도(통신) 의용전투사령 및 그 예하의 연합의용전투대장은 그 부하에 속하는 국민의용전투대원에 대해 앞의 호에서 규정하는 모든 죄목을 부과할 권한을 가진다.

  앞의 항 외에 중대장 및 이와 동등 이상의 권한을 가진 부대장과 연합의용전투대장 및 의용전투대장이(철도(통신))의용전투사령 예하부대에서는 의용전투전대(구대)장이 그 부하에 속하는 국민의용전투대원에 대해 근신, 질책 및 고역을 부과할 권한을 가진다.

제22조 국민의용전투대원의 근무는 육군대신 또는 해군대신이 특별히 지정한 경우 외에 군대로서의 근무에 복무함과 함께 종전의 직역에서 근무를 계속하도록 한다.

제23조 앞의 각 조 외에 육군대신 또는 해군대신이 상호 협의하여 국민의용전투대 통솔을 위해 필요한 규정을 정할 수 있다.

| 자료 61 | |
|---|---|
| \multicolumn{2}{c}{국민의용대협의회 및 국민의용대 사무국(가칭) 설치에 관한 건} |
| 구분 | 각갑 제264호 |
| 법령명/건명 | 국민의용대협의회 및 국민의용대 사무국(가칭) 설치에 관한 건<br>國民義勇隊協議會及國民義勇隊事務局(假稱)設置に關する件 |
| 공포 · 개정 · 결정 · 폐지 연월일 | 공포 1945년 6월 26일 |
| 구성 | |
| 선행 규범 · 법령 | 국민의용대협의회 설치에 관한 건(1945년 4월 27일, 각의결정) |
| 원문 일부 | |
| 주요 내용 및 특징 | ○ 각의결정 「국민의용대협의회 설치에 관한 건」(1945년 4월 27일)과 내용 동일<br>○ 각의결정안 「국민의용대협의회 및 국민의용대 사무국(가칭) 설치에 관한 건」 첨부<br>○ 각의결정 「국민의용대협의회 설치에 관한 건」 첨부<br>○ 협의회 좌장은 내무대신이 담당 |
| 법령 적용 범위 | 일본 |
| 관련 법령<br>통합 · 폐지 사항 | |
| 유사 · 파생 법령 | |

각갑 제264호

1945년 6월 26일

## 국민의용대협의회 및 국민의용대 사무국(가칭) 설치에 관한 건[45]

통첩안

1945년 6월 26일

내각 서기관장

수신: 법제국 장관, 정보국 총재, 종합계획국 장관, 기술원 총재, 각 성 대신, 중앙항공연구소장, 체신원 총재

제목의 건이 오늘 별지와 같이 각의결정되었으므로 조(條) 이름에 따라 통첩함.[46]

〈극비〉 국민의용대협의회 설치에 관한 건

1945년 6월 26일 각의결정

1. 내각에 국민의용대협의회를 두고 국민의용대 운영에 관한 기본사항을 협의한다.
2. 협의회 좌장은 내무대신이 담당한다.
   협의회원은 관계 기관 및 각계의 국민운동에 관해 견식이 있는 자 20명으로 내각총리대신이 위촉한다.
3. 관계 대신은 본 협의회에 출석할 수 있다.

---

[45] 『公文類聚』 제69편 소화 20년 제53권 수록(https://www.digital.archives.go.jp/DAS/meta/listPhoto?KEYWORD=&LANG=default&BID=F0000000000000008105&ID=M0000000000001777257&TYPE=&NO=).

[46] 일본 국립국회도서관의 각의결정 DB(https://rnavi.ndl.go.jp/cabinet)에는 수록되어 있지 않다. 각의결정에 상정한 각의결정안에 사무국 총장을 비롯한 총 28명의 직원 구성이 포함되어 있었으나, 확정 내용에는 포함되어 있지 않다.

| 자료 62 | |
|---|---|
| \multicolumn{2}{l}{유고} | |
| 구분 | 유고 |
| 법령명/건명 | |
| 공포·개정·결정·폐지 연월일 | 공포 1945년 7월 7일 |
| 구성 | |
| 선행 규범·법령 | 국민의용대 조직에 관한 건(1945년 4월 27일, 각의결정)<br>의용병역법(1945년 6월 22일, 법률 제39호) |
| 원문 일부 | |
| 주요 내용 및 특징 | ○ 조선에 국민의용대 조직·결성을 위해 아베(阿部) 조선총독이 내린 유고(諭告)<br>○ 일본 본토를 지키기 위해 조선의 관민이 총궐기할 것을 촉구 |
| 법령 적용 범위 | 조선 |
| 관련 법령<br>통합·폐지 사항 | |
| 유사·파생 법령 | |

유고

1945년 7월 7일

유고

 이번 성전의 목적이 황국의 자존자위를 온전히 함과 동시에 대동아 여러 민족 공동의 운명을 개척하여 자자손손 영원히 흔들림 없이 공영의 질서를 건설함으로써 세계 도의의 확립을 추진함에 있음은 말할 나위 없다.

 그리고 개전 이후 3년 반이 지난 사이 천황 폐하의 보살핌 아래 황군 장성의 용전(勇戰)은 세계를 놀라게 하고 뒤따르게 하며, 숭고한 대의에 목숨을 바친 특공 용사의 의열함은 일본 정신의 핵심[神髓]을 유감없이 발휘해서 적의 간담을 빼앗았지만, 적의 물량을 앞세운 침습(侵襲)이 심하고도 치열하여 그 반대 공세의 기세가 우리 본토 주변에 미쳐서 어찌 보니 우리에게 불리한 전황을 가져왔다.

 그러나 비록 적이 근접에 다달아 손해가 심대하게 되는 상황에서도 적의 가장 약점인 병사 수[兵員]의 소모에 이르게 되니, 이미 그 심각한 정신적 동요를 은폐할 수 없게 되었다.

 무릇 공방과 쟁투를 반복하는 장기전에서 궁극의 승패는 어디까지나 전쟁 목적에 감동하고 분노한 국민 전의(戰意)의 앙양과 이를 토대로 한 국민 감투(敢鬪)의 강인성에 있고, 소위 최후 5분간 어떠한 노력을 하는가에 달려 있으니, 황국 1억 국민의 철석같은 각오와 몸을 던지는 실천에 따라 본토 주변에 밀어닥친 적의 미친 파도를 물리치고 최후의 전승을 획득하는 것은 그다지 어려운 일이 아닐 것이다.

 황국 발전사상 있었던 여러 일들이 이를 증명한다.

 지금 전선은 황국의 깊숙한 곳[內郭]에 미침과 동시에 침습하는 적에 대해 몇 배 되는 병력을 집결하여 그들을 궤멸시킬 수 있는 유리한 전략 태세를 갖추기에 이르렀다. 그러므로 빛나는 천하에 더할 나위 없는[天壤無窮] 국체를 조상 대대로 지키고 아울러 대동아 민족 동포를 미국과 영국의 노예적 지배로부터 해방시키고자 하는 우리의 거국 열의를 함께함으로써, 다시금 적에 돌려주겠다는 치명적 소모・희생으로써 적의 기도를 뿌리째 격퇴해야 한다는 것을 간절히 생각할 때 필승의 기략[神機]을 스스로 접할 수 있게 됨은 의심할 여지가 없다. 만

약 이 기략을 파악하지 않고 육신과 목숨[身命]을 아끼지 않고서 노력에 부족함이 없도록 할 수 있을 것인가. 그렇게 한다면 국가 전력(戰力)의 또 다른 경장(更張)을 저지하고 기약하지 않고서는 후회를 천세[千載]에 남길 것이 분명하다.

이에 국민의용대의 결성을 보는 것은, 1억이 한마음으로 나라를 위한 전의를 이 기략의 파악에 응집하고 한주먹으로 필살(必殺)의 타격을 적의 머리 위에 가한다는 최종적인 결전 태세를 확립하고 국민의 총력을 생산 증강, 황토 방위에 집결하는 것이다. 그러므로 국민 애국의 열정이라는 이 기세를 더욱 높여 이름 없는[草墳無名] 의인과 함께 국난에 궐기함을 기해야 할 것이다. 관민 또는 구획을 나눈 한집안과 한 부분[局部]의 이해 감정을 한번에 떨쳐 버릴 때까지 국체의 본의에 철저히 온 힘을 다해 국민의용대 조직의 진가를 유감없이 발휘하기로 결심하지 않으면 안 된다.

농산의 부문에 직을 가진 자는 모름지기 서로 노력하여 팽배한 증산의 의욕을 일으키고, 쌀 한 톨, 한 움큼의 작은 것이라도 거두는 데 유념해야 하고, 철공과 수송 부문에서 역할이 있는 자는 각자 최대한의 근로력을 발휘하여 전력화하는 데 정성으로 해야 하며, 가족 또한 근로의 전사로서 조금의 후회도 남기지 않을 직임에 온몸을 바치겠다는 생각이 필요하다. 그 외 각종 직역에 종사하는 자 누구라도 국가 전력 증산의 전사라는 자각에 조금이라도 게을리하는 것은 있을 수 없다.

지금 나라[邦家]의 융성과 쇠퇴[隆替], 황민의 영욕이 장차 세계 도의의 성쇠로 이어짐은 국민 각자가 현재 스스로 희생하고 스스로 힘쓰는 일[自奪自勵]에 달려 있다. 본 총독은 조선 내 관민이 깊은 자성과 심신 일체를 들어 용감히 투쟁함으로써 적을 물리치고 국난의 극복에 매진함으로써 결전의 기략에 처하는 바를 멈출 수 없다.

이에 전 조선 각지에서 의용대가 편성되는 장관을 기대하며, 필승의 확신으로 용맹함을 보인다는 각오로 조선 관민이 모두 나서서 극복하기를 바라노라.

1945년 7월 7일

조선총독 아베 노부유키(阿部信行)[47]

---

47 아베 노부유키(1875-1953): 일본 육군 군인, 정치가. 육군사관학교와 육군대학교를 졸업하고 육군대장으로

예편한 후 내각총리대신, 외무대신(겸직), 익찬정치회 총재, 귀족원 의원을 거쳐 1944년에 조선총독에 부임하였다가 패전을 맞았다. 1945년 9월 9일 조선총독 자격으로 항복조인식에 출석한 후 9월 12일 해임되어 9월 19일 일본에 귀국한 후 A급 전범 용의자로 체포되었으나, 도쿄재판(극동국제군사재판) 개정 직전에 갑자기 기소예정자 명단에서 제외되어 수수께끼로 남았다. 이후 공직 추방자가 되었으나 1952년 해제되었다. 秦郁彦, 「阿部編隊歸投せず―ニコバル沖の體當り」, 『第二次大戰航空史話(中)』, 中央公論社 中公文庫, 1996, 273쪽; 上田正昭·津田秀夫·永原慶二·藤井松一·藤原彰, 『コンサイス日本人名辭典(第5版)』, 株式會社 三省堂, 2009, 48쪽.

| 자료 63 | |
|---|---|
| | 내각에 국민의용대 순열(巡閱)을 설치하는 건 |
| 구분 | 칙령 제470호 |
| 법령명/건명 | 내각에 국민의용대 순열(巡閱)을 설치하는 건<br>內閣ニ國民義勇隊巡閱ヲ置クノ件 |
| 공포·개정·결정·폐지<br>연월일 | 공포 1945년 8월 15일 |
| 구성 | 총 2개 조, 부칙 |
| 선행 규범·법령 | 의용병역법(1945년 6월 22일, 법률 제39호) |
| 원문 일부 | 勅令<br>御名 御璽<br>朕內閣ニ國民義勇隊巡閱ヲ置クノ件ヲ裁可シ茲ニ之ヲ公布セシム<br>昭和二十年八月十五日<br>內閣總理大臣 男爵 鈴木貫太郎<br>勅令第四百七十號<br>第一條 內閣ニ國民義勇隊巡閱專任五人以內ヲ置ク勅任トス<br>國民義勇隊巡閱ハ內閣總理大臣ノ監督ヲ承ケ國民義勇隊ノ運營狀況ヲ巡閱シ及其ノ運營ニ關シ意見ヲ具申ス<br>第二條 內閣ニ國民義勇隊事務官專任三人以內ヲ置ク奏任トス<br>國民義勇隊事務官ハ上臣ノ命ヲ承ケ國民義勇隊巡閱ノ職務ヲ助ク<br>附則<br>本令ハ公布ノ日ヨリ之ヲ施行ス |
| 주요 내용 및 특징 | ○ 내각에 내각총리대신의 감독을 받는 국민의용대 순열 전임 5인을 설치(칙임)<br>○ 국민의용대 순열의 업무를 보좌하기 위한 사무관 3인을 임명(주임) |
| 법령 적용 범위 | 일본 |
| 관련 법령<br>통합·폐지 사항 | |
| 유사·파생 법령 | |

칙령 제470호

1945년 8월 15일

## 내각에 국민의용대 순열(巡閱)을 설치하는 건

제1조 내각에 국민의용대 순열 전임 5인을 두고 칙임으로 한다.

　　　국민의용대 순열은 내각총리대신의 감독을 받아 국민의용대의 운영 상황을 순회 검열[巡閱]하고 그 운영에 관한 의견을 상신한다.

제2조 내각에 국민의용대 사무관 전임 3인을 설치하고 주임으로 한다.

　　　국민의용대 사무관은 위 대신의 명을 받아 국민의용대 순열의 직무를 돕는다.

부칙

본령은 공포일로부터 시행한다.

## 자료 64

| | 국민의용대 해산에 관한 건 |
|---|---|
| 구분 | 각의결정 |
| 법령명/건명 | 국민의용대 해산에 관한 건<br>國民義勇隊ノ解散ニ關スル件 |
| 공포·개정·결정·폐지 연월일 | 공포 1945년 8월 21일 |
| 구성 | |
| 선행 규범·법령 | 국민의용대 조직에 관한 건(1945년 3월 23일, 각의결정)<br>의용병역법(1945년 6월 22일, 법률 제39호) |
| 원문 일부 | |
| 주요 내용 및 특징 | ○ 해산을 명시하는 문장 1줄 수록 |
| 법령 적용 범위 | 일본, 조선 |
| 관련 법령 통합·폐지 사항 | |
| 유사·파생 법령 | |

각의결정

1945년 8월 21일

## 국민의용대 해산에 관한 건

1. 국민의용대는 현재 실정에 비추어 해산하기로 함.

| 자료 65 | |
|---|---|
| \multicolumn{2}{|c|}{조선총독부 체신국 해원양성소 규정 중 개정} |
| 구분 | 조선총독부령 제124호 |
| 법령명/건명 | 조선총독부 체신국 해원양성소 규정 중 개정<br>朝鮮總督府 遞信局 海員養成所 規程 中 改正 |
| 공포·개정·결정·폐지 연월일 | 공포 1940년 5월 11일 |
| 구성 | 총 2개 조, 부칙 |
| 선행 규범·법령 | 조선총독부 체신국 해원양성소 규정(1919년 7월 4일, 조선총독부령 제122호) |
| 원문 일부 | ●朝鮮總督府令第百二十四號<br>朝鮮總督府遞信局海員養成所規程中左ノ通改正ス<br>昭和十五年五月十一日<br>　　　　朝鮮總督　南　次郎<br>「朝鮮總督府遞信局海員養成所規程」ヲ「朝鮮總督府遞信局高等海員養成所規程」ニ改ム<br>第十一條　入學ヲ許可スベキ者ハ身體健全、品行方正ニシテ左ノ資格ヲ具備スルコトヲ要ス<br>本科　年齡十三年以上ニシテ高等小學校又ハ中學校ノ第一學年ノ課程ヲ修了シタル者又ハ此等以上ノ學力ヲ有スル者<br>別科　年齡十五年以上ニシテ尋常小學校ヲ卒業シタル者又ハ此等ノ者ト同等以上ノ學力ヲ有スル者<br>本科入學志願者ニシテ高等小學校又ハ中學校ノ第一學年ノ課程ヲ修了セザル者ニ對シテハ高等小學校又ハ中學校ノ第一學年修業ノ程度、別科入學志願者ニシテ尋常小學校ヲ卒業セザル者ニ對シテハ尋常小學校卒業ノ程度ニ依リ試驗ヲ行ヒ學力ヲ檢定ス<br>第一號樣式、第三號樣式及第四號樣式中「海員養成所」ヲ「高等海員養成所」ニ改ム<br>　附則<br>本令ハ發布ノ日ヨリ之ヲ施行ス |
| 주요 내용 및 특징 | ○ 명칭을 '해원양성소'에서 '고등해원양성소'로 개정<br>○ 입학 자격을 상향 조정: 본과 입학 대상자를 13세 이상의 고등소학교 또는 중학교 제1학년의 과정을 수료한 자, 동등 이상의 학력자로 규정. 별과 입학 대상자를 15세 이상의 심상소학교 졸업자, 동등 이상의 학력자로 규정<br>○ 위 규정에 미치지 못하는 경우 시험을 통해 학력을 검정 |
| 법령 적용 범위 | 조선 |
| 관련 법령 통합·폐지 사항 | |
| 유사·파생 법령 | 조선총독부 체신국 고등해원양성소 규정 중 개정(1942년 1월 12일, 조선총독부령 제8호)<br>조선총독부 체신국 고등해원양성소 규정 중 개정(1943년 8월 14일, 조선총독부령 제250호) |

조선총독부령 제124호

1940년 5월 11일

## 조선총독부 체신국 해원양성소 규정 중 개정

'조선총독부 체신국 해원양성소 규정'을 '조선총독부 체신국 고등해원양성소 규정'으로 개정한다.

제11조 입학을 허가할 자는 신체가 건전하고 품행이 방정한 자로서 다음의 자격을 구비한 자로 할 것을 요한다.

본과: 나이 13세 이상으로서 고등소학교 또는 중학교 제1학년의 과정을 수료한 자 또는 이와 동등 이상의 학력을 가진 자

별과: 나이 15세 이상으로서 심상소학교를 졸업한 자 또는 이와 동등 이상의 학력을 가진 자

본과 입학지원자로서 고등소학교 또는 중학교 제1학년의 과정을 수료하지 않은 자에 대해서는 고등소학교 또는 중학교 제1학년 수업의 정도, 별과 입학지원자로서 심상소학교를 졸업하지 않은 자에 대해서는 심상소학교 졸업의 정도에 따라 시험을 실시하여 학력을 검정한다.

제1호 양식, 제3호 양식 및 제4호 양식 중 '해원양성소'는 '고등해원양성소'로 개정한다.

부칙

본령은 발포일로부터 시행한다.

| | |
|---|---|
| **자료 66** | |
| \multicolumn{2}{c}{조선총독부 체신국 고등해원양성소 규정 중 개정} |

| | |
|---|---|
| 구분 | 조선총독부령 제8호 |
| 법령명/건명 | 조선총독부 체신국 고등해원양성소 규정 중 개정<br>朝鮮總督府 遞信局 高等海員養成所 規程 中 改正 |
| 공포·개정·결정·폐지 연월일 | 공포 1942년 1월 12일 |
| 구성 | 총 3개 조, 별표 |
| 선행 규범·법령 | 조선총독부 체신국 해원양성소 규정(1919년 7월 4일, 조선총독부령 제122호)<br>조선총독부 체신국 해원양성소 규정 중 개정(1940년 5월 11일, 조선총독부령 제124호) |
| 원문 일부 | ●朝鮮總督府令第八號<br>朝鮮總督府遞信局高等海員養成所規程中左ノ通改正ス<br>昭和十七年一月十二日<br>朝鮮總督　南　次郎<br>第三條中「四年」ヲ「三年」ニ改ム<br>第四條中「百六十名」ヲ「百五十名」ニ改ム<br>第十一條中「十三年」ヲ「十四年」ニ、「中學校ノ第一學年」ヲ「中學校第二學年」ニ改ム<br>別表ヲ左ノ如ク改ム<br>(別表) |
| 주요 내용 및 특징 | ○ 수업 연한과 생도 정원, 입학 나이 및 입학 자격을 개정하여, 나이를 1년 올리고 중학교 2학년 과정을 수료한 자로 각각 상향 조정<br>○ 항해과와 기관과의 수업과목 및 수업시간수를 개정 |
| 법령 적용 범위 | 조선 |
| 관련 법령 통합·폐지 사항 | |
| 유사·파생 법령 | 조선총독부 체신국 고등해원양성소 규정 중 개정(1943년 8월 14일, 조선총독부령 제250호) |

조선총독부령 제8호

1942년 1월 12일

## 조선총독부 체신국 고등해원양성소 규정 중 개정

제3조 중 '4년'을 '3년'으로 개정한다.

제4조 중 '160명'을 '150명'으로 개정한다.

제11조 중 '13년'을 '14년'으로, '중학교 제1학년'을 '중학교 제2학년'으로 개정한다.

별표를 다음과 같이 개정한다.[48]

---

[48] 별표 번역 생략.

## 자료 67

| | |
|---|---|
| | 조선총독부 체신국 해원양성소 규정 |
| 구분 | 조선총독부령 제50호 |
| 법령명/건명 | 조선총독부 체신국 해원양성소 규정<br>朝鮮總督府 遞信局 海員養成所 規程 |
| 공포·개정·결정·폐지 연월일 | 공포 1943년 3월 19일 |
| 구성 | 총 14개 조, 부칙, 별표 |
| 선행 규범·법령 | 조선총독부 체신국 해원양성소 규정 (1919년 7월 4일, 조선총독부령 제122호) |
| 원문 일부 | |
| 주요 내용 및 특징 | ○ 제1부 및 제2부를 설치하고 각각 항해과와 기관과로 구분<br>○ 14세 이상 18세 미만의 남자로서 국민학교 고등과를 수료한 자 및 동등 이상의 학력자를 대상으로 규정 |
| 법령 적용 범위 | 조선 |
| 관련 법령 통합·폐지 사항 | |
| 유사·파생 법령 | |

조선총독부령 제50호

1943년 3월 19일

## 조선총독부 체신국 해원양성소 규정

제1조 본소는 선박의 운항 및 기관 운전에 종사할 자에게 필수적인 지식 및 기능을 가르침과 함께 심신 단련을 목적으로 한다.

제2조 본소에 제1부 및 제2부를 설치하고 각각 항해과와 기관과로 나눈다.

　　　제1부 및 제2부에서 각 과의 수업과목 및 수업시간수는 별표에 따른다.

제3조 수업 기간은 다음과 같이 한다.

　　　제1부 1년

　　　제2부 3개월

제4조 생도의 정원은 제1부 80명, 제2부 80명으로 한다.

제5조 입소를 허가할 자는 14세 이상 18세 미만의 남자로서 국민학교 고등과를 수료한 자이거나 조선총독부 체신국 보통해원양성소장이 이와 동등 이상의 학력이 있다고 인정한 자로 할 것을 요한다.

제6조 생도는 다음 각호의 1에 해당할 때에는 퇴소를 명받아야 한다.

　　　1. 품행[操行]불량으로서 개선의 여지가 없을 때

　　　2. 성적불량으로서 학업의 가능성이 없을 때

　　　3. 상이(傷痍)·질병으로 인해 학업을 할 가망이 없을 때

　　　4. 정당한 사유 없이 장기간 결석하거나 또는 출석하지 않을 때

제7조 교육상 필요하다고 인정할 때에는 생도에 대해 다음의 징계를 할 수 있다.

　　　1. 근신

　　　2. 정학

제8조 생도는 본소 기숙사에 거주해야 한다.

제9조 수업료를 징수하지 않는다.

제10조 생도에게는 수업 중 수당을 지급한다.

생도에게는 수업에 필요한 물품을 지급하거나 대여해 줄 수 있다.

제11조 제1부 생도는 졸업 후 2개년간, 제2부 생도는 졸업 후 6개월간 각각 선박에 근무할 의무를 갖는다. 단 특별한 사정이 있을 때에는 이에 한하지 않는다.

제12조 생도로서 퇴소를 명받거나 또는 자신의 사정으로 퇴소한 자 또는 앞의 조 제1항의 의무를 다하지 못한 자에게는 수업 중 상이, 질병, 기타 정당한 사유로 인한 경우를 제외하고 수당과 기타 수업 중 급여로 받은 비용을 상환해야만 한다.

제13조 본소는 선박소유자, 기타 사람의 위탁과 관련된 생도를 입소시키도록 해야 한다.
앞 항의 생도에게 제10조 및 제12조의 규정을 적용한다.

제14조 본령 시행에 관해 필요한 사항은 조선총독부 체신국장이 정한다.

부칙

본령은 발포일로부터 시행한다.

별표

**제1부 수업과목 및 매주 수업시간 수**

| 학과목 | | 수신 | 공민 | 국어 | 영어 | 수학 | 항해술 | 운용술 | 기관술 | 법규 | 체조 | 군사학 및 연습 | 기업 (技業) | 계 |
|---|---|---|---|---|---|---|---|---|---|---|---|---|---|---|
| 1주 수업 시간 수 | 항해과 | 1 | 2 | 3 | 3 | 5 | 5 | 5 | - | 1 | 2 | 3 | 12 | 42 |
| | 기관과 | 1 | 2 | 3 | 3 | 5 | - | - | 10 | 1 | 2 | 3 | 12 | 42 |

**제2부 수업과목 및 매주 수업시간 수**

| 학과목 | | 수신 공민 | 국어 | 영어 | 해사훈화 (海事訓話) | 선박 개요 | 기관 개요 | 체조 | 군사 교련 | 기업 (技業) | 계 |
|---|---|---|---|---|---|---|---|---|---|---|---|
| 1주 수업 시간 수 | 항해과 | 1 | 2 | 1 | 1 | 10 | - | 1 | 3 | 23 | 42 |
| | 기관과 | 1 | 2 | 1 | 1 | - | 10 | 1 | 3 | 23 | 42 |

| 자료 68 | |
|---|---|
| | 조선총독부 체신국 보통해원양성소 규정 |
| 구분 | 조선총독부령 제248호 |
| 법령명/건명 | 조선총독부 체신국 보통해원양성소 규정<br>朝鮮總督府 遞信局 普通海員養成所 規程 |
| 공포·개정·결정·폐지 연월일 | 공포 1943년 8월 14일 |
| 구성 | 총 12개 조, 부칙, 별표 |
| 선행 규범·법령 | |
| 원문 일부 | (원문 이미지) |
| 주요 내용 및 특징 | ○ 보통해원양성소에 항해과와 기관과를 설치<br>○ 14세 이상 남자를 대상으로 교육<br>○ 생도는 졸업 후 1년간 선원으로 근무할 의무 부여 |
| 법령 적용 범위 | 조선 |
| 관련 법령 통합·폐지 사항 | |
| 유사·파생 법령 | |

조선총독부령 제248호

1943년 8월 14일

## 조선총독부 체신국 보통해원양성소 규정

제1조 본소는 황국의 길을 본받아 선박의 운항 및 기관 운전에 종사하는 보통해원이 될 자의 연성을 위함을 목적으로 한다.

제2조 본소에 항해과 및 기관과 2개 과를 설치하고 수업 기간은 3개월로 한다.

각 과의 수업과목 및 수업시간수는 별표에 따른다.

제3조 본소에 입소를 허가할 자는 14세 이상 남자로서 국민학교 고등과를 수료한 자이거나 조선총독부 체신국 보통해원양성소장이 이와 동등 이상의 학력이 있다고 인정한 자로 할 것을 요한다.

제4조 본소에서는 수업료를 징수하지 않는다.

제5조 생도에게는 수업 중 수당을 지급한다.

생도에게는 수업에 필요한 물품을 지급하거나 대여해 줄 수 있다.

제6조 생도는 기숙사에 거주하도록 한다.

제7조 생도는 다음 각호의 1에 해당할 때에는 퇴소를 명받아야 한다.

1. 품행[操行]불량으로서 개선의 여지가 없을 때
2. 성적불량으로서 학업의 가능성이 없을 때
3. 상이·질병으로 인해 학업을 할 가망이 없을 때
4. 정당한 사유 없이 장기간 결석하거나 또는 출석하지 않을 때

제8조 교육상 필요하다고 인정할 때에는 생도에 대해 다음의 징계를 할 수 있다.

1. 근신
2. 정학

제9조 본소를 졸업한 자는 졸업 후 1개년간 선원으로 근무할 의무를 갖는다.

특별한 사정에 따라 앞 항의 의무를 이행할 수 없는 자는 그 사유를 갖추어 조선총독부 체신국장에게 의무의 유예나 면제를 신청할 수 있다.

제10조 퇴소를 명받은 자 또는 자신의 사정으로 퇴소한 자 또는 앞의 조 제1항의 의무를 다하지 못한 자에게는 수업 중 상이, 질병, 기타 정당한 사유로 인한 경우를 제외하고 수당과 기타 수업 중 급여로 받은 비용을 상환해야만 한다.

제11조 본소에는 선박소유자, 기타 사람의 위탁과 관련된 생도를 입소시킬 수 있다.

제12조 본령 시행에 관해 필요한 사항은 조선총독부 체신국장이 정한다.

부칙

본령은 발포일로부터 시행한다.

별표

| 학과목 | | 훈육 | 국어 및 국사 | 선박개요 | 기관개요 | 신호 | 단정<br>(短艇) | 기업<br>(技業) | 군사교육 | 계 |
|---|---|---|---|---|---|---|---|---|---|---|
| 1주 수업 시간 수 | 항해과 | 2 | 2 | 11 | - | 3 | 4 | 16 | 4 | 42 |
| | 기관과 | 2 | 2 | - | 11 | 3 | 4 | 16 | 4 | 42 |

* 비고: 위 표 외 각 과 모두 매주 3시간 이상 체련을 실시한다.

| 자료 69 | |
|---|---|
| \multicolumn{2}{l}{조선총독부 체신국 해원양성소 규정 중 개정} |
| 구분 | 조선총독부령 제249호 |
| 법령명/건명 | 조선총독부 체신국 해원양성소 규정 중 개정<br>朝鮮總督府 遞信局 海員養成所 規程 中 改正 |
| 공포·개정·결정·폐지 연월일 | 공포 1943년 8월 14일 |
| 구성 | 총 12개 조, 부칙, 별표 |
| 선행 규범·법령 | 조선총독부 체신국 해원양성소 규정(1943년 3월 19일, 조선총독부령 제50호) |
| 원문 일부 | |
| 주요 내용 및 특징 | ○ 1943년 3월 19일 자로 제정한 규정의 일부 개정이 아닌 전면 개정<br>○ 제1부(해원양성소, 진해)와 제2부(보통해원양성소, 인천)로 구분한 것을 삭제하고 항해과와 기관과를 설치<br>○ 입소 자격을 13세 이상 18세 미만의 남자로 나이 하향 조정<br>○ 과의 구별 없이 졸업 후 2개년간 선원 근무 의무의 기간을 확대 적용 |
| 법령 적용 범위 | 조선 |
| 관련 법령 통합·폐지 사항 | |
| 유사·파생 법령 | |

조선총독부령 제249호

1943년 8월 14일

## 조선총독부 체신국 해원양성소 규정 중 개정

제1조 본소는 황국의 길을 본받아 선박의 운항 및 기관 운전에 종사하는 해원이 될 자의 연성을 위함을 목적으로 한다.

제2조 본소에 항해과 및 기관과 2개 과를 설치하고 수업 기간은 1개년으로 한다.

각 과의 수업과목 및 수업시간수는 별표에 따른다.

제3조 본소에 입소를 허가할 자는 13세 이상 18세 미만의 남자로서 국민학교 고등과를 수료한 자이거나 조선총독부 체신국 보통해원양성소장이 이와 동등 이상의 학력이 있다고 인정한 자로 할 것을 요한다.

제4조 본소에서는 수업료를 징수하지 않는다.

제5조 생도에게는 수업 중 수당을 지급한다.

생도에게는 수업에 필요한 물품을 지급하거나 대여해 줄 수 있다.

제6조 생도는 기숙사에 거주하도록 한다.

제7조 생도는 다음 각호의 1에 해당할 때에는 퇴소를 명받아야 한다.

1. 품행[操行]불량으로서 개선의 여지가 없을 때
2. 성적불량으로서 학업의 가능성이 없을 때
3. 상이·질병으로 인해 학업을 할 가망이 없을 때
4. 정당한 사유 없이 장기간 결석하거나 또는 출석하지 않을 때

제8조 교육상 필요하다고 인정할 때에는 생도에 대해 다음의 징계를 할 수 있다.

1. 근신
2. 정학

제9조 본소를 졸업한 자는 졸업 후 2개년간 선원으로 근무할 의무를 갖는다.

특별한 사정에 따라 앞 항의 의무를 이행할 수 없는 자는 그 사유를 갖추어 조선총독부 체신국장에게 의무의 유예나 면제를 신청할 수 있다.

제10조 퇴소를 명받은 자 또는 자신의 사정으로 퇴소한 자 또는 앞의 조 제1항의 의무를 다하지 못한 자에게는 수업 중 상이, 질병, 기타 정당한 사유로 인한 경우를 제외하고 수당과 기타 수업 중 급여로 받은 비용을 상환해야만 한다.

제11조 본소에는 선박소유자, 기타 사람의 위탁과 관련된 생도를 입소시킬 수 있다.

제12조 본령 시행에 관해 필요한 사항은 조선총독부 체신국장이 정한다.


부칙

본령은 발포일로부터 시행한다.

종전의 규정에 따른 제1부의 항해과 및 기관과는 본령의 규정에 따른 항해과 및 기관과로 한다.

본령 시행에 즈음하여 종전의 규정에 따른 제1부의 항해과 및 기관과에 소속할 생도는 본령의 규정에 따른 항해과 및 기관과의 생도로 한다.


별표

| 학과목 | | 훈육 | 국사 및 지리 | 국어 | 외국어 | 수리 [理數] | 항해술 운용술 | 기관술 | 군사학 및 교련 | 신호 | 단정 (短艇) | 기업 (技業) | 무도 및 체련 | 계 |
|---|---|---|---|---|---|---|---|---|---|---|---|---|---|---|
| 1주 수업 시간 수 | 항해과 | 2 | 2 | 3 | 3 | 5 | 9 | | 3 | 3 | 3 | 6 | 3 | 42 |
| | 기관과 | 2 | 2 | 3 | 3 | 5 | | 9 | 3 | 2 | 3 | 7 | 3 | 42 |

| 자료 70 | |
|---|---|
| \multicolumn{2}{l}{조선총독부 체신국 고등해원양성소 규정 중 개정} |
| 구분 | 조선총독부령 제250호 |
| 법령명/건명 | 조선총독부 체신국 고등해원양성소 규정 중 개정<br>朝鮮總督府 遞信局 高等海員養成所 規程 中 改正 |
| 공포·개정·결정·폐지 연월일 | 공포 1943년 8월 14일 |
| 구성 | 총 16개 조 개정 |
| 선행 규범·법령 | 조선총독부 체신국 해원양성소 규정 중 개정(1940년 5월 11일, 조선총독부령 제124) |
| 원문 일부 | (원문 이미지) |
| 주요 내용 및 특징 | ○ 본과 및 연습과를 두고 각 항해과 및 기관과로 구분<br>○ 수업 기간을 6년으로 연장<br>○ 입소 대상을 14세 이상 17세 미만으로 확대 |
| 법령 적용 범위 | 조선 |
| 관련 법령 통합·폐지 사항 | |
| 유사·파생 법령 | |

조선총독부령 제250호

1943년 8월 14일

## 조선총독부 체신국 고등해원양성소 규정 중 개정

제1조 중 '기타 해원'을 삭제한다.

제2조 본소에 본과 및 연습과를 두고 각 항해과 및 기관과로 나눈다.

제3조 수업 기간은 6년으로 하고 본과 3년, 연습과 3년으로 한다.

제3조의2 본과를 졸업한 자는 연습과에 진학할 수 있다.

제4조 생도 정원은 1학년 50명으로 한다.

제8조 삭제

제9조 제1항 단서 삭제

제10조 삭제

제11조 본소에 입소를 허가하는 자는 14세 이상 17세 미만의 남자로서, 국민학교 고등과를 수료한 자이거나 조선총독부 체신국 보통해원양성소장이 이와 동등 이상의 학력이 있다고 인정한 자로 할 것을 요한다.

제16조 제3호 중 '별과에 있는 10일 이상'을 삭제한다.

제20조 삭제

제21조 중 '별과를 수업한 자에게는 수업증서'를 삭제한다.

제22조 본과 생도에게는 수당을 지급한다.

항해연습소에서 수업 중인 연습과 생도에게는 식비 및 수당을 지급한다.

앞의 각 항의 수당 및 식비의 급여액 및 지급 방법은 조선총독부 체신국장이 정한다.

제23조 본소를 수료한 자는 연습과 수료 후 2년간 선박에 근무할 의무를 갖는다.

특별한 사정에 따라 앞 항의 의무를 이행할 수 없는 자는 그 사유를 갖추어 조선총독부 체신국장에게 의무의 유예나 면제를 신청할 수 있다.

제24조 중 '본과생도 및 별과생도'를 '생도'로 개정하고 '수당' 아래에 '및 식비'를 추가한다.

제25조 및 제26조를 삭제한다.

제1호 양식 중 '(별과)'를 삭제한다.

| | |
|---|---|
| **자료 71** | |
| | 조선총독부 부내 임시직원설치제 중 개정 |
| 구분 | 칙령 제891호 |
| 법령명/건명 | 조선총독부 부내 임시직원설치제 중 개정<br>朝鮮總督府 部內 臨時職員 設置制 中 改正 |
| 공포·개정·결정·폐지 연월일 | 공포 1943년 11월 30일 |
| 구성 | 총 3개 조(군무원 동원 업무 해당 조항 1개 조), 부칙 |
| 선행 규범·법령 | 조선총독부 관제 중 개정(1943년 11월 30일, 칙령 제890호) |
| 원문 일부 | (원문 이미지) |
| 주요 내용 및 특징 | ○ 건축 및 토목 관련 사무 종사자 규정, 노동 수급 조정 및 임금통제 관련 사무 종사자 규정, 생산확충 관련 사무 종사자 규정, 교통국 규정, 회사경리통제 사무 종사자 규정 등<br>○ 교통국에 '선원직업능력 등록, 선원사용 등 통제 및 선원 징용 사무에 종사하는 자' 배정 |
| 법령 적용 범위 | 조선 |
| 관련 법령 통합·폐지 사항 | |
| 유사·파생 법령 | 조선총독부 교통국 사무분장 규정(1943년 12월 1일, 조선총독부훈령 제91호) |

칙령 제891호

1943년 11월 30일

## 조선총독부 부내 임시직원설치제 중 개정

제2조의2 조선총독부 교통국에 다음의 직원을 둔다.

    1. 항만토목에 관한 사무에 종사하는 자

        사무관 전임 5인

        기사 전임 19인, 이 가운데 1인을 칙임으로 할 수 있다.

    2. 항로표식 건설 및 개량에 관한 사무에 종사하는 자

        기사 전임 1인

        서기 기수 전임 4인

    3. 조선에 관한 사무에 종사하는 자

        기사 전임 2인

        기수 전임 6인

    4. 임시선박관리에 관한 사무에 종사하는 자

        서기 기수 전임 5인

    5. 해운통제 및 항만운송업 등 통제에 관한 사무에 종사하는 자

        서기관 전임 5인

        서기 전임 12인

    6. 선원직업능력의 등록, 선원사용 등 통제 및 선원 징용에 관한 사무에 종사하는 자

        서기 전임 6인

    7. 선원급여통제에 관한 사무에 종사하는 자

        사무관 전임 1인

        서기 전임 1인

    8. 항공시설의 정비에 관한 사무에 종사하는 자

        기사 전임 2인

서기 기수 전임 17인
9. 관세경찰 및 범칙처분에 관한 사무에 종사하는 자
서기 전임 12인
10. 수출입품 등의 임시조치에 관한 사무에 종사하는 자
서기 기수 전임 36인

| 자료 72 | |
|---|---|
| | 조선총독부 교통국 사무분장 규정 |
| 구분 | 조선총독부훈령 제91호 |
| 법령명/건명 | 조선총독부 교통국 사무분장 규정<br>朝鮮總督府 交通局 事務分掌 規程 |
| 공포·개정·결정·폐지 연월일 | 공포 1943년 12월 1일 |
| 구성 | 총 13개 조(군무원 동원 해당 조항 4개 조) |
| 선행 규범·법령 | 조선총독부 관제 중 개정(1943년 11월 30일, 칙령 제890호)<br>조선총독부 부내 임시직원설치제 중 개정(1943년 11월 30일, 칙령 제891호) |
| 원문 일부 | |
| 주요 내용 및 특징 | ○ 교통국에 총무과, 정비과, 감리과, 운수과, 해사과, 항공과, 공무과, 항만과, 전기과, 공작과, 자재과, 고등해원양성소, 해원양성소 및 보통해원양성소를 설치<br>○ 총무과, 정비과, 고등해원양성소, 해원양성소 및 보통해원양성소에 총동원 업무 배정 |
| 법령 적용 범위 | 조선 |
| 관련 법령 통합·폐지 사항 | |
| 유사·파생 법령 | |

조선총독부훈령 제89호

1943년 12월 1일

## 조선총독부 교통국 사무분장 규정

제1조 조선총독부 교통국에 총무과, 정비과, 감리과, 운수과, 해사과, 항공과, 공무과, 항만과, 전기과, 공작과, 자재과, 고등해원양성소, 해원양성소 및 보통해원양성소를 둔다.

제2조 총무과에서는 다음의 사무를 관장한다.

    1. 국인(局印) 및 관인의 간수(看守)에 관한 사항

    2. 문서 접수, 발송, 사열, 편찬 및 보존에 관한 사항

    3. 공보 및 통계에 관한 사항

    4. 업무의 고사(考査)에 관한 사항

    5. 손해배상 및 소송에 관한 사항

    6. 인사에 관한 사항(경비과에서 관장하는 업무는 제외)

    7. 국가총동원에 관한 총괄적 사항

    8. 교통동원에 관한 사항

    9. 교통시설의 종합 정비 계획에 관한 사항

    10. 예산 및 결산에 관한 사항

    11. 금전출납에 관한 사항

    12. 국유재산에 관한 사항

    13. 운수 및 기타 부대 수입 심사에 관한 사항

    14. 다른 과 주관에 속하지 않는 사항

제3조 정비과에서는 다음의 사무를 관장한다.

    1. 정원, 채용 및 급여에 관한 사항

    2. 국민동원에 관한 사항

    3. 직원의 양성 및 연성에 관한 사항

    4. 직원의 보건 및 주택에 관한 사항

5. 공제조합에 관한 사항

6. 특수수송에 관한 사항

7. 방위에 관한 사항

제13조 고등해원양성소, 해원양성소 및 보통해원양성소에서는 해원의 양성에 관한 사무를 관장한다.

## 자료 73

| | |
|---|---|
| | 포로정보국 관제 |
| 구분 | 칙령 제1246호 |
| 법령명/건명 | 포로정보국 관제<br>俘虜情報局 官制 |
| 공포·개정·결정·폐지 연월일 | 공포 1941년 12월 27일 |
| 구성 | 총 7개 조, 부칙 |
| 선행 규범·법령 | 육군성 군무국장 통첩(1941년 12월 12일) |
| 원문 일부 | |
| 주요 내용 및 특징 | ○ 일본군이 1940년 9월 인도차이나 남부 침공을 개시하고 1941년 12월 대미 전쟁 직후 동남아시아 일대를 실질적으로 지배하는 과정에서 발생한 약 30만 명의 연합군 포로를 관리하기 위해 설치<br>○ 육군대신이 관리하고 도쿄(東京)에 두도록 규정<br>○ 장관 1인, 사무관 4인 등 최소 인력 배정 |
| 법령 적용 범위 | 일본, 조선 |
| 관련 법령 통합·폐지 사항 | |
| 유사·파생 법령 | |

칙령 제1246호

1941년 12월 27일

## 포로정보국 관제

제1조 포로정보국은 육군대신의 관리에 속하고 다음의 사무를 관장한다.

    1. 포로의 유치, 이동, 선서해방(宣誓解放), 교환, 도주, 입원 및 사망에 관한 상황의 조사 및 명명표(銘銘票)의 작성·보수(補修)에 관한 사항

    2. 포로에 관련된 상황의 통신에 관한 사항

    3. 선서해방을 시키고 교환하고 도주하거나 병원, 붕대소(繃帶所) 또는 포로수용소에서 사망한 포로의 유류품 및 유언서의 보관과 유족, 기타 관계자에게 이를 송부하는 것에 관한 사항

    4. 포로에 대한 기증 및 포로 발송에 관계한 금전 및 물품의 취급에 관한 사항

    5. 적국전사자에 대해 육해군에서 알아야 할 사항, 기타 유류품 및 유언서와 전쟁터[戰場]에서 발견된 유류물의 취급에 관한 사항

    6. 적국에 포로가 된 자에 관한 상황 조사 및 해당 포로와 적국에 있는 가족, 기타 관계자와 통신 협조에 관한 사항

제2조 포로정보국은 도쿄에 둔다.

제3조 포로정보국에 장관 1인 및 사무관 4인을 둔다. 다만 사무관은 필요에 따라 증가할 수 있다.

    장관은 육군 장관(將官), 사무관은 육해군의 좌위관(佐尉官) 또는 고등문관 중에서 임명한다.

    제1항의 사무관 외에 육군대신의 주청에 따라 관계 각 청 고등관 중에서 내각에서 사무관을 임명할 수 있다.

    포로정보국에 서기 약간 명을 두고 판임으로 한다.

제4조 장관은 육군대신의 지휘·감독을 받아 국무(局務)를 처리[掌理]한다.

제5조 장관은 소관 사무에 따라 육해군의 관계 부대에 필요한 통보를 요청할 수 있다.

제6조 사무관은 장관의 명을 받아 각 담당한 사무를 관장한다.

제7조 서기는 상관의 명을 받아 사무에 종사한다.


부칙


본령은 공포일로부터 시행한다.

| 자료 74 | |
|---|---|
| | 포로수용시설 실시에 관한 건 |
| 구분 | 경건갑(經建甲) 제483호 |
| 법령명/건명 | 포로수용시설 실시에 관한 건<br>俘虜受用施設實施ニ關スル件 |
| 공포·개정·결정·폐지 연월일 | 1942년 4월 27일 |
| 구성 | |
| 선행 규범·법령 | 포로정보국 관제(1941년 12월 27일, 칙령 제1246호) |
| 원문 일부 | |
| 주요 내용 및 특징 | ○ 일본 육군이 조선군 경리부에 보낸 통첩<br>○ 조선에 포로수용소를 설치하는 건과 관련<br>○ 이후 1942년 6월에 조선과 대만 및 태국, 말레이시아, 필리핀, 자바, 보르네오에 각각 포로수용소 설치 결정<br>○ 조선과 대만은 육군이 하달한 군령육갑 제41호(1942년 6월 10일)에 따라 포로수용소 설치 |
| 법령 적용 범위 | 조선 |
| 관련 법령 통합·폐지 사항 | |
| 유사·파생 법령 | |

경건갑(經建甲) 제483호

1942년 4월 27일

## 포로수용시설 실시에 관한 건

부관으로부터 조선군 경리부장에게 통첩안[육아보(陸亞普)]

3월 24일 자 조경영(朝經營) 제924호에 관계된 위 제목의 건은 별지에 기재한 대로 실시할 것을 결정하고, 이에 따라 의명(依命) 통첩한다.

추가 소요 비용은 임시군사비 포로수용비로 하고 별도 증액하도록 한다.

■■■ 제278호 1942년 4월 27일

| 자료 75 | |
|---|---|
| | 조선포로수용소 분소 설치의 건 보고 |
| 구분 | 조참기(朝參機) 제596호 |
| 법령명/건명 | 조선포로수용소 분소 설치의 건 보고<br>朝鮮俘虜收容所分所設置ノ件報告 |
| 공포·개정·결정·폐지<br>연월일 | 1942년 7월 27일 |
| 구성 | |
| 선행 규범·법령 | 포로정보국 관제(1941년 12월 27일, 칙령 제1246호)<br>군령육갑(軍令陸甲) 제41호(1942년 6월 10일)<br>육아기밀(陸亞機密) 제167호(1942년 6월 10일) |
| 원문 일부 | |
| 주요 내용 및 특징 | ○ 조선군사령관이 육군대신에게 올린 보고서<br>○ 조선에 포로수용소를 설치하는 건과 관련<br>○ 표지만 있으며 인천분소 외에는 기재하지 않음 |
| 법령 적용 범위 | 조선 |
| 관련 법령<br>통합·폐지 사항 | |
| 유사·파생 법령 | |

조참기(朝參機) 제596호

1942년 7월 27일

## 조선포로수용소 분소 설치의 건 보고

조선군사령관 이타가키 세이시로(板垣征西郎)[49]

육군대신 도조 히데키(東條英機)[50] 앞

6월 10일 육아기밀(陸亞機密) 제167호 제3조에 따라 다음과 같은 제목으로 분소를 설치하게 되었기에 별지 편성표를 첨부하여 보고한다.[51]

다음

| 분소명 | 위치 |
| --- | --- |
| 조선포로수용소 인천분소 | 인천 |

---

[49] 이타가키 세이시로(1885~1948): 일본 육군 군인. 만주국 군정부 최고고문, 관동군 참모장, 육군대신 등을 역임하였다. 1931년 관동군 고급 참모로서 이시하라 간지(石原莞爾)와 함께 만주사변을 결행하고, 1941년 7월 대장으로 승진함과 동시에 조선군사령관으로 부임했다가 1945년 4월 제7방면군 사령관을 지냈다. 일본 패전 후 도쿄에서 열린 극동군사재판에서 A급 전범으로 사형 판결을 받고 1948년 12월 스가모(巢鴨) 형무소에서 처형되었다. 板垣征四郎刊行會가 발간한 『秘錄 板垣征四郎』(芙蓉書房, 1972)에서 상세한 연혁을 확인할 수 있다.

[50] 도조 히데키(1884~1948): 일본 육군 군인, 정치가. 1941년 12월 미일전쟁 발발 당시 내각총리대신으로 개전을 주도하고, 아시아태평양전쟁을 이끌었다. 육군차관, 육군항공총감, 육군대신, 육군참모총장, 대정익찬회 총재, 내각총리대신, 내무대신, 외무대신, 문부대신, 상공대신, 군수대신 등을 역임하였다. 일본 패전 후 자살미수에 그친 후 도쿄에서 열린 극동군사재판에서 A급 전범으로 사형 판결을 받고 1948년 12월 스가모형무소에서 처형되었다. 상세한 내용은 호사카 마사야스 지음, 정선태 옮김, 2012, 『도조 히데키와 천황의 시대』(페이퍼로드) 참조.

[51] 별지 편성표는 편철되어 있지 않다(아시아역사자료센터 C0100061600). 표지만 있어서 인천분소 외에 확인할 수 없으나, 조선군사령부는 포로수용소를 경성과 인천, 흥남 등 3개소에 설치하였다.

| 자료 76 | |
|---|---|
| \multicolumn{2}{l}{남방포로수용소 요원의 파견 및 조선포로수용소 개설의 건 보고} |
| 구분 | 조참기(朝參機) 제640호 |
| 법령명/건명 | 남방포로수용소 요원의 파견 및 조선포로수용소 개설의 건 보고<br>南方俘虜收容所要員ノ派遣及朝鮮俘虜收容所開設ノ件報告 |
| 공포·개정·결정·폐지 연월일 | 1942년 8월 28일 |
| 구성 | |
| 선행 규범·법령 | 포로정보국 관제(1941년 12월 27일, 칙령 제1246호)<br>군령육갑(軍令陸甲) 제41호(1942년 6월 10일) |
| 원문 일부 | |
| 주요 내용 및 특징 | ○ 조선군사령관이 육군대신에게 올린 보고서<br>○ 남방포로수용소에 조선군 인원을 차출하는 건과 조선에 포로수용소를 개설한 건에 관한 보고서<br>○ 남방포로수용소에 조선인 포로감시원 3,016명을 파견 |
| 법령 적용 범위 | 동남아, 대만, 조선 |
| 관련 법령 통합·폐지 사항 | |
| 유사·파생 법령 | |

조참기(朝參機) 제640호
1942년 8월 28일

## 남방포로수용소 요원의 파견 및 조선포로수용소 개설의 건 보고

조선군사령관 이타가키 세이시로(板垣征西郎)
육군대신 도조 히데키(東條英機) 앞

위 제목과 같이 보고한다.

1. 태국, 말레이시아, 자바포로수용소 편성 요원의 파견

조선군에서 차출한 본 요원 중 장교, 하사관은 이미 부산[52]에서 차출하여 용인[53]의 훈련에 종사하고 있는데, 8월 17일로 훈련을 마치게 되므로, 장교 이하 용인 모두 말레이시아 자바포로수용소 요원은 8월 19일에, 태국포로수용소 요원은 8월 21일에 각각 부산항을 출발하도록 하여 파견한다.

파견요원 차출 구분은 별지1과 같고, 장교관 이름 등은 별지2와 같다.

2. 조선포로수용소의 개설

조선포로수용소는 7월 5일 편성을 완결하고 그 직원은 오로지 앞 호의 용인 및 조선포로수용소에 배속할 용인의 훈련을 실시하였으며, 앞의 호와 같이 파견을 종료하고 또한 조선포로수용소 배속 용인도 같은 시기에 배속하도록 하므로 다음의 소정 위치로 옮겨 8월 25일 사무를 개시한다.

---

[52] 부산에 있던 임시군속교육대를 의미한다. 부산직할시 부산진구 범전동과 연지동 일대이다. 1930년 부산경마구락부가 운영하던 경마장이었는데, 설립 당초부터 필요한 경우에 군용지로 활용할 계획을 가지고 있었다. 중일전쟁 직후 일본군이 경마장 일대를 수용하면서, 1937년 기마부대가 설치되고 1941년 제72병참경비대, 일본군 군수품 야적장, 임시군속교육대 등 부대로 사용하였다. 1942년 6월 15일 3,200여 명의 포로감시원이 입소하였다. 일본 패전 후 2006년까지 미군부대(캠프 하야리아)로 운영하다가 2014년 부산시민공원이 되었다.

[53] 포로감시원을 의미한다. 조선군사령부는 남방으로 총 3,016명의 조선인을 파견하였다.

조선포로수용소장 경성부 청엽정 3정목 100번지

(소장 예(豫) 대좌 노구치 유즈루(野口讓)[54])

조선포로수용소 인천분소 = 인천부 화정(花町)

(분소장 소좌 오쿠다 다쓰오(娛田辰夫))

별지1[55]

군사기밀

| 포로수 | | | | 태국 | 말레이시아 | 자바 | 합계 | 비고 |
|---|---|---|---|---|---|---|---|---|
| 포로수용소 편성요원 차출구분 일람표 조선군 | 중좌 (소좌) | 유수19사단 (나남사단) | 75을보(乙補)(3) | 1 | | | 1 | 1. 본 표 차출부대란 괄호 안은 통칭호로서, 사단 이외의 병단문자부는 '조선'으로 한다. |
| | | | 76을보(4) | 1 | 1 | | 2 | |
| | | | 25BA보(8) | 5 | 4 | 1 | 10 | |
| | | | 15SA보(9) | | | 1 | 1 | |
| | | | 19P보(10) | 1 | 2 | 2 | 5 | |
| | | | 19T보(12) | | | 4 | 4 | |
| | | | 74을보(43) | 1 | | 1 | 2 | |
| | | 유수20사단 (경성사단) | 78을보(22) | | 1 | | 1 | |
| | | | 79을보(23) | | | 1 | 1 | |
| | | | 80을보(24) | | 1 | | 1 | |
| | | | 26A보(25) | | | 1 | 1 | |
| | | | 20T보(30) | | | 2 | 2 | |
| | | | 77을보(44) | | | 3 | 3 | |
| | | | 계 | 9 | 9 | 16 | 34 | |

---

54 노구치는 임시군속교육대 부대장이었으므로 임시군속교육대를 '노구치부대'라 부르기도 하였다. 노구치는 예비역에 편입된 자였는데, 1937년 11월 조선중앙방공위원회 간사 촉탁, 1939년 조선총독부 경무국 방호과 촉탁 등을 역임하다가 임시교육대 설치와 함께 재소집된 것으로 보인다. 조건, 「전시 총동원체제기 조선 주둔 일본군의 조선인 통제와 동원」, 200쪽.
55 별지2 장교관 이름은 번역 생략.

| | | | | | | | |
|---|---|---|---|---|---|---|---|
| 군조<br>(오장) | 유수19<br>사단<br>(나남사단) | 73을보(2) | 1 | 7 | 1 | 9 | 2. 용인 차출인원은 각 수용소 모두 약간의 소정인원에 적정한 인원이지만, 훈련 종료시 인원의 개황에 따라 예비로서 본 표와 같이 차출한다. |
| | | 75을보(3) | 5 | 5 | | 10 | |
| | | 76을보(4) | 5 | 2 | 2 | 9 | |
| | | 19수보(搜補)(6) | 1 | | 1 | 2 | |
| | | 20BA보(8) | 3 | | 5 | 8 | |
| | | 19P보(10) | | 2 | | 2 | |
| | | 19T보(12) | | | 2 | 2 | |
| | | 74을보(43) | 2 | | 13 | 15 | |
| | 유수20<br>사단<br>(경성사단) | 78을보(22) | 3 | 3 | 2 | 8 | |
| | | 79을보(23) | 1 | | 10 | 11 | |
| | | 80을보(24) | 4 | 6 | | 10 | |
| | | 20T보(30) | 2 | 2 | 3 | 3 | |
| | | 77을보(44) | | | 8 | 12 | |
| | 계 | | 27 | 27 | 47 | 101 | |
| 용인 | 조선군사령부 | | 804 | 804 | 1,408 | 3,016 | |
| 합계 | | | 840 | 840 | 1,471 | 3,151 | |

| 자료 77 | |
|---|---|
| \multicolumn{2}{c}{포로수용에 관한 명령제출(송부)의 건} |
| 구분 | 조참밀(朝參密) 제1770호 |
| 법령명/건명 | 포로수용에 관한 명령제출(송부)의 건<br>俘虜收容ニ關スル命令提出(送付)ノ件 |
| 공포 · 개정 · 결정 · 폐지 연월일 | 1942년 9월 3일 |
| 구성 | 조선군 명령, 참모장 지시, 별지 |
| 선행 규범 · 법령 | 포로정보국 관제(1941년 12월 27일, 칙령 제1246호)<br>군령육갑(軍令陸甲) 제41호(1942년 6월 10일)<br>조선포로수용소 분소 설치의 건 보고(1942년 7월 27일, 조참기(朝參機) 제596호) |
| 원문 일부 | |
| 주요 내용 및 특징 | ○ 조선군 참모장이 육군차관에게 올린 보고서<br>○ 9월 부산에 도착하는 포로를 수용하기 위한 사전 준비 관련<br>○ 조선군사령관 명의의 명령서, 조명(朝命) 제10호에 따른 군 참모장 지시, 별지(포로에 대한 검역실시요령)로 구성 |
| 법령 적용 범위 | 조선 |
| 관련 법령 통합 · 폐지 사항 | |
| 유사 · 파생 법령 | |

조참밀(朝參密) 제1770호

1942년 9월 3일

## 포로수용에 관한 명령제출(송부)의 건[56]

조선군 참모장 이하라 준지로(井原潤次郎)

육군차관 기무라 헤이타로(木村兵太郎) 앞

이미 결재[睿決]한 건을 별지와 같이 발령하였음에 제출(송부)한다.

군사기밀

조명(朝命) 제10호

조선군 명령

8월 31일 10시 경성

1. 군은 9월 상순 부산에 도착하는 백인 포로를 수용시키도록 한다.
2. 조선포로수용소장은 포로 인솔관으로부터 위 포로를 부산 부두에서 수령하고, 이의 수송, 수용에 임해야 한다.
3. 조선군 헌병대사령관은 위에 따라 방첩(防諜) 및 경계를 담당해야 한다.
4. 세부에 관해서는 군 참모장을 통해 지시한다.

조선군 사령관 이타가키 세이시로(板垣征西郎)

하달법: 인쇄 교부

하달처: 조선군포로수용소[朝俘收], 조선군헌병대사령부[朝憲司]

---

[56] 아시아역사자료센터 소장 자료.

제출처: 참모차장, 육군차관

배포처: 포로관리부[俘管部], 포로정보국[俘情局], 부산병참사령부[釜兵司], 조선군 임시병참사령부[軍臨兵司], 야전철도창[野鐵] 용산지부, 조선육군창고[陸倉], 경성육군병원[京陸病], 조선군 임시병참병원[朝臨兵病], 경성사관구사령부[京師司], 조선군사령부 각 부처[軍各部], 제1선박수송사령부 부산지부[一船舶司釜支部]

군사기밀

조명(朝命) 제10호에 따른 군 참모장 지시

1. 조선포로수용소장은 포로 수령을 위해 다음의 인원을 부산에 파견하도록 한다.

　　장교 2(군의 1인 포함)

　　하사관 이하 15(하사관에 통역 1인 포함)

2. 조선포로수용소장은 검역을 별지와 같이 실시하도록 한다.
3. 수송 과정의 급식[給養]은 병참이 담당한다.
4. 포로수용소장은 수송 과정에서 경계에 관해 조선헌병대 사령관과 협의하도록 한다.
5. 수송 선박의 명칭 및 도착 일시 등에 관해서는 엄히 비밀에 붙이고 포로에 관한 선전과 혼동해서는 안 된다.
6. 포로에 관한 선전은 별도로 군 보도부에서 실시하는 것으로 한다.

별지

포로에 대한 검역실시요령

1. 포로의 검역에 관해서는 선박 도착지[揚陸地] 검역 및 수용소 검역을 실시한다.
2. 포로수용소장은 제1선박수송사령부 부산지부에서 실시하는 양륙지 검역에 협력하고 선박 수송 도중에 전염병 환자가 발생하거나 또는 현재 의심스러운 환자라고 인정되는 자가 없을 경우 간단한 소독 후 육지에 내리도록[揚陸] 한다.
3. 양륙지 검역에서 의심환자가 있을 경우에는 속히 조선군 임시병참병원과 연계하여 승선

당시 분변(糞便)의 세균학적 검사를 실시한다.

성적을 판명하고 전원 음성인 경우에는 앞의 항에 따라 육지에 내리도록 한다.

앞의 항 검사에서 양성자로 인정된 경우에는 조선군 임시병참병원에 입원시키고, 이를 제외한 음성자는 소독을 실시한 후 기차 수송을 하도록 한다.

4. 수용소 검역은 수용소 도착 후 속히 일반 신체검사와 함께 이질[赤痢], 장티푸스, 파라티푸스 및 콜레라 균 보유자의 검색을 목적으로 분변, 세균학적 검사를 실시하도록 한다.

이질에 관해서는 의심되는 자는 아메바 검사를 병행하도록 한다.

5. 기타 전염병에 관해서는 필요하다고 인정될 경우 필요한 검색을 실시하도록 한다.
6. 말라리아에 대해서는 7월 7일 조의을(朝醫乙) 제310호에 따라 검색을 실시하도록 한다.
7. 포로수용소 소속 의관은 기차 수송 도중에 필요한 위생재료 및 방역용 약물을 준비·휴대하도록 한다.

| 자료 78 | |
|---|---|
| | 조선총독부 도사무분장 규정 |
| 구분 | 조선총독부훈령 제94호 |
| 법령명/건명 | 조선총독부 도사무분장 규정<br>朝鮮總督府 道事務分掌 規程 |
| 공포·개정·결정·폐지 연월일 | 공포 1943년 12월 1일 |
| 구성 | 총 7개 조 개정(군인동원 업무 해당 2개 조) |
| 선행 규범·법령 | 조선총독부 관제 개정(1943년 11월 30일, 칙령 제890호)<br>조선총독부 사무분장 규정 중 개정(1943년 12월 1일, 조선총독부훈령 제88호) |
| 원문 일부 | |
| 주요 내용 및 특징 | ○ 도(道) 내무부, 광공부, 경찰부에 각각 총동원·군인동원·노무동원 관련 업무 배정<br>○ 내무부·경찰부에 군인동원 업무를 분장 |
| 법령 적용 범위 | 조선 |
| 관련 법령 통합·폐지 사항 | |
| 유사·파생 법령 | |

조선총독부훈령 제94호

1943년 12월 1일

## 조선총독부 도사무분장 규정

제2조 내무부에서는 다음의 사무를 관장한다.

    1. 신사에 관한 사항

    2. 도회(道會) 및 도 재정에 관한 사항

    3. 부(府), 군(郡), 도(島), 읍면 및 공공단체의 행정 감독 및 사찰에 관한 사항

    4. 도령(道令), 훈령, 기타 중요한 처분의 심의에 관한 사항

    5. 임시은사금 및 향교재산에 관한 사항

    6. 국민총력운동에 관한 사항

    7. 정보 및 계발, 선전에 관한 사항

    8. 교육 및 학예에 관한 사항

    9. 국민연성 및 국민근로교육에 관한 사항

    10. 사찰, 종교 및 향사(享祀)에 관한 사항

    11. 보물, 고적, 명승 및 천연기념물에 관한 사항

    12. 군사원호 및 사회사업에 관한 사항

    13. 주택대책에 관한 사항

    14. 영선에 관한 사항

    15. 회계에 관한 사항

    16. 다른 주관에 속하지 않는 사항

제6조 경찰부에서는 다음의 사무를 관장한다.

    1. 경찰에 관한 사항

    2. 병사(兵事)에 관한 사항

    3. 경비 및 방공(防空)에 관한 사항

    4. 위생에 관한 사항

5. 경찰직원의 진퇴, 상벌, 기타 신분에 관한 사항. 단 판임관 이상은 제외한다.
6. 경찰문서의 왕복, 기록, 편찬 및 보관에 관한 사항

| | |
|---|---|
| **자료 79** | |
| | 부제 시행규칙 중 개정 |
| 구분 | 조선총독부령 제164호 |
| 법령명/건명 | 부제 시행규칙 중 개정<br>府制 施行規則 中 改正 |
| 공포·개정·결정·폐지 연월일 | 공포 1943년 6월 9일 |
| 구성 | 총 16개 조 개정(군인동원 업무 해당 1개 조), 부칙 |
| 선행 규범·법령 | 부제 중 개정(1943년 6월 9일, 제령 제29호) |
| 원문 일부 | (원문 이미지) |
| 주요 내용 및 특징 | ○ 1927년 조선총독부령 제39호 중 개정(경성부에서는 부윤 또는 구장으로)<br>○ 1929년 조선총독부령 제19호 중 개정(부윤 아래 경성부에서는 부윤 및 구장을 추가)<br>○ 1937년 조선총독부령 제149호 중 개정(부읍면 아래 경성부에서는 구를 추가)<br>○ 1938년 조선총독부령 제171호 중 개정(부윤 아래 경성부에서는 구장을 추가)<br>○ 1942년 조선총독부령 제216호 중 개정(부윤 아래 경성부에서는 구장을 추가) |
| 법령 적용 범위 | 경성부 |
| 관련 법령 통합·폐지 사항 | |
| 유사·파생 법령 | |

조선총독부령 제164호

1943년 6월 9일

## 부제 시행규칙 중 개정

제5조 1938년 조선총독부령 제171호(육군특별지원병령에 의한 병역의 약부호 기입에 관한 건) 중 다음과 같이 개정한다.

제1조 중 '부윤' 아래에 '(경성부에서는 구장)'을 추가한다.

| | |
|---|---|
| 자료 80 | |
| | 경성부 사무분장 규정 |
| 구분 | 조선총독부훈령 제95호 |
| 법령명/건명 | 경성부 사무분장 규정<br>京城府 事務分掌 規程 |
| 공포·개정·결정·폐지 연월일 | 공포 1943년 12월 1일 |
| 구성 | 총 7개 조 개정(군인동원 업무 해당 1개 조) |
| 선행 규범·법령 | 조선총독부 사무분장 규정 중 개정(1943년 12월 1일, 조선총독부훈령 제88호)<br>조선총독부 도사무분장 규정 중 개정(1943년 12월 1일, 조선총독부훈령 제94호) |
| 원문 일부 | |
| 주요 내용 및 특징 | ○ 경성부에 부윤관방, 총무부, 민생부 및 공영부(公營部)를 두고 총무부, 민생부에 총동원·군인동원·노무동원 관련 업무 배정<br>○ 총무부에 '군사원호', '병사에 관한 사항' 업무를 분장 |
| 법령 적용 범위 | 경성부 |
| 관련 법령 통합·폐지 사항 | |
| 유사·파생 법령 | |

조선총독부훈령 제95호

1943년 12월 1일

## 경성부 사무분장 규정

제1조 경성부에 부윤관방, 총무부, 민생부 및 공영부(公營部)를 둔다.

제2조 총무부에서는 다음의 사무를 관장한다.

 1. 신사(神社) 및 신사(神祠)에 관한 사항

 2. 구(區)의 감독에 관한 사항

 3. 국민총동원에 관한 사항

 4. 국민총력운동에 관한 사항

 5. 정보 및 계발, 선전에 관한 사항

 6. 부회(府會) 및 교육부회(敎育部會)에 관한 사항

 7. 부 및 특별경제의 재정에 관한 사항

 8. 국세, 도세(道稅) 및 부세(府稅)에 관한 사항

 9. 예규, 훈령, 조례, 기타 중요한 처분의 심의에 관한 사항

 10. 교육 및 학예에 관한 사항

 11. 국민연성 및 국민근로교육에 관한 사항

 12. 사찰, 종교 및 향사(享祀)에 관한 사항

 13. 보물, 고적, 명승 및 천연기념물에 관한 사항

 14. 군사원호 및 사회사업에 관한 사항

 15. 도시방위에 관한 사항

 16. 병사(兵事)에 관한 사항

 17. 호적에 관한 사항

 18. 산업에 관한 사항

 19. 물자수급조정, 물가조정 및 기업 정비에 관한 사항

 20. 시장에 관한 사항

21. 도량형에 관한 사항

22. 저축장려에 관한 사항

23. 자원조사에 관한 사항

24. 다른 과 주관에 속하지 않는 사항

| 자료 81 | |
|---|---|
| | 사변 중 현역병으로 징집된 자의 취급에 관한 건 |
| 구분 | 경북인비 제352호 |
| 법령명/건명 | 사변 중 현역병으로 징집된 자의 취급에 관한 건<br>事變中現役兵トシテ徵集セラレタル者ノ取扱ニ關スル件 |
| 공포·개정·결정·폐지 연월일 | 1940년 7월 1일 |
| 구성 | |
| 선행 규범·법령 | 육군특별지원병령(1938년 2월 26일, 칙령 제95호)<br>관통첩 |
| 원문 일부 | (원문 이미지) |
| 주요 내용 및 특징 | ○ 경북도가 1942년에 발간한 『읍면행정예규』 수록 자료<br>○ 1940년 관통첩에 의거<br>○ 육군특별지원병령(1938년 2월 26일, 칙령 제95호)에 따른 후속 조치 |
| 법령 적용 범위 | 경상북도 |
| 관련 법령 통합·폐지 사항 | |
| 유사·파생 법령 | |

경북인비(慶北人秘) 제352호

1940년 7월 1일

## 사변 중 현역병으로 징집된 자의 취급에 관한 건

이번 사변[57] 중 현역병으로서 육해군에 징집된 자에 대해서는 다음과 같이 결정한 관통첩이 있기에 이첩한다.

추가로 지방단체 이원(吏員) 이하에 대해서도 본 건에 준해 취급하고, 또한 현재 급료를 받고 입영 중인 자는 오는 7월 1일부터 본 건에 따라 처리하며, 또한 휴직 중의 관리 등에 봉급을 지급하지 않는 근거는 1890년 칙령 제62호(관직에 있는 자 및 휴직 관리로서 1년간 지원병이 된 자에 관한 건)의 취지를 널리 해석하여 그 근본적인 견해에 의한 것으로 판단함.

기(記)

1. 간부후보생 지원 유무와 무관하게 관리(대우 관리를 포함)에 있는 자는 입영 전날 휴직을, 촉탁·고원 및 용인에 있는 자는 입영 전날(일용 급료자는 입영일) 휴무를 명할 수 있음
2. 휴직을 명받은 자가 복역휴직만기가 되었을 때에는 휴직만기일로 복직을 명하고 동일자로 휴직을 명함
3. 휴가 또는 휴직을 명받은 자가 복역만기 또는 귀휴(歸休) 등으로 인해 퇴영할 때에는 휴직자는 퇴영일(일용 급료자는 퇴영 다음날)에 특별한 사정이 없는 한 복무를 명함
4. 휴가 또는 휴무를 명받은 자에 대해서는 휴가 또는 휴무 기간 중 봉급 또는 급료를 지급하지 않음
   퇴영할 때 당월분의 봉급 또는 열흘치 급료[旬俸]의 전액을 지급받은 기간에 대해서도 동일함(전병사 등 경우 사망하사금과 상여금은 당연히 지급할 수 있음)

---

[57] 중일전쟁을 의미.

5. 현재 복무 중인 자로서 입영할 때 퇴관하거나 퇴직한 자에 대해서는 관리(단 승격 퇴관자는 다음 단에 따른 고원으로서의 취급도 차이 없음)는 퇴관 전의 신분 봉급으로 임용한 후 당일 휴직을 명하고, 촉탁고원용인은 퇴관 전의 신분 및 급료로 채용한 후 당일 휴무를 명할 수 있음

6. 육군특별지원병령 제1조 규정에 따른 육군의 병역에 복무할 것을 지원하고 육군지원자 훈련소에 입소를 명받은 자에 대해서는 퇴영(보충병역에 편입된 자는 훈련소 퇴소)에 이를 때까지 각 항에 준해 취급함

# Ⅳ

## 노무(학생·여성) 동원 기구·조직에 관한 주요 각의결정 및 법령 등

# 1. 노무(학생·여성) 동원 관련 중앙행정 기구 및 조직

## 1) 노무(학생·여성) 동원 관련 중앙행정 기구 및 조직의 개요

노무동원은 법률(1938년 4월에 제정한 국가총동원법 등)에 의거하여 정책적·조직적·집단적·폭력적으로 동원한 각종 산업 노무자를 지칭한다. 일제는 학생과 여성도 노무동원 대상에 포함하였다. 일제가 동원한 지역은 한반도, 일본, 남사할린(樺太), 중국 관내·만주, 중서태평양(남양군도), 동남아시아, 대만(臺灣) 등 모든 제국 일본 영역이다. 직종별로는 군수공장, 군 공사장, 토목건축 공사장, 석탄광산, 금속광산, 항만운수 작업장, 삼림 벌채장, 집단 농장, 기타(염전 등) 등으로 나눌 수 있다.

노무(학생·여성) 동원과 관련한 중앙의 기구 및 조직을 정리해 보면 다음과 같다. 먼저 업무 담당 부서의 변천을 시기순으로 살펴보면 다음과 같다.

- 선만척식주식회사(1936. 6. 4.) → 총독관방 외무부(1937. 7. 16.) → 내무국 사회과(1939. 2. 7.) → 조선총독부 이민위원회(1939. 2. 22.) → 총독관방 외사부(1939. 8. 2.) → 조선직업소개소(1940. 1. 20.) → 만주개척민지원자훈련소(1940. 4. 10.) → 내무국 노무과(1941. 3. 13.) → 만선척식주식회사(1941. 4. 1.) → 사정국 척무과, 후생국 사회과·노무과(1941. 11. 19.) → 사정국 노무과·외무과(1942. 11. 1.) → 광공국(1943. 11. 30.) → 광공국 기획과·노무과(1943. 12. 1.) → 조선여자청년연성소(1944. 2. 10.) → 학도동원본부(1944. 4. 28.) → 근로동원본부 총무부·지도부, 광공국 근로조정과·근로동원과·근로지도과(1944. 10. 15.) 농상국 농상과(1944. 11. 22.) → 광공국 근로부 조정과·동원과·지도과(1945. 1. 27.)→ 근로동원본부 총무부·지도부·수송부(1945. 2. 2.) → 중앙농업수련도장(1945. 3. 31.) → 광공국 동원과·근로부 근로제1과·근로부 근로제2과, 농상국 농상과(1945. 4. 17.)

노무(학생·여성) 동원을 직접 담당한 주요 중앙기구 및 조직은 총독관방 외무부(외사부), 내무국, 후생국, 사정국, 광공국, 농상국, 학도동원본부, 근로동원본부 등이다. 교육 및 훈련기관은 만주개척민지원자훈련소, 조선여자청년연성소, 중앙농업수련도장이다.

노무(학생·여성) 동원을 직접 담당한 중앙기구 및 조직을 대상으로 구체적인 부서 변천 및 업무 내용을 보면 다음과 같다.

[표 1] 중앙행정 단위의 노무(학생·여성) 동원 관련 부서 변천 및 업무 내용

| 부서 | 내무국 사회과 | 총독관방 외사부 | 내무국 노무과 | 후생국 노무과<br>사정국 척무과 |
|---|---|---|---|---|
| 연도 | 1939. 2. 7. | 1939. 8. 3. | 1941. 3. 13. | 1941. 11. 19. |
| 근거 | 조선총독부훈령 제7호 | 조선총독부훈령 제45호 | 조선총독부훈령 제23호 | 조선총독부훈령 제103호 |
| 해당 업무 조항 | - 군사부조, 기타 군사원호<br>- 노동보호<br>- 직업소개, 기타 노무 수급<br>- 국민등록 | - 만주와 중국[滿支] 개척민 이식 설계<br>- 만지 이주 적격지 조사<br>- 개척민 수송<br>- 개척민 훈련<br>- 안전농촌<br>- 선만척식주식회사의 업무 감독<br>- 만선척식주식회사의 업무 지도 | - 직업소개, 기타 노무 수급 조정<br>- 실업 대책<br>- 노동력의 확보 증강<br>- 노동조건<br>- 노동보호<br>- 국민직업능력 등록 및 국민징용<br>- 기타 노무 | • 노무과: 노무동원 관련 업무 총 7개 항, 1941년 3월 13일 자 내무국 노무과 업무분장과 큰 차이 없음<br>• 척무과: 만주개척민 관련 업무 총 6개 항, 총독관방 외사부 업무분장과 큰 차이 없음 |
| 기타 | - 노무계 신설 | - 폐지(1941. 11. 19.): 업무는 사정국으로 이관 | - 최초로 '국민징용' 업무분장, '군사보호' 업무는 사회과에 배정 | |

| 부서 | 사정국<br>노무과·외무과 | 광공국<br>기획과·노무과 | 광공국 근로조정과·근로동원과·근로지도과<br>근로동원본부 |
|---|---|---|---|
| 연도 | 1942. 11. 1. | 1943. 12. 1. | 1944. 10. 15. |
| 근거 | 조선총독부훈령 제54호 | 조선총독부훈령 제88호 | 조선총독부훈령 제89호<br>조선총독부훈령 제92호 |
| 해당 업무 조항 | • 사정국 노무과<br>- 노무동원 관련 업무 총 8개 항<br>- '기술자 할당' 사항 추가<br>• 사정국 외무과: 만주개척민 관련 업무 총 5개 항 | • 광공국 기획과: 1. 국가총동원계획의 설정 및 수행의 종합<br>• 노무과: 노무동원 관련 총 6개 항 | • 근로조정과<br>- 국민동원계획 및 기술자동원계획의 책정<br>- 국민등록, 기술자 등록 및 과학기술자 등록<br>- 근로자의 배치 규제<br>- 이공과계 학교 졸업자의 사용제한<br>- 근로 공급원의 조사·개척<br>- 근로동원에 관한 조사<br>- 기타 다른 과의 주관에 속하지 않는 근로행정<br>• 근로동원과<br>- 국민징용, 국민근로협력, 기타 근로동원의 실시<br>- 근로자의 기동배치 및 배치전환<br>- 근로자의 조선 외[鮮外] 송출 및 도항 보호<br>- 일용근로자의 통제<br>- 직업소개<br>- 입영자의 직업 보장<br>- 근로자의 모집허가<br>- 근로동원 예정자의 훈련 |

| | | | |
|---|---|---|---|
| | | | - 조선노무협회 및 조선송출근로자연성협회의 지도<br>• 근로지도과<br>- 근로관리<br>- 근로자의 표창 및 징계<br>- 근로자의 교양 훈련<br>- 기술자의 양성<br>- 기능검사<br>- 임금, 급료, 기타 급여<br>- 근로자용 물자, 근로자용 주택, 기타 근로자의 후생시설<br>- 근로자의 부조 및 원호<br>- 조선근로동원원호회의 지도<br>• 근로동원본부 총무부 조정반<br>- 국민동원에 관한 종합기획<br>- 근로자의 배치 규제<br>• 동원반<br>- 국민동원의 실시<br>- 근로자의 기동배치 및 배치전환<br>• 관리원호반<br>- 근로관리<br>- 근로자의 표창 및 징계<br>- 근로자의 부조 및 원호<br>- 근로자용 물자의 배급<br>• 지도부 지도반<br>- 근로자의 사상지도<br>- 외국인 노무자의 지도<br>• 동원추진반<br>- 근로통제 위반의 방지<br>- 근로동원의 추진협력<br>• 선전반<br>- 근로정책의 보급·선전<br>- 근로에 관한 국민운동의 지도<br>- 근로자의 위안·오락 |
| 기타 | - 1942년 8월 22일 조선총독부 행정 간소화안 발표 후속 조치<br>- 1943년 11월 30일 (칙령 제890호): 사정국 폐지, 광공국 설치 | - 칙령 제890호 후속 조치 | - 광공국 노무과를 3개 과로 확대 개편(조선총독부훈령 제89호)<br>- 조선총독부 직속으로 근로동원본부 설치(조선총독부훈령 제92호)<br>- 근로동원본부 개정(1945. 2. 2.)<br>- 광공국 소속 3개 과 업무와 근로동원본부 업무분장 중복<br>- '노무'에서 '근로'로 용어 변경 |

| 부서 | 광공국 근로부<br>조정과·동원과·지도과 | 광공국 동원과·근로부 근로제1과·근로제2과<br>농상국 농상과 |
|---|---|---|
| 연도 | 1945. 1. 27. | 1945. 4. 17. |
| 근거 | 조선총독부훈령 제2호 | 조선총독부훈령 제18호 |
| 해당<br>업무<br>조항 | • 근로부 조정과: 구 근로조정과 업무분장과 동일<br>• 동원과: 구 근로동원과 업무분장과 동일<br>• 지도과: 구 근로지도과 업무분장과 동일 | • 광공국 동원과<br>- 국가총동원계획의 설정 및 수행의 종합<br>- 생산방공<br>- 군수회사법의 시행<br>• 광공국 근로부 근로제1과<br>- 국민동원계획 및 기술자동원계획의 책정<br>- 근로자의 등록<br>- 근로동원의 실시<br>- 근로동원 예정자의 훈련<br>- 전시근로요원 책정<br>- 직업소개소 및 입영자의 직업보장<br>- 근로자의 모집허가<br>- 기타 다른 과의 주관에 속하지 않는 근로행정<br>• 근로제2과<br>- 근로사상의 보급 선전<br>- 근로관리<br>- 근로자의 표창 및 징계<br>- 기능자의 양성<br>- 근로자의 교양훈련<br>- 임금, 급료, 기타 급여<br>- 근로자용 물자, 근로자용 주택, 기타 근로자의 후생시설<br>- 근로자의 부조 및 원호<br>• 농상국 농상과: 3. 개척민<br>• 중앙농업수련도장: 농촌지도자 및 농촌중견청년의 수련에 관한 사무 |
| 기타 | | '군수회사법 시행' 업무 신설 |

[표 1]의 기구 변천 흐름을 간략히 살펴보면 다음과 같다.

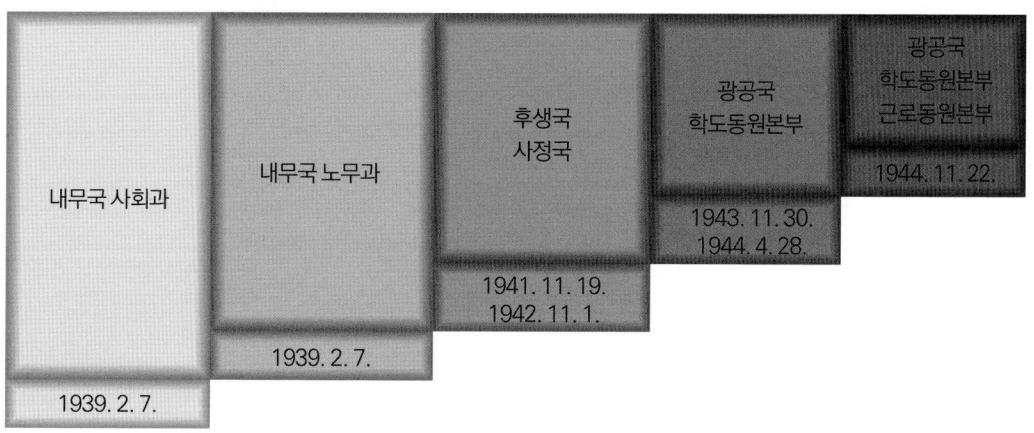

내무국 사회과 1939. 2. 7.
내무국 노무과 1939. 2. 7.
후생국 사정국 1941. 11. 19. 1942. 11. 1.
광공국 학도동원본부 1943. 11. 30. 1944. 4. 28.
광공국 학도동원본부 근로동원본부 1944. 11. 22.

## 2) '노무과'로 대표되는 노무동원 기구

노무(학생·여성) 동원을 직접 담당한 주요 중앙 기구 및 조직 가운데 중국과 만주 지역을 제외한 모든 지역을 대상으로 한 노무동원을 담당한 대표적인 조직은 내무국, 후생국, 사정국, 광공국 소속이던 노무과라고 할 수 있다. 부서의 조직이 확대되고 1944년부터 일제가 정책적으로 '노무'를 '근로'로 대체하면서 부서의 이름이 변경되었으나, '노무과'는 일제강점기 내내 가장 상징적인 노무동원 기구였다. 노무 외에 군무원동원도 노무과의 담당이었다.

노무과의 모태는 1939년 2월 7일 자로 개설한 내무국 사회과 노무계이다. 노무계 신설 당시의 업무분장은 확인할 수 없으나 「총독부 사회과 사무분담별 정원 배치표(1939년 9월 10일 현재)」[1]에 따르면, 37개 업무 단위에, 직원은 14명이다.

이듬해인 1940년 9월 1일 자 문서 「총독부 사회과 직원 사무분담별 정원 배치표(1940년 9월 1일 현재)」[2]에 의하면, 37개 업무 단위는 3개의 계(係)로 분산되고, 노무계의 업무 단위는 14개로 줄어들며, 직원도 6명으로 줄었다. 그러나 노무계가 전담하던 업무가 3개의 계로 확대되었고, 이들 계의 업무와 인원수는 39개 단위와 20명으로 오히려 늘었다. 사무분장 규정 등 법령에 따르면, 노무동원 관련 업무는 내무국 사회과 노무계의 전담이다. 그러나 『공문유취』 문서를 통해 1940년 9월 1일 현재 노무 담당 업무는 기획계·총동원계·노무계가 담당하였음을 알 수 있다. 이 같은 업무의 확대는 1941년 3월 13일에 노무과가 설치되는 배경이 되었다. 이때 노무과는 31명(「직원록」 32명)이 49개 업무 단위를 담당하는 부서(4계, 2사무소)로 출범하였다.[3]

**[표 2] 노무동원 관련 주요 중앙행정 기구 정원 현황[4]**

| 부서 및 일시 | 정원[4] | 비고 |
|---|---|---|
| 내무국 사회과<br>(1939. 2. 7.) | - 사회과 정원(「직원록」 1939년, 27명): 사무관 2, 속 19, 촉탁 6 | |

---

1  아시아역사자료센터(『公文類聚』 64편, 1940년, 29권, 관직27, 관제27, 조선총독부1), A02030178000.
2  아시아역사자료센터(『公文類聚』 65편, 1941년, 40권, 관직37, 관제37, 조선총독부1), A02030269100.
3  아시아역사자료센터(『公文類聚』 66편, 1942년, 38권, 관직34, 관제34, 조선총독부3), A03010015300.
4  「직원록」과 『공문유취』의 정원 차이는 임시직 포함 여부와 관련이 있을 것으로 생각된다.

| | | |
|---|---|---|
| 내무국 사회과 노무계<br>(1939. 9. 10.) | - 노무계 정원(『공문유취』 64편, 14명): 이사관 1, 속 9(임시 6), 기사 1, 기수 4(임시) | - 부산도항보호사무소 인원(『공문유취』 64편): 속 2 |
| 내무국 사회과 노무계<br>(1940. 9. 1.) | - 6명(『공문유취』 65편): 이사관 1, 속 5<br>- 사회과 정원(『공문유취』 38편): 사무관 2명(과장 1, 총동원계 임시 1), 이사관 2(임시 1), 기사 1, 속 27(임시 17), 기수 6<br>- 사회과 정원(직원록 1940년, 45명): 사무관 3, 이사관 1, 기수 2, 기사 1, 촉탁 8, 속 30명 | - 1939년 9월 10일 당시 노무계 업무를 기획계, 총동원계, 노무계가 분담<br>- 노무계 업무 축소: 37항 → 14항<br>- 노무계 인원 축소: 14명 → 6명<br>- 사회과: 과장 1, 사회계 9, 군사원호계 5, 기획계 4, 총동원계 10, 노무계 6, 부산도항보호사무소 3 |
| 내무국 노무과<br>(1941. 3. 13.) | - 1941년 11월 현재(『공문유취』 66편, 31명): 사무관 3(임시 3), 이사관1, 기사 1(임시 1), 속 23(임시 17), 기수 3(임시 3)<br>- 노무과 정원(『직원록』 1941년, 32명): 사무관 2, 이사관 1, 속 21, 촉탁 5, 기사 1, 기수 2 | - 1941년 11월 현재 업무: 서무계·업무제1계(9항), 규제계(20항), 업무제2계(15항), 조사계(1항), 부산도항보호사무소(2항), 여수도항보호사무소(2항) |
| 후생국 노무과<br>(1941. 11. 19.) | - 1941년 12월 1일 현재(『공문유취』 66편, 28명): 사무관 2(임시 2), 이사관 1, 기사 1(임시 1), 속 22(임시 16), 기수 2(임시)<br>- 후생국 정원(『직원록』 1942년, 20명): 국장 1, 사무관 6, 이사관 3, 체육관 1, 기사 9 | |
| 사정국 노무과<br>(1942. 11. 1.) | - 사정국 정원(『직원록』 1942년, 51명): 국장 1, 사무관 20, 토목사무관 2, 재무관 1, 통역관 1, 이사관 3, 기사 23<br>- 사정국 정원(『직원록』 1943년, 46명): 국장 1, 서기관 7, 사무관 8, 토목사무관 1, 재무관 1, 통역관 1, 기사 28 | |
| 근로동원본부<br>(1944. 10. 15.) | - 본부장 1, 차장 1, 부장 2, 반장 및 반원 약간, 참여관 및 참사 약간 | |

자료: 『조선총독부관보』, 조선총독부 소속 「직원록」, 『공문유취』 해당 항목.

    1941년 3월 13일 자 내무국 노무과의 설립은 전담 부서의 출현이라는 의미와 함께 '국민직업능력 등록 및 국민징용에 관한 사항'이라는 항목을 통해 '징용' 업무를 개시하였다는 의미가 있다. 이를 통해 「국민징용령」에 의거한 '징용' 업무가 1941년 3월을 기점으로 공식적인 업무로 확립되었음을 알 수 있다. [표 3]에서 알 수 있는 바와 같이 「국민징용령」에 의해 조선인을 동원하기 시작한 시기는 1941년이다. 4,895명을 일본으로 징용하였다. 일제가 노무과 업무에 '국민징용' 업무를 분장한 시기와 일치한다.

[표 3] 동원 지역별 조선인 피징용자 현황[5]

| 연도 | 조선 내 | | 일본 본토 | 남양 | 합계 |
| --- | --- | --- | --- | --- | --- |
| | 신규 징용[5] | 현원 징용 | (신규 징용) | (신규 징용) | |
| 1941년 | - | | 4,895 | | 4,895 |
| 1942년 | 90 | - | 3,871 | 135 | 4,096 |
| 1943년 | 648 | - | 2,341 | - | 2,989 |
| 1944년 | 19,655 | 153,850 | 201,189 | - | 374,694 |
| 1945년 | 23,286 | 106,295 | 9,786 | - | 139,367 |
| 합계 | 43,679 | 260,145 | 222,082 | 135 | 526,041 |

출전: 大蔵省管理局, 『日本人の海外活動に關する歷史的調査』朝鮮編 第9分冊.

 이후 후생국 노무과(1941년 11월 19일)와 사정국 노무과(1942년 11월 1일), 광공국 노무과(1943년 12월 1일), 광공국 근로동원과(1944년 10월 15일), 광공국 근로부 동원과(1945년 1월 27일)로 직제가 바뀌는 과정에서도 업무는 존속하였다. 그러나 1945년 4월 17일 직제 개편 이후 그 업무는 찾을 수 없다. 1945년 3월 6일 「국민근로동원령」을 공포하면서 「국민징용령」 등 5개 법령은 폐지하였다. 이후부터 '징용'이라는 용어는 '동원'으로 대체된다. '징용'이 아닌 '동원'이라는 용어가 나타난 것은 1944년 10월 15일 자 조선총독부훈령 제89호에 의한 관제 개정 이후이다. 그러나 이 시기에도 '징용'과 '동원'이 병행되었다. 업무분장에서 '징용'이 완전히 사라진 것은 1945년 4월 17일 자 관제 개정(조선총독부훈령 제18호) 이후이다.

 내무국 시절의 노무과는 1941년 11월 19일 자로 후생국 소속이 되었다. [표 2]에서 본 바와 같이 업무 단위수는 동일하였고, 인원은 28명으로 내무국 시기보다 약간 줄었다. 후생국의 설립 배경에는 일본의 후생성 운영과 '긴박한 시국'이 자리하고 있었다. 일본 후생성의 설치 목적은 만주사변 이후에 대두된 국민의 체력 강화와 위생 문제를 해결하는 것과, 동원체제의 또 다른 축인 원호에 대한 중요성 때문으로 알려져 있다. 일본 후생성 설치와 일정한 관련이 있는 조선의 후생국도 후생성과 같은 기능을 가지고 있었다.[6] 일본에 후생성이 설치되

---

5  신규 징용과 현원 징용에 관해서는 허광무·오일환·정혜경·김종구 편역, 『전시동원 기구와 제도(2)-군인·군무원, 노무, 학생·여성동원 관련 주요 법령 및 각의 결정 등』, 306쪽 참조.
6  후생성의 출현은 1936년 6월 당시 육군상(陸軍相)인 데라우치 히사이치(寺內壽一)가 "청소년 중에 결핵이 증가하고 있다."라는 점을 들어 보건·위생 전문 부처[省] 설치의 필요성을 제기한 데서 비롯되었다. 1937년에

었을 당시 《매일신보》에서 〈후생성 기구와 동양(同樣)의 후생국 설치 계획〉(1938년 2월 27일 자) 이라는 기사를 볼 수 있다.

약 1년간 유지된 후생국은 내무국에서 이관된 사회과와 노무과 및 경무국에서 이관된 위생과와 보건과 등 4개 과를 운영하였다. 이러한 과의 구성 내용은 일본 후생성의 업무 내용과 차이를 보이지 않는다. 조선의 후생국 업무분장은 보험 업무를 제외하면, 일본의 후생성 업무와 거의 일치한다.

조선총독부는 조선 내 노동자의 수급 조절, 군사원호사업의 강화, 사회사업체제의 정비, 국민체위향상시설 확충, 국민체육운동단체의 이원화, 의약품확보대책 강화, 인적자원의 증강 등의 사무를 관장하기 위한 목적으로 후생국을 설립했으나, 1942년 11월 1일 '행정간소화 (합리화)'라는 취지의 기구 개편을 통해 후생국을 폐지하였다. 행정간소화 정책은 일본이 1942년 6월 19일 각의에서 "행정 정리를 단행하여 남은 관리를 남방건설요원으로 보내고 그 결과 발생하는 인건비의 여유로는 관리를 우대하여 사무능률을 증가시켜 관계(官階) 신체제를 수립한다."라고 발표하고, 이를 조선을 비롯한 식민지에도 원칙적으로 적용한다는 방침에 근거한 정책이다. 이에 따라 조선총독부는 일본 정부와 협의를 거쳐 8월 22일에 행정간소화안을 발표하였다.[7]

후생국 폐지 이후 후생국에 속해 있던 사회과와 노무과는 사정국으로, 보건과와 위생과는 총무국으로 개편된다. 이때 사정국에 속한 사회과와 노무과의 업무는 후생국 소속 당시의 업무에 각각 사회과, 노무과 업무가 추가되었다. 즉 사회과에는 '기타 사회사업에 관한 사항'이, 노무과에는 '기술자 할당에 관한 사항, 국민직업능력 등록 및 국민징용에 관한 사항, 기타 노무 관련 사항'이 추가되었다.[8]

후생국에 속한 노무과가 사정국으로 이설될 때, 1개 업무가 신설된다. 사정국 소속 노무과

---

내각에서 후생성 설치 논의가 구체화되었으나, 육군성과 내무성의 입장 차이와 성 설치를 둘러싼 주도권 다툼을 거치면서 1938년 1월에야 후생성이 발족하게 되었다. 후생성은 위생국·사회국(이상 내무성에서 이관) 외에 보험원, 체력국, 노동국, 예방국, 임시사업원호부(신설)로 출발하였다. 같은 해 4월에 상병보호원이 증설되었는데 상병보호원은 1939년 7월 15일 자로 군사보호원으로 변경되었다.

[7] 〈관계에 청신한 선풍〉, 《매일신보》 1942년 6월 21일 자, 조간 3면 1단; 〈본부 행정간소화안 발표〉, 《매일신보》 1942년 8월 22일 자, 석간 1면 1단.

[8] 조선총독부훈령 제54호(『조선총독부관보』 호외, 1942년 11월 1일 자).

의 직원수와 계 구성 현황은 확인하지 못했으므로 후생국 소속 당시와 직접적으로 비교하기는 어렵다. 그러나 일본에서 1942년 11월 1일 자로 확정한 행정간소화 방침에 따라 조선총독부에서도 부령과 훈령을 통해 소속관서 정원 조정 및 사무분장 규정 등을 변경하였으므로, 중복 업무와 유관 부서 업무의 조정이 이루어져 노무동원 업무의 비중이나 업무 효율성이 높아졌을 것이다.

사정국 소속 노무과는 1943년 12월 1일 자로 광공국으로 소속이 변경된다. 이때 소관 업무가 통폐합되어 6개 항으로 줄었다. 광공국은 1943년 12월 1일 자로 신설한 기구인데, 그해 11월에 일본에서 군수성이 만들어지자 그에 맞추어 행정체계를 통일하면서 발족하였다. 1943년 12월의 행정기구 개편은 '결전체제에 부응하기 위해 행정 부문을 초중점적으로 변혁'하고자 한 개편이었다. 내용을 보면, 총무국·사정국·식산국·농림국·철도국·전매국의 6국을 폐지하고, 광공국·농상국·교통국의 3국을 신설하였다. 이를 통해 식량증산, 지하자원 및 군수물자 개발·증산, 육해수송력 증강, 인적자원 동원을 위한 행정기구가 일원적 통합체제로 대폭 개편되었다.⁹

조선총독부는 군수물자를 비롯해 중요물자의 생산을 증강시키기 위해 광공국에 물자동원계획과 기타 기획 사무, 생산관계 사무를 통합하고, 노무와 토목 등의 사무를 더해 인적·물적 자원을 신속히 총동원할 수 있도록 하였다. 구체적으로는 기획과(총무국 업무에서 이관), 광산과(광산과·광업정비과를 합병), 전기과(전기제1과·제2과 통합), 임산과(임정과·임업과 통합), 토목과(사정국에서 이관), 경금속화학과(식산국에서 일부 업무 이관), 노무과를 배치하였다.¹⁰

1943년 12월 1일 자 관제 개정을 기점으로 '국민근로'라는 용어가 처음 등장한다. 조선총독부훈령 제89호 문서에 학무국 연성과의 업무에서 '국민연성 및 국민근로교육'에 관한 사항이 명시된 것이다. 그러나 노무동원 관련 부서의 명칭은 여전히 '광공국 노무과'였다. 그 후 1944년 10월 15일 자 관제 개정에서 경무국을 제외한 모든 관련 부서명과 업무 내용에 '노무'가 사라지고, '근로'가 등장하였다.

행정 부서 명칭 변경과 공식 업무에서 '노무' 대신 '근로'라는 용어가 정착한 것은 「국민징

---

9 김운태, 1986, 『일본제국주의의 한국통치』, 박영사, 483-484쪽.
10 도에도 광공부를 신설하고, 산하에 노무과를 두었다.

용령」 제3차 개정에서 황국근로관을 강조한 점이나 징용을 확대한 점과 관련이 있다. 국민개로, 근로보국, 직역봉공 등 당시 조선총독부 당국이 주창한 용어에서 볼 수 있듯이 총동원기의 노동은 신민(臣民)의 의무였다. 그러므로 조선은 물론이고 일본에서도 황국근로관을 정착시키고자 노력하였고, 이 개념을 「국민징용령」 제3차 개정에 적극 반영하였다. 그 노력 가운데 하나가 '근로'라는 용어의 정착이다. 노동이 '노동자가 자신의 노동력을 상품으로 제시하고 그에 따른 대가를 요구하는, 임금이 전제되는 권리'임에 비해, '노무'는 노동자의 의무만을 강조하였다. 근로는 '임금을 전제하지 않고 봉사의 차원에서 부지런히 일하는 것'을 의미한다. 그러므로 '근로'의 정착은 단순한 의무감을 넘어선 적극적인 노동력의 제공을 요구하는 것이다.

일제는 1944년 10월 15일 자로 광공국 소속 노무과를 근로조정과·근로동원과·근로지도과 등 3개 과로 확대 개편하였다. 3개 과의 업무 단위수는 25개로서, 6개 업무에서 무려 19개 업무가 확대된 것이다. 또한 광공국 외에 조선총독부 직속으로 근로동원본부를 설치하여 13개 업무 단위를 부여하였다. 이 조치를 통해 노무동원 업무를 담당하는 부서의 비중과 역할이 조선총독부 전체 부서 가운데 매우 커졌다.

**[표 4] 1944년 10월 15일 자 광공국 노무동원 관련 조직 개편 현황**

| 부서 | ㉠ 광공국 노무과<br>(1943. 12. 1.) | ㉡ 광공국 근로조정과<br>(1944. 10. 15.) | ㉢ 광공국 근로동원과<br>(1944. 10. 15.) | ㉣ 광공국 근로지도과<br>(1944. 10. 15.) |
|---|---|---|---|---|
| 업무<br>분장 | 1. 노무의 수급<br>2. 노무관리<br>3. 임금, 기타 노무 조건<br>4. 기술자의 할당<br>5. 국민직업능력 등록및국민징용<br>6. 기타 노무 관련 사항 | 1. 국민동원계획 및 기술자동원계획의 책정<br>2. 국민등록, 기술자 등록 및 과학기술자 등록<br>3. 근로자의 배치 규제<br>4. 이공과계 학교 졸업자의 사용제한<br>5. 근로 공급원의 조사·개척<br>6. 근로동원에 관한 조사<br>7. 기타 다른 과의 주관에 속하지 않는 근로행정 | 1. 국민징용, 국민근로협력, 기타 근로동원의 실시<br>2. 근로자의 기동배치 및 배치전환<br>3. 근로자의 조선 외 송출 및 도항 보호<br>4. 일용근로자의 통제<br>5. 직업소개<br>6. 입영자의 직업 보장<br>7. 근로자의 모집허가<br>8. 근로동원 예정자의 훈련<br>9. 조선노무협회 및 조선송출근로자연성협회의 지도 | 1. 근로관리<br>2. 근로자의 표창 및 징계<br>3. 근로자의 교양 훈련<br>4. 기능자의 양성<br>5. 기능검사<br>6. 임금, 급료, 기타 급여<br>7. 근로자용 물자, 근로자용 주택, 기타 근로자의 후생시설<br>8. 근로자의 부조 및 원호<br>9. 조선근로동원원호회의 지도 |

| 비고 | | 1945. 1. 27. 근로부 조정과 업무로 계승(동일)<br>1945. 4. 17. 근로부 근로제1과 업무로 계승(동일) | 1945. 1. 27. 근로부 동원과 업무로 계승(동일) | 1945. 1. 27. 근로부 지도과 업무로 계승(동일)<br>1945. 4. 17. 근로부 근로제2과 업무로 통폐합: 지도과 5항과 9항 업무가 삭제되고, 1항 업무 신설 |
|---|---|---|---|---|

'노무과'의 변천 과정에서 가장 큰 업무의 변화를 가져온 것은 1944년 10월 15일 자 개편으로 인한 업무의 확대이다. 업무 내용을 중심으로 좀 더 구체적으로 살펴보자.

[표 4]의 특징은 첫째, 단위 업무의 변화이다. 1939년 9월 10일 자 노무계 업무 단위는 37개였고, 1940년 9월 업무 단위는 39개였다. 1941년 3월 노무과로 승격될 때 소속 계의 업무 단위는 49개로 늘었다. 이때 과 단위의 업무는 7개였다. 사정국 소속으로 변경되면서 과 단위의 업무는 1개가 늘어 8개가 되었다. 그 후 1943년 12월 광공국으로 이속되면서 업무담당 부서의 확대 등으로 인해 노무과의 업무 단위는 6개로 줄었다. 그런데 1944년 10월에 과 단위 업무가 25개로 대폭 확대되었다. 이 변화는 어떻게 이해할 수 있는가.

먼저 ㉠과 ㉡, ㉢, ㉣의 업무 내용을 비교해 보면, ㉠의 업무 가운데 1, 4, 5항은 ㉡에, 2, 3항은 ㉢과 ㉣에 해당하는 것으로 보인다. 업무를 규정한 문장에서도 ㉠과 ㉡, ㉢, ㉣은 차이를 보인다. ㉠이 포괄적인 데 비해 ㉡, ㉢, ㉣은 매우 구체적이다. 이러한 점을 볼 때, 1944년 10월 기준 단위 업무의 변화는 업무가 확대된 것은 물론이고 계 단위 업무가 과 단위 업무로 승격된 현상을 보여 준다.

두 번째 특징은 조선노무협회, 조선송출근로자연성협회, 조선근로동원원호회 등 관련 단체와 업무 연관성이 높아지고 업무 비중도 높아졌다는 점이다. 조선노무협회는 1941년 6월 28일 발족 당시에 후생국 노무과에 설립된 행정보조단체로서, 회칙에 '노무자의 교양 훈련, 노동사정 및 직업 문제에 관한 조사연구 및 보급선전, 노무자원의 개척, 노무관리의 지도, 노무자 및 가족의 보호 지도, 관청 및 민간과의 연락, 기타 필요한 사항(회칙 제3조)'을 담당하도록 규정하였다. 협회 사무실도 노무과에 설치하였는데,《경성일보》기사와 기관지『조선노무(朝鮮勞務)』에 의하면, '전남노무지도원훈련소 개설(광주, 1942년 2월), 산업후생음악대 파견(경기도·황해도·평북도·함남도, 1942년 9월), 노무관리강습회 개최(경성·평양·함흥, 1942년 9월), 우량알선

노동자 표창(평북지부, 1942년 9월), 노무훈련도장 개소(경기도 지부, 1942년 10월), 알선노동자사용 토목건축업자 타합회 및 간담회 개최(평북지부, 1942년 10월·1943년 3월), 노무자위안순회영화회 개최(평북지부, 1943년 3월), 『조선노무』 발간(1941년 1월 10일 격월간으로 창간, 1944년 2월부터 월간)' 등을 담당하였다.

이전의 노무과 업무분장에서는 조선노무협회의 지도 업무가 과 단위 업무로 명시되지 않았는데, 1944년 10월 15일 자로 명시되었다. 조선근로동원원호회는 1944년 9월에 신설되었는데, 「국민징용령」 개정(3차) 이후 노무원호 업무 비중이 높아졌으므로 업무분장에 명시되었다.

1944년 10월 15일 자 조직 개편의 또 다른 특징은 근로동원본부와 광공국의 이원체제이다. 조선총독부는 광공국에 3개 과를 설치하여 업무를 확대·강화하는 데 그치지 않고, 별도로 근로동원본부를 설치하였다. 근로동원본부는 정무총감을 본부장으로 하고 광공국장이 차장을 담당한 조선총독 직속 기구였다. 조선총독부가 기관지 『조선(朝鮮)』을 통해 언급한 직제 개편의 명분은 "강력한 근로행정의 수행"이었다. "근로동원을 원활히 수행하고 근로능률을 앙양시킴으로써 생산전력의 증강에 유감이 없도록 하고자" 설치한 것이다.[11]

근로동원본부는 조선총독부 직속 기구로서 정무총감이 본부장으로 업무를 총괄하고 있었는데, 지방 단위의 조직은 확인할 수 없다. 이러한 점으로 볼 때, 근로동원본부는 근로동원의 종합적 조정기능을 하기 위해 설립한 최고의 총괄 기구로 판단된다. 특히 광공국 차원에서 담당하기 어려운 업무를 보완하는 효과를 거두고자 하였다고 볼 수 있다. 조선총독부 당국이 근로동원본부와 광공국의 이원체제를 통해 노무동원 업무의 효율성을 높이고자 한 것으로 보인다.

그러나 [표 4]에 의하면 근로동원본부와 광공국은 7개 업무가 중복된다. 특히 근로동원본부 총무부 관리원호반은 전체 업무가 광공국 근로지도과 업무와 동일하다. 그러나 근로동원본부 지도부의 업무는 광공국과 무관하게 수행되었다. 이러한 이원체제는 '강력한 근로행정'의 수행에 기여했을 수 있으나 효율성과는 거리가 있다고 할 수 있다. 또한 [표 2]에서 본 바와 같이 조선총독부훈령 제92호(1944년 10월 15일 자) 「조선총독부 근로동원본부 규정」은 근로

---

11 「근로동원본부 설치되다」, 1944년 11·12월호, 『朝鮮』 354, 70쪽.

동원본부의 업무분장 8개 항을 규정하였으나, 실무 인력은 정원에 명시하지 않았다. 반장 및 반원, 그리고 참여관과 참사를 모두 '약간 명'이라 했을 뿐이다. 실무 인력의 정원을 명확히 하지 않은 것은 근로동원본부가 명목상의 조직에 그쳤음을 의미한다. '강력한 근로행정'의 표방에 의미를 두었으나, 실제 업무는 광공국이 주도한 것으로 보인다.

**[표 5] 조선총독부 직속 근로동원본부와 광공국 업무**

| 부서 | 근로동원본부<br>(1944. 10. 15.) | ① 광공국 근로조정과<br>(1944. 10. 15.) | ② 광공국 근로동원과<br>(1944. 10. 15.) | ③ 광공국 근로지도과<br>(1944. 10. 15.) |
|---|---|---|---|---|
| 업무분장 | ▫총무부 조정반<br>1. 국민동원에 관한 종합 기획<br>2. 근로자의 배치 규제=①<br>▫총무부 동원반<br>1. 국민동원의 실시=②<br>2. 근로자의 기동배치 및 배치전환=②<br>▫총무부 관리원호반: 1. 근로관리=③<br>2. 근로자의 표창 및 징계=③<br>3. 근로자의 부조 및 원호=③<br>4. 근로자용 물자의 배급=③<br>▫지도부 지도반<br>1. 근로자의 사상지도<br>2. 외국인 노무자의 지도<br>▫지도부 동원추진반<br>1. 근로통제 위반의 방지<br>2. 근로동원의 추진협력<br>▫지도부 선전반<br>1. 근로정책의 보급·선전<br>2. 근로에 관한 국민운동의 지도<br>3. 근로자의 위안·오락 | 1. 국민동원계획 및 기술자동원계획의 책정<br>2. 국민등록, 기술자등록 및 과학기술자 등록<br>3. 근로자의 배치 규제<br>4. 이공과계 학교 졸업자의 사용제한<br>5. 근로 공급원의 조사·개척<br>6. 근로동원에 관한 조사<br>7. 기타 다른 과의 주관에 속하지 않는 근로행정 | 1. 국민징용, 국민근로협력, 기타 근로동원의 실시<br>2. 근로자의 기동배치 및 배치전환<br>3. 근로자의 조선 외 송출 및 도항 보호<br>4. 일용근로자의 통제<br>5. 직업소개<br>6. 입영자의 직업 보장<br>7. 근로자의 모집허가<br>8. 근로동원 예정자의 훈련<br>9. 조선노무협회 및 조선송출근로자연성협회의 지도 | 1. 근로관리<br>2. 근로자의 표창 및 징계<br>3. 근로자의 교양 훈련<br>4. 기능자의 양성<br>5. 기능검사<br>6. 임금, 급료, 기타 급여<br>7. 근로자용 물자, 근로자용 주택, 기타 근로자의 후생시설<br>8. 근로자의 부조 및 원호<br>9. 조선근로동원원호회의 지도 |
| 중복 | 7개 항목 동일 | 1개 항목 동일 | 2개 항목 동일 | 4개 항목 동일 |
| 특성 |  | - 1945. 1. 27. 근로부 조정과 업무로 계승(동일)<br>- 1945. 4. 17. 근로부 근로제1과 업무로 계승(동일) | - 1945. 1. 27. 근로부 동원과 업무로 계승(동일)<br>- 1945. 4. 17. 이후 업무 삭제 | - 1945. 1. 27. 근로부 지도과 업무로 계승(동일)<br>- 1945. 4. 17. 근로부 근로제2과 업무로 통폐합: 지도과 5항과 9항 업무 삭제, 1항 업무 신설 |

당국은 1945년 1월에 각국 체제를 '각 국, 각 부' 체제로 개편하여 광공국에 근로부를 설치했는데, 이 과정에서 근로조정과·근로동원과·근로지도과를 각각 조정과·동원과·지도과로 이름을 변경했으나 업무 변동은 없었다. 업무 변동은 1945년 4월 17일 자 조직 개편을 통해 이루어졌다. 광공국 동원과와 광공국 근로부의 이원체제가 되면서 업무가 분산되어 배정된 것이다. 이 가운데 동원과는 그동안 총독관방 자원과(1937. 9.)와 기획부(1939. 11.)를 거쳐 1945년 1월까지 총독관방과 사정국, 총무국, 광공국에서 담당하던 '국가총동원계획의 설정 및 수행의 종합' 업무와 각종 원자재, 물류 조달, 자원조사 등 물자통제 관련 업무를 담당하게 되었다. 이로써 인력동원 관련 업무는 소관 업무에서 제외되었다.

1945년 4월 17일 자 조직 개편은 전황의 악화와 본토결전 대비라는 일본의 전국(戰局)을 배경으로 단행된 행정 개편이다. 이 조직 개편을 끝으로 노무동원 관련 중앙행정 기구는 일본이 패전할 때까지 더 이상 변동되지 않았다.

1945년 4월 17일 자 개편을 통해 총 9항에 달하던 근로부 동원과 업무는 자취를 감추게 된다. 광공국 동원과라는 유사한 직제가 보이지만, 업무 내용에서 이전 근로부 동원과의 업무 내용을 찾을 수 없다. 총 11개 업무 항목 가운데 '1. 국가총동원계획의 설정 및 수행의 종합에 관한 사항'을 비롯하여 연료, 자원조사, 군수회사, 방공 등 총괄적인 업무를 담당하게 된다.

[표 6] 1945년 4월 17일 자 개편 후 인력동원 업무의 축소 상황

| 부서 | 광공국 근로동원과<br>(1944. 10. 15.) | 광공국 근로부 동원과<br>(1945. 1. 27.) | 광공국 동원과<br>(1945. 4. 17.) |
|---|---|---|---|
| 업무 분장 | 1. 국민징용, 국민근로협력, 기타 근로동원의 실시<br>2. 근로자의 기동배치 및 배치전환<br>3. 근로자의 조선 외 송출 및 도항 보호<br>4. 일용근로자의 통제<br>5. 직업소개<br>6. 입영자의 직업 보장<br>7. 근로자의 모집허가<br>8. 근로동원 예정자의 훈련<br>9. 조선노무협회 및 조선송출 근로자연성협회의 지도 | 1. 국민징용, 국민근로협력, 기타 근로동원의 실시<br>2. 근로자의 기동배치 및 배치전환<br>3. 근로자의 조선 외 송출 및 도항 보호<br>4. 일용근로자의 통제<br>5. 직업소개<br>6. 입영자의 직업 보장<br>7. 근로자의 모집허가<br>8. 근로동원 예정자의 훈련<br>9. 조선노무협회 및 조선송출 근로자연성협회의 지도 | 1. 국가총동원계획의 설정 및 수행의 종합<br>2. 철강, 비철금속, 석탄, 시멘트 및 목재 배급<br>3. 연료<br>4. 석유의 전매<br>5. 생산방공<br>6. 군수회사법의 시행<br>7. 공무관(工務官) 및 공무관보<br>8. 중요 공장, 광산에서 토목건축공사의 지도 및 촉진<br>9. 토목<br>10. 자원조사<br>11. 다른 과의 주관에 속하지 않는 사항 |
| 특징 |  | 광공국 근로동원과와 동일 | 근로부 동원과 업무와 상이 |

이러한 업무의 변천은 기존의 근로동원과 또는 근로부 동원과가 담당하던 국외 노무인력 송출 업무를 포기하고 노무교육, 노무인력 통제, 배치전환 등 노무동원 관련 업무를 근로제1과와 근로제2과 업무로 이관했음을 의미한다. '근로자의 조선 외 송출 및 도항 보호' 업무가 사라진 업무 조정은 단순한 행정 효율화 차원을 넘어 전황 및 총동원체제 운용의 변화와 관련이 있었다.

일본 대본영(大本營)은 1945년 1월 20일에 「제국육해군작전계획대강」을 제정하고 오키나와를 제외한 제국 본토를 중심으로 국방요역을 확보하여 본토결전에 대비하였다. 결전체제는 조선에도 적용되었다. 2월 11일 자 대본영의 결정에 따라 한반도에 주둔하던 17방면군은 미군의 공격으로부터 조선을 확보하는 임무를 하달받았다. 또한 3월 28일, 조선군관구사령관을 겸하고 있던 제17방면군사령관은 경성에서 조선총독, 진해경비부사령장관을 만나 조선에서 막판 총동원을 위해 중앙과 지방을 잇는 연락위원회를 조직하고 작전·방위·정보·운수·생산·노무 등에 집중하기로 합의하였다. 이와 같은 대본영과 한반도 통치기구의 결전체제에 대한 방침에 따라 4월부터 한반도의 모든 병력은 물론이고 중국 본토와 만주의 병력까지 제주도로 집결하도록 하였다.

충남 논산에서 태어나 군청에서 근무한 김영한의 구술 내용을 통해 당시 지방의 실정을 살펴보자.

구술자: 극비(極秘)가 뭐냐 하면, 국토계획 변경에 대한 그것이 극비여. 뭐냐 허면, 9월 초순에는 서해안에 함포사격을 하고서 상륙할 것이다. 함포사격에 대한 거리는 12키로 이상에 소개(疏開)해라. 가령 서천 마서면에 있는 것은 어떤 루트를 통해 가지고서 어디로 해서 강원도 어디로 가고, 또 서산 안면면에 있는 사람은 어떤 루트를 통해서 어디로 해서 어디를 가고 이렇게 하는데, 사흘 먹을 양식을 짊어지고 3백 미터 정도에서 군경이 지키고 있다. 길을. 그래서 국토방위계획을 극비회의로다가 읍면장하고 지서주임 회의를 연석을 해 가지고서 군수하고 내무과장하고 실무자하고 (참석하고) 외부를 차단해 가지고 회의를 한 게 있어요.

면담자: 내용이 서해안만 나옵니까?

구술자: 우리가 충청남도니까. 각 도가 나올테지.

면담자: 도청에서 보낸 건가요?

구술자: 아니여. 군부(軍部)에서 보냈는데 도를 경유해서 도지사 명의로다가 군부 명의로 나와서 우리가 (회의) 소집하는 것도 지서주임하고 면장 연석회의를 해 가지고서.[12]

한반도에서도 조선총독부를 비롯한 통치기구는 1945년 해방 이전에 급박한 상황이었고, 연합군에 의해 항로가 차단되어 선박 출항도 곤란하였다. 이같이 한반도의 인력이 한반도를 지켜야 하는 상황에서 노무인력의 해외 송출은 불가능하기도 했지만 의미도 없어졌다.[13]

4월 17일 자 조직 개편을 통해 법적으로는 조선 외 송출 업무를 중단하였으나, 이미 동원한 조선인을 승선시키는 작업은 계속하여 6월까지 일본으로 동원된 사례가 있었다. 그러나 그와 함께 무리하게 징용선을 출항시키는 과정에서 미군의 함포사격으로 무고한 목숨을 잃는 사례도 발생하였다. 1945년에 발생한 징용선 사고 사례는 다음과 같다.

5월 7일: 제주~목포 간 해상에서 징용선에 대한 미군 공습으로 사망자 발생
5월 9일: 다대포만 해상에서 징용선에 대한 미군 공습으로 사망자 발생
6월 20일: 남해안 가덕도 앞 해상에서 인력동원 수송 중이던 선박이 미군의 공습으로 사망자 발생, 인천 해상에서 징용선에 대한 공습으로 사망자 발생
7월 20일: 남해안 가덕도 앞 해상에서 인력동원 수송 중이던 선박이 미군의 공습으로 사망자 발생
7월 30일: 경남 통영 군청에서 징용선을 타기 위해 집결한 조선인이 미군의 기총소사로 사망[14]

### 3) 중국·만주 지역 노무동원 관련 조직 및 기구

『위원회 활동결과보고서』(2016)에 제시한 만주 지역 노무동원 작업장 298개소(중국과 만주의 영역에 걸쳐 있던 1개소 포함)의 직종별 현황을 보면, 총 7개의 직종(기타 포함)이다. 이 가운데 다수를 차지하는 것은 탄광산이고, 다음은 공장과 토건이다. 그러나 만주 노무동원 작업장 298개소 가운데 일제가 조선인을 집중 동원한 곳은 집단농장(개척민)이었다.

---

12 국사편찬위원회, 2006, 『구술사료선집 3-지방을 살다』, 국사편찬위원회, 171-172쪽.
13 정혜경, 2011, 『일본 제국과 조선인 노무자 공출』, 도서출판 선인, 125-126쪽.
14 정혜경, 2018, 『일제강점기 조선인 강제동원 연표』, 도서출판 선인, 168-174쪽.

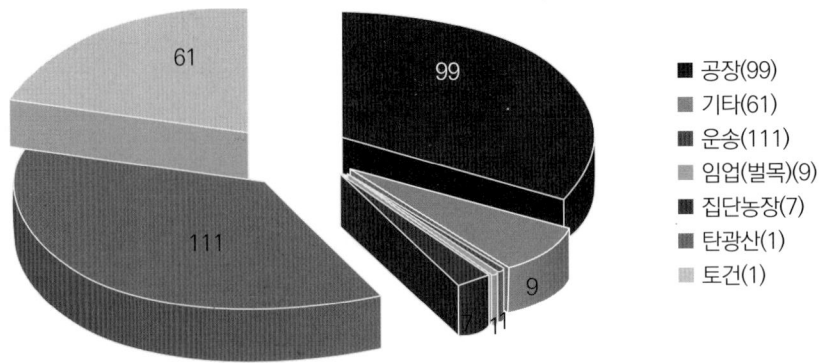

[그림 1] 만주 지역 조선인 노무동원 작업장 직종별 현황

　조선총독부 외무부(외사부)는 1941년 11월 19일 폐지 때까지 중국과 만주 동원 관련 업무를 담당하였다. 외무부의 전신은 1905년 설치된 외국과인데, 1907년 4월 외무부로 변경되었다. 강제병합 직후인 1910년 10월 1일 총무부 소속 외무국을 거쳐 1912년 4월 1일 총독관방 외사과로 명맥을 유지하다가 1928년 폐지하였다. 조선총독부는 1929년 11월 8일 총독관방 소속으로 외사과를 설치한 후 1937년 7월 16일 외사과를 외무부로 개칭하였다. 외사과에서 외무부로의 전환은 단순한 부서 이름의 전환이 아니라 중일전쟁 직후 대중국·만주 관련 업무의 필요성에 따른 조치였다. 일제의 대중국·만주 관련 업무에는 중국·만주 지역으로 조선인을 동원하는 업무도 포함되어 있었다.

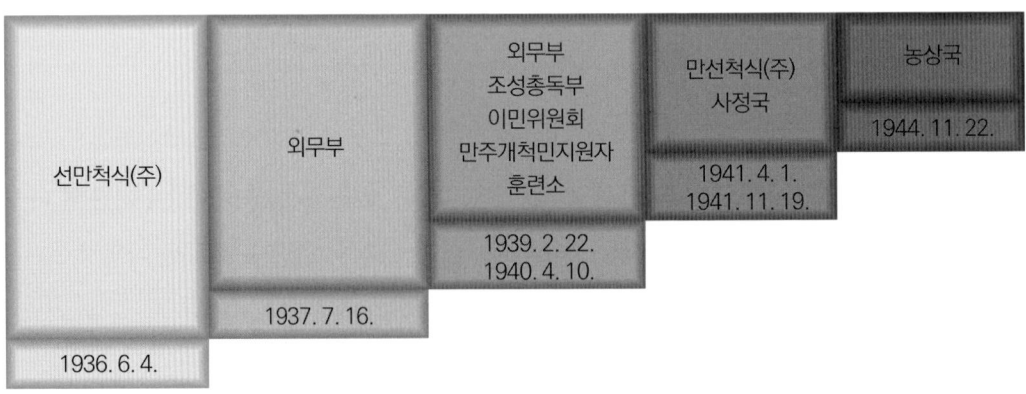

중국과 만주 동원 관련 업무를 담당하는 기구 및 조직은 외무부 외에도 선만척식(주) 및 만선척식(주), 이민위원회, 척무과, 만주개척민지원자훈련소, 사정국 척무과 및 외무과, 농상국 농무과·농상과 등이다. 1936년부터 일제 패망에 이르기까지 지속적으로 관련 조직 및 기구를 유지했음을 알 수 있다.

일제가 이같이 조선인을 중국·만주 지역으로 동원하기 위한 조직 및 기구를 운영한 이유는 만주 식민(殖民)정책 때문이었다.

1931년 만주 침략 이후 만주의 영속적 지배를 위해 식민의 필요성을 인식한 관동군은 1932년 2월 특무부 중심으로 일본인·조선인·중국인의 순서로 이민정책을 수립하였다.[15] 원래 일본 정부는 일본인 100만 호 이주를 달성하기 위해서 조선인들의 이주를 제한하였다. 1934년 특무부는 "일본인 개척민은 장려하고, 조선인은 통제·지도한다."라는 입장을 공식적으로 밝힌 후 1935년 만주에 이민을 담당할 척식회사를 세우고, 관동군 특무부 정책에 따라 일본인들의 시험이민을 실시하기 시작하였다. 1932년 8월 일본 각의에서 '제1차 천명 이민'을 결정하고, 9월에 '척무성 제1차 무장이민단' 492명을 일제가 새로이 조성한 일본인 이민촌 이야사카무라(彌榮村, 원래 마을 이름은 永豐鎭)에 정착하도록 하였다.[16]

시험이민단은 1934년까지 세 차례 들어왔는데, 둔전병(屯田兵)의 성격을 띤 무장이민단이었다. 자격을 재향군인이나 훈련소에서 훈련받은 사람으로 제한하였다. 이렇게 시작된 일본인 집단이민은 1943년까지 총 13차례 실시되었는데, 당초 목표에 미치지 못하였다. 시기가 지나면서 국책사업으로 진행 중인 만주 이민 송출에 응하는 사람이 줄어들자, 일제는 억지로 지원자를 만들어 보냈으나 실패하였다. 이들은 군인 출신이거나 훈련을 받은 사람들이었지만 중국 동북부지역에서 살아가기 힘들었다. 추위와 척박한 토지도 문제였지만, 소련과 국경 지역에서 활동하던 항일세력들의 공격도 심하였으므로 일본인들은 대부분 집단 마을에서

---

15 일제가 이민정책을 추진한 이유는 첫째, 만주의 농업약탈을 위해서였다. 만주국의 국토 면적은 130만 평방킬로미터로 당시 일본·조선·대만·남사할린을 합한 면적의 2배이고, 세계에서 몇 안 되는 농업 지역이었다. 두 번째는 국내 토지와 인구 문제의 해결이었다. 세 번째는 중국인에 대한 통제와 감시를 강화하고 일본인 중심의 만주국을 건설하기 위해서였다. 네 번째는 소련을 침공하기 위한 전진기지 확보 목적이었다. 손춘일, 1999, 「일제의 재만한인에 대한 토지정책 연구-만주국 시기를 중심으로」, 한국정신문화연구원 한국학대학원, 박사학위논문, 168-173쪽.
16 허광무·정혜경·김미정, 『일제의 전시 조선인 노동력 동원』, 416쪽.

후퇴하였다. 토지를 개간하여 식량을 생산하고 재산을 늘린다는 계획은 이루어질 수 없었다. 일본인의 이주가 계획대로 이루어지지 못하자 마련한 대안은 조선인이었다.

이러한 방침에 따라 조선인들은 일본인 개척단이 철수한 지역으로 들어가 공백을 메우게 되었다. 일본이 조선인 이민을 설치한 계기는 1933년 길림성 경무청이 조선총독부와 간도영사관의 협조를 받아 설치한 3개 현(延吉, 和龍, 琿春) 8개 집단부락에서 치안 확보에 효과를 거두고 쌀농사에서 능력을 발휘하였기 때문이다. 당국은 만주와 같이 춥고 토질이 척박한 곳에서 쌀농사를 성공한 것을 보고 활용도를 평가하였다. 조선인들이 미간지를 개간하여 수확한 식량을 관동군이 사용할 수 있고, 마을을 이루어 항일세력의 습격도 저지할 수 있다고 생각한 것이다.

조선총독부는 1934년 1월 세부 준비를 한 후 동아권업(東亞勸業)(주)을 통해 집단이민을 실시하였다. 1934년 10월 30일 각의결정(「조선인 이주대책의 건」)은 조선인의 일본 도항을 저지하기 위해 만주와 조선 북부로 대량 이주를 실시하는 정책이었다. 이 근거에 따라 1936년 6월 선만척식(주)을 설립하고 1938년 1월에 강원도 평강군에 만주개척민지원자훈련소(일명 세포이민훈련소)를 설치하였다. 1938년부터 조선인들은 세포훈련소에서 40일 또는 10개월까지 훈련을 받고 떠났다. 1939년부터는 호칭도 '이민'이 아니라 '개척민'으로 변경하여 국책 시행에 따른 동원이라는 점을 명확히 하였다. 조선인들은 마을에 높은 토성을 쌓고 망루에서 보초를 섰으며, 일정한 시간에 무장한 청년들(만주개척청년의용대)의 호위를 받아야 논에 나갈 수 있었다.

조선인 집단이민은 당국의 계획과 통제 아래 이루어졌다. 정책은 관동군과 일본의 척무성, 조선총독부, 만주국의 합작품이었다. 만주 집단이민 업무를 담당한 만주의 최고 결정기관이자 감독기관은 관동군사령부 내에 관동군참모장을 대표로 하여 설치한 이민사무처리위원회였다(1937년).[17]

1939년 12월 관동군은 「만주개척정책기본요강」을 제정하고 일본과 만주국 각의결정을 거쳐 공표하였다. 이 요강은 관동군의 행정기구 개혁과 이민 문제 재검토의 일환으로 제정하였는데, "동아신질서 건설을 위한 도의적 신대륙 정책의 거점 확립"을 목표로 하였다. 부속서류인 「만주개척정책기본요강부속서」에 따르면, 당국은 조선인 개척민의 종류를 농민과 반농적(半農的) 개척민(임업, 목축업, 농업 등), 상공광업, 기타 개척민으로 구분하고, 1941년부터 "국토개

---

17 허광무·정혜경·김미정, 『일제의 전시 조선인 노동력 동원』, 418·421쪽.

발에 의한 인구와 기술자의 배치 문제를 고려"하여 상업·공업 방면의 사람들도 알선하기로 하였다. 이는 1941년부터 조선총독부 알선으로 농업 이외의 노동력도 공급한다는 의미였다. 부속서의 내용에 따라 1941년 6월 선만척식과 만선척식은 만주척식공사로 병합하여 개척민 담당 기구를 일원화하였고, 조선인 만주개척청년의용대제도를 시행하였다.[18]

만주국은 국방강화, 산업개발, 북변진흥 등 3대 국책을 수행하기 위해 1937년부터 두 단계로 만주개척 5개년 계획을 수립하고, 이 계획에 따라 제1기(1937~1941년)에 5개년 입식계획과 만주개척청년의용대, 만주건설근로봉사대 동원을 실시하였다. 1942년에는 만주개척 5개년 계획의 제2기를 시작하였다. 그러나 제1기에 설정한 일본인 개척민 30만 명 배치를 50%도 달성하지 못했으므로, 제2기에는 적극적인 조선인 동원 정책을 시행하게 되었다.

1941년 12월 13일 각의결정(제2기 만주개척 5개년 계획요강) 후 조선총독부는 1942년부터 개척민 5만 호를 송출한다는 제2기 5개년 계획을 수립하였다. 조선총독부는 이 계획이 "대동아전쟁에서 북방의 진호(鎭護) 강화를 위해 시행한 정책"이었음을 강조하고, "1942년부터는 특히 현하의 전시태세에 즉응(卽應)할 제2기 5개년 계획을 확립하여 개척정책의 강력한 추진을 도모함으로써 시국의 요청"에 따를 것이라 설명하였다. 개척민 동원과 관련하여 1942년부터 경기, 충북, 충남, 전북, 전남, 경북, 경남, 강원 등 8개 도의 읍면 중 경지가 협소하여 영농조건이 열악한 읍면을 지정해서 해당 농가를 선정하는 할당모집방식을 적용하였다.[19]

일제가 만주에 동원한 이들의 삶은 어떠하였을까. 이순임의 구술 기록을 통해 살펴보자.[20] 이순임에게 4년간 만주의 개척민 생활은 굶주리고 병으로 자식을 잃어야 했던 아픈 경험이었다.

전남 장성 출신의 이순임은 1942년 3월 21일(음력) 24세 때 남편과 같이 만주로 출발하였다.

면에서 가라고 해서 가게 되었다. "당시 일본 사람이 이기고 중국을 뺏으려고 조선 사람을 가라고

---

18 만주개척청년의용대는 강제동원의 보편성과 특수성을 동시에 가진 사례이다. 제도와 운영 조직, 동원 과정 등에서 나타난 성격이 당국이 조선에서 시행한 인력동원 체제의 일부분이라는 점이 보편성이라면, 준군사조직이라는 역할은 특수성이다. 김윤미, 2010, 「전시체제기 조선인 만주개척청년의용대에 관한 연구」, 『한일민족문제연구』 18, 190쪽.
19 허광무·정혜경·김미정, 『일제의 전시 조선인 노동력 동원』, 420쪽.
20 이순임 구술 기록(구술 일시: 2015년 12월 30일, 구술 장소: 인천시 부평구 부개동 자택, 면담자: 정혜경).

했다." 18세 때 결혼했는데, 시댁이 살기가 어려웠고 농사를 지을 땅이 없었다. 장성군 삼계면과 광주, 순천 등지 사람들이 같이 갔다. 반장이 7명 있었고, 1반에는 20~30명씩 구성하였다. 솥과 무명옷(광목), 이불을 가지고 장성에서 출발하여 이리에서 1박을 하고 기차와 마차를 타고 며칠을 가서 음력 4월 30일에 도착하였다.

개척민촌에서 생활했는데, 70가구가 한마을에 살았다. 개척민촌은 가운데 통로가 있고, 양측에 단칸방 집이 죽 늘어섰다. 갈대로 만든 집에 지붕도 갈대여서 실내의 물이 얼 정도로 추웠다. 도착해 보니, 집에는 아무것도 없이 부엌에 물항아리가 있을 뿐, 먹을 것이 하나도 없었다. 남편은 겨울 농한기에 숫자를 세는 등 간단한 일본어를 배우는 훈련을 받았다.

쌀농사를 지었으나 추수를 하면 빨간 모자를 쓴 일본 순경이 와서 모두 가지고 가 버렸으므로 쌀은 먹어 보지 못하고 옥수수와 좁쌀을 배급받아 생활하였다. 옥수수와 좁쌀은 중국 사람에게 공출받아서 조선 사람들한테 준 것이다. 중국인들이 가지고 오면 반장들이 큰 저울에 달아서 나누어 주었는데, 곰팡이 나고 비 맞아서 먹기 어려운 것이었다. 남자들이 마실 술도 없었고, 제사도 못 지냈으며, 돈이 없으니 노름하는 일도 없었다. 세간살이도 아무것도 없었으므로 누가 와서 훔쳐 갈 것도 없었다.

돈은 받은 적이 없다. 돈은 "데려갈 때 진 빚을 갚는다."라는 이유로 전혀 주지 않았다. 데려갈 때 소요된 비용을 '빚'이라 해서 조선인들에게 부담을 지우고 돈은 주지 않았다. "그렇게 해서 일본 놈들이 망했지."

많이들 죽었다. 물이 나빠서 많이 죽었는데, 이질로도 죽고, 홍역으로도 죽고, 추위로 죽은 사람도 있었다. 이순임도 1942년 음력 5월 2일 아들을 출산하였으나 세 살 때 이질로 사망하였다. 물도 없고 먹을 것도 없어서 자식을 잃었다.

만주에 간 지 4년 만에 일본이 망했는데, 이미 일본인들이 도망을 가 버려서 전쟁이 끝난지도 모르다가, 어느 날 중국 사람들이 낫이나 막대기나 연장을 가지고 나타나 때려 죽인다고 겁을 줘서 전쟁이 끝난 것을 알았다. 마을 사람들과 함께 길에서 빌어먹으며 차도 없이 3개월간 걸어서 10월 말에 간신히 장성으로 돌아왔다.

### 4) 근로보국대 제도

일제는 한반도 내 지역의 동원을 위해 근로보국대 제도를 운용하였다. 근로보국대 제도는 한반도 내 공공사업과 국책공사에 노동력을 이용하기 위해 1938년 6월 조선총독부 내무부장의 통첩을 통해 개시한 인력동원 제도이다.[21] 1941년 11월 22일 일본 정부가 제정한 「국민근로보국협력령」(칙령 제995호)을 근거로 조선총독부가 12월 1일 조선에 「국민근로보국협력령 시행규칙」(조선총독부령 제313호)을 공포하면서 법령에 의한 제도가 되었다. 지역별, 직종별, 각종 단체별로 근로보국대, ○○정신대, ○○봉사대, 학도근로대 등 다양한 이름으로 토목공사 현장에 동원되었다.

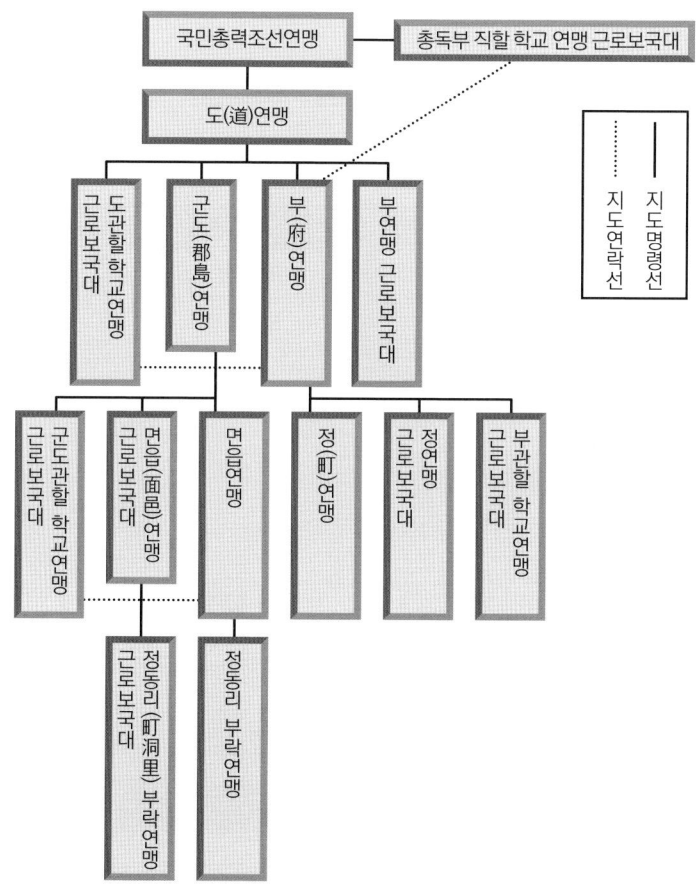

[그림 2] 국민근로보국대 지도명령체계도[22]

---

21 통첩 발동일에 대해서는 그간 여러 연구에서 의견이 달랐다. 8월 1일 통첩을 기준으로 근로보국대 제도의 출발 일시를 7월 1일로 파악한 연구도 있었다. 그러나 6월 26일 통첩이 도지사 상대의 통첩이므로 이를 기준으로 하는 것이 적절하다.

22 「勤勞報國隊を結成」, 1941년 10월호, 『總動員』 제3권 제10호(김윤미, 2006, 「근로보국대 제도의 수립과 운용(1938~1941)」, 부경대학교 사학과 석사학위논문, 20쪽 재인용).

국민근로보국대 지도명령체계도에 따르면, 근로보국대는 정동리(町洞里)부락연맹을 단위로 하는 ○○정동리부락연맹근로보국대, 부읍면(府邑面)을 단위로 하는 ○○부읍면연맹근로보국대, 학교연맹을 단위로 하는 ○○학교연맹근로보국대, 각종연맹을 단위로 하는 ○○연맹근로보국대로 각각 조직하였다. 이 중 각종연맹은 정동리부락연맹단위의 근로보국대를 제외한 각종연맹단위의 근로보국대로 조직하였다.

　조선노무협회가 발간한 『조선노무(朝鮮勞務)』에 수록된 1940년 출동인원 통계([표 7])에는 전라북도와 충청남도, 경상남도의 출동인원이 포함되어 있지 않다. 자료에서 지역이 누락된 이유는 알 수 없다.

[표 7] 1940년 근로보국대 출동 인원(연인원)[23]

| 지역별 | 출동 인원 | 지역별 | 출동 인원 |
|---|---|---|---|
| 경기도 | 32,446 | 평안남도 | 17,380 |
| 충청북도 | 3,561 | 평안북도 | 256,480 |
| 전라남도 | 64,078 | 강원도 | 116,362 |
| 경상북도 | 16,583 | 함경남도 | 1,054 |
| 황해도 | 67,797 | 함경북도 | 76,740 |
| 합계 | | | 652,481 |

　이같이 근로보국대 동원에 대해 조선총독부를 비롯한 당국이 남긴 자료는 일부 시기나 일부 지역에 국한되어 있다. 모든 지역을 망라한 동원 규모를 나타내는 자료는 1944년도분이다.

[표 8] 1944년 도내(道內) 동원 내역 (단위: 명)

| 구분 | 인원 수 | 비율 |
|---|---|---|
| 도내 관알선 | 492,131 | 20.0% |
| 근로보국대 | 1,925,272 | 78.4% |
| 모집 | 37,321 | 1.5% |
| 합계 | 2,454,724 | |

출전: 大藏省 管理局, 1952, 『日本人の海外活動に關する歷史的調査』, 朝鮮篇 第9分冊, 72쪽.

---

23 「朝鮮の皆勞運動」, 1942, 『朝鮮勞務』 제2권 1호.

이 자료를 통해 1944년에 도내(道內)에서 필요한 노동력의 78.4%를 근로보국대가 감당했음을 알 수 있다. 그러나 인원 규모보다 중요한 것은 구성 내용이었다. 시기가 지나면서 한반도 외 노무동원의 규모가 늘어나서 한반도 내의 노동력을 청장년이 아닌 어린이와 노인, 여성이 담당하게 되었다는 점이다.

중앙행정 단위의 근로보국대 담당 부서는 노무동원 담당 부서와 차이가 없다. 일제는 근로보국대를 노무와 관련한 행정체계 속에서 운용하였고, 노무관리는 행정기구의 변화와 함께 체계화를 거쳐 강화하였다. 1938년 근로보국대 관련 조선총독부의 부서는 학무국 사회교육과와 내무국 사회과였다.

1938년 6월 11일 정무총감의 통첩으로 학교근로보국대를 조직했을 때 지도 총본부는 학무국이었고, 6월 26일 통첩으로 결성한 일반 사회인의 근로보국대 담당 부서는 내무국 사회과였다. 이후 관련 부서는 여러 차례 변천을 거쳤다. 구체적인 부서를 학생과 일반인으로 구분해서 살펴보면 다음과 같다.

**[표 9] 법령에 따른 조선총독부의 근로보국대 담당 부서**

| | 제정·공포 | 관련 법령 | 조선총독부 담당 조직 |
|---|---|---|---|
| 학생 | 1938. 6. 11. | 학생생도의 근로봉사작업 실시에 관한 건 | 학무국 사회교육과 |
| | 1941. 6. | 학생생도의 집단근로작업 실시에 관한 건 | 후생국 노무과 |
| | 1943. 7. 22. | 학도전시동원체제확립요강 | 사정국 노무과 |
| | 1944. 10. 30. | 학도근로령 시행세칙 | 광공국 근로조정과·근로동원과·근로지도과 |
| 일반인 | 1938. 6. 26. | 국민정신총동원 근로보국운동에 관한 건 | 내무국 사회과(1941년 노무과) |
| | 1941. 11. 22. | 국민근로보국협력령 | 후생국 노무과 |
| | 1943. 5. 28. | 근로보국대 출동에 관한 건 | 사정국 노무과 |
| | 1945. 3. 6. | 국민근로동원령 | 광공국 근로조정과·근로동원과·근로지도과 |

## 5) 조선총독부 조선직업소개소 제도의 실상

　조선총독부 조선직업소개소는「조선직업소개소령」과「시행규칙」(1940년 1월 20일 공포)에 따라 발족하였다. 법령에 "노무수급사업 및 노무자모집 등을 인가하거나 허가제로 하는 외, 이들의 사업 또는 행위를 감독하여 노무의 배치를 국가목적에 합치시키는 일"을 담당하도록 규정하였다. 일제는「조선총독부 직업소개소 관제」(1940년 1월 24일)를 공포하고 대전·광주·청진·경성·대구·부산·평양·신의주·함흥 등 주요 도시에 국영 직업소개소를 설치하였다.[24]

　직업소개소는 1939년 한반도 외 노무자 송출을 위해 기존 제도를 정비해야 할 필요성을 절감하는 과정에서 탄생하였다. 기존 제도란 1918년 일본이 경제 호황을 누리던 시절에 조선인을 노동자로 데려가기 위해 만든「노동자모집취체규칙」이었다. 이 규칙은 조선인 상대의 사기행위 등을 방지할 목적으로 만들었는데, 1939년 한반도 외 지역으로 동원하려다 보니 현실적으로 맞지 않았다. 일본 당국자의 표현을 빌리자면 "조선 쪽에는 이렇다 할 노무기관, 노무통계 같은 것이 거의 없었기"에 난감한 상황이었다.[25] 그래서 생각한 것이 국영 직업소개소를 통해 노무인력을 조달하는 일본의 직업소개소 제도(1938년 4월 1일, 법률 제61호,「직업소개법 개정」)였다.

　그러나 조선의 직업소개소 제도는 일본과 동일한 기능을 할 수 없었다. 일본의 직업소개소 제도는 지역 단위의 노무동원 수행기구였다. 1921년(법률 제55호)에 발족하여 총동원체제 이전 시기에는 시·정·촌이 설립한 실업구제기관의 성격이 강하였다. 그러므로 일본 정부는 직업소개소의 국영화를 통해 노무동원과 관련한 각종 업무를 수행하는 기관으로 규정하고 수행 기능을 강화해야 할 필요성에 따라 1938년에 법령을 개정하였다.[26]

　일본의 직업소개소는 1941년 국민직업지도소를 거쳐 1944년에는 국민근로동원서(國民勤勞動員署)가 되었다. 일본은 1938년 6월 29일에 칙령 제452호「직업지도소 관제」를 통해 국민

---

24　조선총독부, 1941,『朝鮮總督府施政三十年史』, 885쪽.
25　도노무라 마사루(外村大) 지음, 2012,「半島勞務者問題座談會」,『産業福利』1940년 3월호(김철 옮김, 2018,『조선인 강제연행』, 뿌리와이파리, 58쪽 재인용).
26　아시아역사자료센터, A03021301500; A03022165100.

직업지도소를 설치하였는데, 1941년 1월 31일 칙령 제113호 「직업소개소법 개정」을 통해 직업소개소를 대체한 것이다.[27] 특히 일본의 직업소개소는 1939년에 제정한 「국민직업능력신고령」에 따른 국민등록 업무를 전담하는 기관이었다. 일본의 직업소개소를 계승한 국민직업지도소(국민근로동원서)는 1942년부터 내무성의 위탁을 받아 동원 업무를 수행한 전시노무대책의 실시기관이었다. 일본 내에서 일본인 대상의 업무 범위를 넘어서 조선에서의 동원에도 관여하였다.

일본 각지의 탄광회사는 국민직업지도소(국민근로동원서)에 필요한 노무자 인원을 요청하고 지시에 따라 조선에서 조선인 노무자를 동원하였다. 국가기록원 소장 「고 김광렬(金光烈) 기록물」에는 1943년 12월 후쿠오카현(福岡縣) 다가와군(田川郡)에 있는 가와사키(川崎)탄광이 1943년 8월과 12월, 1944년 1월과 5월, 7월에 충남 홍성군 출신 조선인 노무자를 동원하고 가족을 인솔하는 과정에서 생산한 증빙자료(영수증)가 있다. 이 자료에서 1944년 조선인의 동원 업무를 주관한 기관은 다가와(田川)국민근로동원서였다.[28]

이같이 일본은 노무동원 경로 중 하나인 '모집' 단계의 동원 실무를 직업소개소가 전담하도록 하였다. 그러나 조선의 직업소개소는 이러한 기능을 담당할 수 없었다. 조선총독부는 일본 직업소개소 제도를 준용하여 1940년 1월 20일에 국영 직업소개소를 설치하였고, 총 51개조에 달하는 방대한 「시행규칙」을 공포했으나 실제로는 무용지물이었다. 법만 있었을 뿐 조직을 제대로 갖추지 못하였기 때문이다. 1940년 1월 19일 칙령으로 공포한 「조선직업소개소 관제」와 11월 16일의 「관제 개정」에서 담당 직원은 전 조선을 통틀어 174명에 불과하였다. 그나마 1942년 11월 1일의 「조선총독부 부내 임시직원설치제 중 개정」(칙령 제763호)을 통해 정원이 오히려 축소되었다. 국영 직업소개소는 6곳에서 출발하여 1940년 12월(조선총독부령 제282호)에는 3개소가 늘었으나 총 9개소에 그쳤다. 이에 비해 1938년 일본의 직업소개소는 384곳이고, 직원은 3,079명이었다.[29]

『위원회 활동결과보고서』(2016)에서 1940년 기준으로 일제가 일본과 사할린 지역으로 동

---

27 아시아역사자료센터, A03022561600.
28 국가기록원 소장 가와사키(川崎)탄광주식회사(1)(DTA0015985), 가와사키(川崎)탄광주식회사(2)(DTA0015987).
29 도노무라 마사루 지음, 김철 옮김, 『조선인 강제연행』, 53쪽.

원한 조선인은 5만 7,559명이었다. 조선인의 저항과 동원기피 상황 속에서 총 174명의 전국 국영 직업소개소 인력으로 전국 각지의 대상자를 찾아내고 6만 명에 달하는 조선인을 인솔·수송하는 일은 불가능하였다. 법령에 따르면 부읍면에도 직업소개소를 설치할 수 있었으나 설치한 지역은 없었다. 직업소개소가 무용지물인 상황에서 인력을 동원하고 인솔해서 수송하는 일은 부읍면 등 지방행정조직과 관할 경찰서의 몫이 되었다.

1943년 10월 20일 자 《경성일보》 기사(〈반도 행정기구 개혁 완성〉)에 따르면, 조선총독부는 업무효율화를 위해 일부 업무를 지방으로 이관하는데, 지방단위기구 내용에서 "직업소개소를 폐지하고 사무를 부군으로 이관"하도록 하였다. 이 기사는 예정 기사이므로 확정 여부는 알 수 없다. 다만 직업소개소가 안정적인 독립성을 유지하기 어려웠음을 알 수 있다.

## 2. 노무(학생·여성) 동원 관련 지방행정 단위 조직

### 1) 도 단위의 노무동원 관련 조직

1910년 10월 조선총독부가 도사무분장을 만든 후 지방행정 기구의 업무분장은 기본 틀을 유지하면서 일부 내용을 추가하였다. 노무동원 관련 업무를 담당하는 행정기구도 마찬가지였다. 1938년 6월 23일 「조선총독부 도사무분장 규정 중 개정」에 '국가총동원에 관한 사항'이 처음 등장하는데, 이는 1930년 12월 3일 「조선총독부 도사무분장 규정 중 개정」에서 규정한 내무부 소관업무(지방개량 및 사회사업)에 선언적으로 추가하는 정도였다.[30]

1938년 6월 현재 도사무분장에 따르면, 도의 노무 관련 업무의 담당 부서는 지사관방과 내무부가 해당한다. 지사관방(또는 장관관방)은 문서관리와 보고가 전담업무이므로 시기를 막론한 관련 부서이다. 산업부가 담당한 도도 있었다.

2개 부서가 담당하던 도의 노무동원 관련 업무 수행의 행정조직은 1943년에 지사관방, 내무부, 광공부로 확대되었다. 1943년 12월 조선총독부가 광공국을 신설할 때 도에 광공부를 신설하고, 산하에 노무과를 두었기 때문이다.

노무(학생·여성) 동원을 직접 담당한 주요 중앙기구 및 조직에 군무원 동원 관련 업무분장은 찾을 수 없다. 그러나 군무원 동원도 노무동원 담당 업무에 포함되어 있었다. 특히 지방행정 단위에서는 노무와 군무원 동원을 구분하지 않고 함께 업무를 수행하였다.

[표 10] 도 단위의 노무(학생·여성) 동원 관련 업무 변천 상황

| 연도 | 1938. 6. 23. | 1943. 11. 30. | 1943. 12. 1. | 1944. 10. 15. |
|---|---|---|---|---|
| 부서 | 내무부 | - | 내무부·광공부·경찰부 | 내무부·광공부 |
| 업무 | 2. 국가총동원에 관한 사항 | - | 내무부: 10. 국민연성 및 국민근로교육<br>광공부: 5. 노무, 6. 국민등록, 국민징용, 기타 국민동원 | 내무부: 13-2. 국민등록·국민징용·기타 국민동원, 13-3. 국민근로원호<br>광공부: 5. 국민근로관리에 관한 사항 |

---

30  정혜경, 『일본 제국과 조선인 노무자 공출』, 128쪽.

| 기타 | 각 도에 산업부 설치 | 각 도의 산업부와 식량부를 광공부 또는 농상부로 개정 | | 광공부 업무의 일부를 내무부로 이관하고, 용어를 '노무'에서 '근로'로 변경 |
|---|---|---|---|---|
| 근거 | 조선총독부훈령 제35호 | 칙령 제896호 | 조선총독부훈령 제94호 | 조선총독부훈령 제90호 |
| 선행 법령 | - | 조선총독부 관제 개정(1943년 11월 30일, 칙령 제890호) | - 조선총독부 사무분장 중 개정(1943년 12월 1일, 조선총독부훈령 제88호) | - 조선총독부 사무분장 중 개정(1944년 10월 15일, 조선총독부훈령 제89호) |

지방행정 단위의 노무(학생·여성) 동원 관련 조직은 총동원이나 군무원 동원 관련 업무분장 시기와 동일하다. 일부 지역은 군인동원 업무를 노무동원 업무 부서가 담당하기도 하였다.

지방행정 단위 가운데에서 도의 역할은 관내 부군도읍면에서 노무(학생·여성) 동원 업무를 수행할 수 있도록 큰 틀의 법적 근거를 마련하는 일이었다. 그러므로 노무(학생·여성) 동원 실무를 담당한 것은 부군도읍면 단위였다.

## 2) 부군도읍면 단위의 노무동원 관련 조직

그렇다면 도 이하의 부군도읍면 단위에서는 어떤 부서가 노무동원 관련 업무를 담당했을까. 먼저 부군도 단위를 살펴보자.

1934년 전북과 경남의 부군사무분장 규정(개정)을 보면, 부에는 서무과·내무과·재무과를, 군에는 서무계와 내무계를 설치하였다. 서무과는 도의 지사관방과 같은 업무를 담당하였고, 내무과는 도의 내무부, 재무과는 도의 재무부(또는 산업부) 해당 업무를 담당하였다. 도(島)에서도 서무계와 내무계가 도의 지사관방과 내무부 및 재무부(산업부)에 해당하는 업무를 담당하였다.

경성부의 노무동원 담당 조직은 어떠했을까. 1938년 경성부에서 국가총동원 관련 업무를 담당한 부서는 총무부, 재무부, 공영부 등 세 군데였고, 총무부 아래에 국민총력과, 호적과, 사회과가 있었다. 이 가운데 국민총력과가 시국 관련 업무를 담당하였다면, 노무동원 담당 부서는 사회과였다. 호적과도 노무자원 조사나 노무자 송출에 관한 서류를 발급해야 했으므로 노무동원 업무에 관여하였다. 다른 도에서 내무과가 담당한 업무를 경성부에서는 총무부 사회과와 호적과가 담당한 것이다. 이후 1943년 구제(區制) 실시를 통해 경성부는 '사회과 노무계 ↔ 구역소' 간 행정망을 통한 노무동원 관련 업무를 수행할 수 있게 되었다. 총무부 사회과·호적과와 경성부 소속 7개 구역소(구의 행정기관)는 노무동원 전반을 포함하여 국민징용 대상자 조사, 징용장 발부, 소집 등의 업무를 담당하였다.[31]

다음으로 읍면의 행정체계 속에서 노무동원 관련 업무를 담당한 부서의 현황을 파악해 보자.

조선총독부의 행정사무는 「도사무분장 규정」(조선총독부 훈령)을 기준으로 지역별 훈령과 규정에 따라 수행하도록 하였다. 읍과 면에서 수행하는 업무 관련 규정은 읍면규칙이나 처무규정 등이다.

1940년 11월 27일에 개정한 경북 관내 「읍면처무규정」에 따르면, 읍면에는 4개(서무계, 호적계, 권업계, 재무계)의 계를 설치하고, 읍면장의 재량에 따라 추가로 설치하도록 하였다. 1940년 경북 관내 읍면의 노무동원 관련 업무 부서는 서무계(국민총력운동)와 호적계(호적, 거주, 증명 발급)이다. 1944년에 노무동원 관련 업무 부서는 3개로, '노무 조정(서무계)'과 '만주개척민(농산계)', '여자청년대 연성소(호적병사계)' 업무를 추가하였다. 조선인의 한반도 외 노무동원은 1939년부터 실시되었다. 그러나 1940년 경북 관내 「읍면처무규정」에서는 조선총독부 행정조직의 사무분장에 있던 '노무 수급'이나 '노무자 송출', '국민징용' 등을 찾을 수 없다.[32] 도사무 규정에서도 마찬가지다. 조선총독부가 읍면사무를 검열하기 위한 「읍면사무지도감독 규정」(1944년 9월 22일 자 『경기도보』에 실린 경기도 훈령 제59호에 수록)에서 찾을 수 있을 뿐이다. 이 규정은 군수가 연 1회 이상 검열한 결과를 매년 4월 말까지 도지사에게 보고하도록 규정하였다. 검열대상 12개 항 가운데 노무동원 관련 사항은 '노무동원에 관한 사항'(제4항)이다. 구체적으로 '노무동원 계획의 수립 및 실시 상황'과 '노무동원에 대한 민중의 지도·계몽 상황', '출두자 및 유가족 원호 상황' 등 3개 내용을 담고 있다.[33]

「경기도 읍면사무지도감독 규정」을 보면, 1944년 9월에 경기도 관내 읍면이 국민징용 업무를 시행하고 있었다. 1944년의 노무동원 경로는 국민징용이 중심이었고, 「경기도 읍면사

---

31  이병례, 2005, 「일제하 전시체제기 경성부의 노동력 동원구조」, 『사림』 24, 성균관대학교 수선사학회, 51쪽.
32  경상북도, 1942, 『읍면행정예규』, 28-29쪽.
33  樋口雄一, 「戰時末期朝鮮邑面の機能と朝鮮人民衆との乖離について」, 『地域社會から見る帝國日本と植民地』, 795-796쪽.

무지도감독 규정」에 나오는 '원호'는 「국민징용령」과 「국민징용부조규칙」에 근거한 징용원호를 의미하므로, 여기에서 언급한 노무동원은 국민징용을 의미하기 때문이다.[34] 그런데 경북 「읍면처무규정」에서는 국민징용업무를 찾을 수 없다. 그러나 규정에서 찾을 수 없다 해서 업무를 담당하지 않은 것은 아니다. 조선총독부가 1930년 12월 발포하고 1931년 3월부터 시행한 「읍면제」와 「읍면제 시행규칙」에 따라 읍면은 읍면규칙을 자체적으로 제정·시행할 수 있게 되었고, 읍면은 법령의 범위 내에서 공공사무 및 법령에 따라 조선총독부가 읍면에 위임한 '위임사무'와 읍면이 자체적으로 수행하는 '고유사무'를 수행하였기 때문이다.

충북 단양군 영춘면에 거주하던 우창한은 "넷째 형이 일제말기에 권업계장으로 각종 배급물품 취급, 징용 전담, 기피자 색출 등 전쟁 수행 업무를 수행해서 해방과 동시에 군중의 습격을 받았다"라고 회상하였다. 당시 영춘면에는 권업계가 "각종 물자보급, 징용영장 등 중요한 업무를 담당하는 권위 있는 부서"로서 "징용령장도 군수 명의로 인원이 통보되면 면사무소 권업계 주임이 발행"하였다.[35] 이같이 노무동원 관련 업무는 각 읍면이 제정한 읍면규칙에 따라 이루어지고 있었다. 경성부의 경우 노무동원 관련 업무는 정회가 담당하였다.

**[표 11] 지방행정 단위의 노무동원 관련 부서**

| 행정 단위별 | 노무동원 관련 부서 |
|---|---|
| 도(道) | 지사관방, 내무부, 재무부(산업부), 광공부 및 노무과 |
| 부(府) | 서무과, 내무과, 재무과 |
| 군(郡)·도(島) | 서무계, 내무계 |
| 읍(邑)·면(面) | 권업계, 사회계, 내무계, 서무계, 산업계, 호적계(호적병사계) |
| 경성부 | 총무부(호적과, 사회과), 구역소, 정회 |

많은 강제동원 피해경험자들은 자신들을 마을의 '노무가가리(노무계)'가 동원하였다고 특정하였다. 그러나 [표 11] 지방행정 단위의 노무동원 관련 부서에서 노무계는 찾을 수 없다. 홋카이도(北海道) 스미토모(住友) 고노마이(鴻之舞)광산 자료에서도 충남 예산군 관할 읍면의

---

34  징용원호에 대해서는 정혜경, 2011, 「노무원호제도와 조선인 노무동원」, 『일본 제국과 조선인 노무자 공출』, 도서출판 선인 참조.
35  우창한·김인호, 2006, 『역사의 경계를 넘는 격정의 기억』, 국학자료원, 49·93쪽.

노무 송출 업무를 담당한 부서는 사회계였다.[36]

그렇다면 노무계는 피해경험자가 만든 가공의 조직이었는가. 그렇지 않다. 노무계는 실제로 있었다. 1944년 전남 해남군 산이면에서 서무계장과 부면장을 역임한 박호배의 구술에서 실마리를 찾을 수 있다.

> 이것이 가령 해남군으로 배정이 오거든요. "몇백 명 해라." 하면 군(郡)에서 산이면 몇, 황산면 몇, 각 배정을 합니다. 군에는 노무계가 있어. 면에도 노무계가 있어. 그러면 그놈 배정하죠. 그 배정 수는 기어이 채워야 써. 기어이 채울랑께.(굵은 글씨-인용자)[37]

박호배는 군과 면에 모두 노무계가 있다고 하였다. 박호배의 구술에 따라 산이면의 조직도를 그려 보면, 계(係)가 두 단계에 걸쳐 나오는 것을 볼 수 있다. 면장, 부면장, 서무계와 산업계 아래에 있는 또 다른 계이다. 박호배는 서무계와 산업계 업무를 크게 3~4개의 업무로 나누어 면서기들이 담당하였는데, 이것도 계로 불렀다고 하였다. 이 '계'는 계장을 필두로 하는 행정조직이 아니라 계 소속 담당업무를 다시 세분한 직원용 호칭이었던 셈이다. 이 조직도에 의하면, 산이면의 노무가가리는 서무계 산하의 '노무병사계'가 된다. 그러므로 경험자들이 말한 산이면의 노무가가리는 노무계가 아니라 노무병사계이다.

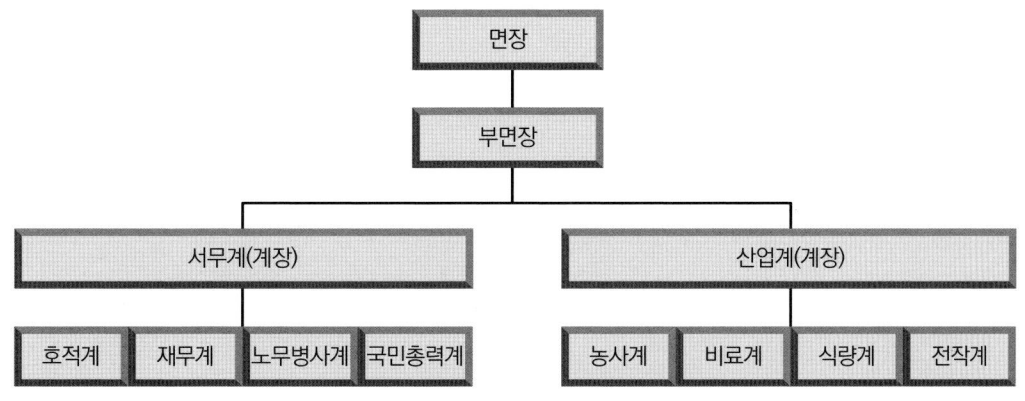

[그림 3] 해남군 산이면 행정 조직도

---

36 守屋敬彦 編, 1991, 『戰時外國人强制連行關係史料集-朝鮮人 2, 下』, 明石書店, 1289-1326·1507-1509쪽.
37 국사편찬위원회, 『구술사료선집 3 - 지방을 살다』, 255-256쪽.

박호배가 구술한 산이면 사례를 모든 읍면에 적용할 수는 없다. 그러나 경북의 「읍면처무규정」과 박호배·우창한의 구술 내용을 통해 명확히 알 수 있는 것은, 각 읍면이 실정에 따라 자율적으로 계를 설치하며 융통성 있는 운영을 하였다는 점이다. 강제동원 경험자들이 회상한 '노무계'도 이런 과정을 통해 나타났을 것이다.[38]

　노무(학생·여성) 동원의 기구의 조직과 관련된 각의결정과 법령 목록은 총 45건이다. 이 가운데 8건은 제II장 총동원 업무, 제III장 군인·군무원 동원 관련 조직의 해당 법령이기도 하다. 그러므로 제4장에서는 노무(학생·여성) 동원 관련 법 조항만 수록·번역하여 중복 수록을 피하였다. 이하 번역·수록한 주요 각의결정과 법령 등의 목록은 다음 표와 같다.

[표 12] 노무(학생·여성) 동원 기구 및 조직 관련 각의결정과 법령 목록[39]

| 번호 | 법령 및 각의결정 등의 명칭 | 형태 | 제정·공포·결정일 | 세부 근거 |
|---|---|---|---|---|
| 82 | 조선총독부 사무분장 규정 중 개정 | 조선총독부훈령 | 1937. 7. 16. | 조선총독부훈령 제50호 |
| 83 | 조선총독부 사무분장 규정 중 개정 | 조선총독부훈령 | 1939. 2. 7. | 조선총독부훈령 제7호 |
| 84 | 조선총독부 관제 중 개정 | 칙령 | 1939. 8. | 칙령 제532호 |
| 85 | 조선총독부 사무분장 규정 중 개정 | 조선총독부훈령 | 1939. 8. 3. | 조선총독부훈령 제45호 |
| 86 | 국민정신총동원 근로보국운동에 관한 건[40] | 통첩 | 1938. 7. 1. | 통첩 |
| 87 | 근로보국대 출동에 관한 건 | 통첩 | 1943. 5. 29. | 통첩 |
| 88 | 조선총독부 사무분장 규정 중 개정 | 조선총독부훈령 | 1941. 3. 13. | 조선총독부훈령 제23호 |
| 89 | 조선총독부 사무분장 규정 중 개정* | 조선총독부훈령 | 1941. 11. 19. | 조선총독부훈령 제103호 |
| 90 | 사정국 및 식산국 근무 칙임사무관의 직무에 관한 건 | 조선총독부훈령 | 1941. 11. 19. | 조선총독부훈령 제104호 |

---

38　허광무·정혜경·김미정, 『일제의 전시 조선인 노동력 동원』, 73쪽.
39　제II장 총동원 업무, 제III장 군인·군무원 동원에 해당하는 기관 및 조직에 수록한 법령 등은 ＊표시를 하였다.
40　자료 번호 86과 87의 근로보국대 관련 통첩 2건은 동원 기구와 직접적인 관련을 갖는 통첩은 아니지만 통첩 내용에서 근로보국대 동원 및 운용에 관한 기구 및 조직 내용을 포함하고 있으므로 수록하였다.

| 91 | 조선총독부 사무분장 규정 중 개정* | 조선총독부훈령 | 1942. 11. 1. | 조선총독부훈령 제54호 |
|---|---|---|---|---|
| 92 | 조선총독부 관제 중 개정 | 칙령 | 1943. 11. 30. | 칙령 제890호 |
| 93 | 조선총독부 사무분장 규정 중 개정* | 조선총독부훈령 | 1943. 12. 1. | 조선총독부훈령 제88호 |
| 94 | 국민동원기구에 관한 건 | 각의결정 | 1943. 12. 7. | 각의결정 |
| 95 | 조선총독부 사무분장 규정 중 개정 | 조선총독부훈령 | 1944. 10. 15. | 조선총독부훈령 제89호 |
| 96 | 조선총독부 근로동원본부 규정 | 조선총독부훈령 | 1944. 10. 15. | 조선총독부훈령 제92호 |
| 97 | 조선총독부 사무분장 규정 중 개정* | 조선총독부훈령 | 1944. 11. 22. | 조선총독부훈령 제96호 |
| 98 | 조선총독부 사무분장 규정 중 개정 | 조선총독부훈령 | 1945. 1. 27. | 조선총독부훈령 제2호 |
| 99 | 조선총독부 근로동원본부 규정 중 개정 | 조선총독부훈령 | 1945. 2. 2. | 조선총독부훈령 제3호 |
| 100 | 조선총독부 중앙농업수련도장 규정 | 조선총독부령 | 1945. 3. 31. | 조선총독부령 제44호 |
| 101 | 조선총독부 사무분장 규정 중 개정 | 조선총독부령 | 1945. 3. 31. | 조선총독부훈령 제13호 |
| 102 | 조선총독부 사무분장 규정 중 개정* | 조선총독부훈령 | 1945. 4. 17. | 조선총독부훈령 제18호 |
| 103 | 조선여자청년연성소 규정[41] | 조선총독부령 | 1944. 2. 10. | 조선총독부령 제35호 |
| 104 | 조선여자청년연성소 규정 중 개정 | 조선총독부령 | 1945. 3. 28. | 조선총독부령 제38호 |
| 105 | 조선총독부 학도동원본부 규정 | 조선총독부훈령 | 1944. 4. 28. | 조선총독부훈령 제44호 |
| 106 | 선만척식주식회사령 | 제령 | 1936. 6. 4. | 제령 제7호 |
| 107 | 조선총독부 이민위원회 규정 | 조선총독부훈령 | 1939. 2. 22. | 조선총독부훈령 제9호 |
| 108 | 조선총독부 이민위원회 규정 중 개정 | 조선총독부훈령 | 1939. 8. 31. | 조선총독부훈령 제52호 |

---

[41] 조선여자청년연성소 규정은 제2권에 번역·수록하였으나 개정된 법령의 내용을 이해하기 위해 제3권에도 수록하였다.

| | | | | |
|---|---|---|---|---|
| 109 | 만주개척청년의용대훈련본부에 관한 건 | 칙령 | 1940. 3. 29. | 칙령 제47호 |
| 110 | 조선총독부 만주개척민지원자훈련소 규정 | 조선총독부령 | 1940. 4. 10. | 조선총독부령 제100호 |
| 111 | 조선총독부 만주개척민지원자훈련소 관제 | 칙령 | 1940. 6. 4. | 칙령 제386호 |
| 112 | 선만척식주식회사령 폐지의 건 | 제령 | 1941. 12. 20. | 제령 제33호 |
| 113 | 조선직업소개령 | 제령 | 1940. 1. 11. | 제령 제2호 |
| 114 | 조선총독부 직업소개소 관제 | 칙령 | 1940. 1. 19. | 칙령 제17호 |
| 115 | 조선직업소개령 시행기일의 건 | 조선총독부령 | 1940. 1. 20. | 조선총독부령 제6호 |
| 116 | 조선직업소개령 시행규칙 | 조선총독부령 | 1940. 1. 20. | 조선총독부령 제7호 |
| 117 | 조선총독부 직업소개소의 명칭, 위치 및 관할 구역 | 조선총독부령 | 1940. 1. 20. | 조선총독부령 제8호 |
| 118 | 조선총독부 직업소개소 관제 중 개정 | 칙령 | 1940. 11. 8. | 칙령 제748호 |
| 119 | 조선총독부 직업소개소의 명칭, 위치 및 관할 구역 | 조선총독부령 | 1940. 12. 14. | 조선총독부령 제282호 |
| 120 | 조선총독부 부내 임시직원설치제 외 26칙령 중 개정 | 칙령 | 1942. 11. 1. | 칙령 제763호 |
| 121 | 조선직업소개령 시행규칙 중 개정 | 조선총독부령 | 1945. 6. 13. | 조선총독부령 제139호 |
| 122 | 조선총독부 도사무분장 규정 중 개정* | 조선총독부훈령 | 1943. 12. 1. | 조선총독부훈령 제94호 |
| 123 | 조선총독부 도사무분장 규정 중 개정 | 조선총독부훈령 | 1944. 10. 15. | 조선총독부훈령 제90호 |
| 124 | 부제 시행규칙 중 개정* | 조선총독부령 | 1943. 6. 9. | 조선총독부령 제164호 |
| 125 | 경성부 사무분장 규정* | 조선총독부훈령 | 1943. 12. 1. | 조선총독부훈령 제95호 |
| 126 | 경성부 사무분장 규정 중 개정 | 조선총독부훈령 | 1944. 10. 15. | 조선총독부훈령 제91호 |

| 자료 82 | |
|---|---|
| | 조선총독부 사무분장 규정 중 개정 |
| 구분 | 조선총독부훈령 제50호 |
| 법령명/건명 | 조선총독부 사무분장 규정 중 개정<br>朝鮮總督府 事務分掌 規程 中 改正 |
| 공포·개정·결정·폐지 연월일 | 공포 1937년 7월 16일<br>폐지 1939년 8월 2일 |
| 구성 | 총 2개 조 개정 |
| 선행 규범·법령 | |
| 원문 일부 | ● 朝鮮總督府訓令第五十號<br>朝鮮總督府事務分掌規程中左ノ通改正ス<br>昭和十二年七月十六日<br>　　　　　　　　　　朝鮮總督府<br>　　　　　　　朝鮮總督　南　次郎<br>第一條中「外事課」ヲ「外務部」ニ改ム<br>第二條第四項中「外事課」ヲ「外務部」ニ改ム<br>同條第五項第九號中「局室課」ヲ「局部室課」ニ改ム |
| 주요 내용 및 특징 | ○ 중일전쟁 발발 직후 일본 정부의 외사과 기구 개혁·확대 및 강화 조치에 따른 기구 개편<br>○ 1929년 11월 8일 설치한 총독관방 소속 외사과를 외무부로 개칭<br>○ 중국·만주 지역 노무동원 업무 담당<br>○ 1939년 8월 2일 외무부를 외사부로 개칭, 1941년 11월 19일 외사부 폐지하고 사정국 소속의 외무과·척무과로 개편 |
| 법령 적용 범위 | 조선 |
| 관련 법령 통합·폐지 사항 | |
| 유사·파생 법령 | 조선총독부 관제 개정(1939년 8월 2일, 칙령 제532호) |

조선총독부훈령 제50호

1937년 7월 16일

## 조선총독부 사무분장 규정 중 개정

제1조 중 '외사과'를 '외무부'로 개정한다.

제2조 제4항 중 '외사과'를 '외무부'로 개정한다.

| | |
|---|---|
| \[자료 83\] | |

| | 조선총독부 사무분장 규정 중 개정 |
|---|---|
| 구분 | 조선총독부훈령 제7호 |
| 법령명/건명 | 조선총독부 사무분장 규정 중 개정<br>朝鮮總督府 事務分掌 規程 中 改正 |
| 공포·개정·결정·폐지 연월일 | 공포 1939년 2월 7일 |
| 구성 | 총 1개 조 개정 |
| 선행 규범·법령 | |
| 원문 일부 | ● 朝鮮總督府訓令第七號<br>朝鮮總督府事務分掌規程中左ノ通改正ス<br>昭和十四年二月七日<br>　　　　朝鮮總督　南　次郎<br>第五條第三項ヲ左ノ如ク改ム<br>社會課ニ於テハ左ノ事務ヲ掌ル<br>一　災害救助及救療ニ關スル事項<br>二　母性及兒童保護ニ關スル事項<br>三　公益質屋、住宅ノ供給改善其ノ他社會福利施設ニ關スル事項<br>四　軍事扶助其ノ他軍事援護ニ關スル事項<br>五　勞働保護ニ關スル事項<br>六　職業ノ紹介其ノ他勞務ノ需給ニ關スル事項<br>七　失業ノ救濟及防止ニ關スル事項<br>八　國民登錄ニ關スル事項<br>九　濟生院及感化院ニ關スル事項<br>十　其ノ他ノ社會事業ニ關スル事項 |
| 주요 내용 및 특징 | ○ 내무국에 사회과 신설<br>○ 군사원호, 노동보호, 노무수급, 국민등록, 직업소개 등 업무를 분장<br>○ 최초의 노무동원 관련 부서인 노무계를 두고, 노무동원 업무 담당 |
| 법령 적용 범위 | 조선 |
| 관련 법령 통합·폐지 사항 | |
| 유사·파생 법령 | 조선총독부 사무분장 중 개정(1941년 3월 13일, 조선총독부훈령 제23호) |

조선총독부훈령 제7호

1939년 2월 7일

## 조선총독부 사무분장 규정 중 개정

제5조 제3항을 다음과 같이 개정한다.

사회과에서는 다음의 사무를 관장한다.
1. 구호 및 구료(救療)에 관한 사항
2. 이재구조에 관한 사항
3. 모성 및 아동 보호에 관한 사항
4. 공익 전당포[質屋], 주택 공급 개선, 기타 사회복리시설에 관한 사항
5. 군사부조, 기타 군사원호에 관한 사항
6. 노동보호에 관한 사항
7. 직업소개, 기타 노무 수급에 관한 사항
8. 실업 구제 및 방지에 관한 사항
9. 국민등록에 관한 사항
10. 제생원 및 감화원에 관한 사항
11. 기타 사회사업에 관한 사항

| 자료 84 | |
|---|---|
| | 조선총독부 관제 중 개정 |
| 구분 | 칙령 제532호 |
| 법령명/건명 | 조선총독부 관제 중 개정<br>朝鮮總督府 官制 中 改正 |
| 공포·개정·결정·폐지 연월일 | 공포 1939년 8월 2일 |
| 구성 | 총 4개 조 개정, 부칙, 참조 |
| 선행 규범·법령 | |
| 원문 일부 | |
| 주요 내용 및 특징 | ○ 외무부를 외사부로 개칭<br>○ 외사부장이 총독 및 정무총감의 명을 받아 업무를 관장하는 직속 기구<br>○ 중국·만주 지역 노무동원 업무 담당<br>○ 사무관 42인을 배치 |
| 법령 적용 범위 | 조선 |
| 관련 법령 통합·폐지 사항 | |
| 유사·파생 법령 | 고등관 관등봉급령 중 개정(1939년 8월 3일, 칙령 제533호)<br>조선총독부 사무분장 중 개정(1939년 8월 3일, 조선총독부훈령 제45호) |

칙령 제532호

1939년 8월 2일

## 조선총독부 관제 중 개정

제9조 중 '및 다음의 7국'을 '아울러 다음의 7국 및 1부'로 개정하고 '경무국' 다음에 '외사부'를 추가한다.

제10조 중 '및 각 국'을, '각 국 및 외사부'로 개정한다.

제11조 중 '국장 7인 칙임'의 다음에 '외사부장 1인 칙임'을 추가하고, '사무관 전임 43인, 주임 내 2인을 칙임으로 할 수 있다.'를 '사무관 전임 42인, 주임 내 1인을 칙임으로 할 수 있다.'로 개정한다.

제13조 외사부장은 총독 및 정무총감의 명을 받아 부 업무를 관장하고 부하의 관리를 지휘·감독한다.

부칙

본령은 공포일로부터 시행한다.

〈참조〉

1910년 9월 30일 공포, 칙령 제354호, 조선총독부 관제 초록

제9조 총독부에 총독관방 및 다음의 7국을 둔다(이하 기록은 생략한다).

제10조 총독관방 및 각 국의 사무분장은 총독이 정한다.

제13조 삭제

| 자료 85 | |
|---|---|
| \multicolumn{2}{c}{조선총독부 사무분장 규정 중 개정} | |
| 구분 | 조선총독부훈령 제45호 |
| 법령명/건명 | 조선총독부 사무분장 규정 중 개정<br>朝鮮總督府 事務分掌 規程 中 改正 |
| 공포·개정·결정·폐지 연월일 | 공포 1939년 8월 3일 |
| 구성 | 총 4개 조 개정 |
| 선행 규범·법령 | 조선총독부 관제 중 개정(1939년 8월 2일, 칙령 제532호) |
| 원문 일부 | ●朝鮮總督府訓令第四十五號<br>朝鮮總督府事務分掌規程中左ノ通改正ス<br>昭和十四年八月三日<br>　　　　　　　　　朝鮮總督府<br>　　　　　　　　　朝鮮總督　南　次郎<br>第一條中「外務部」ヲ削ル<br>第二條第四項ヲ削ル<br>第十條第一項中「編輯課」ヲ「、編輯課、教學研修所及中堅靑年修練所」ニ改ム<br>同條第二項第四號ヲ削リ第五號ヲ第四號トス<br>同條第四項ノ次ニ左ノ二項ヲ加フ<br>教學研修所ハ於テハ朝鮮總督府教學研修所規程ニ依ル敎員ノ講習ニ關スル事務ヲ掌ル<br>中堅靑年修練所ニ於テハ朝鮮總督府中堅靑年修練所規程ニ依ル中堅靑年ノ修練ニ關スル事務ヲ掌ル<br>第十二條外務部ニ外務課及拓務課ヲ置ク<br>外務課ニ於テハ左ノ事務ヲ掌ル<br>一　在外朝鮮人ノ保護撫育ニ關スル事項<br>二　外國領事館及外國人ニ關スル事項<br>三　涉外事項及情報交換ニ關スル事項<br>四　外國文ノ飜譯及通譯ニ關スル事項<br>五　朝鮮ニ關係アル海外商況ノ調査及經濟情報ノ發行ニ關スル事項<br>六　部内他課ノ主管ニ屬セサル事項<br>拓務課ニ於テハ左ノ事務ヲ掌ル<br>一　滿支開拓民ノ移植ノ計畫ニ關スル事項<br>二　朝鮮ニ於ケル滿支開拓民ノ輸送ニ關スル事項<br>三　滿支移住適地調査ニ關スル事項<br>四　開拓民ノ訓練ニ關スル事項<br>五　安全農村ニ關スル事項<br>六　滿鮮拓殖株式會社ノ業務ノ監督ニ關スル事項<br>七　鮮滿拓殖株式會社ノ業務ノ指導ニ關スル事項 |
| 주요 내용 및 특징 | ○ 외무부를 외사부로 개칭<br>○ 외사부에 외무과와 척무과를 설치<br>○ 척무과에 만선척식주식회사와 선만척식주식회사, 개척민 훈련 및 수송 등 중국·만주 지역 노무동원 업무를 분장 |
| 법령 적용 범위 | 조선 |
| 관련 법령 통합·폐지 사항 | |
| 유사·파생 법령 | |

조선총독부훈령 제45호

1939년 8월 3일

## 조선총독부 사무분장 규정 중 개정

제1조 중 '외무부'를 삭제한다.

제2조 제4항을 삭제한다.

제10조 제1항 중 '및 편집과'를, '편집과, 교학연수소 및 중견청년수련소'로 개정한다.

  같은 조 제2항 제4호를 삭제하고 제5호를 제4호로 한다.

  같은 조 제4항 다음에 아래의 2개 항을 추가한다.

  교학연수소에서는 조선총독부 교학연수소 규정에 따라 교원의 강습에 관한 사무를 관장한다.

  중견청년수련소에서는 조선총독부 중견청년수련소 규정에 따라 중견청년의 수련에 관한 사무를 관장한다.

제12조 외사부에 외무과 및 척무과를 둔다.

  외무과에서는 다음의 사무를 관장한다.

   1. 재외조선인의 보호·무육(撫育)에 관한 사항

   2. 외국영사관 및 외국인에 관한 사항

   3. 섭외 사항 및 정보교환에 관한 사항

   4. 조선에 관계가 있는 해외 상업 형편[商況] 조사 및 경제정보 발행에 관한 사항

   5. 외국문의 번역 및 통역에 관한 사항

   6. 외사부 내 다른 과의 주관에 속하지 않는 사항

  척무부에서는 다음의 사무를 관장한다.

   1. 만주와 중국[滿支] 개척민의 이식(移植) 설계에 관한 사항

   2. 만주와 중국의 이주 적격지 조사에 관한 사항

   3. 개척민의 수송에 관한 사항

   4. 개척민의 훈련에 관한 사항

5. 안전농촌에 관한 사항

6. 선만척식주식회사의 업무 감독에 관한 사항

7. 만선척식주식회사의 업무 지도에 관한 사항

| 자료 86 | |
|---|---|
| 국민정신총동원 근로보국운동에 관한 건[42] | |
| 구분 | 내무부장 통첩 |
| 법령명/건명 | 국민정신총동원 근로보국운동에 관한 건<br>國民精神總動員 勤勞報國運動ニ關スル件 |
| 공포·개정·결정·폐지 연월일 | 공포 1938년 7월 1일 |
| 구성 | 국민정신총동원 근로보국운동실시요강 첨부 |
| 선행 규범·법령 | 국민정신총동원 근로보국운동에 관한 건(1939년 6월 26일, 통첩) |
| 원문 일부 | (원문 생략) |
| 주요 내용 및 특징 | ○ 일제가 총동원체제를 수립한 후 조선에 부여한 역할 수행을 위해, 한반도 도내(道內) 공공사업과 국책공사에 도내의 노동력을 체계적이고 계획적으로 적극 활용할 대안으로 설정한 근로보국대 제도를 시행하기 위한 규정<br>○ 조선총독부 내무부장이 각 부윤과 군수에게 발령한 통첩<br>○ 첨부자료인「국민정신총동원 근로보국운동 실시요강」을 통해 참가 범위와 조직, 실시 방법 등을 명시<br>○ 중일전쟁 1주년을 기점으로 전 조선에서 운동을 일으킨다는 계획으로 9월 10일까지 실시 상황을 보고하라는 내용 |
| 법령 적용 범위 | 조선 |
| 관련 법령 통합·폐지 사항 | |
| 유사·파생 법령 | |

---

42　국민정신총동원조선연맹, 1939,『國民精神總動員聯盟 要覽』, 353-357쪽 수록.

내무부장 통첩

1938년 7월 1일

## 국민정신총동원 근로보국운동에 관한 건

각 부윤, 군수 앞

국민정신총동원 실체화(實體化)의 한 방법으로서 전 조선에 걸쳐 근로보국운동을 일으키고자 별지 요강과 같이 실시하기로 결정하였기에 각 지방의 실정에 적절한 실시 방법을 강구하여 충분한 소기의 효과를 거두기를 바람.

아울러 본 운동은 오는 7일 중일전쟁[支那事變] 1주년 기념을 기점으로 실시하는데, 실시 상황은 오는 9월 10일까지 일괄 보고할 것.

### 국민정신총동원근로보국운동실시요강

1. 취지

무릇 정신은 물질을 만들어 내고 물질은 정신을 포함하여 서로 더욱 강력하게 발전하는 바, 물심일체의 이상을 실현할 국민정신총동원은 이러한 실제적인 지도정신 아래 전 국민의 자발적 분기(奮起)와 희생적 봉사의 열의에 따를 때 비로소 진정 그 성과를 거둘 수 있을 것이다. 더구나 한 마을 한 부락의 민중이 함께 시설, 행사 수행에 전원 매진하고 개개인을 주로 하지 않고 전체의 협력 일치를 거듭할 때, 인보단결(隣保團結)의 정신은 더욱 진작되고 내선인의 결합은 더욱 강화하여 어떠한 정세가 발생하거나 어려움이 닥치더라도 미동도 하지 않고 국방의 근간을 확립할 수 있고, 또한 조선[半島]의 청소년이 국방의 일부를 부담함과 동시에 사회봉사의 의미에서 근로에 힘쓰는 것은 2천만 민중이 국시(國是)를 관철하는 황국신민으로서 신념과 긍지를 강력하게 발휘함으로써 역시 반도 개발상 극히 필요하다고 인정된다. 다행히 조선에서는 옛날부터 부역 제도에 따라 민중 일반에게 공역(公役) 봉사의 습관이 있는데 이 부역에 대한 관념을 봉사의 관념으로 전환하여 이 조직 위에 새로운 생명을 부여함으로써, 애국심의 함양을 도모하며 첫째는 국력의 증강에 힘쓰고 다른 하나는 근로 호애(互愛)의 습관을 조장하여 더욱 황운을 부익(扶翼)하는 길에 철저하게 하고자 한다.

2. 목표
1) 국가관념의 함양, 내선일체의 심화
2) 근로 호애, 인고 단련, 희생 봉공의 정신 함양
3) 공동 일치적 행동 훈련
4) 체력 증진
5) 지방의 개발
6) 비상시국 인식의 철저

3. 참가 범위 및 조직
만 12세 이상 만 40세까지 남녀가 참가하는 것을 본 뜻으로 부락에서는 청년단, 생산공동부락 갱생지도부락 등 지방 실정에 따라 점차 근로보국대를 결성한다.
보국대는 대기(隊旗)를 소지하고 작업장, 기타 대원 집합 장소에 게양하도록 한다.
보국대의 조직 내용에 대해서는 각지 실정에 따라 하도록 하고, 장래에 점차 통제적 지도를 추가하도록 한다.

4. 봉사 사항
대개 다음에 제시한 종류의 작업에 봉사하는 것을 원칙으로 하지만, 농(어)번기에 농산어촌민의 봉사작업은 영농과 어업 개선에 관계 있는 부락의 공동 작업(이앙, 병충해 구제, 분뇨비료장[液肥溜] 설치 또는 개선, 해안 정리[磯洗], 공동양식장 손질 등)으로 대신하는데, 이 경우에는 특히 위 작업을 통해 생산보국의 정신을 부식·함양함에 중점을 두도록 한다.
1) 황무지 개간
2) 식림, 식수
3) 도로와 하천 등 개수
4) 연못이나 용수로 배수로 준설

5) 신사 경내[神苑] 청소

6) 기타 이 운동의 목표에 합치하고 지역 상황에 적당한 작업

## 5. 실시 방법

1) 지도

청년단, 향약진흥회 등 집단을 단위로 한 것에서는 이들 단체의 장이, 기타 부락에서는 해당 부락의 지도적 입장에 있는 자가 한다.

면, 읍, 도(島), 군, 부, 도(道)의 장은 해당 관계된 구역 전반의 지도를 담당하도록 한다.

2) 작업

(1) 부락에서 애국일 행사에 이 운동을 조직하고 실천하도록 함은 물론, 애국일의 '강화(講話)'에서는 지도자가 이 시설운동에 관한 취지를 철저하게 전달하여 근로봉사의 신성한 정신에 대한 강화를 함과 동시에, 그간 1개월간의 작업의 성적에 관해 강평을 실시할 것.

(2) 지방 실정에 따라 남녀, 나이 등에 따라 반(班)을 구분할 수 있다.

(3) 작업용 기구는 각자 지참할 것.

(4) 작업 횟수는 지방의 실정에 따라 결정하지만 월 1회의 애국일 집회 시에는 실행하도록 하고, 봉사 시간은 매회 2시간 이상으로 해서 지방의 실정에 따라 적당하게 결정할 것.

(5) 작업은 참가자의 나이, 해당자의 잉여 노동력을 이용하도록 하고 점차 근로량을 늘리는 기품을 양성하며, 작업 실시에 대해서는 다음과 같은 점에 유의할 것.

㉠ 부자의 자제 등 근로에 거리가 있었던 자 및 실내 노무자 등 평소에 집 밖 대기 중에 활동할 기회가 적은 자는 특히 참가를 요할 것.

㉡ 한 번 정한 시간은 한마음으로 집중해서[一心不亂] 노력하는 자세를 키울 것.

(6) 작업 개시 전 보국대원 일동은 부대 아래에 집합하고 대장의 지도에 따라 점호한 후 농기구를 갖추어 엄숙하고 신실한 태도로 다음의 행사를 할 것(애국일 당일에는 애국일의 행사에 따를 것).

㉠ 황거요배

㉡ 간단한 인사말

ⓒ '황국신민의 선서' 일동 낭송(일본어[43]를 모르는 자에게도 점차 연습시킬 것)

　　ⓔ '천황폐하 만세' 제창

　　ⓜ 작업 종료 후에는 농기구를 청소한 후 해산

(7) 보국대원은 작업에 따라 국가 보수를 받지 않는 것을 원칙으로 하며, 이를 받았을 때에는 다음과 같이 조치한다.

　　㉠ 공사(公事)에 헌금한다.

　　㉡ 애국저금으로 한다.

　　㉢ 근로보국대의 비용으로 한다.

　　㉣ 이상 어디에서나 누구에게나 절대로 개인적으로 소비하지 않도록 한다.

이는, 본 시설[44]이 작업에 따라 결실을 거두는 것이므로 물질적 효과뿐만 아니라 이를 실천함에 따라 체득한 각 개인의 정신적 효과를 중시하는 것이다. 따라서 작업 중에는 대장의 명령에 따라 규율을 지키고 동작을 정연하게 하도록 지도함과 동시에, 늘 정신을 쾌활하게 하고 환희에 가득 찬 상태로 근로에 종사하는 미풍을 함양하고, 때때로 가요, 무용, 음악(조선 민간의 것, 군가는 무엇이라도 가능), 체조, 경기 등 적당한 것을 가미하는 일에도 유의할 수 있도록 한다.


6. 근로보국대(시설) 조성

본 시설 조성을 위해 다음과 같은 방법을 강구하도록 한다.

1) 기구류는 각자 소유한 간단한 것을 사용하도록 하고 기계류는 피하도록 한다.

2) 지방 당국과 지도적 입장에 있는 자는 개간해야 할 임야나 황무지 등을 알선해서 무료로 불하(拂下)하는 방법을 강구하고, 개간 후에는 이를 부락민의 공동 경작 또는 영세한 농가[細農]에 소작을 주어서 그 수입을 보국대 경비로 충당하도록 할 것.

3) 보국대원 중 성적이 우수한 자는 조선총독부 및 지방 당국에서 장려하는 방법을 강구할 것.

---

43　원문은 국어.
44　근로보국대를 지칭.

4) 지방 당국은 지도를 겸해 장려하기 위하여 직원 출장 등에 노력해서 보국대의 상황을 시찰·감독하도록 할 것.
5) 본 시설의 교육적, 사회적 중요성에 비추어 조선총독부에서는 보국대 지도 관계의 실습소[實修所]를 계획할 것.

| 자료 87 | |
|---|---|
| \multicolumn{2}{c}{근로보국대 출동에 관한 건[45]} | |
| 구분 | 사정국장 통첩 |
| 법령명/건명 | 근로보국대 출동에 관한 건<br>勤勞報國隊ノ出動ニ關スル件 |
| 공포·개정·결정·폐지 연월일 | 공포 1943년 5월 29일 |
| 구성 | |
| 선행 규범·법령 | 국민근로보국협력령(1941년 11월 22일, 칙령 제995호)<br>국민근로보국협력령 시행규칙(1941년 12월 1일, 조선총독부령 제313호) |
| 원문 일부 | |
| 주요 내용 및 특징 | ○ 1941년 「국민근로보국협력령」 및 「국민근로보국협력령 시행규칙」 제정·공포에 따라 1938년 6월 통첩에 따라 조직·운영하던 근로보국대 제도를 법령에 근거하여 운영함으로써 근로보국대의 확대·강화를 도모하기 위한 사정국장의 통첩<br>○ 1943년 5월 28일 자 일본의 대정(大正)익찬회 사무총장이 도도부현 6대 도시지부장에 하달한 문서 「근로보국대 정비에 관한 건」(관후(寬厚) 제137호)의 내용을 실천하기 위한 통첩<br>○ 「국민근로보국협력령」 및 「국민근로보국협력령 시행규칙」 규정에 규정된 출동 기간을 도내외·군내(郡內) 모두 늘려서 적용 |
| 법령 적용 범위 | 조선 |
| 관련 법령 통합·폐지 사항 | |
| 유사·파생 법령 | |

---

45 조선노무협회, 『朝鮮勞務』, 3-4, 1943년 9월호, 72쪽 수록.

사정국장 통첩

1943년 5월 29일

## 근로보국대 출동에 관한 건[46]

각 도지사 앞

근로보국대 운용에 관해서는 여러 차례 논의에 따라 점차 편성의 강화를 계속하고 있는데, 요새 대원으로서 근로를 기피하고 자기 대신 다른 사람을 출동시키거나 무단 귀향 등을 하는 자가 격증하는 추세가 되었다. 이 같은 행위는 근로보국대 질서를 문란하게 하고 다른 대원에게 미치는 영향이 심대하므로 단속을 엄중히 하고 이러한 종류의 사건을 미연에 방지하기 위해 노력함과 함께, 대원의 출동 기간에 관해서는 종래의 실적을 살펴보니 대원의 개인적 사정은 양해한다 하더라도 단기 출동에 그치게 되므로 점점 전체 능력을 발휘하도록 하는 시기로 교체하는 데 불리한 점이 있을 뿐만 아니라, 사업주에 대해서도 경비의 부담을 높이는 한편 현재 수송력 핍박이라는 상황이 있으므로 수송에서도 곤란을 가져오는 실정임을 비추어, 장래 근로보국대의 출동 기간을 다음과 같이 개정하여 실시하게 되었음에 이를 잘 이해하고 운영에 만전을 기하고자 한다.

기(記)

출동 기간
(1) 도외(道外): 「조선총독부 노동자알선요강」 제20조에 정한 기간
(2) 도내(道內): 2개월 이상

---

[46] 1943년 5월 28일 일본의 익찬(翼贊) 조직인 대정익찬회(大正翼贊會) 사무총장이 도도부현 6대 도시 지부장에 「근로보국대 정비에 관한 건」(寬厚 제137호)을 하달하였다. 이 문서는 근로보국대를 상시조직으로 하여 필요에 따라 적시적소에 동원할 수 있는 체제를 정비하도록 한다는 내용이다. 다음 날인 5월 29일 조선총독부 사정국장은 대정익찬회의 이 문건을 각 도지사에 통첩하였다. 「근로보국대 출동에 관한 건」은 사정국장이 각 도지사에 대정익찬회의 문건을 전달하면서 함께 하달한 통첩이다.

(3) 군내(郡內): 1개월 이상

부기(附記)

「조선총독부 노동자알선요강」 발췌

제20조 고용 기간은 대개 토목건축사업에서는 고용일부터 그해 12월 말까지로 하고, 기타 사업에서는 1년 이상 2년 이내로 한다. 다만 고용 기간이 만료된 후 노동자와 합의 및 승낙 후 갱신할 수 있도록 한다.

| 자료 88 | |
|---|---|
| | 조선총독부 사무분장 규정 중 개정 |
| 구분 | 조선총독부훈령 제23호 |
| 법령명/건명 | 조선총독부 사무분장 규정 중 개정<br>朝鮮總督府 事務分掌 規程 中 改正 |
| 공포·개정·결정·폐지 연월일 | 공포 1941년 3월 13일 |
| 구성 | 총 1개 조 개정 |
| 선행 규범·법령 | 조선총독부 사무분장 규정 중 개정(1939년 2월 7일, 조선총독부훈령 제7호) |
| 원문 일부 | |
| 주요 내용 및 특징 | ○ 내무국에 노무과를 신설하고 사회과 업무에서 일부 업무를 이관하여 총 7개 업무를 분장<br>○ 1939년 9월 「국민징용령」의 조선 적용과 관련하여 국민징용과 국민직업능력 등록 업무를 배정 |
| 법령 적용 범위 | 조선 |
| 관련 법령 통합·폐지 사항 | |
| 유사·파생 법령 | 조선총독부 사무분장 규정 중 개정(1941년 11월 19일, 조선총독부훈령 제103호) |

조선총독부훈령 제23호

1941년 3월 13일

## 조선총독부 사무분장 규정 중 개정

제5조 제1항 중 '사회과' 아래에 '노무과'를 추가하고 제3항을 다음과 같이 개정한다.

사회과에서는 다음의 사무를 관장한다.

    1. 구호 및 구료에 관한 사항

    2. 이재구조에 관한 사항

    3. 사회복리시설에 관한 사항

    4. 주택에 관한 사항

    5. 군사보호에 관한 사항

    6. 제생원 및 감화원에 관한 사항

    7. 기타 사회사업에 관한 사항

같은 과 제3항의 다음에 아래의 1항을 추가한다.

노무과에서는 다음의 사무를 관장한다.

    1. 직업소개, 기타 노무 수급 조정에 관한 사항

    2. 실업 대책에 관한 사항

    3. 노동력의 확보·증강에 관한 사항

    4. 노동조건에 관한 사항

    5. 노동보호에 관한 사항

    6. 국민직업능력의 등록 및 국민징용에 관한 사항

    7. 기타 노무에 관한 사항

| 자료 89 | |
|---|---|
| \multicolumn{2}{c}{조선총독부 사무분장 규정 중 개정} | |
| 구분 | 조선총독부훈령 제103호 |
| 법령명/건명 | 조선총독부 사무분장 규정 중 개정<br>朝鮮總督府 事務分掌 規程 中 改正 |
| 공포·개정·결정·폐지 연월일 | 공포 1941년 11월 19일<br>폐지 1942년 11월 1일 |
| 구성 | 총 13개 조 개정(해당 조항 3개 조항) |
| 선행 규범·법령 | 조선총독부 관제 중 개정(1939년 8월 2일, 칙령 제532호)<br>조선총독부 관제 중 개정(1941년 11월 18일, 칙령 제980호) |
| 원문 일부 | (원문 이미지) |
| 주요 내용 및 특징 | ○ 1941년 11월 18일 자 관제 개정에 근거한 후속 조치<br>○ 내무국을 사정국으로 개정하고, 내무국 소속의 사회과·노무과를 국민총력과·외무과·척무과로 개정<br>○ 척무과에 중국·만주 지역 조선인 동원 업무를 배정<br>○ 후생국에 4개 과(보건과·위생과·사회과·노무과)를 두고 사회과와 노무과에 각각 '군사보호'와 '노무동원' 및 국민징용 관련 업무를 배정 |
| 법령 적용 범위 | 조선 |
| 관련 법령 통합·폐지 사항 | |
| 유사·파생 법령 | 선만척식주식회사령(1936년 6월 4일, 제령 제7호)<br>조선총독부 만주개척민지원자훈련소 규정(1940년 4월 10일, 조선총독부령 제100호)<br>조선총독부 만주개척민지원자훈련소 관제(1940년 6월 4일, 칙령 제386호) |

조선총독부훈령 제103호

1941년 11월 19일

## 조선총독부 사무분장 규정 중 개정

제5조 제1항 중 '내무국'을 '사정국'으로, '사회과, 노무과'를 '국민총력과, 외무과, 척무과'로 개정한다.

제5조 제3항 및 제4항을 다음과 같이 개정한다.

국민총력과에서는 국민총력운동에 관한 사무를 관장한다.

외무과에서는 다음의 사무를 관장한다.

1. 재외조선인의 보호·무육(撫育)에 관한 사항

2. 외국영사관 및 외국인에 관한 사항

3. 섭외(涉外) 사항 및 정보 교환에 관한 사항

4. 조선에 관계가 있는 해외 상업 형편[商況]의 조사 및 경제정보의 발행에 관한 사항

5. 외국문의 번역 및 통역에 관한 사항

척무과에서는 다음의 사무를 관장한다.

1. 만주와 중국[滿支] 개척민의 이식(移植)에 관한 사항

2. 만주와 중국의 이주 적격지 조사에 관한 사항

3. 개척민의 수송에 관한 사항

4. 개척민의 훈련에 관한 사항

5. 안전농촌에 관한 사항

6. 만선척식주식회사에 관한 사항

제12조 후생국에 보건과, 위생과, 사회과 및 노무과를 둔다.

노무과에서는 다음의 사무를 관장한다.

1. 직업소개 기타 노무의 수급 조정에 관한 사항

2. 실업대책에 관한 사항

3. 노동력의 보호·유지·증강에 관한 사항

4. 노동조건에 관한 사항

5. 노동보호에 관한 사항

6. 국민직업능력의 등록 및 국민징용에 관한 사항

7. 기타 노무에 관한 사항

| 자료 90 | |
|---|---|
| 사정국 및 식산국 근무 칙임사무관의 직무에 관한 건 | |
| 구분 | 조선총독부훈령 제104호 |
| 법령명/건명 | 사정국 및 식산국 근무 칙임사무관의 직무에 관한 건<br>司政局及殖産局ノ勤務ノ勅任事務官ノ職務ニ關スル件 |
| 공포·개정·결정·폐지 연월일 | 공포 1941년 11월 19일 |
| 구성 | 총 3개 조 |
| 선행 규범·법령 | 조선총독부 관제 중 개정(1941년 11월 18일, 칙령 제980호) |
| 원문 일부 | ●朝鮮總督府訓令第百四號<br>司政局及殖産局勤務ノ勅任事務官ノ職務ニ關スル件左ノ通定ム<br>昭和十六年十一月十九日　朝鮮總督　南　次郎<br>第一條　司政局勤務ノ勅任事務官ハ外務課及拓務課ニ屬スル事務ヲ掌理シ其ノ他ノ局務ノ中重要ナルモノニ付局長ヲ佐ク<br>第二條　殖産局勤務ノ勅任事務官ハ鑛政課、特殊鑛物課、産金課、燃料課、地質調査所、燃料選鑛研究所及鞏岩工養成所ニ屬スル事務ヲ掌理シ其ノ他ノ局務ノ中重要ナルモノニ付局長ヲ佐ク<br>第三條　司政局及殖産局勤務ノ勅任事務官ハ局長不在ナルトキハ其ノ職務ヲ行フ |
| 주요 내용 및 특징 | ○ 1941년 11월 18일 자 관제 개정에 근거한 후속 조치<br>○ 사정국 근무 칙임사무관에게 외무과 및 척무과 업무 배정<br>○ 식산국 근무 칙임사무관에게 광정과 등 7개 과 및 연구소 업무를 배정<br>○ 사정국장 및 식산국장 부재시에 사정국 및 식산국 근무 칙임사무관이 국장의 직무를 대리하도록 규정 |
| 법령 적용 범위 | 조선 |
| 관련 법령 통합·폐지 사항 | |
| 유사·파생 법령 | |

조선총독부훈령 제104호
1941년 11월 19일

## 사정국 및 식산국 근무 칙임사무관의 직무에 관한 건

제1조 사정국 근무 칙임사무관은 외무과 및 척무과에 속하는 사무를 담당하고, 기타 국 업무 중 중요한 업무에 대해 국장을 보좌한다.

제2조 식산국 근무 칙임사무관은 광정과, 특수광물과, 산금과, 연료과, 지질조사과, 연료선광연구소 및 착암공양성소에 관한 사항을 담당하고, 기타 국 업무 중 중요한 업무에 대해 국장을 보좌한다.

제3조 사정국 및 식산국 근무 칙임사무관은 국장 부재시에는 직무를 대행한다.

| 자료 91 | |
|---|---|
| \multicolumn{2}{c}{조선총독부 사무분장 규정 중 개정} |
| 구분 | 조선총독부훈령 제54호 |
| 법령명/건명 | 조선총독부 사무분장 규정 중 개정<br>朝鮮總督府 事務分掌 規程 中 改正 |
| 공포·개정·결정·폐지<br>연월일 | 공포 1942년 11월 1일<br>폐지 1943년 11월 30일 |
| 구성 | 총 12개 조 (해당 조항 2개 조) |
| 선행 규범·법령 | 조선총독부 관제 중 개정(1942년 11월 1일, 칙령 제727호) |
| 원문 일부 | |
| 주요 내용 및 특징 | ○ 1942년 8월 22일 자 조선총독부의 행정간소화안 발표 후속 조치로 단행한 인원 삭감 및 기구 정비<br>○ 총동원 업무 담당부서이던 기획부와 후생국을 폐지하고 총무국이 총동원계획 관련 서무를 총괄하도록 규정<br>○ 사정국 노무과에 '기술자 할당에 관한 사항'을 추가<br>○ 척무과의 업무이던 '중국·만주 개척 업무'를 외무과로 이관<br>○ 식산국 광산과에 「조선광업령」 업무를, 전기제1과에 발전수력 등 업무를 분장 |
| 법령 적용 범위 | 조선 |
| 관련 법령<br>통합·폐지 사항 | 조선총독부 관제 중 개정(1943년 11월 30일, 칙령 제890호): 사정국 폐지<br>조선총독부 사무분장 규정 중 개정(1943년 12월 1일, 조선총독부훈령 제88호) |
| 유사·파생 법령 | |

조선총독부훈령 제54호

1942년 11월 1일

## 조선총독부 사무분장 규정 중 개정

제5조 사정국에 지방과, 외무과, 사회과, 노무과, 토목과 및 관리양성소를 둔다.

    1. 도부군도읍면(道府郡島邑面)의 행정에 관한 사항

    2. 도부읍면, 학교비 및 학교조합에 관한 사항

    3. 임시은사금에 관한 사항

    4. 신사에 관한 사항

    5. 사정국 내 다른 과의 주관에 속하지 않는 사항

외무과에서는 다음의 사업을 관장한다.

    1. 재외조선인의 보호·무육에 관한 사항

    2. 만주와 중국[滿支] 개척에 관한 사항

    3. 외국영사관 및 외국인에 관한 사항

    4. 섭외(涉外) 사항 및 정보 교환에 관한 사항

    5. 조선에 관계가 있는 해외 상업 형편[商況]의 조사 및 경제정보의 발행에 관한 사항

    6. 외국문의 번역 및 통역에 관한 사항

노무과에서는 다음의 사무를 관장한다.

    1. 직업소개, 기타 노무의 수급 조정에 관한 사항

    2. 실업대책에 관한 사항

    3. 노동력의 보호·유지·증강에 관한 사항

    4. 노동조건에 관한 사항

    5. 노동보호에 관한 사항

    6. 기술자의 할당에 관한 사항

    7. 국민직업능력의 등록 및 국민징용에 관한 사항

    8. 기타 노무에 관한 사항

제8조 식산국에 상공과, 물가과, 광산과, 철강과, 산금과, 연료과, 전기제1과, 전기제2과, 연료선광연구소, 상공장려관 및 착암공양성소를 둔다.

상공과에서는 다음의 사무를 관장한다.
    1. 상업에 관한 사항
    2. 무역에 관한 사항
    3. 공업 일반에 관한 사항
    4. 섬유공업, 화학공업 및 잡공업에 관한 사항
    5. 경금속제조사업에 관한 사항
    6. 섬유, 피혁, 생고무, 공업약품, 화학성 제품류, 경금속 및 잡품에 관한 사항
    7. 중앙시험소 및 도량형관측소에 관한 사항
    8. 식산국 내 다른 과의 주관에 속하지 않는 사항

물가과에서는 다음의 사무를 관장한다.
    1. 종합적 물가정책의 수립 및 실시에 관한 사항
    2. 가격 등 조정에 관한 사항
    3. 택지건물 등 가격 통제에 관한 사항
    4. 사치품 등의 제조·판매 제한에 관한 사항
    5. 폭리행위 등 단속규칙 시행에 관한 사항

광산과에서는 다음의 사무를 관장한다.
    1. 광산행정상 여러 조사에 관한 사항
    2. 「조선광업령」 시행에 관한 사항
    3. 「조선광업경찰규칙」 시행에 관한 사항
    4. 보류광구에 관한 사항
    5. 다른 과의 주관에 속하지 않는 광물에 관한 사항
    6. 다른 과의 주관에 속하지 않는 금속에 관한 사항
    7. 조선광업진흥주식회사 및 조선마그네사이트개발주식회사에 관한 사항
    8. 지질조사소에 관한 사항

철강과에서는 다음의 사무를 관장한다.

1. 철강에 관한 사항

　　2. 제철사업 및 기계공업에 관한 사항

　　3. 철강(특수강 제외) 및 기계에 관한 사항

산금과에서는 다음의 사무를 관장한다.

　　1. 금광, 은광, 동광, 연광(鉛鑛) 및 아연광에 관한 사항

　　2. 금, 은, 구리, 납 및 아연에 관한 사항

　　3. 일본산금진흥주식회사에 관한 사항

연료과에서는 다음의 사무를 관장한다.

　　1. 연료정책 일반에 관한 사항

　　2. 연료자원의 개발 촉진에 관한 사항

　　3. 연료의 유효 이용에 관한 사항

　　4. 기타 연료에 관한 사항

전기제1과에서는 다음의 사무를 관장한다.

　　1. 전기사업의 감독에 관한 사항(전기제2과에서 관장하는 업무는 제외)

　　2. 발전수력에 관한 사항

전기제2과에서는 다음의 사무를 관장한다.

　　1. 전기사업 업무의 감독에 관한 사항

　　2. 산금송전시설의 건설 및 보수에 관한 사항

연료선광연구소에서는 다음의 사무를 관장한다.

　　1. 선광제련시험에 관한 사항

　　2. 석탄, 기타 연료의 조사·연구에 관한 사항

　　3. 광물의 분석시험, 감정(鑑定)에 관한 사항

상공장려관에서는 「조선총독부 상공장려관 규칙」에 따라 상품의 개량 및 판로의 확장에 관한 사무를 관장한다.

착암공양성소에서는 「조선총독부 착암공양성소 규칙」에 따라 광업에 종사하는 착암공 양성에 관한 사무를 관장한다.

| | |
|---|---|
| **자료 92** | |
| | 조선총독부 관제 중 개정 |
| 구분 | 칙령 제890호 |
| 법령명/건명 | 조선총독부 관제 중 개정<br>朝鮮總督府 官制 中 改正 |
| 공포·개정·결정·폐지<br>연월일 | 공포 1943년 11월 30일 |
| 구성 | 총 5개 조, 부칙 |
| 선행 규범·법령 | |
| 원문 일부 | ○勅令<br>朕樞密顧問ノ諮詢ヲ經テ行政機構整備實施ノ爲ニスル朝鮮總督府官制中改正ノ件ヲ裁可シ茲ニ之ヲ公布セシム<br>御名 御璽<br>昭和十八年十一月三十日<br>內閣總理大臣 東條 英機<br>內務大臣 安藤紀三郎<br>勅令第八百九十號<br>朝鮮總督府官制中左ノ通改正ス<br>第九條中「八局」ヲ「六局」ニ、「殖産局」、「農林局」ヲ「鑛工局」、「農商局」ニ改メ「司政局」ヲ削ル<br>第十一條中「局長 八人」ヲ「局長 六人」ニ、「事務官 專任二十八人」ヲ「事務官 專任二十九人」ニ、「理事官 專任二十九人」ヲ「理事官 專任二十五人內三人ヲ勤任トナスコトヲ得」ニ、「技師 專任七十三人 內四人ヲ勤任トナスコトヲ得」ヲ「技師 專任七十八人 內四人ヲ勤任トナスコトヲ得」ニ、「屬 專任三百三十九人」ヲ「屬 專任三百六十九人」ニ、「統計官補 專任九人」ヲ「統計官補 專任八人」ニ、「技手 專任三百四十三人」ヲ「技手 專任三百三十六人」ニ改メ「山林事務官 專任一人」ヲ削ル<br>第十一條ノ二中「總務局ノ事務」ヲ「鑛工局事務」ニ改ム<br>第十七條ヲ削リ第十六條ノ四ヲ第十七條トス<br>第二十一條中「殖産局」ヲ「鑛工局」ニ、「殖産局」ヲ「農商局」ニ改ム<br>第二十三條中「總務局」ヲ「農商局」ニ改ム<br>附 則<br>本令ハ公布ノ日ヨリ之ヲ施行ス<br>大正七年勅令第五十三號朝鮮總督府專賣局官制ハ之ヲ廢止ス |
| 주요 내용 및 특징 | ○ 조선총독부 총 8개 국과 총독관방을 총 6개 국과 총독관방으로 축소 개편<br>○ 조선총독부 관제 중 식산국과 농림국을 광공국·농상국으로 개편하고, 총무국·사정국·전매국을 폐지<br>○ 중요물자 증산을 뒷받침하고자 인적·물적자원 동원체제를 개편하고 부서 축소를 통해 인원을 감축 |
| 법령 적용 범위 | 조선 |
| 관련 법령<br>통합·폐지 사항 | |
| 유사·파생 법령 | 조선총독부 부내 임시직원설치제 중 개정(1943년 11월 30일, 칙령 제891호)<br>조선총독부 사무분장 규정 중 개정(1943년 12월 1일, 조선총독부훈령 제88호) |

칙령 제890호
1943년 11월 30일

## 조선총독부 관제 중 개정

제9조 중 '8국'을 '6국'으로, '식산국 농림국'을 '광공국 농상국'으로 개정하고 '총무국, 사정국'을 삭제한다.

제11조 중 '국장 8인'을 '국장 6인'으로, '사무관 전임 28인 주임, 주임 중 2인을 칙임으로 할 수 있다.'를 '사무관 전임 29인 주임, 주임 중 4인을 칙임으로 할 수 있다.'로, '이사관 전임 19인'을 '이사관 전임 25인'으로, '기사 전임 73인 주임, 주임 중 3인을 칙임으로 할 수 있다.'를 '기사 전임 78인 주임, 주임 중 4인을 칙임으로 할 수 있다.'로, '속 전임 339인'을 '속 전임 369인'으로, '통계관보 전임 9인'을 '통계관보 전임 8인'으로, '기수 전임 236인'을 '기수 전임 243인'으로 고치고, '산림사무관 전임 1인 주임'을 삭제한다.

제11조의2 중 '총무국의 사무'를 '광공국의 사무'로, '총무국 사무관'을 '광공국 사무관'으로 개정한다.

제17조를 삭제하고 제16조의4를 제17조로 한다.

제21조 중 '식산국'을 '광공국'으로 개정한다.

제23조 중 '식산국'을 '농상국'으로 개정한다.

부칙

본령은 공포일로부터 시행한다.

1921년 칙령 제53호 조선총독부 전매국 관제를 폐지한다.

| 자료 93 | |
|---|---|
| \multicolumn{2}{c|}{조선총독부 사무분장 규정 중 개정} |
| 구분 | 조선총독부훈령 제88호 |
| 법령명/건명 | 조선총독부 사무분장 규정 중 개정<br>朝鮮總督府 事務分掌 規程 中 改正 |
| 공포·개정·결정·폐지 연월일 | 공포 1943년 12월 1일 |
| 구성 | 총 7개 조(해당 조항 1개 조) |
| 선행 규범·법령 | 조선총독부 관제 중 개정(1943년 11월 30일, 칙령 제890호) |
| 원문 일부 | |
| 주요 내용 및 특징 | ○ 광공국에 기획과·광산과·철강과·경금속화학과·연료과·전기과·임산과·토목과·노무과·연료선광연구소·착암공양성소·임업기술원양성소·토목시험소를 두고, 기획과와 노무과에서 총동원과 노무 업무를 관장<br>○ 기획과에 '국가총동원계획의 설정 및 수행의 종합', '자원조사' 등 업무를 분장<br>○ 노무과에 '노무수급', '국민징용' 등 6개 업무를 분장 |
| 법령 적용 범위 | 조선 |
| 관련 법령 통합·폐지 사항 | |
| 유사·파생 법령 | |

조선총독부훈령 제88호

1943년 12월 1일

## 조선총독부 사무분장 규정 중 개정

제3조 광공국에 기획과, 광산과, 철강과, 경금속화학과, 연료과, 전기화, 임산과, 토목과, 노무과, 연료선광연구소, 착암공양성소, 임업기술원양성소 및 토목시험소를 둔다.

기획과에서는 다음의 사무를 관장한다.

 1. 국가총동원계획의 설정 및 수행의 종합에 관한 사항

 2. 철강, 비철금속, 중요기계, 시멘트 및 목재의 배급에 관한 사항

 3. 기계공업, 기타 중요공업에 관한 사항

 4. 국토계획에 관한 사항

 5. 자원조사에 관한 사항

 6. 국내(局內) 다른 과의 주관에 속하지 않는 사항

광산과에서는 다음의 사무를 관장한다.

 1. 광업 일반에 관한 사항

 2. 다른 과의 주관에 속하지 않는 광산물에 관한 사항

 3. 광업 및 제련업의 정비에 관한 사항

 4. 조선광업진흥주식회사 및 조선마그네사이트개발주식회사에 관한 사항

 5. 지질조사소에 관한 사항

철강과에서는 다음의 사무를 관장한다.

 1. 철강에 관한 사항

 2. 철광, 기타 제철용 원철에 관한 사항

경금속화학과에서는 다음의 사무를 관장한다.

 1. 경금속에 관한 사항

 2. 화학공업품에 관한 사항

 3. 요업품(窯業品)에 관한 사항

4. 중앙시험소에 관한 사항

연료과에서는 다음의 사무를 관장한다.

　　1. 연료에 관한 사항

　　2. 가스 및 코크스에 관한 사항

　　3. 석유 전매에 관한 사항

전기과에서는 다음의 사무를 관장한다.

　　1. 전기에 관한 사항

　　2. 전력수력에 관한 사항

　　3. 국유송전시설 건설 및 보수에 관한 사항

임산과에서는 다음의 사무를 관장한다.

　　1. 국유임야에 관한 사항

　　2. 임업에 관한 사항

　　3. 임산물에 관한 사항

　　4. 사방(砂防)에 관한 사항

　　5. 화전 정리에 관한 사항

　　6. 임업시험장에 관한 사항

토목과에서는 다음의 사무를 관장한다.

　　1. 도로, 하천, 운하, 사방용지, 수리, 상수, 하수, 광장, 공원 등에 관한 사항

　　2. 공유수면의 매립 및 사용에 관한 사항

　　3. 시가지 계획에 관한 사항

　　4. 토지수용에 관한 사항

　　5. 지형도 조정에 관한 사항

노무과에서는 다음의 사무를 관장한다.

　　1. 노무 수급에 관한 사항

　　2. 노무 관리에 관한 사항

　　3. 임금, 기타 노무 조건에 관한 사항

　　4. 기술자 할당에 관한 사항

5. 국민직업능력 등록 및 국민징용에 관한 사항

6. 기타 노무에 관한 사항

| 자료 94 | |
|---|---|
| \multicolumn{2}{c}{국민동원기구에 관한 건} | |
| 구분 | 각의결정 |
| 법령명/건명 | 국민동원기구에 관한 건<br>國民動員機構ニ關スル件 |
| 공포·개정·결정·폐지 연월일 | 결정 1943년 12월 7일 |
| 구성 | |
| 선행 규범·법령 | |
| 원문 일부 | **国民動員機構ニ関スル件**<br>昭和18年12月7日 閣議決定<br>収載資料: 重要国策要綱集追錄第1号 柏原兵太郎関係文書 Reel No.51 554<br>pp.409-410 当館請求記号: 憲政資料室<br><br>先ニ閣議決定セル国政運営要綱ニ基キ左ノ如リ速急国民動員機構ノ整備ヲ行ヒ以テ国民動員ノ充進ヲ期セントス<br>一 国民動員連絡会議ノ設置<br>国民動員充進ニ関スル重要事項ニ付関係各庁間ニ於ケル連絡ヲ図ル為厚生省ニ別紙規程ニ依リ国民動員連絡会議ヲ設置スルモノトス<br>二 地方国民動員機構ノ整備<br>中央ニ於ケル国民動員業務ヲ可及的之ヲ地方ニ委譲シ実情ニ即シタル迅速適確ナル国民動員ノ運営ヲ図ルコトトシ之ニ伴フ地方国民動員機構ヲ左ノ如クニ依リ整備スルモノトス<br>(一) 庁府県ヲシテ国民動員実施ノ地方中枢機関トシテ諸般ノ国民動員業務ヲ適確ニ行ハシムルト共ニ下級国民動員機構ノ指導査察ヲ強化セシムルコト<br>(二) 国民動員ノ機軸的遂行ヲ期スル為国民職業指導所ハ之ヲ国民勤労動員署(仮称)ニ改メ管内ノ勤労事情特ニ勤労給源ヲ常時完全ニ把握セシメ諸般ノ第一線国民動員業務ヲ適格迅速ニ執行セシムルト共ニ管下市区町村長ノ行フ国民動員ニ関スル事務ノ指導統制ニ当ラシムルコト<br>(三) 円滑妥当ナル国民動員ノ実ヲ挙グル為市区町村長ノ国民動員業務ニ対スル協力ヲ一段ト強化シ従来ノ勤労ニ関スル諸業務ヲ一層強力ニ行ハシムルノ外更ニ国民登録事務及徴用事務ノ一部ヲ分掌セシムルコト尚町内会、　　　部落会等ノ機能ヲ動員シ之ニ協力セシムルコト<br>市区町村長ノ右業務ノ分掌ニ付テハ地方ノ事情ニ依リ所要ノ考慮ヲ払フモノトスルコト<br><br>別 紙<br>国民動員連絡会議規程<br>第一条 国民動員充進ニ関スル重要事項ニ付関係各庁間ニ於ケル連絡ヲ図ル為厚生省ニ国民動員連絡会議ヲ置ク<br>第二条 国民動員連絡会議ハ会長及委員若干人ヲ以テ之ヲ組織ス<br>必要アル場合ニ於テハ関係各庁ノ高等官ヲシテ会議ニ参与セシムルコトヲ得<br>第三条 会長ハ厚生大臣ヲ以テ之ニ充ツ<br>委員ハ関係各庁高等官ノ中ヨリ厚生大臣之ヲ命ジ又ハ委嘱ス<br>第四条 会長ハ会務ヲ総理ス<br>会長事故アルトキハ厚生大臣ノ指名スル委員其ノ職務ヲ代理ス<br>第五条 連絡会議ニ幹事ヲ置ク厚生大臣之ヲ命ジ又ハ委嘱ス<br>幹事ハ会長ノ指揮ヲ承ケ庶務ヲ整理ス<br>第六条 本令ニ規定スルモノノ外連絡会議ニ関シ必要ナル事項ハ厚生大臣之ヲ定ム |
| 주요 내용 및 특징 | ○ 후생성에 국민동원연락회의(회장 후생대신)를 설치<br>○ 국민동원연락회의 규정<br>○ 국민직업소개소를 국민근로동원서로 개정하고, 지방 하급 행정단위에서 노무동원 공급을 원활하게 하도록 함<br>○ 지방 하급 행정단위의 정내회와 부락회 등에 국민등록사무와 징용사무를 위임·이양 |
| 법령 적용 범위 | 일본 |
| 관련 법령 통합·폐지 사항 | |
| 유사·파생 법령 | |

각의결정

1943년 12월 7일

## 국민동원기구에 관한 건

지난 각의결정한 국정운영요강에 따라 다음과 같이 신속하게 국민동원기구의 정비를 실시함으로써 국민동원의 완수를 기하고자 한다.

1. 국민동원연락회의 설치

국민동원 완수에 관한 중요사항에 대해 관계 각 청(廳) 간에 연락을 도모하기 위해 후생성에 별지 규정에 따른 국민동원연락회의를 설치한다.

2. 지방국민동원기구 정비

중앙에서 담당하는 국민동원업무는 가급적 지방에 위임·이양하여 실정에 따른 신속하고 적확한 국민동원의 운영을 도모하고자, 이에 따른 지방국민동원기구를 다음의 취지에 따라 정비한다.

1) 청부현(廳府縣)의 국민동원 실시를 위한 지방중추기관으로서 제반의 국민동원 업무를 적확하게 실시함과 함께 하급 국민동원기구의 지도·사찰을 강화하도록 함.
2) 국민동원의 적극적 수행을 기하기 위한 국민직업지도소는 국민근로동원서(가칭)[47]로 개정하여 관내(管內)의 근로 사정, 특히 근로 공급원을 상시적으로 완전하게 파악하도록 함으로써 모든 분야의 제일선 국민동원 업무를 적시에 신속하게 집행하고자 함과 함께, 관하 시구정촌장(市區町村長)이 실시하는 국민동원에 관한 사무의 지도·통제를 담당하

---

[47] 국민직업지도소는 1939년 일본의 직업소개소법 개정에 따라 설치한 국영단체이다. 1941년 12월 6일 제정·공포한 노무조정령(칙령 제1063호)에 국민직업지도소의 역할을 규정하고, 조선에서는 부윤과 군수, 도사를 국민직업지도소장으로 삼았다. 1942년 이후 내무성의 위탁을 받아 노무동원 업무를 수행한 전시노무대책의 수행기관으로 존재하였다. 국민근로동원서라는 명칭은 이 각의결정 이후인 1944년부터 사용하였다. 일본 패전 후에는 근로서로 이름을 바꾸었다가 1947년 공공직업안정소의 출범과 함께 폐지되었다.

도록 함.
3) 원활하고 타당한 국민동원의 결실을 거두기 위해 시구정촌장의 국민동원 업무에 대한 협력을 한층 강화하여 종래 근로에 관한 여러 업무를 더욱 더 강력하게 실시하도록 하고, 그 외에 국민등록사무 및 징용사무의 일부를 분장(分掌)하도록 하며 정내회(町內會)와 부락회(部落會) 등의 기능을 동원하여 이에 협력하도록 함.
　　시구정촌장의 위 업무의 분장에 대해서는 지방의 사정에 따라 필요한 고려를 하도록 함.

별지

국민동원연락회의 규정
제1조 국민동원 완수에 관한 중요 사항에 대해 관계 각 청 간 연락을 도모하기 위해 후생성에 국민동원연락회의를 둔다.
제2조 국민동원연락회의는 회장 및 위원 약간으로 조직한다.
　　필요한 경우에는 관계 각 청의 고등관으로 하여금 회의에 참여시킬 수 있다.
제3조 회장은 후생대신으로 한다.
　　위원은 관계 각 청 고등관 중에서 후생대신이 임명하거나 위촉한다.
제4조 회장은 회무를 통리한다.
　　회장에게 사고가 있을 때에는 후생대신이 지명하는 위원이 직무를 대리한다.
제5조 연락회의에 간사를 두고 후생대신이 임명하거나 위촉한다.
　　간사는 회장의 지휘를 받아 서무를 정리한다.
제6조 본령이 규정하는 것 외 연락회에 관해 필요한 사항은 후생대신이 정한다.

| | |
|---|---|
| 자료 95 | |
| | 조선총독부 사무분장 규정 중 개정 |
| 구분 | 조선총독부훈령 제89호 |
| 법령명/건명 | 조선총독부 사무분장 규정 중 개정<br>朝鮮總督府 事務分掌 規程 中 改正 |
| 공포·개정·결정·폐지 연월일 | 공포 1944년 10월 15일<br>폐지 1945년 1월 27일(조선총독부훈령 제2호, 조선총독부 사무분장 규정) |
| 구성 | 총 1개 조 |
| 선행 규범·법령 | 국민동원기구에 관한 건(1943년 12월 7일, 일본 각의결정) |
| 원문 일부 | ◉朝鮮總督府訓令第八十九號<br>朝鮮總督府事務分掌規程中左ノ通改正ス<br>昭和十九年十月十五日　朝鮮總督　阿部 信行<br>第三條第一項中「勞務課」ヲ「勤勞調整課、勤勞動員課、勤勞指導課」ニ改ム<br>同條第十項ヲ左ノ如ク改ム<br>勤勞調整課ニ於テハ左ノ事務ヲ掌ル<br>一　國民動員計畫及技術者勤員計畫ノ策定ニ關スル事項<br>二　國民登錄、技能者登錄及科學技術者登錄ニ關スル事項<br>三　勤勞者ノ配置規制ニ關スル事項<br>四　理工科系學校卒業者ノ使用制限ニ關スル事項<br><br>五　勤勞給源ノ調查開拓ニ關スル事項<br>六　勤勞動員ノ調查ニ關スル事項<br>七　其ノ他他課ノ主管ニ屬セザル勤勞行政ニ關スル事項<br>勤勞動員課ニ於テハ左ノ事務ヲ掌ル<br>一　國民徵用、國民勤勞協力其ノ他勤員ノ實施ニ關スル事項<br>二　勤勞者ノ機動配置及配置轉換ニ關スル事項<br>三　勤勞者ノ鮮外送出及渡航保護ニ關スル事項<br>四　朝鮮勤勞協會及朝鮮送出勤勞者錄成協會ノ指導ニ關スル事項<br>五　勤勞者豫定者ノ訓練ニ關スル事項<br>六　勤勞動員豫定數ノ割當ニ關スル事項<br>七　勤勞者募集許可ニ關スル事項<br>八　日歸勤勞者ノ統制ニ關スル事項<br>九　職業紹介ニ關スル事項<br>勤勞指導課ニ於テハ左ノ事務ヲ掌ル<br>一　勤勞管理ニ關スル事項<br>二　勤勞者ノ表彰及警戒ニ關スル事項<br>三　勤勞者ノ養成訓練ニ關スル事項<br>四　技能檢査ニ關スル事項<br>五　賃金、給料其ノ他給與ニ關スル事項<br>六　勤勞者用物資、勤勞者用住宅其ノ他ノ厚生施設ニ關スル事項<br>七　勤勞者ノ扶助及授護ニ關スル事項<br>八　朝鮮勤勞動員援護會ノ指導ニ關スル事項 |
| 주요 내용 및 특징 | ○ 1943년 12월 7일 일본 각의결정 「국민동원기구에 관한 건」 후속 조치<br>○ 광공국 소속 노무과를 근로조정과, 근로동원과, 근로지도과 등 3개 과로 확대 개편<br>○ 광공국의 노무동원 관련 3개 과 배정 업무 가운데 7개 항은 동일 자로 설치한 근로동원본부의 업무분장과 중복<br>○ 기존의 '노무'에서 '근로'로 용어 변경 |
| 법령 적용 범위 | 조선 |
| 관련 법령<br>통합·폐지 사항 | |
| 유사·파생 법령 | |

조선총독부훈령 제89호

1944년 10월 15일

## 조선총독부 사무분장 규정 중 개정

제3조 제1항 중 '노무과'를 '근로조정과, 근로동원과, 근로지도과'로 개정한다.

제3조 제10항을 다음과 같이 개정한다.

근로조정과에서는 다음의 사무를 관장한다.

1. 국민동원계획 및 기술자동원계획의 책정에 관한 사항
2. 국민등록, 기술자 등록 및 과학기술자 등록에 관한 사항
3. 근로자의 배치 규제에 관한 사항
4. 이공과계 학교 졸업자의 사용제한에 관한 사항
5. 근로 공급원의 조사·개척에 관한 사항
6. 근로동원에 대한 조사에 관한 사항
7. 기타 다른 과의 주관에 속하지 않는 근로행정에 관한 사항

근로동원과에서는 다음의 사무를 관장한다.

1. 국민징용, 국민근로협력, 기타 근로동원 실시에 관한 사항
2. 근로자의 기동배치 및 배치전환에 관한 사항
3. 근로자의 조선 외 송출 및 도항 보호에 관한 사항
4. 일용근로자의 통제에 관한 사항
5. 직업소개에 관한 사항
6. 입영자의 직업 보장에 관한 사항
7. 근로자 모집의 허가에 관한 사항
8. 근로동원 예정자의 훈련에 관한 사항
9. 조선노무협회 및 조선송출근로자연성협회에 관한 사항

근로지도과에서는 다음의 사무를 관장한다.

1. 근로관리에 관한 사항
2. 근로자의 표창 및 징계에 관한 사항
3. 근로자의 교양 훈련에 관한 사항
4. 기술자의 양성에 관한 사항
5. 기능검사에 관한 사항
6. 임금, 급료, 기타 급여에 관한 사항
7. 근로자용 물자, 근로자용 주택, 기타 근로자의 후생시설에 관한 사항
8. 근로자의 부조 및 원호에 관한 사항
9. 조선근로동원원호회의 지도에 관한 사항

| 자료 96 | |
|---|---|
| 조선총독부 근로동원본부 규정 | |
| 구분 | 조선총독부훈령 제92호 |
| 법령명/건명 | 조선총독부 근로동원본부 규정<br>朝鮮總督府 勤勞動員本部 規程 |
| 공포·개정·결정·폐지<br>연월일 | 공포 1944년 10월 15일<br>개정 1945년 2월 2일(조선총독부훈령 제3호) |
| 구성 | 총 6개 조 |
| 선행 규범·법령 | 국민동원기구에 관한 건(1943년 12월 7일, 일본 각의결정) |
| 원문 일부 | ●朝鮮總督府訓令第九十二號<br>朝鮮總督府勤勞動員本部規程左ノ通定ム<br>昭和十九年十月十五日<br>朝鮮總督　阿部　信行<br><br>朝鮮總督府勤勞動員本部規程<br>第一條　勤勞動員ノ圓滑ナル遂行並ニ勤勞能率ノ昂揚ヲ圖リ以テ生產戰力ノ增强ニ遺憾ナカラシムル爲朝鮮總督府ニ勤勞動員本部ヲ置ク<br>第二條　本部ニ本部長一人、次長一人、部長二人、班長及班員各若干人並ニ參與及參事各若干人ヲ以テ之ヲ組織ス<br>第三條　本部長ハ朝鮮總督府政務總監ヲ以テ之ニ充ツ<br>次長ハ朝鮮總督府部內高等官及朝鮮總督府鑛工局長ヲ以テ之ニ充ツ<br>部長及班長ハ朝鮮總督府各若干人ヲ以テ之ニ充ツ<br>班員ハ朝鮮總督府職員ノ中ヨリ朝鮮總督之ヲ命ス<br>參與及參事ハ朝鮮總督府部內高等官及朝鮮總督府ノ中ヨリ朝鮮總督之ヲ命シ又ハ學識經驗アル者ノ中ヨリ朝鮮總督之ヲ囑託ス<br>第四條　本部長ハ朝鮮總督ノ命ヲ承ケ勤員本部ノ事務ヲ掌理ス<br>次長ハ本部長ヲ補佐シ部內ノ事務ヲ整理シ本部長事故アルトキハ次長之ヲ代理ス<br>部長ハ上司ノ命ヲ承ケ部務ヲ掌理ス<br>班長ハ上司ノ命ヲ承ケ班務ヲ掌ル<br>班員ハ上司ノ命ヲ承ケ班務ニ從事ス |
| 주요 내용 및 특징 | ○ 1943년 12월 7일 일본 각의결정 「국민동원기구에 관한 건」 후속 조치<br>○ 조선총독부 직속으로 근로동원본부(본부장 정무총감) 설치<br>○ 근로동원본부에 총무부와 지도부를 두고, 총무부에 조정반·동원반·관리원호반을, 지도부에 지도반·동원추진반·선전반을 설치<br>○ 총 15개 항의 근로동원본부 업무분장 가운데 7개 항은 동일 자로 개편한 광공국 소속 근로조정과·근로동원과·근로지도과 업무분장과 중복 |
| 법령 적용 범위 | 조선 |
| 관련 법령<br>통합·폐지 사항 | |
| 유사·파생 법령 | |

조선총독부훈령 제92호

1944년 10월 15일

## 조선총독부 근로동원본부 규정

제1조 근로동원의 원활한 수행과 근로능률의 앙양을 도모함으로써 생산 전력 증강에 유감없이 하기 위해 조선총독부 내에 근로동원본부를 설치한다.

제2조 근로동원본부는 본부장 1인, 차장 1인, 부장 2인, 반장 및 반원 각 약간 명과 참여 및 참사 각 약간 명으로 조직한다.

제3조 본부장은 조선총독부 정무총감으로 한다.

　　　차장은 조선총독부 광공국장으로 한다.

　　　부장 및 반장은 조선총독부 고등관 중에서 조선총독이 임명한다.

　　　반원은 조선총독부 직원 중에서 조선총독이 임명한다.

　　　참여 및 참사는 조선총독부 부내 고등관 및 노동 문제에 관한 학식과 경험이 있는 자 가운데 조선총독이 임명하거나 위촉한다.

제4조 본부장은 조선총독의 명을 받아 근로동원본부의 사무를 관장한다.

　　　본부장이 사고가 있을 때에는 차장이 대리한다.

　　　차장은 본부장의 명을 받아 각 부의 사무를 총괄한다.

　　　부장은 상사의 명을 받아 부무(部務)를 관장한다.

　　　반장은 상사의 명을 받아 반무(班務)를 관장한다.

　　　반원은 상사의 명을 받아 반무에 종사한다.

　　　참여 및 참사는 본부장의 명을 받아 부무에 참여[參劃]한다.

제5조 근로동원본부에 총무부와 지도부를 둔다.

　　　총무부에 조정반, 동원반, 관리원호반을 둔다.

　　　지도부에 지도반, 동원추진반, 선전반을 둔다.

제6조 각 부, 각 반의 사무분장은 다음과 같다.

　　　총무부

조정반

　1. 국민동원에 관한 종합기획에 관한 사항

　2. 근로자의 배치 규제에 관한 사항

동원반

　1. 국민동원의 실시에 관한 사항

　2. 근로자의 기동배치 및 배치전환에 관한 사항

관리원호반

　1. 근로관리에 관한 사항

　2. 근로자의 표창 및 징계에 관한 사항

　3. 근로자의 부조·원호에 관한 사항

　4. 근로자용 물자의 배급에 관한 사항

지도부

　지도반

　　1. 근로자의 사상지도에 관한 사항

　　2. 외국인 노무자의 지도에 관한 사항

　동원추진반

　　1. 근로통제의 위반 방지에 관한 사항

　　2. 근로동원의 추진협력에 관한 사항

　선전반

　　1. 근로정책의 보급·선전에 관한 사항

　　2. 근로에 관한 국민운동의 지도에 관한 사항

　　3. 근로자의 위안·오락에 관한 사항

| 자료 97 | |
|---|---|
| \multicolumn{2}{c}{조선총독부 사무분장 규정 중 개정} |
| 구분 | 조선총독부훈령 제96호 |
| 법령명/건명 | 조선총독부 사무분장 규정 중 개정<br>朝鮮總督府 事務分掌 規程 中 改正 |
| 공포 · 개정 · 결정 · 폐지 연월일 | 공포 1944년 11월 22일 |
| 구성 | 총 5개 조(노무동원 업무 해당 1개 조) |
| 선행 규범 · 법령 | |
| 원문 일부 | (원문 이미지) |
| 주요 내용 및 특징 | ○ 총독관방의 문서과를 총무과로, 토목과를 건설과로, 농상국 농무과를 농상과와 농산과로, 학무국 학무과와 연성과를 전문교육과 · 국민교육과 · 연성과 · 교무과로 개정<br>○ 총무과 · 농상과 · 연성과에 총동원 · 군인동원 · 노무동원 업무를 분장<br>○ 농상국 농상과에 개척민 관련 업무를 분장 |
| 법령 적용 범위 | 조선 |
| 관련 법령 통합 · 폐지 사항 | |
| 유사 · 파생 법령 | |

조선총독부훈령 제96호

1944년 11월 22일

## 조선총독부 사무분장 규정 중 개정

제4조 제1항 중 '농무과'를 '농상과, 농산과'로 개정한다.

제4조 제2항을 다음과 같이 개정한다.

　　　농상과에서는 다음의 사무를 관장한다.

　　　　1. 농정 일반에 관한 사항

　　　　2. 여러 농업단체에 관한 사항

　　　　3. 개척민에 관한 사항

　　　　4. 교역에 관한 사항

　　　　5. 상공단체에 관한 사항

　　　　6. 기업허가 및 기업정비의 총괄에 관한 사항

　　　　7. 가격통제의 총괄 조정에 관한 사항

　　　　8. 도량형소(度量衡所)에 관한 사항

　　　　9. 국내(局內) 다른 과의 주관에 속하지 않는 사항

| 자료 98 | |
|---|---|
| \multicolumn{2}{c}{조선총독부 사무분장 규정 중 개정} |
| 구분 | 조선총독부훈령 제2호 |
| 법령명/건명 | 조선총독부 사무분장 규정 중 개정<br>朝鮮總督府 事務分掌 規程 中 改正 |
| 공포·개정·결정·폐지 연월일 | 공포 1945년 1월 27일 |
| 구성 | 총 1개 조 |
| 선행 규범·법령 | 조선총독부 사무분장 규정 중 개정(1944년 10월 15일, 조선총독부훈령 제89호) |
| 원문 일부 | |
| 주요 내용 및 특징 | ○ 1944년 10월 15일 자로 설치한 광공국 소속 근로조정과, 근로동원과, 근로지도과 등 3개 과를 폐지<br>○ 광공국 근로부에 조정과, 동원과, 지도과를 설치하여 노무동원 관련 업무를 배정 |
| 법령 적용 범위 | 조선 |
| 관련 법령 통합·폐지 사항 | |
| 유사·파생 법령 | 조선총독부 사무분장 규정 중 개정(1945년 4월 17일, 조선총독부훈령 제18호) |

조선총독부훈령 제2호

1945년 1월 27일

## 조선총독부 사무분장 규정 중 개정

제3조 제1항 중 '근로조정과, 근로동원과, 근로지도과'를 삭제한다.

제3조 제10항부터 제12항까지를 삭제한다.

제3조의2 광공국 근로부에 조정과, 동원과 및 지도과를 둔다.

조정과에서는 다음의 사무를 관장한다.

1. 국민동원계획 및 기술자동원계획의 책정에 관한 사항
2. 국민등록, 기능자 등록 및 과학기술자 등록에 관한 사항
3. 근로자의 배치 규제에 관한 사항
4. 이공과계 학교 졸업자의 사용 제한에 관한 사항
5. 근로 공급원의 조사·개척에 관한 사항
6. 근로동원에 대한 조사에 관한 사항
7. 기타 다른 과의 주관에 속하지 않는 근로행정에 관한 사항

동원과에서는 다음의 사무를 관장한다.

1. 국민징용, 국민근로협력, 기타 노무동원 실시에 관한 사항
2. 근로자의 기동배치 및 배치전환에 관한 사항
3. 근로자의 조선 외(鮮外) 송출 및 도항 보호에 관한 사항
4. 일용근로자의 통제에 관한 사항
5. 직업소개에 관한 사항
6. 입영자의 직업보장에 관한 사항
7. 근로자 모집의 허가에 관한 사항
8. 근로동원 예정자의 훈련에 관한 사항
9. 조선노무협회 및 조선송출근로자연성협회의 지도에 관한 사항

지도과에서는 다음의 사무를 관장한다.

1. 근로관리에 관한 사항

2. 근로자의 표창 및 징계에 관한 사항

3. 근로자의 교양·훈련에 관한 사항

4. 기능자의 양성에 관한 사항

5. 기능검사에 관한 사항

6. 임금, 급료, 기타 급여에 관한 사항

7. 근로자용 물자, 근로자용 주택, 기타 근로자의 후생시설에 관한 사항

8. 근로자의 부조 및 원호에 관한 사항

9. 조선근로동원원호회의 지도에 관한 사항

| 자료 99 | |
|---|---|
| 조선총독부 근로동원본부 규정 중 개정 | |
| 구분 | 조선총독부훈령 제3호 |
| 법령명/건명 | 조선총독부 근로동원본부 규정 중 개정<br>朝鮮總督府 勤勞動員本部 規程 中 改正 |
| 공포·개정·결정·폐지 연월일 | 공포 1945년 2월 2일 |
| 구성 | 총 4개 조(관련 업무 해당 2개 조) |
| 선행 규범·법령 | 조선총독부 근로동원본부 규정(1944년 10월 15일, 조선총독부훈령 제92호) |
| 원문 일부 | 朝鮮總督府訓令第三號<br>朝鮮總督府勤勞動員本部規程中左ノ通改正ス<br>昭和二十年二月二日<br>朝鮮總督 阿部 信行<br>第二條中「部長二人」ヲ「部長三人」ニ改ム<br>第三條第三項中「朝鮮總督府內高等官」ヲ「朝鮮總督府部內高等官」ニ改ム<br>第五條中「總務部及指導部」ヲ「總務部、指導部及輸送部」ニ改ム<br>第六條中指導部ノ項ノ次ニ左ノ一項ヲ加フ<br>輸送部<br>勤勞者ノ輸送ニ關スル事項 |
| 주요 내용 및 특징 | ○ 1943년 12월 7일 일본 각의결정 「국민동원기구에 관한 건」 후속 조치로 설치한 조선총독부 직속 근로동원본부 규정을 개정<br>○ 총무부와 지도부를 총무부와 지도부 및 수송부로 개편<br>○ 수송부에 근로자 수송 업무를 배정 |
| 법령 적용 범위 | 조선 |
| 관련 법령 통합·폐지 사항 | |
| 유사·파생 법령 | |

조선총독부훈령 제3호

1945년 2월 2일

## 조선총독부 근로동원본부 규정 중 개정

제5조 중 '총무부 및 지도부'를 '총무부, 지도부 및 수송부'로 개정한다.

제6조 중 지도부의 항 아래에 다음의 1항을 추가한다.

    수송부

        근로자의 수송에 관한 사항

| 자료 100 | |
|---|---|
| | 조선총독부 중앙농업수련도장 규정 |
| 구분 | 조선총독부령 제44호 |
| 법령명/건명 | 조선총독부 중앙농업수련도장 규정<br>朝鮮總督府 中央農業修鍊道場 規程 |
| 공포 · 개정 · 결정 · 폐지<br>연월일 | 공포 1945년 3월 31일 |
| 구성 | 총 9개 조, 부칙 |
| 선행 규범 · 법령 | |
| 원문 일부 | |
| 주요 내용 및 특징 | ○ 농상국에 중앙농업수련도장 설치하는 규정<br>○ 황국농업도(皇國農業道) 체득과 농촌지도자 양성을 위한 목적<br>○ 농민도장 등 농업 관계 학교의 직원, 농업 관계 기관의 직원, 농촌중견청년을 대상으로 하는 사회교육기관임을 명시<br>○ 인원수, 입장 기일, 수련 기간, 수련 과목 등은 법령에 규정하지 않고 도장장에게 일임 |
| 법령 적용 범위 | 조선 |
| 관련 법령<br>통합 · 폐지 사항 | |
| 유사 · 파생 법령 | 조선총독부 사무분장 규정 중 개정(1945년 3월 31일, 조선총독부훈령 제13호) |

조선총독부령 제44호

1945년 3월 31일

## 조선총독부 중앙농업수련도장 규정

제1조 조선총독부 중앙농업수련도장은 농촌의 지도적 지위에 서야 할 자를 수련시킴으로써 황국농업도(皇國農業道)를 체득하게 하고 농촌지도자가 될 자격을 연성시키는 것을 목적으로 한다.

제2조 본 도장에는 다음과 같은 직원을 둔다.

    도장장(道場長)

    부도장장 1인

    교감 약간 명

    강사 약간 명

    서기 약간 명

제3조 도장장, 부도장장, 교감, 강사 및 서기는 조선총독부 및 소속 관서의 교원으로 학식과 경험이 있는 자 가운데 조선총독이 임명하거나 위촉한다.

제4조 도장장은 조선총독의 명을 받아 도장 업무를 관장한다.

    부도장장은 도장장을 보좌하며 도장장 사고가 있을 때에는 그 직무를 대리한다.

    교감, 강사는 상사의 명을 받아 훈육을 담당한다.

    서기는 상사의 지휘를 받아 서무에 종사한다.

제5조 도장에 입장하게 해야 할 자는 다음 각호의 1에 해당하는 자 가운데 전형을 거쳐 도장장이 결정한다.

    1. 농민도장, 여자농업수련도장, 농업기술원수련소, 기타 농업 관계 학교의 직원

    2. 도부군도의 농회, 수리조합, 기타 농업 관계 기관의 직원

    3. 농업증산에 헌신해야 할 농촌중견청년

제6조 입장을 허가받은 자(이하 도장생으로 칭함)는 도장 내에서 숙박하도록 한다.

제7조 ■■■■■[48]할 수 있다.

제8조 도장장은 도장생이 수련에 적응하지 못한다고 인정할 때, 기타 필요하다고 인정할 때에는 퇴장시킬 수 있다.

제9조 도장생의 인원수, 입장 기일, 수련 기간, 수련 과목, 기타 본령에 정한 것 외에 필요한 사항은 도장장이 정한다.

부칙

본령은 발포일로부터 시행한다.

---

48 자료 상태가 불량하여 2줄 판독 불가.

| 자료 101 | |
|---|---|
| | 조선총독부 사무분장 규정 중 개정 |
| 구분 | 조선총독부훈령 제13호 |
| 법령명/건명 | 조선총독부 사무분장 규정 중 개정<br>朝鮮總督府 事務分掌 規程 中 改正 |
| 공포·개정·결정·폐지 연월일 | 공포 1945년 3월 31일 |
| 구성 | 총 2개 조 (해당 업무 1개 조) |
| 선행 규범·법령 | 조선총독부 중앙농업수련도장 규정 (1945년 3월 31일, 조선총독부령 제44호) |
| 원문 일부 | ●朝鮮總督府訓令第十三號<br>朝鮮總督府事務分掌規程中左ノ通改正ス<br>昭和二十年三月三十一日<br>朝鮮總督　阿部　信行<br>第三條第一項中「鑿岩工養成所、」ヲ削ル<br>同條第十二項ヲ削ル<br>第四條第一項中「及農業土木技術員養成所」ヲ「、農業土木技術員養成所及中央農業修鍊道場」ニ改ム<br>同條第九項ノ次ニ左ノ一項ヲ加フ<br>中央農業修鍊道場ニ於テノ農村指導者及農村中堅靑年ノ修鍊ニ關スル事務ヲ掌ル |
| 주요 내용 및 특징 | ○「조선총독부 중앙농업수련도장 규정」에서 규정한 조선총독부 중앙농업수련도장의 구체적인 업무를 규정한 법령<br>○ 제4조 제9항에 '농촌지도자 및 농촌중견청년의 수련에 관한 사무'를 신설 |
| 법령 적용 범위 | 조선 |
| 관련 법령 통합·폐지 사항 | |
| 유사·파생 법령 | 조선총독부 사무분장 규정 중 개정 (1945년 4월 17일, 조선총독부훈령 제18호) |

조선총독부훈령 제13호

1945년 3월 31일

## 조선총독부 사무분장 규정 중 개정

제4조 제1항 중 '및 농업토목기술원양성소'를 '농업토목기술원양성소 및 중앙농업수련도장'으로 개정한다.

같은 조 제9항의 다음에 아래의 1항을 추가한다.

중앙농업수련도장에서는 농촌지도자 및 농촌중견청년의 수련에 관한 사무를 관장한다.

| 자료 102 | |
|---|---|
| \multicolumn{2}{c}{조선총독부 사무분장 규정 중 개정} |
| 구분 | 조선총독부훈령 제18호 |
| 법령명/건명 | 조선총독부 사무분장 규정 중 개정<br>朝鮮總督府 事務分掌 規程 中 改正 |
| 공포·개정·결정·폐지 연월일 | 공포 1945년 4월 17일 |
| 구성 | 총 8개 조(노무동원 업무 해당 3개 조) |
| 선행 규범·법령 | |
| 원문 일부 | |
| 주요 내용 및 특징 | ○ 광공국에 동원과·생산제1과·생산제2과·생산제3과·생산제4과·연료선광연구소·임업기술원양성소·토목시험소를, 광공국 근로부에 근로제1과·근로제2과를, 농상국에 농상과·농산과·양정과·수산과·생활물자과·농업토목기술원양성소·중앙농업수련도장을 설치<br>○ 광공국 동원과, 광공국 근로부 근로제1과·근로제2과, 농상국 농상과·생활물자과·중앙농업수련도장에 노무동원 업무를 분장<br>○ 처음으로 광공국 동원과에 '군수회사법 시행' 업무를 분장 |
| 법령 적용 범위 | 조선 |
| 관련 법령 통합·폐지 사항 | |
| 유사·파생 법령 | |

조선총독부훈령 제18호

1945년 4월 17일

## 조선총독부 사무분장 규정 중 개정

제3조 광공국에 동원과, 생산제1과, 생산제2과, 생산제3과, 생산제4과, 연료선광연구소, 임업기술원양성소 및 토목시험소를 둔다.

　동원과에서는 다음의 사무를 관장한다.

　　1. 국가총동원계획의 설정 및 수행의 종합에 관한 사항

　　5. 생산방공에 관한 사항

　　6. 군수회사법의 시행에 관한 사항

제4조 광공국 근로부에 근로제1과 및 근로제2과를 둔다.

　근로제1과에서는 다음의 사무를 관장한다.

　　1. 국민동원계획 및 기술자동원계획의 책정에 관한 사항

　　2. 근로자의 등록에 관한 사항

　　3. 근로동원의 실시에 관한 사항

　　4. 근로동원 예정자의 훈련에 관한 사항

　　5. 전시근로요원 책정에 관한 사항

　　6. 직업소개소 및 입영자의 직업보장에 관한 사항

　　7. 근로자 모집의 허가에 관한 사항

　　8. 기타 다른 과의 주관에 속하지 않는 근로행정에 관한 사항

　근로제2과에서는 다음의 사무를 관장한다.

　　1. 근로사상의 보급·선전에 관한 사항

　　2. 근로관리에 관한 사항

　　3. 근로자의 표창 및 징계에 관한 사항

　　4. 기능자의 양성에 관한 사항

　　5. 근로자의 교양·훈련에 관한 사항

6. 임금, 급료, 기타 급여에 관한 사항

7. 근로자용 물자, 근로자용 주택, 기타 근로자의 후생시설에 관한 사항

8. 근로자의 부조 및 원호에 관한 사항

제5조 농상국에 농상과, 농산과, 양정과, 수산과, 생활물자과, 농업토목기술원양성소 및 중앙농업수련도장을 둔다.

농상과에서는 다음의 사무를 관장한다.

3. 개척민에 관한 사항

생활물자과에서는 다음의 사무를 관장한다.

3. 생활물자의 말단 배급에 관한 사항

중앙농업수련도장에서는 농촌지도자 및 농촌중견청년의 수련에 관한 사무를 관장한다.

| | |
|---|---|
| **자료 103** | **조선여자청년연성소 규정** |
| 구분 | 조선총독부령 제35호 |
| 법령명/건명 | 조선여자청년연성소 규정<br>朝鮮女子青年鍊成所 規程 |
| 공포·개정·결정·폐지<br>연월일 | 공포 1944년 2월 10일<br>개정 1945년 3월 28일(조선총독부령 제38호) |
| 구성 | 총 20개 조, 부칙 |
| 선행 규범·법령 | |
| 원문 일부 | (朝鮮總督府令第三十五號 朝鮮女子青年鍊成所規程 원문 - 일본어 한문체) |
| 주요 내용 및 특징 | ○ 부읍면에 공립을, 그 외에 사립을 설치<br>○ 16세 이상으로 국민학교 초등과를 수료하지 않은 여자를 대상으로 함<br>○ 매달 수업료를 징수할 수 있도록 규정<br>○ 1945년 3월 28일(조선총독부령 제38호) 개정에 따라 14세 이상 여자도 입소시킬 수 있도록 단서 조항 추가 |
| 법령 적용 범위 | 조선 |
| 관련 법령<br>통합·폐지 사항 | |
| 유사·파생 법령 | |

조선총독부령 제35호

1944년 2월 10일

## 조선여자청년연성소 규정

제1조 여자청년연성소는 조선인 여자청년에 대해 심신의 단련과 기타 훈련을 실시하여 황국여성의 자질을 향상시키는 것을 목적으로 한다.

제2조 여자청년연성소에 입소할 수 있는 자는 나이 16세 이상으로 국민학교 초등과를 수료하지 않은 여자로 한다.

제3조 부읍면은 여자청년연성소를 설치할 수 있다.

　부읍면에 설치하는 여자청년연성소는 공립여자청년연성소로 한다.

제4조 개인은 여자청년연성소를 설치할 수 있다.

　개인이 설치하는 여자청년연성소는 사립여자청년연성소로 한다.

제5조 여자청년연성소를 설치하고자 할 때에는 다음의 사항을 구비하여 도지사의 인가를 받아야 한다.

　1. 명칭
　2. 위치
　3. 소칙(所則)
　4. 연성을 받을 자의 수[槪數]
　5. 개소 연월일
　6. 경비 및 유지 방법

　앞 항의 제1호, 제2호 또는 제5호의 사항을 변경하고자 할 때에는 도지사의 인가를 받아야 한다.

　제2항의 신청서 및 앞 항의 규정에 따른 위치 변경의 인가신청서에는 토지 및 건물의 배치도와 부근의 상황을 기재한 도면을 첨부해야 한다.

제6조 여자청년연성소의 소칙에는 다음의 사항을 규정해야 한다.

　1. 연성 항목 및 연성 시간 수에 관한 사항

2. 연성 기간, 시기 및 시각에 관한 사항

3. 휴일에 관한 사항

4. 기타 필요한 사항

앞의 항 제1호의 사항 변경은 도지사의 인가를 받고, 제2호부터 제4호까지 사항의 변경은 도지사에게 서류를 제출해야 한다.

제7조 여자청년연성소 설치자를 변경하고자 할 때에는 신구 설치자를 잇달아 서명[連署]한 후 변경 사유를 구비하여 도지사의 인가를 받아야 한다.

제8조 여자청년연성소를 폐지하고자 할 때에는 그 사유, 연성을 받은 자의 처분 방법 및 폐지 기일을 갖추어 도지사의 인가를 받아야 한다.

제9조 여자청년연성소에서 연성하는 항목은 수련, 일본어[國語], 가사(家事) 및 직업으로 한다.

수련은 교육에 관한 칙어의 취지를 받들어 체험하고 국체의 본의를 명징하게 하여 황국신민으로서 자각을 철저하게 하고 이를 실천궁행으로 이끄는 것을 요지로 한다.

일본어는 황국신민으로서 필요한 일상의 일본어 및 지식을 습득하게 하는 것을 요지로 한다.

가사는 가사에 관한 지식기능을 습득하도록 하여 건실한 가정생활을 영위할 능력을 익히는 것을 요지로 한다.

직업은 직업에 관해 일상생활에 필요한 지식기능을 습득하고 근로애호의 관습을 함양하는 것을 요지로 한다.

연성은 각 연성 항목 간에 서로 연락을 밀접하게 하고 각 사항의 종합에 유의해서 실시해야 한다.

제10조 여자청년연성소에서 연성 기간은 1년으로 한다. 다만 전시 또는 사변에 즈음하여 도지사가 필요하다고 인정할 때에는 6개월까지 단축할 수 있다.

제11조 여자청년연성소에서 연성 시간수는 600시간 이상으로 하고, 다음의 표준에 따라 지역의 형편에 따라 정한다. 다만 앞 조의 단서 규정에 따라 연성 기간을 단축할 경우에 연성 시간수에 관해서는 그때마다 도지사가 정한다.

| 연성 항목 | 연성 시간 수 |
|---|---|
| 수련 및 국어 | 400 |
| 가사 및 직업 | 200 |

    특별한 사정에 따라 앞의 항의 연성 시간 수 운영이 어려울 때에는 도지사의 인가를 받아 연성 시간 수를 단축할 수 있다.

제12조 여자청년연성소의 연성을 행해야 하는 날짜 및 시각은 지역의 형편에 따라 소장이 정한다.

제13조 여자청년연성소의 입소 시기는 매년 4월로 한다. 다만 특별한 사정이 있는 자는 중도에 입소할 수 있다.

제14조 다른 여자청년연성소에 입소 중인 자가 주소 변경, 기타 특별한 사정에 따라 연성소 전소(轉所)를 지망하는 자가 있을 때에는 입소시킬 수 있다.

제15조 여자청년연성소에서 연성의 수료를 인정하는 것은 연성을 받은 시간 수, 기타 평소의 연성 정황을 감안해야 한다.

제16조 여자청년연성소에서 별지 양식에 따라 연성받은 자의 재적부를 비치[備附]해야 한다.

제17조 여자청년연성소에는 소장 및 연성을 담임할 직원을 두어야 한다.

    소장은 도지사의 감독을 받아 연성소 업무를 관장하고 직원을 지휘·감독해야 한다.

    공립여자청년연성소의 소장 및 연성을 담임할 직원은 도지사가 위촉하고, 사립여자청년연성소의 소장 및 연성을 담임할 직원은 설치자가 도지사의 인가를 받아 정해야 한다.

제18조 여자청년연성소에서는 도지사의 인가를 받아 1개월에 50전 이내의 수업료를 징수할 수 있다.

제19조 특별한 사정이 있을 때에는 여자청년연성소에 분소를 설치할 수 있다.

    분소를 설치하거나 또는 폐지하고자 할 때에는 설치자가 도지사의 인가를 받아야 한다.

제20조 본령에 따른 여자청년연성소가 아닌 것은 여자청년연성소라 칭할 수 없다.

부칙

본령은 발포일로부터 시행한다.[49]

---

49 별지 양식 번역 생략.

| 자료 104 | |
|---|---|
| \multicolumn{2}{c|}{조선여자청년연성소 규정 중 개정} |
| 구분 | 조선총독부령 제38호 |
| 법령명/건명 | 조선여자청년연성소 규정 중 개정<br>朝鮮女子靑年鍊成所 規程 中 改正 |
| 공포 · 개정 · 결정 · 폐지<br>연월일 | 공포 1945년 3월 28일 |
| 구성 | 총 1개 조, 부칙 |
| 선행 규범 · 법령 | 조선여자청년연성소 규정(1944년 2월 10일, 조선총독부령 제35호) |
| 원문 일부 | ●朝鮮總督府令第三十八號<br>朝鮮女子靑年鍊成所規程中左ノ通改正ス<br>昭和二十年三月二十八日<br>朝鮮總督 阿部 信行<br>第二條ニ左ノ但書ヲ加フ<br>但シ土地ノ情況ニ依リ道知事ノ認可ヲ受ケ年齡十四年以上ノ者ヲ入所セシムルコトヲ得<br>附 則<br>本令ハ昭和二十年四月一日ヨリ之ヲ施行ス |
| 주요 내용 및 특징 | ○ 제2조 '16세 이상으로 국민학교 초등과를 수료하지 않은 여자'에 단서 조항을 달아 입소 나이를 14세 이상도 가능하도록 개정<br>○ 1945년 4월 1일부터 시행 |
| 법령 적용 범위 | 조선 |
| 관련 법령<br>통합 · 폐지 사항 | |
| 유사 · 파생 법령 | |

조선총독부령 제38호

1945년 3월 28일

## 조선여자청년연성소 규정 중 개정

제2조에 다음과 같은 단서를 추가한다.

다만 지역의 형편에 따라 도지사의 인가를 받아 나이 14세 이상을 입소시킬 수 있다.

부칙

본령은 1945년 4월 1일부터 시행한다.

## 자료 105

| | |
|---|---|
| | 조선총독부 학도동원본부 규정 |
| 구분 | 조선총독부훈령 제44호 |
| 법령명/건명 | 조선총독부 학도동원본부 규정<br>朝鮮總督府 學徒動員本部 規程 |
| 공포·개정·결정·폐지 연월일 | 공포 1944년 4월 28일 |
| 구성 | 총 6개 조 |
| 선행 규범·법령 | |
| 원문 일부 | |
| 주요 내용 및 특징 | ○ 조선총독부 정무총감을 본부장으로 하여 학도동원본부를 설치<br>○ 조선총독부 학무국장이 차장<br>○ 총무부, 일반동원부, 기술동원부 등 3개 부를 설치<br>○ 문과계와 이과계로 구분하여 일반동원부와 기술동원부에 학도동원 업무를 부여<br>○ 구체적인 동원 대상과 기준 등은 1944년 4월 28일 자 정무총감 통첩인「학도동원비상조치에 기반한 학도동원실시요강에 의한 학교별 학도동원기준」에 명시 |
| 법령 적용 범위 | 조선 |
| 관련 법령 통합·폐지 사항 | |
| 유사·파생 법령 | |

조선총독부훈령 제44호

1944년 4월 28일

## 조선총독부 학도동원본부 규정

제1조 학도동원의 계획 수립, 강력하고 원활한 운영 등을 도모하기 위해 조선총독부에 학도동원본부를 설치한다.

제2조 학도동원본부는 본부장 1인, 차장 1인, 부장 3인, 부부(部附) 및 부원 각 약간 명과 참여 및 참사 각 약간 명으로 조직한다.

제3조 본부장은 조선총독부 정무총감으로 충원한다.

　　　차장은 조선총독부 학무국장으로 충원한다.

　　　부장은 학무국 내 고등관 중에서 조선총독이 임명한다.

　　　부부 및 부원은 학무국 직원 중에서 조선총독이 임명한다.

　　　참여 및 참사는 조선총독부 부내(部內) 고등관 중에서 조선총독이 임명한다.

제4조 본부장은 조선총독의 명을 받아 학도동원본부의 사무를 총괄한다.

　　　본부장의 사고가 있을 때에는 차장이 이를 대리한다.

　　　차장은 본부장의 명을 받아 각 부의 사무를 통괄한다.

　　　부장은 상사의 명을 받아 부 업무를 관장한다.

　　　부부는 상사의 명을 받아 부 업무를 담당한다.

　　　부원은 상사의 지휘를 받아 부 업무에 종사한다.

　　　참여 및 참사는 본부장의 명을 받아 부 업무에 참여[參劃]한다.

제5조 학도동원본부에 다음 3개의 부를 둔다.

　　　　총무부

　　　　일반동원부

　　　　기술동원부

　　　본부장은 필요에 따라 각 부내에 반(班)을 설치할 수 있다.

제6조 각 부의 사무분장은 다음과 같다.

    총무부

        1. 종합기획에 관한 사항

        2. 연락 및 정보에 관한 사항

        3. 경리(經理)에 관한 사항

        4. 기타 다른 부에 속하지 않는 사항

    일반동원부

        문과계 학도의 동원에 관한 사항

    기술동원부

        이과계 학도의 동원에 관한 사항

| 자료 106 | |
|---|---|
| \multicolumn{2}{c}{선만척식주식회사령} |
| 구분 | 제령 제7호 |
| 법령명/건명 | 선만척식주식회사령<br>鮮滿拓殖株式會社令 |
| 공포·개정·결정·폐지<br>연월일 | 공포 1936년 6월 4일<br>폐지 1941년 12월 20일 |
| 구성 | 총 42개 조(부칙 9개 조 포함) |
| 선행 규범·법령 | 조선인이주대책의 건(1934년 10월 30일, 각의결정) |
| 원문 일부 | 鮮滿拓殖株式會社令明治四十四年法律第三十號第一條及第二條ニ依リ勅裁ヲ經テ之ヲ公布ス<br>昭和十一年六月四日<br>朝鮮總督 宇垣一成<br>制令第七號<br>鮮滿拓殖株式會社令<br>第一章 總則<br>第一條 鮮滿拓殖株式會社ハ西北鮮ニ於ケル朝鮮人移住者ノ爲必要ナル拓殖事業、經營及滿洲國ニ於ケル朝鮮人移住者ノ爲必要ナル拓殖事業ニ對スル資金ノ供給ヲ爲スヲ目的トスル株式會社ニシテ其ノ本店ヲ京城ニ置ク<br>第二條 鮮滿拓殖株式會社ノ資本ハ二千萬圓トス但シ朝鮮總督ノ認可ヲ受ケ之ヲ増加スルコトヲ得<br>第三條 鮮滿拓殖株式會社ハ株金全額拂込前ト雖モ其ノ資本ヲ増加スルコトヲ得<br>第四條 鮮滿拓殖株式會社ノ株券ハ記名式トシ帝國臣民、帝國法令ニ依リ設立シタル法人又ハ滿洲國法令ニ依リ設立シタル法人ニ限リ之ヲ所有シ得<br>第五條 鮮滿拓殖株式會社ノ存立期間ハ設立登記ノ日ヨリ三十年トス但シ朝鮮總督ノ認可ヲ受ケ之ヲ延長スルコトヲ得<br>第二章 役員<br>第六條 鮮滿拓殖株式會社ニ總裁一人、理事三人以上及監事二人以上ヲ置ク<br>第七條 總裁ハ鮮滿拓殖株式會社ヲ代表シ其ノ業務ヲ總理ス<br>總裁事故アルトキハ定款ノ定ムル所ニ從ヒ理事中一人其ノ職務ヲ代理シ總裁缺員ノトキハ其ノ職務ヲ行フ<br>理事ハ總裁ヲ補助シ鮮滿拓殖株式會社ノ業務ヲ分掌ス<br>監事ハ鮮滿拓殖株式會社ノ業務ヲ監査ス<br>第八條 總裁ハ朝鮮總督之ヲ命ジ其ノ任期ヲ五年トス |
| 주요 내용 및 특징 | ○ 일본 정부의 만주개척 5개년 계획에 따라 창설한 만주 조선인 척식사업 운영 전담 회사<br>○ 자본금 2천만 원으로 설립하여 본사를 경성에 설치<br>○ 조선총독의 감독 아래 총재와 이사, 감사를 임원으로 두고 이사와 감사는 주주 중에서 선임하도록 규정<br>○ 시행기일은 조선총독이 정하도록 하고 자본금을 확보한 후 설립위원을 통해 창립총회를 소집하도록 규정<br>○ 후속 조치로 만주국에 만선척식분분유한공사를 설립<br>○ 1941년 4월 1일 선만척식주식회사와 만주척식공사를 만선척식주식회사로 통합한 후 12월 20일 폐지 |
| 법령 적용 범위 | 조선 |
| 관련 법령<br>통합·폐지 사항 | 선만척식주식회사령 폐지의 건(1941년 12월 20일, 제령 제33호) |
| 유사·파생 법령 | 만선척식분분유한공사법(1936년 6월 26일, 칙령 제97호)<br>조선총독부 이민위원회 규정(1939년 2월 22일, 조선총독부훈령 제9호)<br>조선총독부 만주개척민지원자훈련소 규정(1940년 4월 10일, 조선총독부령 제100호) |

제령 제7호

1936년 6월 4일

## 선만척식주식회사령

### 제1장 총칙

제1조 선만척식주식회사는 서북선(西北鮮)에서 조선인 이주자를 위해 필요한 척식사업의 경영 및 만주국에서 조선인 이주자를 위해 필요한 척식사업에 대한 자금의 공급을 위한 목적으로 하는 주식회사로서 본사를 경성에 둔다.

제2조 선만척식주식회사의 자본은 2천만 원으로 한다. 다만 조선총독의 인가를 받아 증액할 수 있다.

제3조 선만척식주식회사는 주식 전액을 불입하기 전이라면 누구라도 자본을 늘릴 수 있다.

제4조 선만척식주식회사의 주권(株券)은 기명식(記名式)으로 하고 제국 신민, 제국법령에 따라 설립한 법인, 만주국 또는 만주국 법령에 따라 설립한 법인에 한해 소유할 수 있다.

제5조 선만척식주식회사의 존립 기간은 설립 등기일로부터 30년으로 한다. 다만 조선총독의 인가를 얻어 연장할 수 있다.

### 제2장 임원[役員]

제6조 선만척식주식회사에 총재 1인, 이사 3인 이상 및 감사 2인 이상을 둔다.

제7조 총재는 선만척식주식회사를 대표하여 업무를 총리한다.

총재의 사고가 있을 때에는 정관에서 정하는 바에 따라 이사 중 1인이 그 직무를 대리하고, 총재 결원(缺員)이 있을 때에는 그 직무를 행한다.

이사는 총재를 보좌하여 선만척식주식회사의 업무를 분장한다.

감사는 선만척식주식회사의 업무를 감사(監査)한다.

제8조 총재는 조선총독이 임명하고 임기는 5년으로 한다.

이사는 50주(株) 이상을 가진 주주 중에서 주주총회에서 2배의 후보자를 선출하여 조선총독이 그중에서 임명하고 임기는 4년으로 한다.

감사는 30주 이상을 가진 주주 중에서 주주총회에서 선임하고 임기는 2년으로 한다.

제9조 총재 및 이사는 다른 직무 또는 상업에 종사할 수 없다. 다만 조선총독의 인가를 받을 때에는 제한을 두지 않는다.

제3장 영업

제10조 선만척식주식회사는 다음의 업무를 운영하는 것으로 한다.

    1. 서북선에서 조선인 이주자를 위해 필요한 토지의 취득, 경영 및 처분

    2. 서북선에서 조선인 이주자를 위해 필요한 자금의 대부

    3. 서북선에서 조선인 이주자를 위해 필요한 건축물의 축조, 매매 및 대차(貸借)

    4. 서북선에서 조선인 이주자를 위해 필요한 토지의 위탁에 따른 경영 및 관리

    5. 기타 서북선에서 조선인 이주자를 위해 필요한 사업

    6. 만주국에서 조선인 이주자를 위해 필요한 척식사업을 할 목적으로 하는 회사의 주식 인수 및 사업자금 대부

앞 항의 제5호 또는 제6호의 사무를 운영하고자 할 때에는 미리 조선총독의 인가를 받아야 한다.

제11조 앞 조의 제1항 제1호의 토지 처분의 방법 및 같은 항 제2호의 자금 대부 방법은 조선총독의 인가를 받아야 한다.

제12조 영업상 발생한 잉여금은 국채 증권이나 지방채 증권 또는 조선총독의 인가를 받은 유가증권의 응모, 인수 또는 매입하거나 또는 조선총독의 지정한 은행에 예입을 하는 외에는 사용할 수 없다.

## 제4장 선만척식채권

제13조 선만척식주식회사는 불입한 주식출자금액[株金額]의 3배에 한해 선만척식채권을 발행할 수 있다.

선만천식채권을 발행할 경우에는, 조선민사령에 따를 것을 정한 상법 제209조가 정하는 결의에 따를 필요가 없다.

사채(社債)를 발행하는 경우 응모 총액이 사채 신청증(申込證)에 기재된 사채 총액에 도달하지 못하면 누구라도 사채를 성립할 수 있다는 내용을 사채 신청증에 기재했을 때에는 그 응모 총액을 사채 총액으로 한다.

제14조 선만척식채권을 발행하고자 할 때에는 매회 그 금액, 조건과 발행 및 상황 방법을 정해 조선총독의 인가를 받아야 한다.

제15조 선만척식채권은 액면[券面] 금액 10엔 이상으로 하고 무기명식 상환증서[利札]로 한다. 다만 응모자 또는 소유자의 청구에 따라 기명식으로 할 수 있다.

제16조 액면 금액 20엔 이하의 선만척식채권을 발행할 경우에는 매출 방법에 따를 수 있고, 이 경우에 매출 기한을 정해야 한다.

앞 항의 경우에 사채 신청증을 작성할 필요는 없다.

제1항의 규정에 따라 발행하는 선만척식채권에는 상호(商號)와 조선민사령에 따를 것을 정한 상법 제173조 제2호 및 제4호에서 제6호까지에 게시한 사항을 기재할 것을 요한다.

조선민사령에 따를 것을 정한 상법 제204조의3 제1항의 기간은 선만척식채권의 매출기간 만료일로부터 기산(起算)하고, 등기해야 할 사항은 매출 기간 내에 선만척식채권의 매상 총액 및 조선민사령에 따를 것을 정한 상법 제173조 제4호에서 제6호까지에 게시한 사항으로 한다.

매출의 방법에 따라 선만척식채권을 발행할 경우에 사채의 등기 신청서에는 매출 기간 내에 선만척식채권의 매상 총액을 증명하는 서면을 첨부할 것을 요한다.

제17조 매출의 방법에 따라 선만척식채권을 발행하고자 할 때에는 매출 기간 및 조선민사령에 따를 것을 정한 상법 제209조 제2항 제1호부터 제3호까지에 게시한 사항을

공고해야 한다.

제18조 선만척식채권의 소유자는 선만척식주식회사의 재산에 대해 다른 채권자에 앞서서 자신의 채권을 변제받을 권리를 갖는다.

제19조 선만척식채권의 소멸 시효는 원금에 대해서는 15년, 이자에 대해서는 5년으로 완료한다.

제20조 선만척식주식회사는 사채 차환[借替]을 위해 일시적으로 제13조 제1항의 제한에 따르지 않고 선만척식채권을 발행할 수 있다. 이 경우에 발행 후 1개월 이내에 사채 총액에 상당하는 구 선만척식증권을 차환(借還)해야 한다.

제21조 선만척식주식회사는 조선총독의 인가를 받아 선만척식채권의 매입 상환[償却]을 할 수 있다.

제22조 선만척식채권의 모조(模造)에 관해 조선형사령에 따를 것을 정한 통화 및 증권모조 단속법을 준용한다.

## 제5장 감독

제23조 조선총독은 선만척식주식회사의 업무를 감독한다.

제24조 선만척식주식회사 차입금을 하고자 할 때에는 조선총독의 인가를 받아야 한다.

제25조 정관의 변경, 합병 및 해산의 결의는 조선총독의 인가를 받지 않으면 그 효력이 발생하지 않는다.

제26조 선만척식주식회사는 조선총독의 인가를 받지 않고서는 이익금을 처분할 수 없다.

제27조 조선총독은 선만척식주식회사의 업무에 관해 감독상 필요한 명령을 할 수 있다.

제28조 조선총독은 선만척식주식회사 감리관을 두고 선만척식주식회사의 업무를 감시하도록 한다.

제29조 선만척식주식회사 감리관은 언제라도 선만척식주식회사의 금고, 장부 및 제반 문서·물건을 검사할 수 있다.

선만척식주식회사 감리관이 필요하다고 인정할 때에는 언제라도 선만척식주식회사에 명해 업무에 관한 제반 계산 및 상황을 보고받을 수 있다.

선만척식주식회사 감리관은 주식 총회, 기타 모든 회의에 출석하여 의견을 진술할 수 있다.

제30조 조선총독은 선만척식주식회사의 결의 또는 임원의 행위가 법령, 법령에 기반한 처분 또는 정관을 위반하거나 공익에 해를 끼쳤다고 인정할 때에는 그 결의를 취소하거나 임원을 해임할 수 있다.

## 제6장 벌칙

제31조 선만척식주식회사는 다음 각호의 1에 해당할 때에는 총재 또는 총재의 직무를 행하거나 대리하는 이사를 1백 엔 이상 2천 엔 이하의 과태료[過料]에 처하고, 이사의 분장업무에 관련될 때에는 이사를 과태료에 처하는 것도 동일하다.
    1. 본 령에 따라 인가를 받아야 할 경우에 인가를 받지 않았을 때
    2. 제10조 제1항의 규정에 따르지 않고 업무를 하였을 때
    3. 제12조의 규정에 위반하고 영업상 잉여금을 사용하였을 때
    4. 제13조 제1항의 규정에 위반하고 만선척식채권을 발행하였을 때
    5. 제20조의 규정에 위반하고 만선척식채권을 상환하지 않았을 때
    6. 제27조의 규정에 기반한 명령에 위반하였을 때

제32조 선만척식주식회사의 총재 또는 이사가 제10조의 규정에 위반하였을 때에는 20엔 이상 2백 엔 이하의 과태료에 처한다.

제33조 조선민사령에 따를 것을 정한 비송사건수속법(非訟事件手續法) 제206조에서 제208조까지의 규정은 앞 제2조의 과태료에 준용한다.

부칙

제34조 본령의 시행기일은 조선총독이 정한다.

제35조 조선총독은 설립위원을 명해 선만척식주식회사의 설립에 관한 모든 사무를 처리하도록 한다.

제36조 설립위원은 정관을 작성하여 조선총독의 인가를 받은 후 주주를 모집할 수 있다.

제37조 주식신청증에는 정관 인가 연월일과 조선민사령에 따를 것을 정한 상법 제206조 제2항 제2호, 제4호 및 제5호에 규정한 사항을 기재해야 한다.

제38조 설립위원은 주주의 응모를 마쳤을 때 주식신청증을 조선총독에게 제출하고 검사를 받아야 한다.

제39조 설립위원은 앞 조의 검사를 받은 후 지체 없이 각 주에 대해 제1회 불입(拂入)을 해야 한다.

앞 항의 불입을 하였을 때 설립위원은 지체 없이 창립총회를 소집해야 한다.

제40조 창립총회를 종결하였을 때 설립위원은 그 사무를 선만척식주식회사 총재에게 인도해야 한다.

제41조 설립 첫 번째 이사는 50주 이상을 가진 주주 중에서, 설립 첫 번째 감사는 30주 이상을 가진 주주 중에서 조선총독이 임명하고 임기는 이사가 4년, 감사는 2년으로 한다.

제42조 조선등록세령 제3조 제1항 제8호 중 '조선식산채권' 아래에 '및 선만척식채권'을 추가한다.

| 자료 107 | |
|---|---|
| \multicolumn{2}{c}{조선총독부 이민위원회 규정} |
| 구분 | 조선총독부훈령 제9호 |
| 법령명/건명 | 조선총독부 이민위원회 규정<br>朝鮮總督府 移民委員會 規程 |
| 공포·개정·결정·폐지 연월일 | 공포 1939년 2월 22일<br>개정 1939년 8월 31일 |
| 구성 | 총 7개 조 |
| 선행 규범·법령 | 조선인 이주대책의 건(1934년 10월 30일, 각의결정) |
| 원문 일부 | ●朝鮮總督府訓令第九號<br>朝鮮總督府移民委員會規程左ノ通定ム<br>昭和十四年二月二十二日<br>　　　　　　　　朝鮮總督　南　次郎<br>朝鮮總督府移民委員會規程<br>第一條　朝鮮總督府ニ移民委員會ヲ置ク<br>　委員會ハ朝鮮總督ノ監督ニ屬シ滿洲其ノ他ノ地方ヘノ朝鮮人ノ移住ニ關スル重要事項ヲ調査審議スルヲ目的トス<br>第二條　委員會ハ委員長一人及委員若干人ヲ以テ之ヲ組織ス<br>第三條　委員長ハ朝鮮總督府政務總監ヲ以テ之ニ充ツ<br>　委員ハ朝鮮總督府部內高等官及學識經驗アル者ノ中ヨリ朝鮮總督之ヲ命ジ又ハ囑託ス<br>第四條　委員長ハ會務ヲ總理ス<br>　委員長事故アルトキハ委員長ノ指定シタル委員其ノ事務ヲ代理ス<br>第五條　委員長必要アリト認ムルトキハ朝鮮總督府部內高等官其ノ他適當ト認ムル者ヲシテ會議ニ出席シ意見ヲ陳述セシムルコトヲ得<br>第六條　委員會ニ幹事ヲ置ク朝鮮總督府高等官ノ中ヨリ朝鮮總督之ヲ命ズ<br>　幹事ハ委員長ノ指揮ヲ承ケ庶務ヲ整理ス<br>第七條　委員會ニ書記ヲ置ク朝鮮總督府判任官ノ中ヨリ朝鮮總督之ヲ命ズ<br>　書記ハ上司ノ指揮ヲ承ケ庶務ニ從事ス |
| 주요 내용 및 특징 | ○ 중국·만주 지역 조선인 노무동원 실시를 위한 심의기관<br>○ 정무총감을 위원장으로 위원과 간사, 서기로 구성 |
| 법령 적용 범위 | 조선 |
| 관련 법령 통합·폐지 사항 | |
| 유사·파생 법령 | 조선총독부 만주개척민지원자훈련소 관제(1940년 6월 4일, 칙령 제386호) |

조선총독부훈령 제9호

1939년 2월 22일

## 조선총독부 이민위원회 규정

제1조 농업을 목적으로 한 만주, 기타 지방으로 조선인 이주에 관한 중요사항을 조사·심의하기 위해 조선총독부에 이민위원회를 설치한다.

제2조 위원회는 위원장 1인 및 위원 약간 명으로 조직한다.

제3조 위원장은 조선총독부 정무총감으로 충원한다.

위원은 조선총독부 부내(部內) 고등관 및 학식과 경험이 있는 자 가운데 조선총독이 임명하거나 위촉한다.

제4조 위원장은 위원회 업무를 통리한다.

위원장의 사고가 있을 때에는 위원장이 지정하는 위원이 그 사무를 대리한다.

제5조 위원장이 필요하다고 인정할 때에는 조선총독부 부내 고등관, 기타 적당하다고 인정하는 자를 회의에 출석시켜 의견을 진술하도록 할 수 있다.

제6조 위원회에 간사를 두고 조선총독부 고등관 중에서 조선총독이 임명한다.

간사는 위원장의 지휘를 받아 서무를 정리한다.

제7조 위원회에 간사를 두고 조선총독부 판임관 중에서 조선총독이 임명한다.

서기는 상사의 지휘를 받아 서무에 종사한다.

| 자료 108 | |
|---|---|
| \multicolumn{2}{c}{조선총독부 이민위원회 규정 중 개정} |
| 구분 | 조선총독부훈령 제52호 |
| 법령명/건명 | 조선총독부 이민위원회 규정 중 개정<br>朝鮮總督府 移民委員會 規程 中 改正 |
| 공포 · 개정 · 결정 · 폐지 연월일 | 공포 1939년 8월 31일 |
| 구성 | 총 1개 조 |
| 선행 규범 · 법령 | 조선총독부 이민위원회 규정(1939년 2월 22일, 조선총독부훈령 제9호) |
| 원문 일부 | ●朝鮮總督府訓令第五十二號<br>朝鮮總督府移民委員會規程中左ノ通改正ス<br>昭和十四年八月三十一日　朝鮮總督　南　次郎<br>朝鮮總督府移民委員會規程ヲ「朝鮮總督府開拓民委員會規程」ニ改ム<br>第一條中「移民委員會」ヲ「開拓民委員會」ニ改ム |
| 주요 내용 및 특징 | ○ 법령 「조선총독부 이민위원회 규정」을 「조선총독부 개척민위원회 규정」으로 개정<br>○ 본문에서 '이민위원회'를 '개척민위원회'로 개정 |
| 법령 적용 범위 | 조선 |
| 관련 법령 통합 · 폐지 사항 | |
| 유사 · 파생 법령 | 조선총독부 만주개척민지원자훈련소 관제(1940년 6월 4일, 칙령 제386호) |

조선총독부훈령 제52호

1939년 8월 31일

## 조선총독부 이민위원회 규정 중 개정

'조선총독부 이민위원회 규정'을 '조선총독부 개척민위원회 규정'으로 개정한다.

제1조 중 '이민위원회'를 '개척민위원회'로 개정한다.

| 자료 109 | |
|---|---|
| | 만주개척청년의용대훈련본부에 관한 건 |
| 구분 | 칙령 제47호 |
| 법령명/건명 | 만주개척청년의용대훈련본부에 관한 건<br>滿洲開拓靑年義勇隊訓鍊本部ニ關スル件 |
| 공포·개정·결정·폐지 연월일 | 공포 1940년 3월 29일 |
| 구성 | 총 4개 조, 부칙 |
| 선행 규범·법령 | |
| 원문 일부 | |
| 주요 내용 및 특징 | ○ 개척민 단위의 중국·만주 지역 조선인 노무동원 실시를 위한 사전 조치<br>○ 만주국 정부의 칙령으로 제정·공포하여 신경(新京)특별시에 설치<br>○ 조선총독부 만주개척민지원자훈련소 규정 공포에 앞서 제정·공포<br>○ 조선인 만주개척청년의용대 훈련기관으로 기본훈련소, 특별훈련소, 실무훈련소를 운영<br>○ 시행기일을 조선총독부 만주개척민지원자훈련소와 동일하게 부칙에 규정 |
| 법령 적용 범위 | 만주 |
| 관련 법령 통합·폐지 사항 | |
| 유사·파생 법령 | 조선총독부 만주개척민지원자훈련소 규정(1940년 4월 10일, 조선총독부령 제100호)<br>조선총독부 만주개척민지원자훈련소 관제(1940년 6월 4일, 칙령 제386호) |

칙령 제47호

1940년 3월 29일

## 만주개척청년의용대훈련본부에 관한 건

제1조 정부[50]는 일본제국 정부와 협력하여 만주개척청년의용대훈련본부(이하 훈련본부로 칭함)를 신경특별시(新京特別市)에 설치한다.

제2조 훈련본부는 다음의 업무를 하는 것을 목적으로 한다.

    1. 만주개척청년의용대훈련의 지도·통할에 관한 사항

    2. 기본훈련소, 특별훈련소 및 정부가 지정하는 실무훈련소의 경비에 관한 사항

    3. 앞 호의 사항에 덧붙인[附帶] 의무

제3조 훈련본부에 본부장을 두고 정부가 임명한다.

    본부장은 본부의 업무를 총리하고 훈련에 관한 실무훈련소를 감독한다.

제4조 훈련본부에 참여(參與)를 둔다.

    참여는 본부장의 자문에 따라 훈련본부의 중요사항을 심의한다.

    참여는 관계 각 부국(部局)의 고등관, 일본제국의 개척과 관계된 기관의 직원 및 학식과 경륜이 있는 자 가운데 정부가 임명하거나 위촉한다.

제5조 훈련본부의 조직 및 운영에 관한 사항은 정부의 인가를 받아 본부장이 결정한다.

제6조 훈련본부는 그 업무 집행에 대해 일본제국의 개척과 관계된 기관 직원의 참가를 받을 수 있다.

제7조 정부는 훈련본부의 업무를 감독한다.

제8조 본 법에 정하는 것 외 훈련본부에 관해 필요한 사항은 산업부 대신이 정한다.

---

50 만주국 정부를 의미.

부칙

본 법은 1940년 4월 1일부터 시행한다.

| 자료 110 | |
|---|---|
| 조선총독부 만주개척민지원자훈련소 규정 | |
| 구분 | 조선총독부령 제100호 |
| 법령명/건명 | 조선총독부 만주개척민지원자훈련소 규정<br>朝鮮總督府 滿洲開拓民志願者訓鍊所 規程 |
| 공포·개정·결정·폐지 연월일 | 공포 1940년 4월 10일 |
| 구성 | 총 18개 조, 부칙, 양식 총 5호 |
| 선행 규범·법령 | |
| 원문 일부 | ●朝鮮總督府令第百號<br>朝鮮總督府滿洲開拓民志願者訓鍊所規程左ノ通定ム<br>昭和十五年四月十日　朝鮮總督　南　次郎<br><br>朝鮮總督府滿洲開拓民志願者訓鍊所規程<br>第一條　朝鮮總督府滿洲開拓民志願者訓鍊所(以下單ニ訓鍊所ト稱ス)ニ第一部、第二部及第三部ヲ置ク<br>第一部ニ在リテハ滿洲開拓民ノ指導者タルベキ者ヲ、第二部ニ在リテハ滿洲開拓民ノ中堅者タルベキ者ヲ、第三部ニ在リテハ滿洲開拓民タルベキ靑年義勇隊員ノ訓鍊ヲ爲ス<br>第二條　訓鍊期間ハ第一部及第二部ニ在リテハ二月、第三部ニ在リテハ一月トス<br>第三條　訓鍊所ニ於ケル訓鍊項目ハ訓育、普通學科及農業トス<br>第四條　訓育ハ皇國精神ヲ涵養シ滿洲建國ノ本義ヲ明カナラシメ之ヲ實踐躬行シ以テ其ノ責務ヲ完カラシムルニ必要ナル事項ニ留意シテ之ヲ授クベシ<br>第五條　普通學科ハ國體觀念ヲ增進シ皇國臣民トシテノ本質ノ下ニ滿洲開拓民トシテ特ニ必須ノ知能ヲ修得セシムルコトヲ要旨トシ國語、歷史、地理、數學等ニ關スル事項ニ付實際生活ニ必要ナル事項ニ付訓練ト聯絡ニ留意シテ之ヲ授クベシ<br>第六條　農業ハ農業ニ關スル知識技能ヲ得シメ勤勞好愛ノ氣風ヲ養成シテ滿洲國產業開發ニ資セシムルヲ要旨トシ農耕、畜產、農產加工、農業經營、林業等ニ關スル事項ニ付訓練ト聯絡ニ留意シテ學科又ハ實習ニ依リ之ヲ授クベシ<br>第七條　訓鍊所ニ入所セシムベキ者ハ道知事ノ推薦シタル者ニシテ左ノ各號ノ一ニ該當スルモノニ付之ヲ銓衡シタル精神堅固、身體强健ニシテ年齡二十五年以下ノ男子ニシテ中等學校卒業シタルモノ<br>一　第一部ニ在リテハ年齡二十五年以下ノ男子ニシテ中等學校卒業シタルモノ<br>二　第二部ニハ同上ノ年齡ニシテ初等學校若ハ簡易學校卒業シテ其ノ後二年以上農業ニ從事セルモノ又ハ之ト同等以上ノ學力ヲ有スルモノ |
| 주요 내용 및 특징 | ○ 개척민 단위의 중국·만주 지역 조선인 노무동원 실시를 위한 사전 조치<br>○ 노무동원의 하나인 만주개척청년의용대 배출을 위한 훈련기관<br>○ 조선총독부 만주개척민지원자훈련소에 총 3개 부를 설치<br>○ 15세 이상 35세 이하의 남성 대상<br>○ 각 도에 할당 인원을 두고 도지사가 인원수에 맞추어 추천하도록 규정 |
| 법령 적용 범위 | 조선 |
| 관련 법령 통합·폐지 사항 | |
| 유사·파생 법령 | 조선총독부 만주개척민지원자훈련소 관제(1940년 6월 4일, 칙령 제386호) |

조선총독부령 제100호

1940년 4월 10일

## 조선총독부 만주개척민지원자훈련소 규정

제1조 조선총독부 만주개척민지원자훈련소(이하 훈련소로 칭함)에 제1부, 제2부, 제3부를 둔다.

　　제1부에서는 만주개척민의 지도자가 되어야 할 자를, 제2부에서는 만주개척민의 중견인이 되어야 할 자를, 제3부에서는 만주개척민이 되어야 할 청년의용대원을 훈련한다.

제2조 훈련소의 훈련 기간은 제1부 및 제2부는 2개월, 제3부는 1개월로 한다.

제3조 훈련소의 훈련 항목은 훈육, 보통학과 및 농업으로 한다.

제4조 훈육은 황국정신을 명징하고 황국신민으로서의 본질 아래 만주개척민으로서 책무를 완수하는 데 필요한 사항에 유의해서 가르쳐야만 한다.

제5조 보통학과는 일상에 필수적인 지능의 증진을 요지로 한다.

　　보통학과는 일본어[國語], 역사, 지리, 수학 등에 관한 사항에 대해 실제 생활에 필요한 것을 뽑아서 가르치고, 특히 훈육과의 연계에 유의해야만 한다.

제6조 농업은 농업에 관한 지식기능을 습득하고 근면역행의 기풍과 근로를 사랑하는 정신을 양성하도록 하여 만주국 산업개발에 기여하도록 하는 것을 요지로 한다.

　　농업은 밭갈기[耕種], 축산, 농산가공, 농업경영, 임업 등의 사항에 관한 학과 또는 실습에 따라 가르치고, 훈육과의 연계에 유의해야만 한다.

제7조 훈련소에 입소할 수 있는 자는 도지사가 추천한 입소지원자 가운데 사상이 견고하고 신체가 강건하며 다음 각호에 해당하는 자를 대상으로 전형한다.

　　1. 제1부에서는 나이 25세 이상의 남자로서 중등학교를 졸업하거나 동등 이상의 학력을 가진 자

　　2. 제2부에서는 나이 17세 이상 35세 이하의 남자로서 국민학교 또는 간이학교를 졸업하거나 동등 이상의 학력을 가진 자로서, 2년 이상 농업에 종사한 경험을 가진 자

3. 제3부에서는 나이 15세 이상 20세 이하의 남자로서 국민학교 또는 간이학교를 졸업하거나 동등 이상의 학력을 가진 자로서, 농업에 취미가 있는 자

제8조 도지사는 그 도에 할당된 추천해야 할 인원수의 입소지원자를 훈련소장에게 추천해야 한다.

제9조 훈련소 입소지원자는 원서(양식 제1호)에 이력서(양식 제2호), 건강진단서 및 호적초본을 첨부하여 소관 부윤, 군수 또는 도사(島司)에게 제출해야 한다.

제10조 훈련생으로서 입소를 허가받은 자는 부형이나 친족 가운데 본인의 신상에 관한 모든 사항을 인수하기에 충분한 보증인을 정해서 입소할 때 보증서(양식 제3호) 및 서약서(양식 제4호)를 훈련소장에게 제출해야 한다.

제11조 훈련소 입소 시기는 매년 대개 제1부는 2월, 제2부는 4월, 6월, 8월 및 10월, 제3부는 5월로 한다.

제12조 훈련생은 훈련소 안에서 숙박한다. 다만 특별한 사유가 있는 경우에는 훈련소장의 원(願)에 따라 훈련소 밖의 숙박을 허가할 수 있다.

제13조 훈련생에게는 식비와 수당을 지급한다.

제14조 다음의 각호의 하나에 해당하는 자는 훈련소장이 퇴소를 명해야 한다.

1. 지조중정(志操中正)을 결여하거나 품행불량자 또는 태만하여 훈계했음에도 개선하지 않는 자
2. 질병, 기타 신체나 정신의 이상으로 인해 개척민으로서 역할과 임무를 감당할 수 없다고 인정되는 자
3. 앞의 각호에 관계되지 않은 자 가운데 개척민이 되기에 적당하지 않다고 인정되는 자

훈련소장이 훈련생에게 퇴소를 명할 때에는 그 사유를 갖추어 곧바로 조선총독에게 보고해야 한다.

제15조 퇴소를 명받은 자에 대해서는 훈련소에 있을 때 지급한 식비나 수당을 돌려받는다. 다만 상황에 따라 일부나 전부의 상환을 면제할 수 있다.

제16조 훈련생은 자신의 편의에 따라 퇴소할 수 없다.

제17조 훈련을 마쳤다고 인정된 자에게는 수료증서(양식 제5호)를 수여한다.

제18조 본령에 규정한 것을 제외하고 그 외에 훈련소에 관해 필요한 사항은 조선총독의 인가를 받아 훈련소장이 정한다.

부칙

본령은 발표일로부터 시행한다.

| 자료 111 | |
|---|---|
| | 조선총독부 만주개척민지원자훈련소 관제 |
| 구분 | 칙령 제386호 |
| 법령명/건명 | 조선총독부 만주개척민지원자훈련소 관제<br>朝鮮總督府 滿洲開拓民志願者訓鍊所 官制 |
| 공포·개정·결정·폐지 연월일 | 공포 1940년 6월 4일 |
| 구성 | 총 5개 조, 부칙 |
| 선행 규범·법령 | 조선총독부 만주개척민지원자훈련소 규정(1940년 4월 10일, 조선총독부령 제100호) |
| 원문 일부 | 朕朝鮮總督府滿洲開拓民志願者訓鍊所官制ヲ裁可シ茲ニ之ヲ公布セシム<br>御名御璽<br>昭和十五年六月四日<br>　內閣總理大臣　米內　光政<br>　拓務大臣　小磯　國昭<br>勅令第三百八十六號<br>朝鮮總督府滿洲開拓民志願者訓鍊所官制<br>第一條　朝鮮總督府滿洲開拓民志願者訓鍊所ハ朝鮮總督ノ管理ニ屬シ滿洲開拓民タルベキ者ニ對シ心身ノ鍛鍊其ノ他ノ訓鍊ヲ施ス所トス<br>第二條　滿洲開拓民志願者訓鍊所ニ左ノ職員ヲ置ク<br>所長<br>指導官　專任六人　判任<br>書記　專任一人　判任<br>内一人ハ奏任トナスコトヲ得<br>第三條　所長ハ朝鮮總督府高等官ヲ以テ之ニ充ッ朝鮮總督ノ指揮監督ヲ承ケ所務ヲ掌理ス<br>第四條　指導官ハ上官ノ指揮ヲ承ケ訓鍊ヲ掌ル<br>第五條　書記ハ上官ノ指揮ヲ承ケ庶務ニ從事ス<br>附則<br>本令ハ公布ノ日ヨリ之ヲ施行ス<br>（大正五年官報） |
| 주요 내용 및 특징 | ○ 「조선총독부 만주개척민지원자훈련소 규정」의 후속 조치<br>○ 조선총독의 관리 아래 설치하고, 소장과 지도관, 서기 등을 두도록 규정<br>○ 소장은 조선총독부 고등관 중에서 충원 |
| 법령 적용 범위 | 조선 |
| 관련 법령 통합·폐지 사항 | |
| 유사·파생 법령 | |

칙령 제386호

1940년 6월 4일

## 조선총독부 만주개척민지원자훈련소 관제

제1조 조선총독부 만주개척민지원자훈련소는 조선총독의 관리에 속해 만주개척민이 되어야 할 자에 대해 심신의 단련, 기타 훈련을 시행하는 곳으로 한다.

제2조 조선총독부 만주개척민지원자훈련소에 다음과 같은 직원을 둔다.

    소장

    지도관 전임 6인 판임, 판임 중 1인을 주임으로 할 수 있다.

    서기 전임 1인 판임

제3조 소장은 조선총독부 고등관으로 충원하며 조선총독의 지휘·감독을 받아 훈련소 업무를 관장한다.

제4조 지도관은 상관의 지휘를 받아 훈련을 담당한다.

제5조 서기는 상관의 지휘를 받아 서무에 종사한다.

부칙

본령은 공포일로부터 시행한다.

| 자료 112 | |
|---|---|
| | 선만척식주식회사령 폐지의 건 |
| 구분 | 제령 제33호 |
| 법령명/건명 | 선만척식주식회사령 폐지의 건<br>鮮滿拓殖株式會社令廢止ノ件 |
| 공포·개정·결정·폐지 연월일 | 공포 1941년 12월 20일 |
| 구성 | 총 1개 조, 부칙 |
| 선행 규범·법령 | 선만척식주식회사령(1936년 6월 4일, 제령 제7호) |
| 원문 일부 | 鮮滿拓殖株式會社令廢止ノ件明治四十四年法律第三十號第一條及第二條ニ依リ勅裁ヲ得テ茲ニ之ヲ公布ス<br>昭和十六年十二月二十日<br>朝鮮總督　南　次郎<br>制令第三十三號<br>鮮滿拓殖株式會社令ハ之ヲ廢止ス<br>附則<br>鮮滿拓殖債券ノ模造ニ關シテハ仍從前ノ例ニ依ル<br>朝鮮登錄稅令第三條第一項第八號中「、鮮滿拓殖債券」ヲ削ル |
| 주요 내용 및 특징 | ○ 1941년 4월 1일 선만척식주식회사와 만주척식공사를 만선척식주식회사로 통합한 후 후속 조치<br>○ 법률 제30호(1911년) 제1조 및 제2조 규정에 근거<br>○ 부칙에 폐지 후 선만척식채권의 처리 사항을 명시 |
| 법령 적용 범위 | 조선 |
| 관련 법령<br>통합·폐지 사항 | |
| 유사·파생 법령 | 만선척식분분유한공사법(1936년 6월 26일, 칙령 제97호)<br>조선총독부 이민위원회 규정(1939년 2월 22일, 조선총독부훈령 제9호)<br>조선총독부 만주개척민지원자훈련소 규정(1940년 4월 10일, 조선총독부령 제100호) |

제령 제33호
1941년 12월 20일

## 선만척식주식회사령 폐지의 건

선만척식주식회사령을 폐지한다.

부칙

선만척식채권의 모조(模造)에 관해서는 종래의 예에 따른다.
조선등록세령 제3조 제1항 제8호 중 '선만척식채권'을 삭제한다.

| 자료 113 | |
|---|---|
| \multicolumn{2}{c}{조선직업소개령} |
| 구분 | 제령 제2호 |
| 법령명/건명 | 조선직업소개령<br>朝鮮職業紹介令 |
| 공포·개정·결정·폐지 연월일 | 공포 1940년 1월 11일 |
| 구성 | 총 12개 조, 부칙 |
| 선행 규범·법령 | 직업소개법 규정 중 개정(1938년 4월 1일, 법률 제61호) |
| 원문 일부 | 朝鮮職業紹介令明治四十四年法律第三十號第一條及第二條ニ依リ勅裁ヲ得テ 茲ニ之ヲ公布ス<br>昭和十五年一月十一日<br>　　　　　　　朝鮮總督　南　次郎<br>制令第二號<br>　　朝鮮職業紹介令<br>第一條　政府ハ勞務ノ適正ナル配置ヲ圖ル爲本令ニ依リ職業紹介事業ヲ管掌ス<br>　政府ハ職業紹介事業ニ併セテ職業指導及必要ニ應ジ職業補導其ノ他ノ職業紹介ニ關スル事項ヲ行フモノトス<br>第二條　職業紹介及職業指導ハ之ヲ無料トス<br>　前項ノ規定ニ依リ道知事ハ朝鮮職業紹介所ニ依リ朝鮮總督ノ定ムルモノハ朝鮮總督ノ定ムル府邑面ハ非ザル朝鮮總督ノ定ムル所ニ依リ道知事ノ許可ヲ受クベシ<br>第三條　勞務者ヲ雇傭スル爲勞務者ノ募集ヲ行ハントスル者又ハ勞務者ノ募集ニ關シ必要ナル專項ハ朝鮮總督之ヲ定ム<br>　前項ノ勞務供給事業及勞務供給事業ニ關スル必要ナル專項ハ朝鮮總督之ヲ定ム<br>第四條　朝鮮總督ノ定ムル所ニ依リ朝鮮總督ノ定ムル府邑面ニ非ザル朝鮮總督ノ定ムル所ニ依リ道知事ノ許可ヲ受クベシ<br>第五條　勞務供給事業ノ募集ニ關シ許可ヲ受クベシ<br>第六條　道知事職業紹介事業ノ監督上必要アリト認ムルトキハ朝鮮總督ノ定ムル所ニ依リ業務ニ關シ報告ヲ徵シ又ハ當該官吏ヲシテ事業ヲ行フ場所ニ臨檢業務ノ狀況ヲ報告書類其ノ他ノ物件ヲ檢査セシムルコトヲ得此ノ場合ニ於テハ當該官吏ハ其ノ身分ヲ示ス證票ヲ携帶セシムベシ<br>第七條　左ノ各號ノ一ニ該當スル者ハ六月以下ノ懲役又ハ五百圓以下ノ罰金ニ處ス<br>　一　第四條ノ規定ニ依ル許可ヲ受ケズシテ有料又ハ營利ヲ目的トスル職業紹介事業ヲ行ヒタル者<br>　二　第五條ノ規定ニ依ル許可ヲ受ケズシテ有料又ハ營利ヲ目的トスル勞務供給事業ヲ行ヒタル者<br>第八條　第五條ノ規定ニ依ル許可ヲ受ケズシテ勞務者ノ募集ヲ行ヒタル者ハ百圓以下ノ罰金又ハ拘留ニ處ス |
| 주요 내용 및 특징 | ○ 정부가 직업소개사업을 직접 관장하며 부읍면에서 직업소개사업 실시<br>○ 무료로 직업소개 및 직업지도를 실시<br>○ 허가 없이 직업소개사업, 노무자 모집, 노무공급사업을 할 수 없도록 규정<br>○ 조선직업소개령 시행기일의 건(1940년 1월 20일, 조선총독부령 제6호)에 따라 1월 20일부터 시행 |
| 법령 적용 범위 | 조선 |
| 관련 법령 통합·폐지 사항 | |
| 유사·파생 법령 | 조선총독부 조선직업소개소 관제(1940년 1월 19일, 칙령 제17호)<br>조선직업소개령 시행기일의 건(1940년 1월 20일, 조선총독부령 제6호)<br>조선직업소개령 시행규칙(1940년 1월 20일, 조선총독부령 제7호)<br>조선총독부 조선직업소개소의 명칭, 위치 및 관할구역(1940년 1월 20일, 조선총독부령 제8호)<br>조선총독부 조선직업소개소 관제 중 개정(1940년 11월 8일, 칙령 제748호) |

제령 제2호

1940년 1월 11일

## 조선직업소개령

제1조 정부는 노무의 적정한 배치를 도모하기 위해 본령에 따라 직업소개사업을 관장한다.

제2조 정부는 직업소개사업에 아울러 직업지도 및 필요에 따른 직업보도, 기타 직업소개에 관한 사항을 실시하는 것으로 한다.

    앞 항의 규정에 따른 직업소개 및 직업지도는 무료로 한다.

제3조 부읍면은 조선총독이 정하는 바에 따라 직업소개사업을 실시할 수 있다.

제4조 부읍면이 아닌 자가 직업소개사업을 하고자 할 때에는 조선총독이 정하는 바에 따라 도지사의 허가를 받아야 한다.

제5조 노무공급사업을 하고자 하는 자 또는 노무자를 고용하기 위해 노무자를 모집하고자 하는 자로서 조선총독이 정하는 것은 조선총독이 정하는 바에 따라 조선총독 또는 도지사의 허가를 받아야 한다.

    앞 항의 노무공급사업 및 노무자의 모집에 관해 필요한 사항은 조선총독이 정한다.

제6조 도지사는 직업소개사업의 감독상 필요하다고 인정할 때에는 조선총독이 정하는 바에 따라 업무에 관한 보고를 하고, 해당 관리로서 사업을 실시하는 장소에 임검하여 업무의 상황 또는 장부, 서류, 기타 물건을 검사하도록 할 수 있다. 이 경우에 해당 관리는 그 신분을 나타내는 증표를 휴대해야 한다.

제7조 다음 각호의 하나에 해당하는 자는 6개월 이하의 징역 또는 5백 엔 이하의 벌금에 처한다.

  1. 제4조 규정에 따라 허가를 받지 않고 유료 또는 영리를 목적으로 직업소개사업을 하는 자

  2. 제5조 규정에 따른 허가를 받지 않고 유료 또는 영리를 목적으로 노무공급사업을 하는 자

제8조 제5조의 규정에 따른 허가를 받지 않고 노무자를 모집하는 자는 1백 엔 이하의 벌금이나 구류에 처한다.

제9조 법인 또는 사람의 대리인, 사용인, 기타 종업자가 그 법인이나 사람의 업무에 관해 앞 조의 위반행위를 하였을 때 그 법인 또는 사람은 자신의 지휘가 적용되지 않았으므로 처벌을 면할 수 없다.

제10조 본령의 벌칙은 그 대상이 법인일 때에는 이사, 기타 법인의 업무를 집행하는 임원에게, 미성년자 또는 금치산자일 때에는 그 법정 대리인에게 적용한다. 다만 영업에 관한 성년자와 동일한 능력을 가진 미성년자에 대해서는 적용하지 않는다.

제11조 앞 2조의 경우에 징역 또는 구류의 형에 처할 수 없다.

제12조 본령은 선원의 직업소개에 적용하지 않는다.

선원의 직업소개에 관해 필요한 사항은 조선총독이 정한다.

부칙

본령 시행기일은 조선총독이 정한다.

본령 시행에 즈음하여 제4조의 규정에 따라 허가받지 않고 직업소개사업을 하는 자 및 제5조의 규정에 따라 허가받지 않고 노무공급사업 또는 노무자를 모집하는 자는 본령 시행 후 2개월 이내에 조선총독이 정하는 바에 따라 조선총독 또는 도지사에게 허가를 신청해야 한다.

앞 항의 자는 앞 항의 신청에 대한 허가 또는 불허가의 처분을 받을 때까지 그 사업 또는 모집을 할 수 있다.

## 자료 114

| | |
|---|---|
| \ | 조선총독부 직업소개소 관제 |
| 구분 | 칙령 제17호 |
| 법령명/건명 | 조선총독부 직업소개소 관제<br>朝鮮總督府 職業紹介所 官制 |
| 공포·개정·결정·폐지 연월일 | 공포 1940년 1월 19일<br>개정 1940년 11월 16일 |
| 구성 | 총 7개 조, 부칙 |
| 선행 규범·법령 | 직업소개법 규정 중 개정 (1938년 4월 1일, 법률 제61호)<br>조선직업소개령 (1940년 1월 11일, 제령 제2호) |
| 원문 일부 | (원문 이미지) |
| 주요 내용 및 특징 | ○ 조선총독이 관리하며 소장과 서기관, 서기를 설치<br>○ 정원은 조선총독이 정함<br>○ 소장은 도지사의 지휘·감독을 받음<br>○ 직업소개소별 정원과 직업소개소의 관할구역은 조선총독부령으로 정함 |
| 법령 적용 범위 | 조선 |
| 관련 법령 통합·폐지 사항 | |
| 유사·파생 법령 | 조선직업소개령 (1940년 1월 11일, 제령 제2호)<br>조선직업소개령 시행기일의 건 (1940년 1월 20일, 조선총독부령 제6호)<br>조선직업소개령 시행규칙 (1940년 1월 20일, 조선총독부령 제7호)<br>조선총독부 조선직업소개소의 명칭, 위치 및 관할구역 (1940년 1월 20일, 조선총독부령 제8호)<br>조선총독부 조선직업소개소 관제 중 개정 (1940년 11월 8일, 칙령 제748호)<br>조선총독부 부내 임시직원설치제 외 26칙령 중 개정 (1942년 11월 1일, 칙령 제763호) |

칙령 제17호

1940년 1월 19일

## 조선총독부 직업소개소 관제

제1조 조선총독부 직업소개소는 조선총독의 관리에 속하며 「조선직업소개령」 제2조에 게시한 사무를 관장한다.

제2조 직업소개소에 다음의 직원을 둔다.

   소장

   사무관 전임 2인 주임

   서기 전임 26인 판임

   소장은 사무관 또는 서기를 충원한다.

제3조 앞의 조 직원의 각 직업소개소 정원은 조선총독이 정한다.

제4조 소장은 도지사의 지휘·감독을 받아 소개소의 업무를 관장[掌理]하고 소속 직원을 지휘·감독한다.

   직업소개소 소속 판임관의 진퇴는 도지사가 한다.

제5조 사무관은 상관의 명을 받아 사무를 담당한다.

제6조 서기는 상관의 지휘를 받아 사무에 종사한다.

제7조 직업소개소의 명칭 및 설치는 조선총독이 정한다.

   직업소개소의 관할구역에 관해서는 조선총독이 정하는 바에 따른다.

부칙

본령은 공포일로부터 시행한다.

(이상 1월 20일 『관보』 게재[51])

---

51  일본 『관보』 게재일을 의미, 『조선총독부관보』에는 1월 24일 자 제3900호에 게재.

| 자료 115 | |
|---|---|
| | 조선직업소개령 시행기일의 건 |
| 구분 | 조선총독부령 제6호 |
| 법령명/건명 | 조선직업소개령 시행기일의 건<br>朝鮮職業紹介所 施行期日ノ件 |
| 공포·개정·결정·폐지 연월일 | 공포 1940년 1월 20일 |
| 구성 | |
| 선행 규범·법령 | 조선직업소개령(1940년 1월 11일, 제령 제2호) |
| 원문 일부 | |
| 주요 내용 및 특징 | ○ 조선총독이 관리하며 소장과 서기관, 서기를 설치<br>○ 정원은 조선총독이 정함<br>○ 소장은 도지사의 지휘·감독을 받음<br>○ 직업소개소별 정원과 직업소개소의 관할구역은 조선총독부령으로 정함 |
| 법령 적용 범위 | 조선 |
| 관련 법령 통합·폐지 사항 | |
| 유사·파생 법령 | 조선총독부 직업소개소 관제(1940년 1월 19일, 칙령 제17호)<br>조선직업소개령 시행규칙(1940년 1월 20일, 조선총독부령 제7호)<br>조선총독부 조선직업소개소의 명칭, 위치 및 관할구역(1940년 1월 20일, 조선총독부령 제8호)<br>조선총독부 조선직업소개소 관제 중 개정(1940년 11월 8일, 칙령 제748호) |

조선총독부령 제6호

1940년 1월 20일

## 조선직업소개령 시행기일의 건

「조선직업소개령」은 1940년 1월 20일부터 시행한다.

| 자료 116 | |
|---|---|
| | 조선직업소개령 시행규칙 |
| 구분 | 조선총독부령 제7호 |
| 법령명/건명 | 조선직업소개령 시행규칙<br>朝鮮職業紹介令 施行規則 |
| 공포·개정·결정·폐지 연월일 | 공포 1940년 1월 20일<br>개정 1945년 6월 13일 |
| 구성 | 총 4개 장 51개 조, 양식 |
| 선행 규범·법령 | 조선직업소개령(1940년 1월 11일, 제령 제2호) |
| 원문 일부 | |
| 주요 내용 및 특징 | ○ 부읍면이나 개인이 도지사의 허가를 받아 설치할 수 있도록 규정<br>○ 영리 직업소개와 비영리 직업소개로 구분하고 각각 운영을 위한 해당 규정을 명시<br>○ 노무공급사업자와 노무자 모집에 관한 규정을 명시 |
| 법령 적용 범위 | 조선 |
| 관련 법령 통합·폐지 사항 | |
| 유사·파생 법령 | 조선총독부 직업소개소 관제(1940년 1월 19일, 칙령 제17호)<br>조선총독부 조선직업소개소의 명칭, 위치 및 관할구역(1940년 1월 20일, 조선총독부령 제8호)<br>조선총독부 조선직업소개소 관제 중 개정(1940년 11월 8일, 칙령 제748호)<br>조선총독부 조선직업소개소의 명칭, 위치 및 관할구역(1940년 12월 14일, 조선총독부령 제282호) |

조선총독부령 제7호
1940년 1월 20일

# 조선직업소개령 시행규칙

## 제1장 총칙

제1조 부읍면이 「조선직업소개령」(이하 모두 령으로 칭함) 제3조 규정에 따른 직업소개사업을 실시하고자 할 때에는 사무소의 명칭, 위치, 설비, 직원 정원 및 사업경영에 관한 모든 규정에 대해 도지사의 인가를 받아야 하고, 이를 변경할 경우에도 동일하게 해야 한다.

부읍면이 실시하는 직업소개는 무료로 한다.

제2조 부읍면이 아닌 자가 령 제4조 규정에 따른 무료 직업소개사업의 허가를 받을 때에는 다음에 제시한 사항을 기재한 신청서를 사업소 소재지를 관할하는 도지사에게 제출하여야 한다.

1. 본적, 주소, 이름, 나이 및 이력(법인일 때에는 주요 사무소의 소재지와 이름, 정관, 이사 또는 기타 법인의 업무를 집행하는 임원의 주소와 이름 및 이력)
2. 사업소 소재지 및 명칭
3. 설비
4. 직원 정원
5. 사업경영에 관한 모든 규정

제3조 앞 조의 허가를 받은 자가 앞의 조 제1호 중 법인의 정관 또는 이사, 기타 법인의 업무를 집행할 임원 또는 앞의 조 제2호에서 제5호까지 제시한 사항을 변경하고자 할 때에는 앞의 조 규정에 따라 허가를 받아야 한다.

제4조 직업소개사업을 할 부읍면(이하 부읍면으로 칭함) 또는 부읍면이 아닌 자로서 무료직업소개사업을 할 자(이하 경영자로 칭함)는 어떠한 명의를 하든 불문하고 보상으로서 수수료, 기타 재물 또는 이익을 받을 수 없다.

제5조 부읍면이 사무소를 설치할 때에는 곧바로 그 명칭, 위치 및 개소 연월일을 고시해야 하고, 사업소를 폐지하거나 고시한 사항을 변경할 때에도 동일하게 하고, 부읍면이 앞 항의 고시를 하고자 할 때에는 도지사에게 보고해야 한다.

제6조 경영자가 사업소를 설치할 때에는 곧바로 적당한 방법에 따라 그 명칭, 위치 및 개시 연월일을 공시해야 하고, 사업소를 폐지하거나 또는 공시한 사항을 변경할 때에도 동일하게 한다.

경영자는 앞의 항 규정에 따른 공시를 할 때 또는 경영자가 그 주소 또는 이름(법인인 경우에는 주요 사무소의 소재지와 명칭, 이사 또는 기타 법인의 업무를 집행하는 임원의 주소와 이름)을 변경하고자 할 때에는 7일 이내에 그 내용을 사업소 소재지를 관할하는 도지사에게 제출하여야 한다.

경영자가 사망하였을 때에는 그 상속인 또는 호주, 경영자인 법인을 해산하였을 때에는 그 청산인이 앞 항의 규정에 준해 그 뜻을 서류로 제출하여야 한다.

제7조 부읍면 및 경영자는 사업주에게 다음의 표부(表簿)를 갖추어 소개에 관한 사항을 지체 없이 기재하게 해야 한다.

1. 구인표(양식 제1호)
2. 구직표(양식 제2호)
3. 소개일계부(紹介日計簿)(양식 제3호)

앞 항의 표부는 마지막으로 기재한 날로부터 3년간 보존해야 한다.

제8조 부읍면 및 경영자는 매달 5일까지 지난달의 사업 상황을 양식 제4호에 따라 조선총독부 직업소개소장(조선총독부 직업소개소를 설치하지 않은 구역에서는 부윤, 군수 또는 도사)에게 제출하여야 한다.

제9조 도지사는 경영자가 본령에 위반하거나 또는 공익을 해하거나 해할 우려가 있다고 인정할 때에는 허가를 취소하거나 사업의 전부 또는 일부의 정지를 명할 수 있다.

## 제2장 영리직업소개사업

제10조 부읍면이 아닌 자가 령 제4조의 규정에 따라 유료 또는 영리를 목적으로 직업소개사업의 허가를 받으려 할 때에는 다음에 제시한 사항을 기재한 신청서를 사업소 소재지를 관할하는 도지사에게 제출하여야 한다.

    1. 본적, 주소, 이름, 나이 및 이력(법인일 때에는 주요 사무소의 소재지와 이름, 정관, 이사 또는 기타 법인의 업무를 집행하는 임원의 주소와 이름 및 이력)

    2. 사업소 소재지 및 명칭

    3. 설비

    4. 직원 정원

    5. 사업경영에 관한 모든 규정

앞 항의 신청서는 사업소 소재지를 관할하는 경찰서장을 경유해야 한다.

도지사가 제1항의 신청서를 받아서 처리[受理]할 때에는 사업소 소재지를 관할하는 조선총독부 직업소개소장(조선총독부 직업소개소를 설치하지 않은 구역에서는 부윤, 군수 또는 도사)의 의견을 들어야 한다.

제11조 앞의 조 제1항의 허가를 받은 자가 앞의 조 제1항 제1호 중 법인의 정관 또는 이사, 기타 법인의 업무를 집행할 임원 또는 앞의 조 제1항 제2호에서 제5호까지의 사항을 변경하고자 할 때에는 앞의 조 제1항 및 제2항의 규정에 준해서 허가해야 한다. 앞의 조 제3항의 규정은 앞 항의 경우에 이를 준용한다.

제12조 유료 또는 영리를 목적으로 하는 직업소개사업의 시설을 상속함에 따라 승계한 자는 도지사의 인가를 받아 그 사업을 할 수 있다.

앞 항의 자가 앞 항의 인가를 받고자 할 때에는 상속 개시일로부터 1개월 이내에 앞의 조 제1항 각호 및 다음에 규정한 사항을 기재하여 신청서에 호적초본을 첨부해서 사업소 소재지를 관할하는 도지사에게 제출해야 한다.

    1. 피상속인의 이름

    2. 피상속인과의 관계 및 상속 개시 사유

앞 항의 자는 앞 항의 규정에 따른 신청에 대해 인가 또는 불인가의 처분이 내려질 때까지 사업을 할 수 있다.

제10조 제2항 및 제3항의 규정은 제1항의 경우에 이를 준용한다.

제13조 유료 또는 영리를 목적으로 하는 직업소개사업을 하는 자(이하 소개업자로 칭함)와 그 동거 호주 및 가족은 숙박업, 요리업, 음식점, 유곽[貸座敷], 기생집[藝妓置屋], 유희장, 예기·창기·작부 또는 이런 종류의 사람 주선업, 혼인매개업, 신용고지업(信用告知業), 노무공급사업, 전당포[質屋], 고물상, 금전대부업자, 기타 이런 종류의 영업을 하거나 또는 그 영업자의 종업자나 노무자의 모집에 종사할 수 없다. 조선대서사 단속규칙[朝鮮代書士取締規則]에 따른 대서사나 그 보조원도 동일하다.

앞 항의 규정은 소개업자가 법인일 때에는 이사나 기타 법인의 업무를 집행하는 임원에게, 미성년자일 때에는 그 법정 대리인에게 준용한다. 다만 그 영업에 관해 성년자와 동일한 능력을 가진 미성년자에 대해서는 제한하지 않는다.

제14조 소개업자는 미성년자, 금치산자, 준금치산자 또는 배우자에 대해서는 그 법정 대리인, 후견인, 보좌인 또는 남편의 승낙이 없다면 직업을 소개할 수 없다. 다만 할 수 없는 사유에 따라 승낙을 얻지 못한 경우에도 본인을 보호하는 자의 승낙이 있을 때에는 제한하지 않는다.

제15조 소개업자는 허가받은 수수료 외에 어떠한 명목으로도 보상하거나 재물 또는 이익을 취할 수 없다.

제16조 소개업자는 다음에 규정한 행위를 할 수 없다.

    1. 사업에 관해 과대 또는 허위로 광고하거나 게시하는 것

    2. 소개에 관해 사실을 은폐하고 과대 또는 허위의 언사를 하고 그 외 부정한 수단을 사용하는 것

    3. 구직자의 의사에 반해 소개하는 것

    4. 구직자를 숙박시키는 것

    5. 금품을 주거나 또는 빌려주고 취직을 권유하는 것

    6. 이미 고용 중인 자를 권유하여 다른 곳에 소개하는 것

    7. 사업소 외에 고용된 자를 권유하는 것

    8. 고용자를 유인하는 일로 어떠한 명목으로든 재물, 기타 이익을 제공하는 것

9. 소개에 관계된 고용 당사자 간의 재물 접수에 관여하는 것

10. 구직자에 대해 그 소지하는 재물의 보관을 요구하거나 보관한 재물의 반환을 이유 없이 거부하는 것

11. 구직자에 대해 재물의 매매 또는 저당[質入]을 권유하는 것

12. 구직자가 소지하는 재물을 매수하여 부당한 이익을 얻는 것

13. 예기, 창기, 작부 또는 이러한 종류의 일에 알선하는 것

14. 구직자에 대해 풍속을 문란하게 할 우려가 있는 행위를 하는 것

15. 구직자에게 유흥을 권유하거나 또는 안내하는 것

16. 소개에 관해 알게 된 사람에게 비밀을 누설하는 것

제17조 소개업자가 종업자를 사용할 때에는 사용개시일로부터 5일 이내에 본적, 주소, 이름, 나이 및 이력을 사업소 소재지를 관할하는 경찰서장에게 제출해야 한다.

제18조 제13조 제1항 및 제16조 제9호에서 제16호까지의 규정은 종업자가 준용한다.

제19조 다음 각호의 한 가지에 해당할 때에는 소개업자가 7일 이내에 내용을 사업소 소재지를 관할하는 경찰서장에게 제출해야 한다.

1. 소개업자의 본적, 주소 또는 이름(법인일 경우에는 주요한 사무소의 소재지와 이름, 이사 또는 기타 법인의 업무를 집행하는 임원의 주소와 이름) 또는 사업소의 명칭을 변경할 때

2. 소개업자가 폐업할 때

3. 종업자의 사용을 파기할 때

4. 종업자의 주소 또는 이름에 변경이 있을 때

5. 종업자가 사망하였을 때

소개업자가 사망하였을 때에는 그 상속인 또는 호주가, 소개업자인 법인을 해산할 때에는 그 청산인이 앞의 항에 준해 그 내용을 제출해야 한다.

제20조 소개업자는 사업소에 다음의 장부를 갖추어 소개에 관한 사항을 지체 없이 기재해야 한다.

1. 구인부(양식 제5호)

2. 구직부(양식 제6호)

3. 소개일계부(양식 제7호)

4. 수수료 접수부[收受簿](양식 제8호)

앞 항의 장부는 마지막으로 기재한 날로부터 3년간 보존해야 한다.

제21조 소개업자는 매달 5일까지 지난달의 사업 상황을 양식 제9호에 따라 조선총독부 직업소개소장(조선총독부 직업소개소를 설치하지 않은 구역에서는 부윤, 군수 또는 도사)에게 제출하여야 한다.

제22조 도지사가 필요하다고 인정할 때에는 수수료액이나 영수(領收) 방법의 변경을 명할 수 있다.

제23조 도지사는 다음 각호의 한 가지에 해당할 때에는 허가를 취소하거나 사업 정지를 명할 수 있다.

    1. 소개업자가 본령 또는 본령에 근거한 행위의 처분에 위반하였을 때

    2. 소개업자가 정당한 사유 없이 6개월 이상 업무를 실행하지 않았을 때

    3. 앞의 각호 외에 소개업자가 사업을 실시하는 데 적당하지 않다고 인정할 때

제24조 경찰서장은 종업자가 사업에 종사하는 데 적당하지 않다고 인정할 때에는 소개업자에게 그 사용을 금지할 수 있다.

제25조 본령은 예기, 창기, 작부, 기타 이런 종류의 직업소개에 적용하지 않는다.

    앞 항의 직업소개에 관해 필요한 사항은 별도로 정한다.

## 제3장 노무공급사업

제26조 령 제5조 제1항의 규정에 따라 허가를 받아야 할 노무공급사업은 임시로 사용 중인 노무자를 유료로 하거나 또는 영리 목적으로 상시 30인 이상 공급하는 사업으로 한다.

제27조 노무공급사업의 허가를 받고자 하는 자는 다음에 규정한 사항을 기재한 신청서를 사업소 소재지를 관할하는 도지사에게 제출하여야 한다.

    1. 본적, 주소, 이름, 나이 및 이력(법인일 때에는 주요 사무소의 소재지와 이름, 정관, 이사 또는 기타 법인의 업무를 집행하는 임원의 주소와 이름 및 이력)

    2. 사업소 소재지 및 이름

3. 주요 노무자 공급 구역

4. 소속 노무자의 업무 종류

5. 공급에 따른 수익 방법 또는 보상의 액수나 비율

6. 다른 사람으로부터 공급받은 노무자를 공급할 경우, 이익의 분배 방법

7. 소속 노무자에 대한 임금 지불 방법

8. 소속 노무자의 업무상 발생한 부상, 질병, 사망 등에 대한 부조 및 기타 조치

9. 소속 노무자에 대한 금품의 대부 및 회수 방법

10. 소속 노무자의 숙박시설을 설치할 때에는 소재지, 구조(평면도 첨부), 숙박 정원 및 숙박료 금액

11. 소속 노무자에 대한 복리 시설을 설치할 때에는 그 내용

제10조 제2항 및 제3항의 규정은 앞의 경우에 이를 준용한다.

제28조 앞의 조 제1항의 허가를 받은 자가 앞의 조 제1항 제1호 중 법인의 정관 또는 이사, 기타 법인의 업무를 집행할 임원 또는 앞의 조 제1항 제2호에서 제11호까지에 규정한 사항을 변경하고자 할 때에는 앞의 조 제1항의 규정에 준해 허가를 받아야 한다.

제10조 제2항 및 제3항의 규정은 앞 항의 경우에 준용한다.

제29조 제13조의 규정은 노무공급사업을 하는 자(이하 공급업자로 칭함)와 그 동거 호주 및 가족에게 준용한다. 다만 노무자의 모집에 종사할 자는 이에 제한을 받지 않는다.

제30조 제14조의 규정은 공급업자가 미성년자, 금치산자, 준금치산자 또는 배우자를 그 소속 노무자로 할 경우에 준용한다.

제31조 공급업자는 다음에 규정한 행위를 할 수 없다.

1. 사업에 관해 과대 또는 허위로 광고하거나 게시하는 것

2. 소속 노무자의 의사에 반해 소개하는 것

3. 금품을 주거나 또는 빌려주며 소속 노무자를 권유하는 것

4. 이미 고용 중인 자를 권유하여 소속 노무자로 하는 것

5. 소속 노무자에 대해 그 소지하는 재물의 보관을 요구하거나 보관한 재물의 반환을 이유 없이 거부하는 것

6. 소속 노무자에 대해 재물의 매매 또는 저당[質入]을 권유하는 것

7. 소속 노무자가 소지하는 재물을 매수하여 부당한 이익을 얻는 것

8. 소속 노무자에 대해 풍속을 문란하게 할 우려가 있는 행위를 하는 것

9. 소속 노무자에게 유흥을 권유하거나 또는 안내하는 것

10. 소속 노무자의 외출, 통신, 면접, 기타 자유를 제한하거나 또는 소속 노무자에 대해 가혹한 취급을 하는 것

11. 해당 관리 또는 소속 노무자를 보호하는 자에 대해 소속 노무자의 소재를 은폐하고 또는 거짓으로 하는 것

12. 소속 노무자의 숙박시설에 정원을 초과하여 숙박시키는 것

13. 이유 없이 소속 노무자의 숙박시설에 소속 노무자가 아닌 자를 숙박시키는 것

제32조 공급업자가 종업자를 사용할 때 사용개시일로부터 5일 이내에 본적, 주소, 이름, 나이 및 이력을 사업소 소재지를 관할하는 경찰서장에게 제출해야 한다.

제13조 제1항 및 앞의 조 제5호에서 제9호까지의 규정은 종업자가 준용한다. 다만 노무자의 모집에 종사하는 사람은 이에 제한을 받지 않는다.

제33조 제19조의 규정은 공급업자 및 사용할 종업자가 준용한다.

제34조 공급업자는 사업소에 다음의 장부를 비치하여 공급에 관한 사항을 지체 없이 기재해야 한다.

1. 소속 노무자 명부(양식 제10호)

2. 노무자 공급부(양식 제11호)

3. 임금 지불부(양식 제12호)

앞 항의 장부는 최후에 기재한 날로부터 3년간 보존해야 한다.

제35조 공급업자는 매달 5일까지 지난달의 사업 상황을 양식 제13호에 따라 조선총독부 직업소개소장(조선총독부 직업소개소를 설치하지 않은 구역에서는 부윤, 군수 또는 도사)에게 제출하여야 한다.

제36조 도지사가 필요하다고 인정할 때에는 제27조 제5호에서 제11호까지의 사항 변경을 명할 수 있다.

제37조 제23조 및 제24조의 규정은 공급업자가 준용한다.

## 제4장 노무자의 모집

제38조 령 제5조 제1항의 규정에 따라 허가를 받아야 할 노무자의 모집은 다음 각호의 한 가지에 해당할 경우를 제외하고 그 외 직공, 광부, 어부, 토공부, 기타 인부의 모집으로 한다.

   1. 응모자 취업을 위해 주거를 변경할 필요가 없을 때
   2. 이민보호법에 따라 모집할 때

제39조 노무자의 모집 허가를 받고자 하는 자는 다음에 규정한 사항을 기재한 신청서를 모집지를 관할하는 도지사에 제출해야 한다. 다만 모집지가 2개 이상인 도에 있는 경우에는 조선총독에게 제출해야 한다.

   1. 본적, 주소, 직업, 이름, 나이(법인일 때에는 주요 사무소의 소재지와 이름, 사업의 종류 및 이사 또는 기타 법인의 업무를 집행하는 임원의 이름)

      조선에 주소를 두지 않는 자는 모집지에 속한 도내(道內)에 임시 주소를 정하고, 조선에 주요 사무소를 갖지 않은 법인은 모집지에 속한 도 내에 임시사무소 소재지를 정하여 병기할 것

   2. 응모자의 취업장 소재지 및 이름
   3. 응모자가 취업해야 할 사업의 종류
   4. 모집 예정인원(남녀별, 단신자·가족동반별 및 노무별)
   5. 모집해야 할 노무자의 나이 범위
   6. 모집 구역
   7. 모집 기간
   8. 응모자의 수송 방법
   9. 모집종사자(스스로 모집에 종사할 모집주를 포함하여, 이하 동일)의 본적, 주소, 이름, 나이, 직업 및 이력
   10. 각 모집종사자의 담당 모집 구역 및 모집 예정인원
   11. 모집종사자에 제공할 보상

앞 항의 신청서에는 다음의 규정한 사항을 기재한 취업 안내, 기타 모집에 관해 배

포해야 할 문서 및 모집종사자의 사진 2매를 첨부해야 한다.

1. 앞의 항 제1호에서 제3호까지의 사항
2. 단기 사업에서는 그 사업의 개시 및 종료 기일
3. 취업시간, 휴식시간, 휴일 및 야간작업에 관한 사항
4. 임금에 관한 사항
5. 숙소, 식사의 비용, 기타 일상생활에 필요한 비용의 부담에 관한 사항
6. 저금 및 가동(稼働) 장려에 관한 사항
7. 복리시설 및 보도(輔導) 방법
8. 왕복을 요하는 여비의 부담에 관한 사항(상이, 질병 또는 사망으로 인해 부형이나 기타 사람의 왕복에 요하는 여비를 포함)
9. 제재를 정할 때 이에 관한 사항
10. 고용 기간 및 해고에 관한 사항
11. 상이, 질병 또는 사망의 경우에 부조·구제에 관한 사항

제1항 단서 규정에 따라 조선총독에 제출해야 할 서류는 1910년 조선총독부령 제5호 규정에 구애받지 않고 직접 조선총독에게 제출[差出]해야 한다.

제40조 모집주는 앞의 조 제1항 제3호에서 제8호까지, 제10호 또는 제11호 사항을 변경하고자 할 때에는 변경할 사항을 구비하고, 모집종사자를 변경하고자 할 때에는 새로이 모집종사자가 되어야 할 자에 대해 앞의 조 제1항 제9호 및 제10호 사항을 구비하고 아울러 사진 2매를 첨부하여 모집지를 관할하는 도지사의 허가를 받아야 한다.

앞의 조 제2항의 문서에 변경이 있을 때에는 지체 없이 그 내용을 모집지를 관할하는 도지사에게 제출하여야 한다.

제41조 앞의 2개 조 규정에 따른 신청서 또는 서류는 응모자의 취업장 소재지를 관할하는 도지사를 경유해야 한다.

제42조 조선총독부가 노무자의 모집을 허가할 때에는 신청서 복사본을 모집지를 관할하는 도지사에게 송부해야 한다.

제43조 도지사가 노무자의 모집을 허가할 때 또는 앞 조의 신청서의 복사 송부를 받을 때

에는 양식 제14호의 모집종사자증을 모집종사자별로 작성하고 이를 사업주에 교부하여야 한다.

모집주는 모집종사자에게 모집에 종사시키고자 할 때 모집종사자증을 교부해야 한다.

모집종사자증을 멸실하거나 훼손하였을 때에는 모집주 및 모집종사자가 재교부를 신청할 수 있다.

모집종사자증의 기재사항에 변경이 발생하였을 때에는 모집주 또는 모집종사자는 지체 없이 모집종사자증을 제출하고 수정을 신청하여야 한다.

앞 2개 항의 규정에 따른 신청서에는 모집종사자의 사진 2매를 첨부해야 한다.

제44조 모집종사자가 모집에 종사할 때에는 모집종사자증을 휴대해야 하고, 응모자 또는 응모할 자 또는 보호할 자는 모집종사자에 대해 모집종사자증 제시를 요구할 수 있다.

제45조 다음 각호의 한 가지에 해당할 때 모집종사자는 지체 없이 사업주에 모집종사자증을 반납하여야 한다.

1. 모집에 종사한 것을 파기할 때
2. 모집주의 청구가 있을 때
3. 제58조 제2항 규정에 따라 모집에 종사하는 것을 금지당했을 때

모집종사자가 사망하였을 때에는 호적법 제107조 또는 조선호적령 제99조의 서류 제출의무자가 지체 없이 모집주에게 모집종사자증을 반납해야 한다.

제46조 다음 각호의 한 가지에 해당할 때 모집주는 지체 없이 모집종사자증을 교부받아 도지사에게 반납해야 한다.

1. 모집 기간을 만료하였을 때
2. 모집을 완료하였을 때
3. 모집을 폐지하였을 때
4. 모집의 허가를 취소하였을 때
5. 앞의 조 규정에 따라 모집종사자증을 반납받았을 때

제47조 모집종사자가 모집에 착수하고자 할 때에는 다음에 규정한 사항을 모집지를 관할

하는 경찰서장에게 제출해야 한다.
1. 모집종사자의 주소 및 이름
2. 모집에 종사 중인 지역 및 사무소를 세울 때에는 그 소재지
3. 해당 경찰서 관내에서 모집 종사 기간
4. 해당 경찰서 관내에서 모집 예정인원
5. 응모자의 집합소를 정할 때에는 그 소재지 및 집합 일정

앞 항의 규정에 따른 서류에는 제39조 제1항의 신청서 복사본 및 같은 조 제2항의 문서를 첨부해야 한다.

제48조 모집종사자는 응모할 자에 대해 제39조 제2항의 취업 안내를 교부하고 주요한 내용을 설명해야 한다.

제49조 제14조의 규정은 모집종사자가 미성년자, 금치산자, 준금치산자 또는 배우자를 노무자로 모집할 경우에 준용한다.

제50조 모집종사자는 다음에 규정한 행위를 할 수 없다.
1. 모집종사자증을 타인에게 양도하거나 대여하는 것
2. 모집에 관한 사항을 은폐하고 과대 또는 허위의 언사로 조롱하고 그 외 부정한 수단을 사용하는 것
3. 응모를 강요하는 것
4. 모집을 타인에게 위탁하는 것
5. 응모자를 모집종사자증에 기재한 모집주 이외의 자에게 알선하는 것
6. 금품을 주거나 대부를 조건으로 응모를 권유하는 것
7. 이미 고용 중인 자를 권유하여 응모하게 하는 것
8. 응모자, 응모하고자 하는 자 또는 보호하는 자로부터 수수료, 보수 등 어떠한 명목이든 관계 없이 금전, 기타 재물을 받는 것
9. 응모자, 응모하고자 하는 자 또는 보호하는 자에 대해 소지하는 재물의 보관을 요구하거나 또는 보관한 재물의 반환을 이유 없이 거부하는 것
10. 응모자의 외출, 통신, 면접, 기타 자유를 제한하거나 응모자에 대해 가혹한 취급을 하는 것

11. 해당 관리 또는 응모자를 보호하는 자에 대해 응모자의 소재를 은폐하거나 거짓으로 하는 것

12. 응모자 또는 응모할 자에 대해 풍속을 문란케 할 우려가 있는 행위를 하는 것

13. 응모자 또는 응모할 자에 대해 유흥을 권유하거나 안내하는 것

14. 모집에 관해 알게 된 사람의 비밀을 누설하는 것

제51조 모집종사자는 양식 제15호의 응모자 명부를 모집에 종사하는 중에 휴대한다.[52]

---

52 이하 양식 번역 수록 생략.

## 자료 117

| | |
|---|---|
| | 조선총독부 직업소개소의 명칭, 위치 및 관할구역 |
| 구분 | 조선총독부령 제8호 |
| 법령명/건명 | 조선총독부 직업소개소의 명칭, 위치 및 관할구역<br>朝鮮總督府職業紹介所ノ名稱, 位置及管轄區域 |
| 공포·개정·결정·폐지 연월일 | 공포 1940년 1월 20일 |
| 구성 | |
| 선행 규범·법령 | 조선직업소개령(1940년 1월 11일, 제령 제2호)<br>조선직업소개령 시행규칙(1940년 1월 20일, 조선총독부령 제7호) |
| 원문 일부 | ●朝鮮總督府令第八號<br>朝鮮總督府職業紹介所ノ名稱, 位置及管轄區域左ノ通定ム<br>昭和十五年一月二十日　朝鮮總督　南　次郎<br><br>名稱　位置　管轄區域<br>京城職業紹介所　京畿道京城府　京城府一圓<br>大邱職業紹介所　慶尙北道大邱府　大邱府一圓<br>釜山職業紹介所　慶尙南道釜山府　釜山府一圓<br>平壤職業紹介所　平安南道平壤府　平壤府一圓<br>新義州職業紹介所　平安北道新義州府　新義州府一圓<br>咸興職業紹介所　咸鏡南道咸興府　咸興府一圓<br>　　附則<br>本令ハ發布ノ日ヨリ之ヲ施行ス<br>一三<br><br>樣式第十六號　勞務者募集狀況屆(昭和　年　月分) |
| 주요 내용 및 특징 | ○ 경성, 부산, 대구, 신의주, 평양, 함흥 등 총 6개 직업소개소의 위치 및 관할구역 지정<br>○ 기존의 부영(府營)으로 운영하던 직업소개소를 국영으로 운영 |
| 법령 적용 범위 | 조선 |
| 관련 법령 통합·폐지 사항 | |
| 유사·파생 법령 | 조선총독부 직업소개소의 명칭, 위치 및 관할구역(1940년 12월 14일, 조선총독부령 제282호) |

조선총독부령 제8호

1940년 1월 20일

## 조선총독부 직업소개소의 명칭, 위치 및 관할구역

| 명칭 | 위치 | 관할구역 |
| --- | --- | --- |
| 경성직업소개소 | 경기도 경성부 | 경성부 일원 |
| 대구직업소개소 | 경상북도 대구부 | 대구부 일원 |
| 부산직업소개소 | 경상남도 부산부 | 부산부 일원 |
| 평양직업소개소 | 평안남도 평양부 | 평양부 일원 |
| 신의주직업소개소 | 평안북도 신의주 | 신의주 일원 |
| 함흥직업소개소 | 함경남도 함흥부 | 함흥부 일원 |

부칙

본령은 발포일로부터 시행한다.

| 자료 118 | 조선총독부 직업소개소 관제 중 개정 |
|---|---|
| 구분 | 칙령 제748호 |
| 법령명/건명 | 조선총독부 직업소개소 관제 중 개정<br>朝鮮總督府 職業紹介所 官制 中 改正 |
| 공포·개정·결정·폐지 연월일 | 공포 1940년 11월 8일 |
| 구성 | 총 1개 조, 부칙 |
| 선행 규범·법령 | 직업소개법 규정 중 개정(1938년 4월 1일, 법률 제61호)<br>조선직업소개령(1940년 1월 11일, 제령 제2호) |
| 원문 일부 | 朕朝鮮總督府職業紹介所官制中改正ノ件ヲ裁可シ玆ニ之ヲ公布セシム<br>御名 御璽<br>昭和十五年十一月八日<br>內閣總理大臣 公爵 近衞 文麿<br>拓務大臣 秋田 淸<br>勅令第七百四十八號<br>朝鮮總督府職業紹介所官制中左ノ通改正ス<br>第二條第一項中「書記 專任二十六人」ヲ「書記 專任三十四人」ニ改ム<br>附則<br>本令ハ公布ノ日ヨリ之ヲ施行ス<br>(以上 十一月 官報) |
| 주요 내용 및 특징 | ○ 정원의 증원<br>○ 서기를 26인에서 34인으로 증원 |
| 법령 적용 범위 | 조선 |
| 관련 법령 통합·폐지 사항 | |
| 유사·파생 법령 | 조선직업소개령(1940년 1월 11일, 제령 제2호)<br>조선직업소개령 시행기일의 건(1940년 1월 20일, 조선총독부령 제6호)<br>조선직업소개령 시행규칙(1940년 1월 20일, 조선총독부령 제7호)<br>조선총독부 부내 임시직원설치제 외 26칙령 중 개정(1942년 11월 1일, 칙령 제763호) |

칙령 제748호

1940년 11월 8일

## 조선총독부 직업소개소 관제 중 개정

제2조 제1항 중 '서기 전임 26인'을 '서기 전임 34인'으로 개정한다.

부칙

본령은 공포일로부터 시행한다.

(이상 11월 9일 『관보』[53])

---

53 일본 『관보』 게재일을 의미, 『조선총독부관보』는 11월 16일 자 제4147호 게재.

| 자료 119 | |
|---|---|
| 조선총독부 직업소개소의 명칭, 위치 및 관할구역 | |
| 구분 | 조선총독부령 제282호 |
| 법령명/건명 | 조선총독부 직업소개소의 명칭, 위치 및 관할구역<br>朝鮮總督府 職業紹介所ノ名稱, 位置及管轄區域 |
| 공포·개정·결정·폐지 연월일 | 공포 1940년 12월 14일 |
| 구성 | 총 1개 조, 부칙 |
| 선행 규범·법령 | 조선직업소개령(1940년 1월 11일, 제령 제2호)<br>조선직업소개령 시행규칙(1940년 1월 20일, 조선총독부령 제7호) |
| 원문 일부 | 朝鮮總督府令第二百八十二號<br>昭和十五年朝鮮總督府令第八號(朝鮮總督府職業紹介所ノ名稱, 位置及管轄區域) 中左ノ通改正ス<br>昭和十五年十二月十四日<br>朝鮮總督 南 次郎<br>京城職業紹介所ノ項ノ次ニ左ノ二項ヲ加フ<br>大田職業紹介所 忠淸南道大田府 大田府一圓<br>光州職業紹介所 全羅南道光州府 光州府一圓<br>咸興職業紹介所ノ項ノ次ニ左ノ一項ヲ加フ<br>淸津職業紹介所 咸鏡北道淸津府 淸津府一圓<br>附則<br>本令ハ昭和十五年十二月二十日ヨリ之ヲ施行ス |
| 주요 내용 및 특징 | ○ 기존의 6개 국영 직업소개소에 3개 직업소개소 추가<br>○ 대전, 광주, 청진 직업소개소의 위치 및 관할구역 명시<br>○ 총 국영 직업소개소는 9개소 |
| 법령 적용 범위 | 조선 |
| 관련 법령<br>통합·폐지 사항 | |
| 유사·파생 법령 | 조선총독부 직업소개소의 명칭, 위치 및 관할구역(1940년 1월 20일, 조선총독부령 제8호)<br>조선총독부 조선직업소개소의 명칭, 위치 및 관할구역(1943년 12월 1일, 조선총독부령 제374호) |

조선총독부령 제282호

1940년 12월 14일

### 조선총독부 직업소개소의 명칭, 위치 및 관할구역

경성직업소개소 항의 다음에 아래와 같은 2개 항을 추가한다.

| | | |
|---|---|---|
| 대전직업소개소 | 충청남도 대전부 | 대전부 일원 |
| 광주직업소개소 | 전라남도 광주부 | 광주부 일원 |

함흥직업소개소 항의 다음에 아래와 같은 1개 항을 추가한다.

| | | |
|---|---|---|
| 청진직업소개소 | 함경북도 청진부 | 청진부 일원 |

부칙

본령은 발포일로부터 시행한다.

| 자료 120 | |
|---|---|
| \multicolumn{2}{c}{조선총독부 부내 임시직원설치제 외 26칙령 중 개정} |
| 구분 | 칙령 제763호 |
| 법령명/건명 | 조선총독부 부내 임시직원설치제 외 26칙령 중 개정<br>朝鮮總督府 部內 臨時職員設置制外 26勅令 中 改正 |
| 공포·개정·결정·폐지 연월일 | 공포 1942년 11월 1일 |
| 구성 | 총 21개 조(노무동원 해당 조항 1개 조), 부칙 |
| 선행 규범·법령 | 조선총독부 직업소개소 관제(1940년 1월 19일, 칙령 제17호)<br>조선총독부 직업소개소 관제 중 개정(1940년 11월 8일, 칙령 제748호)<br>조선총독부 관제 중 개정(1942년 11월 1일, 칙령 제727호) |
| 원문 일부 | |
| 주요 내용 및 특징 | ○ 일본 정부의 '행정간소화 및 내외지 행정일원화 실시를 위한 조치'의 후속 조치<br>○ 조선총독부 부내 임시직원, 철도국, 전매국, 세관, 세무관서, 중앙시험소, 임업시험장, 수산제품검사소, 가축위생연구소, 곡물검사소, 나요양소, 지방관, 도립의원, 재판소, 보호관찰소, 학교, 직업소개소, 관세소원심사위원회, 간이생명보험심사회의 관제 개정<br>○ 각 부서별 직급 하향 및 인원 감축<br>○ 직업소개소 정원 축소 |
| 법령 적용 범위 | 조선 |
| 관련 법령 통합·폐지 사항 | |
| 유사·파생 법령 | 조선총독부 사무분장 규정 중 개정(1942년 11월 1일, 조선총독부훈령 제54호) |

칙령 제763호

1942년 11월 1일

## 조선총독부 부내 임시직원설치제 외 26칙령 중 개정

제23조 조선총독부 직업소개소 관제 중 다음과 같이 개정한다.

    제2조 제1항 중 '서기 전임 42인'을 '서기 전임 36인'으로 개정한다.

| 자료 121 | |
|---|---|
| \multicolumn{2}{c}{조선직업소개령 시행규칙 중 개정} | |
| 구분 | 조선총독부령 제139호 |
| 법령명/건명 | 조선직업소개령 시행규칙 중 개정<br>朝鮮職業紹介令 施行規則 中 改正 |
| 공포·개정·결정·폐지 연월일 | 공포 1945년 6월 13일 |
| 구성 | 총 4개 조, 부칙, 양식 |
| 선행 규범·법령 | 조선직업소개령(1940년 1월 11일, 제령 제2호)<br>조선직업소개령 시행규칙(1940년 1월 20일, 조선총독부령 제7호) |
| 원문 일부 | (원문 이미지) |
| 주요 내용 및 특징 | ○ 「국민근로동원령」 제정·공포에 따른 개정<br>○ 모집허가에 종사할 자가 갖추어야 할 신청서, 모집종사자증 발급 관련 사항 개정 |
| 법령 적용 범위 | 조선 |
| 관련 법령<br>통합·폐지 사항 | |
| 유사·파생 법령 | 조선총독부 조선직업소 관제(1940년 1월 20일, 칙령 제17호)<br>조선총독부 조선직업소개소의 명칭, 위치 및 관할구역(1940년 1월 20일, 조선총독부령 제8호)<br>조선총독부 조선직업소개소 관제 중 개정(1940년 11월 8일, 칙령 제748호)<br>조선총독부 조선직업소개소의 명칭, 위치 및 관할구역(1940년 12월 14일, 조선총독부령 제282호) |

조선총독부령 제139호

1945년 6월 13일

## 조선직업소개령 시행규칙 중 개정

제38조에 다음의 1호를 추가한다.

    3.「국민근로동원령」 제15조의 신청에 근거하여 할당받아 고입(雇入)해야 할 인원 수의 범위 내에서 모집할 것

제39조 제2항 중 '및 모집종사자의 사진 2매'를 삭제한다.

제40조 제1항 중 '또한 그 사진 2매를 첨부한다'를 삭제한다.

제43조 제5항 을 삭제한다.

양식 제14호 모집종사자증의 이면을 다음과 같이 개정한다.[54]

부칙

본령은 발포일로부터 시행한다.

---

[54] 양식 번역·수록 생략.

## 자료 122

| | |
|---|---|
| | 조선총독부 도사무분장 규정 중 개정 |
| 구분 | 조선총독부훈령 제94호 |
| 법령명/건명 | 조선총독부 도사무분장 규정 중 개정<br>朝鮮總督府 道事務分掌 規程 中 改正 |
| 공포·개정·결정·폐지 연월일 | 공포 1943년 12월 1일 |
| 구성 | 총 7개 조 개정(노무동원 업무 해당 2개 조) |
| 선행 규범·법령 | 조선총독부 관제 중 개정(1943년 11월 30일, 칙령 제890호)<br>조선총독부 사무분장 규정 중 개정(1943년 12월 1일, 조선총독부훈령 제88호) |
| 원문 일부 | (원문 이미지) |
| 주요 내용 및 특징 | ○ 도(道) 내무부, 광공부, 경찰부에 각각 총동원·군인동원·노무동원 관련 업무 배정<br>○ 내무부에 노무동원 업무를 분장 |
| 법령 적용 범위 | 조선 |
| 관련 법령 통합·폐지 사항 | |
| 유사·파생 법령 | |

Ⅳ. 노무(학생·여성) 동원 기구·조직에 관한 주요 각의결정 및 법령 등

조선총독부훈령 제94호

1943년 12월 1일

## 조선총독부 도사무분장 규정 중 개정

제2조 내무부에서는 다음의 사무를 관장한다.

    1. 신사(神社)에 관한 사항

    2. 도회(道會) 및 도 재정에 관한 사항

    3. 부(府), 군(郡), 도(島), 읍면 및 공공단체의 행정 감독 및 사찰에 관한 사항

    4. 도령(道令), 훈령, 기타 중요한 처분의 심의에 관한 사항

    5. 임시은사금 및 향교재산에 관한 사항

    6. 국민총력운동에 관한 사항

    7. 정보 및 계발, 선전에 관한 사항

    8. 교육 및 학예에 관한 사항

    9. 국민연성 및 국민근로교육에 관한 사항

    10. 사찰, 종교 및 향사(享祀)에 관한 사항

    11. 보물, 고적, 명승 및 천연기념물에 관한 사항

    12. 군사원호 및 사회사업에 관한 사항

    13. 주택대책에 관한 사항

    14. 영선에 관한 사항

    15. 회계에 관한 사항

    16. 다른 주관에 속하지 않는 사항

제4조 광공부에서는 다음의 사무를 관장한다.

    1. 광업, 공업 및 임업에 관한 사항

    2. 물자수급조정, 물가조정 및 기업 정비에 관한 사항

    3. 국유임야 및 국유미간지에 관한 사항

    4. 토목에 관한 사항

5. 노무에 관한 사항

6. 국민등록, 국민징용, 기타 국민동원에 관한 사항

| 자료 123 | |
|---|---|
| \multicolumn{2}{c}{조선총독부 도사무분장 규정 중 개정} |
| 구분 | 조선총독부훈령 제90호 |
| 법령명/건명 | 조선총독부 도사무분장 규정 중 개정<br>朝鮮總督府 道事務分掌 規程 中 改正 |
| 공포·개정·결정·폐지 연월일 | 공포 1944년 10월 15일 |
| 구성 | 총 3개 조 개정 |
| 선행 규범·법령 | |
| 원문 일부 | ●朝鮮總督府訓令第九十號<br>朝鮮總督府道事務分掌規程中左ノ通改正ス<br>昭和十九年十月十五日<br>朝鮮總督　阿部　信行<br>道知事<br>第二條第十三號ノ次ニ左ノ二號ヲ加フ<br>十三ノ二　國民登錄、國民徵用其ノ他國民勤勞動員ニ關スル事項<br>十三ノ三　國民勤勞援護ニ關スル事項<br>第四條第二號ヲ左ノ如ク改ム<br>二　削除<br>同條第五號ヲ左ノ如ク改メ同條第六號ヲ削ル<br>五　國民勤勞管理ニ關スル事項<br>第五條第四號ノ次ニ左ノ一號ヲ加フ |
| 주요 내용 및 특징 | ○ 도 업무에 국민징용, 국민등록, 국민근로동원, 국민근로원호 업무를 분장<br>○ '노무'에서 '근로'로 용어 변경 |
| 법령 적용 범위 | 조선 |
| 관련 법령 통합·폐지 사항 | |
| 유사·파생 법령 | |

조선총독부훈령 제90호

1944년 10월 15일

## 조선총독부 도사무분장 규정 중 개정

제2조 제13호 다음에 아래와 같은 2호를 추가한다.

    13-2. 국민등록, 국민징용, 기타 국민근로동원에 관한 사항

    13-3. 국민근로원호에 관한 사항

제4조 제2호를 다음과 같이 개정한다.

    2. 삭제

제4조 제5호를 다음과 같이 개정하고 제6호를 삭제한다.

    5. 국민근로관리에 관한 사항

제5조 제4호의 다음에 아래와 같은 1호를 추가한다.

    5. 물가조정 및 기업정비의 종합통제에 관한 사항

| | |
|---|---|
| 자료 124 | |
| | 부제 시행규칙 중 개정 |
| 구분 | 조선총독부령 제164호 |
| 법령명/건명 | 부제 시행규칙 등 중 개정<br>府制 施行規則 等 中 改正 |
| 공포·개정·결정·폐지 연월일 | 공포 1943년 6월 9일 |
| 구성 | 총 16개 조 개정(노무동원 업무 해당 1개 조), 부칙 |
| 선행 규범·법령 | 부제 중 개정(1943년 6월 9일, 제령 제29호) |
| 원문 일부 | (원문 이미지) |
| 주요 내용 및 특징 | ○ 1927년 조선총독부령 제39호 중 개정('경성부에서는 부윤 또는 구장'으로)<br>○ 1929년 조선총독부령 제19호 중 개정('부윤' 아래 (경성부에서는 부윤 및 구장)을 추가)<br>○ 1937년 조선총독부령 제149호 중 개정('부읍면' 아래 (경성부에서는 구)를 추가)<br>○ 1938년 조선총독부령 제171호 중 개정('부윤' 아래 (경성부에서는 구장)을 추가)<br>○ 1942년 조선총독부령 제216호 중 개정('부윤' 아래 (경성부에서는 구장)을 추가) |
| 법령 적용 범위 | 경성부 |
| 관련 법령 통합·폐지 사항 | |
| 유사·파생 법령 | |

조선총독부령 제164호

1943년 6월 9일

## 부제 시행규칙 등 중 개정

제8조 1942년 조선총독부령 제216호(국민노무수첩법의 적용을 받는 종업자 등의 호적무상증명에 관한 건) 중 다음과 같이 개정한다.

'부윤' 아래에 '(경성부에서는 구장)'을 추가한다.

## 자료 125

| | |
|---|---|
| | 경성부 사무분장 규정 |
| 구분 | 조선총독부훈령 제95호 |
| 법령명/건명 | 경성부 사무분장 규정<br>京城府 事務分掌 規程 |
| 공포·개정·결정·폐지 연월일 | 공포 1943년 12월 1일 |
| 구성 | 총 7개 조 개정(노무동원 업무 해당 3개 조) |
| 선행 규범·법령 | 조선총독부 사무분장 규정 중 개정(1943년 12월 1일, 조선총독부훈령 제88호)<br>조선총독부 도사무분장 규정 중 개정(1943년 12월 1일, 조선총독부훈령 제94호) |
| 원문 일부 | |
| 주요 내용 및 특징 | ○ 경성부에 부윤관방, 총무부, 민생부 및 공영부(公營部)를 두고 총무부, 민생부에 총동원·군인동원·노무동원 관련 업무 배정 |
| 법령 적용 범위 | 경성부 |
| 관련 법령 통합·폐지 사항 | |
| 유사·파생 법령 | |

조선총독부훈령 제95호

1943년 12월 1일

## 경성부 사무분장 규정

제1조 경성부에 부윤관방, 총무부, 민생부 및 공영부(公營部)를 둔다.

제2조 총무부에서는 다음의 사무를 관장한다.

   1. 신사(神社) 및 신사(神祠)에 관한 사항

   2. 구(區)의 감독에 관한 사항

   3. 국민총동원에 관한 사항

   4. 국민총력운동에 관한 사항

   5. 정보 및 계발, 선전에 관한 사항

   6. 부회(府會) 및 교육부회(敎育部會)에 관한 사항

   7. 부 및 특별경제의 재정에 관한 사항

   8. 국세, 도세 및 부세(府稅)에 관한 사항

   9. 예규, 훈령, 조례, 기타 중요한 처분의 심의에 관한 사항

   10. 교육 및 학예에 관한 사항

   11. 국민연성 및 국민근로교육에 관한 사항

   12. 사찰, 종교 및 향사(享祀)에 관한 사항

   13. 보물, 고적, 명승 및 천연기념물에 관한 사항

   14. 군사원호 및 사회사업에 관한 사항

   15. 도시방위에 관한 사항

   16. 병사(兵事)에 관한 사항

   17. 호적에 관한 사항

   18. 산업에 관한 사항

   19. 물자수급조정, 물가조정 및 기업 정비에 관한 사항

   20. 시장에 관한 사항

21. 도량형에 관한 사항

22. 저축장려에 관한 사항

23. 자원조사에 관한 사항

24. 다른 과 주관에 속하지 않는 사항

제4조 민생부에서는 다음의 사무를 관장한다.

1. 노무에 관한 사항

2. 국민등록, 국민징용에 관한 사항

3. 청소에 관한 사항

4. 위생에 관한 사항

5. 주택대책에 관한 사항

6. 사회사업에 관한 사항

| 자료 126 | |
|---|---|
| \multicolumn{2}{c}{경성부 사무분장 규정 중 개정} |
| 구분 | 조선총독부훈령 제91호 |
| 법령명/건명 | 경성부 사무분장 규정 중 개정<br>京城府 事務分掌 規程 中 改正 |
| 공포·개정·결정·폐지 연월일 | 공포 1944년 10월 15일 |
| 구성 | 총 1개 조 개정 |
| 선행 규범·법령 | 조선총독부 도사무분장 규정 중 개정(1944년 10월 15일, 조선총독부훈령 제90호) |
| 원문 일부 | ●朝鮮總督府訓令第九十一號<br>京畿道知事<br>京城府尹<br>京城府事務分掌規程中左ノ通改正ス<br>昭和十九年十月十五日<br>朝鮮總督 阿部 信行<br>第四條第一號及第二號ヲ左ノ如ク改ム<br>一 國民登錄、國民徵用其ノ他國民勤勞ノ勸員ニ關スル事項<br>二 國民勤勞管理及援護ニ關スル事項 |
| 주요 내용 및 특징 | ○ 조선총독부 도사무분장 규정 중 개정(1944년 10월 15일, 조선총독부훈령 제90호)에 근거<br>○ 경성부 사무분장에 국민등록, 국민징용, 국민근로 관리 및 원호 관련 업무를 분장 |
| 법령 적용 범위 | 조선 |
| 관련 법령 통합·폐지 사항 | |
| 유사·파생 법령 | |

조선총독부훈령 제91호

1944년 10월 15일

## 경성부 사무분장 규정 중 개정

제4조 제1호 및 제2호를 다음과 같이 개정한다.

    1. 국민등록, 국민징용, 기타 국민근로동원에 관한 사항

    2. 국민근로 관리 및 원호에 관한 사항

# V

## 전시동원 기구·조직 관련 신문 보도

이하에서는 일제와 조선총독부가 국가총동원법 공포 이후 조선에서 전시동원을 수행하기 위해 설치한 기구 및 조직과 관련하여 조선의 주요 신문 기사 총 85건을 발췌하여 번역·소개하고자 한다. 앞에서 살펴본 바와 같이 일본 당국과 조선총독부는 전시동원을 수행하기 위해 조선총독부 본부와 각 도부군읍면도(道府郡邑面島) 단위까지 관련 기구와 조직을 설치·운영하였다. 주요 신문 기사를 통해 관련 기구와 조직을 설치·운영하는 과정에서 일본 당국과 조선총독부가 어떠한 태도와 입장을 보였는가 하는 점과 조선 민중을 대상으로 한 프로파간다의 모습도 파악할 수 있다.

이 자료집 총 3개 장에서 번역·수록한 법령과 각의결정 등의 내용만으로는 기구와 조직을 설치하고 운영한 취지와 목적, 그리고 일제와 조선총독부의 구체적 의도를 파악하기 어려운 측면이 있다. 특히 전시동원 관련 기구 및 조직과 관계된 법령은 대부분 업무분장이나 사무분장과 관련된 규정이어서 설치의 배경이나 운영의 방향은 파악하기 어렵다.

해당 기구와 조직을 설치하고 운영하게 될 무렵 일제와 조선총독부 주요 인사들이 신문에 게재한 성명, 훈시, 훈령, 담화, 설명, 해설 등은 당시의 실정과 분위기를 생생하게 보여 준다는 점에서 유익하다고 할 수 있다. 또한 정식 기구와 조직으로 설치를 완료할 때까지 일본 정부와 조선총독부 사이에는 여러 논의 과정이 있었고, 일본 정부의 정원과 예산을 받지 못해 설치가 미루어지다가 축소되거나 다른 기구로 변경된 경우도 있다. 그러한 과정도 신문 기사를 통해 살펴볼 수 있다.

그러나 이러한 기사는 일본 당국과 조선총독부 등 당국의 일방적인 의도와 지시를 밝히는 데 그 목적이 있으며, 신문사의 편집 취지 역시 총동원체제의 엄격한 언론통제 속에서 작성된 산물임을 먼저 이해할 필요가 있다. 철저한 검열을 바탕으로 기사의 내용과 방향은 모두 천황제를 옹호하고 내선일체, 황국신민화를 지향하며 전시 총동원체제의 원활한 운용을 목적으로 한 것이었다. 또한 대부분의 총동원체제 및 강제동원 관련 기구와 조직을《조선일보》와《동아일보》등의 민간지가 폐간된 이후에 설치·운영하였으므로, 다양한 언론 기사의 모습은 찾기 어렵다. 그러한 점에서 편향적이며, 당국이 배포한 보도자료에 의거한 제한적인 기사라는 점도 주목해야 할 점이다.

이하에 번역, 수록한 기사는 조선총독부 기관지인《매일신보(每日申報)》와《경성일보(京城日報)》, 민간지인《조선일보(朝鮮日報)》의 3종이다.《조선일보》는 폐간 직전까지 보도한 관련 기사를 소개하였다. 조선총독부 기관지와 민간지의 기사를 함께 수록함으로써 독자들이 언론사별 보도 내용의 차이나 특성을 파악하는 데 도움이 되도록 하였다.

　이 자료집에는 위의 세 가지 신문 가운데 《경성일보》에서 가장 많은 기사를 번역·수록하였다. 《경성일보》 기사를 중심으로 한 이유는 네 가지이다. 첫째, 《경성일보》는 조선총독부 기관지이면서도 독자층이 일본 정부, 조선 거주 일본인, 일본에 관심을 많이 가진 조선인들이었으므로 동일한 주제라 해도 《매일신보》에 비해 심층적인 기사가 많다. 일방적으로 당국의 보도자료를 전달하는 기능은 동일했으나 《매일신보》에 비해 비교적 풍부하고 다양한 기사를 접할 수 있다. 둘째, 《경성일보》의 목록이 공개되지 않은 상황이고, 유료 사이트에서 날짜별로만 다운로드가 가능하여 기사의 접근성이 매우 취약하다는 점이다. 셋째, 《매일신보》는 이미 출간한 자료총서(김윤미 편역)와 중복되고, 넷째, 《조선일보》는 1940년 8월 폐간되어 관련 기사를 찾기 어렵기 때문이다. 《조선일보》는 조선총독부의 기구 및 조직 설치에 관한 기사를 거의 다루지 않아 기사 건수가 소수에 그친다.

　《매일신보》는 영국인 베델(Ernest Bethell)이 발행한 반일 성향의 《대한매일신보》를 일제가 강제 인수하여 조선총독부의 기관지로 만든 것이다. 《매일신보》와 《경성일보》 창간 배경에는 1906년 9월 당시 통감으로 부임한 이토 히로부미(伊藤博文)가 자리하고 있었다. 이토 히로부미는 '대한(對韓) 보호정책의 정신을 내외에 선양하고 일선융화의 대의를 창도할 것'을 내세우며 《경성일보》를 발행하였는데, 《매일신보》도 그 연장선상에서 발간된 신문이었으므로 두 신문은 동일한 성격과 배경을 가지고 있다. 이토 히로부미가 조선 통치에서 언론 정책의 중요성에 각별히 주목한 것은 바로 영국인 베델이 발행한 반일 성향의 《대한매일신보》의 영향력을 견제할 필요성을 느끼고 있었기 때문이다. 1904년에 창간한 《대한매일신보》는 국한문 신문 외에 한글판과 영문판인 《코리아데일리뉴스(The Korea Daily News)》를 발간하여 당시 조선인들 사이에서 막강한 영향력을 발휘하고 있었다.

　그러므로 통감부는 1909년 5월 1일 베델이 사망하자 그의 후임으로 《대한매일신보》 발행인이 된 영국인 만함(Alfred Manham, 萬咸)을 회유하는 공작에 힘을 기울였다. 만함이 1910년 6월 9일 신문사를 이장훈(李章薰)에게 팔고 영국으로 돌아가고 총무 양기탁이 광고를 게재하여 '자신도 신문에서 손을 떼었음'을 알리자, 《대한매일신보》의 민족지로서의 수명은 다하게 되었다.

이러한 과정을 거쳐 1910년 8월 30일 《대한매일신보》에서 '대한' 두 글자를 생략하여 연장해서 발간하는 형식으로 《매일신보(每日申報)》가 탄생하였다. 이후 대한제국 기관지이던 《대한신문(大韓新聞)》의 후신인 《한양신문(漢陽新聞)》을 병합하여 국한문판과 한글판 두 가지 신문을 발행하는 국내 유일의 한글 신문이 되었다. 1910년 12월 말에는 사옥을 《경성일보》 구내로 이전하여 《매일신보》는 《경성일보》 산하의 편집국으로 출발하게 되었다. 그러나 한글판은 1912년 3월 1일 자로 폐지하고, 국한문판 3면을 한글판으로 제작하였다.

《매일신보》를 통합한 후 《경성일보》의 책임자로는 일본 언론계의 유력인사로 《국민신문(國民新聞)》 사장인 도쿠토미 소호(德富小峯)를 임명하였다. 처음에 조선총독부는 도쿠토미에게 《매일신보》의 경영을 맡기려 했으나 "모든 신문을 일어판 《경성일보》에 집중하는 것이 좋겠다."라는 의견을 내서 통합되었다고 한다. 그러나 당시 도쿠토미는 조선에 머물 수 없는 상황이었으므로 자신은 감독에 취임하고 사장 요시노 다자에몬(吉野太左衛門)과 감사 나카무라 겐타로(中村健太郎)가 실질적인 경영을 담당한 것으로 보인다.[1]

《매일신보》는 1938년 초까지 《경성일보》와 통합 체제로 운영되다가, 1938년 3월 10일 자로 독립하고 제호도 '매일신보(每日新報)'로 변경하였다. 해방 이후 1945년 11월 11일 폐간되고 1948년 '서울신문'으로 제호를 바꾸었다. 《서울신문》은 1998년 11월부터 《대한매일》로 제호를 변경하였다가, 2004년 4월 1일 자로 다시 《서울신문》으로 변경하였다.

이렇게 창간한 《매일신보》는 35년간 발행된 일간지로 전쟁으로 물자가 부족하던 1940년대에도 중단되지 않고 발간된 유일한 국한문 일간지였다. 1920년 《조선일보》, 《동아일보》가 창간되기 전까지 유일한 국한문 신문이었지만, 조선총독부의 기관지로서 조선인에게 일제의 통치를 옹호하고 선전하는 조선총독부의 선전기관이자 식민지 언론의 전위 역할을 담당하였다.

《경성일보》는 이토 히로부미의 정책에 따라 탄생한 신문인데, 창간 당시의 과정에 대해서는 1933년 4월 27일 자 당시 총독부 정무총감 고다마 히데오(兒玉秀雄)의 기고문인 〈창간 당시의 추억〉에 잘 나타나 있다. 고다마 히데오는 이 기고문에서 "조선 국내에서 배일주의운동이 끊어지지 않고 있었는데, 그 책동의 중심이 《대한매일신보》였으므로 (중략) 그 세력을 몰

---

1 수요역사연구회, 2002, 『식민지 조선과 매일신보-1910년대』, 신서원, 15-17・19쪽.

아내기 위해 신문 창설이 필요하다고 생각하여 설립한 것이《경성일보》였다"라고 밝혔다. 초대 편집장을 지낸 마루야마 간지(丸山幹治)[2]의 구술에 의하면, 신문 창설은 물론 '경성일보'이라는 이름도 직접 붙였을 정도로 이토 히로부미의 관심이 높았다. 이토는 통감으로 부임하자마자 곧바로 신문 창설 작업에 나서서 9월 1일 창간호를 냈다. 당시에는 일본어 12항과 한글 8항의 일문과 조선어 두 언어로 발행하는 신문이었는데, 1907년 4월 21일 조선어 발행을 폐지하였다. 창간 당시《경성일보》는 야마토마치(大和町, 현재 충무로역) 부근 신축 건물에 사옥을 두었다. 1910년 사옥을 경성부 중부 포전병문(布廛屛門) 2궁가(宮街)(현재 종로2가 경운동)로 이전했다가, 1914년에 태평통 1정목 31번호(番戶)로 이전하였다. 1924년 6월 경성부 청사(현 서울도서관)로 이전했으나, 1915년에 화재가 발생하여 1916년에 동일한 장소에 개축하였다. 그러나 1923년에 다시 화재로 전소되자, 태평통 1정목 31-3번지(현재 프레스센터)로 이전하여 신사옥 공사를 착공하였다.[3]

 1908년 발행 부수가 1만 부였고, 1913년부터 조간과 석간을 발행하였으며, 1918년부터 일본 도쿄(東京)·오사카(大阪)·시모노세키(下關)에 지국을 개설하였다.

 조간과 석간을 발행하였으나 1943년까지는 조간을 석간보다 늦게 배포해서 '석간-조간'의 순서로 배포하였다. 그 이유는, 조간이 일본 본토의 기사를 전재(全載)하는 방식이었는데 일본에서 기사를 송신하는 데 시간이 걸렸기 때문이다. 그러므로 조간은 하루 전날 기사가 되었다. 또한 석간의 1면은 국제면 성격을 띠고 있어서 영국과 미국 등 구미와 중국의 정치 형세에 대한 기사로 지면을 구성하였고, 일본군의 전황을 전하는 용도로 활용하였다. 그러므로 한국사나 일본사 외에 서양사와 중국사 전공자들에게도 유용한 정보를 담고 있다.

 《경성일보》는 일문이었으므로 당연히 독자층이 조선에 거주하던 일본인이었다. 그러나 그 외에 다양한 일본 본토의 정보를 원하는 조선인이나 조선의 정보를 필요로 하는 일본 본토

---

2 1880년 나가노현 출생. 1901년 도쿄전문학교(현 와세다대학)을 졸업하고 신문《일본》의 기자로 입사한 후 다음 해《아오모리신문(青森新聞)》의 주필을 맡다가, 1904년 러일전쟁 발발하자 다시《일본》으로 복귀하여 종군기자로서 여순(旅順)에 파견되어 전투의 참상을 송신하였는데, 이를 일본군 참모부가 문제 삼아 일본에 송환되는 등 일찍부터 신예 기자로 주목받았다.《경성일보》의 제안을 받고 1906년 8월 조선에 도착하여 창간 작업에 참여하였다. 李相哲, 2009,『朝鮮における日本人經營新聞の歷史(1881~1945)』, 角川學藝出版, 101-102쪽.

3 장달수 작성,「매일신보 경성일보 관련 간략 연표(1881~1945)」, 비공개 자료(2021년 5월).

거주인들도 독자층을 형성하였다. 이는 일본 본토에 3개소의 지국을 개설한 이유이기도 하다.

이처럼《경성일보》의 독자층이 폭넓을 수 있었던 이유는 지면 구성에서 조선과 일본의 정보를 다양하게 담았기 때문이다. 조선에 거주하던 일본인을 위해서는 당시 일본 본토의 정치·사회·경제는 물론이고, 문화와 체육 관련 기사도 풍부하게 담았다. 일본인이 좋아하는 프로야구나 스모 경기 소식을 비롯하여 연예계 소식까지 볼 수 있다. 그러므로 조선 거주 일본인은 마치 일본에 있는 듯 문화적 동질성을 느낄 수 있었다. 이러한 기사는 전황이 극도로 어려워진 1943년부터는 찾을 수 없게 되었다.

조선에 거주하던 조선인에게《경성일보》는 일본 본토의 소식을 알려 주는 매체이자 조선총독부의 통치 방향을 심도 있게 보도하는 매체이기도 하였다. 동일한 사안에 대해 같은 조선총독부 기관지인《매일신보》가 당국의 보도자료를 그대로 게재하는 정도였다면,《경성일보》는 정책의 이면을 알 수 있는 기사를 실었다. 그러므로 기사 분량도 많았고, 기획기사 등도 접할 수 있었다.

또한 일본에 거주하던 일본인들은《경성일보》를 통해 조선의 동향을 잘 알 수 있었으므로 투자나 이주를 결정하는 데 도움을 받을 수 있었다. 이러한 이유로《경성일보》는 다양한 독자층을 유지할 수 있었다.

《경성일보》의 성격은 창간 당시부터 통감부가 명확히 제시하였다. 통감부의 기관지였으므로 모든 경비를 통감부가 제공하고 인사권도 통감부가 장악하였다. 초대 사장은 이토 유칸(伊東祐侃)이었으나 실권은 없었다. 이토 히로부미 통감은 마음에 들지 않는 기사가 있을 경우에는 직접 기자를 해고할 정도로 세부적으로 관여하였다. 통감부는 기사 내용에 따라 수시로 정간 처분을 내리고, 사장이나 편집진을 교체하여 통감부 기관지로서 범주를 유지하도록 하였다.[4]

이러한 통감부의 철저한 관리와 통제 아래《경성일보》는 일제강점기의 대표적인 친일 관변 매체로서 통감부와 조선총독부의 기관지 역할을 수행하였다. 이후 폐간할 때까지 독립성은 찾을 수 없었다. 1945년 8월 일본 패전 후 기관지로서 성격이 끝나고 한국인들이 운영하였으나 12월 10일 정식으로 폐간하였다.

---

4   李相哲, 『朝鮮における日本人經營新聞の歷史(1881~1945)』, 103-106쪽.

기관지로서《경성일보》의 역할은 조선통치정책의 주지 철저, 선전 및 정당화였고, 이러한 역할은 모든 지면에 반영되었다. 이 같은 제약성은 통감부나 총독부가 어떠한 언론통제정책을 채용하느냐에 따라, 그리고 대상 독자가 누구인가(일본 정부, 조선 거주 일본인, 조선인)에 따라 시기적으로 약간의 차이는 있었다. 그러나 약간의 차이가《경성일보》의 제약성을 흔드는 것은 아니었다.[5]

특히 사설은 정책선전의 역할이 핵심이었다. 사회 각 방면에 걸쳐 '문명화'에 뒤처진 조선에 '문명'을 가르쳐 주는 듯한 태도로 열등감과 수치심을 조장하고 경고와 종용, 회유와 억압을 하는 형식으로 글이 실리는 경우가 많았다. 아울러 사설과 논설은 조선총독부의 정책선전과 더불어 조선총독부에서 여론을 타진하기 위한 창구로서 기능하기도 하였다. 1938년 이후 국가총동원기에는 조선 거주 일본인의 협력과 분발을 촉구하는 방향성을 명확히 하였고, 이를 위해 조선인의 분발과 협력 사례를 중점 보도하기도 하였다.

이같이 세 가지 신문에서 발췌한 기사의 시기와 내용은 1938년 국가총동원법 공포 이후 군인·군무원·노무자(여성과 학생 포함) 동원을 위해 일본 당국과 조선총독부가 설치·운영한 기구 및 조직에 관한 주요 기사이다. 설치 이전부터 설치 및 운영에 관해 당국과 조선총독부가 어떠한 목적을 가지고 있었는가를 알 수 있는 기사를 중심으로 수록하였다. 경제경찰과 직업소개소 등 조선총독부가 운영한 조직은 물론, 조선노무협회와 같이 조선총독부 노무과가 설치·운영한 관변단체 설립과 관련한 기사도 수록하였다. 만선척식주식회사와 같이 일본이 법령에 따라 설립한 회사로서 조선인의 만주 지역 동원을 전담한 회사와 관련된 기사도 포함하였다.[6]

---

5 시기별 논조의 차이에 대해서는 森山茂德, 1993, 「現地新聞と總督政治-京城日報について-」(『近代日本と植民地』 7, 岩波書店) 참조.
6 만주 지역 조선인 동원과 관련하여 그 과정을 시기별로 간략하게 살펴보면, 다음과 같다.
1934년 10월 30일: 일본 각의, 조선인이주대책의 건 결정(조선인의 일본 도항을 저지하고 조선 남부 지방의 농민을 대상으로 조선총독부의 통제 아래 조선 북부와 만주로 대량 이민 실시 결정. 만주척식주식회사와 만선척식주식회사 설립의 배경). 각의, 조선인이주대책요목 의결(일본 정부 차원에서 최초로 수립한 조선인 도일, 일본 거주 조선인에 대한 방책).
1935년 4월 6일: 조선총독부·일본 척무성, 80만 조선 농민의 만주 이민 원안 결정.
1937년 3월 10일: 조선총독부가 주관하는 제1차 간도이민 1만 1,900명 출발.
1937년 7월 15일: 만주개척청년의용대 운영을 위한 청년훈련소안·청년농민훈련소창설요강안 확정(일반 개척단을 보완하는 형태로 준전투요원이자 둔전병 역할 담당, 일본인 대상. 8월 2일 만주개척공사가 설립되어 운영을 담당. 11월 30일 각의, 척무성이 제출한 만주에 대한 청년이민송출에 관한 건 승인, 개척청년의용대 제도 실현. 1939년 12월 22일 각의결정, 만주개척정책기본요강에 의해 1940년부터 심상소학교 과정을 종료한 16~19세 조선인도 대상).

이들 기사에서 주목할 만한 내용을 보면, 국가총동원체제 운영을 주관하는 기획부와 노무동원 업무를 전담하는 노무과, 인적·물적자원의 원활한 운영을 위한 경제경찰, 광산부에 대한 당국의 관심이 매우 높았다는 점이다. 그러나 높은 관심에도 불구하고 기획부는 설치 논의부터 설치까지 1년 이상이 걸렸고, 이후 실효성 있는 운용까지 다시 1년 이상의 기간이 필요하였다. 증원을 위한 대장성의 예산을 확보하지 못하였기 때문이다. 《경성일보》가 기획부 설치 기사를 처음 보도한 것이 1938년 11월 3일(〈기획부를 신설, 전시체제의 정비에 당면해〉)이었으나 실제 설립한 시기는 1939년 11월 25일이었고, 그간 설립 예정 기사는 7건이나 되었다.

《경성일보》 기사는 조선총독부가 1939년부터 설치하고자 했던 광산국이 1943년 12월 광공국으로 설치되는 과정도 보여 준다. 광산부 설치 논의는 1939년 7월 12일부터 시작되었는데, 1940년 9월 17일 자 기사에서는 〈일반행정관계상 본부, 광산국의 설치, 신중한 검토가 필요〉라는 제목의 기사로 바뀌었다. 1941년 6월 15일 자에 다시 광산부 설치 관련 기사가 나타나는데, "국 신설에 수반한 예산은 이미 제76회 의회를 통과"하였다는 기사를 통해 확정적인 듯 보고하였다. 확정적인 보도는 1941년 10월 11일 자에서도 마찬가지였다. 기사 제목도 〈후생국과 광산부 드디어 실현하기로 결정〉이고, 기사 내용도 동일한 문투였다. 이 기사에 실은 오노 로쿠이치로(大野緑一郎) 정무총감의 발언도 "확실하게는 말할 수 없지만 대체로 괜찮다고 생각한다."라는 긍정적인 방향이었다. 그러나 2주 후인 10월 25일 기사는 "별도의 부(部)가 아닌 후생과로 변경"하는 것으로 축소되었다가 1943년 12월 1일 자로 광산국으로 출범하게 되었다. 광산부에서 광산국으로의 전환은 승격이므로 조선총독부의 처음 계획보다 진전된 모습이지만, 소요된 기간은 무려 4년이었다.

경제경찰제도는 일본과 거의 같은 시기에 논의를 시작하여 설치 시기도 큰 차이를 보이지 않는다. 그러나 경제경찰제도의 필요성을 절감했음에도 대장성이 예산을 크게 삭감하면

---

1937년 11월 30일: 일본 각의, 만주에 대한 청년이민송출에 관한 건 승인, 척무성 제출. 만주개척청년의용대 제도 실현. 1940년부터 심상소학교 과정을 종료한 16~19세 조선인도 대상에 포함. 강원도 소재 세포(洗浦) 훈련소(1개월) → 일본 시즈오카현 소재 우치하라(内原)훈련소(2개월) → 만주 대훈련소(1년) → 만주 소훈련소(2년) 등 3년 3개월의 훈련을 거쳐 개척단으로 배치하는 계획.
1938년 1월 21일: 강원도 평강군 고삽면 세포리에 만주개척 중견인물 양성을 위한 세포이민훈련소 개소(청장년 105명 수용).
1939년 2월 22일: 조선총독부훈령 제9호, 「조선총독부 이민위원회 규정」 공포(2월 23일 조선총독부 이민위원회, 조선총독부 본부에 설치. 8월 31일 일부 개정).

서 매우 부실한 기구로 출발하게 되었다. 조선의 경제경찰제도 논의가 1938년 7월 12일에 처음 보도된 후 11월 9일에 설치되었으니 논의에서 설치에 이르는 기간은 길지 않았다. 그러나 1938년 11월 5일 공포한 제도는 독립된 과가 아니라 경무국 경무과의 경제경찰계로 출범하도록 한 것이었다. 도 단위에서는 경기도에만 경제경찰과를 설치하고 다른 도는 보안과 내에 계(係)를 두는 정도였다. 다만 전 조선의 254개 경찰서에 전임 경찰관 561명을 두는 것으로 보완하였다. 또한 《경성일보》 기사에서는 「경제경찰령」이나 「경제경찰법」이라는 용어를 사용하여 마치 경제경찰제도를 근거로 하는 별도의 법령이 있는 듯 기술하였다.[7] 그러나 일제는 별도의 법령을 제정하지 않고, 1938년 11월 12일 자 「조선총독부 사무분장 규정 중 개정」(조선총독부훈령 제67호)으로 근거를 삼았다.

조선총독부 조선직업소개소의 경우에도 언론 보도에서는 '노무수급의 만전을 기할 수 있는' 기구의 탄생으로 표현했으나 현실에서는 업무 수행에 필요한 최소한의 정원을 배분받지 못해 개점휴업 상태를 벗어나지 못하였다.[8]

이 같은 사례는 일본 당국이 총동원전쟁 수행 과정에서 '대륙전진병참기지' 운운하면서 조선의 중요성을 인정하면서도 예산의 배분이라는 점에서 이에 우선순위를 부여하지 않고 있었다는 모순을 함께 보여 준다. 이러한 모순은 일본 당국이 전쟁 수행과정 중 식민지 조선의 역할에 대한 인식의 단면을 보여 줌과 함께 조선총독부의 조선 민중을 상대로 한 인적·물적 자원 수탈의 심각성이 수반될 수밖에 없었음을 보여 주는 사례다.

《매일신보》의 노무과 설치 관련 기사에서는 조선이 동원 현장임을 명시하는 문장이 있다. 1940년 7월 29일 자 노무과 설치 예정 기사에서 1940년도 노무동원계획에 관한 동원 규모를 115만 명(일본, 조선, 대만, 만주 등에서 동원할 인력)으로 발표하고 9월부터 이 동원계획을 실시한다고 언급했는데, "특히 잉여 노동력이 많다고 하는 조선도 상당한 수량을 동원해서 내지와 조선에 각 노동력을 제공하게" 된다고 밝혔다.[9] 일본과 조선도 조선인이 동원되어야 할 대상지

---

7 〈경제경찰령 및 석유규정을 실시〉, 《경성일보》 1938년 9월 11일 자, 석간 1면 5단; 〈경제경찰법 5일 공포 실시〉, 《경성일보》 1938년 11월 3일 자, 석간 1면 11단.
8 1938년에 설립한 일본의 직업소개소는 전국 384개소에 직원이 3,079명이었다. 그에 비해 조선의 직업소개소는 1940년 「조선직업소개소 관제」에 따르면 174명에 그치는 수준이었고, 부읍면에는 설치하지도 않았으므로 명목상의 조직으로 존재하였다. 도노무라 마사루(外村大) 지음, 김철 옮김, 『조선인 강제연행』, 53·65쪽.
9 〈본부에 노무과를 신설〉, 《매일신보》 1940년 7월 29일 자, 석간 2면 1단.

역임을 명시한 것이다.

제V장에서 일본어 신문의 경우는 국문으로 번역하였으며, 《조선일보》와 《매일신보》처럼 국한문 혼용인 신문의 경우에는 현대어로 번역하였다. 번역할 때 현대 국문의 문법과 문체와 다소 맞지 않더라도 법령과 각의 등에서 결정된 주요 용어와 상투적 표현을 되도록 그대로 유지하였고, 공식적인 용어와 표현이 아닌 경우 또는 어려운 한자와 일본어 원문은 되도록 쉽고 익숙한 용어와 표현으로 풀어쓰고자 하였다. '반도'나 '지나사변', '내지', '소화 13년' 등은 '조선[半島]', '중일전쟁[支那事變]', '일본[內地]', '1938년(昭和13)'으로 원문을 병기하였다.

제V장에 수록한 신문 기사 목록은 다음과 같다.

### [표 1] 신문 기사 목록[10]

| 번호 | 기사 제목 | 신문 | 게재 연월일 | 구분 |
|---|---|---|---|---|
| 127 | 기획부를 신설, 전시체제의 정비에 당면해, 본부의 기구 개혁 내년 봄 실시하나 | 경성일보 | 1938. 11. 3. | 총동원체제 |
| 128 | 확충 후 본부의 신기구, 폐합으로 12과 신설 | 경성일보 | 1938. 11. 19. | |
| 129 | 기획부 신설 머지 않아 실시, 호즈미(穗積) 식산국장 | 경성일보 | 1939. 9. 11. | |
| 130 | 기획부의 새 설치 머지않아 각의에서 결정, 관제 이달 말까지 공포 | 경성일보 | 1939. 11. 15. | |
| 131 | 본부에 조사과 신설 | 경성일보 | 1939. 11. 16. | |
| 132 | 본부에 기획부 신설 | 경성일보 | 1939. 11. 21. | |
| 133 | 신설의 기획부 관제 25일 공포, 즉일 실시 | 경성일보 | 1939. 11. 22. | |
| 134 | 기획부 관제 오는 25일에 공포 | 조선일보 | 1939. 11. 22. | |
| 135 | 기획부 관제안 추밀원 본회의에 상정 가결 | 경성일보 | 1939. 11. 23. | |
| 136 | 본부 기획부 관제 오늘 공포, 총동원계획에 획기적 의의 | 경성일보 | 1939. 11. 30. | |
| 137 | 총동원 기구 확충차 기획부를 신설-오노(大野) 정무총감 담화 | 조선일보 | 1939. 11. 30. | |
| 138 | 총동원 사무 확대에 따라 기획부에 1과 신설, 초대 과장은 야스다(安田) 연료과장이 겸임 | 경성일보 | 1940. 7. 2. | |
| 139 | 총독부 기구의 개혁 완성, 식산국 기획부를 개조, 후생·사정 양국 신설, 내무국 외사부는 폐지 | 경성일보 | 1941. 11. 19. | |

---

10 판독 불가로 근로동원원호회 관련 기사 4건(1944년 8월 13일; 8월 19일; 9월 5일; 9월 6일 자)은 번역·수록하지 못함.

| 140 | 반도 신체제에 즉응 국민총력과 신설, 물적 농진운동을 관할 | 경성일보 | 1940. 10. 16. | |
| 141 | 행정간소화실시안 발표, 중앙과 지방을 통해 칙임 3할 감축 | 경성일보 | 1942. 7. 29. | |
| 142 | 조선 행정간소화안 발표, 후생국·기획부를 폐지, 중앙·지방을 통틀어 감원 1만 2천, 10월 1일 일제 발령 | 경성일보 | 1942. 8. 22. | |
| 143 | 행정기구 중점 재편, 청신 통리의 전개로, 9월 중순 본부 대이동을 단행 | 경성일보 | 1942. 8. 25. | |
| 144 | 총독부 기구 개정 단행, 새로운 총무국을 설치, 후생국 기획부는 폐지, 오늘 공포 즉일 실시 | 경성일보 | 1942. 11. 1. | |
| 145 | 총독부의 기구 개혁, 총무국 신설의 의의 크다 | 경성일보 | 1942. 11. 1. | |
| 146 | 반도 행정기구 개혁 완성, 광공·농상 2국도 신설, 총무 등 6국 폐지 | 경성일보 | 1943. 10. 20. | |
| 147 | 총독부 새 기구 오늘 실시, 말단행정의 강화 단행, 3국을 신설, 5국을 폐지 | 경성일보 | 1943. 12. 1. | |
| 148 | 반도 방공에 철통의 진, 1일 자 발령, 공습에 대비해 방위총본부 설치, 본부장에 정무총감 | 경성일보 | 1944. 2. 2. | |
| 149 | 전 반도 황국호지로 총궐기, 국민의용대조직요강 발표되다-지역·직역의 양 조직, 화급시에는 전투대로, 연맹 등은 해소·합류, 본부에 조선총사령부, 핵심적 활동을 기대, 전 직원 직임을 사수 | 경성일보 | 1945. 6. 17. | |
| 150 | 국민의용대 조선총사령부 결성, 철벽진 이루다, 총사령에 엔도(遠藤) 정무총감 | 경성일보 | 1945. 7. 8. | |
| 151 | 조선에도 경제경찰, 약 3백 명의 경찰관 증원 | 경성일보 | 1938. 7. 12. | |
| 152 | 경제경찰제도 창설비, 대장성에서 대삭감 | 경성일보 | 1938. 7. 22. | |
| 153 | 경제경찰령 및 석유규정을 실시 | 경성일보 | 1938. 9. 11. | |
| 154 | 조선의 경제경찰 드디어 다음 달 개시 | 경성일보 | 1938. 9. 28. | |
| 155 | 경제경찰법 5일 공포 실시 | 경성일보 | 1938. 11. 3. | |
| 156 | 경제경찰제도 공포는 9일 | 경성일보 | 1938. 11. 6. | |
| 157 | 조선경제경찰령 오늘 공포 즉일 실시 | 경성일보 | 1938. 11. 10. | |
| 158 | 전 조선 경경진(經警陳)의 강력 재편제를 단행, 총독부 각 도에 독립 과를 신설 | 경성일보 | 1939. 12. 21. | |
| 159 | 총독부에 1과 위시, 전 조선 각 도에 경제경찰과, 1월 중순경 일제히 설치 | 조선일보 | 1939. 12. 21. | |
| 160 | 경제경찰 확충-미하시(三橋) 경무국장 담화 | 경성일보 | 1940. 2. 4. | |
| 161 | 반도 경제경찰제의 중추, 경기도 경제경찰과 드디어 활동 개시 | 경성일보 | 1938. 11. 10. | |
| 162 | 시국총동원과 신설 | 경성일보 | 1938. 7. 21. | |

| | | | |
|---|---|---|---|
| 163 | 총동원과를 폐지하고 국민총력과 신설 | 경성일보 | 1940. 10. 30. |
| 164 | 국민총력과 신설, 경성부 신체제를 이루다 | 경성일보 | 1940. 11. 3. |
| 165 | 부(府)에 총력과 신설 | 경성일보 | 1941. 1. 14. |
| 166 | 조선군도 새 직제, 내지의 4군관구 설치와 함께 | 경성일보 | 1940. 7. 14. |
| 167 | 징병제 시행에 대응, 준비위원회 기구 확충, 정보과 발표 | 경성일보 | 1942. 9. 16. |
| 168 | 각 도에 수송보안과, 경기·경남·평남·함북에 병사과, 도 경찰부 기구 개혁 | 경성일보 | 1944. 6. 21. |
| 169 | 경기·평남·경북에 학무부를 신설, 현재 심의 중 | 경성일보 | 1938. 6. 1. |
| 170 | 드디어 광산국 설치, 식산국의 방침 결정, 내년도 예산에 소요경비 요구 | 경성일보 | 1939. 7. 12. |
| 171 | 일반행정 관계상 본부 광산국의 설치는 신중한 검토가 필요 | 경성일보 | 1940. 9. 17. |
| 172 | 본부에 노무과를 신설, 노동력[勞力] 총동원에 만전, 국책사업에 인적자원을 공급 | 매일신보 | 1940. 7. 29. |
| 173 | 국가총동원법의 운용범위 확대, 노무자 조정에 복음 | | |
| 174 | 본부 노무과 설치, 내년도 예산 요구 | 경성일보 | 1940. 10. 29. |
| 175 | 총독부에 후생국, 내년도부터 실현 | 경성일보 | 1940. 11. 1. |
| 176 | 후생국에 5과, 국민체육법은 1942년부터 | 경성일보 | 1941. 1. 14. |
| 177 | 노무과 신설, 4월 초에는 드디어 실현 | 경성일보 | 1941. 2. 22. |
| 178 | 내무국에 노무과 신설, 초대 과장에 하야시(林) 사회과장 기용 | 경성일보 | 1941. 3. 15. |
| 179 | 노무행정의 약진-고타키(上瀧) 내무국장 담화 | | |
| 180 | 지하자원의 대갱광, 총독부 기구 개혁 2부국의 신설, 법제국과 절충 진행 | 경성일보 | 1941. 6. 15. |
| 181 | 후생국과 광산부 드디어 실현하기로 결정 | 경성일보 | 1941. 10. 11. |
| 182 | 광산부에 대신해 관계 3과를 신설, 칙임 사무관을 두고, 후생국은 원안대로 통과 실현 | 경성일보 | 1941. 10. 25. |
| 183 | 조선총독부 관제 중 개정의 건 전원일치 가결, 오늘 추밀원 본회의 | 경성일보 | 1941. 11. 13. |
| 184 | 근로동원본부를 총독부와 각 도에 설치, 본부장에 정무총감, 광공국에 3과 | 경성일보 | 1944. 10. 15. |
| 185 | 본부와 도에 근로동원본부, 행정기구 강화, 동원태세 전면 쇄신 15일 실시 | 매일신보 | 1944. 10. 15. |
| 186 | 총독부와 각 도에 학도동원본부, 학교별 동원기준 결정, 조선총독부 학도동원본부 규정, 본부장 정무총감 | 경성일보 | 1944. 4. 28. |
| 187 | 중앙지도본부 설치, 학도동원에 만전의 태세 | 경성일보 | 1943. 6. 27. |
| 188 | 6직업소개소를 국영으로 이관, '노동소개소'로 개칭 | 경성일보 | 1939. 1. 22. |

| 189 | 6소개소를 국영 이관 7월 1일부터 실시 | 경성일보 | 1939. 2. 4. | |
| 190 | 부영 직업소개소 우선 6개소 국영으로 | 경성일보 | 1939. 11. 24. | |
| 191 | 직업소개령 오는 12월 중 공포, 노무취직으로 부임시는 부읍면에서 여비를 선대(先貸) | 조선일보 | 1939. 11. 26. | |
| 192 | 전 조선 직업소개소 드디어 국영 이관 실시, 11일 제령 공포 | 경성일보 | 1940. 1. 12. | |
| 193 | 조선직업소개소령 실시에 대해, 오다케(大竹) 내무국장 담화를 발표, 산업전사 조정으로 | 경성일보 | 1940. 1. 23. | |
| 194 | 조선노무협회 설립, 첫 사업은 알선지도자 양성, 유휴노동력 활용에 만전책 | 경성일보 | 1941. 3. 14. | |
| 195 | 노무협회를 신설하고 노동력 활용에 만전, 각 도에 지부 월말까지 탄생 | 경성일보 | 1941. 6. 11. | |
| 196 | 조선노무협회 탄생, 회장은 총감, 총독부에 본부 설치, 오늘 창립총회를 개최 | 경성일보 | 1941. 6. 29. | |
| 197 | 노무협회 오늘 창립, 노무 수급의 적정을 기도 | | | |
| 198 | 교양과 훈련을 강화코자 노무자들 동원 관리, 지도의 총본영 노무협회 결성 | 매일신보 | 1941. 6. 29. | |
| 199 | 젊은 생산확충 전사의 훈련소를 설치 | 경성일보 | 1941. 7. 5. | |
| 200 | 선만척식훈련소, 강원도 세포에 오늘 개소식을 거행, 미나미(南) 총독 훈시[告辭] | 경성일보 | 1938. 7. 29. | |
| 201 | 만주 개척 지원자 훈련소를 머지않아 국영으로 이관, 오는 5일에 관제 공포 | 경성일보 | 1940. 6. 4. | |
| 202 | 만척과 선척 합병, 오늘 가조인식 | 경성일보 | 1941. 4. 2. | |
| 203 | 경북에 이민훈련소, 곤란을 극복하고 설치 | 경성일보 | 1939. 8. 7. | |
| 204 | 4도에 산업부를 신설, 황해·전북·강원·함남·평남·평북 6도에서 | 경성일보 | 1938. 2. 5. | |
| 205 | 평남 외 5도에 산업부 신설 | 경성일보 | 1938. 2. 19. | |
| 206 | 각 도에 산업부 설치 | 경성일보 | 1938. 3. 29. | |
| 207 | 도 산업부의 신설 드디어 실현, 행정기구도 개혁 | 경성일보 | 1938. 4. 15. | |
| 208 | 사회과 독립, 인천부회 무사 가결 | 경성일보 | 1938. 7. 7. | |
| 209 | 군(郡)의 기구를 쇄신, 서무를 폐하고 권업진을 강화, 황해도 당국의 영단 | 경성일보 | 1940. 7. 14. | |
| 210 | 총력운동의 강화로 군의 기구 개혁, 서무과 폐지, 권업과 신설 | 경성일보 | 1940. 12. 22. | |
| 211 | 각 도에 노무관 설치, 근로관리를 쇄신 강화, 조만간 통첩 | 경성일보 | 1943. 7. 23. | |

> **자료 127**

## 기획부를 신설, 전시체제의 정비에 당면해, 본부의 기구 개혁 내년 봄 실시하나

《경성일보》 1938년 11월 3일 / 구분: 기획부(예정 기사)

병참기지로서 조선[半島]의 발걸음에 호응하여 본부에서는 여러 종류의 시정을 시행해 왔는데, 내년 4월부터는 행정기구 일부를 개혁하여, 각 방면에 적극적으로 나서기로 하였다. 그 하나는 본부(조선총독부[11]) 내 기획부 신설로, 부장으로는 칙임관을 두고 그 아래에는 현재 식산국의 물자조정과와 총독관방의 자원과와 새로이 기획과를 설치해 전시하에 어울리는 체제 정비에 임할 예정이다.

---

11  《경성일보》에는 '본부'로 사용했으나 번역문에서는 모두 조선총독부로 기재.

자료 128

확충 후 본부의 신기구, 폐합으로 12과 신설

《경성일보》 1938년 11월 19일 / 구분: 예정 기사

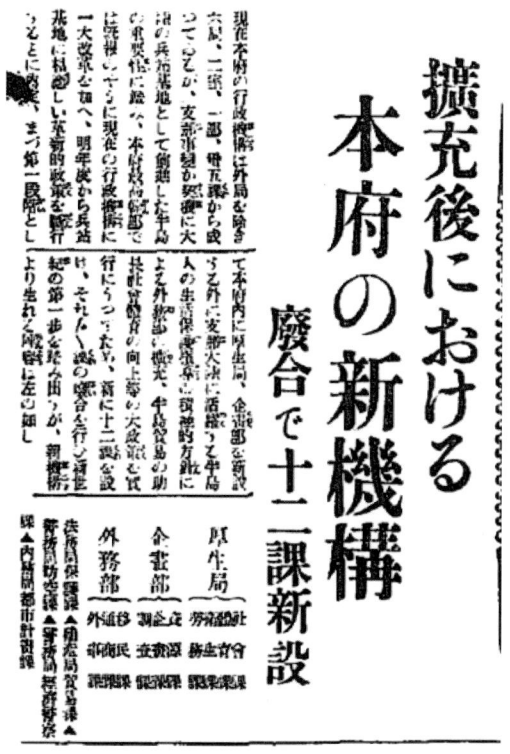

　현재 조선총독부의 행정기구는 외국(外局)을 빼고 6국, 2실(室), 1부, 35과로 구성되어 있는데, 중일전쟁[支那事變]을 계기로 대륙의 병참기지로서 전진한 조선[半島]의 중요성에 비춰, 조선총독부 최고 간부들은 이미 보도한 바와 같이 현재 행정기구에 일대 개혁을 가하여, 내년도부터 병참기지에 어울리는 혁신적 정책을 단행하기로 내정하고, 먼저 제1단계로서 조선총독부 내에 후생국과 기획부를 신설하는 것 외에 중국[支那] 대륙에서 활약하는 조선인[半島人]의 생활 보호·지도의 적극적 방침에 따라 외무부의 확충, 조선[半島] 무역의 조장, 사회 체육

의 향상 등의 대정책을 실행으로 옮기기 위하여, 새로이 12과를 설치하고 각 과의 폐합을 실시하여 신세기의 제일보를 내딛었는데, 새 기구로 생길 진용은 다음과 같다.

　후생국-사회과, 체육과, 위생과, 노무과

　기획부-자원과, 기획과, 조사과

　외무부-이민과, 통상과, 외사과

　법무국 보호과 ▲식산국 무역과 ▲경무국 방공과(防空課) ▲경무국 경제경찰과 ▲내무국 도시계획과

[자료 129]

## 기획부 신설 머지 않아 실시, 호즈미(穗積) 식산국장

《경성일보》 1939년 9월 11일 / 구분: 기획부(예정 기사)

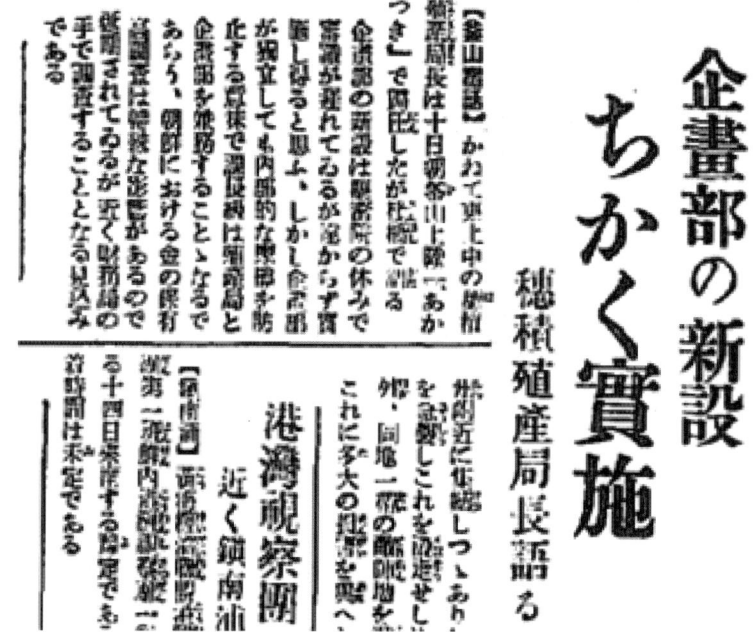

 도쿄에 상경[東上] 중인 호즈미(穗積) 식산국장은 10일 아침, 부산에 상륙해 '아카쓰키'로 귀임하였는데, 전화로 말하기를 "기획부의 신설은 추밀원의 휴무로 심의가 늦어지고 있는데, 머잖아 실시될 것이라 생각한다. 그러나 기획부가 독립하여도 내부적인 소요를 방지하는 의미로 과장급은 식산국과 기획부를 겸임하는 것이 될 것이다. 조선에서 금(金)의 보유고 조사는 특수한 영향이 있으므로 연기되고 있는데, 머잖아 재무국의 손으로 조사하게 될 전망이다"라고 하였다.

자료 130

## 기획부의 새 설치 머지않아 각의에서 결정, 관제 이달 말까지 공포

《경성일보》 1939년 11월 15일 / 구분: 기획부(예정 기사)

　기획부 설치에 관한 조선총독부 관제 개정에 대해서는 니시오카(西岡) 심의 수석사무관이 계속 법제국과 절충 중인바, 이번에 곧 심의를 종료하고, 머지않아 각의에서 결정하게 되었다. 기획부에는 현재[現任] 식산국에 속한 자원과와 물자조정과 두 과(課)를 종합하여 기획원의 편성에 대응하여 3과제를 채용, 제1과는 총무 관계의 업무를 행하고, 제2과, 제3과는 철, 고무와 같이 종류별에 따라 각 과의 업무 범위로 하도록 하여, 이에 따라 전시물자 가운데 물(物)의 경제를 담당토록 하고 아울러 시국 하 중요산업의 진로 조정에도 참고하려 하는 것이다. 그러나 이 관제 개정은 각의결정 후 추밀원의 자문[諮詢]을 거쳐서 공포되는 관계로 추밀원 상황에 따라 공포가 연기될 수도 있으나, 대체로 이달 말까지는 공포하고, 드디어 12월이 되면 실시될 것으로 보인다. 또 기획부 설치 후에는 광산과, 상공과, 연료과 등과 밀접한 연락을 필요로 하므로, 기획부 관리의 인선에 대해 조선총독부 수뇌부들은 이들 각 과의 사무관을 가능한 겸임하도록 하여 대립 감정을 일으키는 것을 방지하고 아울러 사무의 연락화를 도모할 방침을 취한다고 한다.

자료 131

본부에 조사과 신설

《경성일보》1939년 11월 16일 / 구분: 조사과(예정 기사)

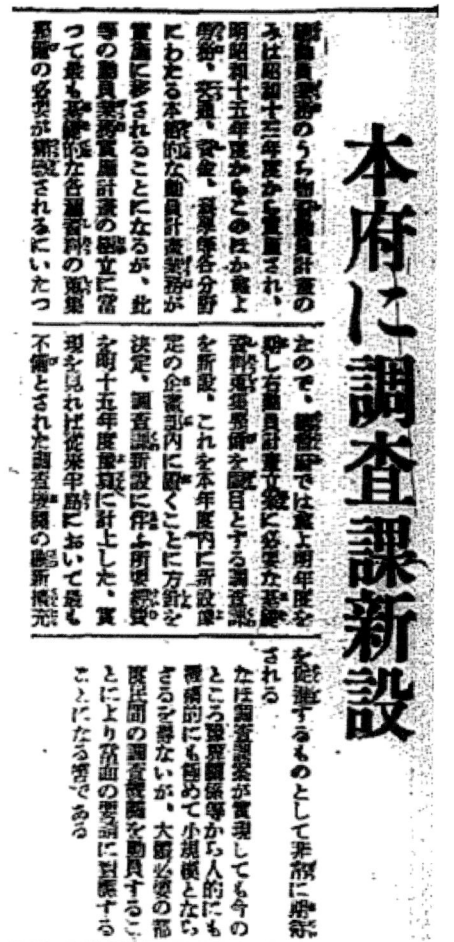

총동원 업무 가운데 물자동원계획만은 1938년도(昭和13)부터 실시되어, 1940년도(昭和15)부터 드디어 노무, 교통, 자금, 과학 등 각 분야에 걸친 본격적인 동원계획 업무가 실시되게 되었는데, 이들 동원업무 실시 계획의 수립에 있어 가장 기초적인 각종 자료 수집[蒐集] 정비의 필요를 통감하게 되어, 총독부에서는 마침내 내년도를 기하여 동원계획 입안에 밀접한 기초자료 수집 정비를 안목으로 하는 조사과를 신설하여 이를 금년도 내에 신설 예정인 기획부 내에 두는 것으로 방침을 결정, 조사과 신설에 수반한 소요 경비를 내년[明] 1940년도[12] 예산에 계상하였다. 실현을 보게 된다면, 종래 조선[半島]에서 가장 갖추지 못한[不備] 조사기관의 쇄신·확충을 촉진하는 것으로서 크게 기대된다.

또 조사과안(案)이 실현되어도 지금 예산 관계 등으로 인해 인적으로나 구조적으로 극히 소규모가 되지 않을 수 없는데, 대체로 필요할 때마다 민간의 조사기관을 동원하는 것으로써 당면의 요청에 대응하게 될 것이다.

---

12  원문은 '一五年度', 소화 15년(1940)을 의미.

자료 132

## 본부에 기획부 신설

《경성일보》 1939년 11월 21일 / 구분: 기획부

조선총독부에서는 시국에 수반한 건설 사무의 비약적 확장에 대처하고 기구 확충을 도모하며 특히 조선총독부 내에 총동원 관계 사무의 강화를 기하고자, 기획부를 설치하기 위해 내각을 통하여 1. 조선총독부 기획부 임시 설치 관제안을 추밀원[樞府]에 자문 중인바, 심사(審査)를 완료하고 22일 추밀원 본회의에 상정해 가결을 보게 되었다.

기획부는 부장(칙임) 이하 사무관, 기사, 이사관 등 수십 명으로 12월 중순 관제 공포와 함께 설치 예정이다. 이 설치에 수반하는 경비는 이미 금년도 예산에 계상되어 있다.

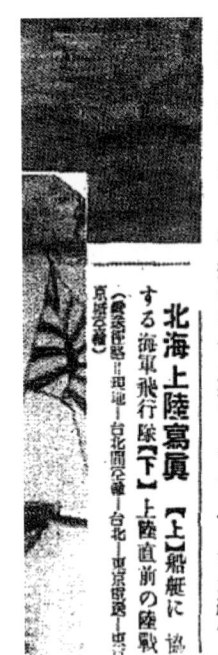

자료 133

## 신설의 기획부 관제 25일 공포, 즉일 실시

《경성일보》 1939년 11월 22일 / 구분: 기획부

총독부의 기획부 관제는 오는 25일 공포 즉일 실시의 모양이다. 그리고 초대 부장(칙임)은 현 심의(審議) 수석사무관 니시오카 요시지로(西岡芳次郎) 씨를 임명해 관제 공포와 동시에 발령할 터인데, 부(部)에 설치되는 제1과장에는 자원과장 단게 이쿠타로(舟下郁太郎) 씨의 겸임, 제2과장에는 현 척무성 총무과장 와타나베 리쓰로(渡部肆郎) 씨 신임, 제3과장에는 현 상공과장 이사카 게이이치로(井坂圭一郎) 씨의 겸임으로 보고 있다. 각 과의 소관 사항은 다음과 같다.

제1과(총무): 평전시(平戰時)에 조선 내 종합국력의 충실 운용에 관한 방책 및 예산 관계, 국가총동원계획 등
제2과: 자금, 특수광물, 석탄, 기타 연료 자원 등의 생산확충 계획 및 이에 수반되는 인적·물적 조정계획 등
제3과: 식의(食醫), 섬유(纖維), 약품 등의 생산확충, 계획 및 이에 수반하는 인적·물적 조정계획 등

| 자료 134 |
|---|

## 기획부 관제 오는 25일에 공포

《조선일보》 1939년 11월 22일 / 구분: 기획부

총독부의 기획부 신설에 관한 관제안은 오는 22일 추밀원 본회의에 부의해 가결을 보기로 되었는데, 이 안은 오는 24일 정례 각의에서 정식으로 결정한 후 25일에 공포하고 당일에 시행할 예정이다. 그런데 기획부 신설에 따른 초대 부장(칙임)은 현재 심의실 수석사무관 니시오카 요시지로(西岡芳次郞) 씨를 임명하고 기획부 관제 공포와 동시에 발령될 터이다. 기획부를 신설한 결과 관방자원과와 식산국 물자조정과는 자연히 소멸되는 형식으로 기획부에 편입되어 제1과, 제2과, 제3과가 설치되고 부장 이하 사무관 9명, 이사관 1명, 기사 7명, 기수 28명, 속(屬) 25명, 고원촉탁 30여 명으로 총원 100여 명에 달하는 큰 살림살이이다. 각 과의 소관 업무는 다음과 같다.

제1과(총무): 평상시의 조선 내 종합국력의 충실 운용에 관한 방책 및 예산 관계, 국가총동원

계획 등

제2과: 산금, 특수광물, 석탄, 기타 재료 자원 등의 생산확충계획과 이에 관한 인적·물적 조정계획 등.

제3과: 식량, 섬유 약품 등의 생산확충계획과 이에 따른 인적·물적 조정계획 등

## 자료 135

기획부 관제안 추밀원 본회의에 상정 가결

《경성일보》 1939년 11월 23일 / 구분: 기획부

조선총독부 기획부 설치에 관한 관제 개정안은 22일 추밀원 본회의에 상정·가결되었는데, 동안(同案)은 24일 각의에서 결정하여 25일 공포 즉일 시행한다.

자료 136

## 본부 기획부 관제 오늘 공포, 총동원계획에 획기적 의의

《경성일보》 1939년 11월 30일 / 구분: 기획부

　현하 국민총동원체제 강화의 ■에 즉응하고자 총독부에서는 전부터 총동원기구의 충실·확충의 견지에서 새로이 기획부를 신설하게 되어 기획부 신설에 수반한 총독부 관제 개정안을 법제국에 회부, 이후 발의 심의 중이었는데, 24일 각의에서 가결, 29일 자로 총독부 사무분장 규정의 다음과 같은 개정·발포를 보았다. 기획부의 신설은 당면의 물자동원계획을 시작으로 생산력확충계획의 종합계획, 내외지 물자의 할당에 관한 일본[內地]과 관계 사무 등이 주된 업무 내용이 되어 있는데, 특히 내년도에는 물자동원계획뿐만 아니라, 자금, 노무, 교통, 전력, 과학 등 총동원 업무가 전면적으로 실시되려 하고 있어, 총동원계획의 원활한 수행이라는 견지에서도 이번에 기획부의 신설은 획기적 의의를 가지는 것이다. 그리고 기획부의 기구는 제1과, 제2과, 제3과로 구성되어 있는데, 개정의 사무분장 규정은 다음과 같다. 또 오노(大野) 정무총감[13]은 29일 기획부 신설에 관하여 별항과 같은 담화를 발표하였다.

▶ 부장 이하 발령

　기획부 관제는 29일 발령으로써 공포 즉일 시행되었는데 기획부[同部]는 칙임 부장 이하 제1, 제2, 제3의 3과로 나뉘어 종래의 총독관방 자원과 및 식산국 임시물자조정과와 병합하여 사무관 전임 7명·겸임 2명, 이사관 전임 1명, 기사 전임 5명·겸임 3명, 속(屬) 전임 19명·겸

---

13　오노 로쿠이치로(大野綠一郎, 1887-1985). 사이타마현(埼玉縣)에서 출생. 구제 일고(一高)를 거쳐 1912년 도쿄제국대학 법과대학을 졸업하고 내무성에 입성. 1914년부터 아키타현(秋田縣)과 가가와현(香川縣)에서 과장을 지낸 후 1926년 도쿠시마현(德島縣) 지사와 기후현(岐阜縣) 지사를 거쳐 1928년 사회국 사회부장 겸 중앙직업소개소 사무국장을 지내고 1931년에 내무성 지방국장을 지냈다. 1932년 경시총감과 관동국 총장을 거쳐 1936년 조선총독부 정무총감으로 부임한 후 1942년에 일본 귀족원 의원이 되었다. 일본 패전 후 1946년에 공직추방을 당해 변호사로 지냈다. 행정자치부 정부기록보존소, 2000, 『일제문서해제-경무편』, 197쪽; 한국역사정보통합시스템(www.koreanhistory.or.kr) 수록 자료.

임 15명, 기수 전임 10명·겸임 7명, 촉탁 전임 2명, 고원 40명, 총계 110여 명에 이르는 대진용으로, 이하 각 과장은 다음과 같이 발령되었다.

부장: 니시오카 요시지로(西岡芳次郎)(심의실 수석사무관)

제1과장: 단게 이쿠타로(舟下郁太郎)(관방 자원과장)

제2과장: 와타나베 리쓰로(渡部肆郎)(척무성 식산국 물자조정과장)

제3과장: 이사카 게이이치로(井坂圭一郎)(식산국 임시조정과장)

**사무분장 규정**

◇ 제1과에서는 다음의 사무를 담당함

1. 물자, 노무, 교통 전력, 자금, 기타의 동원계획의 설정 및 수행의 종합에 관한 사항
2. 생산력확충계획의 설정 및 수행의 종합에 관한 사항
3. 국가총동원법 시행의 종합에 관한 사항
4. 기술자의 할당에 관한 사항
5. 자원조사에 관한 사항
6. 기밀의 보호에 관한 사항
7. 부내(部內) 다른 과의 주관에 속하지 않는 사항

◇ 제2과에서는 다음의 사무를 담당함

1. 철류(鐵類)에 관한 물자동원계획의 설정 및 배급
2. 조정에 관한 사항
3. 비철금속 및 비금속 광물에 관한 물자동원계획의 설정 및 배급 조정에 관한 사항

4. 기계류에 관한 물자동원계획의 설정 및 배급 조정에 관한 사항

◇ 제3과에서는 다음의 사무를 담당함

1. 섬유, 피혁, 생고무 및 목재에 관한 물자동원계획의 설정 및 배급 조정에 관한 사항
2. 연료에 관한 물자동원계획의 설정 및 배급 조정에 관한 사항
3. 공업약품, 화학성품류(化學成品類), 비료 및 의약품에 관한 물자동원계획의 설정 및 배급 조정에 관한 사항
4. 식료 및 여성미용품[婦人美品]에 관한 물자동원계획의 설정 및 배급조달에 관한 사항

▶ 오노(大野) 정무총감이 말한다

국가총동원계획에 관한 사무는 처음 총독관방 문서과에서 관장해 왔는데, 중일전쟁[支那事變] 발발과 동시에 그 기능 강화의 필요를 인정하여, 1937년(昭和12) 9월 국가총동원계획에 관한 종합사무를 관장하는 과로서 관방에 자원과를 설치하였다. 그런데 시국의 진전에 따라 1938년(昭和13) 초 이후 물자동원계획 및 생산력확충계획이 설정되기에 이르러 물자의 생산 배급 소장(消長)에 통제를 가하는 데 이르렀기에, 1938년(昭和13) 9월 식산국에 임시물자조정과를 신설하고 자원과에는 물자동원계획·생산력확충계획의 할당에 관한 내지와의 관계사무 등을, 조정과에는 계획의 ■수(■隨)사무, 즉 조선 내 물자 배급 조정에 관한 사무를 관장시켜 왔다.

그런데 중일전쟁[事變]이 장기화함에 따라 물자동원계획 및 생산력확충계획의 원활한 수행을 기하기 위해서는 나아가 노무동원계획, 교통전력동원계획 등 각종 동원계획의 수립·실시를 필요로 하게 된 것 외에 내외 여러 정세의 추이는 국가총동원법의 각 조항을 연달아 연동시켜 국가총동원체제의 완비를 요하는 데 이르렀는데, 특히 조선은 대륙의 전진병참기지라는 견지에서도 조선총독부 내에서의 총동원 기구의 충실·강화를 도모하는 것이 현재 가장 급무라고 인정되므로 이번에 총동원 기구를 충실히 한다는 의미에서 기획부를 설치하기에 이른 것이다.

신설 기획부는 부내에 당분간 세 과를 설치해 이에 관방자원과 및 식산국 물자조정과를 옮겨서 종래 자원과로 하여금 담당시킨 물자동원계획 및 생산력확충계획에 관한 계획사무 및 식산국 물자조정과로 하여금 담당시킨 물자배급조정사무를 모두 기획부에 관장시키는

것 외에 각종 동원계획에 관한 종합사무, 국가총동원법 실행에 관한 종합사무 등을 담임시킴으로써 시국의 요구에 응하게 하기에 이른 것이다.

▶ 니시오카(西岡) 부장이 말한다

총독부 기획부장으로 영전한 니시오카 심의실 수석사무관은 29일 다음과 같이 말하였다.

기획부장에 취임했다고 해서 별로 새로운 감상도 없다. 나진청(羅津廳) 설치에 관하여 법제국과 교섭 중인데 이것은 계속해 볼 생각이다. 나진청은 금년 중에 법제국과 교섭을 마치고 내년 1월 중에 추밀원[樞府]의 결정이 될 수 있도록 노력하고 있다.

자원과 관계의 일과 같은 경우, 도쿄에 자주 출장하고 있으므로 심의실과의 업무도 특별히 부딪힐 만한 것은 없을 듯하다. 먼저 잘 부탁한다.

> 자료 137

# 총동원 기구 확충차 기획부를 신설-오노 정무총감 담화

《조선일보》 1939년 11월 30일 / 구분: 기획부

　　국가총동원계획에 관한 사무는 처음에는 총독관방 문서과가 관장하도록 해 왔는데, 중일전쟁[支那事變] 발발과 동시에 기구를 강화할 필요성을 인정하고 1937년 9월 국가총동원계획에 관한 종합사무를 관장하는 과로서 관방에 자원과를 설치한 것이다. 그런데 시국의 진전에 따라 1938년 초 이후 물자동원계획을 설정하게 되어 물자의 생산·배급·소비에 통제를 가하게 되었기 때문에 1938년 9월 식산국에 임시물자조정과를 신설하고 자원과에서는 물자동원계획, 생산력확충계획의 계획적 사항, 즉 내외지 물자의 배급에 관해 일본과 관계된 사무 등을, 조정과에서는 계획의 실시사무, 즉 조선 내에서 물자배급조정에 관한 사무를 관장하도록 해 왔다. 그런데 전쟁이 장기화함에 따라 물자동원계획 및 생산력확충계획의 원활한 수행을 기하기 위하여 다시 노무동원계획, 교통전력동원계획 등 각종 동원계획의 수립·실시

가 필요하게 된 외에 내외 여러 정세의 추이가 국가총동원법의 각 조항을 점차적으로 발동시켜 국가총동원 태세의 완비를 요구하게 되었다. 그런데 조선은 대륙의 전진 병참기지라는 견지에서도 총독부 내의 총동원 기구를 충실·강화하는 것이 현재 급무라고 인정되었으므로, 이번 총동원 기구 충실화라는 의미에서 기획부 설치를 보게 된 바이다. 신설 기획부는 기획부 내에 우선 3개 과를 설치하고 관방자원과 및 식산국 물자조정과를 이관해 종래의 자원과에 전담하도록 했던 물자동원계획 및 생산력확충계획에 관한 계획사무 및 식산국 물자조정과로 하여금 전담하도록 했던 물자배급조정사무는 전부 기획부로 이관하도록 하는 것 외에, 각종 동원계획에 관한 종합사무국가총동원법 시행에 관한 종합사무 등을 전담하도록 하여 시국의 요구에 대응하기로 한 것이다.

### 오늘 관제 공포, 부장 이하 각 과장 발령

전시하 국민총동원계획의 설정 수행 및 종합국력의 충실한 운용에 관한 총괄 사무 및 시국에 필요한 물자수급조정에 관한 사무를 관장하고자 총독부 내에 신설한 기획부 관제가 29일 칙령으로써 공포하고 당일 실시되었는데, 기획부는 칙임 부장 이하 제1, 제2, 제3의 3개 과로 나누어 종래의 총독관방 자원과 및 식산국 임시물가조정과와 병합하고 사무관 전임 7명·겸임 2명, 이사관 전임 1명, 기사 전임 5명, 위임 3명, 관 전임 19명·겸임 15명, 기수 전임 10명·겸임 7명, 촉탁 전임 2명, 고원 40명, 총 110여 명에 달하는 대진용으로서 관제 공포와 함께 부장 이하 각 과장은 다음과 같이 발령되었다.

부장 니시오카 요시지로(西岡芳次郎, 심의실 사무관) 제1과장 단게 이쿠타로(丹下郁太郎, 관방 자원과장), 제2과장 와타나베 리쓰로(渡部邦郞, 척무성 식산국 물자조정과장), 제3과장 이사카 게이이치로(井坂圭一郎, 식산국 임시물가조정과장)

### 3과 분장 규정

기획부 신설에 따른 기획부 내 3개 과의 분장 규정은 기획부 관제 공포와 동시에 부령으로서 다음과 같이 공포되었다.

제1과 1. 물자, 노무, 교통, 전력, 자금기획의 동원계획 설정 및 수행 종합에 관한 사항

   2. 생산력확충계획의 설정 및 수행의 종합에 관한 사항

   3. 국가총동원법 시행 종합에 관한 사항

   4. 기술자 배정에 관한 사항

   5. 자원조사에 관한 사항

   6. 기밀 보호에 관한 사항

   7. 부내 다른 과의 주관에 속하지 않는 사항

제2과 1. 철도에 관한 물자동원계획의 설정 및 배급 조정

   2. 비철금속 및 비금속광물에 관한 물자동원계획의 설정 및 배급 조정

   3. 기계류에 관한 물자동원계획의 설정 및 배급 조정

제3과 1. 섬유, 피혁, 생고무 및 목재에 관한 물자동원계획의 설정 및 배급 조정

   2. 연료에 관한 물자동원계획의 설정과 배급 조정

   3. 공업약품, 화학성품류, 비료 및 의약품에 관한 물자동원계획의 설정과 배급 조정

   4. 식료 및 수입 잡품에 관한 물자동원계획의 설정과 배급 조정

## 자료 138

총동원 사무 확대에 따라 기획부에 1과 신설, 초대 과장은 야스다(安田) 연료과장이 겸임

《경성일보》 1940년 7월 2일 / 구분: 기획부

총동원법 실시 사무의 ■■의 확대에 수반하여 이에 대응하는 상부 기관의 강화·확충 대책에 대해서는 일찍이 총독부의 대안을 ■하여 법제국에서 심사 중이었는데, 최근 결정된 7월 1일부 총독부훈령 31호로써 기획부 내에 새로이 제4과를 신설, 연료에 관한 총동원계획의 설정 및 배급 정리에 관한 사무를 담당함과 동시에, 제1과의 기구를 확충하여 새로이 국가총동원 업무상 조사 및 자료 정비에 관한 사항을 ■■시키게 되었다. 당초 안에서는 독립 조사과로서 제5과의 신설이 예정되어 있었는데, 사정에 따라 법제국에서 일부 삭제되어 기획부 제1과 내에 이를 흡수하게 되었다. 그리고 제4과의 진용은 연료과장이 과장을 겸임하고 과장 아래에 사무관 1명, 기사 1명 기타 촉, 기수 등을 배치하며, 또 제1과의 조사계에는 사무관 1명, 기사 1명 촉탁 5명 기타 촉, 기수를 각

각 증원한다. 또한 확충한 제1과 조사계의 관장 사무는 주로 국토(國土)계획 수립에 대한 기초조사를 하는 것으로 하는데, 대체로 다음과 같다.

1. 화학공업, 금속공업, 기계공업의 정지(定地)조건 조사·정리에 관한 사항
2. 자원의 기존 상황, 수송의 현황, ■■지(■■地)의 현황 및 생산지와의 연관 상황 및 장래의 조사·정리에 관한 사항
3. 조선 내 공업용지의 공업조건 현황 및 장래성의 조사·정리에 관한 사항
4. 수송력, 노동력의 현황 및 장래성의 조사·정리에 관한 사항이다.

이미 설치한 기획과 제4과장에는 식산국 연료과장 야스다 무네즈쿠(安田宗次) 씨가 겸임하도록 발령을 냈다.

## 자료 139

### 총독부 기구의 개혁 완성, 식산국 기획부를 개조, 후생·사정 양국 신설, 내무국 외사부는 폐지

《경성일보》 1941년 11월 19일 / 구분: 기획부

대륙 전진 병참기지인 조선[半島]의 중대 사명에 비춰 관청 신체제의 확립을 도모하여 긴박한 시국에 즉응하고자 일찍이 총독부 기구의 개혁을 계획하여, 중앙정부[14]와 여러 차례 절충해 왔는데, 드디어 금년도 예산에서 실현을 보게 되었다. 그 목표로 하는 바는 시국의 요청에 즉응하여 긴급한 여러 대책을 원활하게 수행하는 것에 있다. 즉 후생국을 신설하여 노무대책의 긴급한 상황[急施]에 만전을 기함과 동시에 인적자원의 배양을 도모하기 위해 내무국에 속하는 사회과와 노무과 및 경무국에 속하는 위생과에 아울러 보건과를 신설하여 4과로 조직, 이어 사정국을 신설하여 지방과, 토목과 및 지방관리양성소, 외사부에 속하는 외무과 및 척무과, 국민총력과를 아울러 5과로서 조직하며, 외사부를 폐하는 것과 동시에 광산과를 폐지하고 광정과와 특수광물과를 설치한 결과 상공과, 산금

---

14 일본 정부를 의미.

과, 연료과, 수산과, 지질조사소, 도량형소(度量衡所), 연료선광연구소(燃料選鑛研究所), 상공장려관(商工獎勵館), 착암공양성소(鑿岩工養成所)와 아울러 8과, 4소, 1관으로써 조직하도록 하였다. 또한 기획부는 종전 제1과, 제2과, 제3과, 제4과를 각각 계획과, 물자조정제1과, 동 제2과 및 동 제3과로 개칭하고 물가조정과를 아울러 5과로써 조직하게 되었다.

### ▶ 오노(大野) 정무총감 담화[談]

고도의 국방국가체제 확립을 위해 대륙 전진 병참기지인 조선이 맡은[負荷] 중대 사명을 완수하는 데에는 정부의 방침에 기초한 계획[劃策]의 긴급[急施]을 요하는 바 적지 않고, 그중 관청 신체제의 확충·정비 및 긴박한 시국에 즉시 대응할 관청사무 재편성이야말로 소위 임전필승체제의 완벽을 기하는 위에서 모든 시책에 선행할 긴급[急繁] 불가결의 전제요건임에 비춰, 앞서 금년도 예산편성 때에 총독부 관제의 전면에 걸쳐 신중한 재검토를 가하여 정부와 절충을 거듭한 결과 총독부 기구의 개정이 결정되어, 여기에 금일 조선총독부 관제 중 개정의 공포를 보는 데 이르렀다.

그 대강을 열거하면 대략 다음 항목이 되는데, 요점은 시국의 요청에 즉시 대응하여 긴급한 여러 대책을 원활하고 신속[敏速]하게 수행하는 데 있다. 관민일치하여 본 개혁의 본지(本旨)에 협력하는 것을 간절히 바라[切望] 마지않는 바이다.

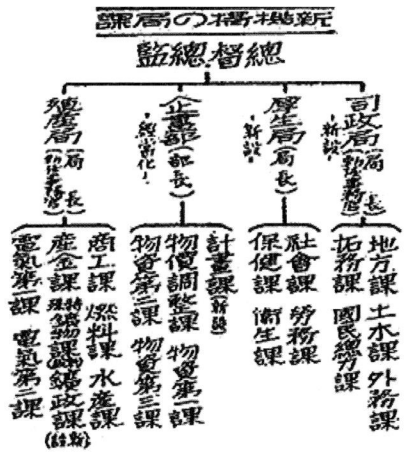

### 제1 후생국의 신설

설치의 이유: 시국의 긴박에 수반하여 한층 강화·확대되고 있는 노무동원을 위해 복잡다기하게 걸쳐 있는 노무대책의 시급한 상황에 지체[遲滯] 없음을 기함과 동시에 보건, 위생, 체력 증진의 여러 대책, 각종 사회시설, 복리시설에 걸쳐 인적자원의 기초배양을 위해 응급적 및 항구적 대책의 실시를 감당하기 위해, 종래 내무국 및 경무국으로 분단된 사무를 통합하여 새로이 후생국을 설치해 이를 맡길 필요가 있음에 따른다.

조직: 내무국에 속하는 사회과와 노무과 및 경무국에 속하는 위생과에 아울러 별도로 보건과를 신설해 이들 4과로써 조직한다.

### 제2 사정국의 신설, 내무국 및 외사부 폐지

조직의 이유: 후생국 신설 후의 내무국 소관 사무인 지방청(廳) 및 지방단체 행정·재정의 감독사무와 외사부 소관의 재외조선인에 대한 보호·무육(撫育) 사무는 내외의 구별이 있지만 똑같이 ■■통치의 일관성과 행정 운영의 통일성을 한층 발휘하기 위해 이를 통합하는 것이며, 동시에 총독관방 국민총력과가 주관하는 국민총력운동도 그 지방행정조직과 표리일체의 관계를 강화하여 강력하게 추진하기 위해, 지방행정사무를 관장하는 부국으로 통합함으로써 사정국을 설치하고, 내무국 및 외사부는 이를 폐지하고 종래 내무국에 속한 토목과는 지방과와의 밀접한 관계에 기초하여 이와 함께 사정국으로 이관한다. 나아가 사정국의 중요성에 비춰 국부(局附) 칙임사무관을 두어 국장을 보좌하게 하여 진용의 정비를 기하게 되었다.

조직: 내무국에 속하는 지방과, 토목과 및 지방관리양성소, 외사부에 속하는 외무과 및 척무과 및 국민총력과를 합쳐 5과 1소로 조직한다.

### 제3 식산국의 개조

개조의 이유: 중일전쟁[事變] 아래 생산력 확충 등의 기초적 조건으로서 앞에서 언급한 중

요성에 비춰 체신국에 속하는 전기행정을 이와 밀접하고 불가분의 관계에 있는 식산국으로 이관하는 것 외에, 광업행정의 복잡화에 수반하여 광산과를 광정과 및 특수광물과 2개로 나누어 지하자원 개발에 박차를 가함과 동시에 물가조정과는 그 사무의 성질에 비춰 이를 기획부로 이관한다. 나아가 국무(局務)의 중요성에 비춰 이 또한 국부 칙임사무관을 두어 진용을 강화하여 시국의 요청에 응하게 하였다.

  조직: 체신국에서 전기제1과 및 전기제2과를 이관하고 기획부로 물가조정과를 이관하며 광산과를 폐지하여 광정과 및 특수광물과를 설치함에 따라 상공과, 산금과, 연료과, 수산과, 지질조사소, 도량형소, 연료선광연구소, 상공장려관 및 착암공양성소와 아울러 8과 4소 1관으로써 조직한다.

### 제4 기획부의 개조

  개조의 이유: 기획부는 종래 임시의 부국(部局)으로서 설치되었는데, 현재 내외의 정세에 비춰 국가총동원체제가 항구화되어 가는 것에 수반해 이를 경상적(經常的) 기구로 고치고 나아가 국토계획에 관한 사무를 새로이 더해, 식산국으로부터 물가조정에 관한 사무를 이관하여 국가총동원계획의 설정 및 수행에 관한 종합사무■에 중요 물자의 배급 조정 사무를 한층 정비·확충하였다.

  조직: 종전의 제1과, 제2과, 제3과 및 제4과를 각각 계획과, 물자조정제1과, 물자조정제2과 및 물자조정제3과로 개칭하고 물가조정과를 합쳐서 5과로써 조직한다.

### 자료 140

## 반도 신체제에 즉응 국민총력과 신설, 물적 농진운동을 관할

《경성일보》 1940년 10월 16일 / 구분: 국민총력과

조선[半島] 신체제 수립에 수반하여 조선총독부 관방에 국민총력과가 신설되어, 조선[半島] 시정의 근본방침인 농촌진흥운동이 물심양면으로 이분되어 물적 방면은 국민총력과가 관할하는 것으로서 농촌진흥에 관한 일반적 총괄 사무 및 연락이 국민총력과 아래에 놓이는 한편, 농촌의 생산력 확충을 중심으로 한 실체적 지도는 농정과(■농과(■農課)와 농촌진흥과를 합쳐서 농정과를 이룸)에서 담당하게 됨으로써 농진운동이 신체제 아래에서 정비되어 재발족하게 되었다. 따라서 종래 농촌진흥운동은 방법으로서는 변화가 있지만 지도정신에는 아무 변화가 없고 오히려 적극화되었다고 보아야 할 것이다.

## 자료 141

행정간소화실시안 발표, 중앙과 지방을 통해 칙임 3할 감축

《경성일보》 1942년 7월 29일

정부는 태평양전쟁[大東亞戰爭]의 비약적 전개에 즉시 대응하여 남방(南方) 요원을 대대적으로 충족하기 위해 행정의 간소화·강력화를 단행하고, 아울러 관계의 신체제를 확립하기 위해 6월 16일의 각의에서 결정된 기본방침에 기초하여 7월 15일까지 각 성(省)에 구체안의 제출을 요구한 이래 내각의 4개 성 장관의 손안에서 실시안을 검토·조정 중인바, 칙임관 분(分)에 대해서는 중앙관청을 통틀어 전부 성안을 얻었기에 28일 정례 각의에 부쳐서 호시노(星野) 서기관장이 개요를 보고하여 정식 결정한 후 동일 오후 5시 내각정보국으로부터 총재(總裁) 담화[談]와 함께 그 실시안을 발표하였다.

  그런데 이번 결정의 실시안은 앞서 도조(東條) 수상이 특별히 각의에서 발언하여 전 각료에게 요망한 칙임관의 감원 및 이에 수반한 부국(部局)의 개폐(改廢)를 일거에 단행하는 것으로서, 중앙관청 칙임관 77명과 이에 일부 작업청 및 지방청을 포함해 실제 89명의 감원으로 평균 3할의 감원율이 확보된 것은 도조 수상의 대(大)영단이라고 말해진다. 그리고 정부에서는 계속하여 칙임관 이하의 감원 및 이에 수반하는 과의 개폐에 대해서 검토를 더하여, 나아가 외지관계, 행정재판소, 회계검사원, 귀족원과 중의원[貴衆]의 양원 등 내각 각 성 외(外) 관청의 간소화 실시를 급속히 결정하고 8월 중 늦어도 9월 중에는 이들 관제를 제정·결정하여, 추밀원[樞府]에 자문[諮詢]을 주청해 10월 1일 실시하도록 할 방침이다.

  이번에 결정한 실시안에서는 내각 및 각 성을 통틀어 앞에 언급한 89명의 칙임관이 점하던 부국이 당연히 개폐되는 획기적인 것임과 동시에 특히 철도성과 같은 경우 전쟁 완수 건설에 즉응하여 26명의 철도감(監)을 설치하고 보직관으로서 전시행정사무의 고도운용을 노린 것은 다가올 행정기구의 전면적 개혁에 ■하여 특별한 의의를 갖는 것이며, 그리하여 전면적 행정 간소·강화의 실시는 우리 국가 전시 국정의 운용을 최고도로 발휘해야 할 행정기구의 발본적 개혁 재편성의 제일보이며, 웅대한 남방 건설의 구상을 실현해야 할 신행정 전관(專管)기구의 확립이 드디어 발전적 실현을 보는 단계가 된 것은 실로 도조 수상에 의한 내정의 비약적 전진이다.

자료 142

조선 행정간소화안 발표, 후생국·기획부를 폐지, 중앙·지방을 통틀어 감원 1만 2천 10월 1일 일제 발령

《경성일보》1942년 8월 22일

남방요원(南方要員)의 충실과 겸하여 행정기관의 합리화에 수반한 일대 정리를 실시해, 시국하 중요사무에 임하는 관리의 대우 개선에 바탕[資]을 두고자 하는 획기적 행정 간소화는 지난 7월 초 각의결정 사항으로서 중앙 3할, 지방 2할, 작업관청 1할의 비율[率]로써 전면적 관리 삭감을 하는 근본방침이 시달되어, 조선총독부에서도 예의(銳意) 준비를 해 나아가고 있는데, 21일 각의에서 1국(局) 1부(部)의 폐지, 국 혹은 부의 신설을 동반하는 기구 개혁과 함께, 중앙과 지방을 통틀어 칙임 6명, 주임 207명, 판임 3,927명, 촉탁·고용인 8,309명, 계 1만 2,449명의 대감원이 결정, 21일 오후 1시 반 조선총독부 정보과에서 발표되었다. 이는 1919년(大正8)의 행정 정리에 준하여 내용에 있어서 시정 이래 철저한 것이다. 현재 정원 칙임은 78명, 주임 2,815명, 판임 5만 5,694명에 대하여, 감원율은 칙임 7.7%, 주임 7.4%, 판임 8%로, 조선[半島]의 특수한 지위가 여기에서 명확해지는 데 이르렀다. 또 이들의 발령은 관제 개정 수속을 요하여 10월 1일이 될 전망인데, 실행은 이번 관제 개정에 맞춰 대대적인 인사의 발령을 보아, 이 또한 획기적 대이동이 신통리(新統理)의 대방책과 발맞춰서 실현되는 것이 되었다. 그리하여 중앙과 지방을 통틀어 합쳐서 1만 2,443명의 대감원과 후생국·기획부의 폐지, 종합행정력 및 중앙지방행정 기구의 일방적 감동력을 가진 강력한 정책집단 성격 국 또는 부의 새로운 설치에 따른 기구의 개혁이 단행되는 것이다. 이에 따라 신 총독, 총감이 절규하던 지도자 관료의 행정력 강화와 관리 재조직이 어느 정도 구현되는 데 이르렀다. 이에 따라 생겨난 새 정원(定員)은 칙임 72명, 주임 2,608명, 판임 5만 1,167명, 고용인 1만 9,200명, 외국(外局) 합쳐서 11국 1부가 10국 또는 10국 1부로 된다.

【정보과 발표】 행정간소화에 관해서는 중앙의 방침에 즉응하여 또 조선의 특수사정을 생각한 구체안에 대해 절충 중인바, 오늘 각의에서 조선총독부 기구 개정의 대강 및 총독부 내 직원의 감원안을 다음과 같이 결정하였다.


1. 조선총독부 기구 개정
(1) 후생국을 폐지하고 그 사무는 적절한 다른 부국에 이관함
(2) 기획, 법제, 정보, 감찰 등의 사무를 종합 소관하는 일부 국을 신설함
(3) 기획부를 폐지하고 그 사무는 앞 2호의 개설할 부국 및 식산국으로 이관함

2. 칙임 증감원표

(1) 조선총독부 국장 감(減) 1인, 부장 감 1인, 부장 또는 국장 증(增) 1인, 사무관 감 1인, 기사(技師) 감 2인, 계 감 4인
(2) 철도국 기사 감 1인
(3) 재판소 검사정(檢事正) 감 1인


3. 주판임(奏判任), 촉탁 및 고용원 감원표

|  | 주임 | 판임 | 촉탁·고용인 |
|---|---|---|---|
| 현재 정원 | 2,815 | 55,694 | 117,419 |
| 감원 | 207 | 3,927 | 8,309 |
| 개정 정원 | 2,608 | 51,767 | 109,110 |

### 자료 143

행정기구 중점 재편, 청신 통리의 전개로, 9월 중순 본부 대이동을 단행

《경성일보》 1942년 8월 25일

行政機構重點再編
清新統理の展開へ
九月中旬 本府大異動を斷行

총독부의 행정기구는 남방요원(南方要員)의 충족에 수반한 대(大)감원과 새 총독의 조직 단일화에 따른 종합성 및 행정력의 강력화 의도가 결합하여 1국 1부의 폐지와 하나의 국 또는

부가 신설되는 것이 되었는데, 이는 신통리(新統理) 방침의 최소한도 반영에 그치지 않을 수 없었던 여러 사정에 따른 것으로, 근본적 기구의 개정은 마침내 현안(懸案)으로 남겨지게 되었다. 그러나 후생국과 기획국의 폐합이 실행으로 옮겨지는 것은 피하기 어려운 일이 되었다. 즉 식산국, 농림국, 사법국, 학무국, 경무국, 법무국의 각 국으로부터 재무국, 관방국에 이르는 과계(課係)의 신설, 폐지, 통합이 새로운 정책 방향의 중점으로 표명된다. 이를 실행할 월 중순 전후에는 용퇴와 승진을 포함하여 철저한 미증유의 대이동이 전개될 것이다. 그리하여 기구의 정비 강화와 인사 쇄신의 형식을 통틀어 관리 재교육과 행정력 결집을 시현(示現)하여 신선[鮮新]한 신통리의 활발한 전개 전제(前提)를 준비[用意]하고, 더욱더 기초공작을 완료하며, 이어서 그 위에 신통리 정책들을 실행으로 옮길 순서가 되었다.

| 자료 144 |

총독부 기구 개정 단행, 새로운 총무국을 설치, 후생국 기획부는 폐지, 오늘 공포 즉일 실시

《경성일보》 1942년 11월 1일 / 구분: 총무국

총독부 기구 개혁안의 전모가 1일 자로 발표되었다. 고이소(小磯) 총독, 다나카(田中)[15] 총감은 취임 이후 총독부의 행정기구를 보다 고도로 ■■하기 위해서는 현행 기구를 개혁하는 것 외에는 없다고 보고 충분한 ■■ 있는 ■을 ■■하여 착착 실행에 나서 왔는데, 금년 6월 말 중앙[16]에서 행정■■■력화(行政■■力化)가 ■■되는 데 이르러, 이와 병행적으로 입■(立■)됨에 따라, 7월 말 다나카 총감의 도쿄 상경[東上]에 따라 구체화되었다. 그 후 대동아성(大東亞省) 설치에 수반한 ■■■상(上)의 ■■■을 위해 ■■를 거듭하여 여기에 5개월 ■하여 발표된 것이다. 기구 개혁은 후생, 기획의 1국(局) 1부(部)를 폐지하고, 새로이 총무국이 탄생하였다. 이에 수반하여 각 과를 통합한 결과, 폐지된 실(室) 및 과(課)는 심의실, 계획, 척무, 토지조사, 상공제1, 동 제2, 물자조정제1, 동 제2, 동 제3, 광정, 특수광물, 식량조사, 사회교육의 1실 12과로, 이에 대하여 기획실 및 감찰, 철동(鐵銅), 광산, 상공, 연성의 1실 5과가 신설되었다. 금회 행정기구 개혁은 국정에 기초하여 ■■■■을 조직한 것은 당초 ■■■에 결정·발표된 것처럼 칙임 6, 주임 207, 판임 3,927, 촉탁·고용원 8,303, 합계 1만 2,443명에 달하는 감원이 예상되고 있다. 기구 개혁의 중점은 총감 담화에도 명시되어 있는 대로, 총무국의 신설은 각 국과 기구의 간소, 사무의 ■■■을 시정하여 종합적인 기획 추진, 국토계획, 국가총동원계획에 관한 사무 법령을 ■■하려고 하는 것이다. 그리하여 고이소 총독 통리 하에 조선[半島] 관료계[官場]는 신 기구 아래에서 국책의 요청에 응함과 동시에 대동아전 완수를 위한 불퇴전필승(不退轉必勝)의 기구와 인원 정비를 완료한 것이다.

▶ 오늘 공포 즉일 실시

정보과 발표. 행정간소화에 수반한 조선총독부 기구 개정 및 부내 직원의 감원에 대해서는

---

15 다나카 다케오(田中武雄, 1891~1966): 정무총감. 미에현(三重縣) 출신으로 1912년 메이지대학 법률학부를 졸업하고, 1915년 고등문관시험에 합격하였다. 조선총독부 사무관으로 부임하여 1936년 조선총독부 경무국장 취임한 후 1939년 일본 척무성 차관을 거쳐 1940년에 퇴직하여 만주이민협회 상무이사를 지내던 중 1942년에 정무총감으로 부임하였다. 일본 패전 직전인 1944년에 고이소 내각에서 내각 서기관장 등을 역임하였다. 1945년 귀족원 의원에 뽑혔으나 일본 패전으로 1946년부터 1951년까지 공직추방을 당하였다. 이후 중앙일한협회를 이끄는 등 한국통으로 활동하였다.
16 일본 정부를 의미.

앞서 대강을 발표한 바인데, 이들 관제 개정이 중앙의 심의를 종료하여 오늘 다음과 같이 공포, 즉일 실시되게 되었다.

### ▶ 기구개정 요항

1. 후생국 및 기획부를 폐지하고 새로이 총무국을 설치, 이에 수반하여 각 과(課)의 결합에 따라 폐지된 실(室) 및 과 14, 신설된 실 및 과 6이다.
2. 관방 및 각 국의 분과

   관방=비서관실, 인사과, 회계과

   총무국(신설)=문서과(관방에서), 기획실(심의실의 전부 및 기획부 계획과의 대부분을 통합 신설), 정보과(관방에서), 국민총력과(사정국에서), 감찰과(신설), 국세조사과(관방에서)

   사정국=지방과, 외무과(척식과를 통합), 사회과(후생국에서), 노무과(후생국에서), 토목과

   재무국=세무과(1943년(昭和18)부터 토지조사과를 통합), 사계과(司計課), 이재과(理財課, 상공제2과의 일부를 통합), 관리과(위와 같음)(토지조사과는 소화 17년도 말까지 존속)

   식산국=상공과(상공제1과 및 기획부, 물자조정제2과의 전부 및 상공제2과의 대부분을 통합 신설), 물가과(기획부로부터), 광산과(광정과 및 특수광물과를 통합 신설), 철동과(기획부 물자조정제1과 및 ■■계(■■係)를 통합 신설), 산금연료과(기획부 물자조정제3과를 통합), 전기제1과, 전기제2과

   농림국=학무과(사회교육과의 일부를 통합), 연성과(사회교육과의 대부분 및 학무과, 후생국 보건과, 노무과의 일부를 통합 신설), 편수과(編修課, 편집과를 개칭)

   경찰국=경무과, 위생과(후생국 보건과 및 위생과를 통합)
3. 서기관제도 설치

   조선총독부에 서기관 제도를 설치, 사무관 46인을 서기관으로 바꾸고, 기사 이외의 각 과장 및 기획실에서 중요 정책의 심의 입안, 국가총동원계획에 관한 사무, 법령의 심의 입안 등에 종사하는 주임 사무직원은 서기관으로 채우기로 하였다.

### ▶ 총무국의 주요한 사무분장

신설한 총무국의 주요한 분장 규정은 다음과 같다.

기획실: 1. 중요 정책의 심의 입안, 종합 조정에 관한 사항, 2. 법령의 심의 입안, 해석 적용에 관한 사항, 3. 국가총동원계획의 설정 및 수행의 종합에 관한 사항, 4. 국토계획에 관한 사항, 5. 자원조사에 사항

감찰과: 1. 행정집무 상황의 감찰에 관한 사항, 2. 민정조사에 관한 사항, 3. 전시경제통제의 실시 상황의 조사에 관한 사항

연성과: 1. 청소년의 훈련에 관한 사항, 2. 육군병 지원자 훈련에 관한 사항, 3. 청년특별연성에 관한 사항, 4. 체위 향상에 관한 사항, 5. 사회교육 및 교화에 관한 사항, 6. 경학(經學)에 관한 사항, 7. 종교에 관한 사항

그리고 새로이 설치된 총무국은 이번 기구 개정의 중핵을 이루는 것이라고 할 수 있다. 즉 시국하 여러[各般] 행정 부문이 점점 복잡다기해지고, 시세에 즉시 대응하는 시책의 신속하고도 확실한 기획을 기하는 데에는 이것의 책정에 종합성을 부여하는 것이 가장 긴요함에 비춰, 총독 시정의 근간이 되어야 할 중요 정책의 심의 입안을 이루는 종합사무와 지금까지 기획부 계획과의 소관이던 국가총동원계획의 설정 및 수행의 종합 및 국토계획의 기획에 관한 사무를 중심으로 하여, 이미 이와 서로 표리관계에 있는 ■■■■■■ 주관 법령의 심의 입안 ■■을 일임하는 기획실, 문서 ■■ 및 일(一) ■괄적(■括的) 사무를 주관하는 문서과 이와 ■■불가분의 관계에 있는 ■■모집 및 ■■의 지도·계발 사무를 주관하는 정보과, 국민총력운동에 관한 사무를 맡는 국민총력과, 새로이 행정■■의 실시 및 민정감찰 사무를 주지로 하는 감찰과 등을 총괄하는 총무국을 설치하여, 이에 의해 진정한 총독, 정무총감의 참모부로서 초미(焦眉)를 발휘시키려는 것이다.

또한 이 외 이에 따라 각 국소(局所) ■분과의 폐합을 행했는데, 요약하자면 이번 기구 개정은 앞에서도 말한 것처럼 시국에 대응하여 행정 부문의 신체제 확립을 기하는 것이 목적이다. 관■원(官■員)은 잘 자각하여, 신속히 사무 ■■을 단행하여 능률의 증진을 도모하고, 급증하는 사무를 극복함에 따라 성전 봉공을 기함과 동시에 각 직역(職域)에서 생업에 ■■하는 일반 민중에 대해서는 한층 ■절(■切)을 으뜸으로 하지 않으면 안 된다. 또 이 기회에 일반 민간인들도, 관의 ■ 있는 바를 잘 이해하여 일단 협력을 절실히 바라는 바이다.

## 자료 145

## 총독부의 기구 개혁, 총무국 신설의 의의 크다

《경성일보》 1942년 11월 1일 / 구분: 총무국

이번에 발표된 총독부의 기구 개정은 반드시 고이소(小磯) 총독과 다나카(田中) 총감이 포괄하고 있던 조직 그대로 형식을 나타낸 것은 아니었을지도 모르나, 입버릇처럼 이야기하던 정책집단을 총무국이라는 형식으로 탄생시킨 것에 개정의 의의는 ■해지고 있는 것 같다. 원래 계획에서는 총무국을 부(部)로 하여 총독관방을 확대 강화하는 것으로 내정되어 있었던 것 같다. 그리고 총독, 총감을 ■■■의 내로 ■하여 심의하고 기획하는 것을 생각하고 있었던 것은 아닌가 생각한다.

총무국의 성격을 명기한다면 어디까지나 총독, 총감의 참모본부(本部)로서 여기에 있어서 중요 정책을 입안하도록 하는 것이며, 기획실과 감찰과 2개가 설치되어 있는 것은 이 때문이다. 기획실이 심의실 전부와 기획부 계획과의 대부분을 통합하고 있는 것에서도 ■하는 대로, 전시하 조선[半島]의 중요 정책의 ■심의, 입안, 국가총동원과 국토 개발에 관한 사무 법령을 처리하려고 하는, 일의 방향은 ■■이며 총독부의 ■■적 지위를 점하는 것으로서 진정으로 ■■의 ■■이다. 단 총무국에서 기획을 심의 결정한 것은 ■■ 스스로가 각 ■■에 대해서 발령하려 하고, 그리고 그 사무 ■■의 가부,

■■은 감찰과에서 심의 확충하려고 하는 것에서 보면, 총무국이 가진 이상성(理想性)은 높이 평가된다.

　감찰과의 일은 행정 운영의 실제, 국부(局部) 감찰, 통제물자의 운영 상황을 ■하려고 한다. 이것은 총독, 총감의 ■■의 방책 및 행정의 ■■에 있어서 ■■하는가 아닌가를 보고, 민중에게 어떻게 반영되고 있는가를 감찰하려고 한다. 문학면에서 받는 듯한 개인의 비(非)를 ■■하거나 하면서 사무의 ■■을 ■■하려고 하는 것은 아니다.

　행정 운영을 원활히 하여, 각 국 사무의 말단에 있어서 생기는 문제나 사무 운영의 ■행성(■行性)을 골라냄으로써 고도의 종합성을 낳도록 하는 것이다. 이것 외 오늘날 주요한 임무로서는 통제경제의 운영 상황을 ■■하는 것이다. 이를 위해서는 나아가 민■(民■)을 ■■하여 그 ■■을 포착해 ■■■하게 행정의 불비를 자각하도록 하는 것이다. 감찰과의 임무는 여상의 의미에서 총독, 총감의 임무를 직■하게 분담하는 것이므로 소■(所■)의 인물 ■견(■見)에 구애받지 않는 인물의 ■■을 필요로 한다.

　감찰과가 단순히 ■■소(■■所)가 아니라고 한다면, 그 일의 분담과 임■(任■)과는 다기(多岐) 또한 중요하게 되는 것이다. 이 외에 총무국에서는 문서, ■■, 국민총력 등 모든 면에 관하여 각 과가 두어졌다. 원활한 ■■행정을 ■■하여 항상 ■을 ■하는 것처럼 일을 추진, 지■(指■)하려고 하는 것의 ■■본부적(■■本部的) 사명을 가진 ■국(■局)의 동국(同局) 활용 여하에 따라 전시하 조선을 고이소 총독이 지도하는 것에 어느 정도 가까워져 가는 직접 ■■을 갖고 있다는 점에서 가장 강력하고 중요한 점이라고 말할 수 있을 것이다. 그 외 사정국에서는 후생국에 있던 사회과, 학무과가 복귀하고, 외무과가 척식과를 병합한 사회 노무와 함께 내무국 시대이던 것으로 당연 귀결, 외무과는 만주와 중국에 거주하는[在滿支] 조선인[半島시]에 관한 사무를 주로 하고, 척무사무를 통합했더라도, 돌연 일에 변화)가 생기는 것도 아니다. 금후 만주에 개척민을 다수 계획적으로 넣어가려고 하는 총독부가 ■척무행정의 강화를 도모했다고 보아야 한다. 재무국의 토지조사과가 세무과로 상공제2과의 관계 부분을 이재과(理財課), 관리과 두 과가 ■■한 것은 분과적으로 ■■하기 위해 독립 분담하고 있던 것을 원래의 ■로 수렴한 것이라고 말할 수 있을 것이다.

　식산국에는 이미 상공과가 대(大) 3과가 되어 새로 탄생하였다. 즉 상공제1, 기획부의 물자과무(物資課務)제2, 상공제2 각 과를 통합한 것이다. 여기에 물가과가 관계하였다. 이것으로 전시하의 물가 및 상공 물자에 관계된 전부가 제1과로 정리되었다. 그 외 광정(鑛政)과 특수 광물 두 과의 관계 부분을 합하여 광산과가 생겼고, 물자조정제1과 및 농정과의 ■■계를 통합하여 철동과가 생겼다. 이에 산금과를 더하면, 지하자원 개발 조장과 배급행정 등이 일원적으로 같은 국에서 행해지게 된다. 상공물자와 ■■경제 부문, 지하자원 관계와 ■■을 지닌 식산국은 ■의 ■이야말로 ■하고 있었는데, 일에 일관성이 생겼을 뿐만 아니라, 생산력 확충의 견지에서도 식산국의 강력화는 절대 필요하다. 이 점에서 이번 기구 개혁에서 가장 크고 원활하게 움직인 것은 식산국일 것이다.

농림국에서는 식량조사과가 농정과로 되고, 식산국에서는 수산과를 받았다. 조선[半島]의 농림, 수산을 한 손에 받아, 시오다(塩田) 국장에게 종횡하는 재간을 바란다는 것이다. 학무국에서는 사회교육과가 개폐되어 새로이 연성과가 생겼다. 징병제 시행이 발표된 것으로 보면, 사회교육과의 임무는 스스로 변혁을 요하며, 특별연성회를 중심[基幹]으로 하는 청년단과 청년훈련소 등의 연성·지휘 업무는 신설한 연성과에서 강력하게 실시하지 않으면 안 된다. 경무국에서는 위생과가 보건과를 통합하여 조정되었다. 위생보건의 행정분야는 법령이 면면이 좋은 점에서 강■(强■)을 수반하면 일하기 쉬울 것이다. 특히 방역에 대해서 그 ■을 깊이 하는 위생과가 경무국으로 복귀한 것은 좋다. 게다가 1년이 되지 않기는 했지만, 후생국에서 명랑성을 가미해 오고 있었으므로 이후에도 일이 잘 될 것이다.

자료 146

## 반도 행정기구 개혁 완성, 광공·농상 2국도 신설, 총무 등 6국 폐지

《경성일보》1943년 10월 20일 / 구분: 광공국 등

결전 단계를 이겨 내야 할 관청 사무의 재편성은 앞서 중앙[17]에서 신 기구를 발표, 조선에서도 중앙에 호응, 병참 사명의 완전 수행을 목표로 예의(銳意) 연구를 진행해 왔는데, 19일 각의에 부의(附議) 결정, 같은 날 총독부 정보과에서 다음과 같이 발표하였다. 총독부의 기구 개혁에 있어서는 총무, 사정, 식산, 농림, 철도 및 전매(專賣) 6국을 폐지하고, 새로이 군수물자의 증산을 중점으로 하는 광공국(鑛工局), 해륙수송(海陸輸送)의 일원적 강화를 도모하는 교통국, 식량 확보를 전심(專心)으로 하고 국민생활 관계 행정을 통합한 농상국의 3국을 신설하는 것 외에 관방에 중요 정책인 기획, 조정(調整), 정보, 감찰의 각 사무를 이관하였다. 본 기구 개혁에 따라, 생산전력의 철저한 강화를 도모함과 동시에 관방을 강화하여 총독이 염원하는 말단행정기구의 철저한 충실·강화를 목표로 하여, 총후 태세의 충실에 따라 필사(必死)의 생산증강을 기한 것이다. 실시 시기에 대해서

---

[17] 일본 정부.

는 중앙과 동일 보조를 취하고자 준비를 진행하고 있는데, 다소의 지연은 피할 수 없는 모양이다.

### ▶ 조선총독부 업무를 하부 위양, 읍면행정에도 확충·강화

【정보과 발표】
조선총독부 행정기구의 개혁에 관해서는 일본[中央] 정부의 국내 태세 강화 방침에 즉응하여 군수물자의 비약적 증산 및 해륙수송의 일관적 강화를 도모하고 간소·강력한 태세를 정비하고자 총독부 업무의 철저한 하부 위양과 이에 따른 지방행정기구의 확충·강화, 총독부 각 부국 및 지방기구의 철저한 정리·통할에 의한 행정 운영의 간소화 및 읍면행정의 강화를 주안으로 하여 입안, 중앙과 절충한 결과 오늘 각의에서 다음과 같이 결정되었다.

### ▶ 기구개혁 요강

제1 총독부 기구

1. 총무국, 사정국, 식산국, 농림국, 철도국 및 전매국을 폐지할 것
2. 군수물자의 증산을 중점으로 하여, 이에 관련한 물자동원계획, 노무, 전력 등의 사무를 통합하여 광공국을 신설할 것
3. 해륙운수의 일원적 강화를 도모하기 위해 철도수송 및 해사(海事)행정을 통합하여 교통국을 신설하고, 이에 수반하여 지방철도국을 지방교통국으로 개조하고 해사서(海事署) 및 세관을 이에 통합할 것
4. 식량 확보를 중심으로 하는 국민생활 관계 행정을 통합하여 농상국을 설치할 것
5. 중요 정책의 기획·조정, 정보, 감찰 등 사무의 중요성에 비춰 이를 관방으로 이관할 것
6. 전매국의 사무는 재무국에 통합할 것

제2 지방기구

총독부 소관 행정을 가급적 지방청으로 위양하여 그 기구를 강화함과 동시에 특수지방관청은 어쩔 수 없는 것 외에 이를 폐지할 것

1. 세무감독국을 폐지하고 그 사무를 소장(所掌)하기 위해 도에 재무부를 설치함과 동시에 세무서를 도의 소속으로 할 것
2. 도의 산업부를 광공부로, 식량부를 농상부로 개조할 것
3. 사정국 토목출장소를 폐지하고, 중요 항만의 사무를 제외한 그 외 사무를 도로 이관할 것
4. 영림서(營林署)를 도(道)로 이관할 것
5. 직업소개소를 폐지하고 그 사무를 부군으로 이관할 것
6. 읍면행정을 강화하고 주요 읍면에 관리를 배치할 수 있도록 조치를 강구할 것

자료 147

총독부 새 기구 오늘 실시, 말단행정의 강화 단행, 3국을 신설, 5국을 폐지

《경성일보》 1943년 12월 1일

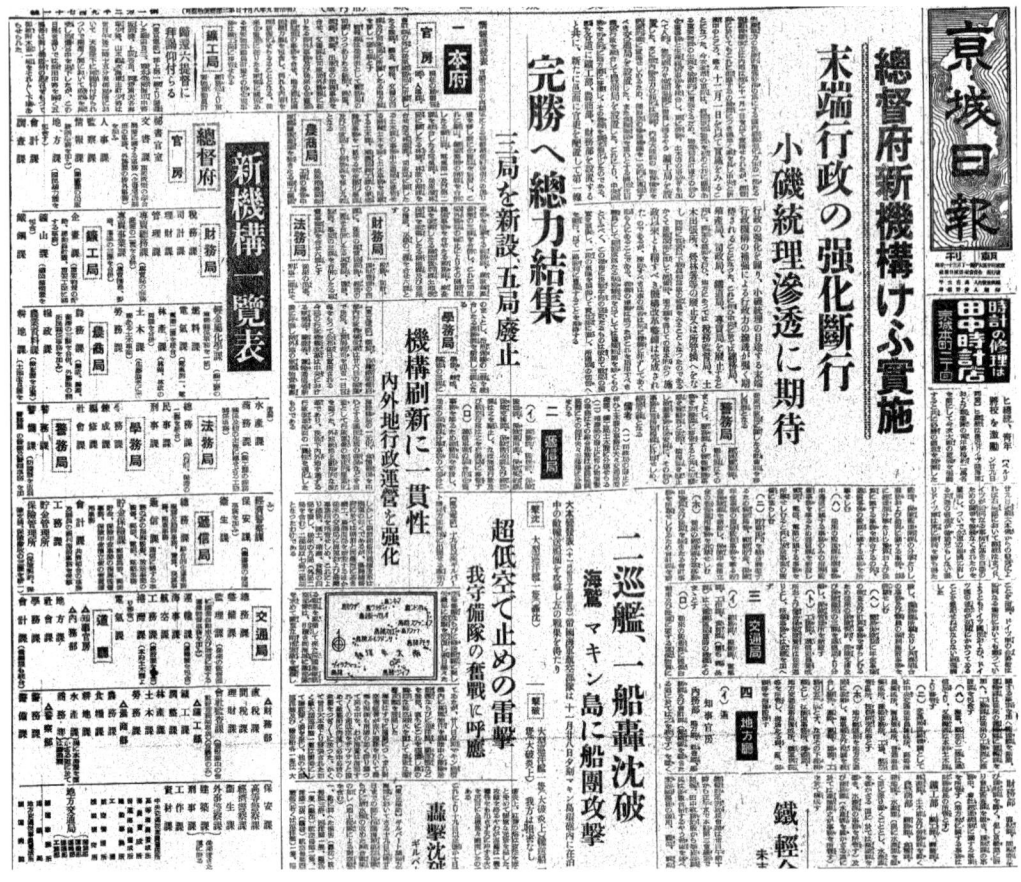

생산 전력(戰力)의 결승적 증강의 필수적 시기[必期]를 위해서 하는 국내 태세 강화 방책의 일부인 관청기구 개정은 일본[內地]은 이미 11월 1일로써 실시하였는데, 총독부에서도 이에 즉시 대응하는 기구에서 조속히 안을 갖춰 중앙과 절충 중인바, 드디어 12월 1일로써 실시

를 보게 되었다. 이번 개혁의 중점은, 직접 군수물자를 시작으로 관련 있는 중요 물자의 생산을 비약적으로 증강하기 위해 물자동원계획, 기타의 기획사무와 생산 관계 사무를 통합하고, 나아가 노무, 토목 등의 사무도 더하여 인적, 물적 총력을 신속[敏速] 과단(果斷)하게 동원할 수 있도록 광공국(鑛工局)을 설치하였다. 다음으로 조선 내 수송력의 강화는 물론, 내지 대륙 간의 물자수송을 신속 적확하게 실시시키기 위해 육해공의 수송기관을 일원적으로 운영할 교통국을 설치하였다. 또 식량 확보를 중심으로 하는 국민생활 관계 행정을 통합하여 농상국을 설치하였다. 이로부터 중앙업무를 가급적 지방청으로 이관하여 기구를 확충·강화한 것이다. 즉 각 도에 광공부, 농상부, 재무부를 설치함과 동시에, 새로이 읍면에 관리를 배치하여 제1선 행정의 강화를 도모하고, 고이소 총독이 목표하는 말단행정기구의 보강에 의한 행정력의 삼투를 강하게 기대하게 되었다. 이에 수반하여, 중앙에서는 총무국, 식산국, 사정국, 철도국, 전매국을 폐지함과 동시에 과실(課室)의 정비를 실시하고, 지방에서는 세무감독국, 토목출장소, 영림서(營林署) 등의 폐지 또는 소관 전환을 하고 동시에 관리 이하 직원 상당수를 감원하게 되었다. 그리하여 결전 단계에 즉(卽)하여, 총독부와 지방청을 통하여 발본적 또한 시정(施政) 이래 처음이라고도 칭할 기구개혁 정비가 완성되었다는 것인데, 깊이 생각할[深思] 것은 일의 성패 여부[成否]가 항상 기구에 있지 않고 어디까지나 사람에게 있다는 것이다. 기구는 정비되었지만 이를 활용할 직원이 구태의연한 집무관념으로써 한다면 화룡점정을 결여하는 것이라 말할 수 있으므로, 이 기회에 결전 조선[半島]의 관리인 자는 새로이 전국의 현실을 직시하고 일단(一段)의 기백을 일으켜 책임감을 철저히 하고 소위 생각의 전환을 단행하여, 이로써 일로승리(一路勝利)에 매진[驀進]할 것을 기대한다.

▶ 완승으로 총력 결집, 3국을 신설하고 5국을 폐지

【정보과 발표】

1. 조선총독부
관방: 현재 비서관실, 인사과, 회계과 외 종래 총무국에 소속한 감찰, 조사, 정보, 문서의 4과 및 사정국에 소속한 지방과를 옮겨 1실 7과로 한다. 정보국은 종래 주로 경무국이 담당

하고 있던 신문, 영화, 연극, 연■(演■), 출판 등의 지도 사무를 합치고, 문서과는 사정국 외무과에 있는 섭외(涉外) 사무 및 종래 기획실의 법 제반 사무를 합치고, 지방과는 국민총력과를 포함하여 모두 내용을 쇄신·강화시키는 것이 된다. 종래 기획실에 있던 군수에 관계한 중요물자동원계획, 기타 기획 사무는 광공국으로 이관된다.

광공국: 총무국에서 중요물자동원계획을 옮기고, 새로이 기획과를 신설하고, 이에 광산, 광업정비 2개 과를 합병한 광산과, 전기제1과 및 전기제2과를 통합한 전기과, 종래 농림국에 속한 임업·임정의 양 과를 합친 임산과(林産課), 사정국에 속한 토목과의 사무 중 교통국으로 이관된 항만토목을 뺀 토목사무를 담당하는 토목과, 식산국 상공과의 군수 관계 사무를 일괄시킨 경금속화학과 및 사정국에서 노무과를 옮겨 9과가 된다.

농상국: 종래 식산국 상공과의 사무 중 군수 관계 산업을 뺀 상공 관계 사무를 담당하는 상무과, 농정·농산·축산의 3과를 합병하여 이에 사정국 외무과의 폐지에 따라 그 개척민 관계 사무를 합친 농무과, 검사과를 개칭한 농업자료과와 토지개량과를 개칭한 경지과 및 종래의 농정, 수산의 2과를 합쳐 6과가 된다.

재무국: 세무, 사계(司計), 이재(理財), 관리의 4과에 종래 전매국 서무·경리의 2과를 합병한 전매과, 감■(監■)·제조·사업의 3과를 합병한 전매사업과를 합쳐 6과가 된다.

법무국: 종래 민사, 형사 2과는 그대로 하고, 행형·보호의 2과를 통합한 총무과를 신설하여 3과가 된다.

학무국: 학무, 연성, 편수의 3과에 종래 사정국에 속한 사회과를 이관해 4과가 된다.

경무국: 경제경찰과, 위생과는 그대로 하고, 경무과에서 경위(警衛)·경비 사무를 방호과로 이관함과 동시에 방호과를 경비과로 개칭하며, 도서과를 폐지하고 검열 사무는 보안과로, 기타 사무는 관방정보과로 분담시켜 결국 5과가 된다.

비고: (1) 사정국의 폐지에 수반하여 토목과의 사무는 각각 교통국 항만과, 광공국 토목과로 분담된다. (2) 식산국의 폐지에 수반하여 물가과의 사무는 그 종합사무는 농상국 상무과에서, 기타는 각각 주무과로 분담된다.


2. 체신국

(가) 서무과, 감리과, 보험감리과, 보험운용과, 보험계약과, 보험지불과, 보험징수과 및 경

리과는 이를 폐지하고, 또 해사(海事)행정 및 항공행정은 이를 교통국으로 이관한다.

(나) 체신사업의 종합적 기획 사무를 ■하기 위해 총무과를 신설하고, 종래 서무과 분장 사무의 대부분을 감리, 보험감리 2개 과로 분장하고, 복무 및 급여에 관한 사무, 그리고 경리과가 분장한 예산 및 결산에 관한 사무를 통합하는 것 외에 체신사무의 감찰에 관한 사무를 담당시킨다.

(다) 종래 감리과 소관 사무 중 통신에 관한 사무만 지도감독사무를 담당하기 위해 통신과를 신설하고 우편, 전신(電信), 전화에 관한 사무를 담당함과 동시에 방송사업의 감독에 임하게 한다.

(라) 저축 부문을 통합·조정하기 위해 우편 통화교환[爲替], 우편저금, 보험연금사업의 지도감독사무를 맡는 저금보험과를 신설하고, 보험·연금·적립금의 관리운용사무를 함께 관장[倂掌]시킨다.

(마) 종래 경리과 분장사무 중 예산 및 결산을 제외한 회계사무를 담당하기 위해 회계과를 신설하고 서무과가 맡은 공제조합의 사무 및 직원 복리시설사무를 병행시킨다.

(바) 간이보험 및 연금사업 검사 및 계산 사무를 맡기 위해 종래 보험계약, 보험지불 및 보험징수의 3과를 체신국에서 분리하여, 보험관리소를 신설한다.

(사) 공무과(工務課), 체신이원양성소(遞信吏員養成所) 및 간이보험요양소는 종래대로 하고 담당 사무는 개편하지 않는다.


3. 교통국

(가) 총무과, 정비과, 전기과, 공작과, 자재과(옛 명칭 수품과(需品課))는 대체로 철도국 당시의 기구 그대로 한다.

(나) 종래의 감독과에 국영자동차 및 육운(陸運)에 요하는 운영물자에 관한 사항을 더하여 감리과를 신설, 운수과는 종래 운수과에 운전과를 더하고, 공무과는 종래 공무과에 건설과를 포함한다.

(다) 해사(海事)·항공 2과는 체신국에서, 또 항만과는 조선총독부 토목과에서 이관한다.

(라) 교통국 직속 기관으로서는 중앙교통종사원양성소, 고등해원양성소, 해원양성소, 보통해원양성소, 건축사무소, 공장, 항공관리소, 기술연구소 등으로 한다.

(마) 지방철도국을 지방교통국으로 개조하고, 해사서(海事署) 및 세관을 통합하여 총무, 운수, 운전, 부두, 공무 5부제로 한다. 또 그 하부 조직으로서 철도사무소, 부두국, 지방교통종사원양성소, 철도병원 등을 소관하고, 현장인 역(驛), 만(灣), 부두 등을 지도·감독한다.

4. 지방청

(가) 도

지사관방

내무부: 지방과, 사회과, 학무과 및 회계과(영선과(營繕課)를 둔 도에서는 이를 통합함)을 두고, 재무부 직세과, 간세과 및 이재과를 두고, 단 경기도에 한하여 회사감사과를 두며, 이재과의 사무 중 회사경리 통제에 관한 사항을 소관한다(지방세에 관한 사무는 재무부장의 소관으로 함).

광공부: 광공과, 조정과, 임산과(林産課), 토목과 및 노무과를 둔다.

농상부: 농무과, 식량과, 경지과, 수산과(현재 수산과를 둔 도에 한하여 두는 것으로 하고, 수산과를 두지 않은 도에서는 산업과를 두고 수산과의 사무를 소관함) 및 상무과(수산과를 두지 않은 도에서는 산업과가 이 사무를 소관함)로 구성한다.

경찰부: 경찰과, 경비과, 보안과, 고등경찰과, 경제경찰과 및 위생과를 두고, 구 외사경찰과, 건축과, 형사과를 둔 도에서는 종래대로 이를 두고, 고등경찰 또는 보안경찰에 관한 사무의 일부를 분장할 수 있다.

(나) 부, 군, 도

【경성부】부윤관방을 신설하고 이에 기획, 조사, 서무 및 회계 사무를 사장(司掌)시켜 재무부를 폐지하고 총무부에 포함함과 동시에, 노무 및 후생 관계 업무를 맡기기 위해 민생부를 신설하고, 이와 종래의 공영부(工營部)와 함께 관방 및 3부를 이룬다.

【기타】기타 부군도 기구의 재편에 관해서는 각각 지방의 실정에 응하여 고려할 것.

(다) 읍, 면

말단행정의 강화를 도모하기 위해 주요 읍면에 속(屬)을 배치한다.

(라) 세무서

① 서무과, 직세과, 간세과를 둔다.

② 세무서의 명칭, 위치 및 관할은 현행대로 한다.

③ 세무서장으로서 도세의 부과에 관한 사무를 소관시킨다.

(마) 영림서(營林署)

① 서무과, 업무과를 둔다.

② 영림서를 둔 도는 평안남도, 평안북도, 강원도, 함경남도, 함경북도로 한다.

[자료 148]

## 반도 방공에 철통의 진, 1일 자 발령, 공습에 대비해 방위총본부 설치, 본부장에 정무총감

《경성일보》 1944년 2월 2일 / 구분: 방위총본부

구적(仇敵) 미국[米]의 반격 공세[反攻]는 드디어 치열의 도(度)를 깊이 하여, 우리 본토 방위의 제일선인 마셜제도 (マーシャル諸島)로 출격(出擊), 이를 요격하는 우리 육해군의 정예는 가열(苛烈)한 결전을 계속하고 있다. 언제 조선에도 적기가 내습(來襲)할지 모르나, 아니 반드시 올 것이다. 그러나 우리에게 철벽의 포진(布陣)이 있으면 하등 무서울 것이 없다. 금년이야말로 분수령적인 결전이다. '적기 반드시 온다'라고 하는 생각 아래에서 총독부에서는 '언제라도 올 테면 오라'라고 조선[半島] 방위의 철벽진을 굳혀, 1일 자 부령으로 규정을 발령하고, 비상사태에 즉응하는 태세를 완비하였다.

이 방위 태세는 1941년(昭和16) 7월 창설한 총독부 방공 총본부와 각 도의 방공본부로 하여, 새로이 ■산(■散)한 공습, 기타 비상사태에 근접하는 방위계획의 종합·통일을 도모함과 동시에 기민(機敏)하고 적확하게 방위상 절대 필요한 조치를 취하기 위해 조선총독부에 '조선총독부 방위 총본부'를, 각 도에 '방위본부'를 설치하는 것이 되었는데, 이는 상설[常置]하는 것이 아니라 비상사태가 돌발했을 때 즉사(卽事)·즉응하여 수시로 여러 곳에 개설하는 것이다.

방위총본부의 본부장에는 정무총감이 취임하고, 막료장에는 경찰국장으로 하며, 막료 및 부장은 총독부 부내(部內)의 고등관 중에서 총독이 임명하도록 되어 있고, 기타 총본부에는 경방(警防), 공영(工營), 배급, 생산방공(防空), 교통, 통신, 재정금융의 7부를 설치하는 것으로 되어 있다.

　▲막료는 각 부 사무의 연락 조정, 부외와 연락 교섭, 방위 일반의 계획, 정보의 모집 및 선전 및 발표에 관한 것 외, 방위용 노무자와 기술자의 부분별 배분 계획의 심의, 복구용 중요 자재의 부문별 계획의 심의, 본부의 숙영 급양, 특명사항의 처리 등을 담당함.

　▲경방부는 경위·경비, 방공의 실시, 건축물의 방호 및 응급복구 및 응급건축, 이들에 수반하는 소요 자재의 비축·배급, 고등외사경찰·형사경찰·행정경찰 및 경제경찰에 관한 사항, 기타 긴급한 필요 물자의 확보, 운반 및 배급에 관한 비상조치, 구호, 방역, 청소, 도시 소개(疏開), 피난, 퇴거, 관공서(官公衙)의 기능 유지 및 지도, 또는 학교 등의 휴지(休止), ■■, 재개 및 시설의 전환 및 학교총력대(總力隊)에 관한 것, 또는 노무자의 분산[散逸] 방지, 이재자의 구제, 관공리 및 그 가족 및 방공 종사자의 구휼, 그 외 타 부에 속하지 않은 모든 것을 받아 처리함.

　▲공영부는 상수도, 하수도 및 공업용 사도 방호 및 응급복구, 하천 도로의 방호 및 응급복구, 음료수의 비축·배급, 방공토목, 시가지 계획상 필요한 사항, 이에 수반하는 소요 자재의 비축·배급 등을 행함.

　▲배급은 식량 및 연료의 비축·배급을 시작으로, 피복과 기타 생활 필수품의 비축·배급을 행함. 생산방공부에서는 공장, 광산, 기타 사업장의 방호 및 응급복구, 전기 및 가스(瓦斯)에 관한 공작물(工作物), 기타 시설의 방호 및 응급복구, 공장의 분산·소개 및 전환에 관한 것, 이에 수반하는 소요 자재의 비축·배급, 또 공장, 광산, 기타 사업장의 자위기구 정비·훈련과 종업원의 구휼에 관한 것, 기타 전기 및 가스의 사용 제한, 방위용 노무자와 기술자의 징용동원, 복구용 중요 자재의 부문별 배분 등을 행함.

　▲교통부는 철도, 궤도, 항만, 기타 운수시설의 방호 및 응급복구, 선박 및 항로표식의 방호 및 응급복구, 이에 수반한 소요 자재의 비축·배급, 운수시설 자위기구의 정비·훈련, 철도·궤도·선박·자동차·우마차 등의 동원에 대한 비상조치, 운수사업종업원의 구휼에 관한 사항 등을 맡음.

▲통신부에서는 통신시설의 방호 및 응급복구, 방위 통신, 이에 수반하는 소요 자재의 비축·배급, 비상시 통신의 특별 조치, 기타 통신시설 자위기구의 정비·훈련, 통신사업 종업원의 구휼, 우편저금, 간이생명보험 등 업무의 비상조치 등을 행함.

▲재정금융부는 비상시 재정 및 금융부 내를 맡음.

각 도의 방위본부는 이 총본부에 준하여 규정되어 있는데, 개시 및 종지(終止)는 총독이 명하도록 되어 있다. 적기여 올테면 오라. 우리 조선[半島]에는 이 견고한 진지[堅陣]가 곧바로 깔려 군 방공과 발맞춰 점점 강고해진 진영을 기다리는 것을 ■하는 사기에 불타고 있다. 조선[半島] 2천5백만은 이 결의에 호응하여 총궐기하고 조선[半島] 방위에 정신(挺身)해야 한다.

## 자료 149

전 반도 황국호지로 총궐기, 국민의용대조직요강 발표되다-지역·직역의 양 조직, 화급시에는 전투대로, 연맹 등은 해소·합류, 본부에 조선총사령부, 핵심적 활동을 기대, 전 직원 직임을 사수

《경성일보》 1945년 6월 17일 / 구분: 방위총본부

국내전(戰) 심화에 대처하여 국민의용대에 직결, 국민의 단결을 향상하여 견고히 하고 황국호지(皇國護持)의 대(大)정신 아래 열화의 기백과 왕성한 전의를 발양해 가며 필사적으로 전력 증강을 기하는 국민의용대의 결성은 일본[內地]에서는 거의 완결하였고, 조선도 또한 실정과 환경을 신중히 감안하여 총독부에서 조직의 구체안을 짜고 있었는데, 성안을 얻어 16일 총독부에서 군관민 관계 수뇌자 회의에서 마지막 간담을 마친 결과 요강을 결정, 곧바로 정보과에서 조직요강을 발표하였다. 그리하여 강력한 추진 운영으로써 급속히 조선[半島]의 전투체제를 확립하게 되었다.

　조선[半島]에서 국민의용대의 조직 및 기구는 내지와 연결을 긴밀히 유지[保持]하기 위하여 구성은 대략 같은 방향이다. 그렇지만 조직의 기구는 적 앞[敵前]에서 결성·편조(編組)되어 강력한 삼투와 운영력을 발동하기 위해 어디까지나 단일한 간소화(簡素化)를 방침으로 하고 있으며 종래의 평면적인 운동방책으로는 소기의 실효를 거둘 수 없었기 때문에, 이뤄지고 있는 민의를 반영하는 한편 관제화의 폐해를 피하고 행정기구와 간접 병행하는 철저한 행동체로서의 운영에 중점을 두었다. 즉 조직은 지역과 직역의 2개로 나누고, 직역에서는 별동대로서 학도, 통신·수송·의료 관계자를 포괄하여 특기대(特技隊)를 편성하여 이를 전투대로서 출동에 편리하도록 하고, 기구는 총독부에 조선총사령부를 두고 각 도에 도사령부를 설치하며, 하부기구의 단위는 부(府), 읍, 면을 중추로 중앙기구는 어디까지나 단일화하고, 대(隊) 활동은 각 대장의 통솔 아래 종횡으로 수완을 발휘할 수 있도록 조직되어 있다. 따라서 중앙에서는 기본적인 국민지도를 통일하고, 모든 책임과 사명은 대장에게 부여[課]한다. 여기에서 대장이 되는 부장, 읍장, 면장의 책무가 행정력과 함께 매우 중대해진 것이다. 의용대가 당면한 활동부서는 생산과 방위이며, 향토 전장화에 대비해 전기(戰技)의 훈련도 하지 않으면 안 된다. 국민의용대의 결성에 따라 국민총력연맹, 대일본부인회(大日本婦人會) 조선본부, 조선청년단은 발전적으로 해체하여 의용대로 합류하며, 전 조선에 걸쳐 의용대 결성의 완료는 대체로 7월 상순이 될 예정인데, 관민일체의 협력에 의거해 하루라도 빨리 결성을 완료하여 일각을 다투어 전투부서로서 의용대의 본령을 발휘하지 않으면 안 된다.

▶ 조선총독부에 조선총사령부

정보과 ■■■■■ 지난 16일 전국(戰局)의 현 단계에 대처하고, 국민의 결속을 강고히 하고 왕성한 황국호지의 기백 아래 전력의 비약적 증강을 기함과 동시에 정세가 긴박할 경우에는 적 섬멸에 총궐기하는 태세를 확립하기 위해 조선국민의용대를 결성하는 것으로 하고, 조직 요강을 다음과 같이 결정하였다.

▶ 국민의용대조직요강

제1 방침

전국(戰局)의 현 단계에 대처하고 국민의 결속을 강고히 하고 왕성한 황국호지의 기백 아래 세력의 비약적 증강을 기함과 동시에, 정세가 긴박할 경우에는 적 섬멸에 총궐기하는 태세를 확립하기 위해, 국민의용대를 결성하여 적절한 운영을 도모하려 한다.

제2 요강

1) 조직
(1) 국민의용대는 (가) 대원 각자에게 왕성한 황국 호지의 정신을 진작(振起)시키는 것, (나) 대원 각자로 하여금 진정 전열(戰列)에 있는 일원이라는 자각 아래 상시 결전 생활에 철저히 하고 각각 그 직임을 완수하는 것, (다) 대원 각자로 하여금 전국(戰局)의 추이에 수반하여 그 요청에 따라 곧바로 정신(挺身)의 난(難)으로 나아가게 하는 것을 목적으로 하고, 전 국민을 망라하는 총궐기 조직으로서 나이 연한에 구애받지 않고 널리 가입시키는 것을 목적으로 한다.
(2) 지역조직
   (가) 부(府), 구(區), 읍면을 구역으로 하여 국민의용대를 조직한다.
   (나) 지역조직에 있어서는 상당한 정도의 정(町)·부락, 애국반을 단위로 하여 의용대의

소대 또는 분대 등을 구성시키는 등 각종 기존 조직 등과의 조정을 고려한다.
(다) 군(부(府)), 도(島)의 구역에 연합국민의용대를 조직한다.
(라) 지역국민의용대는 부윤(구장), 읍면장이 이를 조직하는 것으로 한다.
(마) 지역국민의용대에 가입시킨 대원은 지방국민의용대에 가입할 수 없는 것으로 한다.

(3) 직역조직
(가) 관공서, 회사, 공장, 사업장 등에서 상시 상당 다수의 인원을 ■옹(■擁)한 곳에 대해서는 도지사의 승인을 받아 당해 직역마다 국민의용대를 조직한다.
(나) 직역국민의용대는 당해 직역의 장 또는 책임자가 이를 조직하는 것으로 한다.
(다) 직역국민의용대의 소속은 도사령(道司令)이 정하는 바에 따른다.

(4) 학교에서는 전시교육령이 정하는 바에 따라 조직한 학도대로써 국민의용대의 임무를 복무하게 한다.

(5) 별도로 정하는 바에 따라 통신 수송 관계자, 의료관계자 등 특수 기능을 가진 자로써 특기대를, 경방(警防)대원으로서 경방대를 조직할 수 있다.

(6) 국민의용대는 지도 및 출근 등의 편의상 대략 만 12세부터 만 65세까지의 남자 및 만 12세부터 만 40세까지의 여자로 편성한다. 이 외의 자도 적의(適宜)하게 편입할 수 있다.

(7) 국민의용대는 필요에 따라 아래의 부대로 나눌 수 있다.
남자대(男子隊): 소년대, 청년대, 장년대, 예비대
여자대(女子隊): 소녀대, 여자청년대, 여자장년대

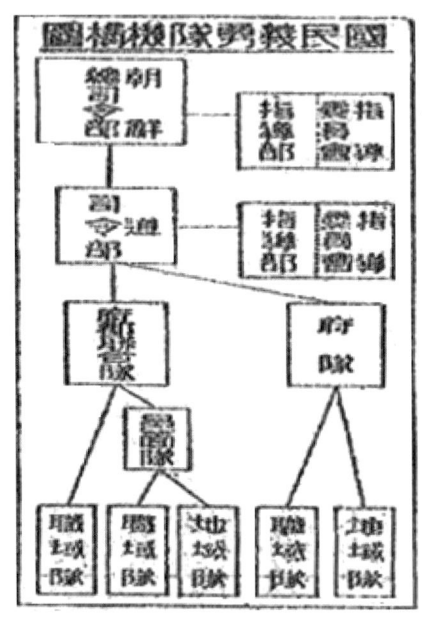

2) 기구
(1) 조선총독부에 국민의용대 조선총사령부를 두고, 정무총감을 총사령으로 한다.
(2) 각 도에 국민의용대 도사령부를 두고, 도지사를 사령으로 하여 당해 구역 내의 국민의용대를 통할(統轄)하게 한다.

(3) 총사령부 및 각 도 사령부에 차장, 고문 및 참여 등을 두고 관계 관공리 및 민간 유위(有爲)의 인사 중에서 총독령 및 사령으로 위촉한다.

(4) 군수(부윤)·도사를 군(부(府))·도(島) 연합 국민의용대장으로 한다.

(5) 연합대에 부대장, 고문 및 참여 등을 두고 관계 관공리 및 민간 유지 인사 중에서 연합대장이 이를 위촉한다.

(6) 부윤(구장)·읍면장 및 직역의 장 또는 그 책임자로써 부(구(區))·읍면 및 직역 국민의용대의 대장으로 한다.

(7) 부(구(區))·읍면의용대에 소관 부대장, 막료 및 지도원을 두고 학교 직원, 재향군인, 부(구)·읍면직원, 민간 유지 등의 적임자 중에서 대장이 이를 위촉한다.

(8) 특기의용대는 ■■에 준하여 해당 직역의 장 또는 책임자를 정한다.

3) 운영

(1) 국민의용대는 단체의 본의에 기초하여 내선일체의 결실을 들어 도의(道義)를 확립하고 각각 그 직임에서 생산 전력의 증강 및 방위에 정신(挺身)함과 동시에 결전 생활을 철저히 하며, 특히 징병 적령기의 남자에 대해서는 황군요원으로서의 자질 연성에, 징병 연령을 초과한 남자는 근로에 의한 보국신념의 철저에, 여자에 대해서는 황국여성의 본령을 계배(啓培)·발휘하여 특히 근로정신의 앙양에 노력하는 것으로 한다.

(2) 현재 당면한 다음과 같은 의무에 대해서는 특히 활발하게 출동하는 것으로 한다.

    (가) 방공 및 방위, 식량, 기타 중요 물자의 증산, 공습피해의 복구, 도시 및 공장의 소개(疏開), 중요 물자의 수송 등에 관한 공사 또는 작업으로서 긴급을 요하는 것

    (나) 진지 구축, 병기 탄약 ■■의 보급 등 육해군 부대의 작전행동에 대한 보조

    (다) 방공소방, 기타의 경방활동

(3) 지도 및 출동에 대해서는 대(隊)조직을 활용함은 물론 항상 직역 및 부락, 애국반 등의 기존 조직 활용에 노력해 가장 효율적으로 효과를 거둘 수 있게 하며, 이에 수반하여 대원 각자의 직임을 완수하는 데 지장을 최소한에 그치도록 나이, 능력, 직종 등을 고려하여 적절한 배치를 강구한다.

(4) 국민의용대의 출동에 대해서는 총사령, 도사령 또는 각 대장이 스스로 행하지만, 그 외 요청에 기초하여 행하는 것으로 한다. 출동 요청은 원칙으로는 도사령에 대하여 하는

것으로 하고, 도사령이 출동을 지령하는 것으로 한다.
(5) 국민의용대는 군부대의 보조를 위해 출근할 경우에는 당해 부대장의 지휘를 받고, 경방활동을 위해 출근할 경우에는 당해 관(官)서장의 지휘를 받는 것으로 한다. 기타 업무를 위해 출근할 경우에는 해당 공사 또는 작업 시행자의 요청에 따라 행동하는 것으로 한다.
(6) 국민의용대는 전시하 행동대로서 강력한 지도를 요하고 노력하는 민의를 기반으로 하는 주지에 기초하여, 지도의 추진력으로서 조선총사령부 및 각 도사령부에 지도부를 설치하고 각각 지도위원회를 부속한다.
(7) 지도부에 소요 직원을 두고 관민 중에서 총사령 또는 사령이 이를 위촉한다.
(8) 지도부는 국민의용대 운영상 제반의 기획 및 대원의 지도에 있어서 가장 실행적으로 추진하는 것으로 한다.
(9) 지도위원회 위원은 군관민 중에서 총사령 또는 사령이 이를 위촉한다. 사령의 자문에 응하는 것 외에 특히 대원의 계발, 하의(下意)의 상통에 노력하는 민의 창달을 도모하는 것으로 한다.
4) 기타
(1) 국민의 의용대조직 및 운영에 있어서는 전투대로 이전[轉移]을 고하여 관계 군 기관과 긴밀하게 연계할 것.
(2) 경방단, 재향군인회 등 전시에 특정 임무를 가진 것 이외의 같은 종류의 기존 조직은 사정이 없는 한 해체하고 국민의용대로 통합할 것.

▶ **핵심적 활동을 기대 – "결전장에서 생사를 함께한다" 나가야(長屋) 보도부장 담화**

조선[半島]에서 「국민의용대조직요강」의 결정을 보았다. 의용대[同隊]는 정세가 급박한 때에는 곧바로 전투대로 이전되는데, 나가야 조선군관구 보도부장은 16일 다음과 같은 담화를 통해 의용대원의 궐기를 촉구하였다. 국민의용대원은 먼저 한 명도 남기지 않고 본토가 결전장이라고 하는 각오를 철저히 하는 것이 필요하다. 본토가 결전장이 된다는 것은 전국(戰局)을 냉정하게 인식하는 자라면 개인이라 하더라도 필지(必至)임을 깨달았을 것이다. 오늘날까지의 단계에서도 결전에 이은 결전을 거듭하고 있다. 따라서 본토결전은 현재까지 벌어진 떨어진 섬에서의 결전과 달리, 실로 국체호지의 최후 결전이다. 떨어진 섬과 본토의 전쟁 수행상에서 큰 차이가 있는 것을 알아주지 않으면 안 된다.

본토결전에서는 ■으로 활살자재(活殺自在)의 전투를 할 수 있다. 황민인 자가 신■■■■(身■■■■)할 수 있는 최종의 좋은 기회이며 ■■■ 이에 지나친 것은 없고, 문자 그대로 황■(皇■) 전쟁이며, 군관민 진정 일■(一■)의 사력을 경주할 시기이다. 의용대원은 황국 3천 년의 역사에 빛나는 황토에서 싸우는 것이며, 또 강인한 국혼을 진작[振起]해야 할 것을 확신해야 한다.

오늘 국민의용대조직요강이 발표된 것은 진정으로 의지를 강하게 하는 것으로서 황국을 위한 경하를 견딜 수 없고, 조직 및 경영에서 전투대로 전이를 고려하고 있음은 본토 결전장인 필지의 정세에 있어서 당연한 일이다. 군은 이를 위해 전폭 노력함은 물론, 함께 결전장에서 생사를 함께해야 한다. 따라서 의용대원도 국체호지의 정신에 투철하여 항상 국혼을 진작해 감연(敢然)한 지휘에 따라 발랄한 진정으로 핵심 중의 핵심인 활동을 할 것을 희망해 마지 않는다.

## ▶ 전 대원 직임을 사수 – 결성간담회에서 총감 강조

조선[半島]에서 구적(仇敵) 필승의 전투태세인 '조선의용대'가 드디어 조직, 조선[半島] 2천6백만의 총력을 국난 돌파의 한 점으로 응결하여 황국호지의 불타는 결의 아래 장렬한 진격을 개시하였다. 총독부는 16일 오후 2시부터 아베(阿部) 총독이 임석한 가운데, 엔도(遠藤) 정무총감을 좌장으로 국민의용대 결성간담회를 개최하고 상승하는 열의에 응하였다.

이날 회장에는 군관구 사령부 참모부장, 동 나가야 보도부장, 조선헌병대 사령관, 해군무관 후쿠■(福■) 소장 등 군부 측, 총독부에서 각 국장, 관방 각 과장, 관계 과장, 중추원에서 부의장 박충중양(朴忠重陽) 씨 외 각 고문, 참의, 조선연맹 측은 한상룡 총장 이하 차장, 각 부장, 대일본부인회 구라시게(倉茂) 총장 외 부장, 조선상공경제회 호즈미(穗積) 회두(會頭), 조선은행[鮮銀] 다나카(田中) 총재를 시작으로 회사, 은행 등 경제 관계의 유력자, 국민운동 관계자, 경성일보사, 매일신보사, 상공신문사 각 사장, 경성제국대학 야마베(山家) 총장 외 교육 관계자, 기타 종교, 향군, 방송협회, 경방단 등의 관계자 약 1백 명이 참가하였다.

첫 번째로 엔도 정무총감이 "국민의 모두가 빠짐없이 전열에 참가해 총력을 다하여 왕성한 황국호지의 기백 아래, 전력의 비약적 증강을 기함과 동시에 정세가 긴박한 경우에는 적 섬멸에 총궐기할 태세를 확립하기 위한 국민조직입니다.…"라고 열렬한 결의를 담은 인사말을 했고, 이어서 하라다(原田) 기획과장이 의용대의 조직요강을 설명한 후, 불타오르는 민의에 응할 질의응답이 있었고, 4시에 폐회하였다. 각층의 팽배한 전의를 반영하여 2천 6백만의 전투태세 결성의 제일보를 씩씩하게 밟아 나선 것이다

### ▶ 정무총감[18] 인사 요지

현재 전국(戰局)은 진정으로 황국 미증유의 중대 난관에 직면해 있는 것으로, 이를 타개 극복하여 최후의 승리를 획득하는 방도는 결국 전 국민이 일치단결, 그 결속을 점점 견고히 하여, 총력을 완전히 집결하여, 한 사람도 남기지 않고 필승의 신념 아래, 황국호지의 결의에 불타서 적 섬멸에 전폭적 노력을 경진(傾盡)하는 것 외에는 없다고 믿습니다.

전 국민이 이 결의 아래, 1인의 낙오자도 없이, 전쟁 완수 목적의 유일점을 향하여 총진군하기 위해서는 강인한 국민조직의 결성이 불가결하며, 이것이야말로 현재 남겨진 필승 시책의 가장 큰 것의 하나라고 생각합니다.

이상의 취지에 따라 일본[內地]에서는 이미 국민의용대의 설치를 보아 현재 결성 중인데, 조선에서도 진정 내선일체, 2천 6백만 조선[半島] 거주민[在住民]이 서로 함께 제휴하여 전열에 참가하는 궁극의 조직으로서, 여기에 국민의용대의 결성을 이루게 된 것입니다.

국민의용대는 전국의 현 단계에 대응하여 국민의 결속을 공고하게 하여 그 모두가 빠짐없

---

18 엔도 류사쿠(遠藤柳作, 1886~1963): 정무총감. 사이타마현(埼玉縣) 출신. 1910년 도쿄제국대학 법과대학 독문과를 졸업하고 고등문관시험에 합격하여 조선총독부에서 시보로 근무하기 시작하였다. 1920년 도쿄부의 산업부장과 지바현(千葉縣)의 내무부장, 아오모리현(靑森縣)과 미에현(三重縣) 지사를 지낸 후 1928년 사이타마에서 중의원이 되고 변호사를 개업했으며, 무사시노(武蔵野)철도회사 사장과 가나가와현(神奈川縣) 및 아이치현(愛知縣) 지사로 지내다가, 1933년 만주국 국무원 총무청장으로 취임하였다. 1936년 귀족원 의원이 되고 1939년 일본 아베(阿部) 내각의 내각 서기관장이 되었다가, 1944년 조선총독부 정무총감으로 부임하였다. 일본 패전 후 공직 추방을 당했으나, 1952년 해제된 후 무사시노은행 창립에 나서 사장으로 취임하고, 1955년에 사이타마현에서 참의원(보궐)으로 당선되었다.

이 전열에 참가하고 국민의 총력을 들어 왕성한 황국호지의 기백 아래 전력의 비약적 증강을 요함과 동시에 정세가 긴박할 경우에는 적 섬멸에 총궐기하는 태세를 확립하기 위한 국민조직으로서, 이것의 결성은 국민의 충성심과 올라오는 의용봉공의 열의를 원동력으로 하는 진정한 민의의 결집이지 않으면 안 됩니다.

국민의용대의 임무는 대원이 각각 그 직임을 완수하는 것이 중점으로, 즉 대원이 그 직임을 수행하는 데 있어 대오의 힘에 따라 지묘(至妙)한 통솔력을 발진하여, 점차 사기를 앙양하고, 강력한 의용심과 전우애로써 어떠한 곤란도 돌파하여 이를 완수하지 않으면 안 되며 제일선의 용사와 똑같이 신념에 철저하고, 한 사람의 낙오자도 없이 모두가 그 직임의 완수에 용왕매진하는 것이 제일의 목적입니다.

특히 당면의 임무는 대원이 그 각각의 직임에서 군수물자, 식량의 증산을 시작으로 총후 전력의 비약적 증강 노력을 중시하는 것입니다. 그리고 필요에 응해서는 대원 고유의 직임 외에 현재 당면한 긴급 의무에 온몸을 바쳐[挺身] 출근하며, 정세가 급박하여 전투대로 이전한 후에는 군의 지휘 아래에서 주로 작전이 요청하는 병참적 업무에 복무하는 주안으로서 향토 자위를 완성하는 것입니다.

국민의용대는 국민■전쟁완수라는 하나의 목표를 향하여 유기적으로 응집·결합하여 전 대원이 열렬히 하나가 되어 직임을 사수 완수하고 혹은 출근에 정성을 다하고[挺身] 이로써 전력을 앙양하는 조직인데, 이 사이를 관통하는 기본적 이념은 어디까지나 국체의 본의에 기초한 도의의 확립 외에는 없습니다.

국민의용대가 궁극의 국민조직이라는 것에 비춰 그 결성에 관계하여 기존의 관련 조직은 사정이 허락하는 한 해단하여 의용대로 통합할 방침이므로, 국민총력조선연맹·대일본부인회 조선본부 및 조선청년단도 현재 정세에서 이들을 의용대로 병치할 필요가 없다고 인정하여 국민의용대에 합류하려는 의미에서 해산시켜 기능을 가급적 의용대 운영에 포함시키는 것으로 했는데, 이는 곧 국민운동을 전국 현상에 대응시키고 나아가 한 단계 강화시키려는 조치로서, 종래 연맹 외 두 단체가 이룬 국민운동상의 성과를 신조직에 계승함과 동시에 여러 단체가 추진해 온 정신운동, 문화운동을 시작으로 모든 전시생활운동 등은 당연히 의용대에서 이어서 더더욱 강력하게 지도·계배(啓培)를 행할 방침입니다.

국민의용대의 결전 아래 국민의 총력을 결집하는 극히 중요한 방책이 현재 시정의 요점이 될 것이라고 믿습니다. 그리고 이 조직 및 운영에 대해서는 위급 존망의 현 전국에 대응하여 어디까지나 국민 각자가 자주적으로 진정으로 민의의 운동으로서 명랑하게 총력을 유감없이 발휘하도록 하는 것이 매우 중요하여, 관민이 진정 모든 적극적이고 극진한 노력을 여기에 경주하여 이 조직 및 운영의 적정을 기하고 싶으며 금후 여러분의 이해 깊은 협력을 진심[衷心]으로 바라 마지않습니다.

자료 150

국민의용대 조선총사령부 결성, 철벽진 이루다, 총사령에 엔도(遠藤) 정무총감

《경성일보》 1945년 7월 8일 / 구분: 국민의용대 조선총사령부

필승의 신기(神機)가 절박한 최종적 결전 단계에 대응하고 조선[半島] 2천 6백여의 총력을 생산증강과 국토방위에 결집하는 국민전투태세

국민의용대는 7월 대조봉대일(大詔奉戴日)[19]을 중심으로 전 조선 곳곳에 웅장하고 활발한 진발(進發)을 이뤘는데, 이를 통할·지도하는 국민의용대 조선총사령부의 결성식이 7일 오전 10시부터 총독부 제1회의실에서 아베(阿部) 총독, 고즈키(上月) 조선군관구사령관 대리를 시작으로 엔도(遠藤) 총사령, 와타나베(渡邊)·기요하라(淸原) 양 차장 이하 고문, 참여 등 다수가 참석해 대성황으로 거행되었다. 국민의례 후 혼다(本多) 총독부 지방과장의 경과보고, 엔도 총사령의 인사, 총독의 고사(告辭), 고즈키 조선군관구사령관과 진해경비부 사령장관(대리)의 축사, 총사령의 ■■ 후 아베 총독이 성전 만세를 봉창(奉唱)하고 35분 폐식, 이에 국민의용대 조선총사령부는 당당한 진용이 되어 힘차게 발족하였다.

총사령부 기구는 총사령 아래 차장 2명, 고문 및 참여 약간 명과 함께 총사령부 운영의 중핵이 될 지도위원회를 설치하고, 하부 사무 당국으로서 지도부를 설치하였는데, 지도부에는 총무, 연락, 연성, 부인, 선전의 5반을 두었다.

총사령에 엔도 정무총감

국민의용대 조선사령부 총사령은 엔도 정무총감이 취임했는데 차장 이하 진용은 다음과 같다.

◇ 총사령 엔도 류사쿠(遠藤柳作)

◇ 차장 와타나베(渡邊豐日子, 朝鮮重物班 사장) 기요하라(淸原範益, 전 지사)

◇ 지도부장(겸) 와타나베(渡邊豐日子)

◇ 고문 조선군관구 참모장, 진해경비부 참모장, 조선헌병대 사령관, 경성제국대학 총장 야마베(山家信次), 조선상공경제회 회장 호즈미(穗積眞六郞), 육군중장 아마가스(甘粕重太郞), 중추원 부의장 박충중양(朴忠重陽), 귀족원 의원·중추원 고문 한상룡(韓相龍), 동 이

---

19 전쟁 완수를 위한 대정익찬의 일환으로 1942년 1월부터 일본 패전에 이르기까지 실시한 국민운동. 태평양전쟁 개전일인 1941년 12월 8일에 히로히토 천황이 개전 조서인 「선전(宣戰)의 소칙(詔勅)」을 공포한 것을 근거로 매월 8일로 설정하였다. 1942년 1월 2일 대조봉대일을 각의결정한 후 1월 8일부터 실시하였다. 대조봉대일 설정에 따라 1939년 9월부터 매월 1일에 실시한 흥아봉공일(興亞奉公日)을 폐지하였다. 대조봉대일에는 국기 게양, 기미가요 합주, 궁성 요배, 칙어 봉독 등을 하고 학교에서는 진영을 봉배하는 등 행사를 실시하였으며, 신문 1면에 1942년 12월 8일에 공포한 개전 조서를 게재하도록 하였다.

가진호(李家軫鎬), 동 이동치호(伊東致昊), 중추원 고문 청도금차랑(淸道金次郞), 식량영단 이사장 와타나베(渡邊忍), 식산은행[殖銀] 은행장 하야시(林繁藏), 고등법원장 기도우(喜頭兵一), 동 검사장 미즈노(水野重功)

◇ 참여 조선군관구 참모부장, 경성 재근 해군무관, 조선헌병대 사령부 선임과장, 고등법원 차석검사 무라다(村田左文), 고등법원 부장판사 하세가와(長谷川宏), 경성제국대학 법문학부장 마쓰즈키(松月秀雄), 동 교수 스즈키(鈴木武雄), 귀족원 의원 박택상준(朴澤相駿), 귀족원 의원 가네다(金田明), 귀족원 의원 이기용(李琦鎔), 마쓰모토(松本誠), 이토(伊藤■郞), 육군소장 구라시게(倉茂周藏), 육군소장 아베(安部良夫), 경성일보사장 요코가와(橫溝光■), 매일신보 사장 가네가와(金川■), 상공신문 사장 사이토(齊藤伍吉), 방송협회장 ■웅의방(■熊義邦) · 야마모토(山本叉■) · 히라마쓰(平松昌根), 경성대화숙 회장 나가사키(長崎祐三), 중추원 참의 고무라(梧村升雨), 이시다(石田耕造), 하나야마(華山大義), 경성여자전문학교장 오시로(大城活蘭) · 다카지마(高島京)

◇ 지도위원회 위원

미즈다(水田) 재무, 시오다(鹽田) 광공, 시로이시(白石) 농상, 하야다(早田) 법무, 다케나가(武永) 학무, 니시히로(西廣) 경무, 이토(伊藤) 체신, 고바야시(小林) 교통 등 각 총독부 국장, 야마묘(山名) 총독부 총무과장, 조선군관구 고급참모, 경성 재근 해군무관 보좌관, 제3군무예비훈련소장 오호리(大堀知武造), 중추원 참의 김원방광(金原邦光), 경성일보 부사장 나가호(中保興作) · 후지와라(藤原喜藏) · 아베(阿部千一), 조선상공경제회 이사장 도모토(堂本貞一), 덕성여자실업학교장 후쿠자와(福澤鈴子) · 쓰다(津田剛)

◇ 지도부 각 반장

총무반장(총독부 지방과장), 연락반장(총독부 기획과장), 연성반장(총독부 연성과장), 부인반장(총독부 연성과장), 선전반장(총독부 정보과장)

## 자료 151

### 조선에도 경제경찰, 약 3백 명의 경찰관 증원

《경성일보》 1938년 7월 12일 / 구분: 경제경찰(예정 기사)

국책의 견지에서 물자(物) 사용에 대하여 정부 당국은 적극적 제한을 가해 장기전의 태도를 천명하고 있는데, 총독부에서도 내무성과 호응해서 마침내 조선에도 조만간 경제경찰을 실시하여 철재, 귀금속, 기타 국책에 의해 사용 및 가공 제한을 받는 물자에 대해 위반행위를 단속하고 나아가 물자 절약을 강화하기 위해 경제경찰관이 거리[街頭]로 진출해서 국책에 보조를 맞추지 않는 불량배[不德漢]을 족족 적발·처분할 방침이다. 경제경찰 설치에 관하여 조선총독부 경무국이 주체가 되어, 식산국과 이에 관한 구체적 협의를 한 결과 전 조선 약

160개 경찰서에 최소한도 1명 및 각 중요 무부(務部)에 2명씩, 합계 총 300명의 경제경찰관을 증원하고, 조선[半島] 경제선(線)의 강화에 나서게 되었다. 이에 대한 인사 및 시설 예산은 약 1백만 원을 웃돌 전망으로 이것의 염출 방법[支辨]에 대해서는 총독부 재무국에서 연구[考究] 중인데, 긴급[速急]을 요하는 문제인 만큼 추가예산의 방법으로는 맞출 수 없으므로 총독부의 예비금 지출에 따라 예산을 편성[編依]할 의향으로, 이에 관하여 미즈다(水田) 총독부 재무국장이 조만간 도쿄에 가서 정부 당국과 협의하기로 하였다.

자료 152

## 경제경찰제도 창설비, 대장성에서 대삭감[20]

《경성일보》1938년 7월 22일 / 구분: 경제경찰(일본)

내무성 경보국에서는 물자동원계획의 운영에 만전을 기하기 위해 상공성 당국과 합의를 하고, 경제보안경찰제도를 창설하는 것으로 결정, 금년도분 308만 원, 내년도분 409만 원의 예산을 계상하고, 일단 금년도분을 제2예비금에서 지출을 요구할 방침으로 대장성과 절충을 거듭하고 있는데, 21일 오전 대장성 당국이 사정(査定)한 결과 금년도분을 요구액의 약 6분의 1로 크게 삭감해 약 45만 원 내지 50만 원의 삭감 사정을 보였고, 내년도도 요구액의 4분의 1, 1백만 원 정도로 삭감 사정되었기에, 경보국안에 따른 경제보안망의 기구는 극도로 축소되지 않을 수 없게 됨에 이르렀다, 그 결과 내무성에서는 21일 오후 수뇌부 회의를 열고 대장성의 사정을 중심으로 기구의 재검토를 거쳐 늦어도 22일 각의의 상정 결정을 본 뒤에 가급적 빨리 실시하기로 했는데, 그 결과 경제경찰제도의 기구 축소는 불가피하게 되었다.

---

20 이 기사는 조선이 아닌 일본의 상황을 보도한 기사이지만, 조선 경제경찰제도의 기구와 인원이 축소되는 배경을 알 수 있으므로 포함하였다.

자료 153

## 경제경찰령 및 석유규정을 실시

《경성일보》 1938년 9월 11일 / 구분: 경제경찰(예정 기사)

국책 강화에 나선 조선총독부에서는 조선[半島] 전시경제 확립의 목적에서 조선총독부 경무국이 근래 전 조선에 경제경찰령 및 석유규정(石油規正)을 실시하기로 하여, 이에 요하는 예산 37만 5,000원을 조선총독부 제2예비금 지출에 의해 구성하여 중앙당국에서 심의 중인데, 9월 10일 칙재(勅裁)를 구해 정식으로 결정하여 드디어 오는 24, 25일 경 관제 개정을 단행하고 업무를 개시하게 되었다. 이 안에 의하면 경기, 평남, 경남 3도 경찰부에 경제경찰과를 두고, 전 조선 254개 경찰서에 각각 전임경찰관 500명을 증원하여 배속하는 것으로 결정하였다. 또한 경기도에 경시 1명을 증원하는 것 외에 전 조선에 경부 9명, 경부보 26명, 촉탁 14명, 기수(技手) 13명의 각 지도 간부가 증원되었는데, 이에 수반하여 유능한 경찰관을 발탁, 대우[優遇]할 방침이므로, 경찰관 간부급에 이동이 있을 뿐이다. 또 경제경찰과가 없는 다른 서(署)에서는 보안과 내에 새로이 계를 설치하기로 하였다.

| 자료 154 |

## 조선의 경제경찰 드디어 다음 달 개시

《경성일보》 1938년 9월 28일 / 구분: 경제경찰(예정 기사)

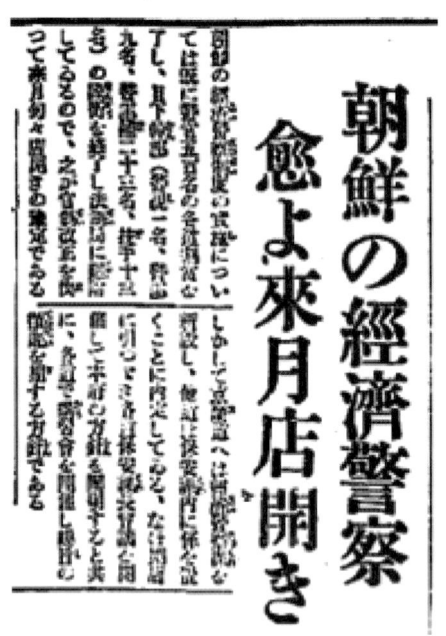

　조선의 경제경찰제도 실시에 대해서는 이미 경관 500명의 각 도 할당을 마치고, 현재 간부(경시 1명, 경부 9명, 경부보 23명, 기수 13명)의 전형을 종료하고 법제국에 회부하였는데, 이 관제 개정을 기다려 다음 달 바쁘게 개업할 예정이다. 경기도에는 경제경찰과를 신설하고, 다른 도는 보안과 내에 계를 두는 것으로 내정하고 있다. 개업에 이어 각 도 보안과장 회의를 개최하여 조선총독부의 방침을 개최함과 동시에 각 도에서 강습회를 개최하여 취지의 철저를 기할 방침이다.

| 자료 155 |

## 경제경찰법 5일 공포 실시

《경성일보》 1938년 11월 3일 / 구분: 경제경찰

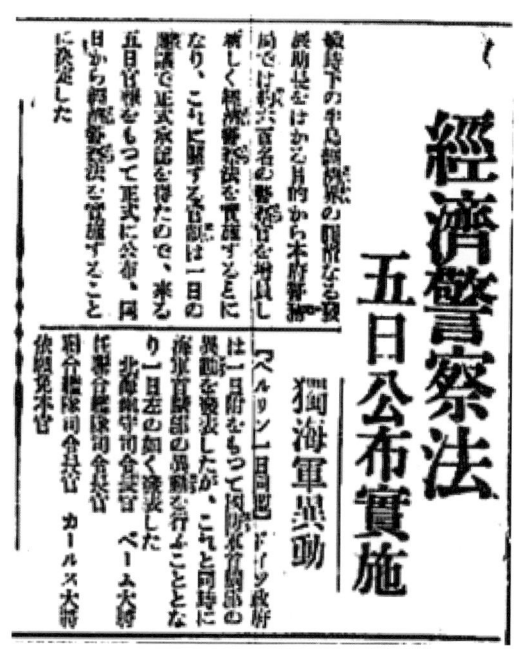

전시하 조선[半島] 경제계의 원활한 발전을 도모할 목적에서 조선총독부 경무국에서는 약 600명의 경찰관을 증원해 새로이 경제경찰법을 실시하게 되어, 이에 관한 관제가 1일의 각의에서 정식 승인을 얻었기에, 오는 5일 『관보』로써 정식으로 공포하고, 그날부터 경제경찰법을 실시하기로 결정하였다.

## 자료 156

### 경제경찰제도 공포는 9일

《경성일보》 1938년 11월 6일 / 구분: 경제경찰

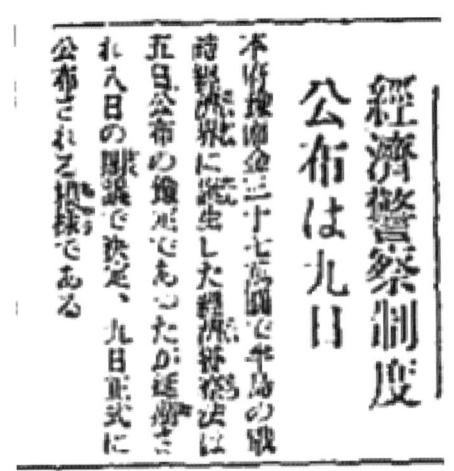

조선총독부의 예비금 37만 원으로 조선[半島]의 전시경제계에 탄생한 경제경찰법은 5일 공포할 예정이었는데, 연기되어 8일 각의에서 결정하고 9일 정식으로 공포될 모양이다.

> [!NOTE] 자료 157

## 조선경제경찰령[21] 오늘 공포 즉일 실시

《경성일보》 1938년 11월 10일 / 구분: 경제경찰

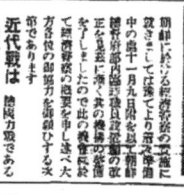

전시경제하에 병참기지로서 중요한 역할을 해내고 있는 조선총독부에서는 일본[內地]과 호응하여, 새로이 임시조치법을 모체로 한 경제경찰제도를 설치, 부동의 자세로 장기전에 임하게 되어, 9일 조선경제경찰령을 발포함과 동시에 전 조선에 실시하게 되었다. 본부에서는 경무국과 식산국이 신중히 협의한 결과, 제도의 운용상 경무국이 중심이 되어 조선[半島] 경제

---

21  조선경제경찰령은 존재하지 않는다.

계의 강화에 나서게 되어, 본부에서는 예비금 지출로 37만 원을 계상하고, 11월 9일부터 경제경찰제도를 전 조선에 실시하여, 통제 제 법령의 악질적인 위반자 감시 및 검거를 실시하는데, 당국에서는 어디까지나 적발주의를 배제하고, 조선 경제계의 지도 방면에 중점을 둘 방침이다. 경제경찰제도 실시에 따라 경시 1명, 경부 9명, 경부보 26명, 기수 13명, 순사 500명, 촉탁 14명, 고원 2명이 전 조선에 배치되었는데, 그 외에 본부 경찰국 경무과의 아베(阿部) 사무관을 전임 계관(係官)으로 임명하여 원만한 지도에 임하게 해서 가능한 각 사업자의 편의를 도모하며 각종 사업을 위축시키지 않을 방침이다.

## ▶ 경제경찰 실시에 대하여 – 미하시(三橋) 경무국장 담화

조선에서 경제경찰 실시에 대하여서는 일찍부터 착착 준비 중인바 11월 9일 자로 조선총독부 부내 임시직원설치제의 개정을 이루고 이에 얼마간 그 기구 정비를 마쳤으므로, 그 예산에 있어서 경제경찰의 개요를 말씀드림으로써 여러분 각위의 협력을 바라는 바입니다.

근대전은 총국력전(總國力戰)이라고 하는데, 이번 중일전쟁[支那事變]에서도 모든 국가 활동이 전부 성전(聖戰) 목적 달성을 위해 집중되고 있습니다. 그중 경제력의 우열이 전쟁의 승패에 지대한 영향을 갖고 있음은 말할 필요도 없는 것으로, 국가의 경제활동 내지 경제생활은 경제전(經濟戰)에 즉응하는 것으로 방향이 결정되어, 군수 자재의 공급확보, 생산력의 확충 및 국제 수지(收支)의 균형 유지 등의 수준보다 상당히 광범한 범위에 걸쳐서 고도의 통제가 더해져 가는 것입니다. 특히 지난번 물자동원계획 결정 이후 중요물자의 생산, 배급, 소비, 수출입, 가격 등 각 방면에 걸쳐 여러 차례 통제가 강화되어 단시일 내에 수많은 통제 법령이 공포·실시되어 왔습니다. 그리고 이 국책에 부응·순응하여 통제 법령의 실행을 감시하고 위반의 예방, 검거에 노력함으로써 이것의 적확한 실효를 확보하는 것은 전쟁 목적 수행상 현재[刻下] 중요한[喫緊] 시무에 속함과 동시에, 이러한 통제의 강화는 국민생활 및 국민사상에 미치는 영향이 매우 큽니다. 나아가 치안의 유지와도 밀접하고 불가분한 관계에 있을 뿐만 아니라, 통제 제 법령의 실효를 거두는 데[擧揚]에는 공고한 통제와 강력한 제재를 있게 하고, 또 민중의 각층에 철저한 경찰력에 의하여 통제 제 법령의 확보와 치안의 유지를 일원적으로

시조(施措)²²하는 것이 가장 시의에 적절한[適] 방책이라 말하지 않을 수 없습니다. 그러나 통제 제 법령의 내용은 매우 복잡다양[錯亂多岐]하므로, 현재 경찰기구로써는 도저히 충분한 효과를 거두기 어렵기에 현재의 경찰기구를 확대·강화하여 소위 경제경찰을 신설하여 전시경제를 확립하려는 것입니다.

경제경찰은 앞에서 실시 이유에 비춰 간략히 설명[略明]한 것처럼, 한마디로 말하자면 전시하에서 국가가 요구하는 신경제질서를 유지하는 국가의 능력작용을 지칭하는 것입니다. 따라서 경제통제에 관한 법령은 다기에 걸쳐 있으나, 당분간 경제경찰에서 취급할 법령이라고 하는 것은 「수출입품 등에 관한 임시조치에 관한 법률」 및 「이에 기초한 관계 법령」과 「폭리 취체에 관한 법률」이라 할 것입니다. 따라서 같은 경제 통제 법령이라도 이상의 범위 외에 있는 것, 예를 들면 「미곡 통제에 관한 법률」 및 동 자치관리법 등에 기초한 미곡의 가격 통제같이 동등한 물가■찰(■察)의 일부분이라 하더라도 경제경찰의 대상이 되지 않습니다. 그러나 장래 경제경찰에서 취급할 필요가 생겨서 관계 방면과 협의하여 경찰에서 취급하기로 결정된다면, 이러한 법령도 경제경찰에서 취급하게 될 것입니다.

경제경찰을 사무 내용에 대해서 고찰하면, 첫 번째로 통제 제 법령의 위반에 대한 감시 및 검거·단속이 핵심적 사무이며, 두 번째는 경제정보의 수집, 세 번째는 특수물자의 배급사무(예를 들면 가솔린 배급 규정 사무)의 집행에 관한 사항입니다.

이번 경제경찰 신설에 수반하여 증원한 경찰관은 경시 이하 총원 565인으로, 그 기구의 개요를 말씀드리면 경무국 경무과 내에 경제경찰계를 설치하고 각 도의 지도·통제를 담당하게 하여, 각 도 중 경기도에는 경찰부에 경제경찰과를 신설하고 기타 도에는 경찰부 보안과 내에 경제경찰계를 설치하며, 또한 경찰서에 대해서는 상황에 따라 경제경찰계를 신설하고 또는 보안계에 경제경찰관을 배치하여 경제경찰사무를 담당하게 하는 것으로 했습니다. 경제경찰의 운용에 있어서는 그 근본 방침으로서 통제 법령의 위반에 대해서는 국책을 소란하는 행위로서 단호한 응징의 ■■을 내려 자연스럽게 다른 경계[他戒]의 열매를 거두는 것에 노력을 요하는 것은 물론입니다만, 다른 한편으로 이번 경제통제의 성질에 비춰 봤을 때, 가능한 그 수행을 원활히 하는 것이 절대로 필요하다고 믿고 있습니다. 따라서 경무당국에서는

---

22 어떤 일을 시행하고 조치를 취한다는 의미이다.

헛되이 지나치게 따지는 일[苛察]에 이르는 것을 피하고, 감시·주의·경고·간담 등 적절한 조치를 강구하여 민중들이 혼연히 국책에 노력하도록 지도하는 방향을 첫 번째 뜻으로 생각하고, 검거는 악질 또는 중대한 범죄에 주력을 쏟는 것으로 해야 한다고 믿고 있습니다.

마지막으로 경제경찰의 목적 및 사무의 성질 및 그 복잡성에 비춰 보면, 통제 제 법령의 원활한 실시를 확보하고 성전 목적을 유감없이 달성하기 위해서는 관민의 일치협력에 기대하는 바가 매우 크다고 믿고 또 기대하는 바입니다. 일반 각자에 있어서는 우리나라 현재 경제사정과 통제 실시의 필요한 이유를 충분히 이해하여 먼저 제일로 각자가 소승적(小乘的) 이해타산을 버리고 대승으로 취하여 위반의 근절[絶無]을 기하여 ■하고 싶습니다. 이 점이 ■찰부(■察否) 국책에 대한 절대적인 협력이라고 믿습니다.

또 이후 경찰에서도 각 방면에 걸쳐 이러저러한 사항에 대해서 소견[寬見]한 사정 등을 찾을 기회가 많다고 생각하는데, 가능한 원만하고도 정확한 자료를 제출하는 데 유의하고자 합니다.

이상은 경제경찰의 개요입니다. 지금은 한구(漢口), 광동(廣東)을 공략하며 중일전쟁[支那事變]이 장기 ■설전의 새로운 단계로 이행하고 있습니다. 전(戰), 그중에서도 경제전은 바로 지금부터입니다. 바라건대 경제 통제의 정신 및 통제 제 법령의 취지를 잘 이해하여 관민이 일어나 국책에 협력하여 이후 성전이 유종의 성과를 거두는 것에 기여할 것을 간절히 바라 마지 않습니다.

자료 158

전 조선 경경진(經警陳)의 강력 재편제를 단행, 총독부 각 도에 독립 과를 신설

《경성일보》 1939년 12월 21일 / 구분: 경제경찰

전시 경제전(經濟戰) 강화에 수반하여 최근 경제사범이 점차 증가의 추세에 있으므로, 총독부 경무국에서는 일찍이 이의 대책으로서 경제경찰의 정비·확충을 기도, 지난번부터[先般來] 대장성 당국과 경비 염출에 대해서 절충 중인바, 드디어 19일 각의에서 임시경제통제제비(臨時經濟統制諸費) 22만 4,000원에 대해 정식으로 결정·승인을 보았다. 따라서 경무국에서는 곧

바로 전선 경제경찰진의 강력 재편제를 단행하게 되어, 현재 ■의(■意) ■비(■備)를 추진하고 있다. 새로이 배치된 인원은 본부에 사무관 1, 속(屬) 4, 기수 1, 또 지방에는 경시 3, 경부 19, 기수 2, 경부보 62, 순사 500 등, 계 592명이어서 종래의 진용을 더하면 1천여 명의 당당한 진(陣)이다. 대체로 경무국의 대책으로서는 경무국 내에 새로이 경제경찰과를 신설함과 동시에 각 도 경찰부에 각각 독립된 경제경찰과를 신설하며, 또한 인원 배치에 대해서는 경남, 경북, 평남 세 도에 경시과장을, 기타는 하부에 경부 과장을 두고, 특히 도회지에 역점을 둔 ■■을 실시하여 당국의 물가정책 내지 비상시 경제 제 정책 운영 추진 달성에 ■상(■傷) 없는 포진(布陣)을 기하게 되었다. 또 경제경찰과의 신설 시기는 관제의 사정으로 1월 중순이 될 전망이고, 관제 공포와 동시에 실시하고자 가급적 제반 준비를 서두르게 되었다.

자료 159

총독부에 1과 위시, 전 조선 각 도에 경제경찰과, 1월 중순경 일제히 설치

《조선일보》 1939년 12월 21일 / 구분: 경제경찰

시국하 민중생활의 안정 확보를 기하고자 총독부 경무국에서는 전 조선(全鮮) 경제경찰 진용의 확충·강화를 꾀하여 현재 긴요한 정세에 비추어 제2예비금 지출로써 실현하려고 중앙부와 절충 중이던바, 지난 19일 각의에서 임시경제통제제비 22만 4,000원을 정식으로 결정하였다. 이에 따라 조선[半島] 경제경찰의 진용은 획기적 비약하게 되어 경무국 내에 경제경찰과를 신설하여 현재의 경제경찰계 진용에 더해 새로이 사무관 1명, 속(屬) 4명, 기수 1명을 배

치하고 그 내용을 확충하는 바, 초대 과장에는 현 경찰부장급에서 투입할 모양이다.

그리고 현재 경기도 경찰부 이외의 12도 경찰부에서는 경제경찰과를 신설하여, 경남·경북과 평남의 3도에서는 경시과장을, 그 외 9도에는 경부제도를 두고, 그 아래 전 조선에 걸쳐 경부 19명, 기수 2명, 경부보 62명, 순사 500명을 새로 배치하게 되었다. 특히 배치에 관하여는 도시를 중심으로 경제경찰의 말단에 이르기까지 보편적으로 배치할 방침하에 현재 경무국에서 신중히 배치계획을 하고 있다. 이 결과 전 조선의 경제경찰 진용은 종래의 계(係) 순사 500명을 더하여 당당 1천여 명이 되는바, 내년도에는 다시 제3단계의 확충정비계획을 수행할 방침이다. 그리고 증원 순사 500명은 가급적 조속히 배치하고 수뇌부 진용은 현재 법제국에서 심의중인 관제의 서입을 기다려 전 조선 진용을 정비할 터이므로, 경제경찰과 신설에 따른 조선[半島] 경찰계의 진용 정비는 내년 봄 1월 중순경이 될 모양이다.

## 자료 160

## 경제경찰 확충 – 미하시(三橋) 경무국장 담화

《경성일보》 1940년 2월 4일 / 구분: 경제경찰

1938년(昭和13) 11월 조선에 경제경찰제도가 창설되어 총독부[本府] 경무국 경무과에서 경제경찰과를 두고 지방에 경시 이하 565명을 배치, 경기도에 경제경찰과를, 기타 도에는 보안과에 경제경찰계를 두고, 제일선 경찰서에서도 각각 경제경찰관을 배치한 이후 1년 3개월간 통제 제 법령의 ■■ 단속[取締]을 맡아 왔습니다. 그러나 그 후 물가 등귀가 멈출 바를 모르고, 마침내 국가총동원법을 발동하는 데까지 진전하여, 가격통제령을 시작으로 「가임지대(家賃地代)통제령」, 「소작료통제령」, 기타 중요 관계 칙령이 발포되었고, 이어서 「폭리취체령」의 전면적 개정 및 현재 국민생활에 가장 긴요한 미곡의 수급 조절에 관한 관계 법령이 속속 공포·시행되는 한편, 기타 경제 통제에 관한 법령도 연이어 공포되어 경제경찰의 단속 검거는 종래에 비해 극히 광범하고도 복잡다기[錯雜多岐]해져 왔습니다.

그리고 강화·확대된 통제 법령의 확보 및 운용 여하는 곧바로 전시경제의 연결 및 일반 민중의 생활에 중대한 영향을 미쳐, 이의 운용에 적정함[適止]을 기하여 실효를 확보하기 위해서는 종래의 기구·인원으로써는 소기의 효과를 거두는 것이 도저히 곤란하게 되었기에 제

2예비금 지출로써 신 사변에 대응하는 증원을 요구하여 기구의 확충을 수속 중인바, 이번에 본부 사무관 및 경시 이상 6백여 명의 증원을 인정받았습니다. 2월 3일 임시직원설치도 개정·공포되었기에 이의 인원으로써 경제경찰의 기구를 확충·강화하게 된 것입니다. 즉 총독부[本府] 경무국에서 경제경찰과를 신설하고 각 도 경제경찰의 지도·통제에 임하게 함과 동시에, 관계 ■■■와 긴밀한 연락을 유지하여 지방 도에 있어서는 경기도 경제경찰과를 확충·강화하는 것 외 기타 각 도에서도 종래의 보안과 경제경찰계를 분리·독립시켜 경제경찰과를 신설하고 그중 경북, 경남, 평남의 3도 경제경찰과는 경시를 과장으로 하고 또 제일선 경찰서에 도시경찰서의 진영을 증강함으로써, 새로운 사태에 대처하고 경제경찰의 실효를 거양(擧揚)하고자 하는 것입니다.

또 내년도 예산에 있어서도 이번과 같은 정도의 기구 확충을 도모하고 경제경찰 진용의 완비를 도모할 생각입니다.

생각건대 통제 제 법령은 국민생활 및 경제 거래의 전반에 관계하는 것이므로, 아무리 단속 관헌을 증가해도 일반 국민, 특히 상공업자의 자발적 ■법(■法)의 ■■, 국책협력의 생각[念]이 없으면 도저히 효과를 기할 수 없는 것이므로, 경제 통제가 성전(聖戰)의 목적 달성상 진정 어쩔 수 없이 필요하다는 이유를 잘 이해하고 특히 물가 등귀가 모든 전시 정책의 근간을 흔드는 것이라는 인식을 갖고, 각자가 소승적 이해타산의 관념을 버리고 국책 수행의 대국적[23] 입장에 서서 관민일치 총력을 들어 성전의 목적 수행에 기여하기를 바라 마지않습니다.

---

23 원문은 '犬局'이나 오기로 보아 바로잡음.

자료 161

## 반도 경제경찰제의 중추, 경기도 경제경찰과 드디어 활동 개시

《경성일보》 1938년 11월 10일 / 구분: 경제경찰

9일 조선[半島]에 경제경찰제도가 실시되어 경기도 경찰부에서는 조선 유일의 경제경찰과가 새로이 설치되었다. 지난번 조선총독부 본부의 인사이동에서 초대 과장으로 취임을 결정한 경시 호시데 가즈오(星出籌雄) 씨를 중심으로 경기도 경찰부에서는 모든 진용을 정비하여 대기(待機)하는 자세였는데, 9일 조선 경제경찰제도의 발포와 동시에 드디어 10일 사무를 개시하였다. 경제경찰과의 이후 활동은 사실상 조선 경제경찰제의 중추가 될 것으로서 기대되고 있다.

**자료 162**

## 시국총동원과 신설

《경성일보》 1938년 7월 21일 / 구분: 경성부

경성부에서는 중일전쟁[日支事變] 발발 이후 정부 및 총독부의 대방침에 따라, 국민정신의 강화, 비상시 경제에 대처하기 위한 제 시설의 완비, 군사후원(後援) 사업의 철저 등에 관해 사에키(佐伯) 부윤 이하 전 의원이 70만 부민과 일치협력하여 이의 목적 달성에 매진해 왔다. 그런데 시국이 점점 장기 항전하에 들어감에 따라 이러한 주지(主旨)를 철저히 수행하기 위해 총무부에 시국에 관한 모든 사항을 처리하고 대내적 사무의 통할과 함께 대외적 교섭의 단일화를 도모하고자 20일 도 훈령의 개정에 기초하여 21일부터 '시국총동원과'를 신설하게 되었다. 이나가키(稻垣辰男) 전임과장 아래 총무, 시국총력, ■■의 3계를 분설하여, 시국 대응상 ■■ 없는 부(府) 행정을 진행하는 데 노력할 것이다.

자료 163

## 총동원과를 폐지하고 국민총력과 신설

《경성일보》 1940년 10월 30일 / 구분: 경성부

신체제 아래 부(府) 행정의 늠름한 ■출발을 기하는 경성부에서는 각 과의 연합에 의한 부 행정 처리 기구의 개혁으로부터 신체제에 즉응하는 자세를 정립하고자 9월 이후 여러 차례에 걸쳐 부장(部長)과 과장(課長) 회의를 열고 대책을 짜 왔는데, 드디어 총동원과를 폐지하고 그 대신에 국민총력과를 신설하여 이를 중심으로 부행정 전체에 걸쳐 강력한 총력 동원을 ■■하기로 결정하였다. 탄생하는 국민총력과는 종래 총동원과 소관의 총동원 관계 총무와 경제 등 2계의 사무를 그대로 이어받고, 외내무과(外內務課)로부터 정회(町會) 방면도 이어받는다. 이에 따라 정회와 정연맹(町聯盟)을 일원화하여 지도력을 강화함으로써 먼저 부 행정의 하부 조직인 정회와 정연맹, ■의 연(研)에 반석의 뿌리를 내려, 90만의 부민과 부민을 확실히 하나로 묶으려는 것이다. 또 내■(內■)에서는 정회 사무를 ■■ 총력■할 뿐만 아니라 총동원과 소관의 군사후원 사무를 이어 갈 것으로, 실시는 대체로 11월 1일부터.

[자료 164]

## 국민총력과 신설, 경성부 신체제를 이루다

《경성일보》 1940년 11월 3일 / 구분: 경성부

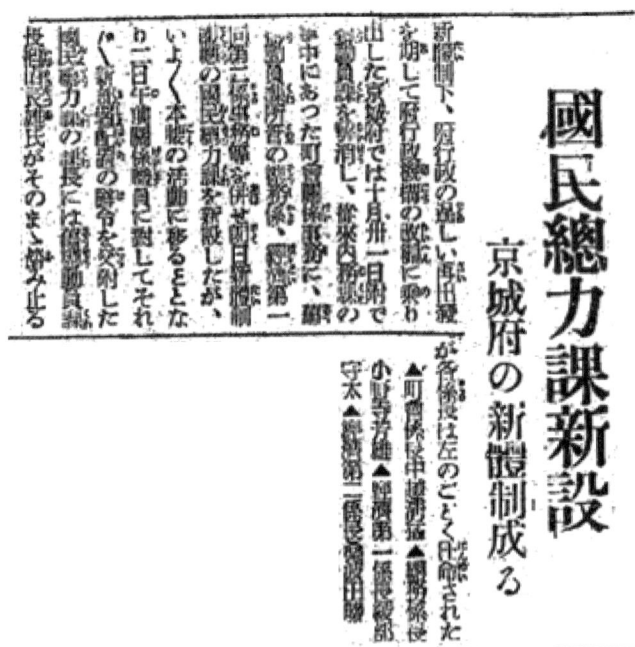

　신체제 아래 부(府) 행정의 늠름한 재출발을 기하여 부 행정기구의 개편에 나선 경성부에서는 10월 31일부로 총동원과를 해소하고, 종래 내무과의 장중에 있던 정회 관계 사무에, 구 총동원과 소관의 총무계, 경제제1계, 경제제2계 사무 등을 합쳐 오늘 신체제 즉응의 국민총력과를 신설했는데, 드디어 본격적인[本腰] 활동으로 옮기게 되어 2일 오전 관계 직원에 대하여 각각 새 부서 배치의 사령(辭令)을 교부하였다. 국민총력과의 과장에는 구 총동원과장 이나가키 가즈오(稻垣辰雄) 씨가 그대로 남고, 각 계장은 다음과 같이 임명되었다.
　▲정회계장 나가고시 기요다케(中越淸猛) ▲총무계장 오노데라 요시오(小野寺芳雄) ▲경제제1계장 아야베 슈타(綾部守太) ▲경제제2계 구와하타 나와테(桑波田畷)

## 자료 165

## 부(府)에 총력과 신설

《경성일보》 1941년 1월 14일 / 구분: 인천부

【인천】부 연맹의 기구도 큰 틀[大枠]을 결정하여 마침내 신체제에 따라 맥진(驀進)의 신 단계에 들어간 총력연맹(總聯) 인천부 연맹에서는 이의 운동을 구체화하기 위해서, 일찍이 청(廳) 내에 국민총력과의 신설을 계획 중이었는데, 준비가 완료되었기에 드디어 양일(兩日) 중에 실현을 보게 되어, 과장 및 기타 직원도 동시에 임명되는 모양이다. 이에 따른 각 과의 기구도 신시대에 적응할 모양으로 바뀌는 것으로 보여, 거의 결정을 본 것은 현재 내무과에 속해 있는 보건위생계가 사회과로 편입되고, 산업과에는 새로이 시국경제계가 출현하는 것으로 되어 있는데, 기타로 소수의 편성이 바뀌는 것도 있을 것으로 보인다. 또 국민총력과에는 국민총력제1계(係), 국민총력제2계, 정회계(町會係), 국방계의 4계가 설치되는 것으로 보이는데, 이에 따라 자연히 직원의 수도 증가되어 현재도 협애(狹隘)를 느끼고 있는 부 청사(廳舍)의 어디에 신설과를 수용할 것인가에 대해 당국은 현재 진퇴양난의 상태이다.

[자료 166]

## 조선군도 새직제, 내지의 4군관구 설치와 함께

《경성일보》 1940년 7월 14일 / 구분: 조선군

동아의 신정세에 ■■하여 일본[內地]에서는 새로이 4군관구를 설정하고 병비(兵備)의 대개편을 단행하였는데, 조선군사령부 조례도 8월 1일을 기해 개편되어 새로운 직제의 강화가 단행된다. 12일 오후 3시 나카무라(中村) 조선군사령관은 사령부(部) 내 ■■실(■■室)에서 ■■, 각 부장, 보도부원(報道部員) 등 관계 장교 전원을 모아 시국에 대한 대요(大要)에 관해 다음과

같이 중대 훈화를 실시하였다.

1. 지금 내외의 정세는 진정 대전환기를 맞이하여[際會], 안으로는 국내 전시태세 강화, 병비의 개편 등 우리가 관계하는 업무도 다사다단(多事多端)하여, 이를 역사적으로 보아도 메이지(明治) 이후 청일[日淸], 러일[日露], 각 전역(戰役) 등 여러 난관이 있었지만, 현재는 세계적 전환에서 메이지유신 이상의 중대 전환기에 직면하고 있다. 우리는 새로운 세계관을 견지[把持]하여 단호한 신념을 갖고 그 업무에 매진하지 않으면 안 된다.

2. 당 사령관의 임무도 한층 중대하게 되어 각 부 각 장교의 직책도 나아가 복잡하게 되어 관계하는 바가 많게 되었다. 각 장교는 각각 자기의 직책에 매진함과 동시에 상하좌우의 연락을 더욱 긴밀히 하여, 군의 단결을 강화하는 것이 극히 중요하다. 또 한편 부외(部外)와의 연결에 특히 유의하여, 군관민 일치, 국책 완수에 노력하지 않으면 안 된다.

3. 일본[內地]에서 새로운 응전시(應戰時) 태세가 확립되려 하고 있는데, 조선[半島]에서도 전시태세를 강화하고, 국방 사상의 향상을 기하는 것은 점점 ■■하게 되었다. 우리 부서[當部]의 솔선수범과 조선[半島] 사회 각층 계급의 자성(自省)에 따라 하루라도 빨리 그 실현을 도모함으로써 성전 완수에 유감없음을 기하지 않으면 안 된다.

## 자료 167

징병제 시행에 대응, 준비위원회 기구 확충, 정보과 발표

《경성일보》 1942년 9월 16일 / 구분: 징병제 실시준비위원회

조선[半島] 동포 최고의 영예인 징병제도는 1944년도(昭和19)부터 실시한다는 취지를 금년 5월 발표하였는데, 당시 총독부 내에서 학무국장을 위원장으로 하는 징병제실시준비위원회

를 설치하고 제반의 준비를 추진해 왔는데, 이번 위원회를 개편하고 확충·강화하여 다나카(田中) 정무총감을 위원장으로 징병제의 발족에 유감없음을 기하게 되었다. 이에 대해 정보과에서는 15일 다음과 같이 위원회 규정 및 원명(員名)을 발표하였다.

### ▶ 정보과 발표

이번에 어제 14일 자 조선총독부훈령 제47호로써 「징병제실시준비위원회 규정」 일부를 개정하여, 별항과 같이 정무총감을 위원장으로 관계 각 기구를 망라하는 새 진용의 발표를 보았다. 이것은 내후년부터 실시될 조선 징병제 실행에 ■■ 및 시행 발표와 함께 총독부 내에서 경무국장을 위원장으로 하여 설치되어 제도 시행에 관한 제반의 준비를 진행해 온 것을 확충·강화한 것으로, 이번 확충에 따라 조선 통치사상 획기적인 본 제도 실시에 관계 기관의 총력을 동원하여 조선동포가 완전한 황국신민이 되는 광영과 감격으로써 다가오는[待機] 징병제의 발족에 유감없음을 기하려고 하는 것이다.

### ▶ 징병제실행준비위원회 규정

제1조 조선인에 대한 징병의 제도 실행에 관한 중요사항의 준비조사를 위해 조선총독부에 조선총독부징병제실행준비위원회를 둔다.
제2조 위원회는 위원장 1인 및 위원 약간 명으로써 조직한다.
제3조 위원장은 조선총독부 정무총감으로 채우고, 위원은 조선총독부 부내(部內) 고등관 및 학식과 경험 있는 자 중에서 조선총독이 명하거나 혹은 촉탁한다.
제4조 위원장은 회무를 총리(總理)한다. 위원장에게 사고가 있을 때에는 위원장이 지명하는 위원이 직무를 대리한다.
제5조 위원장은 필요에 응하여 전부 혹은 일부의 위원으로써 회의를 개최한다.
제6조 위원장이 필요가 있다고 인정할 때에는 위원 이외의 자를 회의에 출석시킬 수 있다.
제7조 위원회에 간사 약간 인을 두되, 조선총독부 부내 고등관 및 학식과 경험 있는 자 중에서 조선총독이 이를 명하거나 촉탁한다. 간사는 위원장의 지도를 받아 회무를 정

리(整理)한다.

제8조 위원회에 서기 약 10인을 두되, 조선총독부 부내 판임관 중에서 조선총독이 명한다. 서기는 상사(上司)의 지휘를 받아 서무에 종사한다.

▶ 위원회 명부

위원장 정무총감 다나카 다케오(田中武雄)

위원 경무국장 단게 유타로(丹下郁太郎)

조선군 참모장 육군소장 이하라 준지로(井原潤次郎)

조선총독부 재무국장 미즈다 나오마사(水田直昌)

사정국장 스즈카와 도시오(鈴川壽男)

학무국장 마사키 나가토시(眞崎長年)

법무국장 미야모토 하지메(宮本元)

후생국장 이시다 센타로(石田千太郎)

사무관 이토 다이키치(伊藤泰吉)

사무관 우스이 추헤이(碓井忠平)

경무국 경무과장 야기 노부오(八木信雄)

관방 어용괘(御用掛) 육군 대좌 시미즈 고타로(淸水孝太郎)

경무국 보안과장 사무관 요시카와 가네히데(吉川兼秀)

경무국 도서과장 사무관 모리 히로시(森浩)

학무국 학무과장 사무관 혼다 다케오(本多武夫)

학무국 사회교육과장 계광순(桂珖淳)

법무국 민사과장 사무관 이와시마 하지메(岩島肇)

사정국 지방과장 겸 국민총력과장 사무관 쓰쓰이 다케오(筒井竹雄)

사정국 외무과장 사무관 이소자키 히로유키(磯崎廣行)

재무국 사계과장(司計課長) 사무관 오쿠무라 시게마사(奧村重正)

후생국 노무과장 사무관 하야시 가쓰토시(林勝壽)

후생국 사회과장 사무관 유자와 시게야타(湯澤茂彌太)

관방 문서과장 사무관 와타나베 리쓰로(渡部肆郎)

관방 정보과장 사무관 구라시마 이타루(倉島至)

육군병지원자훈련소장 육군대좌 가이다 가나메(海田要)

조선군참모 육군소좌 마스기 가즈오(馬杉一雄)

경무국 경무과 근무 사무관 가토 후지오(加藤不二夫)

관방 심의실 근무 사무관 스즈키 고마오(鈴木高麗雄)

사정국 지방과 근무 사무관 오쿠보 기요카즈(大久保淸和)

법무국 민사과 근무 사무관 다카하타 지로(高畑二郞)

학무국 학무과 근무 사무관 가시와기 고지(柏木 宏二)

후생국 노무과 근무 사무관 다하라 미노루(田原實)

서기 경무국 경무과 근무 속 무네 스스무(宗進)

사정국 지방과 근무 속 사카모토 도시노부(坂本利信)

법무국 민사과 근무 속 로쿠야타 토이시마로(六彌太登良鷹)

학무국 학무과 근무 속 도쿠다 기치조(德田吉藏)

후생국 노무과 근무 속 고이즈미 에이지로(小泉榮次郞)

## 자료 168

## 각 도에 수송보안과, 경기·경남·평남·함북에 병사과, 도 경찰부 기구 개혁

《경성일보》 1944년 6월 21일 / 구분: 도 경찰부

시국하 경찰의 임무는 징병, 수송, 방공, 국토방위 등 극히 중요 다기(多岐)에 걸쳐 있는데, 앞서 조선총독부 및 각 도를 발본적으로 개혁한 총독부에서는 나아가 이번 도 경찰부의 기구에, 경비를 중심으로 하여 대개편을 가해, 국토방위 및 수송, 생산증강에 만전을 기하게 되어, 20일부로써 이에 관한 인사를 발령하였다. 이번 기구 개편의 요점은,

1. 경기, 함북 2개 도의 외사경찰과를 폐지하고 고등과로 병합함
2. 경기, 경남, 평남, 함북 4개 도에 병사과를 신설하고 경시과장을 배치함
3. 각 도 보안과를 수송보안과로 개칭, 수송증강에 주력함
4. 병사, 경비 양 과장을 전 조선 경시과장으로 함

이상의 네 가지인데, 이번 기구 개편에 수반하여 여수, 부산 수상, 진해, 흥남의 각 경찰서

를 승격하여 경시서장을 배치하고 경비진을 강화하며, 새로이 용산소방서를 신설하여 경시서장을 배치한다. 그리하여 1944년도(昭和19) 증원 경시 18명, 경부 17명, 경부보 57명에 따른 경찰진의 강화·확충을 실시하고, 결전하 수송동원 및 경비진을 완비하게 되었다.

▲충북도 경부 반도(坂東嘉平) 명(命) 충북 경비과장(7)

▲조선총독부 속(屬) 겸 체신서기 다테이시(立石明倫) 명 충남 경비과장(7)

▲전북도 경부 하시구치(橋口良治) 명 전북 경비과장(7)

▲조선총독부 속 야마자키(山崎福男) 명 전북 고등과장(7)

▲조선총독부 속 겸 교통국서기 히라가(平賀義厚) 명 전남 경비과장(7)

▲경북도 경찰부 마쓰오(松尾若市) 명 경북 경비과장(7)

▲황해도 경부 고다마(兒玉竹夫) 명 경남 병사과장(7)

▲황해도 경부 야마노우에(山之上翠) 명 황해도 경비과장(7)

▲충남도 경부 가야마(佳山榮伸) 명 황해도 수송보안과장(7)

▲경찰관강습소 조교수 시로야마(城山純二) 명 평남 병사과장(7)

▲조선총독부 통역생 쓰보이(坪井磐松) 명 평남 감찰원(7)

▲평북도 경부 사카모토(坂本信作) 명 평북 경■과장(7)

▲강원도 경부 호소야(細矢宇一) 명 강원도 경비과장(7)

▲평북도 경부 나가다(仲田大藏) 명 함남 경무과장(7)

▲조선총독부 속 사사키(佐佐木實義) 명 함북 경제과장(7)

▲함북도 경부 데즈카(手塚勘三郞) 명 함북 병사과장(7)

▲경남도 경부 우시지마(牛島嘉代次) 보(補) 용산소방서장(7)

▲황해도 경부 도리야마(鳥山直市) 보 부산 수상경찰서장(7)

▲경북도 경부 오다케(大竹作次郞) 보 경북 울릉도경찰서장(7)

▲조선총독부 도사(島司) 겸 도경시 하야마(早馬十一) 면(免) 본관(本官) 전임(專任) 도경시 보 여수경찰서장

▲(함남 경무과장) 산페이(三甁武光) 명 경기 병사과장

▲(황해 보안과장) 다카야마(高山淸只) 명 경기 형사과장

▲(함북 경제과장) 나카시마(中島命門) 명 경기 감찰원

▲(전주 고등과장) 가토(加藤孫市) 명 평북 경무과장

▲(평북 경무과장) 쇼다(正田茂一) 의뢰(依賴) 면 본관

▲(경기 형사과장) 후타미(二見勝藏) 문관분한령 제11조 제1항 제4호에 의해 휴직을 명함

▶ 수송 동원에 만전

이번 도 경찰부 기구 개혁에 따라 별항과 같이 각 도 보안과를 수송보안과로 개편했는데, 이는 종래 보안과에서도 시국에 즉응하여 수송 통제 사무를 행하고 있었던 것에, 이번에 다음의 사무 관제를 추가하여, 나아가 수송 동원의 완벽을 기한 것이다.

   1. 수송 통제 및 수송 계획에 관한 사항

   1. 소(小)운반의 수송 통제에 관한 사항

   1. 수송요원 및 수송협력기관의 지도·감독에 관한 건

▶ 경기, 함북 2개 도의 외사경찰과를 폐지

이번 기구 개편에 의거하여 경기와 함북 양도의 외사경찰과가 폐지되어 고등경찰과에 흡수됨으로써, 이에 1936년(昭和11) 설치 이후 햇수로 9년에 걸친 외사경찰과는 여기서 역사를 마쳤다. 외사경찰과의 신설은 당면한 대동아에서 우리 국가의 다채로운 대외사무의 필요에 응하여 생긴 것인데, 대동아전(大松亞戰)[24]을 당면한[一下] 즉시 ■육(■六)의 확대에 따라 외사경찰 사무도 고등경찰 사무에 포함하는 것이 편리함에 이르렀기 때문에 이번 개혁을 보게 된 것이다.

---

24 원문은 '大松亞戰'이나 오기로 보아 바로잡아 번역.

자료 169

경기·평남·경북에 학무부를 신설, 현재 심의 중

《경성일보》 1938년 6월 1일 / 구분: 도 학무국(예정 기사)

지방산업 개혁책으로서 조선총독부에서는 각 도 행정기구의 일부를 개정 단행하여 신시대에 적응한 도정을 펴고, 조선[半島] 산업경제의 수준을 올리고자 하는데, 구체안은 조선총독부 내부에서 신중 협의한 결과, 인사 예산을 수반하지 않는 방법으로서 현재 경기, 경남, 경북, 전남 4도에 설치되어 있는 산업부 제도를 남은 9도에 일제히 신설하고, 전시체제 아래에

서 조선[半島] 산업계의 적극적 조장(助長)에 나서게 되었다. 예산 관계로 신 산업부장은 참여관이 겸무하고 참여관의 행정사무 범위를 확대하는 것이 되었는데, 조선총독부에서는 지방 행정기구의 개조에 수반하여 산업부장에 이어 내무부장, 경찰부장 및 사무관의 이동을 조만간 실시하여 사무의 쇄신을 도모할 모양이다. 나아가 제2단의 구성으로 신 교육령에 의한 조선총독부 최고방침의 철저를 기할 목적으로 경기, 평남, 경북 등 전문학교 소재지의 도에 새로이 학무부장을 두고, 조선[半島] 교육기관의 확충과 명랑화에 나설 모양인데, 이 안에 대하여 현재 총독부 학무국이 중심이 되어 내무국 및 심의실과 신중히 협의 중이다.

자료 170

## 드디어 광산국 설치, 식산국의 방침 결정, 내년도 예산에 소요경비 요구

《경성일보》 1939년 7월 12일 / 구분: 광산국(예정 기사, 설치하지 못함)

식산국의 물자조정과는 자원과와 함께 조만간 기획부에 포함되어 상공과가 실질상 둘로 나뉘게 되었고, 이에 더하여 식산국 사무가 생산력 확충, 무역 진흥, 물가대책 등 점점 복잡해지고 있으므로 식산국에서는 드디어 광산국을 설치하는 방침을 결정하여 이에 관한 경비를 1940년도(昭和15) 예산에 요구하게 되었다. 그리고 광산국에서는 감독, 산금(産金), ■■의 3과를 소속시키게 되는 모양이다. 또 이와 동시에 무역 사무 모두를 관장하는 무역과를 신설할 의향으로 이에 속한 경비도 같은 예산에서 요구하게 되었다.

자료 171

## 일반행정 관계상 본부 광산국의 설치는 신중한 검토가 필요

《경성일보》 1940년 9월 17일 / 구분: 광산국(예정 기사, 설치하지 못함)

조선의 광업자원 개발이 진행됨에 따라 조선총독부의 광업 관계 사무가 확장을 요구하는 데 이르러 전 조선[全鮮]에 수 개소의 광산감독국을 설립해야 한다는 목소리도 대두하고 있는데, 이에 관하여 호즈미(穗積) 식산국장은 다음과 같이 말한다.

"광업의 사무가 ■■하여 현재 식산국에서 담당하기 어렵게 된 것이 사실로서, 결국 광산국이라도 만들어서 이에 일관한 대책을 세우지 않으면 안 되는데, 별도의 광산국을 강화하여 이것으로 제반 사무를 위임하는 것이 좋을지, 새로이 광공국(鑛工局)을 만드는 것이 좋을지는 크게 생각하지 않으면 안 될 문제이다. 조선은 일본[內地]과 달리 각 도 도처에 광산이 있고, 일반행정과 관계가 깊으므로 신중한 검토를 요한다. 어느 쪽이든 식산, 농림 등 산업 관계의 분■■■■(分■■■■), 소■■■제(所■■■制)로서 생각하지 않으면 안 되는 문제라고 생각한다."

| 자료 172 |

본부에 노무과를 신설, 노동력[勞力] 총동원에 만전, 국책사업에 인적자원을 공급 국가총동원법의 운용범위 확대, 노무자 조정에 복음

《매일신보》 1940년 7월 29일 / 구분: 노무과(예정 기사)

1940년도(昭和15)의 노무동원계획에 관해 며칠 전 기획원으로부터 잠정 발표가 있어 금년도에는 115만 명을 동원해 쓰기로 하였다. 이 115만 명은 일본[內地], 조선, 대만, 만주 등 각지를 통틀어서 동원해 쓰는 것이요, 특히 잉여노동력이 많다는 조선도 상당한 수량을 동원해서

일본[內地]과 조선에 각각 노동력을 제공하게 되며, 따라서 앞으로도 계속해서 노무동원계획이 실시될 것이므로 총독부에서도 오는 9월부터 이 동원계획을 원활히 하고자 새롭게 노무과를 설치하기로 하였다.

현재 노동자의 알선과 기타 국가총동원법에 따른 여러 가지 노무자 취급 사무소는 내무국 사회과에서 이를 취급하고 있는데, 시국의 장기화와 함께 노무자에 관한 시무가 더욱 많아지므로, 이번에 노무과를 설치하고 노무동원계획과 국가총동원법에 관한 노무자 관계 제 법령 실시를 유감없이 진행할 방침이라고 한다.

금년도의 노무동원계획을 실시하고자 이미 전 조선적으로 잉여 노동력의 조사, 즉 노무자원을 조사하였으므로, 이것을 정리하여 노무조정에 만전을 기하며 노동력의 적정한 배치를 하는 데에도 노무과를 신설하지 않으면 사무가 원활하지 못할 것이기에 노무과를 설치하기로 한 것이다.

그래서 이 노무과에서는 주로 노무동원계획을 기본으로 국가총력 발휘에 노동자 공급을 적극적으로 할 것인데 이 동원계획의 골자는

1. 군수 방면에 노동자를 충족시키고,
2. 생산력확충계획 실시에 필요한 것을 알선·동원시키며,
3. 수출 진흥에 필요한 노동력을 제공하고,
4. 극빈생활의 필수품을 제조하는 곳을 보충시킨다는 주지로서 노무과에서는 전력을 다하여 노동자동원계획을 실시하리라고 한다.

자료 173

## 국가총동원법의 운용범위 확대, 노무자 조정에 복음

《매일신보》 1940년 7월 29일 / 구분: 노무과(예정 기사)

앞의 기사와 같이 노무과를 신설하여 각 방면에 필요한 노무자를 알선하기에 전력을 가하게 되었는데 ▲국민능력신고, ▲임금통제령, ▲국민징용령, ▲종업자고입제한령, ▲공장취업시간제한령, ▲학교졸업자사용제한령, ▲조선직업소개령, ▲임금임시조치령 등 국가총동원법에 의한 제반 법령의 실시에 있어서도 은총의 범위를 넓히고 이를 강력하게 실시하여 총후조선[半島] 생산력 확충에 노무조정을 유감없이 할 것이며, 노무자의 생활향상, 교양지도, 대우개선, 보건위생, 시설확충 등에 대해서도 직접 사업주에게 명령하여 노무자의 능률을 향상시킬 방침이라고 한다.

그리고 오는 9월 1일부터는 다시 청소년고입제한령을 실시하게 될 것이므로, 소학교 출신 이상의 청소년은 시국산업 방면으로만 취직하도록 하며 기타 평화산업에는 허가받지 않으면 취직할 수 없게 될 것이므로, 이에 대한 사무 역시 노무과 주관으로 처음 실시하는 이 법령의 취지를 널리 보급시켜 산업보국의 정신을 드날리게 하리라고 한다.

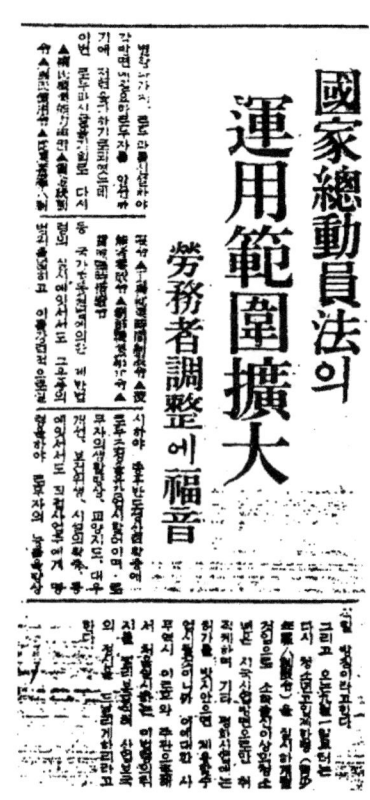

## 자료 174

### 본부 노무과 설치, 내년도 예산 요구

《경성일보》 1940년 10월 29일 / 구분: 노무과(예정 기사)

　종래 '노동력의 ■■■■'라고 말해지던 조선은 최근 토목공사, 광산 등에서 노동력 부족이 ■■되어 생산확충계획을 저지할 우려가 있어서 대책이 긴급의 긴요(緊要)가 되어 있는데, 총독부에서는 지금까지 사회과 내에 있던 노무계를 독립시켜 노무과로 할 의향으로 16■원 예산으로 그 경비를 제출하게 되었다. 남선(南鮮)의 농촌은 전남을 필두로 과잉인구가 많아 노동력의 공급원으로 간주되고 있어, 당국에서는 일본[內地]으로 노동자 이출을 알선하는 외에 대체로 전남과 전북 양 도는 토목 방면, 다른 도는 광산 방면으로 각 면(面)에서 할당하여 노동력 공급에 노력해 왔는데 일본[內地]의 노동조건이 좋은 것과 이미 상당 노동력을 송출함에 따라 최근에는 토목광산 방면으로 공급이 곤란하게 되었고, 또 모처럼 토목·광산 방면으로 보낸 노동자도 이동성이 심하여 한 광산의 예로 월 10~16%라는 고도의 이동성을 보이며, 또 그 광산의 예로 보통학교 졸업자가 겨우 16%로서 근대산업의 규율적 노동성에 익숙하지 않으므로 노동능률도 낮다. 단순히 조선에서 '노동력의 ■■저렴'을 말하던 시대는 이미 지나서 이후에는 노동능률의 향상과 정■성(定■性)에 대해서 ■■적(■■的) 인지도, 훈련, 시설을 실시하는 것이 절대로 필요하게 되었고, 게다가 고용자 측과 당국도 거의 아무런 대책도 갖고 있지 않는 상태이므로 노무과의 설치는 각 방면에서 열심을 요구받고 있다.

| 자료 175 |

## 총독부에 후생국, 내년도부터 실현

《경성일보》 1940년 11월 1일 / 구분: 후생국(예정 기사)

생산력 확충과 불가분적 관계에 있어서 중시되는 노동 문제를 시작으로, 전시하 통절한 과제인 국민 체위(體位)의 향상 등 일련의 후생적 여러 시설의 확충·강화가 요청되고 있음에 비춰, 총독부에서는 드디어 내년도를 기해 이들 사회정책적 후생행정 전반을 통합하는 후생국의 신설을 기도하여 총독부 내년도 예산에 소요경비를 계상하는 바가 있었는데, 이미 재무국의 사정(査定)을 통과하였기에 실현이 확실시되고 있다. 후생국의 구성은 현재의 내무국 사회과, 경무국의 위생과, 학무국 사회교육과의 일부, 나아가 노동과의 신설에 따른 4개 과로 구성될 것으로, 광산국의 신설과 함께 총독부 기구의 비약적 확대가 실현을 보는 것이다.

[자료 176]

후생국에 5과, 국민체육법은 1942년부터

《경성일보》 1941년 1월 14일 / 구분: 후생국(예정 기사)

4월 1일부터 개설 예정인 총독부 후생국이 예산을 확보하고 각의 통과를 기다리고 있는데, 그 내용은 다음과 같다. 국내(局內)에 사회, 노무, 위생, 체육, 보건의 5과를 두고 노무조정과 위생, 방역, 보건, 체육의 각 방면에 걸쳐서 후생성과 같은 사회정책을 강구한다. 또 일본[內地]이 1940년도(昭和 15)부터 실시한「국민체육법」은 조선[半島]에서도 1941년도(昭和 16)부터 실시를 예정하고 있었는데, 제반의 조사를 필요로 하므로 1941년도는 준비 기간으로 하여 1942년도(昭和 17)부터 실시하게 되었다.

자료 177

## 노무과 신설, 4월 초에는 드디어 실현

《경성일보》 1941년 2월 22일 / 구분: 노무과(예정 기사)

　전시하 곤란한 노무정책의 수행을 기대하여 총독부에서는 현재 내무국 사회과 소관의 노무계를 독립한 1개 과로 하고 전시노무행정의 완수를 기하게 되어, 이미 관제 개정의 심의도 진행하고 있으므로 4월 초에는 노무과 신설의 실현을 보게 되었다. 이에 따라 조선의 노무정책은 기획부의 종합사무를 제외하고 전부 노무과에서 일원적으로 처리하게 되어, 노동력[勞力]의 수급계획을 시작으로 노동자의 연성 등 노동력[勞力]의 양과 질 양면에 걸친 철저한 지도행정기구가 탄생[生誕]을 보게 되는 것이다.

| 자료 178 |

내무국에 노무과 신설, 초대 과장에 하야시(林) 사회과장 기용

《경성일보》 1941년 3월 15일 / 구분: 노무과

전시하 조선[半島]의 긴급[喫緊]한 문제인 생산력 확충의 요청에 대응하여 12일 대망의 노무과가 총독부 내무국 내에 신설되었다. 노무과가 주관하는 주요한 사무는, 전시 노무 대책으로 현재 실시되고 있는 국가총동원법의 발동에 기초하여 「국민직업능력신고령」, 「공장사

업장기능자양성령」, 「임금통제령」, 「공장취업시간제한령」, 「국민징용령」, 「임금임시조치령」, 「청소년고입제한령」 및 「종업자이동방지령」 등의 여러 주요 법령의 운용 및 노무동원계획의 실시에 수반하는 노무자의 조선 내외에 걸친 충족 조치, 「조선직업소개령」에 의한 노무배치의 규제 혹은 희생(犧牲)산업 종업자의 전직 알선 등 이들 중요 시책에 관하여 그 사무에 대해 운용의 만전을 기함과 동시에 노무자의 질적 증강과 그 충족의 원활화를 기하는 것이다.

자료 179

## 노무행정의 약진, 고타키(上瀧) 내무국장[25] 담화

《경성일보》 1941년 3월 15일 / 구분: 노무과

---

25  고타키 모토이(上瀧基): 1894년 일본 후쿠오카현(福岡縣)에서 출생하여 1917년 고등시험 행정과를 합격하고, 1918년 도쿄제국대학 법학부를 졸업한 후 곧바로 총독부 시보(試補)가 되어 한국에 왔다. 1919년 도(道) 사무관으로 승진한 후 함남과 총독부 식산국 사무관을 거쳐 전매국과 식산국의 과장을 지냈다. 구미 각국 시찰을 명 받고 출장한 후 1931년 다시 총독부로 돌아가 광무과장과 총독관방 인사과장을 거쳐, 1939년까지 경북지사를 지낸 후 내무국장과 식산국장(1941년)을 지냈다. 한국역사정보통합시스템(www.koreanhistory.or.kr) 수록 자료. 1965년에 「朝鮮における重化學工業の建設」(공동연구, 『東洋文化研究』12호)를 발표하기도 하였다(https://iss.ndl.go.jp/books/R000000004-I10698106-00).

노무과의 신설에 대해 고타키 내무국장은 14일 다음의 담화를 발표하였다.

작년 13일 자 훈령 제23호로써 조선총독부 사무분장 규정이 개정되어, 새로이 내무국에 노무과의 설치를 보아 종래 사회과에서 주관하던 사무 중 노무와 행정에 관한 사항을 직접 담당(職掌)하게 된 것은 시국 노동 대책의 확충·강화를 요하는 실로 뜻깊은 바가 있으며, 이후 조선의 노동행정에 획기적 약진이 올 것임을 믿어 의심치 않는 바입니다. 생각건대, 최근 조선의 각종 산업은 현저한 흥륭을 보아, 대륙 전진 병참기지로서의 중요 역할을 하고 있음은 주지하는 바인데, 이들 산업의 발전에 대처할 노무대책에 대해서는 종래 열심히 충분[十全]을 기하는 데 노력해 왔습니다만, 시설 등에 대해서는 불충분한 점이 많아 산업의 건전한 발달을 기획하는 과정에서 유감스럽게 생각하고 있었습니다. 더하여 이번 전쟁[事變]의 발발과 함께 운수 및 생산력 확충을 위한 노무요원의 수요가 급격히 증가함으로 인해, 종래 노무자원이 비교적 윤택하던 조선에서도 이들 요원의 충족에 적지 않은 곤란이 오고 있는 현황으로서 이에 수반하여 각종 노무대책의 실시를 필요로 하는 바였는데, 이러한 점에 대해서는 현재 정세와 조선의 특이성에 비춰 최선의 조치를 강구하고 이번 노무과 설치를 계기로 하여 나아가 일반 노무행정의 진전을 기대하고 있는 것입니다.

[자료 180]

## 지하자원의 대갱광, 총독부 기구 개혁 2부국의 신설, 법제국과 절충 진행

《경성일보》 1941년 6월 15일 / 구분: 후생국(예정 기사)

척무성에서는 생산확충의 내외지 일원정책 구현에 즉응하는 조선, 대만의 행정기구개혁을 기획 중인데, 조선총독부 개혁의 원안을 이루어 기타지마(北島) 척무차관, 총독부 심의실 우스이(確井) 사무관이 법제국과 절충[衝産]을 진행하고 있다. 기구 개혁의 골자는 먼저 지하자원의 개발 촉진을 목표로 식산국으로부터 광산과를 독립시켜 광산부로 하고, 산금계의 핵심 부분을 망라하여 금, 석탄, 마그네사이트, 텅스텐, 철 등의 대량 증산[大增]을 기하고, 나아가 내무국에서 사회·노무 2과, 경무국에서 보건·위생 2과를 분리하여 새로이 후생국을 창설, 조선[半島]의 인구 증산 및 후생시설을 완수하려고 하는 것이다. 법제국 절충 완료에 따라 가급적 빠르게 추밀원[樞府]에 자문[諮詢] 주청의 수속을 취해 여름휴가 전에 기구 개혁을 단행하고자 수속 중으로 2부국(部局) 신설에 수반한 예산은 이미 제76회 의회를 통과해 있다.

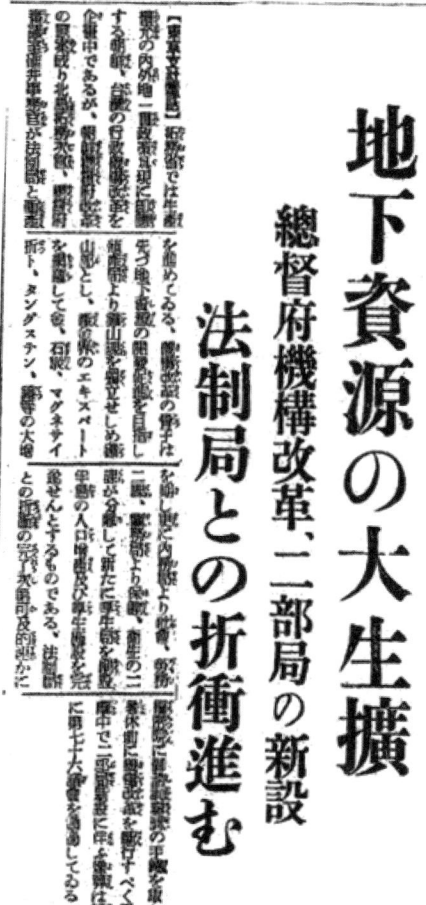

[자료 181]

## 후생국과 광산부 드디어 실현하기로 결정

《경성일보》 1941년 10월 11일 / 구분: 후생국(예정 기사)

厚生局と鑛山部
愈よ實現に決定
大野總監の折衝奏功

大野政務總監語る

總監、藏相と要談

　후생국, 광산부 신설을 중심으로 하는 조선총독부 기구 개혁에 대해서는 4일 오노[大野] 정무총감이 도쿄 상경[東上] 이후 각 방면과 절충을 계속하여 온 결과, 기획원과 법제국 등 관계 관청도 조선 측의 의향을 양해·승락[諒承]하여 동의를 표명했기에 드디어 조만간 실현을 보는 것으로 결정되었다. 즉 임전태세 하에서 서민 복리(福利)의 시설 확충, 체력 보전 등을 목적으로 하는 후생국 및 시국하 긴급한 지하자원의 적극적 개발을 목표로 하는 광산부 신설의 부득이함이 오노 총감의 절충으로 일본 본토[內地] 관계 방면에서도 확인된 것이다. 또한 이에 부수적 문제가 다소 남아 있었는데, 이 또한 이미 해결된 모양이다. 따라서 금후 중대한 변화가 없는 한, 개혁안은 조만간 각의에서 부의(附議) ■■■■될 것으로 적어도 11월 중에는 양 국부(局部)의 실현을 보는 데 이를 것이다. 따라서 오노 정무총감은 이렇게 큰 선물을 갖고 도쿄 상경의 중요한 임무를 다하고 12월 오전 9시 동경역 출발, 도중에 교토 또는 오사카에서 1박하고 귀선할 예정이다.

▶ 오노 정무총감 담화

조선총독부 기구 개혁에 대해서는 관계 방면과 이러저러한 이야기를 해 봤는데, 지금 한번 더 법제국장과 요담하고 싶다고 생각하고 있다. 이의 실현 여하에 대해서는 아직 확실하게는 말할 수 없지만 대체로 괜찮다고 생각한다.

**자료 182**

광산부에 대신해 관계 3과를 신설, 칙임 사무관을 두고, 후생국은 원안 대로 통과 실현

《경성일보》 1941년 10월 25일 / 구분: 후생국(예정 기사)

후생국 설치를 중심으로 하는 조선총독부 관제 개정의 건은 이미 관계 방면과 절충을 마치고 각의에 부의한 참이었던바, 때마침 정변 때문에 지연되었는데, 조만간 각의에 올려 추밀원에 회부하게 되었다. 이 개정 중 중요한 점은 다음과 같다.

후생국: 노무과, 보건과, 사회과, 위생과의 4과를 둠.

식산국: 광산과를 해소하고 특수광물과, 광정과(鑛政課)를 신설, 칙임사무관을 둠.

체신국: 전기제1과, 전기제2과를 명칭 그대로 식산국으로 옮기고 식산국 내 물가조정과를 기획부로 이전함. 그리고 식산국은 현행의 6과가 8과가 됨.

기획부: 임시 체제를 보통 체제로 고침과 동시에 현재의 물자배급사무를 멈추고, 이들 사무는 각각 해당 과로 이관. 즉 일본 본토[內地]의 기획원과 같은 집무(執務)는 담당하지 않는 것으로 함. 또 기획부 내의 제1과, 제2과, 제3과, 제4과의 명칭을 폐하고, 제1과를 계획과로 고치고 제2과, 제3과, 제4과를 각각 물자조정제1과, 제2과, 제3과로 고침.

이상 중 총독부 원안과 다른 것은 조선총독부안이 특수광물과, 감독과, 산금과, 연료과를 광산부로서 1개 부(一部)로 창설하려고 한 것에 대하여, 부를 특설하지 않고 감독의 명칭을 후생과로 변경하는 데 그쳤다. 광산부장이어야 할 칙임사무관의 증원이 승인된 것도, 국부의 창설에 자못 난색을 보이던 중앙[26]에 대해 조선총독부의 절충이 뜻을 이뤘다고 보아야 할 것이다. 또한 기획부의 통상 관제로의 수정은 기획부 설립 당시의 임시적 의미가 국제정세의 변화에 따라 항구화할 필요가 있게 되었기 때문이며, 이 또한 조선총독부 원안대로 실현되게 되었다.

---

26 일본 정부를 의미.

자료 183

## 조선총독부 관제 중 개정의 건 전원일치 가결, 오늘 추밀원 본회의

《경성일보》 1941년 11월 13일

12일 추밀원 본회의는 오전 10시부터 궁중(宮中) 동유간(東溜間)에서 개최되어 추밀원[樞府] 측 하라(原) 정의장과 스즈키(鈴木) 부의장 이하 각 고문관, 정부 측 도조(東條) 수상 이하 관계 각료, 모리야마(森山) 법제국 장관, 기타지마(北島) 척무성 차관, 마쓰모토(松本) 외무성 조약국장, 오노(大野) 조선총독부 정무총감 등 출석하였다.

1. 크로아티아국의 일본국 독일국 및 이탈리아국 간 3국 조약 참가에 관한 결정서 승인의 건
2. 조선총독부 관제 중 개정의 건

그 외 이에 수반하는 칙령안 2건을 부의(附議), 호리에(堀江) 추밀원 서기관장이 안건의 심사·보고를 하여 전원일치 이를 가결하고 10시 30분 산회하였다. 또 본 회의 종료 후 하라, 스즈키 정의장·부의장 이하 각 고문관은 도고(東鄕) 외상으로부터 약 40분에 걸친 최근 외교 정세에 대한 ■■를 청취하였다.

자료 184

# 근로동원본부를 총독부와 각 도에 설치, 본부장에 정무총감, 광공국에 3과

《경성일보》 1944년 10월 15일 / 구분: 광공국, 근로동원본부

조선 반도의 총궐기 ■근로의 전력 증강을 철저히 하고자 총독부는 노동력 증강의 중심이 전 국민 세력의 동원계획 여하에 있다고 하여 오랫동안 ■의 ■■■의 기구를 확충 강화 ■■하고자 ■■ 중이었는데, 광공국에 노무과를 폐하여 새로이 근로조정, 근로동원, 근로지도의 3과를 설치하고, 합쳐서 총독부 칙임 사무관 1명을 배치하도록 하며, 근로 3과를 단일하게 ■■하는 것으로 하였다. 동시에 각종의 기구를 개정, 근로행정의 획기적 강화를 이뤘다.

이에 병행하여 새로이 정무총감을 본부장으로 하여 광공국장을 차장으로 한 총무, 지도의 2부 6과로 구성된 근로동원본부를 조선총독부 및 각 도에 설치하여 동원 수행에 ■■화(■■化)와 강력성을 가져오는 것으로 내정(內定) ■■했기에 다음의 ■■■, 아울러 이의 취지에 관하여 정무총감 담화를 발표하였다.

【정보과 발표】

지금 ■■노무동원의 확충·강화에 ■■하

여 조선총독부 및 각 도의 노무 관계 기구를 개정하는 것과 함께 조선총독부 노무동원본부를 신설하여 근로행정의 강력한 수행을 도모하는 것으로 하며, 개요는 다음과 같다.

1. 조선총독부 근로행정 ■■의 개정: (1) 광공국에서 노무과를 폐지하여 근로행정을 강화시킴 (2) 광공국 노무과를 폐지하고 광공국에 다음의 3과를 둠 ▲ 근로조정과 ▲근로동원과 ▲근로지도과 (3) 근로조정과에는 다음의 사무를 맡김 ▲국민동원계획 및 기술자동원계획의 책정에 관한 사항 ▲국민등록, 기술자 등록 및 과학기술자 등록에 관한 사항 ▲근로자의 배치 규제에 관한 사항 (4) 근로동원과는 다음의 사무를 맡음 ▲근로동원의 실시에 관한 사항 ▲근로동원 예정자의 훈련에 관한 사항 (5) 근로지도과는 다음의 사무를 담당함 ▲ 근로 관리에 관한 사항 ▲근로자의 양성 및 후생시설에 관한 사항 ▲근로자의 부조 및 원호에 관한 사항

2. 각종 노무행정기구의 개정[27]: (1) 광공국 근로과를 폐지함 (2) 내무부에 근로동원과를 신설하여 근로동원에 관한 사무를 맡도록 함 (3) 내무부 사회과를 원호과로 고쳐 종래의 사무를 겸하여 근로자의 부조 및 원호에 속하는 사무를 맡김 (4) 근로관리에 관한 사무는 광공부 광공과에서 담당시킴

3. 근로동원본부의 설치: 근로동원의 원활한 수행과 근로능률의 앙양을 도모함으로써 생산 전력 증강에 유감없이 하기 위해 조선총독부 내에 근로동원본부를 설치하여 본부장에 정무총감을, 차장에 광공국장을, 총무부장에는 광공국 부 칙임관을, 지도부장에는 정무국 보안과장을 채우고, 기타 ■■에 ■■■, 교통■■, ■■■■■■국(局) 차장, 근로동원본부 참여 참사를 직급에 관계없이, 학식과 경험이 있는 자를 임명하여 그 ■■한 수행을 촉기(促期)함

▶ 근로동원본부 규정

제1조 근로동원의 원활한 수행 및 근로능률의 앙양을 도모함으로써 생산 전력 증강을 유감없이 하기 위하여 총독부에 근로동원본부를 둔다.

---

27 각 도에 해당.

제2조 근로동원본부는 본부장 1인, 차장 1인, 부장 2인, 반장 및 반원 각 약간 명, 참여 및 참사 각 약간 명으로써 이를 조직한다.

제3조 본부장은 조선총독부 정무총감으로 이를 채운다. 차장은 조선총독부 광공국장으로 이를 채운다. 부장 및 반장은 조선총독부 고등관 중에서 조선총독이 임명한다. 참여 및 참사는 조선총독부 부내 고등관 및 노동 문제에 관한 학식과 경험이 있는 자 가운데 조선총독이 임명하거나 위촉한다.

제4조 본부장은 조선총독의 명령을 받아 근로동원본부의 사무를 통리한다. 본부장 사고가 있을 경우에는 차장이 이를 대리한다. 차장은 본부장의 명을 받아 각 부의 부무(部務)를 통리한다. 부장은 상사의 명을 받아 반무(班務)를 맡는다. 반장은 상사의 명을 받아 반무를 맡는다. 반원은 상사의 명을 받아 반무에 종사한다. 참여 및 참사는 본부장의 명을 받아 부무에 종사한다.

제5조 노무동원본부에 총무부 및 지도부를 둔다. 총무부에 조사반, 동원반 및 관리원호반을, 지도부에 지도반, 동원추진반 및 선전반을 둔다.

제6조 각 부 각 반의 사무분장은 다음과 같다.

◇ 총무부 ▲조사반 1. 국민동원에 관한 종합계획에 관한 사항 2. 근로자의 배치 규제에 관한 사항 ▲동원반 1. 국민동원의 실시에 관한 사항 2. 근로자의 기동배치 및 배치전환에 관한 사항 ▲관리원호반 1. 근로관리에 관한 사항 2. 근로자의 표창 및 징계에 관한 사항 3. 근로자의 부조·원호에 관한 사항 4. 근로자용 물자의 배급에 관한 사항

◇ 지도부 ▲지도반 1. 근로자의 사상지도에 관한 사항 2. 외국인 노무자의 지도에 관한 사항 ▲동원추진반 1. 근로 통제의 위반 방지에 관한 사항 2. 근로동원의 추진 협력에 관한 사항 ▲선전반 1. 근로정책의 보급 및 선전에 관한 사항 2. 근로에 관한 국민운동의 지도에 관한 사항 3. 근로자의 위안·오락에 관한 사항

▶ 정무총감 담화 요지 [28]

---

28 판독 불가로 번역·수록 생략. 동일 자 《매일신보》 기사 참조.

> [!NOTE] 자료 185

본부와 도에 근로동원본부, 행정기구 강화, 동원태세 전면 쇄신 15일 실시

《매일신보》 1944년 10월 15일 / 구분: 근로동원본부

근로동원은 결전 전력 증강의 근원인 동시에 조선[半島] 통리당국의 가장 중요시책인 점에 비추어 총독부에서 원호기관으로서 근로동원원호회를 설치하였거니와, 다시 동원기구를 정비하고자 본부와 각 도를 통한 근로행정기구의 확충·강화와 본부 및 각 도에 근로동원본부 규정(훈령)을 발포 즉일 실시하고 정무총감 담화로 취지를 천명하였다.

행정기구로서는 본부는 광공국 노무과를 폐지하고 광공국에 근로조정, 근로동원, 근로지도의 3과를 신설하는 동시에 총독부 칙임관을 배치하여 3과 사무를 통할하게 하고, 각 도는 광공부 노무과를 폐지하고 내무부에 근로동원과를 신설하고 내무부 사회과를 원호과로 개조하여 본래의 소관 노무 외에 근로원호 사무를, 광공부 광공과에 근로관리 사무를 관장하게 하였다.

근로동원본부는 총독부의 정무총감이 본부장, 광공국장이 차장이 되어 총무와 지도 등 2부를 두고 총무부장에는 광공국 부 칙임관이, 지도부장에는 정무국 보안과장이 담당한다. 그리고 총무부에는 조정과 동원관리 원호를, 지도부에는 지도, 동원추진, 선전의 각 3반을 두며, 각 도 근로동원본부는 본부 것에 준하되 도 본부장은 도지사가 담당하여 행정기구와 표리일체가 되어 근로행정을 강력하게 추진하기로 되었다. 이에 따르는 인사이동은 금일 중 발표된다.

### 조선총독부[本府] 근로동원본부 규정

제1조 근로동원의 원활한 수행과 근로능률의 앙양을 도모해 생산전력 증강에 유감없게 하기 위하여 조선총독부에 근로동원본부를 설치한다.
제2조 근로동원본부는 본부장 1인, 차장 1인, 부장 2인, 반장 및 반원 각 약간 명과 참여 및 참사 약간 명으로써 이를 조직한다.
제3조 본부장은 조선총독부 정무총감으로써 충당한다.
　　　차장은 조선총독부 광공국장으로써 충당한다.
　　　부장 및 반장은 조선총독부 고등관 중에서 조선총독이 이를 명한다.
　　　반원은 조선총독부 직원 중에서 조선총독이 이를 명한다.
　　　참여 및 참사는 조선총독부 부내 고등관 및 근로 문제에 관하여 학식 경험이 있는 자 중에서 조선총독이 이를 명하거나 또는 촉탁한다.

제4조 본부장은 조선총독의 명을 받아 근로동원본부 사무를 총리한다.

　　　본부장 사고가 있을 때에는 차장이 이를 대리한다.

　　　차장은 본부장을 받들어 각 부 사무를 총괄한다.

　　　부장은 상사의 명을 받들어 부무(部務)를 장리한다.

　　　반장은 상사의 명을 받들어 반무(班務)에 종사한다.

　　　참여 및 참사는 본부장의 명을 받들어 부무에 참여한다.

제5조 근로동원본부에 총무부 및 지도부를 설치한다.

　　　총무부에 조정반, 동원반 및 관리원호반을, 지도부에 지도반동원추진반 및 선전반을 설치한다.

제6조 각 부 각 반의 사무분장은 다음과 같다.

　　　총무부

　　　조정반

　　　　1. 국민동원에 관한 종합기획에 관한 사항

　　　　2. 근로자의 배치 규제에 관한 사항

　　　동원반

　　　　1. 국민동원의 실시에 관한 사항

　　　　2. 근로의 기동배치 및 배치전환에 관한 사항

　　　관리원호반

　　　　1. 근로관리에 관한 사항

　　　　2. 근로자의 표창 및 징계에 관한 사항

　　　　3. 근로자의 부조·원호에 관한 사항

　　　　4. 근로자용 물자 배급에 관한 사항

　　　지도부

　　　지도반

　　　　1. 근로자의 사상 지도에 관한 사항

　　　　2. 외국인 노무자 지도에 관한 사항

　　　동원추진반

1. 근로통제의 위반 방지에 관한 사항

　　2. 근로동원의 추진협력에 관한 사항

선전반

　　1. 근로정책의 보급·선전에 관한 사항

　　2. 근로에 관한 국민운동지도에 관한 사항

　　3. 근로자의 위안·오락에 관한 사항

▶ **전의(戰意) 앙양 근로관 확립-정무총감 담화**

　현재 우리 국민의 전쟁 본질에 대한 신념의 수준과 ■■의 알선 또는 군수자재의 생산과 보급의 운용 정도에 따라 그 추이를 나누려 하며, 또한 국민 근로력의 총계가 이러한 생산 및 수급의 노력을 좌우하기에 이르는 명확한 사실에 대하여 누구나 무관심할 수 없는 시국의 문제가 되었다.

　교전에서 열국(列國)은 모두 남녀노소 막론하고 극도의 전시동원을 실행하여 조선 안에서 한 사람의 피신자도 없이 함이 당연한 사실이라 해도, 우리나라도 역시 ■■■ 이러한 근로의 국내 체제를 강화하여 필수적인 보급을 확립하고 대응함으로써 현재 국민의 근로동원은 ■이 되어 ■■에 들어가는 것과 같이 명확한 현실의 관점에서 이해하지 않으면 안 된다.

　우리 조선에 있어서 총후 태세는 시국 아래 한층 강화되어 이전의 실태를 또한 ■■한 면이 있으나, 현 시국에 ■■■■한 상황이 더욱 가속되는 바이므로 이번 근로행정기구의 확충·강화를 도모하게 되었다. 총독부에서는 광공국 노무과를 폐지하고 광공국에 근로조정, 근로동원, 근로지도의 3과를 신설함과 동시에 총독부 칙임관을 배치하여 이들 3과 사무를 통할하게 하고, 각 도에는 내무부에 근로동원과를 신설하고 내무부 사회과를 원호과로 개조하여 본래 소관의 노무 사무와 함께 근로원호 사무를 담당하며 광공부 광공과에 근로관리 사무를 관장하게 하였다.

　또한 ■■근로동원의 완수는 ■■■■ 세력을 합해야 비로소 효과를 거둘 수 있다고 생각하여 따로 근로동원기구를 설치함으로써 총독부와 각 도에 근로동원본부를 설치하고, 근로동원과와 긴밀한 협력을 가지고 전국적인 구도를 기할 것이다. 조선 내 모든 관민들은 현 시국에서 국민 근로력의 중점과 ■■■■가 절대 지상의 대책임을 더욱 명심하여, 전의의 앙양과 황국근로관에 관한 근로의 실천에 대세를 결집해서 총독부 대책에 전국적인 협력을 다하여 ■■의 ■■하는 중대한 노력의 실천에 나서 주기를 간절히 마지않는 바이다.

자료 186

총독부와 각 도에 학도동원본부, 학교별 동원기준 결정, 조선총독부 학도동원본부 규정, 본부장 정무총감

《경성일보》 1944년 4월 28일 / 구분: 학도동원본부

28일 자 훈령으로 조선[半島] 전 학원의 결전비상태세로 전면적 전환이라고도 할 '학도동원체제'가 각 도지사, 각 관립학교장, 각 공사립전문학교장에게 발표됨과 동시에 「조선총독부 학도동원본부 규정」도 훈령으로 결정, 나아가 정무총감이 각 도 및 지사에게 통첩을 발함과 동시에 경성제국대학[城大] 총장, 각 관공립전문학교장, 각 사범학교장 앞으로도 통첩하여 「학교별학도동원기준」을 보였다. 이에 따라 조선총독부에 학도동원본부를 설치하고 각 도에도 도 학도동원본부를 조직하여 관하 학도의 동원을 통제·운영하도록 되었다.

### ▶ 실정(實情)에 즉하여 창의(創意) 교육의 완성과 증산으로-총독부령

대동아 전국(戰局)은 지금 최고조에 달하여 적(敵) 초조(焦燥)의 공세[反攻]가 점점 격렬함이 극에 달하고 있지만, 이 사이 황국을 중핵으로 하는 대동아공영권의 건설은 현저히 보무(步武)를 추진하여 결승의 체제가 날로 견고함을 더하여, 학원에서도 저번에 다수 학도의 출진을 보냈고 잔류 학도 또한 점점 문무의 수련에 힘써 근로보국에 정성을 기울여[挺身] 왔지만, 시국은 한층 더 학도동원체제의 획기적 강화를 촉구함이 끊임없으니, 여기에 학교별 학도동원 기준을 명백히 함과 동시에 나아가 학도동원의 강력한 통제 운영을 기하기 위해 조선총독부에 학도동원본부를 조직하며, 각 도에도 이에 따라서 전력의 비약적 증강에 밑천[資]으로 삼으려 한다. 이에 따라 조선[半島] 전 학도를 통틀어 상시 출동의 태세 아래 그 지식 기능의 정도와 심신 발달의 상황에 응하여 교직원을 중심으로 하는 조직으로써 전시 필수 물자의 증산, 긴급 요무 등에 정신(挺身)시키는 방도가 이루어졌다. 학도근로동원의 취지와 우리 ■학(■學)을 일관한 행학(行學) 일체의 전통에 입각하여, 청신하며 강인한 황국근로관을 세워서, 근로 즉수(卽授) 즉훈련(卽訓練)의 열매를 거두려고 하는 데 있다.

학도동원의 실제에 있어서는 모든 요강 및 해당 기준의 진정한 정신을 잘 파악하여, 학교 및 학과의 종류, 학년의 정도, 성별 등에 따라 의무의 선정 및 인원을 할당하고, 실정에 즉응한 창의 연구[工夫]에 따라 조직력의 활용에 의한 기동성의 발휘에 노력해야 하고, 그중 학도 전공의 학술기예를 직장의 업무에 결합하여 응용·익숙[慣熟]의 풍(風)을 양성하는 것은 교육의 완성과 생산 효율의 증강이라는 양양(兩兩)에 발맞춰 학도동원의 의미를 점점 깊이해야 하는 것이라 할 수 있어 가장 주도한 준비[用意]로써 임해야 한다. 출동학도는 어디까지나 학도의 본분으로서 실학수련에 종사하는 것이라면, 항상 긍지와 겸양의 태도를 갖고 규율 정연, 발랄 진■(眞■), 젊은 심신의 힘을 기울여서 헌신은 곧 전선(前線)의 승리에 통하는 것임을 자각하여 작업능률의 앙상(昻上)에 노력함으로써 조선[半島] 근무 태세를 일신하는 계기로 삼아야 한다.

### ▶ 조선총독부 학도동원본부 규정

제1조 학도동원의 계획 수립, 운영의 강력 원활 등을 도모하기 위해 조선총독부에 학도동원본부를 둔다.

제2조 학도동원본부는 본부장 1인, 차장 1인, 부장 3인, 부부(部附) 및 부원 각 약 10인, 참여 및 참사 약간 명으로써 조직한다.

제3조 본부장은 조선총독부 정무총감으로써 이를 채운다.

    차장은 조선총독부 학무국장으로서 충원하고, 부장은 학무국 내 고등관 중에서 조선총독이 명한다.

    부부 및 부원은 학무국 직원 중에서 조선총독이 명한다.

    참여 및 참사는 조선총독부 내 고등관 중에서 조선총독이 명한다.

제4조 본부장은 조선총독의 명을 받아 학도동원본부의 사무를 총리한다.

    본부장 사고가 있을 때에는 차장이 이를 대리한다.

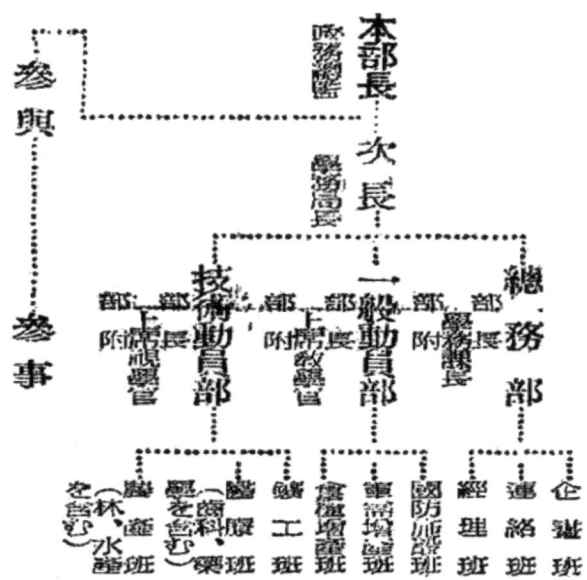

차장은 본부장의 명을 받아 각부의 사무를 통괄한다.

부장은 상사의 명을 받아 부무를 장리(掌理)한다.

부부는 상사의 명을 받아 부무를 맡는다.

부원은 상사의 지휘를 받아 부무에 종사한다.

참여 및 참사는 본부장의 명을 받아 본무에 참획(參畫)한다.

제5조 학도동원본부에 다음 3부를 둔다.

총무부, 일반동원부, 기술동원부

본부장은 필요에 응해 각 부 내에 반을 설치할 수 있다.

제6조 각 부의 사무분장은 다음과 같다.

총무부: 1. 종합 기획에 관한 사항 2. 연락 및 정보에 관한 사항 3. 경리에 관한 사항 4. 기타 다른 부에 속하지 않는 사항

일반동원부: 문과계 학도의 동원에 관한 사항

기술동원부: 이과계 학도의 동원에 관한 사항

## ▶ 조선총독부 학도동원본부 기구 일람

문서과장 문서과 서기관, 인사과장, 감찰과장, 정보과장, 지방과장

재무국장 사계과장, 전매사업과장

철공국장 노무과장, 기획과장, 광산과장, 철강(鐵鋼)과장, 경금속화학과장, 연료과장, 전기과장, 임산과장, 토목과장

농산국장 농무과장, 농정과장, 농업자료과장, 경지과장, 수산과장, 상무과장

경무국장 경비과장, 보안과장, 위생과장

체신국장 총무과장, 통신과장, 주무과장

교통국장 정비과장, 운수과장, 해사(海事)과장, 항공과장, 공무과장, 항만과장, 공작과장

## 자료 187

### 중앙지도본부 설치, 학도동원에 만전의 태세

《경성일보》1943년 6월 27일 / 구분: 학도 중앙지도본부

가혹(苛酷) ■■을 극에 달하는 태평양전쟁[大東亞戰爭]의 현 단계에 대처하고 교육연성 내용의 일환으로서 확립된 학도전시동원태세 확립 요강(要綱)은 전국 전 학원의 불타오르는 전력증강 매진의 결의에 대해 정부가 구체적 지침과 방향을 준 것으로서 각 방면에서 대단한 감격과 찬동으로 맞이하고 있으나, 획기적이고 광범한 요강을 어떠한 방법을 갖고 운영할 것인가가 이후 남겨진 현안이다. 그리고 이 방대한 동원을 실시한다면, 필연적으로 학력의 저

하가 올 것은 아닌가 하고 우려하는 경향도 있어, 문부성 당국은 신중한 운용에 나서게 되어, 종래의 구투(舊套)를 벗고 청신(淸新)한 구상을 짜서 구두적인 지도방침을 지양[揚棄]하고, 교육 결전장에서 솔선하여 선두 지휘에 임하게 되어 있는데, 먼저 구체적 대책으로서 문부성의 기구를 개혁하여 종래 체육근로과의 소관사항이던 학생근로동원에 관하여 극히 확대·강화하는 대신에 문, 육, 해, 후(厚), 농, 상, 기획원의 관계 계관(係官)을 망라한 중앙지도본부(칙령에 따름)를 설치해서 학도동원 기동화(機動化)의 적절한 계획 운영에 만전을 기하게 되어, 향후 열흘[旬日] 내에는 실현을 볼 모양이다.

또 전시학도체육훈련실시요강에 기초하여 전기훈련(戰技訓練)의 철저화에 관하여서는 현 정세하 전력증강의 국가 요청상 필연적 필요를 결여해서는 안 되는 것인데, 다소간 지도자 및 한정된 자재(資材)를 갖고는 2천만 학도의 전기, 특기(特技) 훈련이 어려워서 문부성 당국이 예산을 대장성 국(局)에 요구하고자 현재 준비를 추진하고 있고, 우선은 각 학교의 지도자 및 선발된 학생을 중앙에서 모으거나 혹은 육군비행학교에서 전사(戰事) 학교에 단기간 입교시켜 귀교 후 해당 학교의 기술지도관이 되도록 하는 방법을 구체적으로 고려하고 있다. 또 근로동원에 관해서는 다대한 예산을 요하지 않아 이미 행해지고 있어서 방법을 강화하고자 한다. 문부성으로서 가장 고려하는 것은 요강이 결정되어도 근로동원된 학도를 받아들일 공장·농장 측에 대해 어떠한 조치를 할 것인가 하는 문제인데, 이에 관해서는 이미 기획원이 중심이 되어 후생성, 각종 산업통제회, 상공경제회와 연락 기관을 설치(지부는 각 지방청에 설치)함으로써 이용 단체 측의 수요를 충족하는 것과 함께 받아 주는 측의 정신적 학도■호 훈련도 행하는 것이 되어 이들 기관도 신속[速急]하게 설치하기로 결정되었다. 또 마지막으로 우려되는 학력저하설에 대하여서는 여러 번 오카베(岡部) 문부성 대신[文相]의 성명에 의한 것처럼 학도동원과 학업연구를 병행, 휴제일(休祭日)을 이용한 수업의 활용, 학교■■ 정도와 작업 ■목(■目)을 감안하여 빠짐[遺漏]없음을 기하고 있다.

| 자료 188 |

6직업소개소를 국영으로 이관, '노동소개소'로 개칭

《경성일보》 1939년 1월 22일 / 구분: 직업소개소(예정 기사)

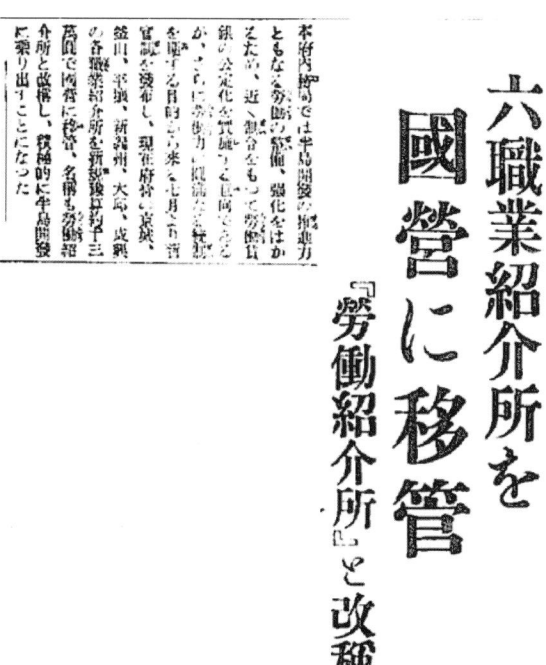

조선총독부 내무국에서는 조선[半島] 개발의 추진력이 될 노동의 정비, 강화를 도모하기 위하여, 조만간 제령(制令)으로써 노동 임금의 공정화(公定化)를 실시할 의향인데, 나아가 노동력의 원만한 통제를 기할 목적으로 오는 7월부터 새로운 관제를 발포하여, 현재 부(府)에 부설한 경성, 부산, 평양, 신의주, 대구, 함흥의 각 직업소개소를 신규 예산 약 13만 원으로 국영으로 이관하고 명칭도 노동소개소로 개칭하여 적극적으로 조선[半島] 개발에 나서게 되었다.

**자료 189**

## 6소개소를 국영 이관 7월 1일부터 실시

《경성일보》 1939년 2월 4일 / 구분: (예정 기사)[29]

조선총독부에서는 제대병(除隊兵) 및 상이군인(傷痍軍人)의 취직 알선, 군수(軍需)노동의 충족, 물자통제법에 따른 실업자 전업(轉業)에 관한 조치, 기타 직업소개사업의 국책화에 따라, 신년도에 먼저 경성, 부산, 대구, 평양, 신의주, 함흥의 6개 소개소의 국영 이관을 단행하고 동시에 명칭도 노동소개소로 개칭하여 7월 1일부터 실시하게 되었는데, 경성과 부산에는 이사관(理事官)을 소장으로 두고 이하 6개 소개소에 속(屬) ■6명, 고원(雇員) 34명을 배치하기로 하고, 국영으로 이관한 소개소의 경비는 부비(府費)에서는 4월 이후 3개월분을 계상하고, 그 후로는 현재 경비 그대로 부의 부담액으로서 1939년도(昭和14) 이후 매년 국고에 기부(寄附)시키도록 하였다. 이에 따른 부비의 매년 부담액은 경성 6,671원, 부산 4,818원, 평양 4,508원, 함흥 2,160원, 대구 2,640원, 신의주 2,307원으로 국영 이관 외의 소개소는 선천(宣川)을 빼고 국고 보조가 종전대로이다.

---

29 실제로는 1940년 1월 11일 조선직업소개소령 제정 공포와 1월 19일 조선직업소개소 관제 공포로 실현.

자료 190

부영 직업소개소 우선 6개소 국영으로

《경성일보》 1939년 11월 24일 / 구분: 직업소개소(예정 기사)

　　인적자원이 중요시되고 있는 오늘날에 부족한 인재를 적소에 잘 활용하는 것은 긴급한 일에 관계되는데, 그중 시국산업으로 노무자를 알선하는 것은 무엇보다 신중을 요하므로, 총독부에서는 조만간 관제를 개정하여 현재 부영(府營) 직업소개소를 국영으로 이관하고 일본[內地]과 같이 인적자원을 망라하는 대대적인 알선에 나서게 되었다. 현재 조선에 있는 부영 직업소개소는 경성, 부산, 평양, 대구, 인천, 목포, 군산, 함흥, 신의주 9개소인데, 이들은 주로 회사원, 하녀[女中], 룸펜 등을 알선하는 정도에 그쳐 시국적인 노무자의 알선은 거의 전부를 부군도(府郡島)를 통틀어 각 도(道)에서 알선하고 있으므로, 긴급을 요하는 경우에는 상당한 시일을 요하고 게다가 노무자 편중의 치우침이 있어서 원활한 운용을 기하기 어려운 흠이 있었기에, 이번에 이를 국영으로 경영하여 현재 소개소의 기관을 확충하고 부영 이외의 직업소개소 및 동일한 성격의 종류에 대해서도 매우 위엄을 세워서, 이후에는 백성의 알선에서 노동자라 이름 붙은 것은 무엇이라도 떠맡아 진정한 국책적 직업소개소가 되게 할 방침인데, 우선 금년은 경성, 부산, 평양, 대구, 신의주, 함흥 6개소를 국영으로 이관하고, 현재 도쿄에 상경[東上] 중인 조선총독부 하야시(林)[30] 사회과장이 대장성과 사이에서 관제 개정의 절충을 추진하고 있다.

---

[30] 하야시 가쓰토시(林勝壽). 1903년에 일본 요코하마(橫浜)에서 태어나 부친과 함께 조선에 와서 평양중학교와 제3고등학교를 거쳐 도쿄제국대학 법학과를 졸업한 이후 1929년 경기도 내무부 농무과 직원(屬)으로 공직 생활을 시작하였다. 일본 엘리트의 최고 과정을 거쳤다고 할 수 있다. 1933년 전남 지방과장(도 이사관)으로 근무하였고, 1937년에 내무국 지방과 사무관으로 승진하여 이후 내무국 지방과(1938), 사회과(1940), 노무과(1941)를 거쳐 1942년에는 후생국에서 근무하였고, 1943년에는 서기관으로 승진해서 사정국에서 근무하였다. 농무과장으로 근무하던 중 패전으로 일본으로 돌아간 후 후생성에 복귀해서 국장까지 지냈다. 이후 퇴직하고 1980년대에는 간사이(關西)텔레비전 회장으로 일하였다. 해방 이후 조선총독부 출신 고위 관료들이 만든 우방협회(友邦協會)·중앙일한협회(中央日韓協會)에서 4대 회장을 지냈다. 한국역사정보통합시스템(www.koreanhistory.or.kr) 수록 자료.

자료 191

직업소개령 오는 12월 중 공포, 노무취직으로 부임시는 부읍면에서 여비 선대(先貸)

《경성일보》 1939년 11월 26일 / 구분: 직업소개소(예정 기사)

勞務就職赴任時는 府邑面서 旅費先貸
"人資"의 需給에 全面的 統制
職業紹介令 來十二月中公布

전시하 생산력 확충은 국책의 중대사업으로 자못 시급한 것인데, 이에 원동력이 된다고도 볼 수 있는 노무자의 수급을 원활히 하는 것은 이 사업을 수행함에 가장 중요한 관계가 있으므로, 총독부에서는 조선직업소개소령을 제령(制令)으로써 실시하여 노무수급에 만전을 도모하고자 그 법령안을 작성하여 지난 여름에 일본 심의실을 거쳐 법제국에 회부한바 23일 심의가 끝났다는 공문이 왔으므로, 시급히 모든 준비를 마친 후 오는 12월 15일경에 공포 실시하기로 되었다. 동시에 현재 공영으로 되어 있는 경성, 인천, 군산, 목포, 부산, 신의주, 대구, 함흥, 선천 등 10개소의 직업소개소를 전부 국영으로 승격시키기로 되었는데, 이번 법의 내용은 다음과 같다.

총독부에서 경영하는 직업소개소 외에 공영 혹은 사설로 경영하려면 조선총독 또는 소관 도지사의 허가를 받아야 할 뿐 아니라, 고용주에게 공급하기 위하여 노무자 모집을 영업으로 하거나 또는 자기가 사용하기 위하여 노무자를 모집하는 경우에도 조선총독 또는 소관 도지사의 허가를 받아야만 한다. 만일 이것을 위반할 때에는 6개월 이하 징역 혹은 500원 이하의 벌금에 처하는 엄벌주의로 되어 있다.

그런데 이 법령 실시 후에 노무자에게 두 가지 복음이 있으니 그 내용은 그러하다.

부읍면 당국은 직업소개소령에 의하여 그 관내에서 취직된 노무자에게 취직된 곳까지 가는 여비, 기타 취직에 관하여 필요한 비용의 전부 혹은 일부를 대부할 수가 있고, 도부읍면 당국 또한 관내에 취직된 일급 노무자에게 부읍면 비용으로 노동임금을 일시 대신 지급할 수 있다. 다만 선원(船員)을 소개하는 경우에는 전체적으로 이 법령을 적용하지 않는다.

[자료 192]

# 전 조선 직업소개소 드디어 국영 이관 실시, 11일 제령 공포

《경성일보》 1940년 1월 12일 / 구분: 직업소개소

생산력확충계획의 추진에 필요한 노동력[勞力] 자원의 적정한 배치를 목적으로 하는 직업소개소의 국영 이관을 드디어 머지않아 실시하게 되어, 이미 기존의 경성, 대전, 부산, 평양, 신의주, 함흥 각 직업소개소는 모두 조만간 국영으로 이관하게 되었다. 따라서 총독부에서는 국영 이관에 수반하는 제령 「조선직업소개령」을 1월 11일 자로 공포하였다.

▶ 조선직업소개령

제1조 정부는 노무의 적정한 배치를 기하기 위해 본령에 의해 직업소개사업을 관장한다.
제2조 정부는 직업소개사업에 맞춰서 직업 지도 및 필요에 응하여 직업 보도(補導), 기타 직업소개에 관한 사항을 행하는 것으로 한다. 전항의 규정에 따른 직업소개소 및 직업 지도는 무료로 한다.
제3조 부읍면은 조선총독이 정하는 바에 따라 직업소개사업을 행할 수 있다.
제4조 부읍면이 아닌 자가 직업소개사업을 행하

려고 할 때에는 조선총독이 정하는 바에 따라 도지사의 허가를 얻어야 한다.

제5조 노무공급사업을 행하려고 하는 자 또는 노무자를 고용하기 위해 노무자의 모집을 실시하려는 자로서 조선총독이 정한 자는 조선총독이 정하는 바에 따라 조선총독 또는 도지사의 허가를 얻어야 한다. 전항의 노무공급사업 및 노무자의 모집에 관하여 필요한 사항은 조선총독이 이를 정한다.

제6조 도지사는 직업소개사업의 감독상 필요하다고 인정할 때 조선총독이 정하는 바에 따라 업무에 관한 보고를 하고, 또는 해당 관리로서 사업을 실시하는 장소에 임검하여 업무의 상황 또는 장부, 서류, 기타 물건을 검사하도록 할 수 있다. 이 경우에 해당 관리는 그 신분을 나타내는 증표를 휴대해야 한다.

제7조 다음 각호의 1에 해당하는 자는 6월 이하 징역 또는 500엔 이하의 벌금에 처한다.
   1. 제4조의 규정에 따라 허가받지 않고 유료 혹은 영리를 목적으로 하는 직업소개사업을 행한 자
   2. 제5조의 규정에 의해 허가받지 않고 유료 또는 영리를 목적으로 하는 노무공급사업을 행한 자

제8조 제5조의 규정에 따라 허가를 받지 않고 노무자의 모집을 한 자는 100엔 이하의 벌금 또는 구류에 처한다.

제9조 법인 또는 사람의 대리인, 사용인, 기타 종업자가 그 법인이나 사람의 업무에 관해 앞 조의 위반행위를 하였을 때 그 법인 또는 사람은 자신의 지휘가 적용되지 않았으므로 처벌을 면할 수 없다.

제10조 본령의 벌칙은 법인인 경우에는 이사, 기타 법인의 업무를 집행하는 임원에게, 미성년자 또는 금치산자일 때에는 그 법정대리인에게 이를 적용한다. 단 영업에 관하여 성년자와 동일한 능력을 가진 미성년자에 대해서는 제한이 없다.

제11조 앞 2조의 경우에서는 징역 또는 구류의 형에 처할 수 없다.

제12조 본령은 선원의 직업소개에는 이를 적용하지 않는다. 선원의 직업소개에 관하여 필요한 사항은 조선총독이 정한다.

◇ 부칙

본령의 시행기일은 조선총독이 정한다.

## 자료 193

조선직업소개소령 실시에 대해, 오다케(大竹) 내무국장 담화를 발표, 산업전사 조정으로

《경성일보》 1940년 1월 23일 / 구분: 직업소개소

이번 중일전쟁[支那事變] 발생 이후 군수산업을 시작으로 하는 생산확충산업의 본격적 전진에 수반하여 노동자의 수요가 점차 증대하는 데 이르렀기에, 총독부에서는 평시와 전시(戰時)를 통괄하는 노무수급의 적정하고 원활함을 도모하기 위한 기본법규 제정을 서두르고 있는데, 20일 자 총독부『관보』로써 부령 제7호 조선직업소개소령 시행규칙을 공포, 즉일 시행하고, 동시에 별항과 같이 내무국장 담화를 발표하며, 전시생산력 확충에 필요한 노동력[勞力]의 수급 적정과 이것의 증강·지구(持久)를 도모하는 국영직업소개령 시행규칙에 관한 개설을 실시하였다. 시행규칙은 제1장 무료직업소개소사업, 제2장 영리직업소개소사업, 제3장 노무공급사업, 제4장 노무자의 모집, 제5장 벌칙의 총 5장으로 방대한 것이다. 이에 대해 22일 오다케 내무국장 담화를 다음과 같이 발표하였다.

지난 20일 부령 제7호로써 조선직업소개소령 시행규칙이 제정되어 즉일 실시를 보는 데 이르렀습니다. 중일전쟁 발발 이후 군수(軍需) 또는 생산확충 등을 위한 노동의 수요가 급격하게 증가하여, 이의 충족에 대해 원활하고도 적정함을 기함과 동시에 노동력의 증강·지구를 도모하는 것이 흥아의 번영 완수상 최대의 급무가 되는 데 이른 것입니다. 이를 위하여 작년 이후 계속해서 각종 노무동원 법규가 발동되어 총후 산업전사의 활동에 유감없음을 기하고 있는 것입니다만, 조선에서는 이들의 국가총동원에 관한 법규와 맞춰서 노무수급조정의 완비를 기하는 기초법규가 없었기 때문에, 전쟁 후[事變下] 여러 중요정책의 수행상 적지 않은 곤란을 느끼는 데 이르렀기에, 이번에 본 제도의 시행을 보게 되어 직업소개사업을 정부 스스로 관리하여 직업소개사업에서 그 유사사업 등을 규제함으로써 노동력(勞力) 수급조절에 유감없음을 기하는 것을 함께하게 된 것입니다. 즉 직업소개사업, 노무공급사업 및 노무자 모집 등에 대해 인가 또는 허가제를 취하고 또 이들 사업 또는 행위를 감독하여 국가의 목적에 합치하게 된 것입니다. 이 규칙 내용을 개설하면 다음과 같습니다.

◇ 제1 직업소개사업에 대하여

직업소개사업이라는 것은 구인 및 구직의 신청을 받아 고용계약을 성립시키는 것을 목적으로 하는 업을 말하는 것으로서, 무료직업소개사업과 영리직업소개사업에 따라 규칙의 내용을 달리합니다.

(1) 무료직업소개사업

부읍면 및 부읍면이 아닌 자가 무료직업소개사업을 행하는 경우에 부읍면은 도지사의 인가를, 또 부읍면이 아닌 자는 도지사의 허가를 필요로 합니다. 그리고 이들의 경우는 어떠한 명의로 하든 보상으로서 수수료, 기타 재물 등의 이익을 받는 것이 금지되어 있습니다. 또 현재 본 사업을 행하고 있는 자에 대하여서는 부읍면은 구태여 인가를 요하지 않고 그 사업을 행하는 것이 가능하나, 부읍면이 아닌 자는 2개월 이내에 새로이 도지사의 허가를 받는 것을 요하는 것입니다. 그러나 이 허가의 처분이 있을 때까지는 종래대로 사업을 행하는 것이 가능하게 되어 있습니다.

(2) 영리직업소개사업

예기, 창기, 작부 등 접객자의 직업소개에 대해서는 현재 도령(道令)으로써 각각 경찰상의 단속[取締]을 받고 있는데, 본령에서는 이들 접객업자 이외의 자를 대상으로 하는 소개사업에 대하여 규제하고 있는 것입니다.

(가) 사업의 허가 및 인가

유료 또는 영리를 목적으로 하는 직업소개사업을 행하는 경우에는 도지사의 허가를 받을 것을 요합니다. 그렇기는 하지만 상속에 따라 직업시설을 승인한 경우는 인가제도에 의해 그 사업의 경영을 인정받도록 되어 있고, 그 경우의 경과적 조치로서는 인가신청에 대한 처분이 있을 때까지는 종래대로 사업을 계속하는 것이 가능합니다.

(나) 겸업의 금지

소개업자 및 그 동거의 호주 및 가족은 숙박업[宿屋], 요리옥, 기타 특별히 규정된 사업을 겸업하거나 혹은 이들 사업의 경영자 또는 보조원이 되는 것은 불가능합니다.

(다) 특정행위의 금지

소개업자에 대하여 구직자의 소개상 그 불이익을 초래하거나, 기타 폐해를 낳거나 혹은 낳기 쉬운 행위를 금지합니다.

◇ 제2 노무공급사업에 대하여

노무공급사업이라는 것은 타인의 요청에 응하여 임시적 사업에 사용하기 위해 소속의 노무자를 공급하는 사업을 말하는 것으로, 본령의 적용 범위는 '임시로 사용되는 노무자를 유료 또는 영리를 목적으로서 상시 30인 이상 공급하는 사업'으로 되어 있습니다. 노무공급사업은 일반노무수급조정에 영향을 미치는 바가 적지 않으므로, 이 사업의 경영에 대해서도 도지사의 허가를 요한다고 되어 있습니다. 따라서 겸업의 금지, 특정행위의 금지 등에 대해서도 영리직업소개사업에 대한 것과 대체로 동일한 규제를 받는 것입니다.

◇ 제3 노무자의 모집에 대해서

노무자의 모집이라는 것은, 노무자를 고용하려고 하는 자가 스스로 또는 타인으로 하여금 불특정 다수의 자에 대하여 피고용자로 삼으려 하는 것을 권유하고 또는 여■(勵■)하려는 행위를 말하는 것입니다. 종전에 조선에서는 조선 외에 취로지를 가진 경우 노무자의 모집에 대해서 경찰 단속[取締]상 견지에서 노동자모집수속규칙이 시행되고 있었습니다만, 본령에 의해서는 노무수급조정의 견지에서 조선 내에서 모집행위에 대해 전면적으로 이를 규제하는 것을 더불어 하게 되었습니다. 따라서 조선 외에서 사업에 종사시키는 경우는 물론 조선 내 취업장에 취업시키는 경우의 모집도 본령에 의해 새로이 수속을 요하는 것이 되었습니다.

(가) 적용 범위

본령의 적용은 직공, 광부, 어부, 토공, 기타의 인부 등을 모집하는 경우에 적용되는 것인데, 예외로서 응모자가 취업을 위해 주거를 변경할 필요가 없을 때나 이민보호법에 의한 모집을 할 때에는 본령의 적용을 제외하고 있습니다. 따라서 이를 제외한 외에는 적극적 모집은 물론, 단순히 광고 등에 의해 모집하는 경우라고 하더라도 인가를 받는 것을 필요로 합니다.

(나) 모집허가관청

허가관청은 모집지역이 어느 한 도(道) 내에 한하는 경우에는 모집지 소관[所轄] 도지사, 2도 이상에 걸친 경우에는 조선총독으로 되어 있습니다. 또 신청자는 취로지 소관 도지사를 경유하여 허가관청에 제출을 요합니다.

(다) 모집종사자의 사용규제

모집종사자의 경관 단속[取締]은 본건 규제상 가장 중요한 점으로, 이의 사용 및 변경에 대해서 허가를 받는 것으로 하고, 나아가 모집종사자가 모집에 종사하는 경우는 항상 관에서 교부받은 모집종사자증을 휴대할 것을 명하며, 또 모집종사자에 대해서 특정 행위를 금지함으로써 폐해의 방어[防遏]를 기하는 것입니다.

◇ 이상 본 제도의 대요를 말씀드렸습니다만, 본 제도의 실시와 함께 조선직업소개소 관제가 동시에 공포되어 경성, 부산, 대구, 평양, 신의주 및 함흥에 각 국영 직업소개소의 개설을

보고, 이후 보완하여 증설을 도모하여 소개기관의 확충 완비를 도모해서 노무수급의 조정에 힘을 다하는 것으로 되어 있는데, 모쪼록 새로운 제도이므로 이것의 운용에 대해서는 관계 각 방면의 충분한 이해와 원조에 따라 그 실효를 기하고 싶다고 생각하는 바입니다. 마침[終].

| 자료 194 |

## 조선노무협회 설립, 첫 사업은 알선지도자 양성, 유휴노동력 활용에 만전책

《경성일보》1941년 3월 14일 / 구분: 조선노무협회(예정 기사)

생산력 확충을 위해 가장 중요한 노무자의 동원에 관해 총독부에서도 최선을 다하여 유휴노동력의 이용 및 기타 방책을 세우고 있는데, 관청의 힘으로만 하는 것은 노동력[勞力]을 도리어 편재(偏在)시키는 결과를 초래할 우려가 있다는 견지에서 직업소개기관의 별동대로 하고, 또 민간 측의 노동력 공급 후원단체로서 30만 원으로 재단법인 조선노무협회를 설립하게 되었다.[31]

이미 1941년도(昭和16) 예산에서 국고보조 5만 원, 각 도 예산으로 2만 5,000원씩 지출하는 것이 결정되었기에, 신년도에 들어와 가급적 빠르게 창립의 구체적 방침을 추진할 것인데, 현재의 안으로서는 본부를 총독부 내에 두고, 회장으로 정무총감, 이사장으로 내무국장, 각 국장, 관계과장 및 민간 유식자를 이사, 감사, 참여 등

---

31  1941년 6월 28일 발족.

으로 둘 예정이다.

그리고 1941년도 첫 사업으로는 노무알선의 지도자 양성이 목적으로 되어 있고, 장래는 각종 통제에 따라 생기는 중소 상공업자의 전실업(轉失業) 알선에도 손을 댈 것이다.

또 실무를 담당하는 자로서, 본부에 주사 1, 서기 2, 고원 2명을, 남선(南鮮) 7도 지부에 서기 2, 고원 1명 외, 6도 지부에는 서기 1, 고원 1명을 각각 배치하는 것이 되었는데, 힘을 다해[極力] 해야 하는 노동력 동원을 주안으로 하는 만큼 당국에서는 민간의 절대적인 지지 없이는 원활한 기능 운행을 기하기 어렵다고 하여 이의 실시에 만전을 기하고 있다.

자료 195

노무협회를 신설하고 노동력 활용에 만전, 각 도에 지부 월말까지 탄생

《경성일보》 1941년 6월 11일 / 구분: 조선노무협회(예정 기사)

근대전에서 승리하기 위해서는 먼저 총후의 노동력을 총동원하여 고도국방국가의 건설에 따라 노동신체제의 확립이 필요하다. 이에 정부에서도 중일전쟁[事變] 이후 각종 방책을 강구하여 노동의 재편성에 노동력[勞力]을 집중[集注]해 왔다. 총독부에서는 이미 새로이 노무과를 신설하고 오로지 노동신체제 확립을 위해 나서기로 하여, 노동력[勞力]의 중점주의 배치를 시작으로 유휴노력의 동원 활용 등에 착착 기본 시설의 정비를 진행하고 있는데, 나아가 이

번에 총독부의 보조기관으로서 조선노무협회를 신설하고 관공서[役所]의 수족이 되어 앞에서 언급한 노동 재편성을 추진하게 되었는데, 이를 위해서 총독부에서는 10일 오후 1시 반부터 노무협회 설립 제1회 협의회[打合會]를 개최하고 하야시(林) 노무과장, 다하라(田原) 사무관, 기타 계관(係官)이 출석하여 협의한 결과 드디어 월말까지 노무협회를 설립하는 것으로 내정하고, 회장으로 오노(大野) 정무총감, 이사장으로 고타키(上瀧) 내무국장을 추대하며, 기타 이사 및 감사에는 총독부 관계 과장, 사무관 등을 각각 임명하게 되었다. 처음에는 사회법인조직을 채용할 것이었지만, 사정에 따라 자유단체로 조직을 변경하고 조만간 탄생[生誕]을 보게 되었다. 실현 후에는 13도에 각각 지부를 설치하여 노무알선, 기타에 대해 관공서의 별동기관으로서 활발하게 사업을 개시하여 조선[半島]에서 노동신체제를 아래에서부터 크게 성(盛)하게 할 것이다.

자료 196

## 조선노무협회 탄생, 회장은 총감, 총독부에 본부 설치, 오늘 창립총회를 개최

《경성일보》1941년 6월 29일 / 구분: 조선노무협회

고도국방국가체제의 확립을 도모하기 위해서는 물자, 자금 통제의 운영과 맞춰서 노무체제도 정비·강화할 필요가 있다. 최근 노무배치의 혼란, 이동의 증가 등이 심각화하는 우려할 만한 현상을 방지하기 위한 단체인 노무협회가 28일 오전 10시부터 총독부 제3회의실에서 창립총회를 개최하였다. 창립총회 및 제1회 이사회에서 정식 성립하여 오노(大野) 정무총감은 다음과 같은 담화를 발표하여 설립 주지의 철저를 기하였다. 노무협회는 본부를 총독부 내에 두고, 각 도에 지부를, 부군도(府郡島)에 분회를 두는데 직업소개소를 설치하는 개소는 분회를 소(所) 내로 정하고 다른 군에는 도청 내에 설치하는 것으로 하고, 회장에 정무총감, 부회장에 내무국장·경무국장, 주요한 사무수행자인 상무 및 이사에는 하야시(林) 노무, 요시가와(吉川) 보안 양 과장이 취임하였고, 기타 국민총력, 지방, 사회, 토목, 상공, 광산, 농정, 기획제1의 조선총독부 각 과장 및 철도국 운수과장, 철도국 개량과장, 기타 총력연맹 사무이사 등과 관계단체의 수뇌자(首腦者)를 이사로 임명하였다. 지부장은 도지사, 부지부장은 내무와 경찰 양 부장이 맡고, 상무이사에는 사회, 고등경찰 양 과장이 맡도록 하였다.

## 정무총감 담화

국가가 행하려는 여러 정책에 순응하고 그 필요로 하는 노무를 적정하고 원활히 공급하는 것은, 전시하 경제 정책의 수행상 긴급[喫緊]의 요무로서 고도국방국가체제도 또한 이에 의해 그 확립을 기할 수 있기 때문이다. 그리고 이를 위해서는 물자 및 자금 통제의 운영과 함께 노무제도의 정비·강화를 도모하고, 이로써 군수의 충족, 생산력확충계획의 수행, 수출의 진흥 및 국민생활의 필요한 수요[必需]를 확보할 수 있도록 노무의 충족에 유감없음을 기할 필요가 있음은 말할 필요 없는 바이다.

본래[由來] 조선은 인적 및 물적자원이 풍부하고, 각종 산업은 비약적 진전을 보아, 대륙 전진 병참기지라는 중대한 사명의 달성에 매진하고 있었는데, 이번 전쟁[事變] 발발 후 생산의 증대에 수반하여 여러 산업에서 노무 수요가 급격하게 증가함으로써 일반 잉여[餘剩] 노동력이 점차 바닥을 보이고[拂底] 있고 핍박의 정도[度]가 점차 현저해지려고 하는 문제에 있어, 모집(募集) 경합에 따라 노무배치의 혼란, 이동의 증가 및 노동자원의 저하 등 국방국가체제 확립상 우려할 만한 현상[事象]이 드러나고 있으며 게다가 근래 한층 심각도가 증가하는 정세임은 중시해야 할 일이다.

조선총독부는 전시체제 아래에서 노무수급의 조정에 대한 제도 확립의 필요를 인정하여, 지난번 「조선직업소개령」을 제정·실시하여 직업소개사업의 관장 및 노무자 모집의 규칙을 만드는 등 노무의 적정하고 원활한 배치를 도모하려 하고, 또한 국가총동원법의 발동에 기초하여 각종 노무 관계 법령을 실행하여 노동력 확보에 노력해 왔으나, 상술한 여러 정세에 대응하여 농공병진정책의 구현을 서두르고 또 내외지 만주와 중국[滿支]을 일체로 하는 노무동원계획의 수행상 한층 시책을 강화해야 함을 통감하는 바이다.

이후 노무행정의 운영에 대해서는 여러 국가적 중요산업에서 노무수급의 적합을 기함과 동시에, 나아가 노동력의 유지·배양 및 능률증진을 기도하는 등 노무의 양적 및 질적 증강 대책 강화에 중점을 둘 필요가 있다. 그러나 이들 시책의 실시에 대해 민간의 강력한 협력을 필요로 하는 것은 조선 노동자원의 특수성 측면에서 필연적 문제이며 또 산업인이 당연히 감당[負荷]해야 할 임무라고 확신한다.

이러한 의미에서 오늘 조선노무협회가 설립되어 국운(國運) 진전의 대동맥을 이루는 노무대책을 중심으로 조선[半島] 산업의 일대 단결을 수행하게 된 것은 극히 경하하지 않을 수 없는 일로, 본회의 사명이 중대한 것임을 통감한다. 그리고 본 협회는 총독부 내에 본부를 두어 각도에 지부를 또 부군도에 분회를 두어, 진정한 노무행정기구의 협력망으로서 정부의 방침에 대응하고 노무행정의 운영에 협력하며 다른 한편 산업인의 이익을 증진시키려 하고, 중견노동자의 연성, 노무관리의 지도, 노무자 모집의 통제, 학무사정 및 직업 문제에 관한 조사·연구 등 노무 각 분야[咎般]에 걸친 중요사업을 실시하려는 것으로서, 이의 성과에 다대한 기대를 가지며 본 협회의 사업에 대해서 조선[半島] 산업계, 기타 유식자 여러분의 다대한 찬동과 협력을 바라 마지않는다.

### 자료 197

## 노무협회 오늘 창립, 노무 수급의 적정을 기도

《매일신보》 1941년 6월 29일 / 구분: 조선노무협회

노무자의 교양훈련과 동원관리 및 ■■■■의 배치를 신속하게 수행하고자 총독부에서는 오늘 조선노무협회의 ■■■ 발회식을 오전 10시부터 제3회의실에서 개최하였다. 먼저 고타키(上瀧) 내무국장의 인사말이 있었고, 강령과 활동에 대한 것을 하야시(林) 사회과장으로부터 듣고 11시 반에 폐회하였는데, 이번에 설립한 조선노무협회에 대하여 회장인 정무총감은 다음과 같은 담화를 하였다.

### 오노(大野) 정무총감 담화

국가가 행하려고 하는 모든 정책에 순응하고 그 필요로 하는 노무를 적정하고도 원활히 공급하는 것은 전시하 경제 정책의 수행상 중요한 업무[喫緊要務]로서, 고도국방국가체제 또한 이에 의해 확립을 기할 수 있는 바이다. 그리고 이를 위해서는 물자 및 자금 통제의

운영과 함께 노무제도의 정비·강화를 도모하고, 이로써 군수의 충족, 생산력확충계획의 수행, 수출의 진흥 및 국민생활의 필요한 수요[必需]를 확보할 수 있도록 노무의 충족에 유감없음을 기할 필요가 있음은 말할 필요 없는 바이다.

원래 조선은 인적 및 물적자원이 풍부하고, 각종 산업은 비약적 진전을 보아, 대륙 전진 병참기지라는 중대한 사명의 달성에 매진하고 있었는데, 이번에 중일전쟁[事變] 발발 이래 생산의 증대에 수반하여 여러 산업에서 노무 수요가 급격하게 증가함으로써 일반 잉여[餘剩] 노동력이 점차 바닥을 보이고[拂底] 있고 핍박의 정도[度]가 점차 현저해지려고 하는 문제에 있어, 이로 인해 모집(募集) 경합에 따른 노무배치의 혼란, 이동의 증가 및 노동자원의 저하 등 국방국가체제 확립상 우려할 만한 현상[事象]이 드러나고 있으며 또한 근래 한층 심각도가 증가하는 정세임은 중시해야 할 일이다.

총독부는 전시체제 아래에서 노무수급의 조정에 대한 제도 확립의 필요를 인정하여, 지난번「조선직업소개령」을 제정·실시하여 직업소개사업의 관장 및 노무자 모집의 규칙을 만드는 등 노무의 적정하고도 원활한 배치를 도모하려 하고, 국가총동원법의 발동에 기초하여 각종 노무 관계 법령을 실행하여 노동력 확보에 노력해 왔으나, 상술한 여러 정세에 대응하여 농공병진정책의 구현을 서두르고 또 내외지 만주와 중국[滿支]을 일체로 하는 노무동원계획의 수행상 한층 시책을 강화해야 함을 통감하는 바이다.

이후 노무행정의 운영에 대해서는 여러 국가적 중요산업에서 노무수급의 적합을 기함과 동시에, 나아가 노동력의 유지·배양 및 능률증진을 기도하는 등 노무의 양적 및 질적 증강 대책 강화에 중점을 둘 필요가 있다. 그러나 이들 시책의 실시에 대해 민간의 강력한 협력을 필요로 하는 것은 조선 노동자원의 특수성 측면에서 필연적 문제이며 또 산업인이 당연히 감당해야 할 임무라고 확신한다.

이러한 의미에서 오늘 조선노무협회가 설립되어 국운(國運) 진전의 대동맥을 이루는 노무 대책을 중심으로 조선[半島] 산업의 일대 단결을 수행하게 된 것은 극히 경하하지 않을 수 없는 일로, 본회의 사명이 중대한 것임을 통감한다. 본 협회는 총독부 내에 본부를 두어 각 도에 지부를 또 부군도에 분회를 두어, 진정한 노무행정기구의 협력망으로서 정부의 방침에 대응하고 노무행정의 운영에 협력하며 다른 한편 산업인의 이익을 증진시키려 하고 중견 노동자의 연성, 노무관리의 지도, 노무자 모집의 통제, 학무사정 및 직업 문제에 관한 조사·연구 등 노무 각 분야(各般)에 걸친 중요사업을 실시하려는 것으로서, 그 성과에 다대한 기대를 가지며 본 협회의 사업에 대해 조선 산업계, 기타 유식자 여러분의 다대한 찬동과 협력을 바라마지 않는다.

자료 198

교양과 훈련을 강화코자 노무자들 동원 관리, 지도의 총본영 노무협회 결성

《매일신보》 1941년 6월 29일 / 구분: 조선노무협회

1년에도 수만 명씩 일본[内地] 각 방면의 산업장으로 진군하고 있는 조선의 노무자들은 국책적 산업전사로서 많은 활동을 하고 있으며 조선 안에서도 이들의 동원 관리가 무엇보다도 필요하므로, 그간 총독부에서는 노무과까지 설립하고 이에 대한 사무를 보고 있는 중이다.

이렇듯 국가적으로 중요한 생산력 확충을 위하여 그 노력을 아끼지 않고 있는 노무자들의 교양·훈련은 앞으로 더욱 필요하며 노동자 파업의 방지와 이들의 알선 혹은 노무자원의 조사·연구 같은 것도 필요하게 되었으므로, 총독부에서는 이러한 사업을 도맡아 하는 기관으로서 오늘 조선노무협회를 조직하여 앞으로 여러 가지 사업을 하게 되었다.

이 노무협회 발회식은 28일 아침 10시부터 총독부 제3회의실에서 열렸는데, 먼저 노무협회의 부회장인 고타키(上瀧) 내무국장의 인사가 있은 후 상무이사인 하야시(林) 사회과장이 여러 안을 설명하고 11시 30분에 폐회하였다.

이 회에서는 노무자원에 관한 연구 기관지도 수시로 발행할 것이며 중견 노무자를 양성하고 각 공사장에 이 노무자들을 위한 후생시설을 적극적으로 설치할 것을 지시할 것인데, 이 회의 회장은 오노(大野) 정무총감이고 부회장에는 미하시(三橋)[32] 경무국장도 들어 있다.

그 외에 토목건축협회 광산연맹 관계자들도 이 회에 관계를 맺게 되었으며, 각 도에는 지부를, 부청과 군청, 도(島)에는 각각 분회를 두고 전 조선적으로 노무자의 지도·알선에 관한 규율 있는 사무연락을 하게 되어 이 회의 활동은 국가적으로 많은 기대를 받고 있다고 한다.

---

32 미하시 고이치로(三橋孝一郞). 일본 지바현(千葉縣) 출생. 도쿄제국대학 법학부를 졸업하고 고등시험 행정과 합격 후 내무부에 근무하다가 오사카부(大阪府) 경찰부 특고과장을 지냈다. 1929년에 총독부 경무국에서 과장을 거쳐, 일본 내무성 경호국 보안과장을 거친 후, 1936년에 조선총독부로 돌아와 1942년까지 경무국장을 지냈다. 행정자치부 정부기록보존소, 2000, 『일제문서해제-경무편』, 195쪽.

자료 199

## 젊은 생산확충 전사의 훈련소를 설치

《경성일보》1941년 7월 5일 / 구분: 조선노무협회

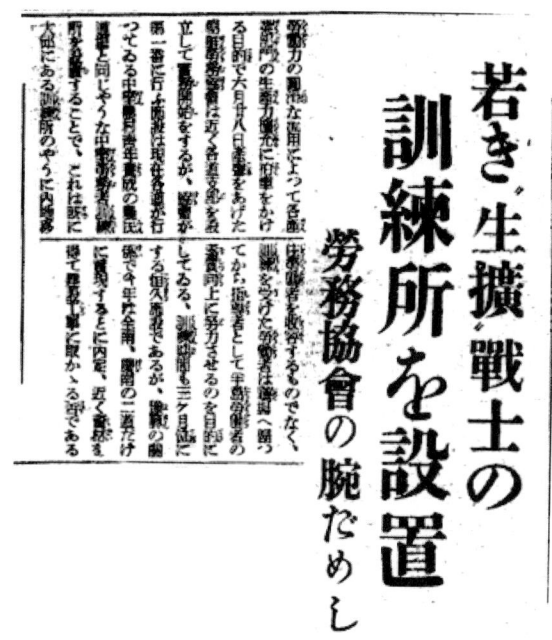

　노동력의 원활한 유용(流用)에 따른 각 산업 부문의 생산력 확충에 박차를 가할 목적으로 6월 28일 출범의 목소리[産聲]를 올린 조선노무협회가 조만간 각 도 지부를 설립하여 실무를 개시하는데, 협회가 제일 첫째로 행하는 시설은 현재 각 도가 행하고 있는 중견농촌청년 양성의 농민도장(道場)과 같은 중견노동자훈련소를 설치하는 것으로, 이는 이미 대구에 있는 훈련소처럼 일본[內地] 이주 노동자를 수용하는 것이 아니라, 훈련받은 노동자가 직장으로 돌아가서 지도자로서 조선[半島] 노동자의 소질 향상에 노력을 기울이는 것을 목적으로 하고 있다. 훈련기간도 3개월 정도로 하는 항구적 시설인데, 예산 관계로 금년은 전남, 경남 2개 도에만 실현하는 것으로 내정하고, 조만간 자재(資材)를 얻어 건설 공사에 착수할 예정이다.

자료 200

선만척식훈련소, 강원도 세포에 오늘 개소식을 거행, 미나미(南) 총독 훈시[告辭]

《경성일보》 1938년 7월 29일 / 구분: 노무동원

만주개척의 중견인물 양성을 위해 총독부에서는 만선척식에 보조금을 주고 강원도 세포(洗浦)에 선만척식훈련소[33]를 신설하였다. 현재 생도는 70명이 입소하여 쓰보우치(坪內) 소장

---

33 선만척식훈련소: 선만척식이민훈련소. 선만척식(주)가 운영하도록 한 조직(만주개척 5개년 계획에 따라 1936년 6월 4일 선만척식주식회사령 공포에 따라 창설, 만주 조선인 척식사업 운영 전담 회사. 1941년 12월 20일 선만척식주식회사령 폐지). 조선총독부는 일본 각의 승인(1937년 11월 30일)에 따라 1938년 1월 21일, 강원도 평강군 고삽면 세포리에 만주개척의용대 양성을 위한 훈련소로 세포(洗浦)이민훈련소를 개소(청장년

(전 황해도 연안농업학교생) 이하 대원으로부터 선만일여(鮮滿一如)의 큰 방침에 따라 이민사업에 대한 적극적 훈육을 받고, 다시 8월 5일에는 150명의 청년이 입소하게 되었는데, 이것과 병행하여 훈련소의 모든 설비를 완성했으므로 선만척식회사에서는 28일 오후 1시 반부터 훈련소에서 성대한 개소식을 거행하였다. 총독부에서는 총독 대리로서 총독부 외무부 송(宋) 사무관이 임석해 대원 생도에게 다음과 같은 미나미(南) 총독의 훈시를 대독하고 새로운 땅의 개척자를 격려하였으며 회사 측에서도 니노미야토쿠(二宮德)와 와타나베(渡邊) 이사가 출석하였다.

### 미나미(南) 총독 훈시[告辭]

7월 28일 강원도 세포 선만척식훈련소 개소식에서 미나미 총독의 훈시

선만척식훈련소의 건설이 이루어짐으로써 오늘로 개소식을 거행하게 됨에 이른 것은 진실로 경축하지 않을 수 없는 일인바. 돌아보니 일본과 만주 등 두 제국은 한마음 한뜻으로 일체 불가분의 관계에 있고, 대도의(大道義) 건설의 기치에 따라 만주국은 경이로울 정도의 발전을 이루어 선만일여의 관계도 올해에 더욱 견고한 유대로써 이어지게 되었다.

그러므로 조선인 농민의 만주 이주는 더욱 의의를 갖는 것으로써, 이러한 정신에 근거하여 이민사업의 성과를 거두기 위해서 이민의 소질을 계발하고 훈련을 거듭함으로써 견실한 이주부락의 건설을 도모함은 절실함을 요하는 것이다. 그러므로 총독부는 신속히 만주이민의 선정에 뜻을 품거나 이주부락의 중견인물이 되어야 할 사람의 교양훈련기관 설립의 필요성을 인정하고 선만척식주식회사를 만들어 토지를 융통해 주고 이민훈련소를 대행해 경영하도록 하였는데, 그 후 회사의 ■■경영과 여러 관계 부서의 협력·알선에 따라 공정이 진척을 보여 드디어 준공을 보게 된 점에 깊이 노고를 치하한다.

직(職)을 훈련소에 두고 있는 사람은 극히 이 큰 정신을 체득하고 종일 훈련생에 대해 진실

---

105명 수용 시설). 이 기사 외에 《경성일보》 1938년 7월 31일 자, 조간 5면 6단에 낙성식 관련 소식과 사진 등을 수록하였고, 〈만주개척청년의용대 기구를 확충 강화〉, 《경성일보》 1940년 3월 29일 자, 조간 2면; 〈단련하는 개척전사, 세포훈련소 규정 개정〉, 《경성일보》 1940년 4월 10일 자, 조간 7면; 〈만주개척지원자훈련소를 머지않아 국영으로 이관, 오는 5일에 관제 공포〉, 《경성일보》 1940년 6월 4일 자, 조간 7면 등의 기사도 볼 수 있다.

과 강건의 성품을 맹세하고 인고결핍을 감내하는 생활을 독려해 진실로 개척의 전사다운 능력을 배양함과 동시에 만주국의 선량한 구성분자로서 선주민과 협화해 국운의 번창에 기여할 각오를 굳건히 함이 필요하고, 훈련생 또한 직원의 훈육·지도에 복종해 인고단련하고 화이협동하여 이민의 중견자라는 신념과 체험을 파악하지 않으면 안 된다.

지금 우리 제국은 미증유의 사변과 만나 거국일치 물심양면의 전력을 기울여 동양의 영원한 평화 확립에 매진하고 있다. 여러분도 역시 시국의 중대함을 인식하고 더욱더 각자의 본분을 잘 지켜 업무에 정진하고 훗날 만주에 이주했을 때 이민의 중견자로서 사명을 달성함과 동시에 선만일여의 열매를 거둠으로써 황은에 보답하고 받들 것을 기대하며 훈시하였다.

1938년 7월 28일

조선총독 미나미 지로(南次郎)

| 자료 201 |

만주 개척 지원자 훈련소를 머지않아 국영으로 이관, 오는 5일에 관제 공포

《경성일보》1940년 6월 4일

선만척식이 경영하는 강원도 평강군(平康郡) 세포(洗浦)의 만주개척민지원자훈련소는 개척 국책의 비약적 전진에 따라 조만간 국영으로 이관하게 되어, 총독부에서는 이에 수반하는 관제 개정을 서둘렀는데, 어느 정도 성안을 얻었으므로 오는 5일에 관제 공포 예정이다. 관제 공포가 실현되면, 종래 훈련소의 내용을 확충하여 지원자를 제1부, 제2부, 제3부로 나누어서 제1부는 오로지 개척민 간부의 양성을 담당하여 대체로 60명을 2개월간 훈련하고, 제2부는 선발대 양성을 담당하여 약 900명을 250명씩 2개월간 훈련하고, 제3부는 청년의용대 양성을 담당하여 100명을 1개월간 훈련한 후 각각 제일선으로 송출하게 되었다.

[자료 202]

# 만척과 선척 합병, 오늘 가조인식

《경성일보》1941년 4월 2일

　만주개척 정책의 약진체제 정비를 위해 일만(日滿) 양국에 의해 진행되고 있던 만주척식공사(公社)와 선만척식회사의 통합은 지난 3월 조선척식[鮮拓]평가위원회 구성의 결정을 마지막으로 통합 준비를 전부 마치게 되어, 4월 1일 오전 10시 신경(新京) 만척 본사 총재실에서 니노미야(二宮) 만척 겸 선척 총재, 이나가키(稻垣) 개척총국장, 야마구치(山口) 척식위원회 사무장 외 관계자가 참석한 가운데 공식적인 만선척 통합 가조인식을 거행하였다.

▶ 선척 매수재산 750만 원

　만척에서는 이후 평가 결정을 기다려 선척 매수를 시도할 것인데, 매수 재산으로 750만 원을 계상하고 있다. 또 선척의 조선 본사는 오는 6월 1일 정식 통합 조인과 동시에 그 사업투자금 대략 50만 원, 2,200호 개척민의 100여 만 원 융자금은 동양척식에 양도하는 것으로 결정하고 있다.

### ▶ 만척 기구 개혁, 경성에 본사 설치

만척에서는 오늘 선척 통합 가조인을 계기로 개척 정책의 전진 태세를 갖추기 위해 4월 1일부로써 회사 전반에 걸쳐 신기구를 확립하고, 선척을 포함한 광범한 인사이동을 단행하였다. 이번 기구 개혁에서는 만척의 개척 실행 부문으로서 본래 사명에 비춰 현지 중점주의로써 임하고, 본사 기구를 극도로 압축하여 1실(室) 4부 15과로 하고, 본사 진용의 반수를 현지로 보내는 한편 사무소, 출장소 등 현지 기구의 충실화를 실시하여 권한 확대를 도모하고 일본[內地] 개척민·조선 개척민과 함께 조성·보도(補導)하는 내선일체화를 표방하고 있는 점이 특히 주목된다. 또 선척 접수 후에 선만 연락 기관으로서 경성에 지사를 설치할 예정이다.

## 자료 203

### 경북에 이민훈련소, 곤란을 극복하고 설치

《경성일보》 1939년 8월 7일 / 구분: 경북도 이민훈련소

【대구】 1939년도(昭和14)에 신설하기로 결정된 경북도 이민훈련소는 오로지 도(道)가 스스로 제출한 우량이민자 양성을 담당하기 위한 것으로, 따라서 이 훈련소 설치 지역의 선정은 매우 신중을 거듭해 왔다. 최적의 부지로서 도는 독행신실(篤行信實)의 ■■에서 설치 여부를 고려하여 매우 위태로운 상황[一尺竿頭]에까지 오른 것은 앞에서 언급한 ■■성 때문으로 당초 계획대로 설치에 이르게 되었다는 것이고, 현재 경주군 ■■■■■ 부근에 임야 4만 평을 매수하고 드디어 올해 건설하기로 결정을 보았다. ■■은 각 군(郡)마다 ■■■이어서 주목되는 점이다.

### 자료 204

## 4도에 산업부를 신설, 황해·전북·강원·함남·평남·평북 6도에서

《경성일보》 1938년 2월 5일 / 구분: 도 산업부

　제국 정부[34]는 장(蔣) 정권[35]의 장기 항전에 대비해 국민총동원에 따른 인적·물적자원 개발에 따른 산업 5개년 계획을 수립하고 있는데, 조선총독부도 이에 순응하여 지하자원, 농업, 축산, 수산 등 각각의 개발에 나서게 되어, 그 대부분이 이미 1938년도(昭和 13) 예산에 계상되어, 산업의 만전을 기하기 위해 조선[半島]의 각종 단체를 동원하게 되었다. 현재 도(道) 산업부는 경기, 전남, 경남, 경북의 4도에 설치하였고 부장은 도(道) 참여관이 겸임하고 있다. 최근 조선[半島]의 산업은 비약적 발전에 수반하여 각 도의 산업 행정이 과감하게 팽창하고, 더욱이 시국의 반영에 따라 내무부의 사무가 번망(繁忙)하게 되고, 내무부장의 사무가 방대해져 막힘[澁滯]이 우려되고 있다. 조선총독부는 종래 산업부를 13도에 신설할 예정이었는데 산업부장은 참여관이 사무관을 겸하는 것이 되므로 관제상 중앙[36]에서 승낙하지 않아 점차 증가하는 방침 아래 추진해 왔는데, 시국하 조선[半島] 산업의 중요성과 미나미[南] 총독의 조선인 관리 대우

---

34　일본 정부를 의미.
35　중국 국민당 장개석(蔣介石)의 정부.
36　일본 정부를 의미.

[優遇] 방침에 따라 최대한도에까지 이를 확장하는 것으로 하며 미설치 도인 황해, 전북, 강원, 함남, 평남, 평북의 6도 중에서 4도의 산업 사정을 고려해 산업부를 신설하는 것으로 결정하였다.

## 자료 205

## 평남 외 5도에 산업부 신설

《경성일보》 1938년 2월 19일 / 구분: 도 산업부

본보에서 이미 보도한 대로 1938년도(昭和13)부터 지방의 각종 산업 조장에 노력하게 되어, 이의 기초가 될 도 산업부 설치를 실현하고자 오랫동안 중앙정부[37]와 절충을 거듭한 결과 조선총독부안이 승인되었다. 즉 현재 산업부가 설립된 경기, 경남, 경북, 전남의 4개 도 외에 더하여 황해, 함남, 강원, 평북, 전북, 평남 6개 도에 산업부를 신설하는 것으로 결정하고, 참여관에 사무관을 겸임시키도록 관제를 개정하여 드디어 4월 1일 신년도부터 실시하게 되었다. 또 충남, 충북과 경북 3도는 고려 중으로, 경북은 각종 ■■에 비춰 실시가 고려되고 있다.

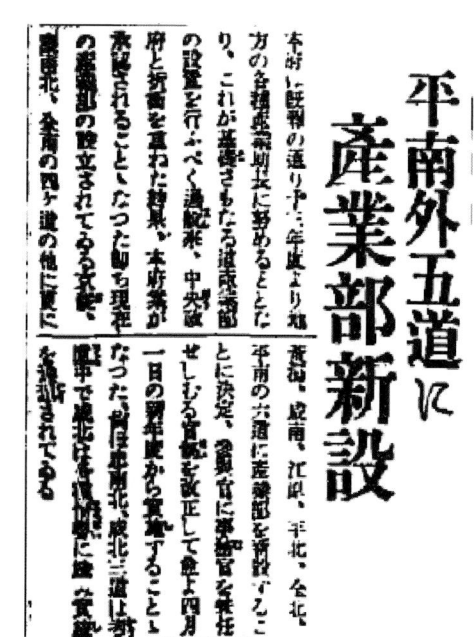

---

37 일본 정부를 의미.

| 자료 206 |

## 각 도에 산업부 설치

《경성일보》 1938년 3월 29일 / 구분: 도 산업부

조선[半島] 산업경제계는 근래 현저한 발전을 이루어 그중 산업행정은 대대적인 팽창이 이루어졌다. 조선총독부는 지난번 경기, 전남, 경남, 경북 4도에 산업부를 설치하고 산업행정을 관장하도록 하여 우수한 성적을 올리고 있다. 이번에 조선총독부에서는 앞에서 언급한 4도 외의 9개 도 전부에 산업부를 신설하기로 결정하였다. 산업부장은 대부분 도(道) 참여관으로서 도 사무관을 겸임하여 임명하고 있으므로, 9개 도 산업부 신설에 수반하여 참여관을 중심으로 하는 조선인 관리의 이동도 결정된 것 같다. 이 산업부 설치에 관한 고시는 적어도 4월 10일 이전에 발표될 것으로 보인다. 또 동시에 도 산업과의 확장에 대개혁을 가해 산림, 농무, 수산, 상공 관계 사무를 산업부로 통일할 것이다.

자료 207

## 도 산업부의 신설 드디어 실현, 행정기구도 개혁

《경성일보》 1938년 4월 15일 / 구분: 도 산업부

각 도의 산업부 신설에 따른 지방관제 개정 칙령안을 법제국에서 최종적으로 심의해 왔는데, 21일 자로 공포하게 되었다. 참여관을 전부 산업부장으로 겸임시키고 또한 관제 개정에 따라 산업부를 신설하는 것에 다소 이의(異議)가 있어 심의도 일시 정돈(停頓) 상태에 빠져 있었는데, 드디어 실현을 보게 되고, 동시에 이에 수반하여 도부군도(道府郡島) 지방행정기구의 개혁을 단행할 모양이다. 산업부 설치와 동시에 농무, 지방, 산업 등에 분산되어 있는 농촌진흥운동 관계의 행정사무를 통합하여 농촌진흥과를 신설하고, 또 학무, 지방 등에 분산하고 있는 사회사업 및 사회교화 관계의 행정사무를 통합하여 사회과를 신설하게 되었다. 기구 개혁 후의 도 행정기구는 다음과 같이 각 과 배속의 결정을 보고 있다.

▲지사관방(知事官房) ▲내무부(지방과, 사회과, 토목과, 학무과, 회계과, 이재과(이것은 혹은 상업부로 이관할지도 모름)) ▲산업부(상공과 또는 상공수산과, 산림과)(수산과, 농무과, 농촌진흥과) ▲경찰부(경무과, 고등경찰과, 보안과, 위생과)(외사경찰과)(형사과)

신설 사회과장은 이사관 혹은 사회주사를, 또 농촌진흥과장은 이사관 또는 산업주사를 임명하는데, 내년도에 도 이사관의 정원을 증원하여 신설할 2개 과의 과장은 대부분 이사관을

임명하고, 군 및 도의 기구는 현재 서무, 내무의 양 계로 분립하고 있는데 큰 군 및 도에는 서무, 내무, 권업(勸業) 3개 과를, 작은 군에는 내무, 권업 2개 과를 두고 과장에는 고참 사속(師屬)을 임명하게 된다. 조선[半島] 지방행정의 비약은 1938년도(昭和13)부터 행해진다.

자료 208

## 사회과 독립, 인천부회 무사 가결

《경성일보》1938년 7월 7일 / 구분: 인천부 사회과

공장용지조성자금적립관리조례 제정 외 6건을 부의하는 부회(府會)가 15일 오후 1시 부청 회의실에서 개최되었고, 출석의원은 18명이었다. 개회 벽두(劈頭) 38만 2,691원의 1938년도(昭和13) 개정 예산을 상정하고 안의 조정 준비 불충분을 폭로했는데, 별도의 논의도 없이 의회 생략으로 회의가 진행되었다. 사회과 독립에 의한 추가예산은 통과하였고, 이어 문제의 공장용지조성자금적립관리조례 제정은 부윤(府尹)으로부터 토목사업의 적립금은 점차 매립사업의 진척에 따라 다소 여유롭다는 전망이 있어 왔기에 "이번에는 매립지의 선매(先買)를 피하고 공장지대 조성과 공장 유치의 자금으로 하고 싶다. 이번 회는 그 편린을 보여 주는 것으로 약 30만 원이다."라고 설명하니, 이쿠다(生田) 의원은 이에 대하여 "토목사업 적립금은 당초 부내의 토목사업에 사용하는 것으로 도시 조성에 기대되는 것인데, 이를 공장지대로 바꾸는 것은 1국부(一局部)에서 편중을 ■■■■■이다"라고 반대의견을 말함에, 부윤이 여러 가지 그 필요를 역설하여 결국 ■■■하게 통과되어 3시 15분에 상정한 모든 원안(原案)이 무사 가결되며 폐회되었다.

## 자료 209

### 군(郡)의 기구를 쇄신, 서무를 폐하고 권업진을 강화, 황해도 당국의 영단

《경성일보》 1940년 7월 14일 / 구분: 황해도

근년 교육 및 일반사회사업 및 생산확충계획에 따른 농사 방면 및 물가물자■■ 사무에 관한 상공사업 방면 등으로 지방청에서 사무가 복잡다기해짐과 동시에, 부군(府郡) 사무도 또한 극히 발랄(潑剌)을 더해 자연 종래의 군(郡) 기구에서는 분담 사무의 ■■을 결여하여 이것의 정리상 원활하지 않은 나쁜 점이 있다. 그러므로 ■수(■收) 쇄신을 요구받은 것이 오늘날 열렬해짐에 비춰, 황해도에서는 모든 군의 기구 개혁에 대해서 신중히 연구 중인바 드디어 개혁안을 결정했기에 서무규정을 교정해 7월 11일부터 실시하는 것이 되었다.

종래 군이 내무, 서무의 2개 과이던 것을 이번에 서무과를 권업과로 고쳐 농사 일반 외(外)에 농촌진흥 토지개량, 상공 및 군(郡) 농사 사무의 소위 동적(動的) 사무를 분담시키고, 내무과에서는 인사, 회계, 읍면행정, 학무, 토목, 조세, 사회 직업과 같은 정적(靜的) 방면만을 다루어 분담 사무에 상당한 변경이 가해졌다. 이에 따라 내무과와 권업과의 사무가 확연히 분리되어 균형을 이루었을 뿐만 아니라, 과장(課長)도 양자의 경중을 따지지 않고 적재적소에 배치하며 또 기술자도 과장으로 채용하는 종래 실시하지 않았던 기술진에게 새로운 광명을 주는 것으로써 여러 사무 쇄신상 성과가 극히 ■■되고 있다.

# 자료 210

## 총력운동의 강화로 군의 기구 개혁, 서무과 폐지, 권업과 신설

《경성일보》 1940년 12월 22일 / 구분: 충북도 권업과

　도에서는 시세의 진전, 사회정세의 변천 등에 따라 군(郡) 사무가 격증하고 복잡해짐에 대처하고 특히 국민총력운동의 강화 철저와 시국생산 확충, 권업지도 부문의 일원화를 도모하여 군 사무의 원활한 진전을 기하기 위하여 그동안 군 행정기구의 개혁에 대하여 연구 중이었는데, 드디어 지난 17일부 도훈령으로써 군 처무(處務) 규정을 개정하여 각 군에 내무과 및 권업과를 두고 종래의 서무과는 폐지하였다. 개혁의 자취[跡]를 보면, 도 지사관방(知事官房)의 서무과와 국민총력과 양 과(課)의 소관 사항 및 경찰부의 소관 사항 일부가 내무과 소관이 되었다. 이 외에 도의 내무부 계통은 내무과에, 산업부 계통은 권업과에 각각 분리·통합되어 군 행정기구의 신체제화가 실현되고, 내무과는 종래에 비하여 현저히 강화되었다. 두 과의

사무분장은 다음과 같다.

▶ 내무과 소관

▲기밀에 관한 사항 ▲직원의 진퇴 신분에 관한 사항 ▲영■(靈■) 및 의식(儀式) ▲관인(官印)의 관리 ▲문서의 접수, 발송 및 보관 ▲통계 ▲인구동태조사 ▲도서 보관 ▲공고(公告) ▲숙직 및 청중 단속[廳中取締] ▲물품의 출납·보관 ▲재산의 관리 및 처분 ▲영선(營繕) ▲병사(兵事) 및 징발 ▲군사원호 ▲국가총동원 ▲국민총력운동 ▲국민총력군(郡)연맹 ▲읍면, 기타 공공단체의 감독 ▲학교비 및 향교재산 ▲ 교육·학예 ▲신사(神社) 및 신사(神祠) ▲보물, 고적, 명승 및 천연기념물 ▲사회사업, 사회교화, 기타 지방개량 ▲구휼자선 ▲방공(防空), 기타 경비 ▲위생 ▲시가지 계획 ▲도로, 하천, 제방 ▲상수도, 하수도 ▲토지수용▲ 사용료, 수수료, 기타 세 외 제 수입 ▲직세(直稅) 및 학교비, 부과금의 부과 징수 ▲금융 및 지방 경제 ▲저축 장려 ▲지대, 가옥, 종업자 고입 제한 및 임금의 지도 ▲시국 ▲국비, 도비, 기타의 회계 ▲다른 부서의 주관에 속하지 않는 사항

▶ 권업과 소관

▲농업, 잠업, 축산 ▲상공업 및 광업 ▲삼림 및 수산 ▲소작 및 자작농 창설, 기타 농지 조정 ▲자원조사 ▲미곡, 잡곡의 수급조정 ▲토지개량 ▲식산계 ▲도량형 ▲농회, 수리조합, 기타 산업단체 ▲기상 관측 ▲농산촌 지도 ▲농업이민 및 개척민 ▲앞의 각호 이외의 각종 산업

## 자료 211

각 도에 노무관 설치, 근로관리를 쇄신 강화, 조만간 통첩

《경성일보》 1943년 7월 23일 / 구분: 도 노무관

　전력(戰力) 강화의 기간(基幹) 부대인 노무자의 문제가 우리 조선에서는 아직 일본[內地] 정도의 핍박을 보는 것은 아니지만, 점차 기존 노동자의 확보와 훈련이 당면 문제가 되고 있다. 이 때문에 총독부에서는 근무관리대책을 검토하여 이미 각 분야의 시책을 실시하여 왔는데, 이번에 근로관리의 쇄신·강화에 관하여 사정국장 이름으로 조만간 각 도지사 앞으로 통첩을 발한다.

　이 내용은 (1) 관리기구의 확립, (2) 관리의 구체적 실시방법에 관한 것으로, 기구 확립에 관해서는 조선총독부 및 각 도에서 노무관을 설치하여 관리의 지도·감독을 실행함과 동시

에 공장 사업장에서는 관리사무의 확립과 회사 내 책임 있는 지위의 자로써 이를 담당시킨다. 그리고 노무관은 이미 내년도 예산에 계상 중이다. 다음으로 근로관리의 구체적 실시 방법에 대해서는 노무의 능률이 오르도록 시책을 중점적으로 수행하고, 각 직장에서 대(隊) 조직으로서 노무자의 연성을 실시함과 동시에 연성의 지도자에게는 가급적 직장■■■으로서 임하여 연성과 작업의 통일을 도모한다.

그 외 숙사 관리, 건강 관리, 작업능률의 향상, 이동방지에 대한 적절한[適宜] 대책을 수립하여, 전력 증강에 대한 결전노무의 확립을 도모하려는 것이다.

# VI

## 전시동원과 민중의 대응

일제말기 일본의 국가권력이 수행하는 국가총동원체제 아래에서 전시동원의 대상인 조선인이 국가권력을 상대로 저항과 투쟁을 벌인다는 것은 매우 큰 용기와 결단이 필요하였다. 그럼에도 용기를 낸 이들이 적지 않았다. 개인적으로 또는 집단적으로 투쟁과 저항을 지속하였다. 전시동원에 대한 조선인들의 투쟁과 저항은 양상에 따라 크게 '동원 과정에서 나타난 저항'과 '동원 지역별·피해 유형별 저항'으로 구분할 수 있다. 또한 내용에 따라 동원 거부나 작업장 탈출과 같은 '소극적 저항', 비밀결사나 현지 투쟁과 같은 '적극적 저항'으로 구분할 수 있다.

이와 관련한 선행 연구 성과를 살펴보면, 강만길은 『특고월보(特高月報)』 기사를 분석한 논문에서 일본에 동원된 조선인의 저항이 '그다지 성공하지는 못했으나' 저항 수단이 시위나 직접 행동(24%)보다 파업과 태업(54%) 등 조직적이고 계획적인 저항이라는 점에 주목하였다. 변은진은 일본 지역으로 동원된 노무자들의 탈출 및 비밀결사운동 성격에 대해 반제·반전의 성격을 지닌 민족운동의 일환으로 평가하였다.[1] 동원 지역별 연구로는 홋카이도탄광기선(주) 생산 문서를 분석한 논문(노영종), 노무동원 관련 명부에서 가장 다수의 노무자를 동원한 경북 지역 출신자 143명을 대상으로 저항과 투쟁 실태를 분석한 논문(정혜경), 동원 과정에서 나타난 저항과 동원 지역별·피해 유형별 저항을 분석한 논문(정혜경), 경찰문서를 분석한 논문(허광무)이 있다.[2] 군인·군무원의 저항에 관한 연구는 평양학병(표영수)과 인도네시아 포로 감시원들의 투쟁을 다룬 연구(우쓰미 아이코, 유병선)가 대표적이다.[3] 그 외 학도지원병 거부 관련 연구도 찾을 수 있다.[4]

---

[1] 강만길, 1997, 「침략전쟁기 일본에 강제동원된 조선노동자의 저항」, 『한국사학보』 제2호; 이상의, 2006, 『일제하 조선의 노동정책 연구』, 혜안; 변은진, 2002, 「일제침략전쟁기 조선인 '강제동원' 노동자의 저항과 성격: 일본 내 '도주', '비밀결사운동'을 중심으로」, 『아세아연구』 제18호.

[2] 노영종, 2001, 「일제말기 조선인의 北海道지역 강제연행과 거부투쟁」, 『한국근현대사연구』 제17호; 정혜경, 2013, 「일제말기 경북지역 출신 강제동원 노무자들의 저항」, 『한일민족문제연구』 제25호; 정혜경, 2016, 「일제말기 강제로 동원된 조선인의 저항」, 『재일코리안 운동과 저항의 정체성』, 도서출판 선인; 허광무, 2018, 「일제말기 경찰기록으로 본 일본지역 강제동원 조선인노무자의 관리와 단속-'도주'노무자 수배가 갖는 역사적 의미를 중심으로」, 『한일민족문제연구』 제35호.

[3] 內海愛子·村井吉敬, 1980, 『赤道下の朝鮮人の叛亂』, 勁草書房; 內海愛子, 1982, 『朝鮮人BC級戰犯の記錄』, 勁草書房; 표영수, 2003, 「일제말기 병력동원 정책의 전개와 평양학병 사건」, 『한일민족문제연구』 제3호; 유병선, 2011, 「일본 군정기 자바 조선인 군속의 항일 비밀결사와 암바라와 사건」, 고려대학교 사학과 석사학위논문.

[4] 秋岡あや, 2011, 「學兵拒否者の記錄-崔基鐘'憤怒の朝鮮人'」, 『わだつみのこえ』 제135號; 변은진, 2012, 「해

이하에서는 일본 당국과 조선총독부가 국가총동원법 공포 이후 제정·공포한 법령에 따라 수행한 군인, 군무원, 노무자의 동원에 대해 조선 민중과 피해 당사자가 어떻게 대응했는가를 파악하기 위해 판결문, 내무성 경보국, 사상국 자료 등을 발췌하여 번역, 소개하고자 한다. 탈출, 봉기, 집단폭행, 파업 등 조선 민중의 구체적인 대응 사례는 물론, 당국이 이러한 조선 민중의 대응을 어떻게 인식하고 탄압하고자 했는가 하는 사례도 『다네무라 씨 경찰참고자료(種村氏警察參考資料)』[5]와 화태청(樺太廳)[6] 소장 경찰서 기록물, 제국의회 설명자료 등을 통해 제시하고자 한다.[7]

자료를 통해 본 일본 당국의 조선인에 대한 인식은 '소질적 결함', '비위생적', '부화뇌동' 등의 단어로 일관하고 있다. 이러한 조선인의 습성과 태도로 인해 일본인의 지탄과 혐오의 대상이 되고 있다는 극언도 서슴지 않았다. 이런 인식은 대응 방식에도 그대로 반영되었다. 노동 현장에서 발생한 파업이나 집단폭행사건에 대해 공안당국은 '조선의 면직원이 임금 등 조건을 잘못 알려 주어', '노무계나 사감의 언행을 곡해하여', '코피 정도 나는 간단한 구타였는데, 마치 크게 폭행당한 듯 부풀려 동료에게 전하면서' 일어난 우발적인 사건으로 기술하였다. 검거 후 열흘 남짓한 기간에 판결을 마치는 신속성도 보였다.

그러나 조선인의 집단 대응에 대한 당국의 우려와 불안은 적지 않았다. 1939년 일본으로 노무동원을 시작하는 상황에서 일본 경찰 당국은 '노동력 부족을 충당하기 위한 조선인 노무자의 동원 필요성은 인정하면서도 조선인의 유입이 가져올 민생치안의 불안을 극도로 경계하며 단속과 감시를 강화하였다. 개인적인 도주에도 제국 일본 영역에 수배문서를 배포하며 검거에 주력하였다. 화태청 경찰자료와 다네무라 씨 경찰참고자료를 통해 그들의 불안과 경계심을 잘 볼 수 있다.

---

방 전 조선민족해방협동당의 결성과 비밀결사운동」, 『한국민족운동사연구』 제70호; 이상의, 2017, 「태평양전쟁기 조선인 전문 대학생의 학도병 지원거부와 '징용학도'」, 『역사교육』 제141호; 이상의, 2018, 「태평양전쟁기 조선인 '징용학도'의 동원과 노무관리-계훈제의 회고록 '식민지 야화'를 중심으로」, 『한국민족운동사연구』 제90호.

5 아시아역사자료센터소장 자료. 다네무라 가즈오(種村一男)는 내무성 경보국에서 이사관을 역임한 인물로, 당시 내선(內鮮)경찰이 예산 확보를 위해 작성한 통계자료 등을 다수 소장해 왔다.
6 러일전쟁의 결과 1905년에 포츠머스강화조약을 맺은 후 일본이 남사할린 통치에 들어가면서 1907년에 설치한 통치기관이다.
7 자료 원문에서 '반도(半島)'로 표현한 것은 조선으로 번역하였다.

## 1. 동원 과정에서 발생한 저항

1944년 6월, 식민지 행정을 관할하던 일본 내무성 관리국은 조선의 민정 동향 및 지방행정 현황을 조사하기 위해 직원 고구레 야스요시(小暮泰用)를 조선에 출장 보냈다. 조선에서 납치 방식으로 동원하거나 무리한 노무관리로 인해 탈출자가 증가하는 등 동원 업무가 원활하지 않다고 판단하였기 때문이다. 출장을 다녀온 직원은 1944년 7월에 관리국에 출장복명서를 제출하였는데, "그 밖의 어떤 방식을 통하더라도 출동은 오로지 납치와 같은 상태"이며, "조선인을 인질처럼 약탈, 납치"하고 있다고 보고하였다. 그렇게 하지 않으면 다 도망쳐 버리기 때문이라고 이유를 밝혔다.[8]

조선인이 '모두 도망치는' 실태는 탄광이 더욱 심하였다. 전쟁 이전 시기부터 조선 사회에 널리 퍼진 탄광과 탄광지역에 대한 부정적인 인식으로 인해 탄광지역으로 동원되어야 하는 조선인들의 저항은 더욱 강하였다. 대표적인 지역이 홋카이도이다. 1945년 5월 홋카이도탄광(주)의 할당 대비 송출 실적을 보면, 겨우 50.7%에 불과하였다. 무려 49.3%가 동원 과정에서 도주하였다는 의미이다.[9]

그러나 홋카이도탄광(주)의 탈출률이 강제동원 초기부터 과반수에 달한 것은 아니었다. 1942년도 2~5월 탈출 상황표를 보면, 할당 인원 1,815명을 동원해 각 군청(경기도 시흥 등 3개 군, 강원도 2개 군, 경남 10개 군, 황해도 2개 군)에서 인계한 조선인은 1,529명(84%)이고, 열차에 승차한 인원은 1,510명(83%)인데, 일본으로 출발한 인원은 1,436명(79%)이다. 인수한 인원 1,529명에서 출발한 인원 1,436명을 제외하면, 93명(6.8%)이 탈출했음을 알 수 있다. 1942년 상반기에 6.8%이던 탈출률은 1944년 3~9월 통계에서 24%로 증가하고, 1945년 5월에는 49.3%로 급증하였다.[10]

이같이 탈출률은 시기가 지남에 따라 급증하였다. 시기가 지나면서 나타난 또 다른 특징은 도주에 그치지 않고 경관을 살해하거나 폭행하는 적극적 양상과 함께 집단적 대응 양상

---

8 小暮泰用, 내무성 관리국장 앞 「復命書」(194년 7월 31일), 水野直樹 편, 1998, 『戰時期植民地統治資料』, 柏書房 수록(도노무라 마사루 지음, 김철 옮김, 2018, 『조선인 강제연행』, 198~199쪽 재인용).
9 北炭勞務部, 「徵用勞務者5月輸送狀況報告」, 『朝鮮募集關係(1945년 5월)』.
10 北海道炭鑛汽船株式會社, 1944, 『昭和 19年 釜山往復』(北海道開拓記念館 소장 자료), 176·276·443·515·682쪽.

을 보인다는 점이었다.

> 최근 일반징용 실시의 취지를 발표하자 (중략) 자기의 손발에 상처를 내고 불구자가 되어 기피하는 자, 심지어는 읍면 직원 내지 경찰관이 자의적 결정[專恣]에 기인한 탓으로 오해하여 이를 원망하여 폭행, 협박하는 등 실로 일일이 헤아릴 수 없고, 최근 보고 사범(事犯)만으로도 20여 건을 헤아리는 상황이다. 특히 지난번 충청남도에서 발생한 송출 독려차 부임한 경찰관을 살해한 사범은 그간의 동향을 말해 준다. 특히 최근 주목되는 집단기피 내지 폭행 행위로서 경상북도 경산경찰서에서 검거한 불온기도사건과 같은 것은 징용기피를 위해 청장년 27명이 결심대(決心隊)라는 단체를 결성해 식도, 죽창, 낫 등의 무기를 휴대하고 산 정상에서 농성하며 끝까지 목적 관철을 기도한 것에서 첨예화한 노동계층 동향의 일단을 알 수 있다.[11]

「국민징용령」제3차 개정에 즈음해 1944년 조선총독부가 제85회 일본 제국의회에 보고한 내용이다. 보고 내용에서 결심대란 비밀결사인 '대왕산결사대(경산 결심대)'를 말한다. 이들이 벌인 대왕산죽창의거는 대표적인 징용거부 투쟁으로 알려져 있다. 이 사건에 대한 일본 측의 기록은 『고등검찰요보』와 판결문 등 두 가지인데, 각각 다른 내용을 담고 있다.[12] 『고등경찰요보』는 사건이 '우매한 판단'에서 시작해 스스로 잘못을 인정하고 산에서 내려오는 것으로 종료된 사건으로 기술하였다.[13] 그러나 판결문은 이와 달리 매우 적극적이고 주체적인 행위로 기술하고 있다.

판결문 내용에 따라 사건 개요를 살펴보면 다음과 같다. 경북 경산면 남산면에서 조직된 대왕산결사대는 안창률(安昌律), 김명돌(金命乭), 김인봉(金仁鳳) 등 대부분 농업에 종사하거나 면 서기, 면 기수 등 하급 관리들이었다. 이들 29명은 1944년 7월 25일, 죽창, 식량 및 취사도구, 연장 등을 준비해 대왕산으로 들어간 후 의거대장 안창률, 부대장 김명돌, 소대장 성상

---

11  1944년 제85회 제국의회 설명자료(한국학술정보, 2000, 『日帝下戰時體制政策史料叢書』 21권, 369쪽).
12  노영종은 국가보훈처가 소장하고 있는 자료(신청인 제출 자료, 「경상북도 경산군 남산면 대왕산죽창의거사건 개요」)를 인용해 1944년 8월 12일에 대왕산에 들어간 것으로 기술하였다. 노영종, 2019, 「일제말기 충남지역 노동력 강제동원과 거부투쟁」, 충남대학교 사학과 박사학위논문, 199쪽. 그러나 이 내용은 『고등검찰요보』나 판결문 등 모든 관련 자료에서 찾을 수 없는 오류이다.
13  고등법원검사국, 『고등검찰요보』 제8호, 1944년 10월, 38-41쪽.

룡·배상연·최외문, 특공대장 최기정, 정보연락대장 박재달 등 조직을 갖추고 남산면 주재소 건물 파괴 및 고메타니(米谷, 주재소 근무자) 살해를 결의하였다. 경산경찰서 남산면 주재소가 7월 27일 경방단과 순사, 일본인 들을 동원해 해산을 기도하자 2시간 접전을 벌여 일본인 몇 명에게 부상을 입혔고, 8월 1일과 4일, 5일 접전에서도 승리하였다. 이들은 8월 1일 승리 이후 사기가 충천해 "조선 독립이 임박한 것 같으니 더욱 용기를 내어 단결하자. 중국, 미국 등 해외 각처에서 독립운동이 활발히 전개되고 있으니 우리는 국내에서 절대로 징용되어서는 안 되고 끝까지 왜놈들을 괴롭히자."라며 항전을 결의하였다. 그러나 8월 9일 식량을 구하려 하산하던 특공대와 정보연락대의 피체를 기점으로 13일까지 29명이 모두 검거되어, 1944년 10월 4~5일 중 대구형무소로 이송되었다.[14]

29명 가운데 24명은 수감기록이 있으며, 독립유공자공훈록에서 이름을 찾을 수 있다. 가혹한 고문으로 안창률이 옥중 순국(1945년 4월 6일)하였고 8명이 병보석으로 출옥하였으며, 김경룡은 병보석(1945년 6월 23일) 직후인 1946년 3월 사망하였다. 광복 출옥한 14명 가운데 2명도 1950년과 1951년에 사망한 것으로 볼 때, 검거 후 고문 등 가혹행위를 짐작할 수 있다.[15]

일제는 송출 과정의 탈출을 방지하기 위해 피검자에 대해 실형을 부과하고, 수형기간 중에도 작업장에 동원하는 등 강하게 탄압하였다. 그러나 이 같은 탄압도 조선인의 의지를 꺾을 수 없었다. 조선총독부 경무국 자료에 의하면, 1944년 1~6월간 노무관계사범 1,643건(1,897명) 중 「국민징용령」 위반자는 265건(270명)이고, 이 가운데 134건(137명)이 검거되었다.[16] 1944년 10월 16일부터 10일간 조선총독부 경무국이 실시한 일제조사기간 중에만 「국민징용령」 위반자 6,726명, 징용출두명령서를 받고 출두하지 않은 자 1만 6,440명 등 총 2만 3,166명이 단속될 정도로 조선인의 저항은 심해졌다. 고등법원검사국이 간행한 『고등검찰요보』에서 여러 사례를 볼 수 있다.[17]

---

14 사건의 상세한 배경과 경과, 관련자의 해방 후 동정 등에 대해서는 장성욱의 연구가 도움이 된다. 장성욱은 판결문과 독립유공자포상신청서, 관련자 구술인터뷰를 통해 사건의 전체상을 규명하였다. 장성욱, 2014, 「일제말기 경산 '결심대'의 강제동원 거부투쟁」, 『한국독립운동사연구』 제47집.
15 정혜경, 2013, 「일제말기 경북지역 출신 강제동원 노무자들의 저항」, 『한일민족문제연구』 제25호, 99쪽.
16 조선총독부 경무국, 「소화19년 상반기 국민징용 등 노무사범 취체 상황표」, 독립기념관 소장 자료.
17 본서에 수록하지 않은 사례는 다음과 같다. 「징병을 기피해 손가락을 자르다」, 고등법원검사국, 『고등검찰요보』 제3호, 1944년 5월, 28-29쪽; 「해군병지원자훈련소 수료자의 징병 기피」, 고등법원검사국, 『고등검찰요보』 제3호, 1944년 5월, 29쪽; 「징병기피사건 묶음[一束]」, 고등법원검사국, 『고등검찰요보』 제4호, 1944년

동원 과정에서 발생한 저항 가운데 또 다른 사례는 학도지원병 거부(응징학도, 징용학도)이다. 학도지원병은 그간 입영이 연기되었던 전문학교 이상 졸업자를 대상으로 한 병력동원 제도로서 3,893명이 징집되었다. 학도지원병은 명목상 '지원병'이었으나 근거 법령에 의해 시행한 징집이었다. 당국은 적격자 100% 지원을 목표로 각종 방법을 동원하였다. 유학지인 일본과 조선은 물론, 부관연락선과 항구 등지에서 미지원자에 대한 대대적인 색출 작업을 벌였다. 잠적한 청년들에게는 가족에게 위해를 가하는 방법을 사용하였다. 이런 당국의 노력으로 조선의 전문대학 재학생 중 96%가 지원서에 서명하였다. 당국은 대상자를 졸업생으로 확대해 졸업 후 취업자 가운데 335명도 지원을 피할 수 없었다.[18]

그러나 당국은 100%를 달성하지 못하였다. 지원을 거부한 4%가 있었기 때문이다. 1943년 11월 21일 학도지원병 모집 마감 후 오노(大野) 학무국장이 '미지원자는 국가총동원법에 의해 단호히 처벌할 것'이라 발표하자 11월 28일 징용령이 도지사 명의로 내려져 30일 이내에 미지원자 본인에게 전달되었다. 이 과정에서 검거된 청년들은 12월 5일부터 경기도 양주군 노해면 공덕리에 있던 제1육군병자원훈련소에 수용되기 시작하였다. 징용은 제1차 1943년 12월 5일, 제2차 1944년 1월 15일, 제3차 2월 9일 등 세 차례 진행되었다. 이들은 2주간 군사훈련과 사상교육을 집중적으로 받고, '응징학도', '징용학도'라는 이름으로 12월 23일에 조선총독부 교통국 원산공장을 시작으로 조선오노다(小野田)시멘트제조(주) 함남 천내(川內)공장·강원도 삼척공장·평북 승호리 공장, 조선시멘트 황해도 해주공장, 조선아사노(朝野)시멘트(주) 황해도 봉산공장에 각각 배치되어 중노동을 강요당하였다.

고등법원 검사국 자료에는 징용조차 응하지 않고 탈주하였다가 검거된 청년 3명의 사례가 나온다. 당국은 이 가운데 2명에게 징역 6~10개월을 언도하였는데, 이들의 징용 장소는 사정국 부산토목출장소였다.[19] 이를 통해 사정국 부산토목출장소도 징용학도의 강제노역장이었

---

6월, 28-29쪽; 「징용 및 노무공출 기피 목적으로 손목 절단」, 고등법원검사국, 『고등검찰요보』 제3호, 1944년 5월, 29-30쪽.

18  학도지원병제도는 「육군특별지원병 임시채용규칙」(육군성령 제48호, 1943년 10월 20일) 공포를 근거로 「육군특별지원병 임시채용규칙 개정」(육군성령 제53호)과 「수학 계속을 위한 입영 연기 등에 관한 건」(육군성령 제54호) 제정 공포를 근거로 실시되었다. 지원서 접수(1943년 10월 25일~11월 20일)와 징병검사 실시(1943년 12월 11일)를 거쳐 1944년 1월 20일 입영하였다. 상세한 내용은 행정안전부 과거사관련업무지원단, 2017, 『일제의 조선인 학도지원병 제도 및 동원부대 실태조사보고서』(연구책임자 조건) 참조.

19  고등법원검사국, 『고등검찰요보』 제10호, 1944년 12월, 8-9쪽.

음을 알 수 있다.

　이와 관련한 자료는 피해자의 기록(계훈제와 최기종의 회고록) 외에 조선총독부가 제출한 제86회 제국의회 설명자료(학무), 조선오노다시멘트제조(주) 문서 등 동원 주체의 기록이 있다. 특히 조선오노다시멘트제조(주) 문서[20]는 '출근 및 작업 개황 조사표'나 '징용학도 병명 및 결근일수 조사표'를 매일 작성해 이들의 동향을 관리하였으며, 개인별 체중의 변화까지 정기적으로 확인하였다. 이같이 집중적으로 관리하며 작업장에서 생산 능률을 올리도록 독려했으나 시간이 지나면서 점차 결근일수가 늘어나는 현상을 보였다. 입원자와 귀성자가 증가하였기 때문이다. 입원자와 귀성자가 늘어난 이유는 가혹한 노동으로 작업강도가 강해졌기 때문이다. 이들은 처음에 암반에 착암기로 구멍을 뚫고 다이너마이트로 폭파해 놓은 석회석을 작은 트럭에 실어 분쇄공장으로 나르는 일을 하였다. 그러나 1개월이 경과한 후에는 청년들을 '크랑카'라고 부르는 반제품 시멘트를 상승기(上昇機)에 퍼 넣는 작업에 투입하였다. 계훈제는 이 작업을 "허파를 메우고 눈을 헐게 하고 땀과 뒤범벅이 되어 얼굴 피부에 달라붙는 크랑카 밑의 노란 독성 가루로 인해 젊은이들의 육체와 영혼을 콘크리트로 만들었다."라고 표현하였다.[21] 그 결과 청년들은 이질이나 복통, 신경쇠약 등에 시달렸다. 이 같은 실상은 천내공장 자료에서 볼 수 있다.

　학도지원병 거부 사례 외에 입대 후 전개한 저항과 투쟁 사례도 볼 수 있다.

---

20　이 자료는 1999년 10월 4일 미국 캘리포니아주에서 열린 오노다시멘트주식회사(현재 다이헤이요머터리얼)를 피고로 정재원이 제기한 소송 과정에서 법정에 제출한 것이다. 이 소송은 1999년 7월 캘리포니아주에서 발효한 징용배상특별법(캘리포니아 민사소송법 354,6조, 일명 헤이든법)에 근거하여 강제노역 배상소송이 2010년까지 가능해짐으로써 시작한 소송이다. 이 소송은 기각당하였다. 이 자료가 담긴 문서철은 표지가 없고 회사 내부의 다양한 문서를 담은 것으로서 총 228매이다. '징용학도' 해당 내용은 총 11매인데, 상태가 매우 불량해 해독이 어려운 부분이 있다.
21　계훈제, 2002, 『흰 고무신』, 삼인, 75 · 83쪽.

## 2. 동원 지역별·피해 유형별 저항

### 1) 한반도 내 저항

한반도 내 저항 사례는 일명 '평양학병의거사건'이 대표적이다. 1943년 10월 13일에 내린 칙령 제755호 「재학징집연기임시특례」에 따라 1944년 1월 20일 입소한 조선 학도지원병 가운데 평양사단 주둔 학도지원병 일부가 1944년 7월 중순 제42부대 소속 김완룡(金完龍)의 주도로 민족독립운동 추진을 결의하고 '무명(無名)의 집단'을 형성한 후 탈주하고자 추진 중에 1944년 9월부터 1945년 1월까지 모두 검거되어 24명이 실형을 받은 사건이다.[22] 당시 평양사단은 제242·243·244보병부대 및 제247포병부대, 제248공병부대, 제50치중병부대 등으로 편성되어 있었다. 당시 평양사단에 입영한 학병은 총 554명이었다.[23]

이들은 입소 후 부대 내의 민족적 차별에 대한 불만에서 시작하여 점차 민족의식이 고양되면서 부대를 탈주해 조선의 독립운동에 투신하는 방향으로 전환되었다. 특히 중국이나 동남아로 파견된 친우를 통해 전황을 알게 된 학병도 있었고, 당시 학병들 사이에서 부대를 이탈해 민족운동세력에 가담하려는 움직임이 있었으므로 그 영향을 받은 것으로 알려져 있다.

이들의 계획은 먼저 김완룡과 박성화(朴性和)가 제242부대 소속 학병의 3개 집단을 통합해 '무명의 집단'을 결성하면서 시작되었다. '무명의 집단'은 "도주를 당면의 목적으로 하고, 궁극적으로는 조선을 일본제국의 굴레[羅絆]에서 이탈·독립시킬 것"을 목표로 결성하였다.[24] 이들은 평양사단 내 조선인 학병과 연락을 취하여 부대 내의 정보를 교환하고 탈주를 도모하였다. 이러한 상호 연락은, 서신을 통한 정보 교환 및 외출 시 타 부대 조선인 학병과의 조우,

---

22 이에 대해서는 1.20동지회가 남긴 『1.20학병사기』 총4권(삼진출판사, 1987~1990)과 전상엽의 회고록(『천명』, 삼진출판사, 1992), 김완룡 구술기록 등 자료가 있다. 연구논문으로는 표영수, 「자료소개-'평양학병의거사건' 판결문」, 『한일민족문제연구』 제1호, 2001)과 표영수, 「일제말기 병력동원정책과 평양학병사건」, 『한일민족문제연구』 제3호, 2003)이 있다.

23 고등법원검사국, 「자료=임시육군특별지원병의 동향 일람」, 『조선검찰요보』 제1호, 1944년 3월, 8쪽.

24 장은 김완룡이고, 박성화와 김상엽, 이도수가 참모를 담당하였다. 하부 조직으로 식량패(최홍희), 피복패(김태선), 선전패(박지권, 김윤영), 위생패(이도수)를 설치하였다. 결성 후 1944년 8월 상순 내무반에서 지켜야 할 10개 강령을 마련하고, 탈주 시기를 1944년 10월 10일(추석)로, 탈주 목적지는 백두산으로 결정하였다. '양덕(陽德) → 장진호(長津湖) → 원풍(元豊) → 황수원(黃水院) → 봉두리(鳳頭里) → 보천보(保天保)'라는 구체적인 탈출 경로도 준비해 두었다.

1944년 8월 25일부터 28일까지 함경남도 방면에서 실시된 사단 험난지 연습과 1944년 9월 1일부터 14일까지의 제2회 경기관총수업병 집합교육 등을 통하여 타 부대 조선인 학병과 연락이 가능하였기 때문이다.[25]

이러한 연락의 결과 제247부대에서도 '무명의 집단'이 탄생하였다. 제247부대 조선인 학병들은 제247부대의 창립기념일인 10월 14일에 혼잡한 틈을 타서 탈주를 결행하기로 하였다. '무명의 집단'의 장으로 이철영(李哲永)을, 부중심 인물로 안진현(安鎭鉉)을 삼고, 이러한 결정 사항을 다른 학병에게 전달하여 탈주 의지를 조사하기 위해 각 중대의 연락위원(1중대 李哲永, 2중대 金根培, 3중대 金世均, 4중대 安鎭鉉, 羅本)을 설정하였다. 제247부대 '무명의 집단'도 제242부대와 마찬가지로 당면의 목표를 탈주로 하고, 궁극에는 조선을 일본제국의 굴레로부터 이탈·독립시킬 것을 목적으로 하였다.

제248부대 조선인 학병들도 제242부대와 제247부대 조선인 학병들의 탈주 계획을 알게 되고, 상호 연락을 취하면서 조선인 학병에 관한 정보를 교환하여 탈주를 도모하였다.

그러나 제247부대 소속 노영준이 추을헌병대(보병 제30사단 소속)의 동창인 임영호(林永鎬)를 포섭하는 과정에서 헌병대가 모의 계획을 탐지하고 감시에 들어갔고, 이 사실을 모르던 김완룡이 외출 중에 일본인 상등병과 시비가 붙어 발생한 구타 사건을 계기로 대대적 검거가 이루어졌다. 이 과정에서 전상엽이 검거를 피해 백두산으로 탈주를 시도하다가 국경 부근에서 체포되기도 하였다. 피검자 가운데 24명은 1945년 6월 10일 평양사관구 법정에서 열린 임시 군법회의에서 징역 2년에서 최고 13년까지 중형을 언도받았다.[26] 평양사단은 1945년 1월 22일 일본이 본토결전을 위해 통수조직을 개편함에 따라 2월 17일 조선군관구 평양사관구가 되었다. 그러므로 이들의 군법회의도 조선군관구 평양사관구 법정에서 열렸다.[27]

---

[25] 1.20동지회, 『1.20학병사기』 2, 193-194쪽.
[26] 판결 후 6년 이상 징역을 선고받은 학도병들은 군적을 박탈당해 민간 형무소에 수감되었고, 6년 이하로 징역은 선고받은 학병들은 일본의 군 형무소에 수감되었다. 김완룡과 박성화, 전상엽 등 평양형무소에 수감된 주도 인물들은 8월 14일 평양시민들이 형무소를 석방해 광복 하루 전에 해방을 맞이하였다.
[27] 일본 육군은 1940년 7월 군 사령부를 개조하여 군관구 제도로 개편해서 8월 1일부터 시행하였는데, 조선에도 11월 1일부터 나남과 경성사관에 설치하였다. 조선군은 1945년 1월 일본 육군의 통수조직 개편에 따라 2월 17일 조선방면군과 조선군관구로 분리되었다.

**[표 1] 평양학병의거사건 형량 현황**

| 이름 | 소속 부대 | 형량 | 이름 | 소속 부대 | 형량 |
|---|---|---|---|---|---|
| 박성화 | 제242부대 | 13년 | 노영준 | 제247부대 | 8년 |
| 김완룡 | | 9년 | 이철영 | | 5년 |
| 최홍희 | | 7년 | 김영상 | | 4년 6월 |
| 이도수 | | 5년 | 안진현 | | 4년 6월 |
| 전상엽 | | 8년 | 김세균 | | 4년 6월 |
| 최정수 | | 6년 | 김근배 | | 3년 |
| 김태선 | | 5년 6월 | 라본무사[28] | | 2년 6월 |
| 김윤영 | | 4년 | 이준오 | | 5년 |
| 박지권 | | 4년 | 김문식 | 제248부대 | 4년 |
| 유인철 | | 2년 | 박태훈 | | 3년 6월 |
| 한춘섭 | | 4년 | 심준걸 | | 3년 6월 |
| 박혁 | | 3년 | 표의숙 | | 2년 |

 학도지원병들의 저항은 평양 이외 지역에서도 볼 수 있다. 1944년 6월에는 함흥 제43부대 소속 학병들이 탈출 사건을 일으켰다. 1944년 1월 20일에 입대한 학병 가운데 함흥 제43부대에 입대한 일부 학병들은 입대 직후부터 탈출의 모의를 하였다. 서울 경신학교를 졸업한 임영선(林永善)과 일본 주오(中央)대학 대학생 이윤철(李允喆), 와세다(早稻田)대학 대학생 태성옥(太成玉) 등은 1944년 6월 2일 탈출에 성공하였다. 임영선은 경신학교 재학 시절부터 독립운동에 투신하기로 결심하였다. 1943년 학도지원병제도 공포 이후에는 도쿄(東京)에서 경성, 평양, 만주(滿洲)의 봉천(奉天)을 거쳐 열하성(熱河省) 승덕(承德)에 도착하여 임시정부와 연락을 맡고 있던 류학렬(柳學烈)과 접촉하려다 일본군 헌병대에 체포되어 실패하였다. 이후 만주 봉천으로 가서 독립군에 가담하려다 평북 정주(定州)경찰서에 검거되어 입대를 조건으로 석방된 후 함흥 제43부대에 입대하였다. 입대 후 임영선, 태성옥 등은 제43부대에 입대한 30여 명의 학병을 대상으로 동지를 규합하는 노력을 벌이다 이윤철과 함께 탈출하였다.

 일제 말기에 크고 작은 수많은 학병 탈출 사건이 대체로 그러했듯이, 이들 역시 단순한 탈

---

28 본명 불상.

출만이 목적이 아니라 탈출 이후 만주나 중국의 독립군에 들어가 조선 독립을 위해 군사 활동을 전개하겠다는 계획이 있었다. 이러한 생각에서 이들은 "① 생자필멸(生者必滅)이니 나라의 독립을 위하여 죽기로 하자. ② 탈출 목적은 임영선이 접선하려던 독립군 접선을 다시 실행하기 위하여, 만주 통화현(通化縣) 반석(盤石)으로 가서 다시 접선을 시도한다. ③ 탈출 자체가 항일운동이다. 일제의 민족말살정책으로 친일 분위기가 판치는 현실에 경종을 울리기 위해서는 일제에 대하여 행동하는 저항을 보여 주어야 한다. 극적이며 선봉적인 행동을 보여 줌으로써 학병, 징병, 징용에 해당된 조선 청년들에게 용기를 불어넣어야 한다. 따라서 우리는 총살을 각오하자"라는 투쟁 방향을 가지고 탈출을 감행하였다.

이 사건은 학도지원병제도 실시 이후 국내에서 감행된 최초의 학병 탈출 사건이었다. 따라서 일제 군경 당국은 비상 경계망을 펴고 여러 방법으로 내외에 수사를 전개하였다. 탈출 이후 행군 과정에서 흩어져 이윤철이 자수함으로써 이들의 북진 행로가 밝혀져 모두 검거되었다. 이들은 함흥헌병대를 거쳐, 1944년 7월 17일 평양육군군법회의에서 임영선과 이윤철은 각 4년 6개월, 태성옥은 5년 6개월의 징역형을 선고받고, 규슈(九州) 오무라(小倉)육군형무소에서 복역하였다.[29]

학도지원병 대상자 가운데 지원을 거부한 이들이 비밀결사를 조직한 사례가 있다. 1944년 3월 결성한 구국청년회이다. 구국청년회 결성 과정에 대해서는 1944년 5월 원산의 검사가 고등법원검사국에 보고한 내용에서 알 수 있다. 일본 주오대학 안용겸(安原容謙)·김성빈(金城成彬)과 조치(上智)대학 오원빈(吳原彬)은 학도지원병 입영을 거부하고 '연합군의 승리가 확실하다'라는 판단 아래 연합군에 의지해 조선민족해방을 달성하고자 구국청년회라는 비밀결사를 조직하고 활동하던 중 검거되었다. 이같이 학병지원 대상자나 입영한 학병 들은 당시 국제 정세를 정확히 파악하고 광복이 임박한 상황에서 조선의 독립을 위한 구체적인 방법을 고민하고 실천에 옮기고자 하였다.

일제말기에 한반도 내 노무동원 작업장을 민족운동의 거점으로 삼고자 한 사례도 있다. 육군병기행정본부가 관리한 인천육군조병창 제1제조소의 사례다. 인천육군조병창 제1제조

---

[29] 독립운동사편찬위원회, 1981, 『독립운동사』 제9집; 이홍환 정리, 1986, 『구술 한국현대사』, 향지사(태성옥의 구술), 미완(정혜경, 2016, 「일제말기 강제로 동원된 조선인의 저항」, 『재일코리안 운동과 저항의 정체성』, 도서출판 선인, 204-206쪽 재인용).

[그림 1] 1948년 미군이 촬영한 인천육군조병창 전경(출처: Norb-Faye)

[그림 2] 조병창의 주물공장(2019년 8월 촬영)

소(현재 인천시 부평구 소재)에 노무자와 군무원 들이 모이면서 민족운동가들이 이곳을 거점으로 삼고자 한 일이었다. 오순환(吳純煥)은 1938년 3월 경성에 있던 창천감리교회 청년회원(鄭銀泰, 李光雲, 李善泳 등) 21명을 규합해 친목을 가장한 항일비밀결사 창천체육회와 조기회(早起會)를 조직하고 회장으로 활동하였다. 이들은 항일독립운동의 방안으로 조선총독과 일제 고관을 암살해 동포들의 민족의식을 앙양시킬 계획을 세웠다. 오순환은 1941년 10월 거사에 대비해 무기조작기술을 습득할 목적으로 인천육군조병창에 입소하였는데, 이를 탐지한 경찰에 의해 1942년 피체되었다. 그는 1944년 5월 10일 경성지방법원에서 치안유지법 위반으로 징역 2년 형을 선고받아 서대문형무소에서 옥고를 치렀다.[30]

### 2) 한반도 외 지역의 저항

한반도 외 지역 가운데 가장 많은 동원 규모를 보인 지역은 일본이다. 일본의 국가총동원

---

30 국가보훈처 공훈전자사료관(http://e-gonghun.mpva.go.kr/), 오순환 공적조서. 오순환은 1990년에 건국훈장 애족장을 받았다.

기에 조선인들은 일본 땅에서 2,554건의 파업과 태업을 벌였다. 그 가운데 강제로 동원된 노무자들이 벌인 파업과 태업은 1,784건에 달하였다. 1939년 후 참가자 총 10만 8,978명은 일본 지역 동원 노무자의 10%에 해당하였다. 조선인들이 일본에서 파업과 태업을 이어나갈 수 있었던 것은 1920년대부터 계속되어 온 일본 지역 조선인 노동운동의 성과와 조선부락이라는 조선인 집단 거주 지역이 있었기 때문이다.

[표 2] 1939~1944년 일본 지역 조선인의 노동운동[31]

| 연도 | 일본 지역 파업 상황 | | 조선인의 파업 | | | | | | 일본인의 파업 | |
|---|---|---|---|---|---|---|---|---|---|---|
| | | | 건수 | | | 참가 인원 | | | | |
| | 건수 | 참가 인원 | 조선인 전체 | 일반 도일자 | 강제동원 노무자 | 조선인 전체 | 일반 도일자 | 강제동원 노무자 | 건수 | 참가 인원 |
| 1939 | 1,305 | 142,034 | 185 | 153 | 32 | 13,770 | 9,630 | 4,140 | 1,120 | 128,264 |
| 1940 | 1,419 | 96,735 | 687 | 349 | 338 | 41,732 | 18,349 | 23,383 | 732 | 55,003 |
| 1941 | 933 | 55,788 | 588 | 96 | 492 | 38,503 | 4,997 | 33,526 | 334 | 17,285 |
| 1942 | 735 | 38,878 | 467 | 172 | 295 | 24,505 | 8,499 | 16,006 | 268 | 14,373 |
| 1943 | 741 | 31,484 | 324 | | 324 | 16,693 | | 16,693 | 417 | 14,791 |
| 1944 | 599 | 25,292 | 303 | | 303 | 15,230 | | 15,230 | 296 | 10,062 |

대표적인 사례 가운데 하나는 1941년 12월 1일에 발생한 나가마쓰(永松)광산 투쟁, 일명 '나가마쓰광산 폭동사건'이다.[32] 1940년 12월 야마가타현(山形縣) 소재 나가마쓰광산에 동원된 조선인 17명이 '임금 차별 문제로 폭동을 일으켜 순사와 노무주임을 구타해 3일간 치료를 요하는 상처를 입힌 혐의'로 검거된 사건이다. 나가마쓰광산은 후루카와(古河)광업(주) 소속 광산으로 황화구리를 채굴하던 광산이었다.[33]

---

31 內務省 警保局, 『社會運動狀況』; 『특고월보』, 해당 연도. 1944년은 11월 말까지의 통계이다.
32 대구에서 발간한 《매일신보》(1994년 4월 2일 자)는 '50여 명의 조선인들이 1941년 11월 20일'에 일으킨 '폭동'으로 보도하고 있다.
33 후루카와광업은 일본 국가총동원기에 일본 전역에 총 18개의 탄광산을 운영하고 조선인을 강제동원하였다. 주요 연혁은 다음과 같다. 1875년 창업(니가타현), 아시오(足尾)동광산 경영, 1894년 후쿠오카현에서 시모야

이 사건으로 17명이 구속되었고, 이 가운데 5명이 공무집행방해 혐의로 송치되었다. 첫 공판에서 풍원순종(豊原淳琮)이 벌금 80엔, 그 외 4명은 벌금 60엔이었으나 검사의 공소로 제기된 1942년 3월 5일 판결에서 징역 4개월과 3개월 등 실형으로 변경되었다. 이들은 구속 상태에서 함께 송치된 동료 남홍경식(南洪京植)이 자살을 기도할 정도로 심한 고문에 시달렸다.[34] 이들의 첫 공판은 1941년 12월 12일 야마가타지방재판소에서 열렸는데, 사건 발생 후 11일 만에 열린 것을 볼 때 일제가 매우 신속하게 대응했음을 알 수 있다.

히로시마 구레(呉)해군시설부 집단폭동 사건은 1943년 8월 9일 발생해 해군에 의해 진압된 사건이다. 김선근(金善根, 1921년 경북 선산 출생)과 전병렬(田炳列, 1921년 경남 의령 출생)[35]의 유족들이 일본 정부를 상대로 자료요청을 통해 확보한 히로시마(廣島)형무소 수형기록(廣刑甲收 제332호, 소화 19년 3월 26일 판결선고·27일 判決確定錄事, 작성자 히로시마형무소장 津田哲郎)[36]을 언론 등에 공개함에 따라 알려졌다.[37]

이 사건의 주도자인 김선근은 오사카 소재 전문학교 법과를 중퇴하고 1943년경 히로시마 구레해군시설부에 징용되었으나 취역거부 주모자로 피체 후 해군형법 제68조 제2호 등에 따라 징역 4년 형을 언도받았다. 김선근은 해군형무소에 수감 중 1개월 남짓한 기간이 지났을 때 폐결핵으로 위독하게 되어 1944년 5월 6일 형 집행정지처분을 받고 가석방되었다. 일본에

---

마다(下山田) 탄광 경영 착수, 1905년 개인 경영에서 회사체제로 변경하고 후루카와광업회사로 명명, 1911년 합명회사 설립, 1918년 합명회사에서 광업 부문을 독립해 '후루카와광업(주)' 설립, 1920년 후루카와전기공업(주) 설립, 1941년 후루카와합명회사와 합병해 후루카와광업(주)으로 변경, 1944년 오사카제련소 설립(동아화학제련 오사카제련소 매수), 1944년 군수회사법에 의한 군수회사 지정, 현재 후루카와기계금속(주)(Furukawa Co., Ltd.).

34 『특고월보』에는 십여 명이 참가한 것으로 기록되어 있으나 신문 기사(《매일신보》 1994년 4월 2일 자)와 신성달이 남긴 수기에는 50여 명이라 기록되어 있다. 당시 동원된 조선인 노무자가 50명이고 구속자가 17명이라는 점을 볼 때, 조선인 노무자 대다수가 참가한 것으로 보인다.

35 전병렬은 오사카 일본고무공업사 공원으로 근무하며 일신상업학교 야간부를 졸업한 후 구레해군시설부로 징용되었다.

36 판결문 사본과 내용 설명은 곤도 노부오, 2013, 「히로시마 해군시설부 조선인징용공 폭동사건 판결문」(『한일민족문제연구』 제25호) 참조.

37 두 사람의 판결문을 분석한 곤도 노부오 변호사에 따르면, 당시 구레해군시설부에는 수백 명 단위의 일본 학생들이 학도근로대로 일하고 있었으며, 자신의 어머니도 일원이었으나 평생 이 사실에 대해 언급한 적이 없었다고 한다. 곤도 변호사의 모친은 평생 평화운동에 헌신한 인물이다. 또한 이 사건은 『사상월보』 등 당시 일본 공안당국의 자료에서도 찾을 수 없다. 군부대 내에서 발생한 사건이므로 당국이 철저히 대외비를 유지한 것으로 보인다.

살던 형(김중근)이 입원시켰으나 위독하다는 것을 알고 어머니의 뜻에 따라 고향에서 생을 마치기 위해 귀국한 지 3일 만에(6월 19일) 자택에서 사망하였다.[38] 전병렬도 징역 4년 형을 언도받고 수감되었다가 일본 패전 후 출옥하였다.

판결문에 의하면, "2등 토공으로 7백여 명의 공원과 함께 동원된 김선근은 2료(寮) 요장(寮長)으로써 고등교육을 받아 반도인(조선인-인용자) 공원 사이에 신망이 있었는데, 1943년 8월 9일 오후 7시 30분경 숙소에서 제1료 24반 반도인 공원 문산인태(文山寅泰)가 지도원에게 폭행당하자 700명 공원을 선동해 일본인 지도원들에게 폭력을 가하도록 지휘"하였다.

사건으로 송치된 김선근을 포함한 29명은 모두 징역 1년에서 4년의 중형을 언도받았다. 김선근에게 언도된 형기 4년은 나가마쓰광산 사례와 비교해도 과중한 것임을 알 수 있다. 이같이 중형을 언도한 이유는 바로 이 사건이 미친 영향력 때문으로 판단된다. 이들이 '폭동'을 일으킨 곳은 일본의 대표적인 군항인 구레이고 민간 기업이 아닌 해군 관할하 군 작업장인 해군시설부 소속이었으며, 김선근은 '군인과 동일한 의무를 부여받은 징용공'이었다. 이들은 구레해군시설부 소속으로 오하라(大原)해군병학교 비행기지 확장 공사장에 동원되었다.[39] 조선인이 7백여 명의 징용공을 이끌고 공무를 중단시켰다는 것은 당시 일본의 상황이나 군 당국의 입장에서 보면 엄청난 일이었고, 미친 여파가 상당했을 것으로 보인다.

개별적인 탈출의 사례를 보여 주는 또 다른 자료는 화태청 소장 경찰서 기록물이다. 화태청 소장 경찰서 기록물이란 러시아연방 사할린(Sakhalin)주에 있는, 사할린주역사기록보존소(GIASO)와 사할린개인기록보존소(GADLSSO)가 소장하고 있는, 일제강점기에 일본 당국이 생

---

[38] 수형기록(廣島형무소) 및 위원회 피해조사서.

[39] 해군시설부는 진수부와 경비부에 설치된 상설 부서이다. 최초에는 해군건축부(1920)로 편성되었다. 1943년 8월 17일 자 「해군시설부령」(칙령 제673호)으로 시설부로 개편되었다. 명칭은 진수부와 경비부의 소재지명을 부여하였다. 해군시설부 외 특설해군시설부가 있다. 특설해군시설부는 진수부와 경비부에 상설로 설치되는 해군시설부와 달리 주요 거점 및 점령지역에 설치되었다. 해군시설부의 경우 설치된 진수부와 경비부의 지명을 관칭하여 부대명으로 하였다(예: 구레해군시설부). 1940년 10월 1일 자 「특설해군건축부령」(내령 제604호)에 따라 특설해군건축부로 출발해 1943년 8월에 특설해군시설부가 되었다. 이 두 부대는 모두 해군에서 군사시설의 건축을 담당하였다. 해군시설부는 마이즈루(舞鶴)·사세보(佐世保)·오미나토(大湊)·오사카(大阪)·요코스카(橫須賀) 등 5개소에 두었다. 해군경비부는 오미나토·조선 진해·마공(馬公)·여순(旅順)·오사카·대만 고웅(高雄)에 두었고, 해군진수부는 구레(吳)·요코스카·사세보·마이즈루 진수부 등을 설치·운영하였다. 해군 편제에서 구레는 「해군조례」에 따라 1889년 해군진수부를 개청하고 해군공창을 운영하였다. 上杉和央, 2021, 『軍港都市の150年-橫須賀·吳·佐世保·舞鶴』, 吉川弘文館, 14-26·88·99·166-175쪽.

산한 경찰문서를 의미한다. 이 기록물은 국무총리 소속 대일항쟁기 강제동원피해 조사 및 국외 강제동원희생자 등 지원위원회가 2014년 한러정부 합의에 따라 남사할린에서 발굴한 화태청 소장 경찰서 기록물(총 1만 매, 총 7,472명분의 명부자료 포함)이다.

화태청 소장 경찰서 기록물은 화태청 도요하라(豊原, 현 유즈노사할린스크)경찰서가 생산해 일본 본토와 조선 등 제국 일본 영역에 배포한 문서이다. 사할린에서 거주지를 이탈한 한인은 물론, 일본 18개 도도부현의 강제동원 작업장에서 탈출한 조선인을 수배할 목적으로 발송하였다. 문서마다 '비밀문서'임을 나타내는 표시를 하였다. 경찰 당국은 무단으로 관할 지역을 이탈한 조선인에 대해 일본 본토와 남사할린, 조선 등지에 수배 요청을 내리는 등 꼼꼼하고 철저하였다. 동일인에 대해 소재가 파악될 때까지 여러 차례 수배령을 내렸다. 수배문서이므로 수배 대상자의 기본 인적사항 외에 '신장, 인상, 체격, 머리카락 길이' 등 인상 특징을 꼼꼼히 기재하였고, 신장은 ○○척(尺) ○촌(寸) ○분(分) 단위나 미터법 1/10cm 단위에 이르기까지 실측치에 가깝게 정확도를 기하였다. 옷의 색깔과 모양도 적었다.[40]

본서는 일본의 여러 강제노역 작업장 가운데, 현재 일본의 세계유산 시도로 인해 현안이 되고 있는 사도(佐渡)광산의 대응 사례도 수록하였다. 일본 내무성과 사법성 형사국 자료는 니가타현(新潟縣) 사도섬에 있는 미쓰비시(三菱)광업(주) 사도광산의 조선인 파업의 모습을 담고 있다. 1940년 2월 17일 파업과 4월 11일 파업이다. 사도광산은 섬이라는 지형으로 인해 탈출이 매우 어려운 곳이었다. 당국의 감시도 철저하였다. 미쓰비시광업과 도쿄광산감독국, 특별고등경찰, 협화회(協和會)[41]가 조직적으로 조선인을 관리하고 육지로 통하는 3개소의 항

---

[40] 일본지역 탈출자에 대해서는 허광무, 2018, 「일제말기 경찰기록으로 본 일본지역 강제동원 조선인노무자의 관리와 단속 -'도주'노무자 수배가 갖는 역사적 의미를 중심으로」(『한일민족문제연구』 제35호) 참조.

[41] 협화회는 일본에 거주하는 조선인을 통제하기 위해 일본 당국이 만든 통제조직이다. 1920년대에 들어서 일본에 돈벌이하러 오는 조선인이 늘어나자, 1924년 5월 5일 당국은 오사카부청 내에 오사카부 내선협화회를 설치하고 인근 지역으로 확대하였다. 당국이 오사카에 주목한 이유는 한인이 가장 많이 거주하고 밀집 지역을 형성하고 있었으므로 강한 결속력을 우려하였기 때문이다. 그러나 내선협화회는 경찰 당국이 예상한 기대를 충족하거나 조선인의 호응을 얻지 못했으므로 교풍회를 설립하였다. 교풍회 역시 별 효과를 거두지 못하자 당국은 다시 1936년에 협화회를 세우게 되었다. 일본 내무성은 1936년에 총 23개 부현에 협화회를 설치하였다. 각 부현의 경찰서 특고과와 내선계가 협화회를 담당하였다. 협화회는 1938년 중앙협화회로 발족하였다. 1938년 11월 당시 창립발기인을 보면, 내무성 경보국장·척무성 관리국장·총독부 정무총감·문부성 전문학무국장·후생성 사회국장·귀족원 의원 2명·후생차관 등이다. 1939년 6월 29일에는 재단법인 중앙협화회의 설립 총회를 개최하였다. 중앙협화회는 당시 '여권'과 같은 기능을 가진 '협화회 수첩'을 통해 조선인의 취업과 이동을 통제하였다. 통제체제는 1944년 11월 중앙협화회가 중앙흥생회로 바뀌었으나, 조선인의 통제기구라

구를 감시하였다. 당국은 사도섬에서 조선인들이 봉기할 경우에 소수의 경찰과 관리 인원으로 감당할 수 없다고 생각하고, '훈육'이라는 이름 아래 정신교육을 철저히 실시하였다. 관리에 응하지 않는 광부는 금강료에 별도로 수용하고 특별교육을 실시하거나 니가타형무소에 수감하기도 하였다. 그럼에도 이른 시기부터 파업의 사례를 볼 수 있다.

『특고월보』는 1940년 2월 당시 사도광산 소속 조선인 광부가 98명인데 파업 참가 조선인이 40명이었으니 반 정도 참가한 셈이다. 그러나 4월 11일 파업은 소속 조선인 광부 98명 전원이 참가하는 기록을 수립하였다. 이 파업은 4월 11일부터 13일까지 일으켰는데, 『특고월보』 외에 사법성 형사국이 작성한 『사상월보(思想月報)』에서도 관련 내용을 찾을 수 있다.[42]

이후 사도광산에서 파업의 기록은 찾을 수 없다. 그러나 동원 가해자가 생산한 '도주자'의 통계가 남아 있다. 1943년 6월, 사도광업소 측이 작성한 보고서를 보면 1942년 3월 기준으로 동원한 1,005명의 조선인 가운데 148명이 탈출하였다. 1940년 2월부터 1942년 3월까지 발생한 탈출자이다.[43]

1940년 2월부터 1942년 3월까지의 탈출자 148명은 이 시기에 사도광산이 동원한 조선인의 14.7%에 달하였다. 얼마나 많은 사람이 섬을 탈출했는지 알 수 있다. 1943년에는 사도광산을 탈출하였다가 검거되어 노무조정령 위반으로 송국된 사례도 3건이 있었다. 『특고월보』 1943년 3월과 4월, 5월 기사에서 노무조정령 위반으로 검사국(현재 검찰청)으로 송치한 사도광산 조선인 광부의 사건도 찾아볼 수 있다.[44]

제VI장에 수록한 자료 목록은 [표 3]과 같다.

---

는 점에서는 변함이 없었고 오히려 통제체제는 강화되었다.
42 『사상월보』 제79호 수록 자료 「노무동원계획에 근거한 내지 이주 조선인 노무자의 동향에 관한 조사」.
43 佐渡鑛業所, 1943년 6월, 「半島勞務管理ニ就テ」, 〈제1표〉 이입수 및 감원수 5월 말일 현재(長澤秀 編, 1992, 『戰時下朝鮮人中國人聯合軍浮虜強制連行資料集-石炭統制會極秘文書』 2권, 綠蔭書房 수록).
44 그 외 화태청 소장 경찰서 기록물에서도 사도광산 조선인 광부 2명의 기록을 찾을 수 있다.

[표 3] 전시동원과 민중의 대응 관련 자료 목록[45]

| 번호 | 자료 제목 | 출처 | 기타 |
|---|---|---|---|
| 212 | 4. 노무동원에 따른 민심의 동향 및 지도·단속 상황에 대하여(1944년 제85회 제국의회 설명자료(司計)) | 『일제하전시체제정책사료총서』 제21권, 2000, 한국학술정보 | |
| 213 | (극비)국민동원계획에 따른 이입 조선인 노무자 및 일본 거주 조선인의 주의 동향(1944년 10월) | 내무성 경보국 보안과, 『다네무라씨경찰참고자료(種村氏警察參考資料)』 제107집 | |
| 214 | 도요하라(豐原) 경찰서장, 「풍고선비(豐高鮮秘) 제653호(1942년 10월 13일)」 | 화태청(樺太廳) 소장 경찰서 기록물, GIASOⅡ154 | |
| 215 | 조사-국민징용령 위반사건 개요 | 고등법원검사국, 『고등검찰요보』 제10호, 1944년 12월, 5~11쪽 | |
| 216 | 징병기피를 목적으로 한 집단폭행사건(대구검사정 보고) | 고등법원검사국, 『고등검찰요보』 제8호, 1944년 10월, 38~41쪽 | |
| 217 | 특별지원병을 지원하지 않는 학도는 어떻게 조치하는가(학도지원병 거부(응징학도, 학도응징)-1944년 제86회 제국의회 설명자료(학무)) | 『일제하전시체제정책사료총서』 제21권 | |
| 218 | 『1941년 4월~1944년 7월 천내공장제3호회전요 관계도면기타(川內工場第三號回轉窯關係圖面其他)』, 기술과 문서, 6~10쪽(학도지원병 거부(응징학도, 학도응징)-조선오노다시멘트제조(주) 자료) | 조선오노다시멘트제조(주) 내부문서 | 개인 소장 |
| 219 | 「1944년 4월 생산관계조서, 천내공장」, 영업부 생산과, 『1941년 12월~1945년 3월 조선천내공장왕복(朝鮮川內工場往復)』, 8~10쪽(학도지원병 거부(응징학도, 학도응징)-조선오노다시멘트제조(주) 자료) | 조선오노다시멘트제조(주) 내부문서 | 개인 소장 |
| 220 | 학도지원병의 전과(戰果) 거두다-비지원자는 징용, 황민으로 재연성(학도지원병 거부(응징학도, 학도응징)-1943년 11월 22일 신문 기사)) | 《경성일보》1943년 11월 22일 자 | |
| 221 | 성적 찬연 학도특별지원, 황국 반도의 면목 또렷[躍如], 전원 출진 거의 달성, 지원하지 않은 자는 엄격 훈련 징용-학무국장 담화(학도지원병 거부(응징학도, 학도응징)-1943년 11월 22일 신문 기사)) | 《매일신보》1943년 11월 22일 자 | 국한문 |
| 222 | 입영기피 학도지원병의 조선 독립을 목적으로 하는 비밀결사조직활동사건(원산검사 보고) | 고등법원검사국, 『조선검찰요보』 제3호, 1944년 5월, 25~26쪽 | |
| 223 | 1945년 형공(刑公) 1538 | 국가기록원 소장 판결문 | 김중일 등 판결문 |
| 224 | 노무동원계획 실시에 따른 이주 조선인 노동자의 상황 | 내무성 경보국, 『특고월보』 1939년 12월분 | |

---

[45] 자료의 출처 및 수집 경위에 대해서는 번역문에 각주로 기재하였다.

| | | | |
|---|---|---|---|
| 225 | (2) 집단도주음모계획 발견 | 내무성 경보국, 『특고월보』 1942년 11월분 | |
| 226 | 도주한 이입 조선인 노무자의 블록별 일제단속 상황 | 내무성 경보국, 『특고월보』 1944년 6월분 | |
| 227 | (4) 유언비어에 기초한 집단도주 | 내무성 경보국, 『특고월보』 1944년 2월분 | |
| 228 | (3) 수송 도중 도주의 특이사례 | 내무성 경보국, 『특고월보』 1944년 6월분 | |
| 229 | '평양학병의거사건' 판결문 | 표영수, 2001, 「자료소개-'평양학병의거사건' 판결문」, 『한일민족문제연구』 1 | 일부 |
| 230 | 조선인 군속 등의 경찰관 주재소 습격 사건(청진검사정 보고) | 고등법원검사국, 『고등검찰요보』 제1호, 1944년 3월, 38~39쪽 | |
| 231 | 도요하라(豊原) 경찰서장, 「풍고비(豊高秘) 제472호(1943년 6월 3일)」 | 화태청 소장 경찰서 기록물, GIASO Д 154 | 사할린 |
| 232 | 응징사(應徵士)의 경찰관 구타상해 사건(영변지청검사 보고) | 고등법원검사국, 『고등검찰요보』 제12호, 1945년 2월, 32~33쪽 | |
| 233 | 수원육군○○공사장에서 근로보국대원의 경찰관에 대한 폭행사건(수원검사 보고) | 고등법원검사국, 『고등검찰요보』 제4호, 1944년 6월, 21쪽 | |
| 234 | 야마가타현(山形縣) 나가마쓰(永松)광산 폭동 사건 | 내무성 경보국, 『특고월보』 1941년 12월분 | |
| 235 | '야마가타현(山形縣) 나가마쓰(永松)광산 폭동 사건' 판결문 | | 개인 소장, 일부 |
| 236 | 구레(吳)진수부(鎭守府) 군법회의-김선근 판결문(히로시마(廣島) 구레(吳)해군시설부 집단폭동 사건) | 곤도 노부오, 2013, 「히로시마 해군시설부 조선인 징용공 폭동사건 판결문」, 『한일민족문제연구』 25 | |
| 237 | 구레(吳)진수부(鎭守府) 군법회의-전병렬 판결문(히로시마(廣島) 구레(吳)해군시설부 집단폭동 사건) | | |
| 238 | 가야누마(茅沼)광업소 집단폭행 사건 | 내무성 경보국, 『특고월보』 1944년 7월분 | |
| 239 | 일본인 사감에 대한 불만이 발단이 된 파업 및 집단폭행 사건 | 明石博隆・松浦總三 編, 1975, 『昭和特高彈壓史』 8, 太平出版社 | 사할린 |
| 240 | (2) 해군징용 조선인 공원의 분쟁 발생 | 내무성 경보국, 『특고월보』 1942년 2월분 | |
| 241 | 1940년 4월 파업(미쓰비시(三菱)광업(주) 사도(佐渡)광업소 소속 조선인 광부의 저항 사례) | 사법성 형사국, 『사상월보』 79, 1940 | 사도광산 |
| 242 | 1943년 3~5월 작업장 탈출 등(미쓰비시(三菱)광업(주) 사도(佐渡)광업소 소속 조선인 광부의 저항 사례) | 내무성 경보국, 『특고월보』, 1943년 3~5월 | 사도광산 |
| 243 | 니가타현(新潟縣) 경찰부장, 「이주 조선인 노동자 도주 소재 불명 수배 건(1941년 4월)」(미쓰비시(三菱)광업(주) 사도(佐渡)광업소 소속 조선인 광부의 저항 사례) | 화태청 소장 경찰서 기록물, GIASO 1i-1-123 | 사도광산 |

# 1. 동원 과정에서 발생한 저항 사례

1) 조선총독부 당국

**자료 212**

1944년 제85회 제국의회 설명자료(司計)[46]

### 4. 노무동원에 따른 민심의 동향 및 지도·단속 상황에 대하여

조선에 대한 전시 요청 중 노무의 수요는 매년 비약적으로 증가해 금년도에는 당초 일본과 북방 남양으로 출발하는 약 30만 명, 군요원 3만 명 등 조선 내에서 71만 3,700명, 합계 104만 3,700명이 동원될 전망이다. 그러나 이미 해마다 상당한 노무자를 동원하고 있는 관계로 공급원(供給源)도 곤궁해져서 올해는 관알선만으로는 도저히 동원하기 곤란하다고 생각하고 있다. 일반징용의 전면적 실시에 따라 올봄 이후 실시하는 조선 내 중요 공사장, 광산과 공장에서 노무자의 충족을 도모함과 동시에 종래 관알선도 더욱 병행·강화하여 조선 내 수요에 충족해야 하는 준비를 진행하고 있다.

그런데 이번에 전황의 요동에 따라 갑자기 새로이 일본에서 해군시설부, 조선(造船)공장, 석탄 및 금속광산, 기타의 요원으로 8월과 9월, 10월 중에 12만 명까지 노무자의 추가 송출 방침을 요망해 오고 있다. 물론 조선의 현황으로서는 앞에서 언급한 바와 같이 감당할 수 없는 무리한 상황이고 전황의 추이로 볼 때 어려움을 피할 수 없지만 요청에 응하기로 결정하였다. 그러나 요즘 노무자 계층은 생활 환경의 호전에 따라 동원에 응하거나 이입(移入) 알선노무자가 되는 것을 좋아하지 않으므로, 일부 전선(戰線)이 불리하다거나 일본에 대한 빈번한 공습을 우려하여 기피 행위에 나서는 자가 점차 증가하고 있다.

그러므로 금년 초 이후 오로지 지도 계몽에 중점을 두고 전 조선의 각 경찰서가 소규모 강연회, 좌담회, 그림연극 등을 반복 개최해서 시국 인식의 앙양과 국체 관념의 계도에 도모함

---

[46] 한국학술정보, 2000, 『일제하전시체제정책사료총서』 제21권, 369-371쪽.

으로써 근로에 따른 순국 정신을 주입하는 데 노력하는 등 여러 방법으로 노력을 기울이며 수긍하지 않는 자에 대해서는 일벌백계로 단속을 가한 결과, 점차 효과를 보고 있다.

최근 일반징용 실시의 취지를 발표하자 일부 지식계급과 유한계급 중에 일찍부터 중국·만주 방면으로 도주하거나 또는 주거지를 옮겨 당국의 실태조사(주거조사)를 어렵게 만들거나, 또는 갑자기 징용을 제외한 부문으로 취직하고자 하며, 일반 계층에서도 의사를 통해 가짜 질병으로 입원하거나 성병[花柳病]에 감염된 것으로 속여 징용을 면하고자 기도하는 일이 있다. 그 가운데에는 자기의 손발에 상처를 내서 불구자가 되어 기피하는 자, 심지어는 읍면 직원 내지 경찰관이 자의적 결정[專恣]에 기인한 때문이라 오해하여 이를 원망하여 폭행, 협박하는 등 실로 일일이 헤아릴 수 없고, 최근 보고한 사범(事犯)만으로도 20여 건에 헤아리는 상황이다. 지난번 충청남도에서 발생한 송출 독려차 부임한 경찰관을 살해한 사범이 그간의 동향을 말해 준다.

특히 최근 주목되는 집단기피 내지 폭행 행위로서 경상북도 경산경찰서에서 검거한 불온 기도사건과 같은 것은 징용기피를 위해 청장년 27명이 결심대(決心隊)라는 단체를 결성해 식도, 죽창, 낫 등의 무기를 휴대하고 산 정상에서 농성하며 끝까지 목적 관철을 기도한 것에서 첨예화한 노동계층 동향의 일단을 알 수 있다.

이상과 같은 상황에서 이번에 급거 대규모 동원은 쉽지 않은 일이므로 경찰서에서 철저하게 지도·단속하지 않는다면 소기의 동원 성과를 거두기 어려울 뿐만 아니라, 치안 문제에까지 미치는 영향이 심대하다. 이 점을 감안해 다시금 지도·계몽을 강화 실시함과 동시에 앞에서 살펴본 것과 같이 노무동원을 방해하는 사안에 대해서는 엄중 단속을 계속하고 있다.

자료 213

## (극비)국민동원 계획에 따른 이입 조선인 노무자 및 일본 거주 조선인의 주의 동향(1944년 10월)[47]

목차

제1 개설

제2 이입 조선인 노무자의 요주의 동향

  1) 개황

  2) 집단폭행사건 중 경찰관에게 반항한 사례

  3) 사상분자의 책동사건

  4) 참고표

제3 일반거주 조선인[48]의 요주의 동향

  1) 개황

  2) 사상운동의 상황

  3) 노무자의 상황

  4) 각종 범죄 상황

  5) 조선인 문제를 둘러싼 민심의 동향

  6) 조선인의 ■■ 방면 전■ 동향

제1 개설

전시하 일본에서 노무 사정은, 조선인 노무의 활용을 가장 높은 정도로 요구하는 상황이

---

47 내무성 경보국 보안과, 1943, 『다네무라씨경찰참고자료(種村氏警察參考資料)』 제107집(아시아역사자료센터 소장 자료 A05020291800).

48 강제동원 이전 시기에 도일한 일반 도일자를 지칭.

다. 근래 몇 년간 십수만 명이 넘는(29만 명) 수의 조선인 노무자가 국민동원계획에 따라 새로이 일본에 계속 들어오고 있는데, 이들은 일반청소년을 제외하면 대개 조선에서 소위 하층계급의 소작농민, 하루벌이 인부 등이어서 소질적 결함을 가지고 있다. 또한 언어와 습관이 다르고 조선의 생활태도만을 고집하고 있어 일본의 관습에 대한 적응성도 부족해 쉽게 향상시키는 것이 어려운 사정이어서 일본인의 지탄과 혐오가 높아지고 있는 실정이다.

그리고 일본에 이미 거주하고 있는 조선인의 경우에도 또한 대개 위와 같이 소질이 열악해서 이미 각종 범죄를 감행하고, 극악 흉포한 일을 일으키거나 토지와 주택임대[借地借家] 문제와 기타 등등 분쟁을 일으키고 위생적이지 않은 밀집지역을 구성해 일본인으로부터 기피의 대상이 되는 경우를 각지에서 볼 수 있다. 그러므로 일본인의 소위 조선인관은 극히 멸시와 혐오적인 듯하다. 한편 이에 관한 조선인의 태도는 대립적이고 반항적이어서 그 반감이 매우 심해 서로 심각한 상태에 있고, 오히려 체념화하는 경향이 두드러진다. 관동대지진 당시 들고 일어난 조선인 문제와 같은 그런 사정에 강력한 ■적 인상으로서 분쇄하고 있다. 그러나 전국(戰局)의 긴박한 상황에 따라 서로 내선(內鮮) 대립 감정에 기세를 높일 것이라는 억측이 구구해 불안에 쫓기는 등 극히 복잡 미묘한 분위기를 내포하고 있어 앞으로 상황이 어려워질 것이라 생각한다.

이와 같은 정세 아래에서 앞에서 상세히 언급한 바와 같이 다수의 조선인이 급격하게 증가하지 않을 수 없으므로, 총후치안은 물론이고 내선협화 내지 조선인의 황민화 유인[誘掖]에서도 이들 조선인에 대한 지도·단속을 위해 특히 관계 기구를 정비하고 협력 가능한 적절한 시책으로 임해야 할 필요성이 극히 긴요하다.

### 제2 이입 조선인 노무자의 요주의 동향

#### 1) 개황

조선인 노무자의 소질적 결함은 관계 방면으로부터 종종 지탄받는 바이다. 실제로 1939년 이후 국민동원계획에 따라 이입되는 노동자를 보면, 이입 후 도주자 속출, 노■■, 태업, 각종 범죄 감행, 일본인과 대립·투쟁, 일본인 부녀자에 대한 부적절한 행위 등 여러 경찰 사고를 극히 빈번하게 일으키고 있다. 이들 소질이 열악한 자의 격증은 일본 치안을 현저하게 위협하고 있다. 그리고 최근에는 조선의 노동 사정 또한 두드러지게 핍박당하고 있어서 당국에서 공출노무자를 인선(人選)할 때 엄밀을 기하기 어려움은 부인할 수 없다. 따라서 최근의 이입자는 소질이 열악함에 더해 불량한 불순분자가 개입하고 있다. 또한 이를 해결해야 하는데 사정이 여의치 않아 단속이 매우 부실함을 통감한다. 이들 이입 노무자는 관계 방면의 강력하고 적절한 지도·단속에도 불구하고 이들의 근로 상황은 여전히 도주자가 속출하고 각지에서 분쟁을 일으키는 등 경찰 사고가 빈번하게 일어나고 있어 매우 철저하게 향상시키는 것이 어려운 상황이다. 이들은 언어와 습속, 민족성을 달리하고 있어 이러한 노무자에 대한 노무 ■■ 내지 단속이 극히 어렵다고 할 수 있다. 한편 그들 소질의 열악한 면면을 어떻게 ■■ 할 것인가 하는 점에 노력하고자 한다.

그리고 최근 이들이 주의를 요하는 동향을 살펴보면, 올해 상반기에 발생한 분쟁사건이 184건이고 참가인원은 ■,659명으로 다수에 미치고 있으며, 작년 같은 기간에 비하면 건수에서 10건, 참가인원에서 3,002명의 증가를 보이고 있다. 특히 이 분쟁사건에서 그들이 집단적으로 단결하고 부화뇌동하여 곤봉이나 그 외 흉포한 도구를 가지고 사업주 측 일본인 노무계원이나 단속 경찰관에게 무력을 행사하여 손실이 심하고 사상자도 발생하는 등 심각한 사건도 상당히 속출하고 있다. 상반기에 발생한 건수 가운데 이러한 집단폭행사건은 81건으로, 총수의 44%를 점할 정도이다. 이같이 이입 노무자가 분기하는 분쟁은 매우 집단적인 규모와 성격을 띠고 있는데, 미미한 경찰력으로서는 단속이 쉽지 않은 상황이다. 일부 사건에서는 그것이 오로지 ■■하고자 하는 경우이고, 미리 파악한 사건은 한두 건에 불과한 상황이다.

또한 최근의 특이한 현상으로서 사상적 불순분자가 개입하는 경향이 매우 높다는 것을 간과한 점이 있다. 즉 일부 사상분자는 이들 노무자의 직역(職域)이 전력(戰力) 증강과 직접적으로 밀접하게 관련되어 있음에 주목해서, 이를 지도하여 생산 저해를 가져오고 일본의 패전과 조선의 독립을 획책하기 위해 직접 노무자가 되어 잠입하거나 외지의 의식분자를 혼입시켜 교묘하게 노무자들에게 불평불만을 제기하여 이를 민족적으로 계몽·선동하고 있다. 이러한 까닭에 이들 노무자가 쉽게 선동 유혹에 빠지는 성격을 띠고 있는데, 겉으로 드러나 단속한 사건은 8건에 미치는 상황이다. 이러한 종류의 불순분자 책동은 전시하에서 매우 위험하므로 이들의 책동을 완전히 봉쇄하는 것이 매우 긴요한 일이라고 생각한다.

대다수 노무자는 일반적으로 무지몽매해서 시국에 대한 분별력이 결여되어 있음에 따라 이기적 관점에서 무조건 사건을 옹호하는 경향이 강하다. 그러므로 전국(戰局)이 긴박함에 따라 각자 신변이 위험하고 그로 인해 임금이 낮다는 사정은 완전히 도외시하고 자신들의 직역을 방기하고 도주한다. 각지에서 경찰 단속을 하지만 소위 도피생활에 나서는 자가 속출하고, 이들의 도주로 인한 인원 감소[減耗]는 계획 이입자 수의 30%에 달하는 높은 비율이다. 이들이 노무의 적정 배치를 기피하는 배경에는 기주(既住) 조선인의 유혹과 혼입이 두드러지므로 치안상에서도 막대한 손실을 발생하게 된다.

이러한 경향을 살펴보면, 점차 단속기구의 정비를 확충함과 함께 한층 연구에 몰두해 불량 불온한 분자의 책동을 완결해야 하는 것이다.

그리고 최근의 중요한 요주의 책동을 정리하면 다음과 같다.

### 2) 집단폭행사건 중 경찰관에게 반항한 사례

(1) 홋카이도(北海道) 소라치군(空知郡) 아카비라(赤平)광업소[49](이입 조선인 노무자 1,305명)에서는 금년 6월 계약기간이 만료된 이입 조선인 노무자 45명에게 계약 연장을 장려하고 있었는데, 일단 재계약을 받아들이도록 하고 재계약서에 도장을 찍게 했지만, 마음 깊은 곳에는 상당한 불만을 가지고 있었고 주변 사람들도 마찬가지였다. 그 후 6개월의 기간이 만료되자 동료 60명을 선동해 이들과 같이 정착 장려에 응하지 않고, 회사가 재계약을 강행하려 칼로 압박하며 승낙 도장을 찍게 하자 불온한 경향이 일어나게 되었다. 따라서 6월 19일 소관 경찰서에서 주모를 책동한 자라고 인정되는 3명을 검거하고 진압에 힘쓰는 한편, 6월 20일 특고주임과 순사부장 등 2명이 출석해 마을 청년학교에서 6월 만료자 60명에 대해 정착지도간담회를 개최하였으나 일동은 쉽게 응하지 않았다. 회사 측과 당국의 설득에 따라 일단 재계약서를 이해하기는 했으나, '이 기간을 만료한

---

49 스미토모(住友)석탄광업(주) 소속 탄광. 당시에는 소라치군 아카비라초(赤平町)에 있었는데, 현재 아카비라시 관내에 있다. 1937년 스미토모광업(주)이 석탄 부문과 금속 부문을 분리해서 석탄 부문은 1952년에 스미토모석탄광업(주)로 변경하였다. 2008년 스마이시(住石)머터리얼즈(주)로 회사명을 변경하였다. 스마이시머터리얼즈(주)가 100%의 주식을 소유하고 있다.

후 즉시 귀선(歸鮮)을 허용하고 검거자를 석방할 것' 등을 요구하며 돌연 심경의 변화를 일으켰다. 드디어 다음날 21일 아침이 되자 동료 노무자 한 사람이 입갱하려는 것을 폭력을 사용해 저지하기에 이르렀다.

그리고 이 현장에 출근 독려를 위해 온 소관 특고주임 이하 5명이 노무계원과 같이 이를 진압했으나, 조선인 노무자는 각자 가지고 있는 곤봉과 돌덩이를 손에 들고 일본 기모노를 입은 경찰관(특고주임 이하 3명뿐)에게 "무슨 이유로 검속자를 풀어 주지 않는가." 하고 반항하며, 특고주임 이하 2명의 경찰관과 노무계원 등 6명에게 중경상을 가하였다. 그리고 소동을 일으켜 약 1,200명의 노무자가 집단을 이루어 약 7정(町) 거리에 있는 탄광사무소에 몰려가 선두에 선 십수 명이 머리띠를 매고 기세를 올리는 지극히 불온한 형세를 보였다.

소관 경찰서에서는 대원 35명과 경방단원 101명을 출동시켜 진압에 나섰는데, 그 과정에서 상당히 고심하고 수습을 위해 인접 경찰서의 지원을 요구한 결과, 경찰관 56명이 출동해 주모자로 의심되는 인물 57명을 검거하였다.

(2) 홋카이도 이와미자와시(岩見澤市) 지타키(字瀧)[50]에 있는 히가시호로나이(東幌內)탄광[51] 소속의 이시야마구미(石山組) 제3료 기숙사(이입 조선인 노무자 53명, 일본인 노무자 40명 함께 수용)에서는 금년 6월 13일 기숙사 세화계(世話係)인 일본인 스즈키 모(鈴木某)가 관리인 다카하시 모(高橋某)에게 의뢰를 받아 6월분 상여금을 지급할 때 평소 근태를 참작해 지급하고 남은 돈을 자신들이 나누어 갖고 있었다. 그런데 조선인 노무자 금본 모(金本某)가 불만을 갖고 스즈키에게 항의하면서 두 사람 사이에 논쟁이 시작되어 서로 때리며 난투에 이르게 되었다. 그러자 같은 숙소에 있던 일본인 노무자 몇 명이 중재하려고 하였는데, 오히려 금본이 여기에 반항해 일본인 노무자에게 폭행과 구타를 하였다. 이에 관리인 다카하시가 진압하려고 오자, 이미 다카하시의 가혹한 노무관리와 배급물자의 부정이 있었다는 점 때문에 반감을 가지고 있던 조선인 노무자 십수 명이 분노를 폭발해 다카하시에게 폭행하고자 하는 소요를 일으키게 되었다. 다카하시가 이를 미리 알

---

50  실제 주소는 다키노우에(瀧ノ上)이고, 현재 주소는 구리사와초(栗澤町)이다.
51  히가시호로나이탄광은 히가시호로나이(東幌內)탄광(주) 소속 탄광이다. 히가시호로나이탄광의 소재지는 소라치군인데, 이시야마구미가 탄갱을 운영한 이와미자와는 소라치의 남부지역으로서 유바리산맥에 걸쳐 있다.

고 교묘하게 그 장소를 빠져나가자 격앙한 일동이 그 불만을 스즈키에게 돌려 스즈키와 12명의 일본인 노무자를 목표로 각자 곤봉 등을 가지고 와서 폭행해 머리통과 기타 여러 곳을 구타해 수 명이 전치 1주일에서 15일을 요하는 상해를 가하였다. 이들은 기세가 올라가자 다카하시를 잡아 오자고 소리를 지르며 시가지로 몰려갔는데, 급보를 받은 소관 주재소 순사가 급히 현장에 가서 이들을 만나 극력 진압하고자 하였다. 그러나 이들은 "주재소 순사는 다카하시 편이다."라며 더 소리를 지르고 순사를 주재소에 납치해서, 여러 명이 곤봉으로 순사의 머리통과 여러 곳을 난타해 전치 2개월의 중상을 가하고 그 장소를 혼돈에 빠트렸다. 더구나 다른 주재소원이 이를 진압하고자 했으나 "경찰서[本署] 사람이 아니면 상대하지 않는다."라고 하는 등 대세를 부탁하는 교만한 기세를 보였다.

소관 경찰서에서 경부보 이하 5명이 출동하여 일동을 진압하고 주모자 29명을 검거해서 7월 21일 전원 공무집행방해 및 폭력행위 등 처벌에 관한 법률 위반 혐의로 송국하였다.

그리고 본건 발생에 따라 경방단원 24명이 출동해 시가(市街)의 경계에 돌입하고 사업장에서도 자체 경비계획에 따른 경비원을 배치하고 부근의 경비에 임하는 등, 해당 지방의 ■■를 상당히 위협하는 바이다.

(3) 후쿠오카현(福岡縣) 이즈카시(飯塚市)에 있는 미쓰비시 나마즈타(鯰田)탄광[52](이입 조선인 노무자 1,504명) 소속 풍도료(豊道寮) 내 식당에서 올해 7월 17일 조선인 노무자 해원 모(海原某)가 저녁 식사를 이중 청구하였는데, 사감 조수 일본인 요시다 모(吉田某)가 주의를 준 일이 발단이 되었다. 평소 요시다의 협박에 반감을 가지고 있던 조선인 노무자 30여 명은 술기운에 힘입어 평소의 분개함이 폭발해 요시다를 구타해 전치 4일간의 타박상을 입혔다.

그리고 이를 진압하기 주재소 순사 2명이 쫓아오자 주모자이자 가해자인 해원 모가 재빨리 숙소[寮] 밖으로 도주하고자 하자 순사가 추적해 잡아서 주재소로 연행하였는

---

52  미쓰비시(三菱)광업(주)은 일제말기에 후쿠오카현에 9개의 탄광을 운영하고 있었는데, 그 가운데 가장 규모가 큰 탄광이다. 일본 후생성이 작성한 『조선인노동자에 관한 조사결과』(국가기록원 소장)에는 '이즈카(飯塚)광업소 소속 나마즈타탄광'으로 기재하고 있다.

데, 이를 목격한 동료 조선인 노무자가 숙소 안팎에 알려 약 60명이 순사를 포위하고 해원의 검속을 저지하고자 반항적인 기세를 보였다. 그런데도 순사가 검속을 강행하자 사태는 더욱 험악하게 되어, 그 순사가 해원의 검속을 유보하지 않을 수 없게 되어 일단 숙소로 돌려보냈다. 그러자 기세를 올린 노무자 약 백 명이 앞서거니 뒤서거니 하며 숙소로 난입해 사감실 등을 습격하고 유리창 20개를 부수었다. 이에 경찰서에 보고하려고 순사가 자전거로 출발하려고 하자 포위해서 저지하고, 이를 제지하려는 일본인 노무계에게 난투를 벌여 상해를 입히는 등 폭거를 벌였다. 관할 경찰서로부터 경부보 이하 12명이 출동해 주모자 14명을 검속하고 진압하였다.

(4) 미에현(三重縣) 미나미무로군(南牟婁郡) 이루카무라(入鹿村)에 있는 기슈(紀州)광산[53](이입 조선인 노무자 658명) 팔굉료(八紘寮)에 머물던 조선인 노무자 143명은 7월 21일 사감 등이 외출로 없는 사이에 숙소생 가운데 급한 환자가 발생하자, 조치에 곤혹스러워 하고 사감이 없음에 통분하고 있었다. 그런데 그날 밤 사감이 숙소로 돌아오자, 김모 외 여러 명이 격분한 나머지 갑자기 사감에게 폭행을 가한 일이 발단이 되어 일동이 불온한 형세를 일으켰다. 그리고 진압을 위해 부근에 있던 주재소 순사가 김모 등 6명만을 사무실로 데려가려 하자, 동료 조선인 수십 명이 "데려가려면 우리 모두 데려가라."라고 소리를 지르는 등 소란이 점점 극에 달하게 되었다. 그리고 이 순사가 주모자 김모의 검속을 강행하려 하자, 김은 순사를 때리는 등 결사적으로 반항하고 동료에게 "내가 죽은 후에 모두가 살아 있을 것인가"라며 더 큰 소리를 내자 이를 동정하고 일동이 모두 부화뇌동하였고, 김의 수갑 찬 모습을 목격하고 더욱 흥분한 일동은 순사에게 대거 몰려가 가해하고자 하는 기세를 보였다. 이윽고 순사가 검속하려 했으나 이들은 단속에 대해 반항을 거듭하였다. 이들은 다시 기세를 올리더니 마침내 숙소 밖 광장에 몰려가 일부는 모래주머니를 사감과 순사에게 던지는 등 폭거를 계속하였다. 그 위세가 점점 커지게 되자 부근에 있는 포로수용소 위병이 이를 알아차리고 착검을 한 채 진압에 협력해 점차 진정하기에 이르렀다.

---

53 이시하라산업(주) 소속 구리 광산이다. 현재 이시하라산업(주)(石原産業(株), Ishihara Sangyo Kaisha, Ltd.)로 운영 중이다.

관할 경찰서에서는 김 외 7명을 검속해 전원 공무집행방해와 폭력행위 등 처벌에 관한 법률 위반 혐의로 검사국에 송국하였다(판결 징역 8개월 1명, 징역 6개월 1명, 징역 6개월 집행유예 3년 1명, 징역 5개월 집행유예 3년 1명, 징역 3개월 집행유예 3년 1명).

(5) 미야기현(宮城縣) 미야기군 다가조무라(多賀城村)에 있는 요코스카(橫須賀)해군시설부 다가조(多賀城)공사장 스가와라구미(菅原組)[54] 소속 신가와구미(新川組) 다가조출장소에서는 지난해 12월 기타지시마(北千島)로부터 전환 조치된 조선인 노무자 360명이 금년 7월 20일로써 기간만료가 되었기에, 이를 다시 1년 연장해 계속 일을 시키고자 7월 14일 사업주가 주체가 되어 특고과원과 협화회원, 소관 경찰서원의 협력 아래 정착장려지도회를 개최하였다. 그런데 이보다 앞서 이들 노무자는 이전의 작업장에서 사업주에게 혹사당한 것에 대해 상당한 분노심을 가지고 있었다. 어찌하든 기간이 만료되면 곧바로 조선으로 돌아갈 것이라는 마음이 충만해 있었는데, 위 지도회 석상에서 조선어 통역이 소관 경찰서원의 인사말 통역을 잘못 듣고 "대장이 결정해서 전원이 정착하기로 결정하였다는 취지"라고 알려 주자, 일동이 격분해서 "이러한 조치는 경우가 아니다. 대장놈은 나오라"며 소리를 지르고 자리를 박차고 일어나 대장을 습격하게 되었다. 그리고 대장이 사전에 피신할 목적으로 행동하자 일동은 격분해 사업주에게 몰려가 신가와구미의 장인 좌천 모(佐川某)와 스가하라구미 조선인 노무계 등산 모(藤山某) 등을 습격하여 철봉이나 땔감나무로 구타하고, 임석 중인 특고과원 경부보(일본 기모노 착용)를 구미 소속 직원으로 오해하여 나무로 구타해 전치 1주일의 상해(경찰관은 전치 3주)를 입히는 등 폭거를 자행하였다.

소관 경찰서에서는 노무자의 소요 방지에 노력하고 7월 22일 조선인 노무자 대표 28명과 관계자가 만나 협의한 결과 전원이 정착하게 되었고,[55] 주모자 6명은 검거해 ■■처분하게 되었다.

(6) 홋카이도 가야베군(茅部郡) 오토시베무라(落部村) 철도공사장 지자키구미(地崎組)[56] 소속

---

[54] 요코스카 해군시설부 다가조공사장은 스가와라구미 외에 가지마구미(鹿島組)도 참여하였다. 스가와라구미는 1956년 도산하였다. 그러나 스가와라(菅原)건설(주)이 법인등기상 '스가와라구미'를 계승해 현재 스가와라건설(주)(菅原建設(株), Sugawara corporation)로 운영 중이다.

[55] '계약을 연장하게 되었다'라는 의미.

[56] 원문은 '池崎組'이나 오기로 보아 바로잡아 번역. 지자키구미는 홋카이도 지역에서 주로 영업한 건설회사인데,

다이시쓰구미(大失組) 함바(飯場)(이입 조선인 노무자 80명)에서 일본인 현장 감독이 7월 4일 작업 중인 이입 조선인 노무자의 작업 태만에 대해 주의를 주면서 구타하였는데, 그가 여기에 반항해 위협적 태도를 보였다. 그러자 이를 목격한 동료 조선인 약 80명이 부화뇌동해 들고 일어나 각자 곤봉과 나무판자 등을 가지고 폭력에 나서 일본인 간부 5명, 조선인 간부 1명의 머리통과 기타 여러 곳을 구타해 전치 20일 내지 1개월에 해당하는 상해를 입혔다. 그리고 일동은 폭행 사실을 발각한 경찰서의 의견을 알아내고자 대거 경찰서로 몰려가는 도중에 경찰서원이 주모자만을 검속하고 제지하고자 하자 "공동의 책임이니 전원 경찰서로 가겠다"라고 반항적인 기세를 보이며 기민하고 교활한 태도를 드러냈다. 소관 경찰서에서는 일단 전원을 경찰서로 데리고 가서 주모자 20명만을 구류하고 다른 자에 대해서는 엄중 감시 아래 일을 시키고 있다.

### 3) 사상분자의 책동사건

(1) 홋카이도 유바리(夕張)탄갱[57]에서 이입 조선인 노무자를 중심으로 출탄을 저해하는 태업 책동을 통해 독립운동을 획책한 사례가 판명되었다. 홋카이도청에서 작년 11월 이후 관계자 검거에 착수해 일부 피의자는 치안법 위반으로 송치하였으나, 아직도 사건이 확대 중이어서 현재까지(10월) 검거자는 12명에 이른다. 그 개요를 보면, 유바리시에 있는 조선요리점에서 민족주의분자 손전방주(孫田邦柱)와 장남 손전용업(孫田鏞業), 전■경■(田■耕■), 평소번남(平沼繁男) 등이 이입 조선인 노무자를 선동하여 이를 독립운동의 모체로 하기에 유망하다고 생각하고, 1942년 9월 이후 책동하여 당시 미쓰비시 유바리광업소에 있는 이입 조선인 노무자 최원정(崔元貞)을 계몽하여 그를 중심으로 여러 명에 대해 '(1) 샌프란시스코에서는 조선인이 구속받지 않을뿐더러 조선 영사관이 설치되어 독립운동을 전개하고 있음. (2) 만주, 관동주, 조선 경성에서도 독립운동이 전

---

일제 말기에 홋카이도 지역에서 29개 작업장을 운영하였다. 현재 회사 이름은 이와타지자키건설(주)(岩田地崎建設(株), Iwata Chizaki Construction Corporation)이다.

57 일제말기에 유바리에는 8개의 탄광이 있었는데, 미쓰비시광업과 홋카이도탄광기선주식회사가 운영하였다. 위 문서에서 지칭하는 탄광의 소속 기업은 특정할 수 없다.

개되고 있음. (3) 대동아전쟁에서 일본을 패전으로 몰고 가서 미국 원조 아래 조선이 독립할 절호의 기회임. (4) 일본을 패전으로 몰고 갈 지름길은 모든 전력(戰力)의 근간인 석탄 출탄량을 저하시키는 데 있음. 이를 위해 이입 노무자가 전면적으로 가동률 저하 내지는 태업을 실현할 필요가 있음' 등을 지도하고, '탄갱 지역별로 책임자를 선정할 것', '그 책임자는 자기 분담 지역에서 활용할 통역을 가급적 적절[的確]하게 획득해 그로 하여금 이입 노무자의 계몽 획득의 책임을 부가하여 계속해서 보고하도록 할 것', '통역의 당면 임무는 돈벌이 노동[出稼] 독려 중지, 출근율 저하, 재계약 거부, 가족초청 반대, 도박·풍기 단속의 방임, 갱내작업 태업 등을 지도할 것' 등 구체적인 운동방책을 지시하고 그 활동을 촉구하는 것이었다.

그리고 위의 자들이 수하에 획득한 분자는 의도한 방침대로 암약하고 유바리광업소에서는 최원정의 지도 아래 작년 2월부터 11월까지 10개월간 작업장에서 태업을 지속한 결과, 출탄 능률이 2할 내지 4할 정도까지 감퇴한 사실 등이 판명되었다. 이러한 책동은 지극히 위험하다.

이 사건은 확대될 징조가 있으므로 계속 취조 중이다.

(2) 효고현(兵庫縣)에서는 올해 6월 15일 검거한 아마가사키시(尼崎市)에 있는 오타니(大谷)중공업[58] 아마가사키공장에 동원된 조선인 노무자 광전병무(廣田炳武) 25세 외 7명을 엄중 취조 중이다. 광전은 조선에 있을 때 만주의 김일성 휘하 항일공작대 대원 고영석(高英石)에게 선동되어 목적 달성을 위해 이입 노무자로 일본에 잠입해 조선인 노무자들과 집단생활을 하면서 그들을 민족적으로 결집하여 혁명역량을 확충하고자 위 공장에 들어온 자로써, 입소 후에는 모범공을 가장하여 교묘하게 동지 획득에 분주하여 검거 당시 이미 7명을 확보하고 있었다.

그리고 이들은 표면상 공원으로 수련할 목적으로 협화훈련대특별청년회에 참가하거나 또는 공원의 친목간담회를 위장한 간담회를 개최하고, 뒤에서는 민족의식의 계몽 내지

---

58 오타니(大谷)중공업 아마가사키공장을 의미한다. 당시 철강을 생산하였다. 관동지진 직후 설립하였다. 현재 합동제철(주)(合同製鐵(株), GODO STEEL, Ltd.) 소속인데, 일본제철 계열 회사이다. 1977년 오사카제강과 합병하여 합동제철이 되었다. 2007년 일본제철이 스미토모와 합병하며 신일본제철(新日本製鐵)이 되었을 때, 지분법적용관련회사(持分法適用關聯會社)가 되어 신일본제철 그룹 소속이 되었다.

독립운동의 모체로 만들려고 기도하였다. 또한 접근하는 각 개인에 대해 조선독립이 필요한 이유를 설명하기를 태평양전쟁[大東亞戰爭]에서 일본의 승패 여하와 무관하게 조선은 결코 독립을 이루지 않으면 안 된다고 강조하며 분기를 촉구하고 비밀리에 암약해 왔다.

(3) 가나가와현(神奈川縣) 가와사키시(川崎市)에 있는 일본강관주식회사 가와사키제강소[59]에는 1943년 4월 이입 노무자 3,000명이 일제히 파업을 일으키는 사건이 발생하였는데, 소관 경찰서에서 내사한 결과 이입 노무자 가운데 김원■(金原■) 20세, 청전무웅(靑田武雄) 22세 등 2명의 사상분자가 개입함에 따른 결과였다. 이들은 당시 출간[公刊]된 『반도 기능공 육성』이라는 제목의 팜플렛에 적힌 이 회사 노무계의 논설 내용 가운데 조선인을 약간 멸시하는 부분이 있는 것에 주목하고, 이들 노무자의 민족의식을 계몽시켜 민족적 결집을 이루어 내기 위해 교묘히 이 논설의 멸시 부분을 이용해 이를 일반에게 돌려 가며 읽도록 하고 반감을 끌어올려 일제히 파업으로 이끌게 되었음이 판명되었다. 소관 경찰서에서는 4월 22일 2명을 검거하고 치안유지법 혐의로 7월 24일 검사국으로 송국하였다.

(4) 홋카이도 유바리시 가지마(鹿島)에 있는 토건공사장 이데구미(井出組)[60] 소속 함바계 안전광호(安田光浩) 24세는 이미 조선에서 프로핀테른 적색노동조합 등에 가맹·책동한 전력이 있는 공산분자이다. 그는 1942년 8월 당시 평산창성(平山昌成)으로 이름을 바꾸고 구미의 모집에 응해 이입 노무자로서 도일하였다. 도일 목적은 일본에서 일반 노무자를 공산주의적으로 계몽하여 조선민족투쟁의 혁명 역량을 결집시키려는 데 있었다.

그리고 도일 이후에는 곧바로 책동을 전개해 교묘하게 동료를 확보(2명 획득)하고, 일반 노무자에 대해서는 대우 개선·실제 임금인상 요구 수단을 제시하거나 좌익 문헌을 빌려주고 전과(戰果)를 왜곡 지적해서 일본의 패전과 공습 아래 조선 민중은 항일·이적(利敵) 책동을 전개해야 한다고 선동하는 등 암약을 계속해 왔다.

---

59 일본강관(주)은 가나가와현에 총 6개의 공장을 운영하였다. 이 가운데 가와사키시에는 가와사키공장과 오기마치(扇町)공장 등 2개 공장이 있었다. 이 가운데 가와사키공장이 규모가 가장 컸다. 일본강관(주)은 현재 JFEエンジニアリング(주)(JFE Engineering Corporation)로 운영 중이다.

60 당시 이데구미가 맡았던 공사는 미쓰비시광업주식회사 오유바리(大夕張)탄광 관련 공사였다. 탄광철도나 부속 시설 공사 등을 한 것으로 보인다.

홋카이도청에서는 1943년 9월 23일 검거하고 치안유지법 위반으로서 올해 2월 25일 검사국으로 송국하였다.

(5) 홋카이도 아사히카와시(旭川市) 로쿠조마치(六條町) 17정목(丁目) 96호 금전관태랑(金田寬太郎) 방에 거주하는 토공부 신■대용(新■大湧) 24세는, 1942년 4월 이입 노무자로서 홋카이도 가미스나가와(上砂川) 소재 미쓰이(三井)탄산[61]에 왔다가 도주한 후 여러 곳을 전전하다가 ■■에서 일하기에 이르렀다. 그는 이미 만주에 있을 때 공산주의자 ■병룡(■炳龍)에게 계몽을 받아 공산주의 의식이 상당히 농후해 도일 당시부터 일본에서 전력증강 부문에 일하는 이입 노무자를 지도·계몽해서 공산주의적으로 결집하여 일본의 패전과 조선민족해방투쟁을 전개하고자 의도적으로 이입 노무자로서 잠입하였다. 그리고 도일 후 1943년 1월 중순경부터 책동을 전개해 근접한 조선인 노무자에게 차별대우 및 다양한 실상을 지적하여 민족적 반발심을 깨우치도록 하고 대우 개선 요구를 시사하는 등 암약하였다.

홋카이도청에서는 올해 6월 16일 검거하고 계속 취조 중에 있다.

### 4) 참고표

**조선인 노무자 이입 상황**

| 연도 | 이입 계획 수 | 이입자 수 | 송환자 수 | 현재 인원 |
|---|---|---|---|---|
| 1939년 | 85,000 | 19,135 | 429 | |
| 1940년 | 88,800 | 61,984 | 17,053 | |
| 1941년 | 81,000 | 44,974 | 24,549 | |
| 1942년 | 130,000 | 122,429 | 46,809 | |
| 1943년 | 150,000 | 117,943 | 40,550 | 124,097 |
| 1944년(3월) | | 138,852 | 27,426 | 176,136 |
| 총계 | | 405,317 | 156,816 | 207,626 |

---

61 소라치군(空知郡) 가미스나가와에 있던 미쓰이(三井)광산(주) 소속 스나가와탄광을 지칭하는 것으로 보인다. 스나가와탄광은 1898년에 미쓰이광산이 광업권을 설정한 후 1914년 8월에 제1갱을 열어 채탄을 시작하였다. 1987년에 폐산하였다.

비고

금년도 29만 이입에 관해서는 특히 관계 방면에서 계획 인원수 확보를 기해 수송 방면에서 계속 만전을 기하고 있다. 이미 이입을 완료한 것을 보면, 4월 13,326명, 5월 10,230명, 6월 13,183명, 7월 18,402명, 9월 14,538명, 9월 47,560명, 계 11만 7,153명의 이입을 완료하였고, 10월 중 동아교통공사[62]의 수송계획은 34,858명으로 거의 대부분 이입하였다. 그리고 이 경우에는 군용선을 이용하는 방법도 계획하고 있으므로 인원의 확보는 기할 수 있을 것이라 생각된다.

**이입 조선인 노무자 노동분쟁 상황**

| 연도 | 이입 조선인 노무자 노동분쟁 수 | | 1942년을 100으로 한 증가 상황 | 이입 조선인 노무자에 대한 참가 인원 비율 |
|---|---|---|---|---|
| 1942년 | 건수 | 330<br>○ 58 | | |
| | 참가 | 18,786 | | |
| | 인원○ | 2,951 | 100 | 15%<br>○ 2% |
| 1943년 | 건수 | 235<br>○ 80 | 67<br>○ 137 | |
| | 참가 | 13,481 | 71 | |
| | 인원○ | 4,532 | ○153 | 7%<br>○ 2% |

---

62 동아여행사를 지칭한다. 동아여행사는 1912년 일본교통안내소라는 이름으로 창립해 1942년 동아여행사, 1944년 동아여행공사를 거쳐 일본 패전 후에는 일본교통공사로 이름을 바꾼 후 지금까지 운영하고 있다. 일제강점기에는 본사를 도쿄에 두고 용산에 조선내지부(경성부 용산철도국 운수과 사무실)를 설치 운영하였다. 동아여행사는 노무동원을 담당하던 조선총독부 후생국 노무과와 논의해 노무자들의 숙박과 도시락, 수송을 전담하였다. 단체수송신고서를 철도국에 보낸 후 '단체수송계획표'를 작성해 각 사업장이 수송하는 노무자 인원수별로 관리하는 방식이었다. 1942년 이후 일본 당국이 정한 수송 방법은 동아여행사를 전문기관으로 지정한 후 조선~일본을 일원화하는 단체 수송을 계획적·조직적으로 실시하는 일관체계였다. 이를 위해 4개 통제단체는 동아여행사와 「이입조선인노무자단체수송취급수속요강」을 체결하고 수송 사무 일체를 일임하였다. 허광무·정혜경·김미정, 2021, 『일제의 전시 조선인 노동력 동원』, 77-78쪽.

| 1944년 6월 | 건수 | 99<br>○ 28 | 전년 같은 기간<br>110<br>○ 39 | 증감<br>감 11<br>감 11 | |
|---|---|---|---|---|---|
| | 참가 | 5,454 | 7,854 | 감 2,400 | |
| | 인원○ | 1,829 | 2,892 | 감 1,064 | |
| ○ 도장은 집단 폭행 | | | | | |

**이입 조선인 노무자 일본인 투쟁 사건 조사**

| 연도 | | 이입 조선인 노무자<br>일본인 투쟁사건 수 | 1942년을 100으로<br>한 증가 상황 | | 이입 조선인 노무자에 대한<br>참가 인원 비율 |
|---|---|---|---|---|---|
| 1942년 | 건수 | 127<br>○ 117 | | | |
| | 참가 | 4,753 | | | |
| | 인원○ | 4,267 | 100 | | 3.9%<br>○ 3% |
| 1943년 | 건수 | 111<br>○ 91 | 87<br>○ 77 | | |
| | 참가 | 3,078 | 64 | | |
| | 인원○ | 2,407 | ○ 56 | | 1.7%<br>○ 1.3% |
| 1944년 6월 | 건수 | 85<br>○ 53 | 전년 같은 기간<br>64<br>○ 56 | 증감<br>증 21<br>감 3 | |
| | 참가 | 2,206 | 1,807 | 증 398 | |
| | 인원○ | 1,465 | 1,532 | 감 67 | |
| ○ 도장은 집단 폭행 | | | | | |

이하 생략

| 자료 214 |

## 도요하라(豐原) 경찰서장, 「풍고선비(豐高鮮秘) 제653호(1942년 10월 13일)」[63]

보고를 요함
관내 각 순사(부장) 앞

이입 반도인 노무자의 동향 조사의 건
  시국하 노무의 수요 증대에 따른 노무동원계획에 따른 조선인 노무자의 일본 이입이 점차 많아지는 요즘, 각지에서 이런 종류의 조선인 노무자 가운데 도주하는 사람이 많아져 지금의 생산력 확충이라는 견지에서도 또한 사상적인 관점에서도 매우 우려스러운 일이라고 사료됨. 이에 검찰사무상 필요하다고 여기는 것으로써 검사정(檢事正)의 조회를 거친 내용의 경찰부장으로부터 통첩이 있으니 다음 항목을 조속히 조사해 10월 20일 일본에 도착하도록 보고함.

  다음과 같이 통달한다.
  조선인 일반 노무자 이동 상황 및 동향
  조선인 노무자 도주 상황
  조선인 노무자 도주 원인
  조선인 노무자 도주처
  조선인 노무자 장래 요주의 동향

---

63  화태청(樺太廳) 소장 경찰서 기록물, GIASO1i-1-154(Д154), 22・25장.

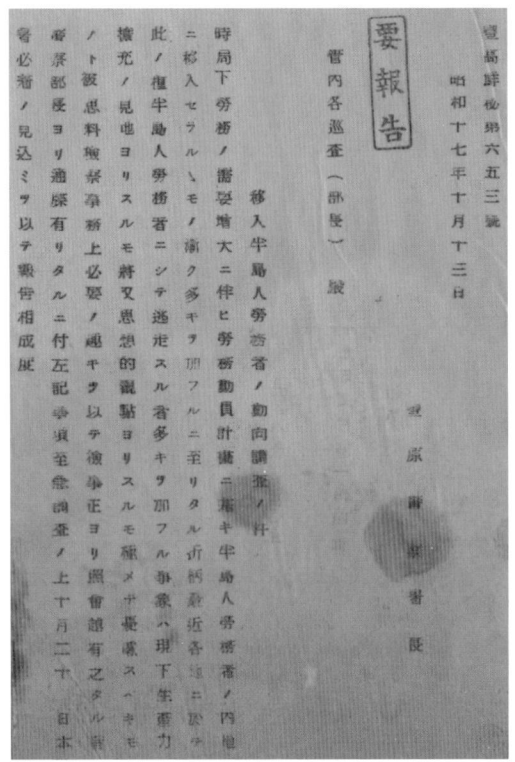

[그림 3] GIASO1i-1-154(Д154), 22장

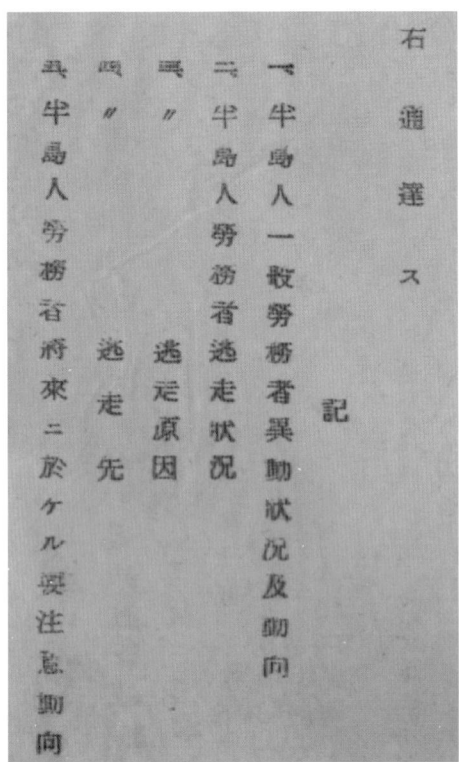

[그림 4] GIASO1i-1-154(Д154), 25장

자료 215

## 조사-국민징용령 위반사건 개요[64]

노무동원의 강화에 따라 「국민징용령」 위반, 기타 노무관계 사범(事犯)이 근래 더욱 증가하는 경향이고, 이들 사범의 처리 문제가 현재 경제검찰이 담당하는 가장 중요한 과제임을 잊을 수 없다. 이러한 정세에 비추어 노무관계 사범 중 「국민징용령」 위반에 관해 약간의 조사를 실시해 참고로 제공하며 다음과 같다.

1. 「국민징용령」 위반사건의 통계상에서 본 추세

전 조선 검사국에서 「국민징용령」 위반 사건은 1941년까지 거의 없었는데, 1942년 12건 12명, 1943년 16건 18명, 1944년(1월부터 10월) 316건 330명이 되고 1944년에 이르러 급격히 증가한 것은 국민징용의 강화에 따른 필연적인 추세이다. 특히 앞에서 실시한 일정 연령층에 터전을 둔 소위 횡단(橫斷)징용을 할 때 피징용자 가운데 일본으로 보내는 송출 도중에 도주 및 기타 부정한 방법으로 징용에 응하지 않는 경우가 상당히 대다수를 이루고 있어, 이들에 대해서 1944년 10월 중순부터 경찰과 검사국에서 강력한 일제단속을 실시한 결과, 11월 이후 통계에서 비약적 증가를 보이는 것은 당연히 예상할 수 있는 일일 것이다.

다음으로 앞에서 언급한 각 연도별 위반사건의 검거 처리 현황은 다음 표와 같다.

| 연도별 | | 수리 | 기소 | | | 불기소 | | | | 이송 | 계 | 미결 [未濟] |
|---|---|---|---|---|---|---|---|---|---|---|---|---|
| | | | 재판 | 약식 | 계 | 유예 | 중지 | 기타 | 계 | | | |
| 1942 | 건수 | 12 | 3 | 2 | 5 | 3 | 2 | 2 | 7 | | 12 | |
| | 인원 | 12 | 3 | 2 | 5 | 3 | 2 | 2 | 7 | | 12 | |
| 1943 | 건수 | 16 | 5 | 3 | 8 | 3 | 3 | 1 | 7 | 1 | 16 | |
| | 인원 | 18 | 5 | 3 | 8 | 3 | 3 | 3 | 9 | 1 | 18 | |

---
64 고등법원검사국, 『고등검찰요보』 제10호, 1944년 12월, 5-11쪽.

| | | | | | | | | | | | | |
|---|---|---|---|---|---|---|---|---|---|---|---|---|
| 1944 (1~10월) | 건수 | 316 | 28 | 157 | 185 | 49 | 34 | 34 | 99 | 9 | 293 | 23 |
| | 인원 | 330 | 29 | 162 | 191 | 50 | 38 | 38 | 105 | 10 | 306 | 24 |
| 총계 | 건수 | 344 | 36 | 162 | 198 | 55 | 39 | 39 | 113 | 10 | 321 | 23 |
| | 인원 | 360 | 37 | 167 | 204 | 56 | 43 | 43 | 121 | 11 | 336 | 24 |

위 표에서 1944년 기소 내용 중 약식명령 청구사건이 압도적 다수를 점하고 있는 것은 조선전시형사특별령[65] 시행에 따른 결과이고, 그 대부분은 체형을 구형한 것으로 인정된다.

1944년(1월부터 10월까지) 316건 330명을 각 도별[66]로 보면 다음 표와 같다.

| 도별 | 건수/인원 | 수리 | 완료 | | | | | | | | 이송 | 계 | 미결 [未濟] |
|---|---|---|---|---|---|---|---|---|---|---|---|---|---|
| | | | 기소 | | | | 불기소 | | | | | | |
| | | | 예심 | 공판 | 약식 | 계 | 유예 | 중지 | 기타 | 계 | | | |
| 경성 | 건수 | 67 | | 2 | 15 | 27 | 6 | 8 | 5 | 19 | 5 | 51 | 12 |
| | 인원 | 67 | | 2 | 27 | 29 | 6 | 9 | 5 | 20 | 6 | 55 | 12 |
| 대전 | 건수 | 21 | 2 | 2 | | 4 | 12 | 1 | | 13 | 1 | 18 | 3 |
| | 인원 | 22 | 2 | 2 | | 4 | 13 | 1 | | 14 | 1 | 19 | 3 |
| 함흥 | 건수 | 19 | | | 2 | 2 | 14 | | 1 | 15 | | 18 | 1 |
| | 인원 | 19 | | | 3 | 3 | 14 | | 1 | 15 | | 18 | 1 |
| 청진 | 건수 | 20 | | 2 | 16 | 18 | 1 | | 1 | 2 | | 20 | |
| | 인원 | 24 | | 2 | 18 | 20 | 1 | 2 | 1 | 4 | | 24 | |
| 평양 | 건수 | 12 | | | 10 | 10 | 1 | | | 1 | | 11 | 1 |
| | 인원 | 12 | | | 10 | 10 | 1 | | | 1 | | 11 | 1 |
| 신의주 | 건수 | 2 | | 2 | 2 | 2 | 1 | | | 1 | | 3 | |
| | 인원 | 2 | | 2 | 2 | 2 | 1 | | | 1 | | 3 | |
| 해주 | 건수 | 61 | 10 | | 31 | 41 | 8 | 8 | 2 | 18 | | 69 | 1 |
| | 인원 | 61 | 10 | | 31 | 41 | 8 | 8 | 2 | 18 | | 60 | 1 |

---

65 조선전시형사특별령은 1944년 2월 15일 제령 제4호로 공포되었는데, 일본에서 제정된 전시형사특별법 (1942년 2월 24일, 법률 제64호 제정)을 근거로 제정되었다. 전시형사특별법 제29조2에 "구(區) 재판소는 사안의 내용이 단순하고 범죄의 성립이 명백하다고 인정하는 사건에 관해서 약식명령으로써 1년 이하의 징역이나 금고 또는 구류를 부과할 수 있다."라고 규정하고 있다.

66 실제로는 도별이 아니라 주요 도시별임.

| | | | | | | | | | | | | |
|---|---|---|---|---|---|---|---|---|---|---|---|---|
| 대구 | 건수 | 77 | | 2 | 62 | 62 | 2 | 4 | 2 | 9 | 1 | 73 | 4 |
| | 인원 | 78 | | 2 | 62 | 64 | 2 | 4 | 2 | 9 | 1 | 74 | 4 |
| 부산 | 건수 | 7 | 3 | 2 | 5 | 1 | | | | 1 | 1 | 7 | |
| | 인원 | 8 | 4 | 2 | 6 | 1 | | | | 1 | 1 | 8 | |
| 광주 | 건수 | 28 | 4 | 5 | 9 | 5 | 12 | 4 | | 19 | | 28 | |
| | 인원 | 30 | 4 | 1 | 9 | 5 | 14 | 5 | | 21 | | 30 | |
| 전주 | 건수 | 5 | 1 | 2 | 2 | | | 1 | | 1 | | 4 | 1 |
| | 인원 | 6 | 1 | 2 | 2 | | | 1 | | 1 | | 4 | 2 |
| 계 | 건수 | 316 | 28 | 157 | 198 | 55 | 59 | 19 | | 114 | 10 | 321 | 23 |
| | 인원 | 330 | 29 | 162 | 204 | 56 | 45 | 22 | | 121 | 11 | 356 | 24 |

2. 사범의 개요, 처리 상황 등

앞에서 기재한 위반사건 중 검사국에서 현재까지 검찰사무 보고를 접수한 것은 모두 13명인데, 그 가운데 각 사범의 개요 및 처리 상황 등은 다음과 같다.

1) 학도징용 불응사건

| 청(廳) 이름 | 직업, 이름, 나이 | 처분 결과 | 범죄 사실의 개요 | 비고 |
|---|---|---|---|---|
| 대구 | 경성 혜화전문학교 졸업생, 금성의명(金城義明), 24세 | 1944. 2. 18. 구형 공판<br>1944. 3. 3. 징역 10월<br>(피고 공소)<br>1944. 6. 12. 상고 기각 | 소위 학도지원을 하지 않고 징용령서를 발부하였는데도 도주해 징용에 응하지 않음 | 징용처: 사정국 부산토목출장소 |
| 웅기 | 와세다(早稻田) 대학 전문부 상과 학생, 성전창록(城田昌祿), 28세 | 1944. 4. 19. 구형 공판<br>1944. 5. 1. 벌금 500원 (구형 징역 6월) 확정 | 앞의 사례와 마찬가지로 학도지원을 하지 않아 징용령서를 교부하던 함경남도 도청 노무과 계관에게 "나는 청강생이므로 학도지원의 해당자가 아니며 도쿄의 비행기부품제작소에서 일하고 있다."라는 허위의 신고를 해서, 계관을 속이고 징용령서를 취소시키고 징용에 응하지 않음 | 피고인은 공판정에서 앞의 죄를 뉘우치고 곧바로 징용에 응하겠다고 발언해서 벌금형을 언도받음 |

| | | | | |
|---|---|---|---|---|
| 철원 | 리츠메이칸(立命館)대학 전문부 법학과 졸업생, 공산춘재(公山春在), 27세 | 1944. 7. 17. 기소유예 | 앞의 사례와 마찬가지로 학도지원을 하지 않아 징용령서를 발부하였는데, 도주해 소재를 감추고 징용에 응하지 않음 | 징용처: 사정국 부산토목출장소. 그러나 회개하고 자발적으로 징용에 응하기 위해 본적지 경찰서에 출두해 자수함 |

2) 일반징용 불응사건

| 청(廳)이름 | 직업, 이름, 나이 | 처분 결과 | 범죄 사실의 개요 | 비고 |
|---|---|---|---|---|
| 신의주 | 잡역인부, 산천정웅(山泉正雄), 23세 | 1943. 10. 19. 구형 공판 1943. 10. 25. 징역 6월(구형대로) 확정 | 징용령서를 교부했음에도 만주국으로 도주해 징용에 응하지 않음 | 징용처: 해군건축부 |
| 해주 | 농업, 식전재우(植田載祐), 21세 | 1943. 11. 4. 구형 공판 1943. 11. 24. 징역 6월(집행유예) (검사공소) 1944. 1. 17. 징역 6월 확정 | 일본 거주 중 이시카와현(石川縣) 지사로부터 징용령서를 교부받았으나 본적지(조선)로 도주해 징용에 응하지 않음 | 징용처:오미나토(大湊)해군건축부 |
| 마산 | 면공장 인부, 고산우숙(高山又淑), 19세 | 1943. 12. 3. 약식 구형 같은 날. 벌금 150원(구형대로) 확정 | 징용령서를 교부했으나 도주해 징용에 응하지 않음 | 징용처: 진해 해군건축부 |
| 마산 | 목수 견습, 금촌선규(金村善圭), 20세 | 1943. 12. 10. 약식 구형 1943. 12. 23. 벌금 150원(구형대로) 확정 | 위와 동일 | 위와 동일 |
| 김천 | 농업, 금본석구(金本奭九), 31세 | 1944. 8. 5. 약식 구형 같은 날. 징역 6월(구형대로) 확정 | 위와 동일 | 위와 동일 |
| 거창 | 농업, 대산익두(大山益斗), 27세 | 1944. 9. 13. 구형 공판 1944. 10. 3. 징역 10월(구형대로) 확정 | 징용령서를 교부받고 진주역에서 부산역으로 향하던 중 열차에서 뛰어내려 도주해 징용에 응하지 않음 | 징용처: 일본(본인과 동행자 중 도주한 자가 약 13명이라고 진술) |
| 강릉 | 노동, 경금정부(慶金正夫), 39세 | 1944. 10. 26. 약식 구형 1944. 10. 30. 징역 8월(구형대로) 확정 | 징용령서를 교부했으나 도주해 징용에 응하지 않음 | 징용처: 홋카이도(北海道) 유바리(夕張)탄광 |

| | 농업, 풍전종해<br>(豊田鐘海), 28세<br>광부, 길원성남<br>(吉原成南), 28세 | 1944. 10. 31. 약식 구형<br>1944. 11. 22. 2명 모두 징역 1년 확정 | 풍전은 징용령서를 교부받자 길원에게 자기 대신 출두해 달라고 의뢰하고 보수로 금 200원과 의복을 주었음 길원은 풍전으로 위장하고 출두해 면서기에게 이끌려 징용처로 가던 도중에 대구 부내에서 도주해 징용에 응하지 않음 | 징용처: 후쿠오카현(福岡縣) 덴도(天道)탄광 |
|---|---|---|---|---|
| 대구 | | | | |

3) 국민징용령 위반 교사(敎唆)사건(노무계 공무원의 범죄)

| 청(廳)<br>이름 | 직업, 이름, 나이 | 처분 결과 | 범죄 사실의 개요 | 비고 |
|---|---|---|---|---|
| 강릉 | 군 노무계 고원(雇員), 풍원복길(豊原福吉), 26세 | 1944. 10. 30. 공판 구형 (아래 노동원을 둘러싼 전시 뇌물사건과 같이 기소, 현재 공판 계류 중) | 국민징용에 관한 사무에 종사 중 징용령서를 교부받은 평소덕원(平昭德原)과 그의 형인 태원(泰原)으로부터 징용해제방법을 청탁받고 이들에게 징용해제알선의 운동비로 현금 200만 원을 받아 특별히 알선하지 않고, 위 태원에게 "징용을 면하게 해 주겠으니 덕원을 1개월 정도 도주하도록 하라."라고 징용기피의 방법을 알려주어, 이 교사에 따라 덕원이 도망하고 징용에 응하지 않도록 하였음 | 발각의 단서: 삼척군 미노면은 다른 면에 비해 도주자가 특별히 많아 그 원인에 대해 은밀히 내사를 벌이던 중 풍원이 위 미노면 출신이어서 과거에 위 면 서기를 권유한 적이 있고, 미노면의 응징자는 위 면 서기에게 의뢰하면 제외된다는 소문을 듣고 미리 내사한 결과 발각됨 |

 이상과 같이 「국민징용령」 위반사건의 대부분이 도주에 의한 징용불응사건이고, 사범(事犯)의 검거에 따라 수사상 다대한 노고를 기울여야 하는 사건이다. 또한 형량이 점차 엄벌의 경향을 거듭하고 있는 것으로 보이는데, 앞에서 밝힌 바와 같이 징용불응사건이 격증함에 따라 현재 조선[半島] 노무동원에 장애를 계속 불러오는 우려할 만한 정세에서는 다시 한층 강력

한 엄벌주의가 필요하다고 생각한다. 또한 현원 징용[67]에 근거한 조선 내 응징사(應徵士)[68]의 무단 퇴직이나 장기 결근 등의 사안이 최근 장기적인 경향에 있는 것으로 보인다. 이러한 종류의 사범으로 검사국에 수리된 보고에는 아직 확인되지 않지만, 이에 대해서도 다시 사찰(查察)과 적극적이고 적절한 경제사범 운영이 요망된다.

---

[67] 1944년 징용제도의 확대에 즈음해 매일신보사가 홍보용으로 발간한 『조선징용문답』에는 "현원 징용은 신규 징용과 달리 징용으로 사람을 채울 필요가 있는 공장에서 현재 그 공장에서 일하는 사람을 전부 징용해 버리는 제도"라고 언급하고 있다. 현재 근무하는 작업장에서 징용령이 발동되는 것이므로 동일한 작업장에서 동일한 업무를 계속하게 된다. 그러나 국가가 지정한 공장과 회사 등 사업장에서 국가가 지정한 총동원업무에 종사하도록 명령을 받은 것이므로 피징용자의 의지로 퇴사하거나 회사 사정으로 해고할 수 없고, 위반할 경우에는 국가총동원법에 따라 법적 처벌이 가능하였다. 허광무·정혜경·김미정, 2021, 『일제의 전시조선인 노동력 동원』, 101-102쪽.

[68] 응징사는 '징용에 응한 사람'이라는 의미로 「국민징용령」 3차 개정령(칙령 제600호, 1943년 7월 20일 공포·8월 1일 시행, 조선과 대만, 화태, 남양군도에서는 9월 1일 시행) 제16조를 근거로 등장한 제도이다. 일본 후생성은 1943년 8월 10일 응징사복무기율(후생성령 제36호)을 제정하였고, 조선총독부도 1944년 2월 8일(조선총독부령 제34호)로 응징사복무기율(총 6개조)을 제정·시행하였다. 응징사복무기율에 따르면, 응징사는 「국민징용령」 제16조 5항에 근거해 기율을 지켜야 하고, 징계를 피할 수 없었으며, 근무 중에는 반드시 복장에 조선총독부령이 정한 휘장을 패용하도록 하였다. 응징사는 「국민징용령」에 근거한 동원 방식이었으므로 「국민징용령」의 징용 시행 방식을 적용해서 동원하도록 되어 있었다.

## 2) 군인·군무원

### 자료 216

## 징병기피를 목적으로 한 집단폭행사건(대구검사정 보고)[69]

"승리를 제압할 기회는 오늘에 있다." 오늘날 최대의 문제는 노동력에 연계되어 있어 국민징용이 크게 부상하게 되었는데, 징용의 중요성과 긴급성에 대해 왜곡이 기승을 부리고 있으므로 당국에서도 모든 방법을 다해 일반의 인식을 촉구해 징용에 응하는 자[應徵者]의 자각을 기대하고 있다. 그런데 일부에서는 아직도 진의를 망각하고 왜곡비방[曲說妄斷]을 드러내 불안과 공포의 관념으로 기피하는 태도로 나오는 경우가 적지 않다. 그러므로 그 근간을 흔드는 것은 이 중대시국에서 정말로 한탄스러운 일이다. 하물며 이러한 무리들을 계도·편달하고 국가의 결전 시책에 앞장서야 할 중요한 지도적 지위에 있는 자들이 오히려 역행하는 행위를 하는 것은 엄벌에 처해야 할 사안이다.

다음에 거론한 사건과 같은 일이 있다. 사안의 내용을 보고 요새 흔히 발생하는 일이라고 여기기 어렵다. 무지몽매한 무리는 물론 일반 민심에도 영향을 미치므로 이러한 점을 감안해 간단히 웃고 넘어갈 수 없다. 아무튼 세상에는 구제하기 어려운 중생도 많은데, 일단 돌에 부딪히더라도 제압하지 않으면 안 되며, 현재 결전 상황에서 버려두기 어려운 일이므로 고려한 바에 따라 지산(池山)의 돌과 함께하고 싶다.

기(記)

1. 주모자

  1) 경북 경산군 남산면 사월동 136

    남산면 기수(조선인), 금성인봉(金城仁鳳, 29세)

  2) 남산면 사월동 138

---

[69] 고등법원검사국, 『고등검찰요보』 제8호, 1944년 10월, 38-41쪽.

남산면 서기(조선인) 산정재천[70](山井在千, 25세)

2. 망동자

남산면 염곡동 244

농업(조선인), 안원창률(安原昌律, 27세) 외 26명

(또한 망동자의 직업을 보면 농업 자작이 7명, 소작이 19명, 단순 1명으로 이 가운데 징용 해당자가 22명이고, 금년도 징병검사 결과 갑종 합격자가 2명, 제1과 제2을종 합격자가 각각 1명)

3. 사건의 개요[71]

피의자 중 산정재천(山井在千)은 경산군 자인면 공립보통학교를 졸업하고 경산군 남산면 농회지도원이 되어 1942년 6월 남산면 서기를 임명받고 이후 재무계를 담당하는 자이며, 금성인봉(金城仁鳳)[72]은 경산군 자인면 공립보통학교를 졸업하고 경산군 남산면 농회지도원이 되어 1940년 5월 농회 기수를 임명받고 지금에 이른 자로서, 2명은 남산면에서 지도적 지식계급에 속하는 자이다. 그리고 다른 피의자들은 거의 학교 교육을 받지 못한 무지몽매한 토착 농민으로서 신문·잡지도 손에 넣지 못함에 따라 세상 돌아가는 일에 점차 소홀하였고, 면 직원이나 애국반장을 통해 시국을 인식하는 상태로서 징용 등에 대한 인식도 갖고 있지 못하였다. 태평양전쟁[大東亞戰爭] 발발 이후 일반 농민들이 노무동원계획에 따른 노무자의 대량공출 외에 철도공사의 근로보국대 및 한발 대책인 저수지 공사 인부 등 제반의 노무공급에 따른 수급 관계에 극도로 압박을 느껴 기피하는 경향이 점차 농후화하는 상황에까지 오게 되었다.

이러한 상황에서 올해 7월 초순 실시된 군부(軍夫) 징발[73]은 관계 관청에서 면민에게 철저히

---

70 본명 박재천.
71 판결문 내용과 많은 부분(참가 인원, 봉기일, 봉기 이유)에서 차이가 있다.
72 본명 김인봉.
73 1944년 7월 군부 징발은 1944년 6월 24일 집을 떠나 7월 15일 오키나와로 출발한 특설수상근무대 제8886부대 소속 군무원 동원 사례를 지칭한다. 국가기록원 소장 『유수명부(留守名簿)』에서 이들의 명부를 찾을 수 있는데, 690명 가운데 683명이 경북 경산군 출신이고, 8월 10일 오키나와에 상륙해 게라마(慶留間)에서 노역을 경험하였다. 권병탁, 1982, 『게라마열도』, 영남대출판부, 74-109쪽; 강정숙, 2005, 「일제말기 조선인 군속 동원-오키나와로의 연행자를 중심으로」, 『사림』 제23호, 199-200쪽; 정혜경, 2011, 『일본 제국과 조

인식시키지 못한 상황에서 그로 인해 항간에 악질 유언비어가 횡행하기에 이르렀다. 위 피의자들은 그 후 7월 중순경 자인면에서 징용 적령자에 대한 인구이동 일제조사를 실시하자 머지않아 대량징용을 실시할 것이라 예측였고, 농촌을 떠나 도피하는 농민을 여러 곳에서 목격하고 결국 사전에 도피하지 않는 자만이 징용에 응할 것이라는 생각에 불신과 불안, 초조에 몰려 도피하려는 마음이 농후하게 되었다.

피의자 산정재천과 금성인봉은 1944년 7월 24일 오후 3시경 우연히 남산면 사월동에 모여 알몸으로 물놀이를 하고 있었다. 그런데 산정재천이 '일본의 패전과 조선인의 태도'에 대해 "현재의 전황에서는 일본군이 사이판섬에서 전멸[玉碎]하고 오히려 규슈(九州)도 여러 차례 적의 공습을 받고 있으므로 5개월 후가 된다면 일본은 패하고 전쟁은 끝난다"라고 허풍을 떨었다. 그러자 금성인봉이 그 무렵 애국반장이던 정사익(鄭士益)이 전의를 드높이려는 의미로 한 말인 "일본이 패전한다면 우리는 전부 적군인 미군에게 거세(去勢)되므로 패하지 않도록 열심히 일하지 않으면 안 된다"를 생각해 내고, 산정재천에게 "앞으로 5개월이면 전쟁이 끝나고 일본이 패하고 미영군이 조선에 상륙한다면 우리는 일본과 함께 전쟁했으므로 고환이 뽑히고 거세당하는 일이 결정되어 있으니까 우리가 거세당하지 않도록 해야 한다"라고 하였다. 이에 다시 산정재천은 "그러면 미영군에 호의를 보이고 징용을 기피하기 위해 청년들을 산으로 도피시키지 않으면 안 된다. 이 방법이 거세를 면하고 민족의 멸망을 막는 유일한 방법이다"라고 설명하였다. 이에 두 사람은 민족의 멸망방지책으로서 면의 징용 적령자들을 산으로 도피시킬 방법을 구체적으로 협의하고, 첫째, 도피 후 식량용으로서 보리 4되(升)와 취사도구, 둘째, 징용사무 담당자의 방해 배제용으로서 죽창이나 철창, 셋째, 산에 들어간 후 움막을 짓기 위한 도구 등을 각자 휴대하기로 결정하였다.

이들은 다시 같은 날 오후 8시경에 위 장소에서 산정재천과 금성인봉, 피의자 산정재달(山井在達,[74] 박재천의 형) 등 3명이 모여 위 사항을 다시 협의하고, 산정재달이 면의 마을 사람들에게 알려 신속히 실행하기로 결정한 후, 마을의 징용 적령자에게 위 계획을 알려서 도피하는 방법을 선동한 후 다시 모여서 결행 일시와 장소, 방법 등을 협의하였다.

---

선인 노무자 공출』, 도서출판 선인, 80-83쪽.
**74** 본명 박재달.

8월 4일 남산면에서 징용번호 일제고지를 받자 징용 실시 시기가 임박하였다고 느끼고 즉시 위 계획을 실행에 옮기기로 결의하였다. 8월 11일 오후 10시경 사월동에 약 18명이 모이자 그 자리에서 산정재달이 "내일 12일 오전 3시를 기해 마을 냇가에 모여 대왕산(남산면 소재 해발 700미터)으로 출발하고, 자신은 일행들의 입산 후 면 내부 상황 감시와 연락을 위해 마을에 잔류할 것"임을 알리고, 모든 이들이 동의한 후 해산하였다.

다음 날, 산정재달과 산정재천, 금성인봉 3인을 제외한 남은 피의자 23명은 산정재달이 어제 지시한 내용에 따라 3개의 부대로 나누어 앞서거니 뒷서거니 하며 대왕산에 오르기 시작해 오전 11시에는 전원이 산에 올랐다. 이들이 정상에 집합한 후 피의자 성전성수(成田盛穗)가 발의하여 피의자 안원창률(安原昌律)[75]을 대장으로, 피의자 금성명돌(金城命乭)[76]을 부대장으로 추천하자, 안원창률은 대장 취임 인사를 한 후 부대 이름을 '결심대(決心隊)'라고 명명한 후 대원을 3개의 반으로 나누어 각 반에 반장 및 헌병을 지명함으로써 부대의 조직을 완성하였다. 이후 대장의 호령으로 궁성요배와 묵도의 국민의례를 행함으로써 목적 달성을 기원하고 정상 3개소에 각 반별로 소나무와 낙엽, 가래나무[萩] 등을 재료로 움막을 만들고 움막에서 취침하였다.

13일 오전 9시경 피의자 금본경룡(金本慶龍)[77] 외 2명이 뒤늦게 산에 도착해 대원이 26명이 되자, 대장 안창률은 다시 "일치단결해서 목적을 완수해야 함"을 강조 역설하고, 헌병에게는 외래자가 산에 들어오지 못하도록 할 것을 엄히 명한 후, 전원에게 다시 목적 방해를 위해 경방단 등이 산에 오르면 응전할 용도로 돌덩어리를 모으도록 지시를 내렸다. 지시를 받은 전원이 1~20관짜리 돌덩어리 약 300개를 모아 정상 여러 곳에 배치하고 대기하였는데, 그날 오전 10시경 마을 사람 금본소작(金本小祚) 외 2명이 공출용 가래나무 채취를 위해 산에 오르자 안 대장의 명령을 받은 피의자 삼정영모(三井永模)[78] 외 2명의 헌병이 즉각 금본소작 등을 에워싸고 등산 이유를 힐문하면서 삼정영모가 죽창으로 금본소작의 가슴을 1회 구타해 폭행하는지라 금본소작 등이 산을 내려갔다. 다시 오후 1시경 피의자들의 불온한 행동을 탐지한 경

---

75　본명 안창률.
76　본명 김명돌.
77　본명 김경룡.
78　본명 조영모.

산경찰서 남산주재소에 근무하던 다니스에(谷末)[79] 순사(당시 사복) 외 2명이 이들에게 산을 내려올 것을 권고하기 위해 산에 올라오자, 이를 향해 대원들이 돌을 던지거나 떨어트려서 이들이 할 수 없이 하산하기에 이르렀다.

다시 오후 4시 반경 같은 목적으로 다니스에 순사 외 경방단원 등 약 15명이 산에 올라 정상 약 100미터 지점에 접근하자, 대원들은 대장의 뜻에 따라 다시 돌덩이를 던지거나 굴리고 각자 죽창이나 철창을 흔들며 "일본인이라면 올라오고, 조선인이라면 내려가라. 군대가 출동할 때까지 절대 내려가지 않는다."라고 기세를 높이므로, 약 15명의 일행이 목적을 달성하지 못하고 약 1시간 후에 산을 내려가니 이를 확인한 전원이 "우리는 절대 내려가지 않는다"라고 환호성을 지르며 단결을 꾀하였다. 그러나 그날 야밤이 되자 이미 발각되었다는 사실에 자신들의 행동이 모험이라는 점과 신변에 위험을 느끼게 되어, 오후 11시경에 전원이 협의한 후 대장의 명령에 따라 부대를 해산하고 하산한 후에는 부대의 행동을 외부에 발설하지 않겠다는 서약을 하고 전원 삼삼오오 산을 내려와 마을로 돌아왔다.

본건은 대구검사국에서 육해군형법, 보안법, 폭력행위 등 처벌에 관한 법률 위반죄로 수사 중이다.

---

[79] 판결문에는 고메타니(米谷).

## 자료 217

학도지원병 거부(응징학도, 학도응징)-1944년 제86회 제국의회 설명자료(학무)

### 특별지원병을 지원하지 않는 학도는 어떻게 조치하는가[80]

1943년「육군특별지원병 임시채용규칙」제1조에 해당하는 조선인 학생 생도 및 조선인 학교 졸업자(직업을 가진 자 제외)로서 군의 병역에 복무하기를 지원하지 않는 자는 국가 긴요의 업무로 징용하고 노무자로서 활용을 도모하기로 했음. 그러므로 작업 배치 전 약 2주간의 훈련을 실시하고 시국 상황에서 가장 전력(戰力) 증강에 관계가 깊은 조선 내 중요 작업장에서 일하도록 함.

실시요령

1) 징용 기간

   대략 2년으로 한다.

2) 피징용자 인원

   125명[81]

3) 피징용자 처우

   신분, 급여 등에 대해서는 일반 공원과 동등하게 취급한다.

4) 피징용자의 훈련

   - 훈련의 목표: 피징용자로서 국체의 본의를 투철하게 익히고 전력 증강에 가장 관계가 깊은 중요 현장에서 몸 바쳐 헌신[挺身]해야 한다는 신념을 파악하도록 하는 것을 목

---

80 『일제하전시체제정책사료총서』 제21권.
81 제국의회 보고 당시의 인원. 학도지원병 거부자에 대한 징용은 제1차 1943년 12월 5일, 제2차 1944년 1월 15일, 제3차 2월 9일 등 세 차례 진행되었는데, 125명은 제1차 징용자의 일부이다. 이후 당국은 공식적인 인원은 밝히지 않았으나, 한국 정부(위원회)가 진상조사 과정에서 확인한 인원은 400명 이상이다. 〈일제, 학도병 거부 조선인 학생 수백 명 강제노역〉, 《연합뉴스》 2012년 8월 13일 자.

표로 한다.

- 훈련 기간: 1943년 12월 5일부터 2주간
- 훈련 장소: 조선총독부 제1육군병지원자훈련소[82]에 수용해 숙박하도록 함

5) 징용 장소

교통국 원산철도공장, 오노다(小野田)시멘트 천내(川內)공장, 오노다시멘트 삼척공장, 오노다시멘트 평양공장, 조선시멘트 해주공장 및 조선아사노(淺野)시멘트 봉산공장

---

82  경기도 양주군 노해면 신공덕리.

### 자료 218

학도지원병 거부(응징학도, 학도응징)-조선오노다시멘트제조(주)[83] 자료

## 1. 『1941년 4월~1944년 7월 천내공장제3호회전요관계도면기타(川內工場 第三號回轉窯關係圖面其他)』, 기술과 문서[84]

「징용학도에 관한 개황」, 1944년 7월 5일, 오노다시멘트제조주식회사 천내공장

우리 공장에 배속된 학도는 33명인데, 이 가운데 2명은 징용이 해제되고 1명은 송환되어 남은 인원은 29명이다. 2월 23일 오전 10시에 도착해 천(川)신사 앞에서 조선총독부 노무과장 안도 이사무(安藤勇) 씨로부터 29명을 인수해 숙소인 학도료(學徒寮, 일본인 공원 합숙소의 일부)

---

[83] 오노다시멘트제조(주)는 1917년 조선에 평양지사를 설치하고, 평안남도 강동군 승호리에 공장 건설을 착수해 1919년 공장을 완성하고 가동하였다. 1934년에 조선오노다시멘트제조(주)를 설립하고 평양공장 경영을 조선오노다시멘트제조(주)에 이양했으나, 1943년에 소속을 오노다시멘트 본사로 복귀하였다. 조선오노다시멘트제조(주)는 일제말기 당시 조선에서 함경남도 천내(川內)공장·강원도 삼척공장·평안북도 승호리 공장·함경북도 고무산(古茂山)공장 등을 운영하며, 평양지사 외에 경성과 일본 도쿄에 출장소를 설치·운영하였다. 징용학도는 함경남도 천내공장·강원도 삼척공장·평안북도 승호리 공장 등에서 동원하였는데, 이 문서철은 천내공장의 문서이다.

[84] 『1939년 12월~1945년 7월 천내공장 공무과순월보(川內工場工務課旬月報)』 수록 자료. 이 자료는 1999년 10월 4일 미국 캘리포니아주에서 열린 오노다시멘트(주)(현재 다이헤이요머터리얼)를 피고로 정재원이 제기한 소송 과정에서 오노다시멘트(주)가 법정에 제출한 자료이다. 이 소송은 1999년 7월 캘리포니아주에서 발효한 징용배상특별법(캘리포니아 민사소송법 354,6조. 일명 헤이든법)에 근거해 강제노역 배상소송이 2010년까지 가능해짐으로써 시작된 소송이다. 이 소송은 기각되었다. 오노다시멘트를 주제로 박사학위를 취득한 박순원은 박사논문 집필 과정에서 여러 차례 기업의 자료를 열람하고자 노력했으나 구하지 못했는데 소송 과정에서 자료가 나온 것을 보고 매우 놀랐다고 하였다. 연구 목적에도 공개하지 않던 자료가 세상에 나오게 된 배경에는, 피고인 다이헤이요머터리얼이 소송에 대응하는 과정에서 피고 측이 일제강점기에 얼마나 근대적인 기업 경영을 했는가를 입증하기 위한 목적이 자리하고 있다. 이 자료의 영향 때문인지 법원은 기업의 손을 들어주었다. 소송은 기각되었으나, 그로 인해 징용학도에 대한 귀중한 자료가 공개되었다. 기업 측이 문서에 포함된 징용학도 자료가 당시 원고인 정재원의 피해 상황과 무관하다고 판단해 제출한 것으로 보인다. 국내에서 발표된 박순원의 연구로는 朴淳遠, 1994, 「日帝下 朝鮮 熟練勞動者의 形成-오노다(小野田)시멘트 勝湖里공장의 事例」,『國史館論叢』51)가 있다. 1999년 소송의 상세한 내용은 Semoon CHANG, "The Saga of Jeong v. Onoda Cement"(*International Journal of Korean History*, 2007) 참조. 이 자료가 담긴 문서철은 표지는 없고, 다양한 회사 내부 문서를 담은 문서철로서 총 228매이다. 번역자는 2002년 태평양전쟁보상추진협의회 김은식 사무국장으로부터 사본을 제공받았는데, 이후 관련 논문을 발표한 국내 연구자의 요청으로 대여해 주는 과정에서 돌려받지 못해 PDF만 소장하고 있다.

에 도착한 후 4명 또는 5명씩 6개 방에 나누어 입소하도록 하고 24일에는 건강검진, 신체검사, 해당 근무 등을 구분하였다.

25일에는 도지사 대리와 기타 내빈이 다수 임석한 가운데 입소식을 거행하고 공장장 인사말, 지사 관계관 훈시, 내빈 인사 후에 학도 대표 월성재원(月城在源)의 선서로 식을 마치고 오후에 공장 견학을 시켰다.

26일 이후는 미리 준비한 훈련 및 작업 조직[機構]에 따라 훈련 및 작업(제1표와 제3표 참조)을 실시하고, 입소 후 2주간은 오전에 교련하고 오후에 작업을 시켰다.

숙소에서 기거동작을 시작하고 각 작업 등에는 해당 작업 동작을 준(準)군대식으로 실시하는데, 학도들 또한 이해 납득하는 능률이 점차 상승하는 상황이지만 바로 이때[目下] 기후 관계가 점점 저하하며, 현재 작업에서는 3개 분대로 편성해 분대장을 중심으로 작업에 종사하도록 하는데, 출근율은 2월 95.7%, 3월 96.2%, 4월 98.8%, 5월 86.7%, 6월 85.3%이다.

그러나 일상에서 기거동작은 물론 각종 작업에서 엄중한 감시·감독을 게을리해서는 안 된다고 생각하며, 시종일관 진심을 다해 애정과 열정으로써 계속 교육·지도할 필요가 있다고 인정된다. 그러므로 입소 당초부터 훈련 조직에 따라 훈련부장 이하 지도원(부구대장 1명 포함)으로 매일 사감 1명과 부구대장(副區隊長) 1명과 반장 2명이 1명씩 숙직하며 지도·감독에 임하고 있다.

학도 중 3명은 특별조종견습사관[85] 후보를 지원해 5월 4일과 5일 이틀 동안 용산에서 제1차 신체검사에 합격하고, 6월 9일과 10일 도쿄도(東京都) 기타타마군(北多摩郡) 조후마치(調布町)에서 제2차 적성검사를 받은 결과 1명은 합격하고 그 외는 불합격되었다. 그러므로 합격자는 채용되고 다른 불합격자 2명은 다시 특별갑종간부후보[86]를 지원해 현재 도쿄도에 체재

---

[85] 육군특별조종견습사관(陸軍特別操縱見習士官) 제도를 의미한다. 도조 히데키(東條英機) 총리대신의 착안으로 학생들을 항공전에 투입하기 위해 신설한 제도이다. 1943년 7월 특례로서 설치해 10월에 제1기 교육을 개시하고 패전에 이르기까지 총 4기를 배출. 고등교육기관을 졸업하거나 재학 중인 자가 일본육군항공의 예비역 장교 조종자가 되기 위해 지원한 경우 선발해 양성교육을 거쳐 채용하였다. '특조'로 약칭하거나 군 보도부에서는 '학취(學鷲)'로 부르기도 하였다.

[86] 특별갑종간부후보생을 의미한다. 육군병과 및 경리부 예비역 장교 보충 및 복역 임시특례(칙령 제327호) 시행에 따라 설치하였다. 고등교육기관에 재학하는 육군 외부의 지원자 중에서 선발해 병사의 계급을 거치지 않고 병과나 경리부 예비역 장교가 되는 교육을 통해 특별갑종간부후보생이 되었다. '특갑간(特甲幹)'이나 '특간'으로 약칭하였다. 처음에는 수업 기간을 1년 6개월로 하고 채용 후 육군생도로서 병적에 편입해 육군예비사관학교, 육군경리학교, 육군대신이 인정하는 부대에 입교 또는 입대해 1년간 집합교육을 받도록 하였다. 이후 부대

중이다.

　오락·위안은 라디오와 바둑판을 비치하고 당구대는 제작 중이며, 휴게실에는 《경성일보》와 《아사히신문》을 각각 1부씩 배부하고, 현재 폐렴과 항문 침윤증으로 귀향 중인 자 3명과 고향인 북경에 가기 위해 귀향을 허가받은 자가 1명 있다.

```
연성 기구
소장-연성부장-연성과장-연성계장-조교
공장장-공무과장-오다케(大竹) 사무원-무라마쓰(村松) 사무원, 가와카미(村上) 수위계장-공원 모토키(元木) 오장

〈지도원〉
공무 부(副)과장 도코 린(都甲林)
        기수 스즈키 후미오(鈴木文雄)
        기수 우메다 마사오키(梅田正興)
회계과장 ■■■정(■■■正)
        사무원 나가타 히데오(永田秀雄)
        사무원 가와무라 노보루(河村 昇)
촉탁의사 가토 아키라(加藤哲)
〈지원계[世話係]〉
재무과장 ■ 데쓰오(■ 哲夫)
        사무원 오보소 쇼이(小細正意)
* 주: 연성과장 예비역 육군 소위 오다케 히라타카(大竹平高)
    반장보조 예비역 육군 오장 모토키 고로(元木伍郎)
    반장보조 예비역 육군 상등병 아리타 ■■(有田善■)
```

비고: ■■■■■■■■■■■■■■■

---

에 배속되어 장교가 되는 데 필요한 근무를 약 6개월간 하고 소위로 임명되도록 규정. 육군성 고시 제17호로 특별갑종간부후보생을 소집하였다. 1944년 10월 1기로 소집해 1년간의 집합교육을 예정했으나 전황의 악화로 10개월로 단축하고, 계급도 당초 6개월 후 예정을 앞당겨 1945년 3월에 군조(軍曹)로 임명하였다. 그 후 집합교육 기간을 더욱 단축하여 마지막에는 채용 후 8개월 후인 1945년 6월 각지에 육군예비사관학교를 졸업하고, 졸업과 동시에 조장(曹長)의 계급을 임명해 견습사관(見習士官)으로 하고 장교 근무를 명하게 되었다.

### 징용학도 일과표

오노다시멘트제조주식회사 천내공장

| 시간 | 6:00 | 6:00 | 6:30 | 7:00 | 7:10 | 7:30 | 11:30 | 12:00 | 12:30 | 17:30 | 18:00 | 18:30 | 18:50 | 20:50 | 21:30 |
|---|---|---|---|---|---|---|---|---|---|---|---|---|---|---|---|
| | | 30 | 20 | 20 | | 4:00 | 30 | 30 | 5.00 | | 30 | 20 | 2:10 | 10 | |
| 과목 | 기상 | 점호 조례 청소 | 조식 | 과업 준비 | 정렬 | 작업/ 훈련 | 점심 식사 | 작업 준비 | 작업 | 퇴장 | 입욕 | 저녁 식사 | 자습 | 일석 점호 | 소등 |

1. 조례
   1) 궁성요배
   2) 묵도
   3) 고향에 대한 예배
   4) '군인칙유'[87] 봉창
   5) 사봉대(仕奉隊)[88] 강령 제창
   6) '바다에 가면'[89] 제창
2. 저녁 점호
   1) 궁성요배
   2) 묵도 반성
   3) 사봉대 강령 제창
3. 식사
   1) 감사 묵도

---

[87] 1882년 1월 4일에 메이지 천황이 일본사관학교에 하사한 규율로서, 제목은 '육해군 군인에게 내리신 칙유'이다. "우리나라의 군대는 대대로 천황이 통솔하고 있다."라는 문장으로 시작하여 "짐은 군인을 통솔한다."라는 문장을 비롯해 '천황'을 중심으로 '병사' 또는 '신민'의 기본적인 관계성을 머리와 손발의 관계로 표상한 내용을 일관하고 있다. 1890년 10월 30일에 발포한 '교육에 관한 칙어'와 함께 '천황'과 '신민'의 관계를 규정한 제국 일본의 대표적인 통치 이데올로기이다.

[88] 1943년 국민정신총력연맹의 직역연맹 소속 애국반을 군대조직의 형식으로 재편성한 조직이다. 1943년 8월 3일에 발표한 정무통감 통첩 '근로관리의 쇄신강화에 관한 건'을 근거로 9월 11일 조직하였다. 조선노무협회가 밝힌 사봉대의 조직 목적은 "근로자로서 국체의 본의에 기반해서 황국근로관에 철저하고 항상 야마토(大和)정신으로 위로는 자애로써 아래로는 규칙을 준수하고 받듦으로써 상하 단결, 혼연일체의 정신을 함양하고 이를 업무와 일상 생활상에 나타냄으로써 근로 능률의 증진을 도모하고 생산력 증강에 이바지하는 것"이다. 조선노무협회, 1943년 9월, 『朝鮮勞務』3-4, 68쪽.

[89] 일본제국의 가곡 겸 군가이다. 천황에 대한 충성을 맹세하는 내용으로 당시에는 기미가요에 이은 일본 제2 국가(國歌) 정도의 취급을 받았다. 일본에서 가장 오래된 시가집(詩歌集)인 『만엽집(萬葉集)』 제18권에 나오는 '바다에 가면'이라는 구절에 곡을 붙인 것으로 당시 일본 정부가 제정한 국민정신강조주간에 즈음해 일본국영방송(NHK)이 노부도키 기요시(信時潔)에게 작곡을 의뢰해 1937년 일본 정부가 처음 라디오 방송을 통해 소개하였다.

### 1944년 2월 23일부터 6월 30일까지 징용학도 출근 및 작업 개황 조사표

#### 2월분

| 일시 | 출동인원 | 작업 기타 개요 | 일시 | 출동인원 | 작업 기타 개요 | 적요 | 일시 | 출동인원 | 작업 기타 개요 | 적요 |
|---|---|---|---|---|---|---|---|---|---|---|
| 23 | 전원 | 29명 신사 앞에서 인수 후 숙소에 입소 | 26 | 26 | 오전 교련 훈화, 오후 석회석 이입 운반 | | 29 | 29 | 오전 교련 훈화, 오후 석회석 적재 운반 | |
| 24 | | 신체검사, 건강진단, 근무처 결정 | 27 | 27 | 위와 같음 | | 출근율 | | 95.7% | |
| 25 | | 입소식, 공장 견학 | 28 | 29 | 위와 같음 | | | | | |

#### 3월분

| 일시 | 출동인원 | 작업 기타 개요 | 적요 | 일시 | 출동인원 | 작업 기타 개요 | 적요 | 일시 | 출동인원 | 작업 기타 개요 | 적요 |
|---|---|---|---|---|---|---|---|---|---|---|---|
| 1 | 28 | 오전 교련 훈화, 오후 석회석 적재 운반 | - | 12 | 27 | 석회석 적재 운반 | - | 23 | 29 | 석회석 적재 운반 | 2개 분대 땔감 운반 |
| 2 | 28 | 〃 〃 | - | 13 | 27 | 〃 | 오후 2시 예방접종 | 24 | 29 | 〃 | 체중 측량 |
| 3 | 28 | 〃 〃 | - | 14 | 28 | 〃 | | 25 | 29 | 〃 | |
| 4 | 26 | 〃 〃 | - | 15 | - | 공휴일 | 세탁 및 청소 휴식 | 26 | 29 | 〃 | 1개 분대 땔감 운반 |
| 5 | 25 | 〃 체조, 현장정리 | - | 16 | 27 | 석회석 적재 운반 | - | 27 | 29 | 〃 | 오전 중 교련 실시 |
| 6 | 27 | 〃 교련, 훈화 | - | 17 | 27 | 〃 | - | 28 | 29 | 〃 | - |
| 7 | 29 | ■■■■ | - | 18 | 27 | 현장 정리 | - | 29 | 29 | 〃 | |
| 8 | 28 | ■■■■ | - | 19 | 28 | 석회석 적재 운반 | | 30 | 28 | 공장 내 소괴(燒塊) 정리[90] | |
| 9 | 27 | 〃 석회석 적재 운반 | - | 20 | 29 | 〃 | - | 31 | 28 | 〃 | - |
| 10 | 27 | 〃 〃 | - | 21 | 29 | | 오후 2시 반부터 예방접종 | 출근율 | | 96.2% | |
| 10 | 27 | 석회석 적재 운반 | - | 22 | 29 | 〃 | 1개 분대 땔감 운반 | | | | |

[90] 시멘트를 굽는 불가마(길이 약 30미터, 직경 약 3미터 정도의 원통으로, 원통 내 온도는 100도 이상)에서 열화로 사용할 수 없게 된 내화 벽돌, 즉 소괴를 헐고 다시 새로운 벽돌을 쌓는 일을 의미한다.

4월분

| 일시 | 출동인원 | 작업 기타 개요 | 적요 | 일시 | 출동인원 | 작업 기타 개요 | 적요 | 일시 | 출동인원 | 작업 기타 개요 | 적요 |
|---|---|---|---|---|---|---|---|---|---|---|---|
| 1 | 28 | 공장 내 소괴 정리 | | 12 | 29 | 석회석 적재 운반 | | 23 | 28 | 석회석 적재 운반 | |
| 2 | 28 | 〃 | | 13 | 29 | 〃 | | 24 | 29 | 오전 훈련, 오후 석회석 적재 운반 | |
| 3 | - | 공휴일 | 숙소 부근 공간지 경작 후 휴식 | 14 | 29 | 〃 | | 25 | 29 | 석회석 적재 운반 | |
| 4 | 28 | 공장 내 소괴 정리 | | 15 | 29 | 〃 | | 26 | 28 | 각 분대 ■■ 심기 | |
| 5 | 29 | 〃 | | 16 | 29 | 식량증산협력 | | 27 | 27 | 석회석 적재 운반 | |
| 6 | 29 | 〃 | | 17 | 29 | 〃 | | 28 | 29 | 〃 | |
| 7 | 29 | 〃 | | 18 | 29 | 석회석 적재 운반 | | 29 | - | 공휴일 | 오전 중 숙소 내외 청소, 오후 휴식 |
| 8 | 29 | 〃 | | 19 | 29 | 〃 | | 30 | 28 | 석회석 적재 운반 | |
| 9 | 29 | 교련, 행진 | | 20 | 29 | 〃 | | 출근율 | | 98.8% | |
| 10 | 29 | 공장 내 소괴 정리 | | 21 | 29 | 〃 | | | | | |
| 11 | 29 | 석회석 적재 운반 | | 22 | 28 | 〃 | | | | | |

5월분

| 일시 | 출동인원 | 작업 기타 개요 | 적요 | 일시 | 출동인원 | 작업 기타 개요 | 적요 | 일시 | 출동인원 | 작업 기타 개요 | 적요 |
|---|---|---|---|---|---|---|---|---|---|---|---|
| 1 | 28 | 석회석 적재 운반 | - | 12 | 27 | 소괴 정리 | 병환 중인 현무기완(玄武璣完) 귀환 | 23 | 26 | 석회석 적재 운반 | |
| 2 | 28 | 오전 교련, 오후 작업 | - | 13 | 28 | 〃 | - | 24 | 26 | 〃 | 정목충웅(正木忠雄) 질병으로 휴가 귀향 |
| 3 | 28 | 석회석 적재 운반 | - | 14 | 27 | 석회석 적재 운반 | - | 25 | 26 | 〃 | - |
| 4 | 27 | 〃 | - | 15 | - | 공휴일 | 세탁, 숙소 내외 청소, 휴식 | 26 | 24 | 훈련 행진 | - |
| 5 | 28 | 소괴 정리 | - | 16 | 26 | 석회석 적재 운반 | - | 27 | - | 공휴일 | 오전 중 숙소 내외 청소, 오후 휴식 |

| 일시 | 출동인원 | 작업 기타 개요 | 적요 | 일시 | 출동인원 | 작업 기타 개요 | 적요 | 일시 | 출동인원 | 작업 기타 개요 | 적요 |
|---|---|---|---|---|---|---|---|---|---|---|---|
| 6 | 26 | 석회석 적재 운반 | - | 17 | 23 | 소괴 정리 | - | 28 | 24 | 석회석 적재 운반 | - |
| 7 | 27 | 〃 | - | 18 | 21 | 석회석 적재 운반 | - | 29 | 22 | 〃 | - |
| 8 | 27 | 오전 교련, 오후 작업 | - | 19 | 23 | 〃 | - | 30 | 22 | 〃 | - |
| 9 | 26 | 석회석 적재 운반 | - | 20 | 24 | 〃 | - | 31 | 22 | 〃 | - |
| 10 | 27 | 〃 | - | 21 | 24 | 〃 | - | 출근율 | | 86.7% | |
| 11 | 27 | 〃 | - | 22 | 24 | 오전 교련, 오후 작업 | - | | | | |

## 6월분

| 일시 | 출동인원 | 작업 기타 개요 | 적요 | 일시 | 출동인원 | 작업 기타 개요 | 적요 | 일시 | 출동인원 | 작업 기타 개요 | 적요 |
|---|---|---|---|---|---|---|---|---|---|---|---|
| 1 | 24 | 석회석 적재 운반 | - | 12 | 26 | 석회석 적재 운반 | - | 23 | 19 | 석회석 적재 운반 | - |
| 2 | 23 | 〃 | - | 13 | 26 | 비가 내려 교련, 훈화 | - | 24 | 19 | 〃 | - |
| 3 | - | 공휴일 | 청소, 휴식 | 14 | 27 | 석회석 적재 운반 | - | 25 | 20 | 〃 | - |
| 4 | 27 | 석회석 적재 운반 | - | 15 | 27 | 〃 | - | 26 | 19 | 〃 | - |
| 5 | 27 | 농원 작업 | - | 16 | 22 | 〃 | - | 27 | 19 | 농원 제초 작업 | - |
| 6 | 27 | 석회석 적재 운반 | - | 17 | - | 공휴일 | 청소, 휴식, 오후 외출 허가 | 28 | 21 | 〃 | - |
| 7 | 27 | 〃 | - | 18 | 23 | 석회석 적재 운반 | - | 29 | 27 | 석회석 적재 운반 | - |
| 8 | 27 | 〃 | - | 19 | 27 | 〃 | - | 30 | 23 | 〃 | - |
| 9 | 25 | 〃 | - | 20 | 20 | 〃 | - | 출근율 | | 85% | |
| 10 | 27 | 〃 | - | 21 | 19 | 〃 | - | | | | |
| 11 | 27 | 오전 청소 및 신체검사, 오후 ■ ■검사 | - | 22 | 21 | 〃 | - | | | | |

비고: 입소 후 6월 말일까지 개근자 이름은 다음과 같음.
　　　무전정웅(武田正雄), 송산탁립(松山卓立), 풍산정기(豐山貞基), 금환종호(金丸鍾浩), 송산문원(松山文源)[91]

---

[91] 문서에 줄을 긋고 삭제 표시를 하였다.

**징용학도 입소 및 6월 10일 ■■■■■■■**

| 이름 | 입소 당시 체중 | 6월 10일 체중 | 적요 | 이름 | 입소 당시 체중 | 6월 10일 체중 | 적요 |
|---|---|---|---|---|---|---|---|
| 월성재원(月城在源) | 71.8 | -1.3<br>70.5 | | 오곡공(吳谷貢) | 68.8 | -0.8<br>68.0 | |
| 동원재원(東原在元) | 53.9 | +1.5<br>54.4 | | 하동정웅(河東正雄) | 61.3 | -2.1<br>59.2 | |
| 오산건영(吳山健泳) | 60.9 | +4.1<br>55.0 | | 김하훈(金河勳) | 58.6 | -0.8<br>57.8 | |
| 금전길복(金田吉復) | 60.0 | - | 상경 중 | 기원건(箕原健) | 56.5 | -0.5<br>56.0 | |
| 금송조광(金松朝光) | 55.0 | - | 〃 | 송산탁립(松山卓立) | 53.0 | -1.3<br>51.7 | |
| 덕원학봉(德原學鳳) | 61.7 | - | 입원 중 | 풍산정기(豐山貞基) | 56.0 | -1.6<br>54.4 | |
| 이등무생(伊藤茂生) | 67.7 | +3.2<br>70.5 | | 금환종호(金丸鍾浩) | 75.3 | -1.0<br>74.3 | |
| 류진현(柳軫鉉) | 55.5 | -0.2<br>55.3 | | 송산문원(松山文源) | 51.5 | +2.5<br>54.0 | |
| 무전정웅(武田正雄) | 50.7 | +5.5<br>56.1 | | 금성창석(金城昌錫) | 67.1 | -0.4<br>67.5 | |
| 금전종출(金田鐘出) | 65.0 | -0.2<br>64.8 | | 금성용기(金城龍基) | 63.2 | +3.7<br>66.9 | |
| 생전중신(生田中信) | 64.3 | - | 상경 중 | 화업희춘(和業喜春) | 54.0 | -2.5<br>51.5 | |
| 조산윤근(朝山潤根) | 64.3 | +1.7<br>66.0 | | 복전호지(福田浩知) | 53.3 | -1.8<br>50.5 | |
| 안전달웅(安田達雄) | 61.0 | +4.3<br>65.3 | | 원본홍광(原本弘光) | 55.5 | -26[93]<br>52.5 | |
| 정목충웅(正木忠雄) | 61.0 | - | 귀향 중 | 고봉철남(高峰鐵男) | 59.0 | -0.8<br>58.2 | |
| 계언태랑(桂彦太郎) | 49.3 | -0.7[92]<br>50.0 | | 현무기완(玄武幾完) | 67.0 | -2.8<br>64.2 | |
| 비고: 단위는 kg이고, 5월 12일에 입소한 1명을 포함 | | | | 평균 | 60.0 | -28[94]<br>59.80 | |

---

92  +0.7의 오기. 본명 계훈제.
93  -2.6의 오기.
94  -2.8의 오기.

**1944년 2월 23일부터 6월 30일까지 징용학도 병명 및 결근일수 조사표**

| 월별<br>구분<br>이름 | 2월 병명 | 2월 결근일수 | 본인이 신고한 기 병명 | 3월 병명 | 3월 결근일수 | 4월 병명 | 4월 결근일수 | 5월 병명 | 5월 결근일수 | 6월 병명 | 6월 결근일수 |
|---|---|---|---|---|---|---|---|---|---|---|---|
| 월성재원 | | | 이질(유야기) | | | | | | | 이질 | 10 |
| 동원재원 | | | 구순증, 폐침윤, 중이염 | | | | | | | 설사 | 2 |
| 오산건영 | 치통 | 1 | ■확장, 치통 | 치통 | 2 | 감기 | 2 | 각기, 신경쇠약 | 19 | 대막염(大膜炎) | 7 |
| 금전길복 | | | | | | | | 발열 | 1 | 상경 중 | |
| 금송조광 | | | 학질 | | | | | | | 〃 | |
| 덕원학봉 | | | 기관지염 | 설사 | 1 | | | 설사 | 1 | | |
| 이등무생 | 설사[下痢] | 1 | 이질(유년기) | 두열상(頭裂傷) | 10 | | | 설사, 이질 | 14 | 이질 | 28 |
| 류진현 | | | | | | | | | | | |
| 무전정웅 | | | | 감기 | 2 | | | 족통 | 1 | | |
| 금전종출 | | | 왼발 근막염 | | | | | | | 사고 | 2 |
| 생전중신 | | | | | | | | | | 상경 중 | |
| 조산윤근 | | | 폐렴 후유증 | | | | | 감기 | 16 | 항문침윤증 | 10 |
| 안전달웅 | | | 근막염(2년 전) | | | | | 근막염 | 12 | 〃 | 27 |
| 정목충웅 | 설사 | 2 | 폐렴 후유증 | | | 감기 | 4 | 항문침윤증, 24일 귀성 요양 중 | 22 | 요양 귀성 중 | |
| 계언태랑 | | | | | | | | 복통 | 1 | 복통 | 4 |
| 오곡공 | | | ■■■■ | 치통 | 4 | | | 치통 | 6 | 복통 | 2 |
| 하동정웅 | | | 신경쇠약, 폐렴 후유증 | | | | | | | 항문침윤증 | 4 |
| 김하훈 | | | | | | 복통 | 1 | | | 복통 | 3 |
| 기원건 | | | 만성중이염(우측) | 좌흉부 병통 | 4 | | | 축농증 | 5 | | |
| 송산탁립 | | | 만성중이염 | | | | | | | | |
| 풍산정기 | | | | | | | | | | | |
| 금환종호 | | | | | | | | | | | |
| 송산문원 | | | 만성중이염 | 열성 중이염 | 1 | | | | | | |
| 금성창석 | | | 각기(이질 후유증) | 현기증 | 6 | | | | | 청원 휴가 | 7 |
| 금성용기 | | | 학질 | 감기 | 3 | 타박상 | 3 | 감기 | 3 | 설사 | 6 |
| 화업회춘 | | | 폐침윤(■년 전) | | | | | 발열 | 3 | 사고 | 2 |
| 복전호지 | 감기 | 1 | | | | | | | | | |

| 원본홍광 | | | | | 복통 | ■ | | |
|---|---|---|---|---|---|---|---|---|
| 고봉철남 | | 축농증 | | | 축농증 | 8 | ■■ | 7 |
| 현무기완 | | | | | ■■■ | ■ | | |
| 계 | | 5 | | 33 | 10 | 113 | | |

비고: ■■■■■■ 2월 20일 신체검사 당시 신고받은 기존 질병
　　　■■■■■■■■■■

Ⅵ 전시동원과 민중의 대응

### 자료 219

학도지원병 거부(응징학도, 학도응징)-조선오노다시멘트제조(주) 자료

## 2. 「1944년 4월 생산관계조서, 천내공장」, 영업부 생산과, 『1941년 12월~1945년 3월 조선천내공장왕복(朝鮮川內工場往復)』

「징용학도의 개황」, 천내공장

우리 공장에 배속된 학도는 33명인데, 이 가운데 2명은 징용이 해제되고 1명은 송환되어 남은 29명이 2월 23일 오전 10시에 도착하였다. 천(川)신사 앞에서 조선총독부 노무과장 안도 이사무(安藤勇) 씨로부터 이들을 인수해 숙소인 학도료(學徒寮, 일본인 공원 합숙소의 일부)에 도착해 4명 또는 5명씩 6개 방에 나누어 입소하도록 하고 24일에는 건강검진, 신체검사, 해당 근무 등을 구분하였다.

25일에는 도지사 대리와 기타 내빈이 다수 임석한 가운데 입소식을 거행하고 공장장 인사말, 지사 관계관 훈시, 내빈 인사 후에 학도 대표 월성재원(月城在源)의 선서로 식을 마치고 오후에 공장 견학을 시켰다.

26일 이후는 미리 준비한 훈련 및 작업 조직[機構]에 따라 훈련 및 작업(제1표와 제3표 참조)을 실시하고, 입소 후 2주간은 오전에 교련하고 오후에 작업을 시켰다.

숙소에서 기거동작을 시작하고 각 작업 등에는 해당 작업 동작을 준(準)군대식으로 실시하는데, 학도들 또한 이해 납득하는 능률이 점차 상승하는 상황이어서 현재 작업에서는 3개 분대로 편성해 분대장을 중심으로 작업에 종사하도록 하고 있다. 출근율(제1표 참조)도 점차 향상해 최근에는 1명의 결근자도 없이 화기애애하게 생산증강에 헌신하고 있어서 기쁜 현상이라고 생각한다. 그러나 일상에서 기거동작은 물론 각종 작업에서 엄중한 감시·감독을 게을리해서는 안 된다고 생각하며, 시종일관 진심을 다해 애정과 열정으로써 계속 교육·지도할 필요가 있다고 인정된다. 그러므로 입소 당초부터 훈련 조직에 따라 훈련부장 이하 지도원(부구대장 1명 포함)으로 매일 사감 1명과 부구대장(副區隊長) 1명과 반장 2명이 1명씩 숙직하며

지도·감독에 임하고 있다.

학도에 대해서는 입소 이후 외출과 면회를 허용하지 않지만 공휴일에는 외출을 허가할 방침이고, 우편물은 발신자와 수신자를 모두 경찰(내밀히)이 검사하고 있다.

건강 상태와 능률은 ■■■ 제3표와 같다.

---

소장-연성부장-연성과장-연성계장-조교
공장장-공무과장-오다케(大竹) 사무원-무라마쓰(村松) 사무원, 가와카미(村上) 수위계장-공원 모토키(元木) 오장

〈지도원〉
공무 부(副)과장 도코 린(都甲林)
　　　기수 스즈키 후미오(鈴木文雄)
　　　기수 우메다 마사오키(梅田正興)
회계과장 ■■■정(■■■正)
　　　사무원 나가타 히데오(永田秀雄)
　　　사무원 가와무라 노보루(河村 昇)
촉탁의사 가토 아키라(加藤哲)
〈지원계[世話係]〉
재무과장 ■ 데쓰오(■ 哲夫)
　　　사무원 오보소 쇼이(小細正意)
* 주: 연성과장 예비역 육군 소위 오다케 히라타카(大竹平高)
　　　반장보조 예비역 육군 오장 모토키 고로(元木伍郎)
　　　반장보조 예비역 육군 상등병 아리타 ■■(有田善■)

---

작업 기구
소장-연성부장-채석원 대원-연성과장(계장)-반장

**제1표 1944년 2월 23일부터 4월 20일까지 징용학도 출근 및 작업 개황 조사표**

천내(川內)공장

| 구분 일시 | 출동 인수 | 작업, 기타 개요 | 적요 | 구분 일시 | 출동 인수 | 작업, 기타 개요 | 적요 |
|---|---|---|---|---|---|---|---|
| 2월 23 | 29 | 명 신사 앞에서 인수 후 숙소에 입소 | | 24 | 29 | 석회석 적재 운반 | 체중 측량 |
| 24 | | 신체검사, 건강진단, 근무처 결정 | | 25 | 29 | 〃 | - |
| 25 | | 입소식, 공장 견학 | | 26 | 29 | 〃 | 1개 분대 땔감 운반 |
| 26 | 26 | 교련 훈화, 오후 말석(抹石) 이입 운반[95] | - | 27 | 29 | 〃 | 오전 중 교련 실시 |
| 27 | 27 | 〃 | - | 28 | 29 | 〃 | - |
| 28 | 29 | 〃 | - | 29 | 29 | 〃 | - |
| 29 | 29 | 〃 | - | 30 | 28 | 공장 내 소괴(燒塊) 정리 | - |
| 출근율 | | 96.6% | | 31 | 28 | 〃 | |
| 3월 1 | 28 | 오전 교련 훈화, 오후 말석 적재 운반 | - | 출근율 | | 96.2% | |
| 2 | 28 | 〃 | - | 4월 1 | 28 | 공장 내 소괴 정리 | |
| 3 | 28 | 〃 | - | 2 | 28 | 〃 | |
| 4 | 26 | 〃 | - | 3 | - | 공휴일 | 숙소 부근 공간지 경작 후 휴식 |
| 5 | 25 | 〃 체조, 현장 정리 | - | 4 | 28 | 공장 내 소괴 정리 | |
| 6 | 27 | 〃 교련 훈화 | - | 5 | 29 | 〃 | |
| 7 | 29 | ■■■■■ | - | 6 | 29 | 〃 | |
| 8 | 28 | ■■■■■ | - | 7 | 29 | 〃 | |
| 9 | 27 | ■■■■■ | - | 8 | ■ | 〃 | |
| 10 | 27 | 석회석 적재 운반 | - | 9 | 29 | ■■■■■■■ | - |
| 11 | 27 | 〃 | - | 10 | 29 | 공장 내 소괴 정리 | |
| 12 | 27 | 〃 | - | 11 | 29 | 석회석 적재 운반 | |
| 13 | 27 | 〃 | 오후 2시 예방접종 | 12 | 29 | 〃 | - |
| 14 | 28 | 〃 | | 13 | 29 | 〃 | - |
| 15 | - | 공휴일 | 세탁 및 청소 휴식 | 14 | 29 | 〃 | - |

---

95 암반에 착암기로 구멍을 뚫어 다이너마이트로 폭파해서 나온 석회석을 밀차에 실어 분쇄공장으로 나르는 일을 의미한다. 계훈제, 1984, 「식민지 야화」, 『식민지 시대의 지식인』, 청년사, 70쪽.

| 16 | 27 | 석회석 적재 운반 | - | 15 | 29 | 〃 | 오후 2시부터 석면 적재 |
| 17 | 27 | 〃 | - | 16 | 29 | 식량 증산에 협력 | - |
| 18 | 27 | 현장 정리 | - | 17 | 29 | 〃 | - |
| 19 | 28 | 석회석 적재 운반 | - | 18 | 29 | 석회석 적재 운반 | - |
| 20 | 29 | 〃 | - | 19 | 29 | 〃 | - |
| 21 | 29 | 〃 | 오후 2시 반부터 예방 접종 | 20 | 29 | 〃 | - |
| 22 | 29 | 〃 | 1개 분대 땔감 운반 | 출근율 | | 99.5% | |
| 23 | 29 | 〃 | 2개 분대 땔감 운반 | | | | |

### 징용학도 일과표

오노다시멘트제조주식회사 천내공장

| 시간 | 6:00 | 6:00 30 | 6:30 20 | 7:00 20 | 7:10 | 7:30 4.00 | 11:30 30 | 12:00 30 | 12:30 5.00 | 17:30 | 18:00 30 | 18:30 20 | 18:50 2.00 | 20:50 10 | 21:00 30 | 21:30 |
|---|---|---|---|---|---|---|---|---|---|---|---|---|---|---|---|---|
| 과목 | 기상 | 점호 조례 청소 | 조식 | 과업 준비 | 정렬 | 작업/훈련 | 점심 식사 | 작업 준비 | 작업 | 카드 압인 | 입욕 | 저녁 식사 | 자습 | | 일석 점호 | 소등 |

3. 조례
 1) 궁성요배
 2) 묵도
 3) 고향에 대한 예배
 4) '군인칙유' 봉창
 5) 사봉대(仕奉隊) 강령 제창
 6) '바다에 가면' 제창
 7) 체조
4. 저녁 점호
 1) 궁성요배
 2) 묵도 반성
 3) 사봉대 강령 제창
5. 식사
 1) 감사 묵도
 2) 인사

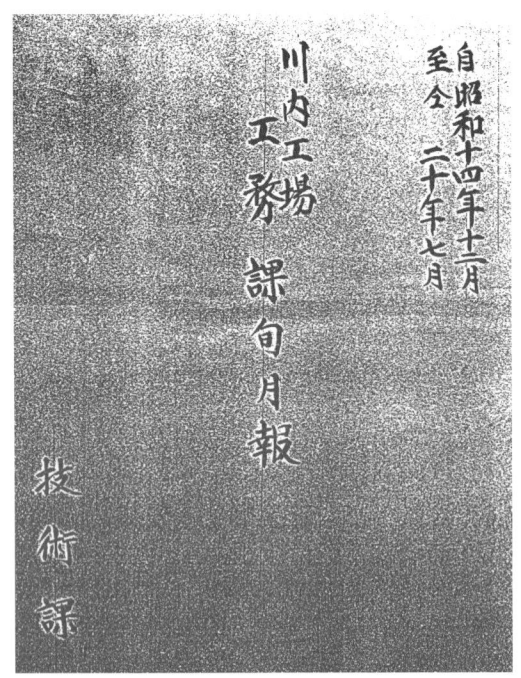

[그림 5] 『1939년 12월~1945년 7월 천내공장 공무과순월보(川內工場工務課旬月報)』 수록, 『1941년 4월~1944년 7월 천내공장제3호회전요관계도면기타(川內工場第三號回轉窯關係圖面其他)』, 기술과 문서, 표지

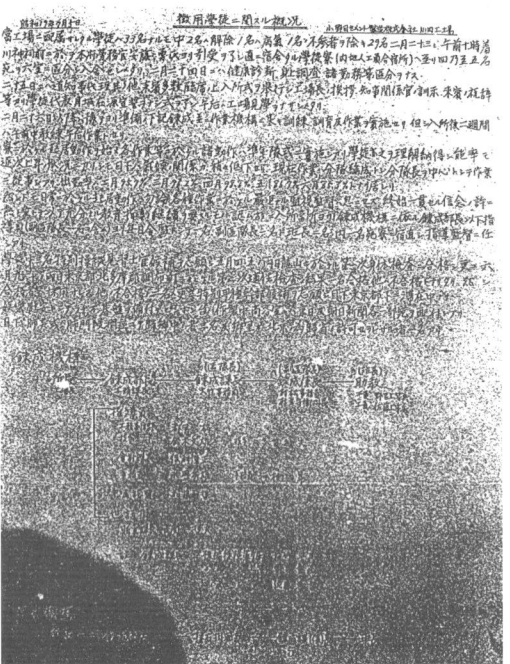

[그림 6] 「징용학도에 관한 개황」(1944년 7월 5일), 『1941년 4월~1944년 7월 천내공장제3호회전요관계도면기타』(수록 쪽수 없음)

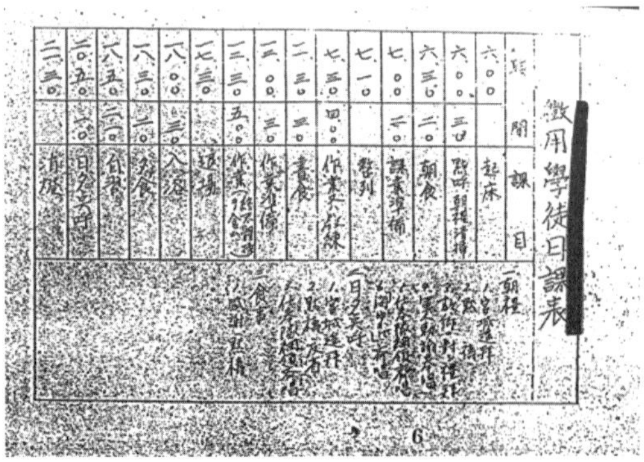

[그림 7] 「징용학도 일과표」

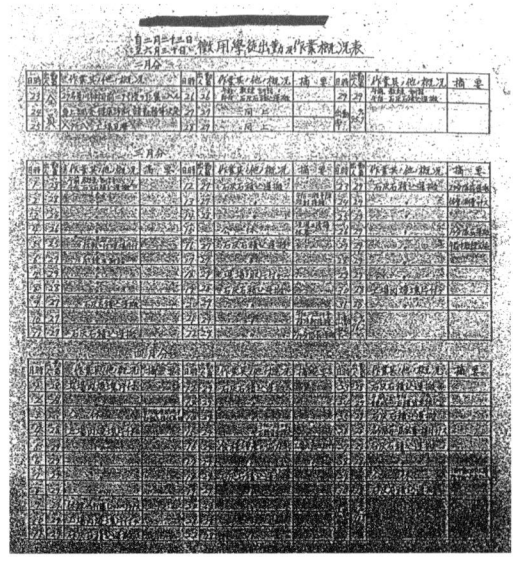

[그림 8] 「2월 23일~6월 30일 징용학도 출근 및 작업개황표」(2월분, 3월분)

五月分

六月分

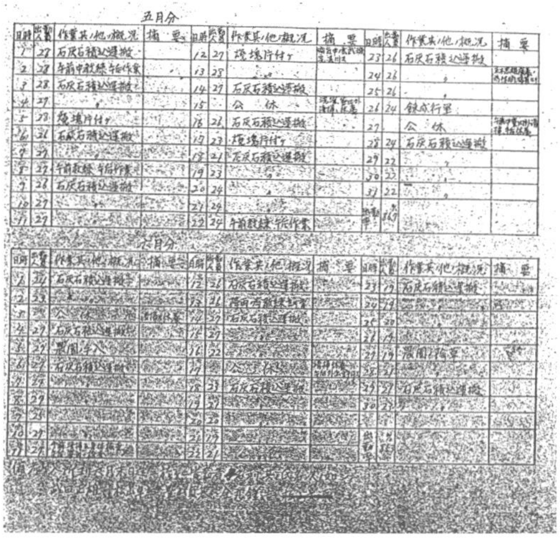

[그림 9]「2월 23일~6월 30일 징용학도 출근 및 작업 개황표」(5월분, 6월분)

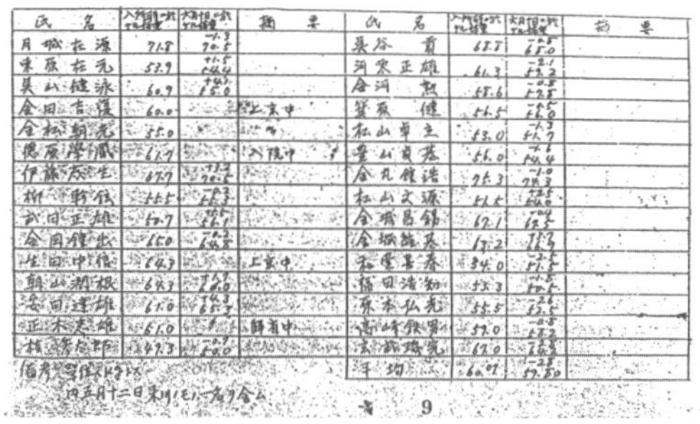

[그림 10] 제목 확인 불상

自昭和19年2月23日 至 6月30日 徵用學徒病名及缺勤日數調査表

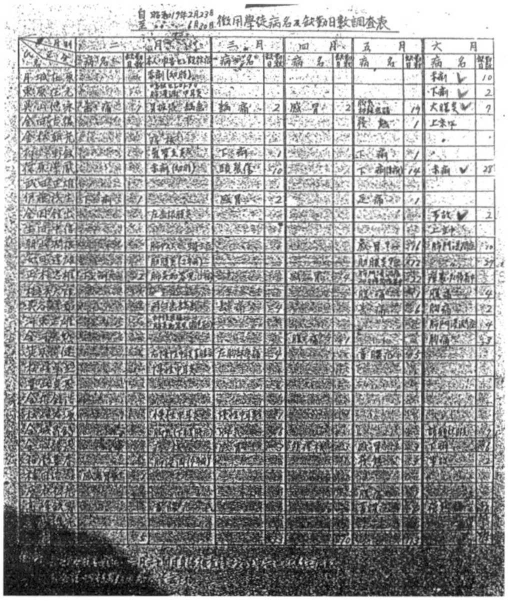

[그림 11]「1944년 2월 23일~6월 30일 징용학도 병명 및 결근일수 조사표」

(別表 第一)

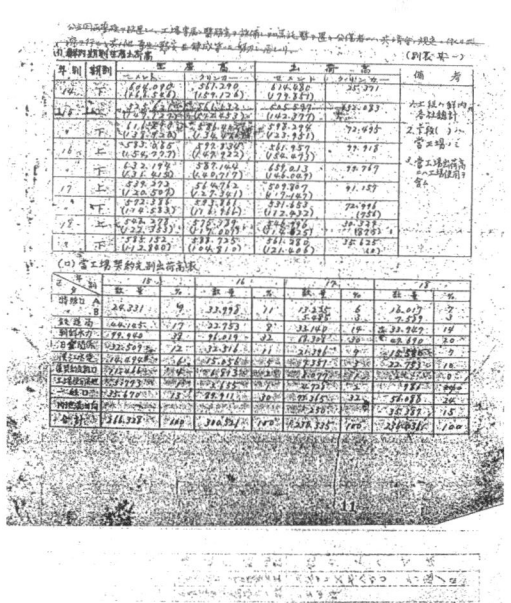

[그림 12]「1944년 2월 23일~6월 30일 징용학도 병명 및 결근일수 조사표」(별표 제1)

昭和十九年四月

生産関係調書

川内工場

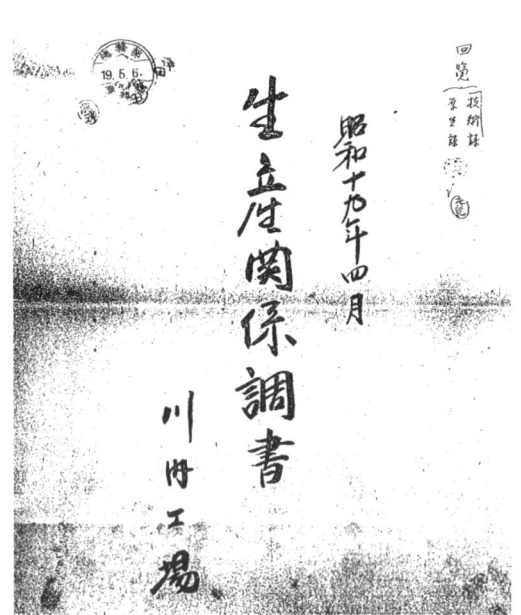

[그림 13]「1944년 4월 생산관계조서, 천내공장」, 영업부 생산과, 『1941년 12월~1945년 3월 조선천내공장왕복(朝鮮川內工場往復)』, 표지

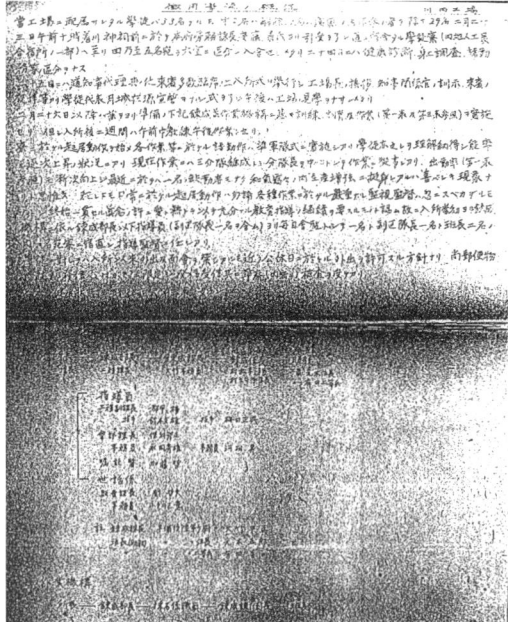

[그림 14]「징용학도의 개황」

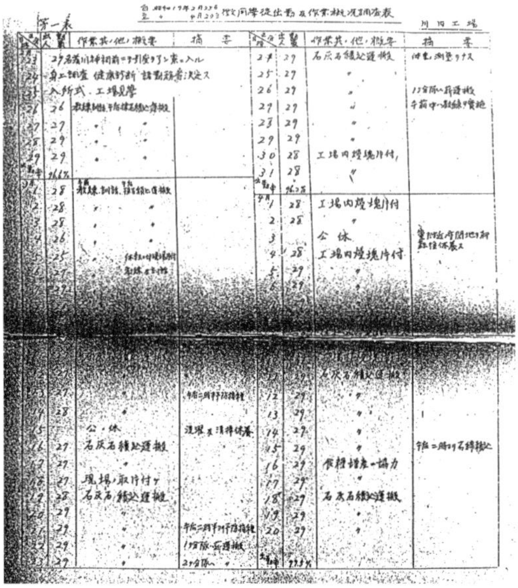

[그림 15]「1944년 2월 23일~4월 27일 징용학도 출근 및 작업 개황 조사표」

徵用學徒日課表

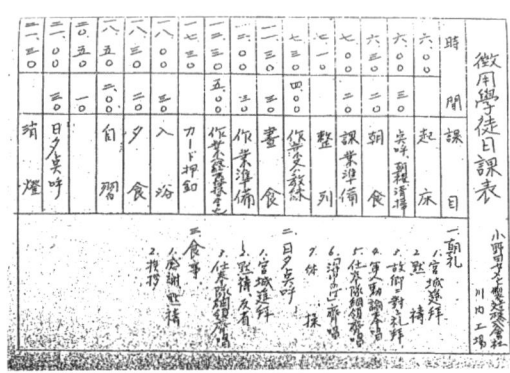

[그림 16]「징용학도 일과표, 천내공장」

## 자료 220

학도지원병 거부(응징학도, 학도응징)-1943년 11월 22일 신문 기사

### 학도지원병의 전과(戰果) 거두다 - 비지원자는 징용, 황민으로 재연성

《경성일보》1943년 11월 22일 1면 / 구분: 학도지원병 거부

### 비지원자는 징용, 황민으로 재연성

지난 10월 20일 반포된 육군성령으로써 문과계 대학과 전문학교에 재적하는 조선인 학도로서 이미 금년도 적령(適齡)에 있거나 또는 적령을 지난 자에 대해 특례에 따라 육군특별지원병 채용의 길이 열린 것은, 전시교육비상조치 방책[96]이 결정되었을 때 이미 지성·순정의

---
[96] 1943년 10월 12일 각의결정으로 공포한 「교육에 관한 전시비상조치방책」을 의미한다. 이 방책은 이공계와 교

학도와 신민 사이에서 충심으로 열망하며 기다리고 있었던 것이 그대로 실현을 본 것이다. 이 일이 일반에 적용됨에 따라 각 방면에 깊은 감동을 일으키고 적령 학도는 물론이고 학부형도 이제야 비로소 같은 학교[學窓]에서 일본인과 조선인 학도가 함께 학문과 교련을 연마하는 길을 닦아 온 보람이 있는 기쁨에 잠기게 되었다. 이 조치가 발표된 후 지원서 제출일인 어제 20일까지 불과 30일밖에 없었으나 지원 성적은 경성제국대학, 전문학교, 관립·사립전문학교의 재적자 약 1천 명 중 9할 이상의 지원자를 내었으며, 또한 일본에 있는 대학과 전문학교 재적자 약 2천7백 명 중 지난 여름 조선에 돌아온 학생이 약 1천3백 명인데 거의 전부가 지원하였다. 도쿄와 기타 일본에 남은 잔류자의 지원 성적에 대해서는 아직 정밀한 보고를 받지 못하였으나, 점차 지원이 늘어 이것도 상당한 성적을 올리고 있는 것으로 확신한다.

### 유식층의 총궐기에 감사

지금 이 지원 성적을 거두게 된 내용을 돌이켜보건대, 지원자 중에는 듣기에도 눈물겨운 순국의 지성을 간직하고 있는 자가 적지 않고 조상 대대로 내려온 독자(獨子) 가정과 홀어머니 밑의 외아들 가정에서 남보다 앞서서 지원을 결의하여 주변에 감동을 보인 자도 한두 명이 아니다. 조선 가족제도의 전통을 생각해 보면 이들은 진정으로 하늘이 놀랄 만한 애국 미담으로써 영원히 전해야 할 이야기가 될 것이다. 지난달 20일 이 임시특별지원병제도가 발표된 후 겨우 1개월 사이에 이 같은 아름다운 이야기가 여러 곳에서 들리고 또한 적격자의 거의 전원이 궐기하는 것을 본 것은, 무엇보다 적격자 본인의 황국 학도로서 깊은 책임감과 학부형의 황국신민으로서의 깊은 자각에서 연유함은 물론이고, 동시에 경성과 지방을 막론하고 유식자들이 일거에 일어나 조선[半島] 학도 중 단 한 사람이라도 이 천재일우의 좋은 기회를 놓치려는 자가 있을까 하는 진심에서 본업도 쉬고 본 제도의 취지를 철저히 보급하는 데 노력을 기울인 것 또한 크게 영향을 미쳤으니, 이 과정에서 각계 유식층이 건투한 결과이다.

그런데 이번 임시특별지원에서 극소수라고 할 정도이지만 약간의 지원 누락이 있었던 것은 유감이라 하지 않을 수 없다. 총독 각하는 지난달 25일 소환한 임시대학전문학교장 회의

---

원양성학교를 제외한 학생의 징병유예를 정지하는 조치이다. 조선에도 적용되었다.

에서 "지원이야말로 적극적이고 지극한 정성[赤誠]의 표징(表徵)이고 황국신민이라는 신념을 드러내는 것으로써 백 가지 지식과 천 가지 말로도 오직 이 한 줄과 같지 않다고 할 수 있으며, 국가는 고등전문의 교양과 학교 교련에 열중해 문무를 겸비해서 배운 자와 ■■하는 것이야말로 특히 육군특별지원병훈련소의 과정을 거쳐 곧바로 입영을 허가해 간부 장교가 되는 길을 열어 준 것입니다. 학도로서 국가의 은혜를 가장 크게 입은 자가 지금 그 기회가 왔는데, 대망하던 이때야말로 청년의 정열을 바칠 곳은 반드시 보국진충의 길에 참여하는 것이고, 이후에도 영원히 후회를 낳지 않도록 해야 할 것"이라고 강한 훈시를 내렸는데, 학교에서 평소에 열심히 문무일체와 군교일치(軍敎一致)하던 우리가 황국 교학의 본뜻을 철저히 수행하고 학도들도 평소 마음을 다해 황국 학도가 되는 학업을 쌓아 왔다면 단 한 사람이라도 지원에서 누락자가 나오는 학교는 없어야 하며, 이 점에 대해 나는 조선의 문교 당국자의 한 사람으로서 큰 책임을 느낌과 동시에 반도교육의 장래에 대해 조속히 쇄신개혁이 필요하다는 것을 통감하고 있다.

### 애국의 뜨거운 정성[赤誠]을 더럽히지 말라

그리고 20일 육군성령 발포에 따라 새로이 문과계 대학 전문학교 졸업자도 임시특별지원 적격자로서 지원이 가능하게 되어 조선총독부는 시기를 놓치지 말라는 취지를 철저히 보급할 방도를 생각하고 있는데, 시일이 너무도 여유가 부족해 다수의 지원은 기대할 수 없었다. 그런데 어제까지 보고받은 결과, 지원자가 조선 내 거주자만으로도 약 6백 명에 달하고 그 가운데에는 이미 조선총독부나 학교 당국의 알선에 따라 관청과 회사 등에 취직해서 현재 직역봉공(職域奉公)에 헌신하고 있는 자도 상당수 포함되어 있다고 하니, 그 정성이 각 방면에서 빛을 발하고 있다.

끝으로 이번 임시특별지원의 대우[取扱]에 대해 말하면, 오로지 자발적으로 떨쳐 일어날 것을 종용해 왔으므로 이미 총독 각하가 특별히 주의를 기울인 순수한 열정을 결여한 사이비 지원자 같은 자는 절대 없다고 확신한다. 그러나 만일 이 같은 자가 한 사람이라도 발생한다면 그것은 필경 우리 황군의 강건함을 비웃는 자이다. 또한 내년부터 징병으로 부름을 받는 다수의 조선[半島] 청년에 대해서도 대단히 폐를 끼치는 일이 될 것이다. 이에 나는 이번 임시특별지원자에 대해, 그 큰 영광에 반드시 보답해야 할 무거운 책임감을 가지고 다시 한번 보은을 자각하는 긴요한 이유에 감사하고 제군들의 애국하는 뜨거운 정성이 유종의 미를 거둘 수 있기를 염원하는 바이다.

한 가지 덧붙이면, 임시특별지원의 적령 재학생 중 지원하지 않은 자와 올해 9월 학교를 졸업하고 아직 취직하지 않은 자로서 지원에 응하지 않은 자에 대해서는 조속히 황국신민으로서의 엄격한 재훈련을 가한 후 전시생산력 증강상 필요한 방면에 징용하기로 결정하였다.

| 자료 221 |
|---|

학도지원병 거부(응징학도, 학도응징) - 1943년 11월 22일 신문 기사

성적 찬연 학도특별지원병
황국 반도의 면목 또렷[躍如], 전원 출진 거의 달성, 지원하지 않은 자는
엄격 훈련 징용-학무국장 담화

《매일신보》1943년 11월 22일 / 구분: 학도지원병 거부

 지난달 20일 문과계 대학과 전문학교에 재학하는 조선인 학도에 대하여 임시특별지원병이 되는 광영의 군문(軍門)이 열리자 봉공(奉公)의 뜨거운 정성[赤誠]에 불타는 열혈 학도들의 순충지성(殉忠至誠)과 학부형 선배들의 나라를 위한 마음[憂國至情]이 하나로 응집되어, 지원서

제출일인 20일까지 겨우 30일밖에 안 되는 동안에 조선 내 학도는 물론 일본의 학도로서 용맹 출진을 결의하고 모인 인원이 조선 내에서는 경성제국대학과 연희전문, 고등상업학교, 고등수산학교, 보성전문, 명륜전문 등 관립과 사립 전문학교 나이 적격자[適齡者] 약 1천 명 중 9할 이상이다. 일본의 해당 학교 적격자 약 2천 7백 명 중 조선에 돌아온 1천 3백 명은 거의 전원이 지원하고 그 외 1천 4백 명도 반수 이상 지원하였으며, 올 가을 졸업자도 지난 12일에 법령이 개정되면서 지원 마감까지 겨우 9일 만에 조선 내에서만 6백 명의 지원자가 있었을 뿐만 아니라 그중에는 전통과 과부, 독자라는 한계를 극복하고 오직 구국 열정에 얼킨 미담의 주인공이 많이 있어 듣는 사람도 감동하였고, 이러한 마음이 있는 한 황국 반도의 장래는 지극히 지극히 다행하다고 확신하도록 하는데, 2천 5백만 동포는 이 지원병의 무훈장구를 합장 기도하는 바이다.

오노(大野) 학무국장은 21일 정오 조선호텔에서 기자와 회견하고 '1943년도 임시특별지원 성적'에 대해 담화를 발표하여 이번 지원에서 보여 준 조선 학도의 진충보국정신을 찬양하고 그들의 우국충정이 유종의 미를 거둘 것을 염원함과 동시에 지원자 수에 대해 "조선과 일본 모두 앞으로 수일간 지원신청기간이 설정되어 있으므로 이상에 말한 숫자는 상당히 증가할 것으로 보인다"라고 말하였으며, 적격자 중 지망하지 않은 자에 대해서는 황국신민이 되는 준엄한 훈련 징용을 급속히 단행할 것을 분명히 하였다.

### 자료 222

## 입영기피 학도지원병의 조선 독립을 목적으로 하는 비밀결사조직활동사건(원산검사 보고)[97]

주오대학(中央大學) 법학부 학생(조선인) 안원용겸(安原容謙, 29세)
조치대학(上智大學) 문학부 학생(조선인) 오원빈(吳原彬, 26세)
주오대학 전문부 법률과 학생(조선) 금성성빈(金城成彬, 22세)

피의자들은 일찍부터 조선의 독립을 바라고 농후한 민족주의사상을 지니고 있었는데, 작년 11월 임시군특별지원병제도의 실시에 즈음해 여기에 응할 의사가 전혀 없었으나 당국의 권유 설득과 주위의 정세에 저항을 겸해 할 수 없이 지원하였다. 금성성빈[98]은 갑종, 오원빈은 제1을종, 안원용겸[99]은 제2을종에 각각 합격하고, 1943년 12월 22일 경성부 사립동성상업학교에 특설된 임시육군특별지원병훈련소에 입소해 1주일간 기초훈련을 받았다.

그러나 이들 3명은 "이탈리아는 이미 항복하고 독일은 역시 멸망에 가까이 임박하여 반추축국(反樞軸國, 연합군을 의미)이 전력을 기울여 일본을 공격하고, 그 결과 일본은 붕괴해서 조선은 반추축국군이 점령하게 될 것이다. 그렇게 되면 우리 조선인은 이때 필패할 일본의 손톱과 송곳니[爪牙]가 되기보다 오히려 연합군의 말 꼬리[驥尾]에 붙어 조선민족해방을 위해 매진해야 한다"라고 협의하고 12월 28일 훈련소를 퇴소한 후 소기의 목적을 달성하기 위해 1944년 1월 16일을 기해 함경남도 안변군 고산면 문평(門坪) 고개에 집합해 이후 행보를 협의할 것을 약속하였다. 1월 20일 안원용겸은 서부 제806부대, 오원빈은 서부 제18부대, 금성성빈은 조선 제23부대에 현역병으로 입영하도록 현역증서를 수령하였으나 응하지 않고, 1월 16일 미리 약속한 장소에 모여 3월 5일까지 잠복하고 있으면서 조선 독립의 실현을 도모할

---

[97] 고등법원검사국, 『조선검찰요보』 제3호, 1944년 5월, 25-26쪽.
[98] 본명 김성빈.
[99] 본명 안용겸.

방책을 여러 가지로 협의하였다. 그 결과 이 목적을 달성하기 위해 구국청년회라는 비밀결사를 조직하고, 안원용겸이 회장으로, 금성성빈과 오원빈이 간사로 취임하고 비밀리에 전 조선에 격문을 보내 유력한 청년 동지를 모으고 친족과 지인에게 자금을 제공하게 할 준비를 갖추었다. 다음 날 새벽에는 철도, 기타 교통기관을 파괴해 기세를 올릴 것 등 당면 행동요강도 결정하였다. 이에 따라 지인 2명에 대해 자금거출방법을 의뢰했으나 거절당하였다.

안원용겸은 영문과 국문으로 격문을 작성하였는데, 그 번역문은 다음과 같다. 이 사건은 현재 수사 중이다.

〈영문 일역〉

친구여, 우리의 국토를 빼앗고 우리의 문화를 파괴한 적을 몰아내자. 만약 이러한 호기를 놓친다면 우리의 조국에 보답할 시기는 영구히 잃어버릴 것이다.

항상 잘못된 이념에 입각한 일본의 선전에 미혹되지 말라. 일본은 우리의 국토와 힘에 의존하고 있어 적에 무조건 항복하는 것이 뻔함에도 악덕을 폭로하고 있다.

그들이 우리를 인도하고자 하는 것이 전선인지, 무덤인지. 필경 우리 문화의 파괴에 있음을 알지 못할까.

지금이야말로 민족의 어떤 것은 조락(凋落)하고 어떤 것은 흥할 때이다. 의(義)에 용기가 나는 자는 한 사람도 남지 말고 서라.

우리[吳人]는 존경해야 할 전통을 위해 순국한 영웅이나 애국자들에게 계속해서 적에게 반항한다는 결의를 이에 선언하는 것이다.

〈국문 일역〉

1. 우리는 독립을 위해 나아가는 국민군의 일원이다.
2. 우리는 조선 독립을 승인하는 영미러중[英美露支] 등 36개국과 국교를 열어 재외 임시정부가 귀국할 때까지 투쟁하고자 한다.
3. 우리는 먼저 일본인을 척살하고 양곡을 탈취하며 징병을 거부한다. 청년은 즉시 대오를 갖춰라.

## 3) 노무자

|자료 223|

### 1945년 형공(刑公) 1538[100]

사건번호 1944년 제5967호

판결

본적: 황해도 장연군 장연읍 동리 638번지
주소: 황해도 송화군 풍해면 성하리 32번지
　　　무직
　　　김중일(金重鎰), 개명 송원무(松原茂)
　　　25세


본적: 경기도 안성군 서운면 현매리 297번지
주소: 경기도 부천군 소사읍 심곡리 470번지
　　　유한(柳漢)제약주식회사
　　　정(鄭),[101] 개명 지산문규(知山文圭)
　　　30세


본적 및 주소: 경성부 동대문구 안암정 228번지
　　　욱동(旭東)산업주식회사 총무과장

---

100　국가기록원 소장 판결문. 본문에 '昭和19年 豫 四十號 豫審終結決定'이라고 기재한 후, 줄을 긋고, '1945년 형공(刑公) 1538'로 수정하였다.
101　본명 정문규(鄭文圭). 본명은 국가보훈처가 발간한 『독립유공자 공훈록』에서 확인.

최승우(崔昇宇), 개명 남원신행(南原信行)

30세


본적: 경성부 종로구 효자동 10번지

주소: 경기도 양주군 노해면 창동리 291번지 8호

사립 광신(光新)상업학교 교원

이창기(李昌器)

23세


본적: 경상북도 의성군 의성읍 도동동 961번지

주거: 경기도 부천군 소사읍 심곡리 470번지

유한(柳漢)제약주식회사 약제사

오상(吳相),[102] 개명 고산흠장(高山欽藏)

26세


위 송원무, 지산문규, 남원신행, 이창기에 대한 치안유지법 위반 및 위 고산흠장에 대한 치안유지법과 약품 및 약품영업단속령 위반 각 피고사건에 대해 우리 법원이 조선총독부 검사 후지나오 미치세키(藤直道關)와 같이 심리 판결한 것은 다음과 같다.


주문


피고인 송원무를 징역 4년에 처한다.

피고인 지산문규를 징역 4년에 처한다.

피고인 남원신행을 징역 3년에 처한다.

피고인 이창기를 징역 2년에 처한다.

---

102 본명 오상흠(吳相欽).

피고인 고산흠장을 징역 1년 6월에 처한다.

단 이상의 각 피고인에 대한 미결구류일수 중 70일을 위 본 형에 계산해 넣는다[算入].

이유

피고인 송원무는 1941년 12월 도쿄도(東京都) 사립 메이지(明治)대학 전문부 법과를 졸업한 후 1943년 6월부터 약 3개월간 중화민국 산동성(山東省) 청남시(淸南市) 대산(大山)병원에 근무하고 조선에 돌아와 줄곧 경성부 또는 황해도 방면에서 무위도식 중에 있던 자,

피고인 지산문규는 1941년 12월 도쿄도 사립 주오(中央)대학 경제학부를 졸업한 후 1942년 9월부터 경기도 부천군 소사읍 유한제약주식회사 용도계에 근무 중인 자,

피고인 남원신행은 교토시(京都市) 사립 도시샤(同志社)[103]대학 전문부 법경과(法經科)를 거쳐 1940년 3월에 주오(中央)대학 법학부를 졸업하고, 경성부 화신백화점 및 만주국 길림성(吉林省) 돈화현(敦化縣) 귀농조합에 근무하다가, 1944년 4월부터 경성부 중구 남대문정 4정목 욱동산업주식회사 총무과장으로 근무 중인 자,

피고인 이창기는 1941년 12월 경성고등상업학교 졸업 후 1942년 3월부터 1943년 10월까지 강원도 오대산 및 금강산에 있는 절에서 승려를 하다가, 1944년 1월부터 경성부 사립 광신공업학교 교원으로 근무 중인 자,

피고인 고산흠장은 1941년 3월 경성약학전문학교 졸업 후 5월부터 약 6개월간 도쿄도 다테이시(立石)화학연구소에 근무하다가, 1942년 12월부터 유한제약주식회사 약제사로서 근무하고 있는 자.

제1 피고인 송원무는 1943년 북중국[北支]에 거주하던 중 피고인 향원창한(香原昌翰)과 같이 여행하다가 그해 10월 불상일에 북경시(北京市) 내 4구 나아호(羅兒胡) 5호의 향원창한 방에서 향원창한으로부터 "미국에 있는 조선임시정부는 중경(重慶)으로 옮겼고 임시정부에는 군대도 있으며, 상해(上海)와 남경(南京) 방면에서 조선독립운동을 위해 활동하는 조선인이 임시정부로 탈출해 오고 있고, 중경에는 10만 명의 조선인이 거주하고 있다. 현재 전황으로 볼 때

---

[103] 원문은 '同志者'이나 오기로 보아 바로잡아 번역.

독일은 1944년 9월, 그리고 일본은 1945년 4월이 되면 패배하기에 이를 것이므로 그럴 때 임시정부는 조선에 들어와서 적극적으로 활동을 개시해야 하기 때문에 임시정부에서는 1943년 8월 제1회 행정관 수습자(見習者) 양성을 마쳤는데, 조선을 떠난 후 5년 또는 10년이 지난 임시정부 소속 군인이 수습자를 선발했으므로 조선의 사정에 어둡고 또한 중국식(支那式) 행정법을 습득시킨 것이므로 조선 독립 후의 행정관으로는 적당하지 않았다. 그래서 다시 군인과 함께 다시 한번 1944년 1월경 조선의 현상에 정통하면서도 대학이나 전문학교에서 교육받은 유식한 조선 청년을 모집해 제2회 행정관 수습자 양성을 개시하게 되었으니 여기에 응모할 의사가 있는지, 그리고 친구들에게 권유해 같이 온다면 임시정부와 연락이 있는 김모(金某)에게 소개해서 가능하도록 해 주고, 만약 조선에서 독립운동을 할 의사가 있다면 운동자금은 임시정부에 교섭해서 할 수 있도록 해 주겠다"라는 이야기를 들었다. 실직으로 실의에 빠진 상태이던 피고인은 단연코 임시정부에 투신해 조선 독립 실현을 위해 한 몸을 바치고 장차 조선 독립국가의 행정관으로서 활동하겠다고 결의하게 되었다.

1) 1943년 10월 일단 조선으로 돌아온 후 당시 조선인 학도의 육군특별지원병제도가 발발하자 학도들 사이에서 이상한 충동이 일어나고 있음을 알고 지원을 반대하는 분위기를 키워 조선독립사상을 고취시키겠다고 획책하고, 1945년[104] 12월 7일 경성부 동대문구 창신정 457번지 약혼자 금전화봉(金田華峯) 방에서 아래로 17■, 옆으로 10■ 되는 큰 백지 약 200장에 "조선임시정부 미국에서 중경으로", "조선임시정부 수립, 학병에 나가지 말라", 기타 등등의 취지를 먹으로 적어서 약 30장을 8일 오전 6시경에 종로구 혜화정 및 명륜정 길거리에 늘어선 전신주 등에 붙이며 대중들의 눈에 띄도록 함.

2) 다수의 동지를 획득해서 함께 임시정부에 투신시키려 기도해

(1) 1943년 10월 중순경, 불상일에 동성(東星)상업학교 동창생이자 당시 경성법학전문학교 학생인 영송영기(永松英基)를 그의 거처인 경성부 종로구 안국정 번지 불상의 장소에서 만나 앞의 1) 항목 앞부분에 기재한 피고인 향원창한에게 들은 '중경에 있는 조선임시정부에서 행정관 수습생을 모집하는 일에 관한 사정'을 전하고, 조선독립운동을 위해 같이 중경에 잠입하고자 권유하여, 11월 중순 불상일에 위 거처에서 승낙을

---

104 '소화 20년'으로 기재되어 있으나 1943년의 오기로 보임.

받음.

(2) 같은 해 11월 상순 불상일에 동성상업학교 동창생인 피고인 이창기에게, 당시 이창기가 거처하던 경성부 동대문구 성북정 번지 불상의 장소에서 앞의 (1)에 기재한 중경 잠입을 권유하고, 같은 해 같은 달 중순 불상일에 불상의 장소에서 승낙을 얻음.

(3) 같은 해 11월 중순 불상일에 위 영송영기와 같이 동성상업학교 학생인 조봉주(趙鳳柱)에게 그의 거처인 경성부 종로구 익선정 번지 불상의 장소에서 앞의 (1)에 기재한 중경 잠입을 권유해서 찬동을 얻어냄.

(4) 같은 해 11월 하순 불상일에 위 영송영기와 같이 영송의 거처에서 그의 친구인 당시 경성법학전문학교 학생인 평산병순(平山炳淳)에게 앞의 (1)에 기재한 중경 잠입을 권유해서 그 장소에서 즉시 승낙을 받음.

(5) 같은 해 11월 20일경 도쿄에 유학 중이며 서로 알고 지내던 피고인 지산문규에게 그의 거처인 경기도 부천군 소사읍 심곡리 470번지에서 앞의 (1)에 기재한 중경 잠입을 권유해 수일 후에 승낙을 얻음.

(6) 이에 1944년 3월 초순에 피고인 지산문규 및 그가 권유한 남원신행과 같이 중경 잠입을 결행하고자 만주국 산해관역(山海關驛)까지 가서 여러 차례 국경을 돌파하고자 기도하다가 단속 관헌에게 밀행자로 탐지되어 목적을 이루지 못하고 조선으로 돌아왔는데,

3)

(1) 1944년 4월 초순 불상일에 경성부 동대문 안암정 번지 불상의 피고인 남원신행의 처가인 류해창(柳海昌)의 방에서 피고인 지산문규 및 남원신행과 모여 서로 같이 조선에서 조선독립운동을 하기로 모의하고, 적어도 동지 6, 70명을 확보한 후에 운동 조직을 만들어 수령 아래 파괴부·건설부를 설치하고 파괴부는 파괴와 암살 및 선전을, 건설부는 법경(法經)과 문화 및 정법(政法) 등의 반을 두기로 하고, 파괴부에서는 중요 공장과 은행 등의 파괴, 조선총독·조선군사령관 및 한상룡(韓相龍)[105]·윤치호

---

[105] 한상룡(1880-1947): 경제인으로써 중추원 참의와 국민총력조선연맹 이사 등을 역임. 「일제강점하 반민족행위 진상규명에 관한 특별법」에 따라 친일반민족행위자로 등재.

(尹致昊)[106] · 하산무(夏山茂)[107] · 향산광랑(香山光郎)[108] 등 지명도가 있는 친일 조선인 4명을 살해하고 폭동을 일으키기 위한 격문 작성 반포 등을 하며, 건설부에서는 독립을 실현한 후 건설적인 부문을 감당해야 할 당면한 연구 준비를 하고, 향후 피고인은 자금의 운반 및 집회 장소 준비를 하고 피고인 지산문규 및 남원신행은 동지 확보에 노력을 기울인다는 등의 내용을 결정.

(2) 같은 해 7월 초순 불상일에 창신정 금전화봉의 방에서 피고인 지산문규와 공장 폭파에 사용할 폭탄제조방법을 피고인 고산흠장에게 의뢰하라는 취지의 말을 하고,

(3) 같은 해 7월 하순 불상일에 위의 같은 장소에서 피고인 지산문규와 같이, 조선 청년 다수가 징용되는 것은 조선 독립을 이루었을 때 필요한 청년을 상실하는 것이므로 징용 반대의 격문을 뿌릴 필요가 있다는 취지의 의견을 교환.

(4) 같은 해 8월 하순 불상일에 소사읍에 있는 지산문규의 방에서 지산문규와 같이, 조선총독이 유한제약주식회사 공장을 시찰하러 올 때를 파악한다면 그때가 암살의 좋은 기회가 될 것이라는 취지의 의견을 교환.

(5) 같은 해 9월 상순 불상일에 같은 장소에서 피고인 지산문규와, 앞 (3)의 징용 반대 격문의 문안을 지산문규에게 작성하도록 하고 이 격문을 경성역을 출발하는 열차 안에 뿌린 직후 출발하는 다른 열차에 승차해 탈주하는 것이 안전하다는 취지의 말을 하고,

(6) 같은 해 9월 중순 불상일에 같은 장소에서, 조선총독이 조선총독부에서 관저로 가는 도중에 경성부 종로구 통의정과 효자정의 중간 전차 도로 위에 있을 때 살해하는 것이 적당하며, 이에 필요한 무기의 준비를 하지 않으면 실행이 불가능하다는 취지의 이야기를 교환.

이로써 국체를 변혁할 목적을 가지고 사항의 실행에 관해 선동하고 협의하였으며 또는

---

106 윤치호(1865-1945): 대한제국기 중추원 의관, 한성부 판윤 등을 역임한 관료이자 정치인, 조선총독부 중추원 칙임관 대우 고문, 일본 제국의회 귀족원 칙선의원, 국민총력조선연맹 이사 등을 역임.「일제강점하 반민족행위 진상규명에 관한 특별법」에 따라 친일반민족행위자로 등재.

107 중추원 참의와 국민총력조선연맹 이사 등을 지낸 조병상(曺秉相, 1891~1978, 피납 중 사망으로 추정)을 지칭.「일제강점하 반민족행위 진상규명에 관한 특별법」에 따라 친일반민족행위자로 등재.

108 이광수를 지칭.「일제강점하 반민족행위 진상규명에 관한 특별법」에 따라 친일반민족행위자로 등재.

그 목적 수행을 위한 행위를 하였다.

## 제2 피고인 지산문규는

1)

(1) 제1항 2)의 (5)에 기재한 바와 같이 피고인 송원무로부터 중경 잠입의 권유를 받고 학도출진병으로 출진하는 것을 막을 수는 없다고 예상하고, 오히려 차라리 국외에 탈출해 조선독립운동에 헌신하는 일을 해야 한다는 점에 동의하고,

(2) 1943년 12월 초순 불상일에 안암정 류해창 방에서 앞에서 언급한 주오대학 동창생이자 피고인인 남원신행에게 "중경에 조선임시정부에서 중견 간부로서 유식한 조선 청년을 모집하고 있으니 임시정부와 연락하는 친구의 권유에 따라 중경에 가야 한다고 결의하였는데, 자네도 동행을 하면 어떻겠는가." 하며 결행을 권유해 그 자리에서 즉시 승낙을 얻었고,

(3) 제1항 2)의 (6)에 기재한 것과 같이 중경 잠입을 결행하기 위해 만주국 산해관역까지 갔다가 목적을 이루지 못하고 조선으로 돌아왔는데,

2)

(1) 제1항 3)의 (1)과 (6)에 기재한 바와 같이 조선독립운동에 관한 여러 협의를 하는 것 외에,

(2) 1944년 4월 중순 불상일 경성부 종로구 적선정 번지 불상의 모 여관에서 도쿄 유학 중 알고 지내던 방촌은오(芳村恩吳)에게 피고인들이 전개하고자 하는 조선독립운동에 참가하도록 권유하였는데, 이에 대해 위 방촌이 그 취지에 찬동하지만 시기상조라 하며 바로 응하지 않음.

(3) 같은 해 5월 하순 불상일에 경성부 종로구 사직정 304번지에 있는 방촌의 방에서 방촌에게 다시 운동 참가를 권했으나, 방촌이 현재 조직을 유지하는 것은 위험하니 개별적으로 동지를 확보해서 결정적 단계에 이르렀을 때 조직을 갖추어야 한다는 의견을 말하며 다시 응하지 않음.

(4) 같은 해 7월 불상일 소사읍 자신의 방에서 직장에서 알고 지내던 피고인 고산흠장에게 피고인들이 전개하고자 하는 조선독립운동에 참가하도록 권유하고, 아울러 여기

에 사용할 폭탄제조를 의뢰했지만 응답을 얻지 못해 목적을 수행하지 못하고,

(5) 같은 해 9월 하순 불상일에 피고인 송원무로부터 여운형(呂運亨)[109] 일파가 평양에서 조선 독립을 위해 요인을 암살할 계획을 세우고 여기에 사용할 약품을 물색 중이라는 이야기를 듣고, 이를 제공하기 위해 유한제약주식회사 연구실에서 피고인 고산흠장에게 "여운형 일파가 평양에서 공장 파괴를 준비하니 공장 직공을 매수해서 공장의 사진을 촬영할 계획 중인데, 사진 촬영 후에 발각을 방지하기 위해 직공을 살해해야 하므로 여기에 사용할 약품이 있다면 나누어 달라."라고 이야기하고, 즉시 같은 장소에서 피고인 고산흠장에게 독약인 초산'스토리키에네10'[110] 5통과 '찬'소다 5통을 받음.

이로써 국체를 변혁할 목적을 가지고 사항의 실행에 관해 선동하고 협의하였으며 또는 그 목적 수행을 위한 행위를 하였다.

### 제3 피고인 남원신행은

1)

(1) 제2항 1)에 기재한 내용과 같이 피고인 지산문규로부터 중경 잠입을 권유받고, 당시 실직한 상태에서 실의에 빠져 차라리 조선독립운동에 헌신해 혁명가가 될 것을 결의하고, 권유에 동의하고,

(2) 제1항 2)의 (6)에 기재한 내용과 같이 중경 잠입을 결행하고자 만주국 산해관역까지 갔으나 목적을 이루지 못하고 조선으로 돌아왔는데,

(3) 제1항 3)의 (1)에 기재한 내용과 같이 조선독립운동에 관해 협의.

이로써 국체를 변혁할 목적을 가지고 사항의 실행에 관해 선동하고 협의하였으며 또는 그 목적 수행을 위한 행위를 하였다.

### 제4 피고인 이창기는 예전부터 조선인의 행복은 독립을 이루는 것이지만 도저히 목적을

---

109 여운형(1886~1947): 독립운동가.
110 ストリキエーネ strychnidin/チアン/-10-one.

얻을 수 없다고 생각하고 비밀리에 그 목적을 실현하고자 하고 있었는데, 제1항 2)의 (2)에 기재한 바와 같이 피고인 송원무로부터 중경 조선임시정부에 잠입하자는 권유를 받고, '학도지원병을 지원하지 않을 수 없는 상황을 보고 일본제국을 위해 목숨을 버리는 것을 마음 아프게 생각하고 있었던 차에, 드디어 송원무와 같이 중경에 잠입해 조선임시정부 행정관 수습을 하면서 조선독립운동에 헌신하게 된다는 점'에 승낙함으로써 국체를 변혁할 목적을 가지고 사항의 실행에 관해 선동하고 협의하였으며 또는 그 목적 수행을 위한 행위를 하였다.

### 제5 피고인 고산흠장은

1942년 7월 경성지방법원 검사국에서 치안유지법 위반 혐의로 기소유예처분을 받고 보호관찰에 처하였는데, 그 후에 이를 받아들이지 않고 여전히 민족주의적 사상을 가지고 있었으며, 제2항 2)의 (4)에 기재한 바와 같이 피고인 지산문규로부터 조선독립운동 참가를 권유받고 아울러 조선독립운동의 사용에 필요한 폭탄의 제조를 의뢰받고 이를 승낙해서 폭탄 제조를 하고자 했으나 재료 입수에 실패하였는데,

1) 피고인 지산문규로부터 조선독립운동에 사용할 독약을 달라는 요구를 받고 이를 승낙해서 제2항 2)의 (5)에 기재한 바와 같이 독약인 초산'스토리키에네 10' 5통과 '찬'소다 5통을 위 운동에 사용할 것을 미리 알고, 법적으로 절대 취급할 수 없는 무자격자인 지산문규에게 제공.
2) 1944년 9월 15일경 경성약학전문학교 동창생인 풍천일석(豐川一石) 및 고촌인환(高村仁煥) 등과 경성부 종로구 제동정 46번지 풍천일석의 방에서 모여 있을 때, 조선민족독립운동에 대한 과학자의 태도에 관해 의견을 개진하면서 현재 전황은 일본에게 매우 불리하고 의외로 일본이 패배함에 따라 전쟁이 종식된다고 알려 주며 어떻든 상당히 혼란기가 올 것이 예상되므로 이러한 때에는 유력한 단체의 지도에 따라 민족운동이 전개되어 우리 과학자에게 협력을 구하게 될 때를 대비해 여기에 응할 수 있는 실력을 양성해 둘 필요가 있다는 내용을 협의.

이로써 국체를 변혁할 목적을 가지고 사항의 실행에 관해 선동하고 협의하였으며 또는 그 목적 수행을 위한 행위를 하였고,

그리고 피고인 송원무, 진산문규, 남원신행의 각 행위는 아무리 생각해 보더라도 지속적으

로 범행을 저지를 생각[犯意繼續]에 속한다.

적용 법조문

피고인 송원무, 지산문규, 남원신행에 대해서는 치안유지법 제5조, 형법 제55조

피고인 이창기에 대해서는 치안유지법 제5조

피고인 고산흠장에 대해서는 치안유지법 제5조, 약품 및 약품단속령 위반 제7조, 제19조 제5호, 형법 제45조 앞 조문, 제47조 제10호

이상의 각 피고인 등에 대해 형법 제21조

이에 주문과 같이 판결한다.

1945년 7월 23일

경성지방법원

조선총독부 판사 상원■(相原■)

자료 224

## 노무동원계획 실시에 따른 이주 조선인 노동자의 상황[111]

5) 분쟁 상황

이번 모집에 의한 이주 조선인 노동자의 동향은 대개 양호하지만, 대부분은 조선에서 농업에 종사하고 있던 자로서 광산노동은 농업노동에 비해 좀 격한 노동이어서 다소 고통을 느끼고 있을 뿐만 아니라, 갱내작업에 공포를 갖는 자도 다수이고 모집할 때 노동조건 등에 대해 철저함을 결여한 경향 등도 있어서, 이로 인해 동요를 가져오는 경향이 있는 상황이다. 이에 더해 이들 노동자 가운데에는 비록 매우 소수이기는 하지만 사상적으로 문제가 있는 자도 섞여 있어서 이들이 순박한 자를 선동해서 분쟁을 키우거나 혹은 업자나 지도자가 이해력이 없이 취급함으로 인해 분쟁을 야기하고 있는 상황이다.

그리고 어떤 분쟁이 일어날 때마다 늘 집단적으로 행동에 나서는 경향이 매우 두드러져서 장래 상당히 주의와 경계를 필요로 한다.

이주 조선인 노동자 가운데 주의를 요하는 언동을 한두 가지 적어 보면 다음과 같다.

(1) 무로란항(室蘭港) 정박 중 용의 언동

10월 2일 유바리탄광(夕張炭鑛) 고입 모집 노동자 398명이 단진호(胆振丸)로 무로란에 입항해서 정박 중 배 안에서

전북 부안군 백산면 원선리

주한식(朱漢植), 30세

는 다음과 같은 불온 언동을 하며 다른 사람들을 선동하였다.

"우리 2백 명은 어디까지나 단결하지 않으면 안 된다. 그리고 우리는 위험한 작업은 하지 않겠다고 주장하는 것이 안 되는가. 2백 명이 단결한다면 이러한 일이 있더라도 불가능한 것은 아니다. 만약 우리 동료가 원인 모르게 이상하게 죽거나 하는 일이 일어난다면 우리 2백

---

111 내무성 경보국, 『특고월보』 1939년 12월분.

명은 회사에 교섭하거나 경찰에 항의하거나 해야 한다. 결국 그것은 단결의 힘이 필요한 것이다. 또한 우리들이 먹는 밥은 정말로 조악한 것만을 먹을 수 있으며 한번 익힌 것을 다시 데워 주는 것이므로 먹어도 배를 채울 수 없어서 힘들게 되니까, 우리는 이러한 밥은 절대 먹어서는 안 된다"라고 함.

(2) 위협적으로 언동한 사실

전라남도 나주군 나주면 삼뉴리

김유식(金有植), 23세

위 자는 10월 30일 홋카이도 소라치군(空知郡) 우타시나이촌(歌志內村)에 있는 스미토모(住友)우타시나이탄광에 제2차 모집 조선인 노동자 92명의 반장으로서 도일하였는데, 반장이 된 것을 기회로 11월 8일 갱내작업을 기피하자고 제안하며 다음과 같은 언동을 하였다.

"지금 갱내에 들어와 노동해야 한다면, 나는 조선에 돌아갈 것이다. 내가 돌아간다고 말하면 이 광산에 있는 나와 같이 온 92명의 대부분, 그리고 이달 13일에 올 예정인 같은 고향 조선인도 모두 돌아갈 것이라 생각한다. 그러나 나를 갱 밖에서 일하게 해 준다면 다른 사람을 설득할 수 있으므로 돌아가는 자는 없을 것이다"라고 하였다.

자료 225

## (2) 집단도주음모계획 발견[112]

　도야마현(富山縣) 시모니카와군(下新川郡) 미치시타무라(道下村)에 있는 일본카바이트주식회사 어유공장[113]에 동원된 조선인 노무자(총 913명) 가운데에서 대장과 반장 등 15명이 집단도주계획의 주모자가 되어 서로 연락하면서 입소 후 매일 대원을 선동해 동지를 확보하는 데 분주하며 계획실행방책에 대해 협의하던 중, 도야마현 특별고등경찰과[特高課]가 탐지하여 이들을 순차적으로 검거해서 취조한 결과, 구체적 선동유혹협의 내용은 다음과 같다.

- 이곳을 도주해 자유노동자가 되면 일당 5엔은 보통이고 장소에 따라서는 10엔이 되기도 한다.
- 자신이 이전에 일본에 모집으로 와서 도주할 때 3일 낮밤으로 계속 걸어 조선인 함바[飯場]에 도착해 목적을 이루었다. 그러므로 도주한다면 끝까지 도주하지 않으면 안 된다.
- 도주할 때에는 적어도 각자 5엔 이상을 준비하지 않으면 안 되므로 저금을 찾아서 미리 가지고 있을 필요가 있다.
- 주간에 도주하면 조선인이라는 것이 금방 발각되므로 야간에 도주해야 한다.
- 도주 방향은 철도 선로를 따라가거나 중요 도로를 지나가면 붙잡힐 위험이 크므로, 일단 산악지대로 도주하고 추포의 손이 느슨해지면 목적지를 향해 도주하는 것이 제일 좋은 방법이다.
- 도주일은 매월 27일이 정산하는 날[戡定日]이므로 그 전날인 26일은 지도원 측에서 '내일은 정산하는 날이니까 도주하지 않는다.'라고 생각하고 있을 것이니, 그날이 절호의 도주일이다.
　만약 26일에 결행을 할 수 없는 경우에는 정산일 다음 날 도주해야 한다. 왜 그러냐 하면, 지도원 측이 '대원들은 저금도 하였고 송금도 했으니 도주할 수 없다'라고 생각하기 때문이다.
- 누구 한 사람이 도주하는 경우에는 정말로 곤란해지므로 모두 한꺼번에 도주해야 한다. 만약 도주하지 못하고 남아 있으면 곧바로 경계가 엄중해져서 두 번 다시 도주할 수 없게 된다.

---

112　내무성 경보국, 『특고월보』 1942년 11월분.
113　일본카바이트공업주식회사 우오즈(魚津)공장을 지칭한다. 일본카바이트공업주식회사는 현재도 동일한 회사 이름으로 운영하고 있다. 日本カーバイド工業(株)(Nippon Carbide Industries Co., Inc.).

도주 도중 경찰에 붙잡히더라도, 경찰은 죽이는 것은 절대 할 수 없으니 걱정하지 말라. 길어야 1개월 정도이고 본적지로 송환되는 것이 일반적이다.

자료 226

## 도주한 이입 조선인 노무자의 블록별 일제단속 상황[114]

이미 실시 중인「도주이입조선인노무자 일제단속요강」에 따라(『특고월보』 5월분 참조) 긴키(近畿), 주코쿠(中國), 시코쿠(四國) 블록과 중부 호쿠리쿠(北陸) 블록에서도 2월 1일부터 3월 31일까지 일제단속을 실시하였는데, 그 단속 결과는 별표와 같다.

그리고 위 두 블록의 단속 결과를 종합하면, 조사 총 인원 405,086명 가운데 협화회원증을 소지하지 않은 자가 9,542명(조사 총인원에 대한 비율 2%)이고, 내역은 도주자 1,466명(회원증 무소지자에 대한 비율 15%), 부정 도항자 1,111명(회원증 무소지자에 대한 비율 11%), 협화회원증을 교부받아야 하는데 교부받지 않은 자 등 기타 6,881명(회원증 무소지자에 대한 비율 74%)의 상황이다.

다시 도주 경위와 기타를 고찰해 보면, 도주자를 낸 사업장은 석탄산이 가장 높아서 612명(발견 도주자 총수에 대한 비율 39%), 금속광산 205명(발견 도주자 총수에 대한 비율 13%), 철강 및 조선(造船) 관계는 142명(발견 도주자 총수에 대한 비율 8%)이다. 도주한 장소는 토건사업장(군 관계 294명 포함)이 1,141명(발견 도주자 총수에 대한 비율 72%), 철강 및 조선 관계가 144명(발견 도주자 총수에 대한 비율 9%), 금속광산 65명(발견 도주자 총수에 대한 비율 3%), 석탄산 60명(발견 도주자 총수에 대한 비율 3%)의 순위를 보이고 있어서, 거의 대부분의 도주자가 토건 방면을 목적으로 잠입한 경향이 현저하다.

또한 도주 원인은 자발적 도주가 가장 높아서 1,457명(발견 도주자 총수에 대한 비율 92%), 다음으로 사업 관계자 및 기타의 지도에 의한 도주가 98명(발견 도주자 총수에 대한 비율 6%)이 된다.

도주자의 대부분은 단신자로서 1,469명(발견 도주자 총수에 대한 비율 94%)을 점하며 가족 동반자는 겨우 100명(발견 도주자 총수에 대한 비율 6%)인 점(재적 노무자 가운데 단신자 71%, 가족 동반자 29%)은 비교적 가족 동반자가 안정성이 있음을 보여 준다고 하겠다.

---

114 내무성 경보국, 『특고월보』 1944년 6월분.

〈별표〉

## 1. 긴키, 주코쿠, 시코쿠 블록

### 1) 협화회원증 무소지자 처리표

| 부현별 | 집행일 | 조사 총인원 | 협화회원증 무소지자 발견 수 | 회원증 무소지자 조치 상황 | | | | | | | | | | | |
|---|---|---|---|---|---|---|---|---|---|---|---|---|---|---|---|
| | | | | 도주자 | | | | | 부정도항자 | | | 기타 | | | |
| | | | | 원래 직장에 인도 | 현 직장에 일시키며 회원증 교부 | 다른 중요 직장에 취로 | 송환 | 계 | 현 직장에 일시키며 회원증 교부 | 송환 | 계 | 현 직장에 일시키며 회원증 교부 | 송환 | 기타 조치 | 계 |
| 오사카 | 2. 10.~29. | 182,387 | 2,037 | 25 | 2 | 16 | 1 | 44 | 53 | 35 | 88 | 1,896 | 9 | | 1,905 |
| 교토 | | 16,346 | 388 | 3 | 72 | 10 | 2 | 87 | 27 | | 27 | 186 | | 88 | 274 |
| 효고 | 2. 10.~28. | 46,436 | 1,354 | 33 | 439 | 10 | 15 | 497 | 259 | 22 | 281 | 334 | | 246 | 580 |
| 나라 | 2. 10.~29. | 6,444 | 54 | 2 | | | | 2 | 1 | | 1 | 39 | | 12 | 51 |
| 와카야마 | | 5,576 | 452 | 1 | 92 | | | 93 | 13 | | 13 | 286 | 1 | 59 | 346 |
| 오카야마 | 2. 5.~20. | 9,541 | 599 | 6 | 116 | 1 | 2 | 125 | 143 | 12 | 151 | 287 | 1 | 31 | 319 |
| 돗토리 | 2. 1.~20. | 2,439 | 104 | 2 | | | | 2 | 7 | 2 | 9 | 84 | 5 | 4 | 93 |
| 시마네 | 1. 20.~30. | 12,325 | 64 | 9 | 27 | | | 36 | | 26 | 26 | 2 | | | 2 |
| 가가와 | 2. 21.~29. | 1,494 | 176 | 1 | 1 | | | 2 | 9 | | 9 | 12 | | 151 | 162 |
| 도쿠시마 | 2. 2.~29. | 573 | 10 | 1 | 2 | | | 4 | 4 | | 4 | 2 | | | 2 |
| 에히메 | | 6,423 | 385 | 1 | 6 | | | 8 | 153 | | 153 | 161 | | 63 | 224 |
| 고치 | 2. 1.~29. | 2,473 | 270 | 1 | 14 | | | 15 | 9 | | 9 | 47 | | 199 | 246 |
| 계 | | 292,450 | 5,890 | 87 | 771 | 37 | 20 | 912 | 678 | 97 | 775 | 3,335 | 16 | 853 | 4,204 |

## 2. 주코쿠, 호쿠리쿠 블록

### 1) 협화회원증 무소지자 처리표

| 부현별 | 집행일 | 조사 총인원 | 협화회원증 무소지자 발견 수 | 회원증 무소지자 조치 상황 ||||||||||||
|---|---|---|---|---|---|---|---|---|---|---|---|---|---|---|
| | | | | 도주자 ||||| 부정도항자 ||| 기타 ||||
| | | | | 원래 직장에 인도 | 현 직장에 일시키며 회원증 교부 | 다른 중요 직장에 취로 | 송환 | 계 | 현 직장에 일시키며 회원증 교부 | 송환 | 계 | 현 직장에 일시키며 회원증 교부 | 송환 | 기타 조치 | 계 |
| 아이치 | 2.15.~3.31. | 58,637 | 1,831 | 6 | 305 | 8 | 1 | 320 | 197 | 2 | 199 | 1,312 | | | 1,312 |
| 미에 | | 4,126 | 299 | 8 | 26 | | | 34 | 15 | 5 | 20 | 29 | | 216 | 245 |
| 기후 | | 13,689 | 642 | 15 | 32 | | 2 | 69 | 3 | 18 | 21 | 552 | | | 552 |
| 나가노 | | 9,004 | 165 | 9 | 37 | 10 | | 56 | 6 | | 6 | 103 | | 3 | 106 |
| 도야마 | | 7,290 | 239 | 1 | 8 | | | 9 | 20 | | 20 | 210 | | | 210 |
| 후쿠이 | | 7,934 | 336 | 18 | 112 | | 1 | 131 | 49 | 6 | 55 | 127 | | 22 | 150 |
| 이시카와 | | 5,521 | 84 | 2 | 2 | | | 4 | 14 | | 14 | 59 | | 7 | 66 |
| 니가타 | 2.20.~29. | 3,4== | 56 | 10 | 9 | 12 | | 31 | 1 | | 1 | 14 | | 22 | 36 |
| 계 | | 112,636 | 5,632 | 69 | 531 | 30 | 4 | 654 | 305 | 31 | 336 | 1,406 | | 271 | 2,677 |

자료 227

## (4) 유언비어에 기초한 집단도주[115]

효고현(兵庫縣) 아시야시(芦屋市)에 있는 가와사키(川崎)중공업주식회사 제판(製鈑)공장[116]에서 조선인 노무자 868명을 동원하여 협화훈련대를 조직해서 일을 시키고 있었다. 그런데 최근 숙소인 우치데료(打出寮) 소속 제2중대를 중심으로 다음과 같은 유언비어가 유포되어, 이 때문에 금년 1월 31일부터 2월 2일까지 3일간 대원 25명이 도주한 사실이 있다. 효고현 특별고등경찰과에서는 용의자 4명에 대해 엄중히 취조한 결과 3명을 육해군형법 위반으로 검사국에 송국하였고, 그 외 낙서 등 기타 관계자의 동향에 대해서는 엄밀히 내사 중이다.

이하
- 우리 회사도 군수회사법이 적용되어 이미 제1중대 소속자에게는 징용 명령이 내려졌다고 한다. 이런 상황에서는 2년의 계약기간이 다가오는 우리도 4년이나 5년이 지난다 해도 돌아갈 수 없게 되므로 지금 바로 고향으로 돌아가자.
- 우리 공장도 군수공장이 되기 때문에 머지않아 헌병이 와서 문을 엄중히 감시할 것이므로 이번에 도주해 조선으로 돌아가지 않으면 정말 돌아갈 수 없으니 지금 바로 돌아가자.
- 뉴기니아 방면에서 일본군이 또 전멸한 듯하고, 일본이 최초 점령한 지역을 점점 미국에 빼앗기고 있다. 이런 상황에서 지금도 공습이 있고 일본은 패배할 것이다. 그렇게 되면 고베(神戶)에는 영국이 건설한 큰 공장이 있으므로 곧 영국 군대가 상륙할 것이다. 그러면 우리는 산업전사이기 때문에 가장 먼저 죽는다.
- 대만에 공습이 있어서 6~7백 명이 죽는다고 하고 고베에도 언제 공습이 있을지 알 수 없다. 어차피 올 거라면 빨리 와서 떨어트리는 편이 낫다.

---

115 내무성 경보국, 『특고월보』 1944년 2월분.
116 가와사키(川崎)중공업(주)은 효고현에 9개의 공장을 가동하고 있었는데, 주로 철강, 무기 소재 등을 생산하였다. 현재 동일한 이름으로 회사를 이어가고 있다. 川崎重工業(株)(Kawasaki Heavy Industries, Ltd.: KHI).

자료 228

## (3) 수송 도중 도주의 특이사례[117]

국민동원계획에 따른 이입 조선인 노무자의 상황

후쿠오카현(福岡縣) 이즈카시(飯塚市)에 있는 스미토모(住友) 다다쿠마(忠隈)광업소[118]에서는 5월 24일 조선총독부로부터 조선인 노무자 72명의 알선을 받아 다다쿠마광업소 노무보조원이 인계하여 광산에 도착할 때까지 54명이 도주해서 소재를 알 수 없게 되었다. 또한 같은 후쿠오카현 가스야군(糟屋郡)[119] 시메마치(志免町)에 있는 규슈(九州)광업소에서도 5월 27일 조선총독부로부터 조선인 노무자 37명을 알선받아 노무보조원 2명이 인계하여 광산에 도착하는 과정에서 36명이 도주해서 소재를 알 수 없게 된 사안이 발생하였다.

도주 원인을 추정해 보니, 스미토모 다다쿠마광업소의 알선노무자 가운데 도주자는 지난 후쿠오카현 이즈카시 소재 미쓰비시(三菱) 이즈카탄광에서 발생한 가스폭발사고[120]의 참상을 들어서 알게 되어, 일본으로 도항한다면 언제 조선으로 돌아갈 수 있을지 모른다고 곡해하고 있었던 것으로 보인다. 그 외 규슈광업소의 알선노무자 가운데 도주자는 긴박한 시국의 요청에 따라 일본에서 실시하는 정착(定着)[121] 지도·장려를 오해하고, 자신들은 2년 기간으로 일본에 출동하는데 실제로는 기간을 만료한 후에도 조선으로 돌아올 수 없는 상황이라는 등 주의를 요할 만한 언동을 하는 등 최근 정착 문제와 기타 이와 관련해 노무자들 사이에 다소 동요가 있는 것으로 보이므로 수송을 특별히 유의해야 할 것이라는 점을 통감하고 있다.

---

117 내무성 경보국, 『특고월보』 1944년 6월분.
118 정식 명칭은 스미토모광업(주) 다다쿠마탄광이다. 다다쿠마탄광은 스미토모광업(주)가 후쿠오카현에서 운영한 유일한 탄광이었다.
119 원문은 '粕屋郡'이나 오기로 보아 바로잡아 번역.
120 이즈카탄광은 1915년에 개광했는데 1922년에 미쓰비시가 인수하였다. 이즈카광업소로 불리다가 1958년에 이즈카탄광으로 축소되고, 1961년 폐산하였다. 1942년 제2갱의 낙반사고로 13명의 사상자를 냈고, 1943년 제2갱에서 낙반사고로 6명이 사망하였다. 1944년 3월의 가스폭발사고는 13명이 사망한 사고였는데, 같은 해에 다시 51명이 사망하는 큰 폭발사고가 발생하였다. 사망자 대부분이 조선인 갱부라고 발표하였다.
121 원문은 '定著'이나 오기로 보아 바로잡아 번역.

## 2. 동원 현장에서 발생한 저항 사례

### 1) 군인·군무원

자료 229

### '평양학병의거사건' 판결문[122]

1945년 6월 10일
조선군관구 임시군법회의 평양사관구 법정

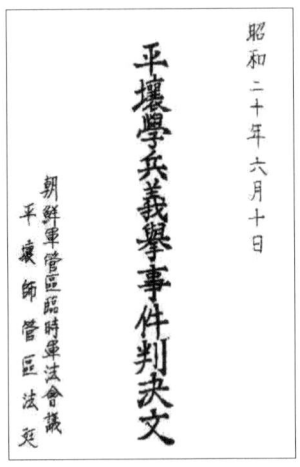

[그림 17] 자료 표지

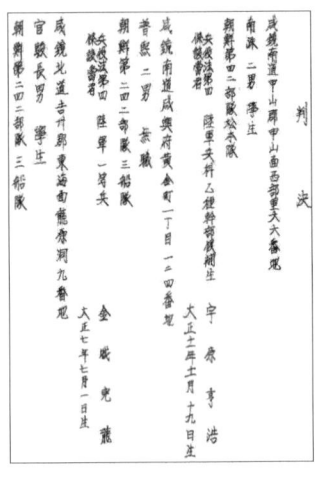

[그림 18] 판결문 중 일부

---

122 1945년 6월 10일 조선군관구 임시군법회의 평양사관구 법정에서 열린 평양사단 내 조선인 학병의 탈주 사건에 관한 판결문. 재판관에 육군대좌 오바시(大橋健三), 육군법무소좌 구루마(來間陸平), 육군소좌 나카가와(中川五十次)가 담당하였다. 김완룡(金完龍)이 소장한 자료를 표영수가 입수해『한일민족문제연구』제1호(2001)에 「자료소개-'평양학병의거사건' 판결문」에 수록한 일부 판결문이다. 김완룡은 1977년 8월 판결문을 입수하였는데, 표영수가 이 가운데 일부 판결문을 공개하였다. '평양학병의거사건판결문'이라는 제목은 김완룡이 부여한 것으로 보인다.

판결

함경남도 갑산군 갑산면 서부리 대6번지
남수(南洙) 2남, 학생
조선 제42부대[123] 마쓰모토대(松本隊)
병역법 제4조 해당자, 육군병과을종 간부후보생 우원형호(宇原亨浩)[124]
1922년 11월 19일생


함경남도 함흥부 황금정 1정목 124번지
보희(普熙) 2남, 무직
조선 제242부대 미후네대(三船隊)
병역법 제4조 해당자, 육군 일등병 금성완룡(金城完龍)[125]
1918년 7월 1일생


함경북도 길주군 동해면 용원동 9번지
관준(官駿) 장남, 학생
조선 제242부대 미후네대
병역법 제4조 해당자, 육군 일등병 서산웅석(西山雄石)[126]
1918년 11월 9일생


함경북도 길주군 장백면 임동 497번지
경옥 장남, 학생
조선 제242부대 미후네대

---

[123] 242부대의 오기로 보임.
[124] 본명 朴性和. 조선인 학병의 본명은 姜德相, 1997, 『朝鮮人學兵出陣-もう一つのわだつみのこえ』, 岩波書店, 352쪽 수록.
[125] 본명 金完龍.
[126] 본명 崔泓熙.

병역법 제4조 해당자, 육군 일등병 천도도수(川島道秀)[127]

1921년 1월 15일생


평안남도 평원군 한천면 감삼리 191번지

중웅(重雄) 동생, 학생

조선 제242부대 이소지마대(磯島隊)

병역법 제4조 해당자, 육군 일등병 고산순일(高山純一)[128]

1921년 2월 12일생


함경남도 홍원군 홍원읍 남당리 4번지

중경(中庚) 3남, 제염업 보조

조선 제242부대 마쓰모토대

병역법 제4조 해당자, 육군 일등병 청산두용(晴山斗鏞)[129]

1923년 1월 20일생


함경남도 원산부 두산리 45번지의 1

의선(義善) 동생, 학생

조선 제242부대 마쓰모토대

육군 일등병 금산태선(金山泰善)[130]

1923년 10월 26일생


함경북도 경성군 경성면 수성동 232번지

호주, 학생

---

127 본명 李道秀.
128 본명 金相燁.
129 본명 崔正守.
130 본명 金泰善.

조선 제242부대 미후네대
육군 일등병 고부영웅(高富英雄)[131]
1922년 12월 5일생

평안남도 평원군 산음리 233번지
종무(宗武) 3남, 학생
조선 제242부대 하라대(鄕原隊)
보충병역, 육군 일등병 등산지랑(藤山志郎)[132]
1917년 11월 8일생

함경북도 회령군 회령읍 2동 388번지
동립(棟立) 3남, 학생
조선 제242부대 미후네대
육군 일등병 삼의명(三義明)[133]
1918년 12월 19일생

평안남도 진남포부 원정 18번지
창동(昌東) 장남, 학생
조선 제242부대 이소지마대
보충병역, 육군 일등병 한춘섭(韓春爕)
1920년 3월 28일생

함경북도 회령군 회령읍 2동 100번지
호주, 학생

---

[131] 본명 金允永.
[132] 본명 朴志權.
[133] 본명 兪仁哲.

조선 제242부대 이소지마대
육군 일등병 경주희일(慶洲曦一)[134]
1919년 9월 11일생

위 우원형호(宇原亨浩)에 대해서는 치안유지법 위반, 금성완룡(金城完龍)에 대해서는 치안유지법 위반·조선임시보안령 위반·상관 폭행, 서산웅석(西山雄石)에 대해서는 치안유지법 위반·조선임시보안령 위반, 천도도수(川島道秀)·청산두용(晴山斗鏞)·금산태선(金山泰善)·고부영웅(高富英雄)·등산지랑(藤山志郎)·삼의명(三義明)·한춘섭(韓春燮)·경주희일(慶洲曦一)에 대해서는 치안유지법 위반, 고산순일(高山純一)에 대해서는 치안유지법 위반·절도에 도주·도망을 가중.

각 피고 사건에 부쳐 당 군법회의는 검찰관인 육군법무소좌 사사모토 하루아키(笹本晴明)가 관여해 심리를 거쳐 판결한 내용은 다음과 같다.

주문
피고인 우원형호(宇原亨浩)를 징역 13년에 처한다.
(이하 자료 누락)

판결

평안남도 강동군 원탄면 ■대리 291번지
문태랑(文太郎) 동생, 학생
조선 제248부대 다나카대(田中隊)
육군 일등병 길원문치랑(吉原文治郎)[135]
1924년 8월 19일생

---

134 본명 朴赫.
135 본명 金文植.

평안남도 평원군 한천면 감팔리 479번지
형구(亨求) 장남, 학생
조선 제248부대 다나카대
육군 일등병 신정태륭(新井泰隆)¹³⁶
1922년 1월 15일생

평안남도 용강군 용월면 대영리 866번지
주명(柱明) 2남, 학생
조선 제248부대 다나카대
육군 일등병 청송준걸(青松俊杰)¹³⁷
1917년 5월 10일생

평안남도 평양부 종제정 65번지
영수(永洙) 장남, 학생
조선 제248부대 다나카대
육군 일등병 안촌의숙(安村義淑)¹³⁸
1925년 4월 18일생

위 피고인 길원문치랑(吉原文治郎), 청송준걸(青松俊杰), 안촌의숙(安村義淑)에 대해서는 각각 치안유지법 위반, 피고인 신정태륭(新井泰隆)에 대해서는 치안유지법 위반·조선총독부보안령 위반.

각 피고 사건에 부쳐 군법회의는 검찰관인 육군법무소좌 사사모토 하루아키(笹本晴明)가 관여해 심리를 거쳐 판결한 내용은 다음과 같다.

---

136 본명 朴泰勳.
137 본명 沈俊杰.
138 본명 表義淑.

주문

피고인 길원문치랑(吉原文治郎)을 징역 4년에 처한다.

피고인 신정태륭(新井泰隆)을 징역 3년 6월에 처한다.

피고인 청송준걸(靑松俊杰)을 징역 3년 6월에 처한다.

피고인 안촌의숙(安村義淑)을 징역 2년에 처한다.

이유

제1피고인 길원문치랑은 1939년 2월 말 교토시(京都市) 소재 사립 성봉(聖峯)중학교를 중도 퇴학하고 일시 귀선했으나, 그 후 1940년 8월경 상경해 1941년 4월 도쿄도(東京都)

(이하 자료 누락)

## 판결

평안남도 용강군 용강면 의산리 431번지

진원(鎭元) 5남, 학생

조선 제247부대 오카노대(岡野隊)

병역법 제4조 해당자, 육군 일등병 강산영부(岡山永夫)[139]

1922년 11월 13일생


함경남도 북청군 북청면 신북청리 2017번지

순진(舜鎭) 장남, 학생

조선 제227부대 다야대(田谷隊)

육군 일등병 무촌철영(茂村哲永)[140]

1919년 8월 14일생

---

[139] 본명 盧永㵧.
[140] 본명 李哲永.

경상북도 영천군 영천읍 과전동 16번지

호주, 학생

조선 제247부대 고바야시대(小林隊)

육군 일등병 금영영상(金永永祥)[141]

1920년 2월 15일생


평안남도 평원군 용호면 장평리 197번지

만원(萬源) 동생, 학생

조선 제247부대 고바야시대

육군 일등병 안전진현(安田鎭鉉)[142]

1923년 4월 1일생


평안남도 안주군 안주읍 율산리 211번지

호주, 학생

조선 제247부대 고바야시대

육군 일등병 금곡천수(金谷泉秀)[143]

1923년 8월 5일생


경기도 인천부 경정 5번지

위근(威根) 2남, 학생

조선 제247부대 오카노대

육군 일등병 금도광순(金島光純)[144]

1923년 8월 5일생

---

[141] 본명 金永祥.
[142] 본명 安鎭鉉.
[143] 본명 金世均.
[144] 본명 金根培.

평안남도 강서군 옥면 산리 196번지

창평(昌平) 3남, 학생

조선 제247부대 고바야시대

육군 일등병 나본무사(羅本武司)[145]

1923년 5월 21일생


전라남도 강진군 대구면 구수리 897번지

호주, 학생

조선 제247부대 오카노대

육군 일등병 암성수광(岩城秀光)[146]

1920년 12월 30일생


 위 피고인 강산영부(岡山永夫), 금영영상(金永永祥)에 대해서는 치안유지법 위반·조선총독부 보안령 위반, 피고인 무촌철영(茂村哲永), 안전진현(安田鎭鉉), 금곡천수(金谷泉秀), 금도광순(金島光純) 및 나본무사(羅本武司)에 대해서는 치안유지법 위반, 피고인 암성수광(岩城秀光)에 대해서는 치안유지법 위반·유언비어.

 각 피고 사건에 부쳐 군법회의는 검찰관인 육군법무소좌 사사모토 하루아키(笹本晴明)가 관여해 심리를 거쳐 판결한 내용은 다음과 같다.

 (이하 자료 누락)

---

145 본명 불상.
146 본명 李濬五.

자료 230

## 조선인 군속 등의 경찰관 주재소 습격 사건(청진검사정 보고)[147]

금년 1월 27일 군마보충부 웅기(雄基)지부 농포(農圃)분원[148] 조선인 군속 십여 명이 함북 경원경찰서 농포주재소를 습격한 사건이 발생하였는데, 그 개요는 다음과 같다.

1. 피의자

군마보충부 웅기지부 농포분원 용인
육군 군속(조선인) 이재재형(伊在在亨)[149] 외 14명

2. 피해자

함북 경원경찰서 농포주재소 근무
순사부장(일본인) 니시오(西梧)

3. 사건의 발단

전부터 군마보충부 웅기지부 농포분원 조선인(육군 군속)과 경원경찰서 농포주재소 사이에는 의사 소통이 잘 되지 않고 여러 분쟁이 있어서 늘 서로 반목하고 있었다. 그런데 우연히 1943년 11월 중순경 주재소 니시오 순사부장이 농포분원의 조선인 이원재형(伊原在亨)이 농포역에서 쌀 3되를 친구에게 전해 주는 것을 발견하고 미곡 암거래 용의 혐의로 취조한 적이 있고, 다시 1944년 1월 27일에 취조하였다. 이에 불만을 가진 이원재형이 27일 오후 10시경

---

147 고등법원검사국, 『고등검찰요보』 제1호, 1944년 3월, 38-39쪽.
148 경흥군 소재.
149 본문에는 '伊原在亨'.

주재소에 근무 중인 미나미(南) 순사와 알고 지내던 농포분원 부근에 거주하던 중국인[支那人]이 분원 부근을 배회하고 있음을 알고 미심쩍게 생각해 알아보아야 한다며 술기운을 띠고 주재소의 미나미 순사를 찾아갔는데, 그 순사가 자리에 없었다. 그러자 숙소로 가서 니시오 부장을 방문해 위 중국인에 관해 여러 차례 질문하고 있었는데, 니시오 부장이 내방객이 있어 "그 용건이라면 내일 오라"라고 하자 술기운에 취한 이원재형이 더욱 집요하게 질문하였다. 이에 니시오 부장이 "시끄러우니까 내일 오라"며 목검으로 머리와 안면을 여러 차례 구타하자 분개하고 복수하기 위해 저지른 일이 사건 발생의 원인이 되었다.

4. 범죄 사실의 개요

피의자 이원재형은 니시오 순사부장으로부터 구타를 당한 후 농포분원 담당 복무실에 가서 상근 복무자인 용인(傭人)[150] 송강청원(松江靑原)과 금산창승(金山昌承)(이들 모두 피의자로서 검거) 2명에게 이 사실을 알리고 동료들이 결속해서 복수해야 한다는 취지로 말하였다. 그러자 위 2명이 여기에 찬동해 이원재형의 지시에 따라 피의자 목본정민(木本政愍) 외 11명에게 집합하도록 지시하였다. 예전부터 니시오 부장에게 원한을 가지고 있던 이들은 서로 각자 곤봉과 ■■■ 등을 휴대하고 이원재형을 따라 오후 11시 30분경 주재소를 습격하고, 이원재형 등 여러 명은 니시오 부장의 숙소에 침입해 부장을 흙바닥에 내려치고, 다른 피의자들과 같이 니시오 부장에게 구타해 상해를 입힌 후 도주하려는 부장을 쫓아가 주재소에서 약 200미터 떨어진 도로에서 붙잡아 더욱더 폭행을 가해 마침내 니시오 부장이 빈사의 상태에 이를 지경이 되었다. 그 순간 니시오 부장이 현장에 인접한 농포예방단장 신정남균(新井南均)의 집으로 피하자, 그 집에 무단침입하여 온돌방에 누워 있던 니시오 부장에게 "이런 나쁜 놈은 제복을 입을 자격이 없다. 제복을 입혀 두면 어떤 나쁜 일을 할지 모른다."라고 하며 입고 있던 제복을 벗기고 데리고 있다가 12시경에 돌려 보냈다.

---

150 군무원 계급 중 하나.

5. 사건 처리 상황

본 사건을 검거한 경원경찰서는 피의자들의 신분이 육군 군속이라는 점과 관할 헌병대로부터 요구가 있었던 관계로 헌병대에 인계하였고, 헌병대에서는 취조한 결과 2월 4일 나남사단 군법회의 검찰관에게 사건을 송치.

## 2) 노무자

자료 231

### 도요하라(豊原) 경찰서장, 「풍고비(豊高秘) 제472호(1943년 6월 3일)」[151]

관내 각 순사(부장) 앞

반도 노무자의 유언비어에 해당하는 통신에 관한 건
경상남도 함양군 함양면 신관■동 서순석(徐順石)

우측 자[152]에 대해 관하(管下)
화태 에스토루군(惠須取郡)[153] 진나이초(珍内町)[154] 진나이(珍内) 야마시타(山下)광업소[155] 와타나베구미(渡邊組) 채탄부, 남재우(南再祐), 33세

2. ■■ 상황

본명[156]은 1942년 3월 31일 와타나베구미에 입산해 같은 해 4월 중순 도주하였는데, 그 후 8월 발견해 다시 해당 지역으로 돌려보냈다. 성격이 음험하고 처음 입산 당시부터 다소 불평

---

[151] 화태청 소장 경찰서 기록물, GIASO1i-1-154, 104·106-110장.
[152] 서순석을 의미.
[153] 사할린 중서부에 위치하고 있으며, 남사할린 최대의 탄광지대로 일제말기에 우글레고르스크, 샥조르스크, 크라스노고르스크, 우다르느이, 보슈냐코보, 보즈드뷔제니예, 레소고르스크, 텔롭스키 등의 탄광이 운영되었다.
[154] 현재 지명은 크라스노고르스크(КРАСНОГОРСК, Krasnogorsk)이다.
[155] 야마시타광업소는 당시 미나미친나이(南珍内)탄광을 운영하였다. 1937년에 개광을 하였는데, 1943년 7월에 조선인 갱부가 350명(남 340명, 여 10명)이고, 조선인 직원이 3명이었다. 1944년 당국의 휴갱·폐갱 조치에 따라 갱구를 닫았다. 「經保秘1101號 各炭鑛ノ稼行竝經營狀況ニ關スル件」, 1943년 10월 22일(長澤秀 編, 2006, 『樺太廳警察部文書 戰前朝鮮人關係警察資料集Ⅳ』, 綠蔭書房, 148-210쪽).
[156] 남재우를 의미.

불만을 늘어놓고 있었는데, 도주 후 돌아간 후에 반성[改悛]의 모습이 있었고 86번째로 적립금이 있으며 격월 단위로 고향에 송금하는 등 비교적 성실하게 일하고 있었다.

3. 와타나베구미의 쌀 지급 상황

탄광노무자에 대한 쌀 규정량은 1일 5합(合)이었다. 와타나베구미는 수요가 큰 관계로 배급일의 수량을 총괄해서 섬[俵]이나 가마니[叺]로 배급하였는데, 찢어지는 일이 있어서 약간 양이 줄어들게 되므로 실제 급여량은 1일 4합 8~9 정도가 된다. 고용주도 열심히 부식물과 대용식 입수에 노력은 하지만 수급관계가 원활하지 않아 상당히 곤란을 느꼈으며, 따라서 종래 양껏 먹는 식사 습관을 가진 이입 노무자는 6개월 정도는 공복을 호소하는 것이 일상적이었다. 그러므로 작업시간 등을 고려해 보건과 효율화에 노력을 기울이고 있으므로 부정 급여의 모습은 인정할 수 없다.

그런데 아래[左側]와 같이 조선 노무자의 배식 부족과 작업의 위험성 등을 과도하게 말하며 출신 지역의 민심을 동요시키는 통신을 보내고 있음을 경상남도 함양경찰서 우편 검열에서 발견해 관할인 진나이 경찰서장에게 통보하였기에 실정을 조사하였다. 그랬더니 아래와 같이 통신이 있었음을 인정하지 않을 수 없는데, 발신자는 이번 달 13일경 도주하여 소재 불명임을 경찰부장으로부터 통첩이 있기에 첨부해 통달한다.

기(記)
- 발신자의 본적, 주소, 직업, 이름, 나이
본적: 경상남도 의령군 류곡면 모곡리 171
주소: 화태 에스토루군 진나이 대자 진나이 자청견(字淸見) 번외지 와타나베구미 금촌(金村) 함바
채탄부, 남재우, 당 33세

능률 저하를 방지하고 가동자의 상황을 고려해 보면, 지금 다소 쌀 배급 내지 주식쌀 분량에 관계없이 대용식품을 배급할 때에는 상당히 능률을 높여 증산할 수 있는 것이 아닐까 생각하는데, 개인적인 견해이다.

4. 일반의 건강 상태

금촌함바의 노무자는 1942년 3월과 올해 3월에 왔는데, 현재 66명을 수용 중이며 작업이 익숙하지 않거나 개인의 부주의 때문에 일어난 공상(公傷)이 2명이고 그 외 환자가 5, 6명 있는데, 일반적으로는 건강하며 쌀 부정이 원인이 된 영양불량자 등은 인정할 수 없다.

5. 노무자의 우편 검열

고용에서 노무자의 우편을 검열한 일은 인정할 수 없다.

6. 고용주의 의향

조선 노무자, 특히 신규 입산자는 쌀 1일 5합으로는 6개월 정도 공복감을 심하게 느껴서 오후 2시가 넘으면 기력이 쇠진해서 작업능률에 상당한 영향을 주는 것이 현실이다. 그리고 공복으로 인해 일할 의욕을 갖고 있더라도 힘을 내기 어렵다고 하며, 어쨌든 우리 처지에서는 수입 관계를 고려하여 대체적으로 청부제로서 작업시키고 있는데, 대개 한 사람 몫을 넘게 일을 하기 때문에 공복을 느껴 기력이 빠질 때에는 일을 마무리할 수가 없으므로 작업…. (이하 내용 없음)

〈별지〉

"(전략) 편지를 받으시면 즉시 답신해 주세요. 이제껏 숨겨 왔지만 무엇보다도 배가 고파서 견딜 수 없습니다. 저는 조선에서도 그다지 많이 먹는 편이 아닌데, 지금은 배가 고파서 일도 제대로 할 수가 없습니다. 노동자들이 공복을 견디지 못해 급기야 몸이 부어올라 힘도 쓰지 못하는 것을 보면 정말로 불쌍해서 견딜 수가 없습니다. 속아서 모집에 응한 것이 후회스럽기 짝이 없습니다. ■■모집에 응하는 사람이 있다면 절대로 말려 주세요. 우리 노동자는 한 사람당 하루에 5합의 배급을 받게 되는데, 하루에 아무리 먹어도 3합 정도밖에 되지 않으므로 돈을 모으는 것은 다른 문제이고 모두가 배가 고픈 것이 가장 큰 문제입니다. 화태에서도 우리 조선인을 모집해 놓고 먹는 것도 그렇지만 탄광에서는 차별까지 해서 배가 줄어들게 하고, 이 탄광에서도 우리는 하루에 3.5합씩 먹고 갱외작업을 하려니…. (이하 내용 없음)"

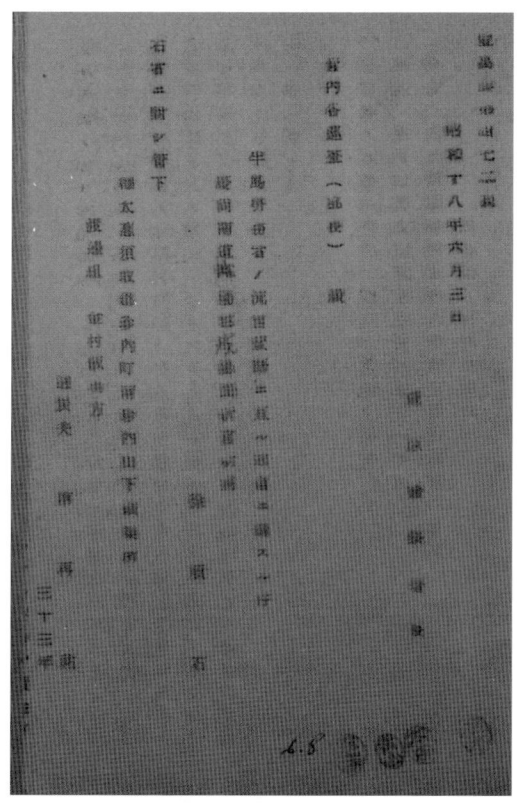

[그림 19] GIASO1i-1-154, 104장

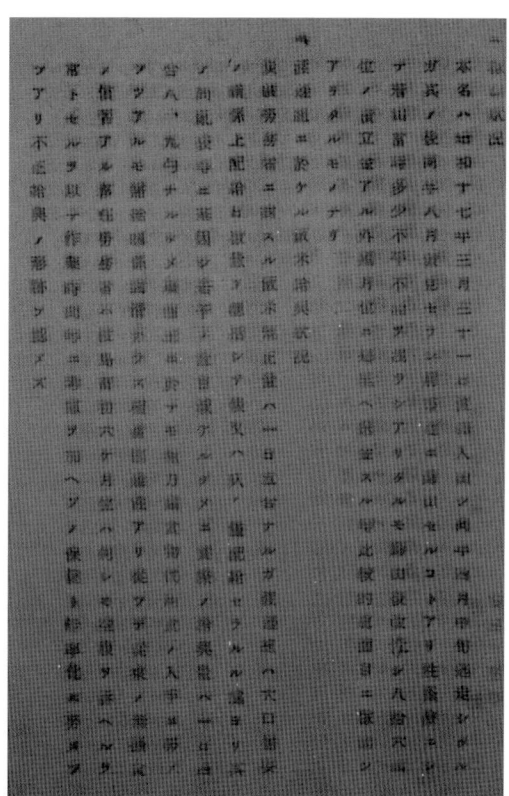

[그림 20] GIASO1i-1-154, 106장

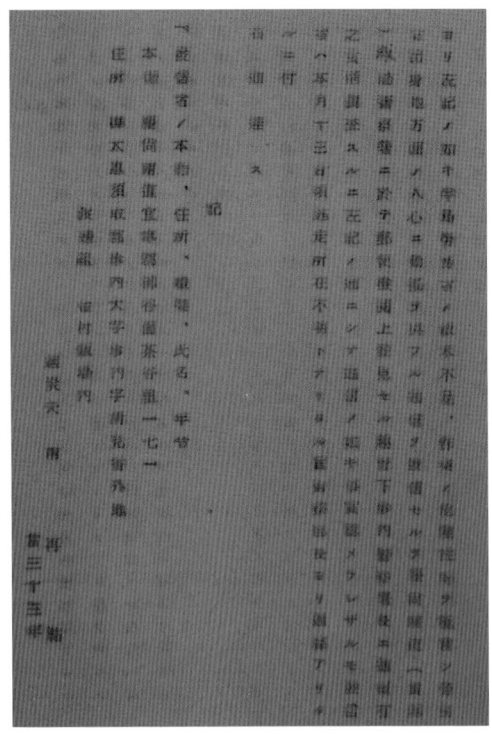

[그림 21] GIASO1i-1-154, 107장   [그림 22] GIASO1i-1-154, 108장

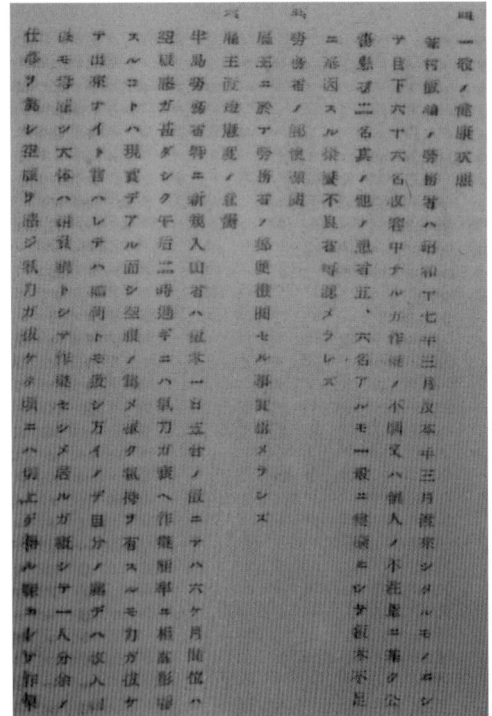

[그림 23] GIASO1i-1-154, 109장   [그림24] GIASO1i-1-154, 110장

## 자료 232

## 응징사(應徵士)의 경찰관 구타상해 사건(영변지청검사 보고)[157]

상해, 국민징용령 위반(조선인), 강천진모(康川鎭謨, 23세)

상해, 국민징용령 위반(조선인), 목하희섭(木下禧燮, 23세)

상해, 국민징용령 위반(조선인), 완산인순(完山寅順, 22세)

국민징용령 위반(조선인), 금죽치윤(金竹致允, 22세)

위 4명은 주거지에서 농업에 종사 중 1944년 9월 28일 오사카시(大阪市) 소재 사쿠라지마(櫻島)조선소[158]에 공원으로서 1년간 징용한다는 평안북도 지사의 징용령서를 교부받게 되자, 징용에 응해 일본에 도항한다면 2~3년간은 조선으로 돌아갈 수 없다는 생각에 마음이 상한 상태였다. 그런데 10월 1일 응징을 위해 다른 응징사들과 면사무소에 집합해 함께 음식을 먹으면서, 강천진모의 주창으로 목하희섭과 완산인순 그리고 다른 응징사 3명 등 총 6명이 인솔자인 경찰관에게 폭행을 가하고 도주할 것을 공모하고 장소와 방법 등을 결정하였다.

그날 오후 거주지 면 경찰관 주재소 수석 순사인 이노자키(井之崎) 부장 외 면 서기 2명이 이들을 인솔해 응징사 일행 13명이 면을 출발해 기차를 타기 위해 구장역(球場驛)에 가는 도중, 고개를 넘어가는 기회를 포착해 완산인순이 미리 가지고 있던 곤봉으로 이노자키 순사부장의 후두부를 여러 차례 구타하였다. 강천진모도 순사부장이 차고 있던 칼을 빼앗아 칼 머리로 여러 차례 순사부장을 때려 길바닥에 처박았으며, 6명이 각자 돌덩어리 여러 개를 던지며 순사부장의 머리와 다리에 열상(裂傷)과 골절을 가하였다. 이러한 폭행으로 2개월의 치료를 요하는 타박상과 후견신경증 상해를 가한 이들은 도주하고, 이 과정에서 피고인 금죽치윤도 돌발 편승하여 도주해서 징용에 응하지 않았다.

---

[157] 고등법원검사국, 『고등검찰요보』 제12호, 1945년 2월, 32-33쪽.
[158] 사쿠라지마조선소는 고노하나구(此花區)에 있었으며, 히타치(日立)조선(주) 소속 조선소로서 1943년 이후 육해군 지정공장이 되었다. 히타치조선은 현재에도 동일한 이름(日立造船(株) Hitachi Zosen Corporation)으로 운영 중이다.

위 사건에 대해 피고인 강천진모와 완산인순은 각각 징역 4년, 목하희섭은 징역 3년, 금죽치윤은 징역 1년에 처해져 판결이 확정되었는데, 최근 이 건과 같은 징용불응죄 사범의 범죄 양상이 매우 악질적이고 흉포화하는 경향이 있음은 특히 주목을 요하는 바이다.

> 자료 233

## 수원육군○○공사장에서 근로보국대원의 경찰관에 대한 폭행사건

(수원검사 보고)[159]

전력(戰力) 증강의 치열한 요청에 응해 각 방면에 근로보국대[160]가 결성되어 여러 중요 부문에 헌신적으로 희생하고 있는 가을에 어느 대원이 집단으로 분쟁을 일으킨 것은 진실로 유감이 아닐 수 없다. 더구나 이 사건은 조선군 경리부(經理部)[161]가 관리하고 있는 수원육군○○공사장[162]에 파견되어 일하던 경성근로보국대원이 보국대 대대장 나라하라(楢原三樹, 일본인) 지도 아래 백여 명을 거느리고 수원경찰서 병점주재소 근무 순사 오하라(大原靜南, 정복 착용)와 근무 순사 하야시(林懋光, 사복 착용) 외 마을 사람 4명에 대해 구타·폭행을 가한 사건이다.

지난 4월 29일 천장절(天長節)[163] 당일 보국대원 일동은 작업을 쉬고 군에서 보낸 축하술 배급을 받고 또 외출도 허가받았다. 이들 여러 명의 대원은 공사장 부근의 대황교리 음식점에서 술을 마시다가 길거리에서 무슨 일인지 위 공사장 청부를 담당하던 시미즈구미(淸水組)의 하청인 미야케구미(三宅組) 소속 공사판 일꾼[土方] 2명과 싸움이 붙었는데, 마침 부근 마을의 청결 검사를 위해 지나가던 오하라 순사가 발견하고 제지하였다. 그런데 그 즈음에 오하라 순사가 보국대원을 구타한 일이 있었던지라, 오하라 순사의 구타 조치와 함께 미야케구

---

159 고등법원검사국,『고등검찰요보』제4호, 1944년 6월, 21쪽.
160 당국이 한반도 도내(道內) 공공사업과 국책공사에 도내 노동력을 이용하기 위해 기존의 방법보다 체계적이고 계획적인 대안이 필요하다는 목적 아래 1938년 6월 26일 자 내무부장 통첩(도지사 상대)을 기점으로 실시한 노무동원의 한 종류이다. 도부군도읍면 행정단위로 지방조직을 결성하고 직역별 보국대도 구성·운영하였다. 청년근로봉사대·노동봉사대·학교근로보국대·아동근로보국대 등 명칭도 다양하였다. 이후 1940년에 특수근로보국대를 거쳐 1941년에는 대대적인 국민개로운동을 통해 도내와 도외를 망라한 상시 노무동원 인력으로 자리잡았으며, 만주와 남사할린 등지로 파견한 노무동원에도 근로보국대라는 이름을 부여하였다. 상세한 내용은 허광무·정혜경·김미정,『일제의 전시 조선인 노동력 동원』, 제3장 참조.
161 조선군사령부 소속 조직으로 1904년 4월 3일 설치. 러일전쟁 발발 후 일본이 한일의정서를 강제 체결하였는데, 제4조 규정이 일본군의 한국 내 주둔과 활동을 강제로 규정함에 따라 한국주차군 사령부와 예속부대를 한성에 설치한 것이다. 조건, 2017,「일본군 군사행정 기관이 기록한 한반도 강제 점령의 역사」,『서울과 역사』제95호, 303쪽.
162 현재 수원구 권선구 장지동과 평리동 일대에 있는 수원육군비행장을 지칭하는 것으로 보인다.
163 '천황의 생일'을 의미. 1944년 당시는 쇼와(昭和) 시대였으므로 4월 29일이 천장절이다.

미 소속 일꾼의 태도에 분개한 보국대원은 술기운에 힘입어 오후 5시경 공사장 보국대원 합숙소 앞 광장에 모여 보국대 대대장인 나라하라의 지휘 아래 음식점에 가서 미야케구미 소속 일꾼 중 한 사람인 국본기석(國本基石) 및 같이 있던 금본충웅(金本忠雄) 그리고 도중에 만난 미야케구미 소속 일꾼 암본유집(岩本裕緝)을 납치하였다. 또한 이에 멈추지 않고 다시 식사를 하기 위해 음식점에 있던 오하라 순사와 동석한 삼정복성(三井福成) 및 우연히 동석한 하야시 순사를 광장으로 납치해 보국대원 수백 명이 성원을 보내는 가운데 구타하고 발로 차는 등 폭행을 가하였다.

　이 사건은 범인이 군 관리하의 특수한 시국에서 긴요한 작업에 종사 중이었다는 점, 피해자가 경찰관이라는 점 등의 사정을 감안해 군 당국과 협의한 결과, 검사가 직접 수사해 주모자로 보이는 대대장 나라하라 외 7명을 검거하고, 그 가운데 가장 악질이라 인정된 나라하라는 폭력행위 등 처벌에 관한 법률 위반으로서 공판하고 다른 피의자 4명에 대해서는 약식 처분(각각 벌금 3백 원)을, 3명에 대해서는 기소유예 처분을 내렸다.

　이 사건 발발의 원인에 대해 고찰해 본 바 직접적인 원인으로서는 오하라 순사가 구타했던 일과 미야케구미 소속 일꾼의 태도에 분개해 격앙한 일이다. 그런데 그들 가운데에는 군부(軍部) 관계의 작업에 종사하고 있다는 점을 들어 일반 경찰관으로서 할 수 없는 짓을 하는 자도 있는데, 이 사건의 검거 처분으로 인해 이러한 점도 시정되었다고 생각한다.

| 자료 234 |

## 야마가타현(山形縣) 나가마쓰(永松)광산 폭동 사건[164]

야마가타현(山形縣) 사이조군(最上郡) 오쿠라촌(大藏村) 소재 후루카와(古河)합명회사[165] 나가마쓰(永松)광업소

이주 조선인 노동자 평산(平山)[166] 외 28명은 광업소 측이 일급 1엔 80전을, 성적우수자는 1엔 95전을 지급하자 인상 요구 문제를 발단으로 사무소로 쳐들어갔다. 이들은 전원 귀국할 것이니 잔금을 정산해 달라고 요구하였으나 언어불통으로 인해 노무계의 설득을 이해하지 못하고 격앙하여, 오히려 곤봉과 부젓가락[火箸]을 가지고 와서 소리를 지르고 폭행하며 일본인 노무계 2명과 진압하고자 나선 순사에 대해 부상을 가하였다.

관할 경찰서에서는 곧바로 경찰관 여러 명을 내보내 관계자 29명을 구속하였다. 엄중 취조한 결과 특히 악질적인 17명을 공무집행방해죄로 검사국으로 송국하고 전원에게 벌금형을 언도하였는데, 검사 측에서 평산 외 4명에 대해서는 상고를 제기해 제2심 재판소에 올라간 상황이다.[167]

---

164 내무성 경보국, 『특고월보』 1941년 12월분.
165 후루카와광업은 일본 국가총동원기에 일본 전역에 총 18개의 탄광산을 운영하고 조선인을 강제동원하였다. 1941년에 후루카와광업(주)가 되었으나, 『특고월보』에는 후루카와합명회사로 기재하였다. 판결문에는 후루카와광업으로 기재되어 있다.
166 본명 申聖達.
167 유족이 소장한 판결문에 의하면, 풍원순종(豊原淳琮)은 징역 4개월, 평산성달(平山聖達)과 평전성술(平田成述)은 각각 징역 3개월이 확정되었다.

자료 235

## '야마가타현(山形縣) 나가마쓰(永松)광산 폭동 사건' 판결문[168]

1941년 12월 12일 야마가타지방재판소

풍원순종(豊原淳琮), 경상북도 영주군 풍기면 전구동 503번지, 27세
평산성달(平山聖達), 경상북도 영주군 풍현면 노좌동 410번지, 25세
평전성술(平田成述), 경상북도 영주군 풍기면 전구동 238번지, 29세
금성진환사(金城鎭煥事, 金永燮), 강원도 횡성군 둔내면 조항리 삼전동 358번지, 23세
남홍경식(南洪京植),[169] 강원도 평창군 방림면 계촌리 1485번지, 24세

피고인 등은 최근 조선에서 일본으로 와서 사이조군(最上郡) 오쿠라촌(大藏村) 오아자(大字) 난잔(南山) 나가마쓰 번지에 있는 후루카와(古河)광업주식회사에 갱부로서 취로하고 있었다. 광업소에서 피고인 등의 일급이 보통 1엔 80전이고 동료인 죽산복래(竹山福來)만은 1엔 95전을 받자 이를 불공평하다고 여기고, 광업소 갱부계 야마다 세이시치(山田淸七)와 노무주임 사토 야조(佐藤彌三郎)에게 죽산(竹山)과 동등하게 승급해 줄 것을 요구하였다. 그런데 사토가 거절하면서 "일하기 싫으면 조선으로 돌아가라"라고 하자, 피고인 등은 분개해 "모두가 조선으로 돌아갈 것이니 임금의 잔금을 지불해 달라"라고 요구하며 승낙을 얻기 위해 동료 조선인 갱부 십여 명이 1941년 12월 1일 오전 10시경 광업소 사무소에 몰려가 임금을 지급받으려 하였다. 그런데 시간이 오래 걸리게 되므로 풍원순종이 마침내 화가 나서 사무소에 가서 야마다 세이시치에게 "빨리하라. 왜 기다리게 하는가"라고 항의하면서 야마다의 뺨을 때리는 일이 발생하였고, 그곳에 있던 사토와 광업소 청원순사인 간 시로고로(菅代伍郎) 등과 피고인들

---

[168] 유족 소장 자료. 일부 내용. 유족이 신성달의 강제동원 피해를 입증하기 위해 정부(국무총리 소속 대일항쟁기 강제동원피해조사 및 국외강제동원 희생자 등 지원위원회)에 제출한 자료로서, 신성달에 해당하는 내용만을 발췌 편집.
[169] 본명 南洪京.

간에 서로 난투가 벌어졌는데, 피고인 등은 다른 여러 명의 갱부와 함께

  1. 피고인 풍원순종은 막대기로 간(菅) 순사의 어깨를 구타하고,

  2. 피고인 평산성달은 막대기로 간 순사의 어깨를 구타하고,

  3. 피고인 평전성술은 막대기로 사토 순사의 머리를 구타하고,

  4. 피고인 금성진환사는 주먹으로 사토 순사의 윗입술을 들이박고,

  5. 피고인 남홍경식은 주먹으로 사토 순사의 머리를 구타하여,

  6. 이로써 사토 순사에 대해 치료 3일을 요하는 두부 타박상과 위아래 치아 타박상을 입혔다.

(이하 자료 누락)

### 자료 236

히로시마(廣島) 구레(吳)해군시설부 집단폭동 사건[170]

## 구레(吳)진수부(鎭守府)[171] 군법회의-김선근 판결문

1944년 3월 25일

판결문

본적: 조선 경상북도 선산군 도개면 월림리 950번지

주거: 위와 동일

2등 토공원

---

[170] 광형갑수(廣刑甲收) 제332호. 1944년 3월 26일 판결선고. 1944년 3월 27일 판결확정록사(判決確定錄事). 작성자 히로시마형무소장 津田哲郞. 판결문 2건 모두 유족이 개인적인 노력으로 발부받은 사본으로, 한국 정부(국가보훈처, 국무총리 소속 대일항쟁기강제동원피해 및 국외 강제동원 희생자 등 지원위원회)에 제출한 자료이다. 두 건 모두 학술지에 수록된 바 있다. 곤도 노부오, 2013, 「히로시마 해군시설부 조선인 징용공 폭동 사건 판결문」, 『한일민족문제연구』 제25호.
유족인 김중근(金仲根, 형)은 1985년부터 여러 차례 김선근의 판결문 사본 발급을 요청했으나 히로시마 형무소는 1985년 5월 8일부터 '죄명: 다중폭력, 형명·형기: 징역 4년, 형기 기산일: 1944년 3월 27일, 형집행정지: 1944년 5월 6일'의 내용만을 회신하였다. 2011년에는 주일 한국대사관 공문(아세아 북통 제4530호)을 통해 법무성에 요청했으나 "수형기록에 대하여 해당하는 기록은 없다."라는 내용과 함께 판결 요약문을 회신받을 수 있었다. 이후 지속적인 노력을 기울인 끝에 판결문을 확보해 조카가 2013년 10월 14일 화서학회 이종립을 통해 언론 등에 공개하였다. 대부분 먹줄로 지워져 있어서 사건의 전말을 알 수 없다. 먹줄로 지운 부분은 다행히 전병렬의 판결문을 통해 복원이 가능하다. 본 자료집에서는 먹줄로 지운 부분을 가로선으로 표시하였다.

[171] 진수부란 일본 해군이 각 군항에 설치하여 육해상의 군사시설을 유지하고 정해진 해군구(海軍區) 내의 방어와 경비 및 작전 부대의 중요한 후방보급기지로서 작전준비에 관한 것을 담당하게 한 해군기관이다. 소재 지명에 따라 명칭을 부여하였고, 해군 대장 또는 중장을 천황 직속으로 사령관에 임명하였다. 1876년 9월 요코하마(橫濱)에 설치한 동해(東海)진수부가 최초이다. 일본이 아시아태평양전쟁을 일으킨 후에는 요코스카(橫須賀, 동해진수부를 이전 배치), 구레(吳), 사세보(佐世保), 마이즈루(舞鶴) 진수부 등을 설치 운영하였다. 진수부는 각 군항(해군의 영구적 근거지로써 가장 완비된 항만)에 설치되었고, 경비부는 요항(군항 다음으로 해군의 중요 항만)에 설치되었다. 경비부는 진수부의 조직과 임무를 소형화한 조직이라 볼 수 있다. 1896년 다케시키(竹敷) 요항부를 시작으로 오미나토와 조선 진해 등지에 설치하였고, 1941년 경비부로 개칭하였다. 原剛·安岡昭男, 2003, 『日本陸海軍事典コンパクト版』, 新人物往來社, 76-77·115-116쪽; 심재욱, 2018, 「전시체제기 시바우라 해군시설보급부의 조선인 군속 동원」, 『한국민족운동사연구』 제97호, 200-202쪽.

금원수웅(金原秀雄),[172] 1921년 9월 24일생

위 성일(成一), 수웅(秀雄),[173] 순도(順道), 만룡(萬龍), 철남(哲男), 영차랑(榮次郎), 청길(淸吉), 중웅(重雄), 영환(榮煥), 성효(聲孝), 갑봉(甲鳳), 철구(哲九), 정언(丁彦), 익수(翊秀), 상기(相基), 상원(相元), 기용(基用)에 대해서는 다중폭행 피고사건에, 병렬(炳列),[174] 금석(今碩), 용연(容淵), 철병(哲炳), 덕일(德一), 동관(同寬), 정일(正一), 한주(漢柱), 효부(孝夫), 태홍(泰洪), 우증(友增), 덕표(德表)에 대해서는 다중폭행상해 피고사건에 부쳐 당 군법회의는 검찰관 해군법무중위 시오타니 히데오(鹽谷秀夫)가 관여한 가운데 심리를 거쳐 다음과 같이 판결함.

주문(主文)
피고인 성일은 징역 3년에, 수웅은 징역 4년에, 순도·만룡·철남·영차랑·청길·중웅은 각 징역 2년에, 영환은 징역 1년 6월에, 성효·갑봉·철구·정언·익수·상기·상원·기용은 각 징역 1년에, 병렬은 징역 4년에, 금석은 징역 3년 6월에 용연·철병·덕일·동관은 각 징역 3년에, 정일·한주·효부·태홍·우증·덕표는 각 징역 2년 6월에 처함.

이유
피고인 등은 모두 징용되어 구레해군시설부에 들어와 2등 토공원(土工員)으로서 다른 공원 약 7백 수십 명과 함께 히로시마현 아키군(安藝郡) 구레해군시설부 쓰쿠모(津久茂)공원숙사(숙소)에 거주하였고, 피고인 성일은 쓰쿠모숙소 제2료 요장, 수웅은 구레해군시설부에 들어오기 전 일본대학 오사카(大阪) 전문학교[175] 법과에 입학하였으나 생계의 핍박을 받아 중도퇴학하고 그 무렵부터 좌익문헌을 탐독하여 특히 조선독립운동에 흥미를 가지고 있어 1942년 12월 3일 도시마(都島)경찰서에 운동혐의자로 유치된 경력이 있으나, 구레해군시설부에 들어온 후에는 고등교육을 받은 자로서 조선인[半島人] 공원 사이에 신망이 있어 제39반장이 된 자이

---

172 본명 金善根.
173 김선근을 지칭.
174 추전병렬(秋田炳列). 본명 田炳列.
175 학교명이 아니라 '일본 오사카에 있는 전문학교'라는 의미.

며, 영환은 제5반, 병렬은 제23반, 금석은 제3반, 용연은 제27반, 철병은 제18반의 각각 반장이고 기타 피고는 반원으로서, 일본인 공원 이시카와 마사미(石川正己)와 십수 명의 지휘 아래 구레해군시설부 소속 오하라(大原) 공사장에서 일하던 조선인인데, 쓰쿠모공원숙소 조선인 공원 등은 물자의 배급이나 식사, 반칙자(反則者) 공원 제재 등에 대해 모두 이기적이고 거리낌 없는[放逸] 견해 아래 앞의 일본인 지도자들에 대해 반감을 품어 오던 중, 1943년 8월 9일 오후 7시 30분경, 같은 숙소 제1료 제24반 조선인 공원 문산인태(文山寅泰)가 숙소 앞 공터에서 지도원에 대한 태도가 오만함 등을 이유로 공원장 나가쓰마 가쓰토시(長妻一利) 외 여러 명의 지도원으로부터 구타를 당해 코에서 약간의 출혈이 났는데, 문산인태가 부상의 정도를 과장하기 위해 얼굴 전체에 피를 칠하고 숙소로 돌아와 공원들에게 지도원의 횡포를 호소하며 실신하는 척 위장하자 이를 오인한 일부 조선인 공원들은 지도원의 제재가 가혹하다고 분개하기에 이르렀다.

그때 피고인 수웅은 숙소 공원인 제33반장 강전재구(岡田在龜)로부터 인태가 상처를 입었다는 사실을 듣고 피고인 재구 및 피고인 병렬 등에게 연락하여 같이 제24반에 가서 인태의 상처를 점검하였다. 그때 재구와 병렬이 "이대로는 도저히 참을 수 없다. 그러니 일본인 지도원에게 제재를 가해야 되지 않겠나."라고 격정적인 말로 일본인 지도원에 대한 대항책을 역설[詰]하자, 수웅은 조선인 공원들 사이에 자신에 대한 신망을 자각하고 자신이 떨쳐 일어날 경우 많은 공원이 자기를 따를 것이라 확신하고, 대중의 힘으로서 인태의 책임자를 추궁함과 동시에 일본인 지도원에 대한 사건 경위를 유리하게 해결함으로써 조선인 공원들에게 더욱 위세를 떨칠 의도를 가지고, 재구와 병렬과 함께 인태의 숙소에 집합한 조선인 공원 약 30명의 선두에 서서 이 사안을 모의하기 위해 숙소 제2료 사무실에서 성일을 만나고 있었는데, 그때 숙소 수위인 나카야마 아키라(中山昭)가 찾아와 인태가 구타를 당한 전말을 듣게 되었다. 그런데 나카야마가 덧붙여서 "앞으로도 지도원에 대해 오만한 태도를 취하는 자는 인태와 똑같은 제재를 가할 것"이라고 하자, 수웅은 앞에서 했던 결의를 더욱 굳혀 사무소 앞 골마루에서 지켜보고 있던 30여 명의 공원들에게 격정적인 목소리와 태도로 "문산인태 공원이 잘못했으므로 구타당했으니 모두 모두 반으로 돌아가자."라고 하자 반으로 돌아간 공원들이 수웅의 말을 반원들에게 전달하였고, 이 말을 들은 숙소 안이 소란스러워져서 약 7백 명의 공원들이 여러 곳에 모이게 되었다. 이를 들은 성일은 사태의 악화를 염려하여 그날 오후 8시

30분경 공원들을 안정시킬 목적으로 반장들을 숙소 식당으로 집합하여 즉시 안정시킬 방법을 의논하고 있었는데, 이미 많은 공원들이 식당으로 밀고 들어왔다.

그때 (1) 피고인 수웅이 앞의 목적을 달성할 기회가 도래했음을 알고, 반장회의에서 빠져나와 공원들의 선두에 서서 막대기를 잡고 뒤따르는 공원들을 지휘하여 지도원의 거처인 제1과 제2료에 밀고 들어가 지도원 이시카와 외 수십 명에게 신체·생명에 위협을 느끼도록 협박하였으며,

(2) 피고인 성일은 공원의 일부가 이미 수웅을 따라 행동을 개시한 것을 보고 진압이 어렵다고 여겨 공원들의 자유행동에 맡겨 두면 오히려 소란이 자연히 진정될 것이라 생각하고, 식당 탁자 위에 올라서서 그 자리에 모인 공원들에게 자신의 한마디로 소란이 더 확대할 위험이 있을 것을 알면서도 "갈테면 가라. 그러나 관(官)의 물품은 파괴하지 말라."라며 함부로 말하였다. 피고인 순도·만룡·영차랑·중웅은 제3료 밖에서 그리고 철남과 청길은 식당 입구에서 밀고 들어오는 다른 공원들에 앞서서 "해라. 해라. 철저히 해라." "지도원을 잡히는 대로 두들겨 패라."라며 일본인 이시카와 등에 대한 협박에 더욱더 가세하였으며,

(3) 피고인 영환·성효·갑봉·철구·정언·익수·상가·상원·기용은 수웅이 지휘하는 폭도들을 뒤쫓아가며, 다른 공원들과 함께 각각 제1료와 제2료의 사무실로 밀고 들어가 따라서 행동하며[附和隨行] 일본인 이시카와를 협박하고,

(4) 위 폭도들에 가담하여 무리의 선두에 서서 "해라. 해라. 철저히 해라." "지도원을 모조리 두들겨 패라."라고 소리치며 앞장서서 폭동을 부추긴 병렬은 오른발로 지도원을 강하게 차서 쓰러트리고, 금석은 널판자를 가지고, 용연은 빗자루로, 철병은 주먹으로, 덕일은 오른발로, 동관은 철관으로, 정일은 오른발로, 한주는 죽봉으로, 효부·태홍·우중·덕표는 오른손으로 제1료, 제2료, 제3료에서 지도원 이시카와와 우메키 시게오(梅木重雄)·나가쓰마 가쓰토시·세키 후토로(關淸太郎)·야마모토 다케조(山本竹三)·고바야시 마사조로(小林政三郎) 등을 각각 구타하거나 발로 강하게 차서 이들에게 전치 3주 내지 1개월을 요하는 타박상을 가하였으며,

위의 사실은 피고인들이 공판정에서 진술[供述]한 것과 나카야마 아키라·이시카와 마사미·우메키 시게오·나가쓰마 가쓰토시·세키 후토로 등에 대한 청취서 중 각각 공술 기재한 내용과 나카야마 아키라·이시카와 마사미·우메키 시게오·나가쓰마 가쓰토시·세키 후토로 등의 진단서의 기재 상황에서 이를 인정할 수 있으므로 법률에 따라 판시함.

피고인 성일·수응·순도·만룡·철남·영차랑·청길·중웅의 행위는 각 해군 형법 제68조 제2호 징역형에, 영환·성효·갑봉·철구·정언·익수·상가·상원·기용의 행위는 해군 형법 제68조 제3호 징역형에, 병렬·금석·용연·철병·덕일·동관·정일·한주·효부·태홍·우중·덕표의 행위는 해군 형법 제68조 제2호, 형법 제204조, 제54조 제1항, 해군 형법 제10조의 징역형에 해당하므로,[176]

　　위 형기 내에서 성일은 징역 3년에, 수응은 징역 4년에, 순도·만룡·철남·영차랑·청길·중웅은 각 징역 2년에, 영환은 징역 1년 6월에, 성효·갑봉·철구·정언·익수·상가·상원·기용은 각 징역 1년에, 병렬은 징역 4년에, 금석은 징역 3년 6월에, 용연·철병·덕일·동관은 각 징역 3년에, 정일·한주·효부·태홍·우중·덕표는 각 징역 2년 6월에 처함.

　　이에 주문과 같이 판결함.


1944년 3월 25일
구레진수부 군법회의
재판관 판사 해군 소좌 고조노 요시오(小園義雄)
재판관 법무관 해군 법무대위 마키노 스스무(牧野進)
재판관 판사 해군 주계(主計) 중위 가스가(春日) 주계[177]

---

[176] 해군 형법은 1947년 자동 폐지되었다. 그러나 제68조와 같은 취지의 형벌은 현행 헌법 제106조 소란죄로 이어졌다. 형법은 지금도 일본의 형사범죄처벌에 관한 기본법으로서 당시에도 그대로 적용되고 있었다. 이 건에 적용된 해군 형법 제68조는 "대중이 집결하여 폭행 또는 협박을 행하는 자는 좌측 구별에 따라 처벌한다. 1. 수괴(首魁)는 3년 이상 유기 징역 또는 금고에 처한다. 2. 타인을 지휘 또는 타인을 솔선하여 선동하는 자는 1년 이상, 10년 이하의 징역 또는 금고에 처한다. 3. 부화수행한 자는 2년 이하의 징역 또는 금고에 처한다." 곤도 노부오, 2013, 「히로시마 해군시설부 조선인징용공 폭동사건 판결문」, 『한일민족문제연구』 제25호, 226-227쪽.

[177] 판결을 언도한 재판관은 판사 2명, 법무관 1명 등 총 3명 합의체로 구성되었다. 군법회의에서 재판장은 판사가 담당하지만, 정확히 평가한다면 법률적인 자격을 소지한 자가 아닌 아마추어 법조인이다. 법무관은 사법연수원을 거쳐 법조인의 자격을 취득한 자로 군에 임용된 사람을 법무관이라고 부르는데, 1942년 4월 이후에는 무관으로서 군인 계급을 부여하였다. 군법회의에서도 변호사를 선임해 변호를 담당할 수 있는데, 이 건에서는 변호사가 없었다. 곤도 노부오, 「히로시마 해군시설부 조선인징용공 폭동사건 판결문」, 『한일민족문제연구』 제25호, 226쪽.

**자료 237**

히로시마(廣島) 구레(吳)해군시설부 집단폭동 사건

## 구레(吳)진수부(鎭守府) 군법회의-전병렬 판결문[178]

1944년 3월 25일

판결문

본적: 경남 의령군 궁류면 토곡리 435
주거: 위와 동일
2등 토공원
추전병렬(秋田炳列),[179] 1921년 10월 17일생

위 성일(成一), 수웅(秀雄), 순도(順道), 만룡(萬龍), 철남(哲男), 영차랑(榮次郞), 청길(淸吉), 중웅(重雄), 영환(榮煥), 성효(聲孝), 갑봉(甲鳳), 철구(哲九), 정언(丁彦), 익수(翊秀), 상기(相基), 상원(相元), 기용(基用)에 대해서는 다중폭행 피고사건에, 병렬(炳列), 금석(今碩), 용연(容淵), 철병(哲炳), 덕일(德一), 동관(同寬), 정일(正一), 한주(漢柱), 효부(孝夫), 태홍(泰洪), 우증(友增), 덕표(德表)에 대해서는 다중폭행상해 피고사건에 부쳐 당 군법회의는 검찰관 해군법무중위 시오타니 히데오(鹽谷秀夫)가 관여한 가운데 심리를 거쳐 다음과 같이 판결함.

주문(主文)

성일은 징역 3년에, 수웅은 징역 4년에, 순도·만룡·철남·영차랑·청길·중웅은 각 징역 2년에, 영환은 징역 1년 6월에, 성효·갑봉·철구·정언·익수·상기·상원·기용은 각 징역 1

---

178 2000년 12월 26일 히로시마지방검찰청 검찰사무관 발부.
179 본명 田炳列.

년에, 병렬은 징역 4년에, 금석은 징역 3년 6월에 용연·철병·덕일·동관은 각 징역 3년에, 정일·한주·효부·태홍·우증·덕표는 각 징역 2년 6월에 처함.

이유

피고인 등은 모두 징용되어 구레해군시설부에 들어와 2등 토공원(土工員)으로서 다른 공원 약 7백수십 명과 함께 히로시마현 아키군(安藝郡) 구레해군시설부 쓰쿠모(津久茂)공원숙사(숙소)에 거주하였고, 피고인 성일은 쓰쿠모숙소 제2료 요장, 수웅은 구레해군시설부에 들어오기 전 일본대학 오사카(大阪) 전문학교[180] 법과에 입학하였으나 생계의 핍박을 받아 중도퇴학하고 그 무렵부터 좌익문헌을 탐독하여 특히 조선독립운동에 흥미를 가지고 있어 1942년 12월 3일 도시마(都島)경찰서에 운동혐의자로 유치된 경력이 있으나, 구레해군시설부에 들어온 후에는 고등교육을 받은 자로서 조선인(半島人) 공원 사이에 신망이 있어 제39반장이 된 자이며, 영환은 제5반, 병렬은 제23반, 금석은 제3반, 용연은 제27반, 철병은 제18반의 각각 반장이고 기타 피고는 반원으로서, 일본인 공원 이시카와 마사미(石川正己) 외 십수 명의 지휘 아래 구레해군시설부 소속 오하라(大原) 공사장에서 일하던 조선인인데, 쓰쿠모공원숙소 조선인 공원 등은 물자의 배급이나 식사, 반칙자(反則者) 공원 제재 등에 대해 모두 이기적이고 거리낌 없는[放逸] 견해 아래 앞의 일본인 지도자들에 대해 반감을 품어 오던 중, 1943년 8월 9일 오후 7시 30분 경, 같은 숙소 제1료 제24반 조선인 공원 문산인태(文山寅泰)가 숙소 앞 공터에서 지도원에 대한 태도가 오만함 등을 이유로 공원장 나가쓰마 가쓰토시(長妻一利) 외 여러 명의 지도원으로부터 구타를 당해 코에서 약간의 출혈이 났는데, 문산인태가 부상의 정도를 과장하기 위해 얼굴 전체에 피를 칠하고 숙소로 돌아와 공원들에게 지도원의 횡포를 호소하며 실신하는 척 위장하자 이를 오인한 일부 조선인 공원들은 지도원의 제재가 가혹하다고 분개하기에 이르렀다.

그때 피고인 수웅은 숙소 공원인 제33반장 강전재구(岡田在龜)로부터 인태가 상처를 입었다는 사실을 듣고 재구 및 피고인 병렬 등에게 연락하여 같이 제24반에 가서 인태의 상처를 점검하였다. 그때 재구와 병렬이 "이대로는 도저히 참을 수 없다. 그러니 일본인 지도원에게

---

180 학교 이름이 아니라 '일본 오사카에 있는 전문학교'라는 의미.

제재를 가해야 되지 않겠냐"라고 격정적인 말로 일본인 지도원에 대한 대항책을 역설[諸]하자, 수웅은 조선인 공원들 사이에 자신에 대한 신망을 자각하고 자신이 떨쳐 일어날 경우 많은 공원이 자기를 따를 것이라 확신하자 대중의 힘으로서 인태의 책임자를 추궁함과 동시에 일본인 지도원에 대한 사건 경위를 유리하게 해결함으로써 조선인 공원들에게 더욱 위세를 떨칠 의도를 가지고, 재구와 병렬과 함께 인태의 숙소에 집합한 조선인 공원 약 30명의 선두에 서서 이 사안을 모의하기 위해 숙소 제2료 사무실에서 성일을 만나고 있었는데, 그때 숙소 수위인 나카야마 아키라(中山昭)가 찾아와 인태가 구타를 당한 전말을 듣게 되었다. 그런데 나카야마가 덧붙여서 "앞으로도 지도원에 대해 오만한 태도를 취하는 자는 인태와 똑같은 제재를 가할 것"이라고 하자, 수웅은 앞에서 했던 결의를 더욱 굳혀 사무소 앞 골마루에서 지켜보고 있던 30여 명의 공원들에게 격정적인 목소리와 태도로 "문산인태 공원이 잘못해 구타당했으니 모두 반으로 돌아가자"라고 하자 반으로 돌아간 공원들이 수웅의 말을 반원들에게 전달하였고, 이 말을 들은 숙소 안이 소란스러워져서 약 7백 명의 공원들이 여러 곳에 모이게 되었다. 이를 들은 성일은 사태의 악화를 염려하여 그날 오후 8시 30분경 공원들을 안정시킬 목적으로 반장들을 숙소 식당으로 집합하여 즉시 안정시킬 방법을 의논하고 있었는데, 이미 많은 공원들이 식당으로 밀고 들어왔다.

그때 (1) 피고인 수웅이 앞의 목적을 달성할 기회가 도래했음을 알고, 반장회의에서 빠져나와 공원들의 선두에 서서 막대기를 잡고 뒤따르는 공원들을 지휘하여 지도원의 거처인 제1과 제2료에 밀고 들어가 지도원 이시카와 외 수십 명에게 신체·생명에 위협을 느끼도록 협박하였으며,

(2) 피고인 성일은 공원의 일부가 이미 수웅을 따라 행동을 개시한 것을 보고 진압이 어렵다고 여겨 공원들의 자유행동에 맡겨 두면 오히려 소란이 자연히 진정될 것이라 생각하고, 식당 탁자 위에 올라서서 그 자리에 모인 공원들에게 자신의 한마디로 소란이 더 확대할 위험이 있을 것을 알면서도 "갈테면 가라. 그러나 관(官)의 물품은 파괴하지 말라."라며 함부로 말하였다. 피고인 순도·만룡·영차랑·중웅은 제3료 밖에서 그리고 철남과 청길은 식당 입구에서 밀고 들어오는 다른 공원들에 앞서서 "해라. 해라. 철저히 해라", "지도원을 잡히는 대로 두들겨 패라"라며 일본인 이시카와 등에 대한 협박에 더욱더 가세하였으며,

(3) 피고인 영환·성효·갑봉·철구·정언·익수·상기·상원·기용은 수웅이 지휘하는 폭

도들을 뒤쫓아가며, 다른 공원들과 함께 각각 제1료와 제2료의 사무실로 밀고 들어가 따라서 행동하며[附和隨行] 일본인 이시카와를 협박하고,

(4) 위 폭도들에 가담하여 무리의 선두에 서서 "해라. 해라. 철저히 해라", "지도원을 모조리 두들겨 패라"라고 소리치며 앞장서서 폭동을 부추긴 병렬은 오른 발로 지도원을 강하게 차서 쓰러트리고, 금석은 널판자를 가지고, 용연은 빗자루로, 철병은 주먹으로, 덕일은 오른발로, 동관은 철관으로, 정일은 오른발로, 한주는 죽봉으로, 효부·태홍·우증·덕표는 오른손으로 제1, 제2, 제3료에서 지도원 이시카와와 우메키 시게오(梅木重雄)·나가쓰마 가쓰토시·세키 후토로(關淸太郎)·야마모토 다케조(山本竹三)·고바야시 마사조로(小林政三郎) 등을 각각 구타하거나 발로 강하게 차서 이들에게 전치 3주 내지 1개월을 요하는 타박상을 가하였으며,

위의 사실은 피고인들이 공판정에서 진술[供述]한 것과 나카야마 아키라·이시카와 마사미·우메키 시게오·나가쓰마 가쓰토시·세키 후토로 등에 대한 청취서 중 각각 공술 기재한 내용과 나카야마 아키라·이시카와 마사미·우메키 시게오·나가쓰마 가쓰토시·세키 후토로 등의 진단서의 기재 상황에서 이를 인정할 수 있으므로 법률에 따라 판시함.

피고인 성일·수웅·순도·만룡·철남·영차랑·청길·중웅의 행위는 각 해군 형법 제68조 제2호 징역형에, 영환·성효·갑봉·철구·정언·익수·상기·상원·기용의 행위는 해군 형법 제68조 제3호 징역형에, 병렬·금석·용연·철병·덕일·동관·정일·한주·효부·태홍·우증·덕표의 행위는 해군 형법 제68조 제2호, 형법 제204조, 제54조 제1항, 해군 형법 제10조의 징역형에 해당하므로,

위 형기 내에서 성일은 징역 3년에, 수웅은 징역 4년에, 순도·만룡·철남·영차랑·청길·중웅은 각 징역 2년에, 영환은 징역 1년 6월에, 성효·갑봉·철구·정언·익수·상기·상원·기용은 각 징역 1년에, 병렬은 징역 4년에, 금석은 징역 3년 6월에, 용연·철병·덕일·동관은 각 징역 3년에, 정일·한주·효부·태홍·우증·덕표는 각 징역 2년 6월에 처함.

이에 주문과 같이 판결함.

1944년 3월 25일
구레진수부 군법회의
재판관 판사 해군 소좌 고조노 요시오(小園義雄)

재판관 법무관 해군 법무대위 마키노 스스무(牧野進)
재판관 판사 해군 주계(主計) 중위 가스가(春日) 주계

> 자료 238

## 가야누마(茅沼)광업소 집단폭행 사건[181]

홋카이도(北海道) 가야누마탄화(茅沼炭化)광업주식회사 가야누마광업소(이입 노무자 814명 취로)[182]에서 일하고 있던 조선인 노무자 동천 모(東川某)는 6월 20일 오전 3시경 만성기관지염으로 죽음에 임박한 상태에서 조선인 동료 금해 모(金海某)에게 "나는 남관료(南關寮) 요장에게 구타를 당해 죽게 되었으니 복수해 달라"라고 유언하였다(위 요장이 일찍이 여러 차례에 걸쳐 훈계하는 과정에서 구타한 적이 있지만 사망의 원인은 아님).

조선인 동료 동천에게 이 이야기를 듣고 격앙한 조선인 노무자 250명은 같은 날 오전 8시경 남관료에 몰려가 요장과 조선인 조수에게 폭행을 가하여, 요장은 전치 2주, 조수는 전치 10일에 해당하는 상해를 입히는 일이 발생해 소관 경찰서원이 진입에 나서 일단 평정을 찾았다. 그러나 다음 날 21일 주간 근무자(오전 6시)로 입갱한 조선인 노무자 4백 명이 갱내에 들어가 취로 중인 동료 전원에게 전날 밤의 불온 행동을 알려 전원이 파업을 일으켜, 그 가운데 4백 명이 오전 8시 30분에 다시 남관료에 가서 곤봉과 기왓장으로 창문 유리 등을 부쉈다.

소관 경찰서에서는 서장 이하 경찰관 15명을 현장에 급파해 일행을 진압하는 한편, 주모자로 인정되는 9명을 검거해 취조 중이다.

---

[181] 내무성 경보국, 『특고월보』 1944년 7월분.
[182] 홋카이도(北海道) 남서부 샤코탄(積丹)반도 연안인 후루우군(古宇郡) 도마리무라(泊村)에 있었던 탄광이다. 1863년 개광 이후 1964년 폐산까지 100년의 역사를 가진 장수광(長壽鑛)이자 홋카이도 최초의 탄광이기도 하다. 1939년 10월에 130명 동원을 시작으로 매년 꾸준히 동원 규모를 확대해 1944년에는 825명의 조선인이 있었던 것으로 확인된다. 1944년 이전에 계약기간 만료 등으로 귀환한 자나 1944년 이후 동원되어 온 자 등을 고려해 보면, 가야누마탄광의 전체 조선인 동원 규모는 1,000~1,500명 정도로 추정된다. 정혜경, 2013, 『홋카이도(北海道) 최초의 탄광 가야누마(茅沼)와 조선인 강제동원』, 도서출판 선인, 10-11쪽.

[자료 239]

## 일본인 사감에 대한 불만이 발단이 된 파업 및 집단폭행 사건[183]

부현청별: 화태(樺太)[184]

종별: 일본인 사감에 대한 불만이 발단이 된 파업 및 집단폭행 사건

발생 장소 및 발생·해결 월일: 나오시군(名好郡) 나오시초(名好町) 도요하타(豊畑)탄광,[185] 발생 1943년 12월 1일, 해결 1943년 12월 5일

가동 총 인원: 263명

개요: 평소 일본인 사감이 노무자에 대해 가혹한 사적 제재를 가해 사감에 대해 반감을 가지고 있었다. 그런데 일본인 사감이 "조선인 취사부가 노무자용으로 보관하고 있던 쌀 약 3되를 친동생에게 융통해 주어 부정매각을 하였다"라고 곡해하고 '쌀 부정 처분'을 구실로 취사부를 배척하므로, 일본인 사감을 배척하자고 주모자 채탄부 모씨 외 3명이 다른 노무자를 선동해 파업을 일으키고 사무소를 습격해 사감에게 폭행을 가한 후 유리창 8장을 파괴하였다.

조치: 12월 6일 전원을 평상시대로 일하도록 하고 주모자 4명을 폭력행위단속법 위반으로 검거 후 취조 중

---

183 明石博隆·松浦總三 편, 1975, 『昭和特高彈壓史』 8, 太平出版社, 181쪽.
184 가라후토. 러일전쟁 이후 일본이 점령하고 있던 남사할린을 지칭한다. 1906년 4월 1일 조약에 따라 러시아가 북위 50도 이남의 사할린과 인근 도서(면적 36,090km², 남북 길이 455.6km)를 일본에 양도함에 따라 1945년 8월까지 일본이 차지하게 되었다. 현재 러시아연방 사할린주이다.
185 도요하타탄광주식회사 소속 탄광. 1936년에 처음 개광한 탄광으로, 종래 나카무라(中村)탄광을 개칭해 1937년 4월에 작업을 개시하였다. 樺太鑛業會, 1943, 『樺太炭礦案內』, 133쪽.

| 자료 240 |

### (2) 해군징용 조선인 공원의 분쟁 발생[186]

나가사키현(長崎縣) 사세보시(佐世保市) 아이노우라초(相浦町)에 있는 사세보해군건축부(징용 조선인 공원 총수 1,580명) 제2해병단 소속 452명 가운데 80명은 2월 5일 경무장(警務長, 일본인 수위)의 허가를 얻어 숙소[寮] 안에서 군가 연습을 하고 있었다. 그런데 허가받은 사실을 알지 못한 경무계 도모나리 다다시(友成正) 외 1명이 시끄럽다고 질책하고 다시 지도자인 금자석현(金子碩鉉, 조선인)을 구타하였다. 그러자 원래 같이 있던 조선인 공원은 입단할 때부터 일급 1엔 60전이라 발표·결정한 것은 토공이나 인부의 임금보다도 적은 것이라는 점 때문에 불만을 가지고 있었는데, 이런 일이 발생하자 격앙해 헌병대에 진정해야 한다고 소란을 피우고 다른 조선인 공원 380명도 부화뇌동해 각자 숙소로 돌아가 소지품을 모두 챙겨 퇴소하겠다고 하였다. 이에 경무장이 사태가 중대함에 놀라 전체 경무계를 소집해 위무에 노력한 결과, 평정을 되찾아 다음날 16일부터 전원이 다시 일을 하게 된 일이 있다. 헌병분대에서 주모자 이하 16명을 취조한 결과, 사상적 배후 관계 등이 없고 그 외에 파급될 우려도 없지만 소관 경찰서에서는 헌병대와 협력해 동향을 주시 중에 있다.

---

186 내무성 경보국, 『특고월보』 1942년 2월분.

| 자료 241 |

미쓰비시(三菱)광업(주) 사도(佐渡)광업소 소속 조선인 광부의 저항 사례

## 1940년 4월 파업[187]

1. 분쟁 발생 연월일 및 장소: 1940년 4월 11일 및 12일, 사도광산

2. 분쟁 참가자: 윤기병(尹起炳), 홍수봉(洪壽鳳), 김성수(金聖秀) 등 97명

3. 분쟁(태업)의 상황

조선인들은 4월 10일 업무 종료 후 3월분 임금을 정산받았는데, 청부였기 때문에 일의 능률에 비교해 지급액의 차이가 발생하였다. 조선인들은 서로 정산서를 살펴보고, 숫자를 모르는 광부들은 다른 사람에게 부탁해서 자신의 소득을 확인하였다. 그런데 금액이 조선에서 약속한 조건과 달리 적었다. 도항 당시 면사무소원이나 도청의 내무과장에게 들은 조건과 차이가 컸던 것이다. 일단 합숙소[寮]로 돌아온 조선인들은 다음 날 노무계에 휴업을 통보하기로 결정하였다. 11일에 97명 전원은 입갱하라는 '권고'에 응하지 않았다. 12일에도 취로를 하지 않고 산으로 가 버려서 겨우 18명만이 입갱하였다.

4. 분쟁 발생의 원인

조선인이 태업을 일으킨 이유는 일반적으로 조선에서 들었던 조건과 실제 대우 간에 현격한 격차가 있다는 점과 그 외 여러 가지를 들 수 있다. 첫째, 조선인의 특성으로서 금전을 갖고 있으면 일을 하지 않고 놀려고 하는 마음이 생긴다는 것, 둘째, 늘 놀 생각만 하고 일할 생각을 하지 않는다는 것, 셋째, 당시 일반에 퍼져 있는 가동(稼働) 의사를 상실하였다는 것, 넷

---

[187] 사법성 형사국, 『사상월보』 제79호, 1940.

째, 늘 놀면서 일상 사무를 처리하려고 한다는 것이다.

5. 광산 측의 조치

11일 조선인의 '태업' 소식을 들은 스에쓰나(末綱) 부광산장은 조선인 전원을 협화구락부에 모이도록 하고(온순하게 지시에 따랐다고 함) 단상에 올라 훈계하였다. 그런데도 입갱하지 않자 전원을 구락부에 가둬 두고 한 명씩 별실로 불러 통역을 통해 취로를 촉구하였다. 정오까지 12명을 설득해 입갱하겠다는 약속을 받고 합숙소로 돌려보냈는데, 6명이 돌아가지 않고 달아나 다른 6명을 외근 주임(立崎)에게 인솔하도록 해 갱구에 데리고 갔는데, 일본인 노동자 199명이 같이 태업에 동참하자, 이들 6명도 마음을 돌려 입갱하지 않아 결국 12명 모두 입갱하지 않게 되었다. 남은 84명에 대해 개별적으로 설득해 보았는데, 일본인 태업 상황을 듣고 자극을 받아 대부분이 "조금이라도 대우를 개선하지 않으면 어떤 답도 할 수 없다"라고 하였다. 할 수 없이 설득을 포기하고 내일 상황을 감시하기로 하였다.

12일 아침 스에쓰나 등은 제1상애료에, 지도원(시부야(澁谷), 조선인 일본어 교사) 등은 제3상애료에 가서 기상을 재촉하며 취로를 독촉하였는데, 제1상애료에서 10명은 이미 자발적으로 일어나서 나갔고, 총 41명이 갱구에 도착해 일부는 이미 광부 작업복을 입고 있었다. 그런데 오히려 일본인 광부 116명이 입갱을 거부하는 것을 보고, 기세를 높이다가 5명의 검속자(조선인 2명, 일본인 3명)가 발생하자 놀라서 산으로 달아나 버렸다. 제3상애료의 조선인 22명은 시부야가 인솔해 갱구에 오는 도중에 5명은 탈출하고 17명이 갱구에 와서 일부가 달아났으므로, 12일의 입갱자도 결국 21명에 그쳤다. 그중에서도 3명이 갱을 탈출해 가동자는 18명이었다.

6. 경찰 측의 조치

경찰 당국은 11일, 광산 측이 조선인 광부들을 설득하고 있다는 보고를 듣고, 곧바로 주모자와 선동자의 사찰에 들어감과 동시에 검속에 나서고자 하였다. 그러나 광산 측이 온건한 방법으로 설득 중이므로 역효과를 고려해 일반적 경계에 그쳤다. 그런데 12일에도 조선인들이 입갱하지 않고 특히 갱구 부근을 순찰하던 중 주모자로 보이는 윤기병과 전날 아침 제3상애료에서 기세를 높인 홍수봉, 김성수를 검속하면서, 취로를 거부하고 달아난 자들에 대해서도 취로를 권고하였다. 그런데 당시 군중심리로 취로가 불가능한 상황이므로 일반경계를 하면서 검속한 3명을 취조하였는데, 이들 3명이 주모하거나 선동한 사실을 인정하지 않으므로 일단 합숙소로 돌려보냈다.

한편 광산 측의 취로 권고를 거부하고 산으로 도망한 자들도 오후부터 속속 합숙소로 돌아오고 있어 철저한 조치를 강구할 필요가 있다고 생각하여, 오후 5시에 주모자 또는 선동자로 생각되는 12명을 검속해서 취조를 시작하였다. 이와 동시에 다른 조선인 전원을 협화구락부에 모아놓고 관할 경찰서장과 특고과원이 설득을 한 결과 13일에는 아침에 모두 자발적으로 일어나 검속자와 부상자 3명을 제외한 82명이 전원 취로하였고, 이후 갱내 취로 상황은 매우 성적이 좋았다.

당시 일본인 노동자 측에서도 임금인상을 요구해 경찰 당국이 광산 측에 대우개선 고려를 요청하자 광산 측에서는 「임금거치령」에 따라 주무 관청[省]과 여러 차례 절충했으나 인가를 받기 어렵다고 하여, 다음의 사항에 대해 광산 측에 고려할 것을 요청하고, 이후 실행 상황을 감시하기로 하였다.

대우개선 조건: 청부임금을 업무 내용에 반영해 실질적으로 임금 향상을 도모할 것. 지카타비(足袋)[188] 대금 1엔 80전짜리를 1엔으로, 1엔 14전짜리를 80전으로, 70전짜리를 50전으로 지급할 것. 카바이트 대금 19전을 15전으로 지급할 것. 식료 개선을 도모할 것. 복리시설을 실시할 것

### 7. 조선인 등 태업의 영향

사도광산은 노무자 2천여 명 가운데 이주 조선인이 97명인데, 당시 제2차 모집 조선인 250명이 입산하게 되어 있으므로 태업에 미칠 영향을 매우 중요하다고 파악하였다. 11일과 12일 양일에 걸쳐 전 광산노무자에 대해 큰 동요를 주어 11일과 같은 일본인 노무자 99명의 태업을 유발하고 12일에 경찰 측의 진압에 따라 입갱한 것과 같이 질서를 지키지 않는 군집행동

---

[188] 발가락 사이가 갈라진 작업 신발.

이 될 가능성에 대해 장래에 대책이 필요하고 새로이 입산할 조선인 등에 대한 대책 차원에서도 고려해야 하므로 단호한 조치를 강구할 필요가 있다.

경찰 당국은 검속자 가운데 홍수봉이 소정의 훈련소에서 성실하지 않고 매우 훈련을 방해하며 반항적 의사가 강하였고, 윤기병은 아예 훈련소에 출석하지 않았으며, 임계택은 체격이 빈약해 가동 능력이 떨어져 앞으로 높은 임금을 받을 가능성이 없으며 이로 인해 불평불만의 근원이 될 수 있다고 판단하였다. 이들 3명에 대해 선동적 책동을 한다고 인정해 본적지로 송환하기로 하였다.

[자료 242]

미쓰비시(三菱)광업(주) 사도(佐渡)광업소 소속 조선인 광부의 저항 사례

## 1943년 3~5월 작업장 탈출 등

1943년 3월 14일: 미쓰비시광업(주) 사도광산 이입 조선인 노무자 신전석진(新田錫陳) 외 1명이 3월 16일 작업장을 탈출하였다가 29일에 검거되어 노무조정령 위반으로 관할 검사국으로 송국.

4월 25일: 미쓰비시광업(주) 사도광산 이입 조선인 노무자 금산정치(金山政治, 당시 19세)가 1943년 2월 27일 탈출하였다가 4월 18일에 검거되어 노무조정령 위반으로 관할 검사국으로 송국.

4월 22일: 니가타현(新潟縣)에서 노무조정령 위반 혐의로 송국 중이던 이입 조선인 노무자 고도중철(高島重哲)에 대해 벌금 100엔을 언도(확정).

5월 10일: 미쓰비시광업(주) 사도광산 이입 조선인 노무자 천본영석(川本榮錫, 당시 35세)이 5월 1일에 탈출하였다가 3일에 검거되어 노무조정령 위반으로 관할 검사국으로 송국.

> **자료 243**
>
> 미쓰비시(三菱)광업(주) 사도(左渡)광업소 소속 조선인 광부의 저항 사례

### 니가타현(新潟縣) 경찰부장, 「이주 조선인 노동자 도주 소재 불명 수배 건 (1941년 4월)」[189]

고외비(高外秘) 제1667호

1941년 4월 19일

경찰부장

관하 각 경찰서장 앞


「이주 조선인 노동자 도주 소재 불명 수배 건」


니가타현에서 취로 중인 노동자 중 아래 표의 노동자 2명이 도주해 소재를 알 수 없으므로 수배를 통보하오니, 수배 발견에 노력해 주실 것을 다음과 같이 통첩한다.


본적: 충남 논산군 벌곡면 사형리

주소: 사도군 아이카와마치(相川町) 미쓰비시 사도광업소

이름, 나이: 광산부 우상문(禹相文), 당 23세

인상: 키 5척 4촌, 체중 근육, 얼굴이 둥글고, 머리카락이 길며, 모발이 가늘고, 얼굴이 검붉은 편, 모자를 쓰지 않았고 고무 지카타비와 청색 작업복을 입었음.

비고: 현금 20엔을 가지고 있고, 일본어는 하지 못하며, 아이카와 경찰서가 발행한 공화(共和)회원증 113호 휴대 중.


본적: 충남 부여군 양암면 석동리

---

[189] 화태청 소장 경찰서 기록물, GIASO 1i-1-123, 431-434장.

주소: 사도군 아이카와마치 미쓰비시 사도광업소

이름, 나이: 산본태욱(山本泰旭), 당 25세

인상: 키 5척 3촌, 얼굴이 약간 검고, 뚱뚱한 편, 국방색 옷(회사가 지급)과 양복 상하의를 입었고 모자를 쓰지 않았으며 고무화[190]를 신었음.

비고: 현금 20엔을 가지고 있고, 일본어는 하지 못하며, 회원증은 없음.

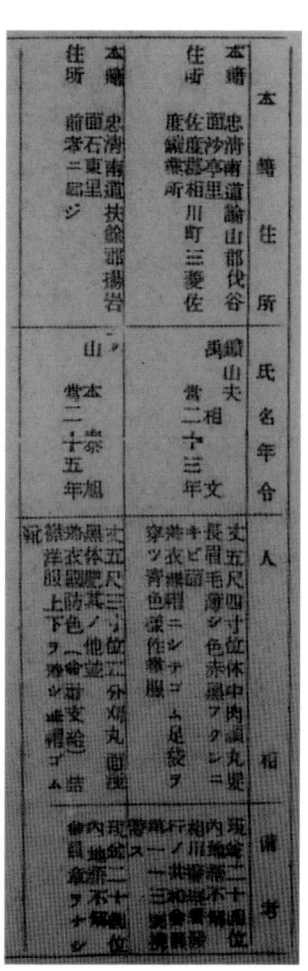

[그림 25] GIASO 1i-1-123, 431장    [그림 26] GIASO 1i-1-123, 434장

---

190 고무 지카타비를 의미.

## 자료 목록

### 수록 법령 및 각의결정 등의 목록

| 자료<br>번호 | 법령 및 각의결정 등의 명칭 | 형태 | 제정·공포·<br>결정일 | 본문<br>쪽수 |
|---|---|---|---|---|
| 1 | 조선자원조사위원회 규정 | 조선총독부내훈 | 1930. 6. 9. | 70 |
| 2 | 조선자원조사위원회 규정 중 개정 | 조선총독부내훈 | 1930. 12. 16. | 72 |
| 3 | 조선중앙정보위원회 규정 | 조선총독부훈령 | 1937. 7. 22. | 74 |
| 4 | 조선총독부 사무분장 규정 중 개정 | 조선총독부훈령 | 1937. 9. 1. | 76 |
| 5 | 조선총독부 사무분장 규정 중 개정 | 조선총독부훈령 | 1938. 9. 28. | 78 |
| 6 | 조선총독부 기획부 임시설치제 | 칙령 | 1939. 11. 28. | 80 |
| 7 | 조선총독부 사무분장 규정 중 개정 | 조선총독부훈령 | 1939. 11. 29. | 82 |
| 8 | 조선총독부 기획부 임시설치제 중 개정 | 칙령 | 1940. 1. 30. | 85 |
| 9 | 조선총독부 기획부 임시설치제 중 개정 | 칙령 | 1940. 6. 25. | 87 |
| 10 | 조선총독부 사무분장 규정 중 개정 | 조선총독부훈령 | 1940. 7. 1. | 89 |
| 11 | 조선총독부 부내 임시직원설치제 중 개정 | 칙령 | 1940. 8. 20. | 91 |
| 12 | 조선총독부 사무분장 규정 중 개정 | 조선총독부훈령 | 1940. 10. 16. | 93 |
| 13 | 행정사무 쇄신강화에 관한 건 | 각의결정 | 1941. 7. 25. | 95 |
| 14 | 조선총독부 관제 중 개정 | 칙령 | 1941. 11. 18. | 98 |
| 15 | 조선총독부 사무분장 규정 중 개정 | 조선총독부훈령 | 1941. 11. 19. | 100 |
| 16 | 조선총독부 관제 중 개정 | 칙령 | 1942. 11. 1. | 102 |
| 17 | 조선총독부 사무분장 규정 중 개정 | 조선총독부훈령 | 1942. 11. 1. | 105 |
| 18 | 조선총독부 철도국 사무분장 규정 중 개정 | 조선총독부훈령 | 1942. 11. 1. | 108 |
| 19 | 조선총독부 사무분장 규정 중 개정 | 조선총독부훈령 | 1943. 9. 30. | 111 |
| 20 | 조선총독부 관제 중 개정 | 칙령 | 1943. 11. 30. | 113 |
| 21 | 조선총독부 사무분장 규정 중 개정 | 조선총독부훈령 | 1943. 12. 1. | 115 |
| 22 | 조선총독부 사무분장 규정 중 개정 | 조선총독부훈령 | 1944. 11. 22. | 119 |
| 23 | 조선총독부 사무분장 규정 중 개정 | 조선총독부훈령 | 1945. 4. 17. | 121 |
| 24 | 조선총독부 부내 임시직원 설치제 중 개정 | 칙령 | 1938. 11. 8. | 123 |
| 25 | 조선총독부 사무분장 규정 중 개정 | 조선총독부훈령 | 1938. 11. 12. | 125 |
| 26 | 조선총독부 부내 임시직원 설치제 중 개정 | 칙령 | 1940. 2. 2. | 127 |
| 27 | 조선총독부 사무분장 규정 중 개정 | 조선총독부훈령 | 1940. 2. 3. | 129 |
| 28 | 국민정신총동원실시요강 | 각의결정 | 1937. 8. 24. | 131 |
| 29 | 국민정신총동원위원회 규정 | 조선총독부훈령 | 1939. 4. 17. | 134 |

| 자료번호 | 법령 및 각의결정 등의 명칭 | 형태 | 제정·공포·결정일 | 본문쪽수 |
|---|---|---|---|---|
| 30 | 국민정신총동원기구개조요강 | 각의결정 | 1940. 4. 16. | 136 |
| 31 | 국민총력운동지도위원회 규정 | 조선총독부훈령 | 1940. 10. 16. | 139 |
| 32 | 조선총독부훈령 제21호 폐지 | 조선총독부훈령 | 1940. 10. 16. | 141 |
| 33 | 국민총력운동지도위원회 규정 중 개정 | 조선총독부훈령 | 1942. 11. 30. | 143 |
| 34 | 조선총독부 도사무분장 규정 중 개정 | 조선총독부훈령 | 1938. 6. 23. | 145 |
| 35 | 조선총독부 지방관 관제 중 개정 | 칙령 | 1940. 4. 9. | 147 |
| 36 | 조선총독부 도사무분장 규정 중 개정 | 조선총독부훈령 | 1940. 10. 21. | 149 |
| 37 | 조선총독부 도사무분장 규정 중 개정 | 조선총독부훈령 | 1941. 11. 19. | 151 |
| 38 | 조선총독부 지방관 관제 중 개정 | 칙령 | 1943. 11. 30. | 153 |
| 39 | 조선총독부 도사무분장 규정 중 개정 | 조선총독부훈령 | 1943. 12. 1. | 155 |
| 40 | 부제 중 개정 | 제령 | 1943. 6. 9. | 157 |
| 41 | 경성부 사무분장 규정 중 개정 | 조선총독부훈령 | 1943. 12. 1. | 159 |
| 42 | 정회에 관한 건 | 조선총독부령 | 1944. 10. 15. | 162 |
| 43 | 읍면제 시행규칙 중 개정 | 조선총독부령 | 1944. 10. 15. | 164 |
| 44 | 읍면처무규정 중 개정 | 규정 | 1940. 11. 27. | 166 |
| 45 | 조선총독부 중견청년수련소 규정 | 조선총독부령 | 1939. 4. 20. | 192 |
| 46 | 조선총독부 중견청년수련소 규정 중 개정 | 조선총독부령 | 1940. 5. 3. | 196 |
| 47 | 조선총독부 사무분장 규정 중 개정 | 조선총독부훈령 | 1941. 11. 19. | 198 |
| 48 | 조선총독부 징병제시행준비위원회 규정 | 조선총독부훈령 | 1942. 5. 11. | 200 |
| 49 | 조선총독부 사무분장 규정 중 개정 | 조선총독부훈령 | 1942. 11. 1. | 202 |
| 50 | 조선총독부 사무분장 규정 중 개정 | 조선총독부훈령 | 1943. 12. 1. | 204 |
| 51 | 조선총독부 사무분장 규정 중 개정 | 조선총독부훈령 | 1944. 11. 22. | 207 |
| 52 | 조선총독부 사무분장 규정 중 개정 | 조선총독부훈령 | 1945. 4. 17. | 209 |
| 53 | 청년학교 규정 | 조선총독부령 | 1945. 3. 31. | 211 |
| 54 | 국민의용대 조직에 관한 건 | 각의결정 | 1945. 3. 23. | 219 |
| 55 | 국민의용대 조직에 관한 건 | 각의결정 | 1945. 4. 2. | 223 |
| 56 | 국민의용대 조직에 관한 건 | 각의결정 | 1945. 4. 13. | 225 |
| 57 | 국민의용대 조직·운영 지도에 관한 건 | 각의결정 | 1945. 4. 27. | 227 |
| 58 | 국민의용대협의회 설치에 관한 건 | 각령 | 1945. 4. 27. | 230 |
| 59 | 국민의용전투대원에 관한 육군형법, 해군형법, 육군군법회의법 및 해군군법회의법의 적용에 관한 건 | 법률 | 1945. 6. 22. | 232 |
| 60 | 국민의용전투대 통솔령 | 군령 | 1945. 6. 23. | 235 |
| 61 | 국민의용대협의회 및 국민의용대 사무국(가칭)설치에 관한 건 | 각령 | 1945. 6. 26. | 241 |
| 62 | 유고 | 유고 | 1945. 7. 7. | 243 |
| 63 | 내각에 국민의용대 순열(巡閱)을 설치하는 건 | 칙령 | 1945. 8. 15. | 247 |
| 64 | 국민의용대 해산에 관한 건 | 각의결정 | 1945. 8. 21. | 249 |
| 65 | 조선총독부 체신국 해원양성소 규정 중 개정 | 조선총독부령 | 1940. 5. 11. | 251 |
| 66 | 조선총독부 체신국 고등해원양성소 규정 중 개정 | 조선총독부령 | 1942. 1. 12. | 253 |

| 자료번호 | 법령 및 각의결정 등의 명칭 | 형태 | 제정·공포·결정일 | 본문쪽수 |
|---|---|---|---|---|
| 67 | 조선총독부 체신국 해원양성소 규정 | 조선총독부령 | 1943. 3. 19. | 255 |
| 68 | 조선총독부 체신국 보통해원양성소 규정 | 조선총독부령 | 1943. 8. 14. | 259 |
| 69 | 조선총독부 체신국 해원양성소 규정 중 개정 | 조선총독부령 | 1943. 8. 14. | 262 |
| 70 | 조선총독부 체신국 고등해원양성소 규정 중 개정 | 조선총독부령 | 1943. 8. 14. | 265 |
| 71 | 조선총독부 부내 임시직원 설치제 중 개정 | 칙령 | 1943. 11. 30. | 268 |
| 72 | 조선총독부 교통국 사무분장 규정 | 조선총독부훈령 | 1943. 12. 1. | 271 |
| 73 | 포로정보국 관제 | 칙령 | 1941. 12. 27. | 274 |
| 74 | 포로수용시설 실시에 관한 건 | | 1942. 4. 27. | 277 |
| 75 | 조선포로수용소 분소 설치의 건 보고 | | 1942. 7. 27. | 279 |
| 76 | 남방포로수용소요원의 파견 및 조선포로수용소 개설의 건 보고 | | 1942. 8. 28. | 281 |
| 77 | 포로수용소에 관한 명령제출(송부)의 건 | | 1942. 9. 3. | 285 |
| 78 | 조선총독부 도사무분장 규정 중 개정 | 조선총독부훈령 | 1943. 12. 1. | 289 |
| 79 | 부제 시행규칙 중 개정 | 조선총독부령 | 1943. 6. 9. | 292 |
| 80 | 경성부 사무분장 규정 | 조선총독부훈령 | 1943. 12. 1. | 294 |
| 81 | 사변 중 현역병으로 징집된 자의 대우에 관한 건 | 규정 | 1940. 7. 1. | 297 |
| 82 | 조선총독부 사무분장 규정 중 개정 | 조선총독부훈령 | 1937. 7. 16. | 337 |
| 83 | 조선총독부 사무분장 규정 중 개정 | 조선총독부훈령 | 1939. 2. 7. | 339 |
| 84 | 조선총독부 관제 중 개정 | 칙령 | 1939. 8. 2. | 341 |
| 85 | 조선총독부 사무분장 규정 중 개정 | 조선총독부훈령 | 1939. 8. 3. | 343 |
| 86 | 국민정신총동원 근로보국운동에 관한 건 | 통첩 | 1938. 7. 1. | 346 |
| 87 | 근로보국대 출동에 관한 건 | 통첩 | 1943. 5. 29. | 352 |
| 88 | 조선총독부 사무분장 규정 중 개정 | 조선총독부훈령 | 1941. 3. 13. | 355 |
| 89 | 조선총독부 사무분장 규정 중 개정 | 조선총독부훈령 | 1941. 11. 19. | 357 |
| 90 | 사정국 및 식산국 근무 칙임사무관의 직무에 관한 건 | 조선총독부훈령 | 1941. 11. 19. | 360 |
| 91 | 조선총독부 사무분장 규정 중 개정 | 조선총독부훈령 | 1942. 11. 1. | 362 |
| 92 | 조선총독부 관제 중 개정 | 칙령 | 1943. 11. 30. | 366 |
| 93 | 조선총독부 사무분장 규정 중 개정 | 조선총독부훈령 | 1943. 12. 1. | 368 |
| 94 | 국민동원기구에 관한 건 | 각의결정 | 1943. 12. 7. | 372 |
| 95 | 조선총독부 사무분장 규정 중 개정 | 조선총독부훈령 | 1944. 10. 15. | 375 |
| 96 | 조선총독부 근로동원본부 규정 | 조선총독부훈령 | 1944. 10. 15. | 378 |
| 97 | 조선총독부 사무분장 규정 중 개정 | 조선총독부훈령 | 1944. 11. 22. | 381 |
| 98 | 조선총독부 사무분장 규정 중 개정 | 조선총독부훈령 | 1945. 1. 27. | 383 |
| 99 | 조선총독부 근로동원본부 규정 중 개정 | 조선총독부훈령 | 1945. 2. 2. | 386 |
| 100 | 조선총독부 중앙농업수련도장 규정 | 조선총독부령 | 1945. 3. 31. | 388 |
| 101 | 조선총독부 사무분장 규정 중 개정 | 조선총독부령 | 1945. 3. 31. | 391 |
| 102 | 조선총독부 사무분장 규정 중 개정 | 조선총독부훈령 | 1945. 4. 17. | 393 |
| 103 | 조선여자청년연성소 규정 | 조선총독부령 | 1944. 2. 10. | 396 |
| 104 | 조선여자청년연성소 규정 중 개정 | 조선총독부령 | 1945. 3. 28. | 401 |

| 자료번호 | 법령 및 각의결정 등의 명칭 | 형태 | 제정·공포·결정일 | 본문쪽수 |
|---|---|---|---|---|
| 105 | 조선총독부 학도동원본부 규정 | 조선총독부훈령 | 1944. 4. 28. | 403 |
| 106 | 선만척식주식회사령 | 제령 | 1936. 6. 4. | 406 |
| 107 | 조선총독부 이민위원회 규정 | 조선총독부훈령 | 1939. 2. 22. | 413 |
| 108 | 조선총독부 이민위원회 규정 중 개정 | 조선총독부훈령 | 1939. 8. 31. | 415 |
| 109 | 만주개척청년의용대훈련본부에 관한 건 | 칙령 | 1940. 3. 29. | 417 |
| 110 | 조선총독부 만주개척민지원자훈련소 규정 | 조선총독부령 | 1940. 4. 10. | 420 |
| 111 | 조선총독부 만주개척민지원자훈련소 관제 | 칙령 | 1940. 6. 4. | 424 |
| 112 | 선만척식주식회사령 폐지의 건 | 제령 | 1941. 12. 20. | 426 |
| 113 | 조선직업소개령 | 제령 | 1940. 1. 11. | 428 |
| 114 | 조선총독부 직업소개소 관제 | 칙령 | 1940. 1. 19. | 431 |
| 115 | 조선직업소개령 시행기일의 건 | 조선총독부령 | 1940. 1. 20. | 433 |
| 116 | 조선직업소개령 시행규칙 | 조선총독부령 | 1940. 1. 20. | 435 |
| 117 | 조선총독부 직업소개소의 명칭, 위치 및 관할구역 | 조선총독부령 | 1940. 1. 20. | 449 |
| 118 | 조선총독부 직업소개소 관제 중 개정 | 칙령 | 1940. 11. 8. | 451 |
| 119 | 조선총독부 직업소개소의 명칭, 위치 및 관할구역 | 조선총독부령 | 1940. 12. 14. | 453 |
| 120 | 조선총독부 부내 임시직원설치제 외 26칙령 중 개정 | 칙령 | 1942. 11. 1. | 455 |
| 121 | 조선직업소개령 시행규칙 중 개정 | 조선총독부령 | 1945. 6. 13. | 457 |
| 122 | 조선총독부 도사무분장 규정 중 개정 | 조선총독부훈령 | 1943. 12. 1. | 459 |
| 123 | 조선총독부 도사무분장 규정 중 개정 | 조선총독부훈령 | 1944. 10. 15. | 462 |
| 124 | 부제 시행규칙 중 개정 | 조선총독부령 | 1943. 6. 9. | 464 |
| 125 | 경성부 사무분장 규정 | 조선총독부령 | 1943. 12. 1. | 466 |
| 126 | 경성부 사무분장 규정 중 개정 | 조선총독부령 | 1944. 10. 15. | 469 |

## 신문 기사 목록

| 자료번호 | 신문 기사 제목 | 신문명 | 게재일 | 본문쪽수 |
|---|---|---|---|---|
| 127 | 기획부를 신설, 전시체제의 정비에 당면해, 본부의 기구 개혁 내년 봄 실시하나 | 경성일보 | 1938. 11. 3. | 484 |
| 128 | 확충 후 본부의 신기구, 폐합으로 12과 신설 | 경성일보 | 1938. 11. 19. | 485 |
| 129 | 기획부 신설 머지 않아 실시, 호즈미(穗積) 식산국장 | 경성일보 | 1939. 9. 11. | 487 |
| 130 | 기획부의 새 설치 머지않아 각의에서 결정, 관제 이달 말까지 공포 | 경성일보 | 1939. 11. 15. | 488 |
| 131 | 본부에 조사과 신설 | 경성일보 | 1939. 11. 16. | 489 |
| 132 | 본부에 기획부 신설 | 경성일보 | 1939. 11. 21. | 490 |
| 133 | 신설의 기획부 관제 25일 공포, 즉일 실시 | 경성일보 | 1939. 11. 22. | 491 |
| 134 | 기획부 관제 오는 25일에 공포 | 조선일보 | 1939. 11. 22. | 492 |
| 135 | 기획부 관제안 추밀원 본회의에 상정 가결 | 경성일보 | 1939. 11. 23. | 494 |

| 자료번호 | 신문 기사 제목 | 신문명 | 게재일 | 본문쪽수 |
|---|---|---|---|---|
| 136 | 본부 기획부 관제 오늘 공포, 총동원계획에 획기적 의의 | 경성일보 | 1939. 11. 30. | 495 |
| 137 | 총동원 기구 확충차 기획부를 신설—오노(大野) 정무총감 담화 | 조선일보 | 1939. 11. 30. | 499 |
| 138 | 총동원 사무 확대에 따라 기획부에 1과 신설, 초대 과장은 야스다(安田) 연료과장이 겸임 | 경성일보 | 1940. 7. 2. | 502 |
| 139 | 총독부 기구의 개혁 완성, 식산국 기획부를 개조, 후생·사정 양국 신설, 내무국 외사부는 폐지 | 경성일보 | 1941. 11. 19. | 504 |
| 140 | 반도 신체제에 즉응 국민총력과 신설, 물적 농진운동을 관할 | 경성일보 | 1940. 10. 16. | 508 |
| 141 | 행정간소화실시안 발표, 중앙과 지방을 통해 칙임 3할 감축 | 경성일보 | 1942. 7. 29. | 509 |
| 142 | 조선 행정간소화안 발표, 후생국·기획부를 폐지, 중앙·지방을 통틀어 감원 1만 2천, 10월 1일 일제 발령 | 경성일보 | 1942. 8. 22. | 511 |
| 143 | 행정기구 중점 재편, 청신 통리의 전개로, 9월 중순 본부 대이동을 단행 | 경성일보 | 1942. 8. 25. | 514 |
| 144 | 총독부 기구 개정 단행, 새로운 총무국을 설치, 후생국 기획부는 폐지, 오늘 공포 즉일 실시 | 경성일보 | 1942. 11. 1. | 516 |
| 145 | 총독부의 기구 개혁, 총무국 신설의 의의 크다 | 경성일보 | 1942. 11. 1. | 520 |
| 146 | 반도 행정기구 개혁 완성, 광공·농상 2국도 신설, 총무 등 6국 폐지 | 경성일보 | 1943. 10. 20. | 523 |
| 147 | 총독부 새 기구 오늘 실시, 말단행정의 강화 단행, 3국을 신설, 5국을 폐지 | 경성일보 | 1943. 12. 1. | 526 |
| 148 | 반도 방공에 철통의 진, 1일 자 발령, 공습에 대비해 방위총본부 설치, 본부장에 정무총감 | 경성일보 | 1944. 2. 2. | 532 |
| 149 | 전 반도 황국호지로 총궐기, 국민의용대조직요강 발표되다-지역·직역의 양 조직, 화급시에는 전투대로, 연맹 등은 해소·합류, 본부에 조선총사령부, 핵심적 활동을 기대, 전 직원 직임을 사수 | 경성일보 | 1945. 6. 17. | 535 |
| 150 | 국민의용대 조선총사령부 결성, 철벽진 이루다, 총사령에 엔도(遠藤) 정무총감 | 경성일보 | 1945. 7. 8. | 545 |
| 151 | 조선에도 경제경찰, 약 3백 명의 경찰관 증원 | 경성일보 | 1938. 7. 12. | 548 |
| 152 | 경제경찰제도 창설비, 대장성에서 대삭감 | 경성일보 | 1938. 7. 22. | 550 |
| 153 | 경제경찰령 및 석유규정을 실시 | 경성일보 | 1938. 9. 11. | 551 |
| 154 | 조선의 경제경찰 드디어 다음 달 개시 | 경성일보 | 1938. 9. 28. | 552 |
| 155 | 경제경찰법 5일 공포 실시 | 경성일보 | 1938. 11. 3. | 553 |
| 156 | 경제경찰제도 공포는 9일 | 경성일보 | 1938. 11. 6. | 554 |
| 157 | 조선경제경찰령 오늘 공포 즉일 실시 | 경성일보 | 1938. 11. 10. | 555 |
| 158 | 전 조선 경경진(經警陳)의 강력 재편제를 단행, 총독부, 각 도에 독립 과를 신설 | 경성일보 | 1939. 12. 21. | 559 |
| 159 | 총독부에 1과 위시, 전 조선 각 도에 경제경찰과, 1월 중순경 일제히 설치 | 조선일보 | 1939. 12. 21. | 561 |
| 160 | 경제경찰 확충-미하시(三橋) 경무국장 담화 | 경성일보 | 1940. 2. 4. | 563 |
| 161 | 반도 경제경찰제의 중추, 경기도 경제경찰과 드디어 활동 개시 | 경성일보 | 1938. 11. 10. | 565 |
| 162 | 시국총동원과 신설 | 경성일보 | 1938. 7. 21. | 566 |
| 163 | 총동원과를 폐지하고 국민총력과 신설 | 경성일보 | 1940. 10. 30. | 567 |
| 164 | 국민총력과 신설, 경성부 신체제를 이루다 | 경성일보 | 1940. 11. 3. | 568 |
| 165 | 부(府)에 총력과 신설 | 경성일보 | 1941. 1. 14. | 569 |
| 166 | 조선군도 새 직제, 내지의 4군관구 설치와 함께 | 경성일보 | 1940. 7. 14. | 570 |
| 167 | 징병제 시행에 대응, 준비위원회 기구 확충, 정보과 발표 | 경성일보 | 1942. 9. 16. | 572 |
| 168 | 각 도에 수송보안과, 경기·경남·평남·함북에 병사과, 도경찰부 기구 개혁 | 경성일보 | 1944. 6. 21. | 576 |

| 자료번호 | 신문 기사 제목 | 신문명 | 게재일 | 본문쪽수 |
|---|---|---|---|---|
| 169 | 경기·평남·경북에 학무부를 신설, 현재 심의 중 | 경성일보 | 1938. 6. 1. | 579 |
| 170 | 드디어 광산국 설치, 식산국의 방침 결정, 내년도 예산에 소요경비 요구 | 경성일보 | 1939. 7. 12. | 581 |
| 171 | 일반행정 관계상 본부 광산국의 설치는 신중한 검토가 필요 | 경성일보 | 1940. 9. 17. | 582 |
| 172 | 본부에 노무과를 신설, 노동력[勞力] 총동원에 만전, 국책사업에 인적자원을 공급 | 매일신보 | 1940. 7. 29. | 583 |
| 173 | 국가총동원법의 운용범위 확대, 노무자 조정에 복음 | 매일신보 | 1940. 7. 29. | 585 |
| 174 | 본부 노무과 설치, 내년도 예산 요구 | 경성일보 | 1940. 10. 29. | 586 |
| 175 | 총독부에 후생국, 내년도부터 실현 | 경성일보 | 1940. 11. 1. | 588 |
| 176 | 후생국에 5과, 국민체육법은 1942년부터 | 경성일보 | 1941. 1. 14. | 589 |
| 177 | 노무과 신설, 4월 초에는 드디어 실현 | 경성일보 | 1941. 2. 22. | 590 |
| 178 | 내무국에 노무과 신설, 초대 과장에 하야시(林) 사회과장 기용 | 경성일보 | 1941. 3. 15. | 591 |
| 179 | 노무행정의 약진-고타키(上瀧) 내무국장 담화 | 경성일보 | 1941. 3. 15. | 593 |
| 180 | 지하자원의 대갱광, 총독부 기구 개혁 2부국의 신설, 법제국과 절충 진행 | 경성일보 | 1941. 6. 15. | 595 |
| 181 | 후생국과 광산부 드디어 실현하기로 결정 | 경성일보 | 1941. 10. 11. | 596 |
| 182 | 광산부에 대신해 관계 3과를 신설, 칙임 사무관을 두고, 후생국은 원안대로 통과 실현 | 경성일보 | 1941. 10. 25. | 598 |
| 183 | 조선총독부 관제 중 개정의 건 전원일치 가결, 오늘 추밀원 본회의 | 경성일보 | 1941. 11. 13. | 600 |
| 184 | 근로동원본부를 총독부와 각 도에 설치, 본부장에 정무총감, 광공국에 3과 | 경성일보 | 1944. 10. 15. | 601 |
| 185 | 본부와 도에 근로동원본부, 행정기구 강화, 동원태세 전면 쇄신 15일 실시 | 매일신보 | 1944. 10. 15. | 604 |
| 186 | 총독부와 각 도에 학도동원본부, 학교별 동원기준 결정, 조선총독부 학도동원본부 규정, 본부장 정무총감 | 경성일보 | 1944. 4. 28. | 609 |
| 187 | 중앙지도본부 설치, 학도동원에 만전의 태세 | 경성일보 | 1943. 6. 27. | 613 |
| 188 | 6직업소개소를 국영으로 이관, '노동소개소'로 개칭 | 경성일보 | 1939. 1. 22. | 615 |
| 189 | 6소개소를 국영 이관 7월 1일부터 실시 | 경성일보 | 1939. 2. 4. | 616 |
| 190 | 부영 직업소개소 우선 6개소 국영으로 | 경성일보 | 1939. 11. 24. | 617 |
| 191 | 직업소개령 오는 12월 중 공포, 노무취직으로 부임시는 부읍면에서 여비를 선대(先貸) | 조선일보 | 1939. 11. 26. | 619 |
| 192 | 전 조선 직업소개소 드디어 국영이관 실시, 11일 제령 공포 | 경성일보 | 1940. 1. 12. | 621 |
| 193 | 조선직업소개소령 실시에 대해, 오다케(大竹) 내무국장 담화를 발표, 산업전사 조정으로 | 경성일보 | 1940. 1. 23. | 624 |
| 194 | 조선노무협회 설립, 첫 사업은 알선지도자 양성, 유휴노동력 활용에 만전책 | 경성일보 | 1941. 3. 14. | 629 |
| 195 | 노무협회를 신설하고 노동력 활용에 만전, 각 도에 지부 월말까지 탄생 | 경성일보 | 1941. 6. 11. | 631 |
| 196 | 조선노무협회 탄생, 회장은 총감, 총독부에 본부 설치, 오늘 창립총회를 개최 | 경성일보 | 1941. 6. 29. | 633 |
| 197 | 노무협회 오늘 창립, 노무 수급의 적정을 기도 | 매일신보 | 1941. 6. 29. | 636 |
| 198 | 교양과 훈련을 강화코자 노무자들 동원 관리, 지도의 총본영 노무협회 결성 | 매일신보 | 1941. 6. 29. | 639 |
| 199 | 젊은 생산확충 전사의 훈련소를 설치 | 경성일보 | 1941. 7. 5. | 641 |
| 200 | 선만척식훈련소, 강원도 세포에 오늘 개소식을 거행, 미나미(南) 총독 훈시[告辭] | 경성일보 | 1938. 7. 29. | 642 |
| 201 | 만주 개척 지원자 훈련소를 머지않아 국영으로 이관, 오는 5일에 관제 공포 | 경성일보 | 1940. 6. 4. | 645 |
| 202 | 만척과 선척 합병, 오늘 가조인식 | 경성일보 | 1941. 4. 2. | 646 |
| 203 | 경북에 이민훈련소, 곤란을 극복하고 설치 | 경성일보 | 1939. 8. 7. | 648 |

| 자료번호 | 신문 기사 제목 | 신문명 | 게재일 | 본문쪽수 |
|---|---|---|---|---|
| 204 | 4도에 산업부를 신설, 황해·전북·강원·함남·평남·평북 6도에서 | 경성일보 | 1938. 2. 5. | 649 |
| 205 | 평남 외 5도에 산업부 신설 | 경성일보 | 1938. 2. 19. | 651 |
| 206 | 각 도에 산업부 설치 | 경성일보 | 1938. 3. 29. | 652 |
| 207 | 도 산업부의 신설 드디어 실현, 행정기구도 개혁 | 경성일보 | 1938. 4. 15. | 653 |
| 208 | 사회과 독립, 인천부회 무사 가결 | 경성일보 | 1938. 7. 7. | 655 |
| 209 | 군(郡)의 기구를 쇄신, 서무를 폐하고 권업진을 강화, 황해도 당국의 영단 | 경성일보 | 1940. 7. 14. | 656 |
| 210 | 총력운동의 강화로 군의 기구 개혁, 서무과 폐지, 권업과 신설 | 경성일보 | 1940. 12. 22. | 658 |
| 211 | 각 도에 노무관 설치, 근로관리를 쇄신 강화, 조만간 통첩 | 경성일보 | 1943. 7. 23. | 660 |

## 전시동원과 민중의 대응 관련 자료 목록

| 번호 | 자료 제목 | 출처 | 기타 | 본문쪽수 |
|---|---|---|---|---|
| 212 | 4. 노무동원에 따른 민심의 동향 및 지도·단속 상황에 대하여(1944년 제85회 제국의회 설명자료(司計)) | 『일제하전시체제정책사료총서』 제21권, 2000, 한국학술정보 | | 683 |
| 213 | (극비)국민동원계획에 따른 이입 조선인 노무자 및 일본 거주 조선인의 주의 동향(1944년 10월) | 내무성 경보국 보안과, 『다네무라씨경찰참고자료(種村氏警察參考資料)』 제107집 | | 685 |
| 214 | 도요하라(豊原) 경찰서장, 「풍고선비(豊高鮮秘) 제653호(1942년 10월 13일)」 | 화태청(樺太廳) 소장 경찰서 기록물, GIASO∏154 | | 699 |
| 215 | 조사-국민징용령 위반사건 개요 | 고등법원검사국, 『고등검찰요보』 제10호, 1944년 12월, 5~11쪽 | | 701 |
| 216 | 징병기피를 목적으로 한 집단폭행사건(대구검사정 보고) | 고등법원검사국, 『고등검찰요보』 제8호, 1944년 10월, 38~41쪽 | | 707 |
| 217 | 특별지원병을 지원하지 않는 학도는 어떻게 조치하는가(학도지원병 거부(응징학도, 학도응징)-1944년 제86회 제국의회 설명자료(학무)) | 『일제하전시체제정책사료총서』 제21권 | | 712 |
| 218 | 『1941년 4월~1944년 7월 천내공장제3호회전요관계도면기타(川內工場第三號回轉窯關係圖面其他)』, 기술과 문서, 6~10쪽(학도지원병 거부(응징학도, 학도응징)-조선오노다시멘트제조(주) 자료 | 조선오노다시멘트제조(주) 내부 문서 | 개인 소장 | 714 |
| 219 | 「1944년 4월 생산관계조서, 천내공장」, 영업부 생산과, 『1941년 12월~1945년 3월 조선천내공장왕복(朝鮮川內工場往復)』, 8~10쪽(학도지원병 거부(응징학도, 학도응징)-조선오노다시멘트제조(주) 자료 | 조선오노다시멘트제조(주) 내부 문서 | 개인 소장 | 724 |
| 220 | 학도지원병의 전과(戰果) 거두다-비지원자는 징용, 황민으로 재연성(학도지원병 거부(응징학도, 학도응징)-1943년 11월 22일 신문 기사 | 《경성일보》1943년 11월 22일 자 | | 731 |

| 번호 | 자료 제목 | 출처 | 기타 | 본문 쪽수 |
|---|---|---|---|---|
| 221 | 성적 찬연 학도특별지원, 황국 반도의 면목 또렷[躍如], 전원 출진 거의 달성, 지원하지 않은 자는 엄격 훈련 징용-학무국장 담화(학도지원병 거부(응징학도, 학도응징)-1943년 11월 22일 신문 기사) | 《매일신보》1943년 11월 22일 자 | 국한문 | 735 |
| 222 | 입영기피 학도지원병의 조선 독립을 목적으로 하는 비밀결사조직활동사건(원산검사 보고) | 고등법원검사국, 『조선검찰요보』 제3호, 1944년 5월, 25~26쪽 | | 737 |
| 223 | 1945년 형공(刑公) 1538 | 국가기록원 소장 판결문 | 김중일 등 판결문 | 739 |
| 224 | 노무동원계획 실시에 따른 이주 조선인 노동자의 상황 | 내무성 경보국, 『특고월보』 1939년 12월분 | | 749 |
| 225 | (2) 집단도주음모계획 발견 | 내무성 경보국, 『특고월보』 1942년 11월분 | | 751 |
| 226 | 도주한 이입 조선인 노무자의 블록별 일제단속 상황 | 내무성 경보국, 『특고월보』 1944년 6월분 | | 753 |
| 227 | (4) 유언비어에 기초한 집단도주 | 내무성 경보국, 『특고월보』 1944년 2월분 | | 756 |
| 228 | (3) 수송 도중 도주의 특이사례 | 내무성 경보국, 『특고월보』 1944년 6월분 | | 757 |
| 229 | '평양학병의거사건' 판결문 | 표영수, 2001, 「자료소개-'평양학병의거사건' 판결문」, 『한일민족문제연구』 1 | 일부 | 758 |
| 230 | 조선인 군속 등의 경찰관 주재소 습격 사건(청진검사정 보고) | 고등법원검사국, 『고등검찰요보』 제1호, 1944년 3월, 38~39쪽 | | 767 |
| 231 | 도요하라(豐原) 경찰서장, 「풍고비(豐高秘) 제472호 (1943년 6월 3일)」 | 화태청 소장 경찰서 기록물, GIASOⅡ 154 | 사할린 | 770 |
| 232 | 응징사(應徵士)의 경찰관 구타상해 사건(영변지청검사 보고) | 고등법원검사국, 『고등검찰요보』 제12호, 1945년 2월, 32~33쪽 | | 775 |
| 233 | 수원육군○○공사장에서 근로보국대원의 경찰관에 대한 폭행사건(수원검사 보고) | 고등법원검사국, 『고등검찰요보』 제4호, 1944년 6월, 21쪽 | | 777 |
| 234 | 야마가타현(山形縣) 나가마쓰(永松)광산 폭동 사건 | 내무성 경보국, 『특고월보』 1941년 12월분 | | 779 |
| 235 | '야마가타현(山形縣) 나가마쓰(永松)광산 폭동 사건' 판결문 | | 개인 소장, 일부 | 780 |
| 236 | 구레(吳)진수부(鎭守府) 군법회의-김선근 판결문 (히로시마(廣島) 구레(吳)해군시설부 집단폭동 사건) | 곤도 노부오, 2013, 「히로시마 해군시설부 조선인 징용공 폭동사건 판결문」, 『한일민족문제연구』 25 | | 782 |
| 237 | 구레(吳)진수부(鎭守府) 군법회의-전병렬 판결문 (히로시마(廣島) 구레(吳)해군시설부 집단폭동 사건) | | | 787 |
| 238 | 가야누마(茅沼)광업소 집단폭행 사건 | 내무성 경보국, 『특고월보』 1944년 7월분 | | 792 |
| 239 | 일본인 사감에 대한 불만이 발단이 된 파업 및 집단폭행 사건 | 明石博隆·松浦總三 編, 1975, 『昭和特高彈壓史』 8, 太平出版社 | 사할린 | 793 |
| 240 | (2) 해군징용 조선인 공원의 분쟁 발생 | 내무성 경보국, 『특고월보』 1942년 2월분 | | 794 |

| 번호 | 자료 제목 | 출처 | 기타 | 본문 쪽수 |
|---|---|---|---|---|
| 241 | 1940년 4월 파업(미쓰비시(三菱)광업(주) 사도(佐渡)광업소 소속 조선인 광부의 저항 사례) | 사법성 형사국, 『사상월보』 79, 1940 | 사도광산 | 795 |
| 242 | 1943년 3~5월 작업장 탈출 등(미쓰비시(三菱)광업(주) 사도(佐渡)광업소 소속 조선인 광부의 저항 사례) | 내무성 경보국, 『특고월보』, 1943년 3~5월 | 사도광산 | 799 |
| 243 | 니가타현(新潟縣) 경찰부장, 「이주 조선인 노동자 도주 소재 불명 수배 건(1941년 4월)」(미쓰비시(三菱)광업(주) 사도(佐渡)광업소 소속 조선인 광부의 저항 사례) | 화태청 소장 경찰서 기록물, GIASO 1i-1-123 | 사도광산 | 800 |

# 참고 문헌

[자료]

1944년 제85회 제국의회 설명자료

1944년 제86회 제국의회 설명자료

內閣官房行政改革推進本部事務局,「前の官吏制度等について」, 資料4(chrome-extension://efaidnbmnn
   nibpcajpcglclefindmkaj/https://warp.ndl.go.jp/info:ndljp/pid/12251721/www.gyoukaku.go.jp/
   senmon/dai13/siryou4.pdf)

경상북도,『慶尙北道報』

경상북도, 1942,『邑面行政例規』

고등법원검사국,『高等檢察要報』

국가기록원 소장 문서철『가와사키(川崎)탄광주식회사(1)(DTA0015985)』,『가와사키(川崎)탄광주식회사(2)
   (DTA0015987)』

국가기록원 소장 자료(http://theme.archives.go.kr/viewer/common/archWebViewer.do?bsid=200300
   796862&dsid=000000000020&gubun=search; http://theme.archives.go.kr/viewer/common/
   archWebViewer.do?bsid=200300796862&dsid=000000000020&gubun=search)

국가기록원 소장 판결문

국가보훈처 공훈전자사료관(http://e-gonghun.mpva.go.kr)

국민정신총동원 조선연맹,『總動員』

국민정신총동원조선연맹, 1939,『國民精神總動員聯盟 要覽』

內務省 警保局 保安課, 1943,『種村氏警察參考資料』第107輯

內務省 警保局,『社會運動狀況』

內務省 警保局,『特高月報』

司法省 刑事局,『思想月報』

水野直樹 편, 1998,『戰時期植民地統治資料』, 柏書房

守屋敬彦 編, 1991,『戰時外國人强制連行關係史料集-朝鮮人2, 下』, 明石書店

아시아역사자료센터 소장 자료

이순임 구술기록(구술 일시: 2015년 12월 30일, 구술 장소: 인천시 부평구 부개동 자택, 면담자: 정혜경)

일본 국회도서관 각의결정 DB(https://rnavi.ndl.go.jp/cabinet/bib00336.html)

長澤秀 編, 1992,『戰時下朝鮮人中國人聯合軍浮虜强制連行資料集-石炭統制會極文書』, 綠蔭書房

長澤秀 編, 2006, 『樺太廳警察部文書 戰前朝鮮人關係警察資料集Ⅳ』, 綠蔭書房

『朝鮮』

조선노무협회, 『朝鮮勞務』

조선오노다시멘트제조 내부 문서

조선총독부 경무국 편, 1940, 『朝鮮時局關係法令例規輯 1939年度版』, 사법협회

조선총독부, 1941, 『朝鮮總督府施政30年史』

조선총독부, 1944, 『國民學校體鍊課敎授要目並實施要目』, 조선공민교육회

「徵用勞務者5月輸送狀況報告」, 北炭勞務部, 『朝鮮募集關係(1945년 5월)』

한국역사정보통합시스템 소장 자료(www.koreanhistory.or.kr)

樺太鑛業會, 1943, 『樺太炭案內』

화태청 소장 경찰서 기록물

히로시마형무소 소장 판결문: 廣刑甲收 제332호, 1944년 3월 26일 판결선고, 1944년 3월 27일 判決確定錄事
    (작성자: 히로시마형무소장 津田哲郎)

[단행본 및 연구서]

1.20동지회, 1987~1990, 『1.20학병사기』 총 4권, 삼진출판사

姜德相, 1997, 『朝鮮人學兵出陣-もう一つのわだつみのこえ』, 岩波書店

계훈제, 2002, 『흰 고무신』, 삼인

口雄一, 2013, 『地域社會から見る帝國日本と植民地』, 思文閣出版

국무총리 소속 대일항쟁기 강제동원피해조사 및 국외강제동원희생자 등 지원위원회, 2016, 『위원회활동결과
    보고서』

국사편찬위원회, 2006, 『구술사료선집 3 - 지방을 살다』, 국사편찬위원회

권병탁, 1982, 『게라마열도』, 영남대학교 출판부

김봉식, 2019, 『고노에 후미마로-패전으로 귀결된 야망과 좌절』, 살림

김운태, 1986, 『일본제국주의의 한국통치』, 박영사

內海愛子, 1982, 『朝鮮人BC級戰犯の記錄』, 勁草書房

內海愛子·村井吉敬, 1980, 『赤道下の朝鮮人の叛亂』, 勁草書房

도노무라 마사루(外村大) 지음, 김철 옮김, 2018, 『조선인 강제연행』, 뿌리와이파리

독립운동사편찬위원회, 1981, 『독립운동사』 제9집

明石博隆·松浦總三 編, 1975, 『昭和特高彈壓史』 8, 太平出版社

박영준, 2020, 『제국 일본의 전쟁 1868~1945』, 사회평론아카데미

防衛廳防衛研修所戰史室, 1967, 『戰史叢書 陸軍軍需動員(1) 計劃編』, 朝雲新聞社

上杉和央, 2021, 『軍港都市の150年-須賀··佐世保·舞鶴』, 吉川弘文館

上田正昭·津田秀夫·永原慶二·藤井松一·藤原彰, 2009, 『コンサイス日本人名典(第5版)』, 株式社 三省堂

松原茂生·遠藤昭, 1996, 『陸軍船舶』, 誌刊行

松田利彦, 2009, 『日本の朝鮮植民地支配と警察―1905~1945年』, 校倉書房

수요역사연구회, 2002, 『식민지 조선과 매일신보-1910년대』, 신서원

아르고인문사회연구소, 2022, 『2022 국가기록원 일제강제동원 관련 명부 조사·분석연구 결과보고서』

요시다 유타카 지음, 최혜주 옮김, 2013, 『아시아태평양전쟁』, 어문학사

우창한·김인호, 2006, 『역사의 경계를 넘는 격정의 기억』, 국학자료원

이상의, 2006, 『일제하 조선의 노동정책 연구』, 혜안

李相哲, 2009, 『朝鮮における日本人經營新聞の歷史(1881~1945)』, 角川學藝出版

이홍환 정리, 1986, 『구술 한국현대사』, 향지사

전상엽, 1992, 『천명』, 삼진출판사

정혜경, 2006, 『조선인 강제연행 강제노동 I : 일본편』, 도서출판 선인

정혜경, 2011, 『일본제국과 조선인 노무자 공출』, 도서출판 선인

정혜경, 2013, 『홋카이도(北海道) 최초의 탄광 가야누마(茅沼)와 조선인 강제동원』, 도서출판 선인

정혜경, 2018, 『일제강점기 조선인 강제동원 연표』, 도서출판 선인

秦郁彦, 1996, 「阿部編隊投せず―ニコバル沖の體當り」, 『第二次大航空史話(中)』, 中央公論社 中公文庫

진해고등해원양성소 동창회, 2001, 『진해고등해원양성소교사』

행정안전부 과거사관련업무지원단, 2017, 『일제의 조선인 학도지원병 제도 및 동원부대 실태조사보고서』 (연구책임자 조건)

행정자치부 정부기록보존소, 2000, 『일제문서해제-경무편』

허광무·정혜경·김미정, 2021, 『일제의 전시 조선인 노동력 동원』, 동북아역사재단

호사카 마사야스 지음, 정선태 옮김, 2012, 『도조 히데키와 천황의 시대』, 페이퍼로드

[연구논문]

강만길, 1997, 「침략전쟁기 일본에 강제동원된 조선노동자의 저항」, 『한국사학보』 제2호

강정숙, 2005, 「일제말기 조선인 군속 동원-오키나와로의 연행자를 중심으로」, 『사림』 제23호

계훈제, 1984, 「식민지 야화」, 『식민지 시대의 지식인』, 청년사

곤도 노부오, 2013, 「히로시마 해군시설부 조선인 징용공 폭동사건 판결문」, 『한일민족문제연구』 제25호

김영미, 2005, 「일제시기~한국전쟁기 주민 동원·통제 연구-서울지역 町·洞會조직의 변화를 중심으로」, 서울대학교 국사학과 박사학위논문

김윤미, 2006, 「근로보국대 제도의 수립과 운용(1938~1941)」, 부경대학교 사학과 석사학위논문

김윤미, 2010, 「전시체제기 조선인 만주개척청년의용대에 관한 연구」, 『한일민족문제연구』 제18호

노영종, 2001, 「일제말기 조선인의 北海道지역 강제연행과 거부투쟁」, 『한국근현대사연구』 제17호

朴淳遠, 1994, 「日帝下 朝蘇 熟練勞動者의 形成-오노다(小野田)시멘트 勝湖里공장의 事例」, 『국사관논총』 제51호

변은진, 2002, 「일제침략전쟁기 조선인 '강제동원' 노동자의 저항과 성격: 일본 내 '도주' '비밀결사운동'을 중심으로」, 『아세아연구』 제18호

변은진, 2012, 「해방 전 조선민족해방협동당의 결성과 비밀결사운동」, 『한국민족운동사연구』 제70호

森山茂德, 1993, 「現地新聞と總督政治-京城日報について-」, 『近代日本と植民地』7, 岩波書店

서현주, 2002, 「조선말 일제하 서울의 하부 행정제도 연구-町·洞제와 총대를 중심으로」, 서울대학교 국사학과 박사학위논문

石井滋, 2014, 「雇員·傭人制度研究についての一考察」, 『社學研論集』 Vol. 23

손춘일, 1999, 「일제의 재만한인에 대한 토지정책 연구-만주국 시기를 중심으로」, 한국정신문화연구원 한국학대학원 박사학위논문

안자코 유카, 2006, 「조선총독부의 총동원체제(1937~1945) 형성 정책」, 고려대학교 사학과 박사학위논문

유병선, 2011, 「일본 군정기 자바 조선인 군속의 항일 비밀결사와 암바라와 사건」, 고려대학교 대학원 사학과 석사학위논문

이병례, 2005, 「일제하 전시체제기 경성부의 노동력 동원구조」, 『사림』 제24호

이상의, 2017, 「태평양전쟁기 조선인 전문 대학생의 학도병 지원 거부와 '징용학도'」, 『역사교육』 제141호

이상의, 2018, 「태평양전쟁기 조선인 '징용학도'의 동원과 노무관리-계훈제의 회고록 '식민지 야화'를 중심으로」, 『한국민족운동사연구』 제90호

장성욱, 2014, 「일제말기 경산 '결심대'의 강제동원 거부투쟁」, 『한국독립운동사연구』 제47집

赤塚康雄, 2005, 「子どもたちのアジア太平洋-京都府少年農兵隊山城支隊を事例に」, 『天理大學 人權問題研究室 紀要』 第8輯

정혜경, 2013, 「일제말기 경북지역 출신 강제동원 노무자들의 저항」, 『한일민족문제연구』 제25호

정혜경, 2016, 「일제말기 강제로 동원된 조선인의 저항」, 『재일코리안 운동과 저항의 정체성』, 도서출판 선인

조건, 2015, 「전시 총동원체제기 조선 주둔 일본군의 조선인 통제와 동원」, 동국대학교 사학과 박사학위논문

조건, 2017, 「일본군 군사행정 기관이 기록한 한반도 강제 점령의 역사」, 『서울과 역사』 제95호

秋岡あや, 2011, 「學兵拒否者の記錄-崔基鐘'憤怒の朝鮮人'」, 『わだつみのこえ』 第135號

표영수, 2001, 「자료소개-'평양학병의거사건' 판결문」, 『한일민족문제연구』 제1호

표영수, 2003, 「일제말기 병력동원 정책의 전개와 평양학병 사건」, 『한일민족문제연구』 제3호

표영수, 2008, 「일제강점기 조선인 지원병 제도 연구」, 숭실대학교 대학원 사학과 박사학위논문

한긍희, 2000, 「일제하 전시체제기 지방행정 강화 정책」, 『국사관논총』 제88호

허광무, 2018, 「일제말기 경찰 기록으로 본 일본지역 강제동원 조선인노무자의 관리와 단속 -'도주'노무자 수배가 갖는 역사적 의미를 중심으로」, 『한일민족문제연구』 제35호

[기타]

〈일제, 학도병 거부 조선인 학생 수백 명 강제노역〉, 《연합뉴스》 2012년 8월 13일 자

장달수 작성, 「매일신보 경성일보 관련 간략 연표(1881~1945)」, 비공개 자료(2021. 5.)

# 찾아보기

## ㄱ

「가격통제령」 563
가나가와현(神奈川縣) 695
가덕도 317
가라후토(樺太) 47
가스야군(糟屋郡) 757
가야누마(茅沼)광업소 792
가야누마탄화광업주식회사 792
가야베군(茅部郡) 692
가와사키시(川崎市) 695
가와사키(川崎)제강소 695
가와사키중공업주식회사 756
가와사키탄광 327
각의결정 11, 15, 18, 20, 28, 29, 228, 320, 321, 488, 512
감찰과 107
갑산군 759
갑종소년농병대(甲種少年農兵隊) 229
강동군 762
강릉 704, 705
강산영부(岡山永夫) 764, 766
강서군 766
강원도 61, 651, 666, 669, 741, 780
강진군 766
강천진모(康川鎭謨) 775, 776
개척민 24, 25, 174, 175, 303, 317, 319~321, 344, 358, 382, 395, 521, 646, 647, 659
개척민위원회 416
거류민단 65

거창 704
건축대 27, 170
경금정부(慶金正夫) 704
경기도 58, 331, 450, 551, 552, 557, 562~565, 576, 578~580, 651, 652, 666, 669, 739, 740, 741, 743, 765
경무과 173~175, 206
경무국 23, 24, 27, 28, 57, 58, 118, 122, 172~175, 206, 210, 522, 528, 548, 551, 553, 555, 557, 559~561, 563, 564, 668
경방단 540
경비부 220
경산 667, 668, 684, 707, 708
경상남도 58, 560, 562, 564, 576, 579, 651, 652, 666, 677, 770, 771, 787
경상북도 64, 188, 298, 331, 334, 560, 562, 564, 579, 580, 648, 651, 652, 667, 677, 684, 707, 740, 765, 780, 782
『경상북도보(慶尙北道報)』 64
경성군 760
경성부 58, 62, 65, 66, 158, 160, 163, 173, 180, 188, 283, 293, 295, 326, 330~332, 450, 465, 467, 470, 475, 530, 566~568, 615~618, 620, 621, 627, 647, 673, 737, 740, 741~744
경성사관구사령부 287
경성육군병원 287
《경성일보》 53, 55, 57, 58, 61, 186, 312, 328, 472~479, 716
경성제국대학 182, 546, 610, 732, 736
경성지방법원 675, 747, 748

경성직업소개소 450, 454
경원 767
경제경찰 28, 31, 56~58, 118, 122, 126, 130, 175, 477~479, 548, 556~559, 564
경제경찰계 49, 57, 479, 557, 563, 564
경제경찰과 23, 24, 49, 50, 57~59, 118, 122, 130, 174, 175, 210, 486, 551, 552, 557, 560~565
경제경찰법 553, 554
경제경찰제도 550, 552
경주 648
경주희일(慶洲曦一) 762
경찰국 518
경찰부 25, 56, 61, 188, 290, 329, 530, 576, 653, 658
계훈제 670
고노마이(鴻之舞)광산 333
고노에 후미마로(近衛文麿) 53
고다마 히데오(兒玉秀雄) 474
고도중철(高島重哲) 799
『고등검찰요보』 667, 668
고등경찰 128, 578
고등경찰과 578
고등과 576
고등관 21, 71, 75, 81, 99, 135, 140, 201, 379, 404, 414, 418, 425, 573, 605, 611
고등법원검사국 668, 674
고등상업학교 736
고등수산학교 736
고등해원양성소 23, 173, 176, 179, 252, 254, 266, 272, 273, 529
고베(神戶) 756
고부영웅(高富英雄) 761, 762
고산순일(高山純一) 760, 762
고산우숙(高山又淑) 704
고산흠장(高山欽藏) 740, 741, 744~748
고영석(高英石) 694
고원(雇員) 21, 171, 298, 299, 630, 705
고이소(小磯) 총독 517, 520, 521, 527

고타키(上瀧) 내무국장 593, 594, 632, 636, 640
공산춘재(公山春在) 704
공영부 295, 330, 467
공원(工員) 171
관동군 319, 320
관동주 47
『관보』 19, 86, 452, 553, 625
광공국(鑛工局) 23, 24, 28, 29, 49~51, 55, 56, 114, 118, 122, 174, 302, 303, 308, 310~315, 325, 367, 369, 384, 394, 478, 523, 524, 527, 528, 601, 602, 605, 607
광공부 25, 26, 61, 62, 154, 188, 329, 332, 460, 525, 527, 530
광산과 364, 369, 504
광산국 478, 581, 582
광산부 478, 596, 598
광전병무(廣田炳武) 694
광주 322, 326, 454
광주직업소개소 454
교련 176, 184~187
교련교수요목 185
교토시(京都市) 741, 764
교통국 24, 50, 173, 174, 176, 269, 272, 310, 523, 524, 527, 529, 713
교학연수소 344
구국청년회 674, 738
구레(吳)진수부(鎭守府) 782, 786, 787, 790
구레(吳)해군시설부 677, 678, 782, 783, 787, 788
구제(區制) 65, 66, 331
국가총동원 25, 46, 60, 62, 109, 147, 272, 329, 625, 659
국가총동원계획 22, 23, 24, 49, 50, 51, 81, 106, 118, 122, 174, 303, 305, 315, 369, 394, 491, 492, 497, 499, 507, 518, 519
국가총동원법 19, 47, 48, 55, 83, 177, 302, 496, 498, 500, 501, 563, 583~585, 591, 634, 637
국가총동원심의회(國家總動員審議會) 18

국가총동원업무위원회(國家總動員業務委員會) 18
국가총동원체제 12, 13, 15, 46~48, 63, 76, 80, 85, 87, 89, 91, 478, 507
국민근로 303, 310, 311, 315, 329, 376, 384
「국민근로동원령」 308, 325, 458
국민근로동원서(國民勤勞動員署) 326, 327, 373
「국민근로보국협력령」 30, 323, 325
「국민근로보국협력령」시행규칙 30, 323
국민근로협력 314
국민동원 25, 46, 110, 304, 305, 314, 329, 373, 380, 461, 603, 606, 685, 686
국민동원계획 24, 303, 311, 314, 376, 384, 394
국민동원연락회의 373, 374
국민연성 24, 25, 156, 160, 174, 175, 188, 205, 208, 210, 290, 295, 310, 329, 460, 467
국민의용대 23, 173, 184, 220~222, 224, 226, 228, 229, 231, 237, 242, 245, 247, 248, 250, 536, 537, 539, 540~543, 546
국민의용대 조선총사령부 538, 545, 546
「국민의용대조직요강」 535, 537, 540, 541
국민의용대협의회 231, 242
국민의용전투대 233, 236, 237, 239, 240
국민정신총동원 131, 132, 136, 138, 347
국민정신총동원연맹 59
국민정신총동원위원회 59, 134, 135, 142
국민정신총동원조선연맹(國民精神總動員朝鮮聯盟) 18
국민직업지도소 326, 327, 373
국민징용 25, 26, 29, 53, 91, 92, 303, 307, 309, 311, 314, 315, 329, 331, 356, 359, 363, 371, 376, 384, 461, 463, 468, 470
「국민징용령」 12, 29, 307, 308, 310, 313, 332, 585, 592, 667, 668, 701, 705, 775
「국민징용부조규칙」 332
국민총동원 160, 295, 467
국민총력 23, 25, 26, 62, 658
국민총력계 65
국민총력과 23, 24, 50, 51, 93, 94, 101, 107, 199, 330, 358, 504, 506, 508, 518, 519, 567~569
국민총력연맹 59, 65, 536
국민총력운동 24, 50, 51, 59, 63, 94, 101, 107, 117, 120, 122, 139, 140, 144, 150, 152, 156, 160, 167, 174, 290, 295, 358, 460, 467, 519, 659
국민총력운동지도위원회 140, 144
국민총력조선연맹 323
국민학교 182, 183, 186, 214, 221, 397, 421
국세조사과 101, 107
「국책기준」 47
「국책대강」 47
군관구(軍管區) 220
군무국 170
군무예비훈련소 29, 173, 181~184
군무원 18, 19, 27~29, 170, 171, 173
군부(軍夫) 170, 708
군사보호 24, 25, 175, 176, 199, 206, 210, 356
군사우편 124
군사원호 25, 62, 156, 160, 188, 290, 295, 303, 309, 340, 460, 467, 659
군사후원 566, 567
군산 617, 620
군속선원(軍屬船員) 177
군속선원명표 177, 178
「군수공업동원법」 11, 28, 46, 47
군수국 46
군수성 310
「군수조사령」 47
군수회사 315
군수회사법 24, 122, 305, 315, 394, 756
군인 18, 19, 22, 27, 28, 170, 172, 173
권업계 26, 27, 64, 167, 332
권업과 656, 658, 659
규슈(九州) 674, 709
규슈(九州)광업소 757
근로동원 24, 174, 303~305, 311, 314, 315, 376, 379, 380, 384, 394, 463, 470, 602, 603, 605, 614

근로동원과 23, 302, 303, 308, 311, 315, 316, 325, 376, 384, 602, 605, 607
근로동원본부 19, 23, 302,~304, 307, 311, 313, 314, 379, 387, 601~607
근로보국대(勤勞報國隊) 18, 19, 29, 30, 186, 322~325, 350, 353, 708, 777
근로부 302, 305, 308, 315, 316, 384, 394
근로부 조정과 23
근로제1과 23, 302, 305, 316, 394
근로제2과 23, 302, 305, 316, 394
근로조정과 23, 302, 303, 311, 315, 325, 376, 384, 602
근로지도과 23, 302, 303, 311, 315, 325, 376, 384, 602
금곡천수(金谷泉秀) 765, 766
금도광순(金島光純) 765, 766
금본경룡(金本慶龍) 710
금본석구(金本奭九) 704
금본소작(金本小祚) 710
금산정치(金山政治) 799
금산창승(金山昌承) 768
금산태선(金山泰善) 760, 762
금성명돌(金城命乭) 710
금성성빈(金城成彬) 737, 738
금성완룡(金城完龍) 759, 762
금성의명(金城義明) 703
금성인봉(金城仁鳳) 707, 709, 710
금성진환사(金城鎭渙事) 780, 781
금영영상(金永永祥) 765, 766
금원수웅(金原秀雄) 783
금자석현(金子碩鉉) 794
금죽치윤(金竹致允) 775, 776
금촌선규(金村善圭) 704
금환종호(金丸鍾浩) 720
기무라 헤이타로(木村兵太郎) 286
기슈(紀州)광산 691
기타지시마(北千島) 692
기타타마군(北多摩郡) 715
기획계 306

기획과 302, 303, 484
기획부 23, 24, 28, 31, 49, 51, 53, 54, 76, 78, 80~83, 85~89, 91, 98, 99, 103, 174, 315, 478, 484~492, 494, 495, 497, 499, 500, 502, 504, 507, 511, 512, 518, 581, 590, 599
기획실 106
기획원 53, 488, 583, 596
길림성(吉林省) 741
길원문치랑(吉原文治郎) 762~764
길원성남(吉原成南) 705
길주군 759
김경룡 668
김광렬(金光烈) 327
김근배 673
김명돌(金命乭) 667
김문식 673
김선근(金善根) 677, 678, 782
김성빈(金城成彬) 674
김성수(金聖秀) 795
김세균 673
김영상 673
김영한 316
김완룡(金完龍) 671~673
김유식(金有植) 750
김윤영 673
김인봉(金仁鳳) 667
김중일(金重鎰) 739
김천 704
김태선 673

## ㄴ

나가마쓰(永松)광산 676, 678, 780
나가마쓰(永松)광업소 779
나가사키현(長崎縣) 794
나본무사(羅本武司) 766
나주군 750

나카무라(中村) 조선군사령관 570
남방포로수용소 282
남양군도 47
남원신행(南原信行) 740, 741, 743~748
남재우(南再祐) 770, 771
남홍경식(南洪京植) 677, 780, 781
내각정보국 510
내무계 26, 28, 67, 330, 332
내무과 27, 28, 67, 170, 330, 332, 656, 658, 659
내무국 23, 29, 30, 48, 54, 98~101, 199, 302, 303, 307~309, 325, 358, 504, 506, 584, 590, 591, 594, 595, 615
내무부 25, 26, 28, 56, 60~62, 67, 188, 290, 329, 332, 460, 530, 602, 605, 607, 649, 653
내무성 132, 548, 550, 665, 666, 679
노구치 유즈루(野口讓) 283
노동소개소 615, 616
「노동자모집수속규칙」 627
「노동자모집취체규칙」 326
노무 18, 27
노무계 14, 23, 27, 65, 306, 307, 312,~334, 586, 590, 665
노무과 18, 23, 24, 29, 31, 50, 54, 101, 174, 175, 199, 302, 303, 306~313, 325, 329, 332, 356, 358, 363, 370, 376, 478, 479, 486, 504, 506, 518, 528, 583~587, 590, 591, 594, 599, 602, 605, 607, 631, 639, 703, 714, 724
노무관 660, 661
노무동원 14, 24, 25, 27, 29, 170, 175, 302, 303, 310, 311, 315~317, 325~327, 329~331, 384, 625, 674, 683, 705
노무병사계 64, 65, 333
노무원호 313
노영준 672, 673
논산 316
농림국 114, 367, 522, 524
농무과 319

농상과 29, 302, 305, 319, 382, 395
농상국 24, 29, 174, 302, 305, 310, 318, 319, 367, 395, 523, 527, 528
농상부 154, 330, 527, 530
뉴기니아 756
니가타현(新潟縣) 679, 799, 800

## ㄷ

다가와군(田川郡) 327
다나카(田中) 정무총감 517, 520, 573
『다네무라 씨 경찰참고자료(種村氏警察參考資料)』 665
다다쿠마(忠隈)광업소 757
다대포만 317
단양군 332
대구 326, 450, 615~618, 620, 627, 703, 705
대구직업소개소 450
대구형무소 668
대동아성(大東亞省) 517
대만(臺灣) 47, 48, 179, 302, 583, 595, 756
대본영(大本營) 316
대산익두(大山益斗) 704
대왕산결사대 667
대우관(待遇官) 21
대일본부인회(大日本婦人會) 541
대일본부인회 조선본부 536
대장성 478, 550, 559, 614, 618
대전 326, 454, 621
대전직업소개소 454
대정익찬회 224, 226
《대한매일》 474
《대한매일신보》 473, 474
도야마(富山) 179
도야마현(富山縣) 751
도요하라(豐原) 699, 770
도조 히데키(東條英機) 280, 282, 510, 600
도쿄(東京) 275, 475, 487, 498, 517, 549, 596, 618,

673, 703, 732
도쿄도(東京都) 715, 741, 764
도쿠토미 소호(德富小峯) 474
동아권업(東亞勸業)(주) 320
동아여행사 697
《동아일보》 31, 472, 474
동양척식주식회사 646
동원과 23, 302, 305, 308, 315, 316, 384, 394
동총대(洞總代) 66
등산지랑(藤山志郎) 761, 762

## ㄹ

라본 673

## ㅁ

마루야마 간지(丸山幹治) 475
마산 704
만선척식주식회사 29, 302, 303, 318, 319, 321, 345, 358, 477, 642
만주개척민 24, 303, 421
만주개척민지원자훈련소 29, 302, 318,~320, 421, 425, 645
만주개척청년의용대 320, 321, 418
만주개척청년의용대훈련본부 418
만주사변 308
만주척식공사 321, 646
말레이시아 282
《매일신보(每日申報)》 472~474, 476, 479
《매일신보(每日新報)》 474
명륜전문학교 736
목본정민(木本政愍) 768
목포 317, 617, 620
목하희섭(木下禧燮) 775, 776
무로란항(室蘭港) 749
무전정웅(武田正雄) 720

무촌철영(茂村哲永) 764, 766
「문관 임용령」 21
문부성 132, 614
문서과 106, 497, 499
문인태 678
물자조정과 484, 488, 492, 581
미나미무로군(南牟婁郡) 691
미나미 지로(南次郎) 643, 644
미쓰비시광업주식회사 31, 187
미쓰비시 나마즈타(鯰田)탄광 690
미쓰비시(三菱)광업주식회사 19, 31, 757, 679, 795, 799, 800
미쓰비시 유바리광업소 693
미쓰이(三井) 31, 696
미야기군(宮城郡) 692
미야기현(宮城縣) 692
미야케구미(三宅組) 777
미에현(三重縣) 691
미하시(三橋) 경무국장 57, 556, 563, 640
민생부 66, 295, 467, 468, 530

## ㅂ

박성화(朴性和) 671, 673
박재달 668
박지권 673
박태훈 673
박혁 673
박호배 64, 333, 334
방공본부 532
방공총본부 532
방위본부 532, 534
방위총본부 532, 533
배상연 668
법제국 55, 137, 242, 488, 495, 498, 502, 552, 562, 595, 596, 600, 620
베델(Ernest Bethell) 473

병사(兵事) 28, 160, 188, 206, 210, 290, 295, 467
병사계 27, 189
병사과 576
보성전문학교 736
보통해원양성소 173, 174, 176, 179, 260, 272, 273, 529
봉산 669, 713
봉천(奉天) 673
부산 180, 282, 286, 326, 450, 615~618, 620, 621, 627
부산병참사령부 287
부산임시군속교육대 180
부산직업소개소 450
부산토목출장소 669, 703, 704
부안군 749
부윤관방 66, 160, 295, 467, 530
부제(府制) 65
부천군 739
북경시(北京市) 741
북청군 764

## ㅅ

사도(佐渡)광산 19, 31, 187, 679, 680, 799
사도(左渡)광업소 795, 799, 800
사법성 679, 680
사봉대(仕奉隊) 717, 727
『사상월보(思想月報)』 680
사세보시(佐世保市) 794
사세보해군건축부 794
사이조군(最上郡) 779, 780
사이판섬 709
사정국 23, 29, 50, 54, 55, 98~101, 114, 174, 199, 302, 303, 307~310, 312, 315, 318, 319, 325, 358, 361, 363, 367, 504, 506, 518, 521, 524, 527, 528, 669, 703, 704
사쿠라지마(櫻島)조선소 775
사회계 26, 27, 332, 333

사회과 23, 24, 27, 30, 54, 170, 173~176, 199, 205, 206, 302, 303, 306, 307, 309, 325, 330, 332, 340, 356, 358, 504, 506, 518, 584, 586, 590, 605, 607, 655
사회교육과 325
산동성(山東省) 741
산본태욱(山本泰旭) 801
산업계 15, 64, 332, 333
산업부 26, 28, 56, 60~62, 67, 154, 329, 330, 332, 525, 579, 649, 650~653, 658
산정재달(山井在達) 709, 710
산정재천(山井在千) 708, 710
산천정웅(山泉正雄) 704
삼의명(三義明) 761, 762
삼정영모(三井永模) 710
삼척 669, 705, 713
서대문형무소 675
서무계 28, 64, 65, 67, 167, 330, 332, 333
서무과 330, 332
서산웅석(西山雄石) 759, 762
서순석(徐順石) 770
《서울신문》 474
서천 316
선만척식주식회사 29, 302, 303, 318, 319, 321, 345, 407, 408, 409, 410, 411, 412, 643, 645, 646
「선만척식주식회사령」 427
선만척식훈련소 642, 643
선산 677, 782
「선원직업능력신고령」 177
「선원징용령」 177
선천 620
설영대 27, 170
성상룡 667
성전성수(成田盛穗) 710
성전창록(城田昌祿) 703
세포(洗浦) 642, 643, 645
세포이민훈련소 320

소라치군(空知郡) 688, 696, 750
손전방주(孫田邦柱) 693
손전용업(孫田鏞業) 693
송강청원(松江靑原) 768
송산문원(松山文源) 720
송산탁립(松山卓立) 720
송원무(松原茂) 739~741, 745~748
송화군 739
수상 576
수송보안과 576, 578
수송부 302, 387
수원 777
순천 322
스가와라구미(管原組) 692
스미토모(住友) 31, 332, 688, 757
우타시나이탄광 750
승호리 669
시국총동원과 566
시모노세키(下關) 475
시모니카와군(下新川郡) 751
시미즈구미(淸水組) 777
시흥군 183
식산국 28, 47, 49, 55, 57, 78, 114, 361, 364, 367, 484, 488, 492, 495, 497, 499, 500, 506, 507, 512, 518, 521, 522, 524, 548, 581, 595, 599
식산국장 487
식전재우(植田載祐) 704
신가와구미(新川組) 692
신경특별시(新京特別市) 418
신의주 59, 326, 450, 615~618, 620, 621, 627, 704
신의주직업소개소 450
신전석진(新田錫陳) 799
신정태륭(新井泰隆) 763, 764
《신한민보》 180
심준걸 673
싱가포르 180

# ㅇ

아마가사키시(尼崎市) 694
아베 노부유키(阿部信行) 245, 541, 546
《아사히신문》 716
아사히카와시(旭川市) 696
아시아태평양전쟁 12, 47, 52, 177, 179, 185
아시야시(芦屋市) 756
아카비라(赤平)광업소 688
아키군(安藝郡) 783
안성군 739
안용겸 674
안원용겸(安原容謙) 737, 738
안원창률(安原昌律) 708, 710
안전광호(安田光浩) 695
안전진현(安田鎭鉉) 765, 766
안주군 765
안진현(安鎭鉉) 672, 673
안창률(安昌律) 667, 668
안촌의숙(安村義淑) 763, 764
암성수광(岩城秀光) 766
야마가타현(山形縣) 676, 779, 780
야마시타(山下)광업소 770
야전철도창 287
양기탁 473
양주 182, 183, 669
엔도(遠藤) 정무총감 541, 542, 545, 546
여수 576
여운형(呂運亨) 746
여자근로정신대 187
여자청년연성소 397~400
연성과 23, 173~175, 203, 205, 208, 210, 518, 519, 522
연합의용전투대 236, 237
연희전문학교 736
영송영기(永松英基) 742, 743
영주군 780

영천군 765
예산 332
오노다(小野田)시멘트제조주식회사 713, 714, 717
오노 로쿠이치로(大野綠一郎) 478, 495, 497, 499, 505, 596, 597, 632, 633, 636, 640
오노[大野] 정무총감 596
오노(大野) 학무국장 669, 736
오다케(大竹) 내무국장 624, 625
오무라(小倉)육군형무소 674
오미나토(大湊)해군건축부 704
오사카(大阪) 187, 475, 677, 775
오상흠(吳相欽) 740
오순환(吳純煥) 675
오원빈(吳原彬) 674
오타니(大谷)중공업 694, 737, 738
오하라(大原)해군병학교 678
와타나베구미 770, 771
완산인순(完山寅順) 775, 776
외국과 318
외무과 29, 101, 199, 303, 319, 344, 358, 361, 363, 504, 506, 518, 521, 528
외무국 318
외무부 302, 318, 338, 344, 485, 486
외사경찰 128, 578
외사경찰과 576, 578
외사과 338
외사부 98, 99, 302, 303, 318, 342, 344, 504, 506
요코스카(橫須賀)해군시설부 692
용강군 763, 764
용인(傭人) 21, 171, 180, 282, 284, 298, 299, 768
우상문(禹相文) 800
우원형호(宇原亨浩) 759, 762
우창한 332, 334
우타시나이탄광 750
운수성 236
웅기(雄基) 703, 767
원산 674, 713, 760

원호과 23, 24, 173, 174, 176, 210, 602, 605, 607
월성재원(月城在源) 715, 724
유바리광업소 694
유바리시 695
『유수명부(留守名簿)』 180
유인철 673
육군갑종예비후보생 179
육군군법회의법 233
「육군군속선원신분취급요령」 177
육군병지원자훈련소 23, 29, 173, 181~184, 669, 713
육군선박사령부 178, 179
육군성 52, 170, 171, 177
육군지원자훈련소 299
육군특별지원병 181, 186, 712, 731, 742
「육군특별지원병령」 181, 293, 299
육군특별지원병훈련소 733
육군포로관리부 179
육군현역장교학교배속령 185
육군형법 233
윤기병(尹起炳) 795, 798
윤치호(尹致昊) 743
『읍면제』 63, 165, 189, 332
『읍면처무규정』 64
『읍면행정예규』 64
응징사(應徵士) 706, 775
응징학도 669
의령 677, 771, 787
의성군 740
「의용병역법」 236
의용전투대 236, 237
이데구미(井出組) 695
이도수 673
이민사무처리위원회 320
이민위원회 29, 302, 318, 319, 414
이민훈련소 648
이순임 321, 322
이시카와현(石川縣) 704

이야사카무라(彌榮村) 319
이와미자와시(岩見澤市) 689
이원재형(伊原在亨) 768
이윤철(李允喆) 673, 674
이장훈(李章薰) 473
이재재형(伊在在亨) 767
이준오 673
이즈카시(飯塚市) 690, 757
이즈카탄광 757
이창기(李昌器) 740, 741, 743, 746, 748
이철영(李哲永) 672, 673
이타가키 세이시로(板垣征西郎) 280, 282, 286
이토 히로부미(伊藤博文) 473~476
이하라 준지로(井原潤次郎) 286
익장(翼壯) 224
익찬장년단 226
인천 173, 176, 180, 280, 569, 617, 620, 655, 765
인천육군조병창 674, 675
일본강관주식회사 695
일본산금진흥주식회사 365
일본카바이트주식회사 751
임계택 798
임시물가조정과 500
임시물자조정과 78, 79, 82, 83, 495, 497, 499
임시병참병원 287, 288
임시병참사령부 287
「임시선박관리법」 177
임시육군특별지원병훈련소 737
임시자원조정과 23, 28, 53, 76, 80
임영선(林永善) 673, 674
임영호(林永鎬) 672

## ㅈ

자바포로수용소 282
자원과 28, 53, 77, 80, 82, 83, 315, 484, 488, 492, 495, 497, 499, 500, 581

자원국 46, 52
「자원조사법」 28, 48, 70, 72
자원조사위원회 49
장관관방 329
장성 322
장연군 739
재무계 64, 167
재무과 330, 332
재무부 26, 330, 332, 527
재향군인회 229, 540
적십자 국제위원회 180
전라남도 333, 579, 651, 652, 750, 766
전라북도 61, 651, 749
전매국 114, 524, 527
전병렬(田炳列) 677, 678, 787
전상엽 672, 673
「전시선박관리령」 177
정무총감 71, 74, 75, 81, 135, 140, 313, 325, 342, 379, 404, 414, 474, 519, 533, 538, 573, 574, 600~603, 605, 607, 609, 611, 629, 633, 634, 636
정문규(鄭文圭) 739
정보과 106
정보위원회 132
정주(定州) 673
정총대(町總代) 65, 66
정회 28, 66, 67, 163, 165, 332, 568
정회(町會) 65, 567
제1선박수송사령부 287
제17방면군 316
제주 317
조봉주(趙鳳柱) 743
조사과 112, 489
「조선광부노무부조규칙」 55
「조선광업경찰규칙」 364
조선광업령 364
조선광업진흥주식회사 364, 369
조선국민의용대 537

조선군 28, 171, 176, 179, 180, 278, 280, 282, 286, 570, 574, 777
조선군관구 316, 540, 546
조선군사령부 28, 570
조선군포로수용소 286
조선군헌병대사령부 286
조선근로동원원호회 304, 311~314, 377, 385
「조선기류령」 189
조선노무협회 304, 311~315, 324, 376, 384, 477, 629, 632,~634, 636, 637, 639, 641
조선농업보국청년대 187
「조선등록세령」 412, 427
조선마그네사이트개발주식회사 364, 369
「조선민사령」 411
조선송출근로자연성협회 304, 311, 312, 314, 315, 376, 384
조선시멘트 669, 713
조선아사노(朝野)시멘트주식회사 669, 713
조선여자청년연성소 19, 302, 397, 402
조선오노다(小野田)시멘트제조주식회사 19, 669, 670
조선육군창고 287
「조선인 이주대책의 건」 320
《조선일보》 31, 472~474
조선자원조사위원회 22, 28, 48, 51, 52, 70~73
「조선전시형사특별령」 702
조선중앙정보위원회 74, 75
「조선중요광물증산령 시행규칙」 55
「조선직업소개령」 429, 432, 434, 436, 458, 621, 634, 637
조선직업소개소 19, 31, 302, 326, 327, 479, 616, 627
「조선직업소개소령」 326, 619, 624, 625
조선청년단 536
「조선청년특별연성령」 182
조선청년특별연성소 29, 173, 181~183, 184
『조선총독부관보』 19, 62, 86, 307, 452
조선포로수용소 173, 180, 280, 282, 286
「조선포로수용소 복무규칙」 180

조선포로수용소 분소 23
조선포로수용소 인천분소 283
조선헌병대 541
조정과 302, 305, 315, 384
주임관 21, 22
주한식(朱漢植) 749
중견청년수련소 19, 23, 28, 173, 184, 186, 193, 195, 197, 205, 210, 344
중견청년연성소 19, 23~25, 173, 174, 175
중견청년훈련소 23~25, 28, 173~175, 206
중경(重慶) 741, 742, 743, 745,~747
중앙농업수련도장 25, 175, 302, 305, 389, 392, 395
중일전쟁 47, 48, 74, 347, 485, 497, 499, 506, 556, 558, 566, 625, 631, 637
지도과 23, 302, 305, 315, 384
지도부 302, 379, 387
지방과 116, 117
지사관방 25, 26, 28, 61, 62, 67, 150, 329, 330, 332, 530
지사관방(知事官房) 653, 658
지산문규(知山文圭) 739~741, 743~748
지원병 29, 170, 172, 175, 181, 669
지자키구미(地崎組) 692
직업소개소 25, 327, 394, 432, 438, 441, 450, 452, 454, 456, 477, 525, 615, 617, 620, 621
진남포부 761
진수부(鎭守府) 220
진해 176, 182, 546, 576
진해 해군건축부 704
징병 22, 29, 170, 172, 175, 181~183, 186, 187, 674, 733
징병제시행준비위원회 173, 201
징병제실시준비위원회 572, 573
징용 29, 172, 177, 269, 669, 674, 703, 705, 708~710, 712, 775
징용학도 669, 714, 717, 718, 721, 722, 724, 726~730

## ㅊ

착암공양성소 365
창원군 182
척무과  29, 101, 199, 302, 303, 319, 344, 358, 361, 504, 506
척무성 52, 320, 595
천내(川內) 669, 713, 714, 724, 728, 730
천도도수(川島道秀) 760, 762
천본영석(川本榮錫) 799
철도국 56, 109, 236, 238, 524, 527
철원 704
청년학교  19, 23, 28, 173, 184, 186, 187, 211, 214~218
청년훈련소 184, 186, 187, 218
청산두용(晴山斗鏞) 760, 762
「청소년고입제한령」 585
청송준걸(靑松俊杰) 763, 764
청전무웅(靑田武雄) 695
청진 326, 454
청진직업소개소 454
체신국  173, 174, 176, 236, 238, 252, 254, 256, 260, 263, 266, 507, 528, 599
촉탁 298, 299, 513
총감 517
총독관방  24, 28, 49~52, 56, 106, 116, 122, 174, 302, 303, 315, 318, 342, 484, 495, 497, 499, 500, 520
총독관방 외무부 29
총독관방 자원과 23
총동원 18
총동원계 306
총동원계획 47, 73, 77
총동원 업무 22, 24, 51, 54, 102, 177
총동원체제  11, 13, 18, 32, 46, 48, 56, 60, 316, 326, 472
총력전(guerre totale) 46
총무국  24, 28, 49~51, 54, 55, 103, 106, 114, 309, 315, 367, 516~520, 524, 527
총무부  28, 66, 67, 160, 295, 302, 330, 332, 379, 387, 467
최기종 670
최승우(崔昇宇) 740
최외문 668
최원정(崔元貞) 693, 694
최정수 673
최홍희 673
추밀원 55, 488, 490, 492, 494, 498, 600
추전병렬(秋田炳列) 787
충청남도 651, 658, 667, 684, 800
충청북도 332, 651, 658
칙임관 21, 22, 484, 510, 607
친임관 21

## ㅋ

《코리아데일리뉴스(The Korea Daily News)》 473

## ㅌ

태국포로수용소 282
태성옥(太成玉) 673, 674
통영 317
통화현(通化縣) 674
『특고월보(特高月報)』 664, 680
특별갑종간부후보 715
특별조종견습사관 715
특설수상근무대 27, 170

## ㅍ

판임관 21, 22, 71, 75, 135, 414, 432, 574
평강군(平康郡) 320, 645
평산병순(平山炳淳) 743
평산성달(平山聖達) 780, 781

평산창성(平山昌成) 695
평소번남(平沼繁男) 693
평안남도 58, 61, 560, 562, 564, 576, 579, 580, 651, 760~766
평안도 180
평안북도 61, 651, 669, 673, 775
평양 182, 183, 326, 450, 615,~618, 621, 627, 673, 713, 746, 763
평양사단 671, 672
평양직업소개소 450
평양학병의거사건 671, 673, 758
평원군 760, 761, 763, 765
평전성술(平田成述), 780, 781
평창군 780
포로감시원 27, 29, 170, 180, 664
포로관리부 27, 170, 287
포로수용소 29, 171, 179, 180, 288
포로정보국 27, 170, 171, 179, 275, 287
「폭리취체령」563
표의숙 673
풍산정기(豊山貞基) 720
풍원복길(豊原福吉) 705
풍원순종(豊原淳琮) 677, 780, 781
풍전종해(豊田鐘海) 705

## ㅎ

하산무(夏山茂) 744
하야시(林) 사회과장 591, 618, 636, 640
「학교체조교수요목」184
「학도근로령」325
학도대 229
학도동원 610, 611
학도동원본부 302, 404, 609~612
「학도전시동원체제확립요강」325
학도지원병 181, 664, 669~671, 673, 674, 731, 737
학도징용 703

학무과 518
학무국 24, 27, 30, 172, 174~176, 185, 205, 210, 325, 522, 528, 580, 611
학무부 579
한상룡(韓相龍) 743
한성위생회 65
한춘섭(韓春燮) 673, 761, 762
함경남도 61, 651, 669, 672, 703, 759, 760, 764
함경도 180
함경북도 576, 578~761, 767
함양군 770
함흥 326, 450, 615~618, 620, 621, 627, 673, 759
함흥직업소개소 450, 454
해군건축부 678, 704
해군군법회의법 233
해군병지원자훈련소 29, 173, 181, 182, 184
해군성 52, 172
해군시설부 678, 683
해군예비연습생 179
「해군예비연습생규칙」176
「해군특별지원병령」182
해군형법 233
해남군 64, 65, 333
해병단 182
해원양성소 28, 173, 174, 176, 179, 252, 256, 263, 272, 273, 529
해주 669, 704
향산광랑(香山光郎) 744
향원창한(香原昌翰) 741, 742
현원 징용 308, 706
호적계 15, 26, 64, 167, 188, 189, 332
호적과 330, 332
호적병사계 26, 188, 332
호즈미(穗積) 식산국장 487, 582
홋카이도(北海道) 332, 666, 688, 692, 693, 695, 696, 704, 750, 792
홋카이도탄광기선(주) 664

홋카이도탄광주식회사 666
홍수봉(洪壽鳳) 795, 798
홍원군 760
화신백화점 186
화태(樺太) 48, 793
화태청(樺太廳) 665, 678, 679, 699
황해도 61, 651, 656, 666, 669, 739, 741
회령군 761
횡성군 780
효고현(兵庫縣) 694, 756
후루카와(古河)광업주식회사 676, 780
후루카와(古河)합명회사 779

후생국 23, 24, 28, 29, 49~51, 54, 98, 99, 103, 173, 174, 302, 303, 307~309, 312, 325, 358, 478, 485, 486, 504, 506, 511, 512, 515, 516, 518, 521, 522, 588, 589, 596, 598, 589, 599
후생성 308, 309, 589, 614
후쿠오카현(福岡縣) 327, 690, 757
흥남 173, 180, 576
히가시호로나이(東幌內)탄광 689
히로시마(廣島) 782, 787, 788
히로시마(廣島)형무소 677

동북아역사재단 일제침탈사 자료총서 81
강제동원편

## 전시동원 기구와 제도(3)
-총동원체제, 군인·군무원, 노무(학생·여성) 동원
 기구 및 조직 관련 주요 법령 등

초판 1쇄 발행  2024년 12월 16일

기획 | 동북아역사재단 일제침탈사 편찬위원회
편역 | 정혜경·허광무·오일환·김종구
펴낸이 | 박지향
펴낸곳 | 동북아역사재단

등록 | 제312-2004-050호(2004년 10월 18일)
주소 | 서울시 서대문구 통일로 81 NH농협생명빌딩
전화 | 02-2012-6065
홈페이지 | www.nahf.or.kr
제작·인쇄 | (주)동국문화

ISBN  979-11-7161-142-3  94910
      978-89-6187-751-0  (세트)

• 이 책은 저작권법으로 보호를 받는 저작물이므로 어떤 형태나 어떤 방법으로도
  무단전재와 무단복제를 금합니다.
• 책값은 뒤표지에 있습니다. 잘못된 책은 바꾸어 드립니다.